中亚国家法律文本翻译丛书

COMMONLY USED LAWS IN KYRGYZSTAN

吉尔吉斯斯坦常用法律

西北师范大学中亚研究院 / 编译

中国政法大学出版社

2019 · 北京

图书在版编目（CIP）数据

吉尔吉斯斯坦常用法律/西北师范大学中亚研究院编译. —北京:中国政法大学出版社，2019.3
（中亚国家法律文本翻译丛书）
ISBN 978-7-5620-8936-0

Ⅰ.①吉… Ⅱ.①西… Ⅲ.①法律－汇编－吉尔吉斯Ⅳ.①D936.409

中国版本图书馆CIP数据核字(2019)第054334号

书 名	吉尔吉斯斯坦常用法律 JIERJISISITAN CHANGYONG FALÜ
出版者	中国政法大学出版社
地 址	北京市海淀区西土城路 25 号
邮 箱	fadapress@163.com
网 址	http://www.cuplpress.com（网络实名：中国政法大学出版社）
电 话	010-58908466(第七编辑部) 010-58908334(邮购部)
承 印	北京中科印刷有限公司
开 本	787mm×1092mm 1/16
印 张	41
字 数	862 千字
版 次	2019 年 3 月第 1 版
印 次	2019 年 3 月第 1 次印刷
定 价	240.00 元

前 言

2013年，中国国家主席习近平先后在哈萨克斯坦和印度尼西亚提出建设“丝绸之路经济带”和“21世纪海上丝绸之路”的重大倡议。“一带一路”建设将大幅提升我国贸易和投资自由化、便利化水平，推动我国开放空间从沿海和沿江向内陆和沿边延伸，形成陆海内外联动、东西双向互济的开放新格局。共建“一带一路”正在成为我国参与全球开放合作、改善全球经济治理体系、促进全球共同发展繁荣、推动构建人类命运共同体的中国方案。

“一带一路”建设以平等互利为原则，以合作共赢为目标，以开放包容为宗旨，以对接发展为途径，以规则法治为基础。我们既要推进“一带一路”基础设施的“硬联通”，也要加强“一带一路”规则、标准的“软联通”，不断完善“一带一路”法治保障体系，深化“一带一路”法治交流与国际合作。

“一带一路”建设作为一项系统工程和全新事业，没有法治的引领、推动和保障是无法取得成功的。因此，“一带一路”建设应着力推动和加强法治互信与政治互信、国内法治与国际法治、经贸合作与法治合作、实体法治与程序法治、法律实务合作与法学交流合作的良性互动，努力将“一带一路”建设成为法治合作之路。法治作为社会治理和全球治理最可靠、最有效的方式，既是“一带一路”走向世界的通行证，也是应对风险挑战的安全阀。互学、互通、互鉴、互遵法律是“一带一路”建设中政策沟通、设施联通、贸易畅通、资金融通和民心相通的重要基础和法治保障。

中亚位于亚欧大陆核心地带，主要包括哈萨克斯坦、吉尔吉斯斯坦、塔吉克斯坦、乌兹别克斯坦、土库曼斯坦等国家，是连接亚太经济圈和欧洲经济圈的桥梁和纽带。中国与中亚国家是古代丝绸之路上的核心地区之一，地缘相近、人缘相亲，具有悠久的人文交流历史。中亚各国都有自己独特的民族文化和特有的法治体系。同时，中亚地区对外开放程度、法治状况和市场化水平、贸易保护政策差异较大，我国与中亚国家进行投资贸易活动和民间交往时可能会遭遇因市场准入、知识产权保护、金融交易、劳工问题、环境保护、争端解决等引发的法律风险。

长期以来，我国法学界对中亚国家的法律关注不够，研究不多。西北师范大学中亚研究院作为高校新型智库，依托学科优势，主要致力于中亚法律、中亚旅游、东干族语言文化、中国与中亚人文交流等方面的研究。其中翻译出版《中亚国家法律文本翻译丛书》就是我们服务“一带一路”建设的自觉行动和重大举措，其目的在于：一是为我国政、商、学各界了解、学习和研究中亚国家法律提供便利，为我国企业前往中亚国家从事投资、合作、贸易提供法律支持；二是可使我国企业在充分理解和认识中亚国家法律的基础上严格遵守所在国的法律制度，自觉履行所在国法律赋予的义务，合法经营；三是通过依法依规经营和诚信交往，与所在国政府、企业和民众建立友好合作关系，树立良好的中国形象，推动深层而广泛的人文交流与合作。

《中亚国家法律文本翻译丛书》选取中亚五国与投资贸易和人文交流紧密相关的法律文本进行翻译，并在国内首次出版发行。首先推出的是吉尔吉斯斯坦的家庭法、对外移民法、劳动法典、公司经营法、投资法、矿产资源法、税法典、海关监管法、许可证制度法、民事诉讼法等10部常用法律文本的中文版，今后还将陆续翻译出版哈萨克斯坦、塔吉克斯坦、乌兹别克斯坦、土库曼斯坦等国家的法律文本。

期待《中亚国家法律文本翻译丛书》的出版对“一带一路”建设能够做出积极的贡献！

西北师范大学中亚研究院

2018年10月25日

目　录

COMMONLY USED LAWS IN KYRGYZSTAN

吉尔吉斯斯坦家庭法

（2003 年 6 月 26 日修订，2017 年 3 月 2 日修订）

本法根据《吉尔吉斯共和国宪法》，规定了结婚、离婚和承认婚姻无效的条件和方式，调节家庭成员之间的私人财产和非财产关系：夫妻间、父母和子女间（养父母和养子女间）的关系，同时包括家庭法规定的情况和范围下的其他亲属和他人的关系。

第一章　总　则

第一节　关于家庭的立法

第 1 条　家庭法的主要任务

1. 家庭是社会的基础。家庭、父子关系、母子关系、未成年人，这是全社会关注的和法律优先保护的对象。

国家保护公民的家庭生活、婚姻关系、亲子关系。

国家保证供养、培养、教育孤儿和失去父母保护的未成年人。

家庭立法的出发点是：巩固家庭，在互相尊重、互相帮助和对家庭成员承担责任的基础上构建家庭关系，不允许随意干涉他人家庭事务，保证家庭成员无阻碍地行使自己的权利，权利的司法保护以及家庭关系中性别平等。

2. 在具有国家授权进行公民状态证书登记的国家机构和地方自治机构登记的婚姻，是被承认有效的婚姻。

涉及婚姻和家庭的宗教仪式，不具有法律意义。

3. 家庭关系通过以下原则进行调节：自愿结婚和当事人双方同意、家庭中夫妻权利平等、互相协商解决家庭内部问题、保证未成年人的最高利益、未成年人家庭教育优先权、关心未成年人的福利和发展、保证对未成年人和无劳动能力的家庭成员的权利和利益进行应有的保护。

4. 在结婚和组建家庭关系时，严禁以社会属性、种族、民族、语言、宗教属性、健康等任何形式对公民权利进行限制。

只有以法律为依据，并在必须保护居民健康和道德、保护其他家庭成员和他人权利和自由的情况下，方可限制公民在家庭中的权利。

第 2 条　本法中使用的主要定义

本法中使用了以下主要定义：

婚姻，是指男女之间为了建立家庭，按法律规定的方式，在自由和双方完全同意的情况下达成的平等权利的结合，并由此产生夫妻双方间的财产和个人非财产的关系。

实际婚姻，是指在没有意愿建立家庭，但为达到登记婚姻所能带来的某种利益而达成的婚姻。

家庭，是指因婚姻、亲属关系、收养或其他接收未成年人培养的形式而产生的财产权利和个人非财产权利联系在一起的、被要求促进巩固和发展家庭关系的人们。

婚姻年龄，是指一个人有权结婚的年龄。

未成年，是指未达到成年的人的法定状态。

财产约定，是指婚姻合约所规定的夫妻双方的财产所有权约定。

代孕合约，是指希望拥有子女的人和同意使用人工受精或人工植入胚胎方式的妇女之间签署的协议。

赡养费，是指一个人提供给另一方有权获得的人的生活费。

家庭状况，是指在婚或离婚、有无子女或其他家庭成员的状况。

经济状况，是指有无工资、退休金、其他收入及其金额，拥有的财产、劳动能力的丧失程度（状态）、是否从其他家庭成员获得经济帮助。

公民状况证明，是指办理法律手续的情况，这与其相关的权利和义务的出现、改变和中止有密切联系。

近亲，是指父母、子女、收养人、被收养人、同胞和非同胞兄弟、姐妹、祖父、祖母和孙辈。

监护人（保护人），是指按照法律规定的方式为完成监护和保护而任命的人。

监护（保护），是指保护未成年人和法院认定为无行为能力（限制行为能力）的人的法律形式。

未成年人保护国家授权部门的地方分支机构，是指分设于地区的国家行政机构或地方自治执行处理机构的保护未成年人合法权益的专业机构部门；

无劳动能力的家庭成员，是指十六周岁以下子女（包括收养的子女）、父母（包括养父母）、丈夫（妻子）、同胞和非同胞亲属兄弟姐妹（十六周岁以下或根据养老法律规定达到退休年龄，或社会医疗鉴定委员会认定为无劳动能力的）。

生殖健康，是指反映一个人繁衍健康子女能力的健康状态。

代孕，是指根据代孕母亲和潜在父母之间的合约而进行的受孕、怀孕和生育；

性别平等，是指社会中不同性别的人拥有一样的社会地位；

家务劳动，是指满足家庭需要的独立劳动形式；

童工的最恶劣形式，是指所有奴役，以及强迫和强制未成年人劳动的形式，其中包括工作性质和完成条件可能给未成年人的健康或精神带来损害的工作。

第 3 条　家庭关系中的性别平等

1. 根据《吉尔吉斯共和国宪法》中确定的男女权利和自由平等，及其实施的平等机会，在吉尔吉斯共和国，男女在家庭关系中享有平等的个人和财产权利和义务。

2. 家庭关系中的性别平等受社会和国家的保护。

3. 家庭成员及与其共同生活的人之间的关系，应建立在性别平等、尊重个人的自尊和自爱的原则基础上。

4. 禁止家庭关系中的性别歧视。

第 4 条　家庭法和包含家庭权利的法规

1. 家庭法包括本法、吉尔吉斯共和国未成年人法和其他相关法律。

2. 根据并为执行本法、其他法律、吉尔吉斯共和国总统令，吉尔吉斯共和国政府有权在本法、其他法律和吉尔吉斯共和国总统令直接规定的情况下，发布法规。

第 5 条　适用民法的家庭关系

本法序言中的家庭法（本法第 4 条）不能解决的家庭成员之间的财产关系和个人非财产关系，将在不与家庭关系发生冲突的情况下，适用民法。

第 6 条　家庭法和民法对类似家庭关系的适用

在家庭法或双方的协议不能解决家庭成员之间关系的情况下，同时缺少直接解决这些关系的民法法规的情况下，在与这些关系实质不冲突的情况下，适用家庭法和（或）民法调节类似关系的法规。如果没有这些法规，家庭成员的权利和义务应根据家庭法或民法（类似法律）的基本原理和原则，以及人道、理智和正义的原则予以确定。

第 7 条　家庭法和国际法规范

如果吉尔吉斯共和国是根据法律规定的程序发生效力的国际公约缔约国，若该公约规定了与家庭法不同的条款，则适用该国际公约的条款。

第二节　家庭权利的实施和保护

第 8 条　实现家庭权利和履行家庭义务

1. 公民自行支配家庭关系中属于自己的权利（家庭权利），包括这些权利的保护权，除非本法另有规定。

家庭成员实现自己的权利、履行自己的义务，不能损害其他家庭成员和其他公民的权利、自由和合法利益。

2. 家庭权利受法律保护，除非这些权利的实施与它们的目的相冲突。

第 9 条　家庭权利的保护

1. 法院根据民事诉讼程序实施对家庭权利的保护，而在本法规定的情况下，则由国家机构、未成年人保护国家授权部门的地方分支机构予以实施。

2. 家庭权利的保护根据本法和吉尔吉斯共和国未成年人法的相关条款予以实施。

第 10 条　家庭关系中诉讼时效的应用

1. 诉讼时效不适用于家庭关系的要求，除非本法对保护该权利规定了期限。

2. 在使用规定了诉讼时效的法规时，法院将依据吉尔吉斯共和国民法典第 214～219 条的规定进行裁决。

第二章　婚姻的缔结和终止

第三节　缔结婚姻的条件和方式

第 11 条　结婚

1. 婚姻需经国家婚姻登记部门登记，结婚的人要亲自参加婚姻登记，民事登记部门自他们提出申请之日起满 1 个月内办理。

特殊情况下如怀孕、分娩、来自于某方面的直接的生命危险等，婚姻可以在申请提出当天缔结。

2. 婚姻登记按照国家婚姻登记部门规定的方式进行。

3. 希望缔结婚姻的双方或一方对婚姻登记机关拒绝登记结婚的，可以根据行政活动立法规定的程序向法院提出申诉。

第 12 条　结婚的方式

1. 婚姻应由结婚当事人本人亲自出席的情况下，在向公民状况登记机构提交申请后期满 1 个月后缔结。

如果有正当理由，国家婚姻登记所在地的公民状况登记机构可以允许在 1 个月期满前，或延长这一期限缔结婚姻，但不超过 1 个月。

如果有特殊情况（怀孕、孩子出生、一方的生命受到威胁）可以在提交申请当日缔结婚姻。

2. 国家婚姻登记按照国家公民状况登记所规定的方式进行。

3. 公民状况登记机构如拒绝登记婚姻，希望结婚的人（其中之一）可向法院提起申诉。

第 13 条　结婚的条件

1. 婚姻的缔结必须是达到结婚年龄的男女双方的自愿结合。

2. 在出现本法典第 15 条注明的情况时，不能缔结婚姻。

第 14 条　适婚年龄

1. 适婚年龄规定为十八周岁。

2. 如果存在正当理由，根据未成年人保护国家授权部门的地方分支机构的委员会作出的结论，婚姻申请人居住所在地的地方自治执行机构有权根据上述人士的申请而降低结婚年龄，但男女降幅各不超过一周岁。

3. 违反本法典规定的适婚年龄规定的人，将承担吉尔吉斯共和国法律规定的责任。

第 15 条　妨碍婚姻缔结的情况

以下人士之间不允许结婚：

双方或其中的一方，已经在另一个已登记的婚姻中有婚约；

近亲［直系亲属（父母和子女、祖父、祖母和孙辈）］、同胞和非同胞（拥有共同的父亲或母亲）兄弟和姐妹；

收养者和被收养者；

双方或其中的一方，被法院判决为因精神疾病而无行为能力的人。

第 16 条　对缔结婚姻的人进行体检

1. 缔结婚姻的人的体检，以及医学基因问题咨询和计划生育问题咨询，应由居住地卫生部门免费提供，并应经缔结婚姻的人同意方可进行。

2. 体检结果属于医疗机密，可以通知与该人缔结婚姻的另一方，并应经体检本人的同意。

3. 如果缔结婚姻的一方对另一方隐瞒了所患性病或艾滋病感染的事实，另一方有权向法院提出要求宣布婚姻无效。

第四节　婚姻的终止

第 17 条　终止婚姻的依据

1. 由于死亡或法院判决夫妻双方中的一方死亡，则该婚姻即可终止。

2. 婚姻也可通过夫妻一方或双方申请，以及被法院裁定为夫妻中无行为能力一方的监护人提出的申请而终止。

第 18 条　丈夫提出解除婚姻的权利限制

在妻子怀孕，以及夫妻共同生育的子女出生后 1 年内，未经妻子同意，丈夫无权提出解除婚姻的诉讼。

第 19 条　解除婚姻的方式

婚姻的解除应在公民状态登记部门进行登记。当存在本法典第 22 条至第 24 条规定的情形时，则应通过司法方式解除。

第 20 条　在公民状态登记部门解除婚姻

1. 双方没有共同的未成年子女的夫妻，在双方均同意解除婚姻的情况下，可以在公民状态登记部门办理解除婚姻。

2. 根据夫妻一方申请提出的婚姻解除，无论双方是否拥有共同的未成年子女，可在以下情况下在公民状态登记部门办理，如果另一方：

被法院宣布已失踪；

被法院裁定为无行为能力；

因犯罪被判处剥夺自由 3 年以上。

3. 在夫妻双方提交解除婚姻申请之日起满 1 个月后，由公民状态登记部门办理婚姻解除并发放婚姻解除证明。

4. 婚姻解除的国家登记由公民状态登记部门根据规定的公民状态登记方式办理。

第 21 条　在公民状态登记部门办理解除婚姻时夫妻双方之间争议的解决

有关分割夫妻共同财产、支付无劳动能力一方供养费的争议，以及夫妻一方被法院裁定为无行为能力或因犯罪被判处剥夺自由 3 年以上（本法典第 20 条第 2 款），有关子女的争议，应按司法程序进行解决，无论在公民状态登记部门是否解除婚姻。

第 22 条　以司法程序解除婚姻

1. 在夫妻双方拥有共同的未成年子女的情况下，但不包括本法典第 20 条第 2 款规定的情况，或者一方不同意解除婚姻、双方存在财产争议的情况下，婚姻的解除按司法程序办理。

2. 如果夫妻中的一方，尽管其未反对但却回避在公民状态登记部门办理解除婚姻（拒绝提交申请、不希望办理婚姻解除登记等），这种情况下也应该通过司法程序解除婚姻。

第 23 条　夫妻双方中一方不同意解除婚姻时以司法程序解除婚姻

1. 如果法院确定，夫妻双方无法继续共同生活并维系家庭，婚姻以司法程序解除。

2. 在夫妻一方不同意解除婚姻的情况下，法院在审理婚姻解除案件时，有权采取措施促使夫妻和解并有权延期审理案件，并在 3 个月的期限内规定夫妻双方的和解期限。

如果夫妻和解未果，夫妻（其中一方）坚持解除婚姻，则婚姻将被解除。

第 24 条　夫妻双方均同意解除婚姻的情况下以司法程序解除婚姻

1. 拥有共同的未成年子女的夫妻，在双方均同意解除婚姻时，以及本法典第 22 条第 2 款中注明的夫妻，法院无需查明离婚动机即可解除婚姻。夫妻双方有权向法院提交审理本法典第 25 条第 1 款规定的有关子女的协议。在没有这一协议时或者如果协议损害了子女的利益，法院可以根据本法典第 25 条第 2 款的规定采取措施保护子女的利益。

2. 司法程序解除婚姻不应早于夫妻双方提交申请之日起满 1 个月。

第 25 条　法院在作出解除婚姻的裁决时应解决的问题

1. 通过司法程序解除婚姻时，夫妻双方可以向法院提交审理有关未成年子女未来与谁共同生活，子女和（或）无劳动能力的一方抚养费和赡养费的支付方式、金额以及夫妻双方共同财产分割问题的协议。

2. 如果夫妻双方之间没有就本条第一款所指出的问题订立协议，或者虽订立了协议但该协议破坏了子女或夫妻一方的利益，法院应该：

判定夫妻离婚后未成年子女应与父母中的哪一方共同生活；

判定父母中的哪一方应支付抚养费，及金额；

根据夫妻双方（一方）的要求分割属于双方共同拥有的财产；

根据夫妻中有权要求另一方支付抚养费的一方提出的要求，确定该抚养费的金额；

3. 如果分割财产涉及第三方的利益，法院有权将分割财产要求的申请列入单独审理程序。

如家庭中有未成年子女，夫妻共同财产应根据原告的起诉申请并考虑用于子女教育的部分进行分割。

第 26 条　解除婚姻时婚姻的终止时刻

1. 在公民状态登记部门解除的婚姻，自在公民状态登记簿中进行婚姻解除国家登记之日起终止；而在法院通过司法程序解除的婚姻，则自法院裁决生效之日起终止。

2. 在法院通过司法程序解除的婚姻，必须按照公民状态登记规定的要求进行国家登记。

在解除婚姻的判决生效之日起 3 天内，法院应将判决摘录发送给结婚登记所在地的公民状态登记部门。

夫妻双方在获得公民状态登记部门签发的婚姻解除证书之前，无权缔结新的婚姻。

第 27 条　被宣布死亡或被认为失踪的夫妻一方重现时的复婚

1. 如果被宣布死亡或被认为失踪的夫妻一方重现，根据夫妻双方的共同申请，公民状态登记部门可以恢复被相关法院判决解除的婚姻。

2. 如果夫妻一方已缔结新的婚姻，则不能复婚。

第五节　无效婚姻

第 28 条　确认婚姻无效

1. 在违反本法典第 13 条至第 16 条规定的条件时，或者缔结虚假婚姻，即如果夫妻或其中一方登记婚姻时并未打算建立家庭，在这种情况下婚姻将被认为是无效的。

2. 婚姻无效由法院裁定。

3. 在判决婚姻无效的法院判决生效之日起 3 日内，法院应将该判决的摘录发送给婚姻登记所在地的公民状态登记部门。

4. 无效婚姻自其登记之日起即为无效（本法典第 11 条）。

第 29 条　有权要求确认婚姻无效的人

1. 以下人士有权要求确认婚姻无效：

a. 未成年的夫妻一方、其父母（他们的监护人）、未成年人保护国家授权部门的地方分支机构，或者，如果婚姻是与未达到婚龄的人签订的且没有获得允许该人在达到婚龄（本法典第 14 条）前结婚的许可时，检察官有权要求确认婚姻无效。未成年夫妻一方年满十八周岁后，只有该夫妻一方有权要求确认婚姻无效；

b. 缔结婚姻违反了夫妻一方的权利时的该方，或者检察官发现，婚姻是在其中一方非自愿的情况下缔结：由于强迫、欺骗、迷惑，或者在国家登记时处于不能理解自己行为的意义并支配自己的行为的状态；

c. 不了解存在妨碍结婚因素的夫妻一方、无行为能力一方的监护人、前一段未解除婚姻的一方、由于违反本法典第 15 条规定而缔结婚姻造成损害其利益的其他人，或者未成年人保护国家授权部门的地方分支机构、检察官；

d. 检察官，以及在缔结虚假婚姻时不了解其虚假性的夫妻一方；

e. 存在本法典第 16 条第 3 款的情况时，权利受损的夫妻一方。

2. 在审理有关与未达到婚龄的人，或法院承认的无行为能力的人缔结的无效婚姻案件时，未成年人保护国家授权部门的地区分支机构可以参与审理。

第 30 条　消除婚姻无效性的情况

1. 在审理无效婚姻案件时，如果阻碍婚姻缔结的违法因素失效，则法院可以认定婚姻有效。

2. 如果对夫妻中的未成年一方有利，或者未经该未成年一方同意承认婚姻无效，法院可以终止确认对与未达到婚龄一方结婚的婚姻无效的诉讼。

3. 如果在法院审理虚假婚姻案件之前夫妻双方已实际组建了家庭，则法院不能认定该婚姻是虚假的。

4. 如果虚假登记结婚的双方，在法院审理案件之前生育了子女，则法院不能认定该婚姻是虚假的。

5. 婚姻解除后不能将其认定是自始无效婚姻，除非夫妻双方间存在法律禁止的亲属关系，或者其中一方在婚姻登记时存在另一方未解除婚姻（本法典第 15 条）。

第 31 条　确认婚姻无效的后果

1. 法院确认无效的婚姻，不会产生本法典规定的夫妻双方的权利和义务，除非发生本条第 4 款、第 5 款的情况。

2. 对于无效婚姻双方共同获得的财产，适用吉尔吉斯共和国民法典有关份额所有制的条款。夫妻双方签订的合约（本法典第 43 条至第 45 条），被认定是无效的。

3. 无效婚姻的认定不影响在这一婚姻内出生的，或在认定为无效婚姻之日起 300 天内出生的子女的利益。

4. 在对无效婚姻作出判决时，法院有权承认由于签订该婚姻（诚实的一方）而造成权利损害的一方享有获得另一方赡养费的权利，本法典第 95 条、第 96 条规定了赡养费。对于被认定为无效婚姻以前由双方共同获得的财产，法院有权根据本法典第 35 条、第 39 条、第 40 条的规定进行分割，并认定婚姻部分或全部有效。

诚实的一方，有权根据民法规则要求赔偿给他造成的物质和精神损失。

5. 夫妻中诚实的一方，有权在认定婚姻无效时保留在国家婚姻登记时使用的姓。

第三章　夫妻的权利和义务

第六节　夫妻的个人权利和义务

第 32 条　家庭中夫妻的平等

1. 夫妻双方都有选择工作性质、职业、居住地和逗留地的自由。

2. 家庭中的母亲与子女、父亲和子女的关系，子女的培养、教育以及其他家庭生活问题，由夫妻双方共同遵照夫妻平等的原则解决。

3. 夫妻应在互相尊重、互相帮助的基础上构建自己家庭中的关系、促进家庭的幸福和稳固、关心子女的福利和发展。

4. 夫妻双方在家庭劳动中承担平等的义务。

5. 不允许夫妻一方针对另一方的性别歧视。

第 33 条　夫妻姓氏的选择权

1. 夫妻双方在缔结婚姻时可根据自己的意愿选择双方姓氏之一作为共同的姓氏，或者各保留自己婚前的姓氏，或者将另一方的姓氏联合加入自己的姓氏中。

如果夫妻中一方的婚前姓氏是双姓，则不允许联合姓氏。

2. 夫妻中一方的姓氏变更不会导致另一方变更姓氏。

3. 如果婚姻解除，夫妻双方有权保留共同姓氏或恢复自己的婚前姓氏。

第七节　夫妻财产的合法制

第 34 条　夫妻财产合法制的概念

夫妻双方财产的合法制即是他们的共同所有权。

如果婚约中未做其他规定，则夫妻财产合法制是有效的。

第 35 条　夫妻共同所有制

1. 夫妻双方在婚姻存续期间购置的财产，是他们共同所有的财产。

2. 属于夫妻在婚姻期间购置的财产有：夫妻一方从事劳动、经营活动所得，知识所得，他们的退休金、福利，以及其他不属于专用目的的资金（由于工伤或其他身体损伤而失去劳动能力，为补偿这一损失而支付的物质援助金等其他资金）。夫妻双方用共同收入获得的动产和不动产、股权、有价证券、投入信用机构或其他商业组织的存款、资产份额，和任何其他夫妻双方在婚姻阶段购置的财产，无论是以哪一方的名义购入或是由哪一方支付的财产，都是夫妻共同财产。

3. 夫妻共同财产同样属于在婚姻期间管理家务、照顾子女或因其他正当理由没有独立收入的一方。

第 36 条　夫妻共有财产的拥有、使用和支配

1. 夫妻根据双方协定拥有、使用和支配共有财产。

2. 夫妻一方完成的、支配共有财产的交易，可能由于缺少另一方的同意，且根据另一方的要求，或是证明另一方了解交易或明显应该知道另一方不同意完成此交易，而被法院认定无效。

3. 夫妻一方为了完成支配不动产交易，或按法律规定需经公证和登记的交易，必须获得另一方经公证的同意书，除非该方在完成交易和登记时同时在场。

未办理同意完成交易公证的一方，有权在他得知或应该得知完成此交易后的 3 年内，按司法程序要求认定交易无效。

第 37 条　夫妻各方的所有权

1. 在婚前属于夫妻一方的财产，以及其中一方在婚姻过程中以赠送、遗产或其他无偿交易方式获得的财产（夫妻各方的财产），属于个人所有。

2. 个人使用的物品（服装、鞋子等），不包括珠宝和其他贵重物品，尽管是在婚姻期间以共有财产支付的，但是属于使用方个人所有。

第 38 条　夫妻共有财产中个人财产的认定

如果在婚姻期间以夫妻共有财产或夫妻一方的财产，或者夫妻一方的劳动进行了投资，且投资大大超过了这一财产的价值，则这一财产及其收益可能被认定是夫妻共同所有。

第 39 条　夫妻共有财产的分割

1. 根据夫妻任何一方的要求在婚姻期间、婚姻解除后，以及债权人提出申请要求划分共有财产以便追索属于夫妻一方财产的情况下，夫妻共有财产可能进行分割。

2. 夫妻共有财产根据双方协商进行分割。根据夫妻的愿望，分割共有财产的协议可以进行公证。

3. 出现争议时，共有财产的分割，以及夫妻双方在这一财产中所占份额通过司法程序确定。

在分割共有财产时，法院根据夫妻双方的要求确定，哪些财产属于哪一方所有。如果一方得到的财产价值超过了他应得的部分，则另一方可要求对方支付相应的资金或其他补偿。

4. 夫妻各方在他们办理解除家庭关系时分居期间购置的财产，法院可以认定归该方所有。

5. 完全是为了满足未成年子女所需而购买的物品（衣物、鞋袜、学习和体育用品、乐器、儿童书籍等），不属于分割财产并且应无偿转交给予子女共同生活的一方。

以他们共有的未成年子女的名义存入的、夫妻双方共有财产的存款，将属于子女所有并不计入共有财产分割的范畴。

6. 在婚姻期间进行夫妻共有财产分割时，未分割的共有财产部分，以及夫妻双方在今后婚姻生活中购置的财产，为他们共同所有。

7. 对于解除婚姻的夫妻共有财产分割，适用自注册解除婚姻之时起3年的诉讼时效。

第40条　确定夫妻双方共有财产分割的份额

1. 在分割夫妻共有财产、确定这一财产的分割份额时，夫妻的份额是平等的，除非夫妻间的协议另有规定。

2. 为了未成年子女利益和（或）夫妻中一方应得的利益，如果另一方由于不正当的理由未获得收入，或挥霍了共有财产造成家庭损失时，法院有权不按照夫妻在其共有财产分割中份额平等的原则进行财产分割。

3. 夫妻双方共有债务，在分割共有财产时，根据他们应有份额划分。

第八节　家务劳动

第41条　平等对待家务劳动

1. 夫妻双方在家务劳动方面承担平等义务。

2. 家务劳动不能作为性别歧视的一种方法，并且可以由夫妻双方平等承担。

3. 劳动精英中的平等政策原则，适用于家务劳动。

第42条　失效

第九节　夫妻财产的合约制度

第43条　婚姻合约

婚姻合约是指夫妻双方或准备结婚的人之间达成的协议，这一协议规定了夫妻双方在婚姻中和（或）在解除婚姻时的财产权利和义务。

第44条　婚姻合约的签署

1. 婚姻合约既可以在婚姻国家登记前，也可以在婚姻存续期间的任何时候签署。在婚姻国家登记前签署的婚姻合约，生效日期为婚姻国家登记之日。

2. 婚姻合约以书面形式签署并应办理公证。如果婚姻合约的条款与吉尔吉斯共和国的法律相冲突，则公证员会拒绝公证这一合约或协议。

3. 可以对公证员拒绝公证婚姻合约的行为进行司法诉讼。

第45条　婚姻合约的内容

1. 夫妻有权以婚姻合约改变法律规定的共同所有权制（本法典第35条），规定夫妻对所有财产的、部分类别的或各方财产的共同所有权制、份额所有权制或分割所有权制。

婚姻合约可以针对现有的和未来的夫妻共同财产而签署。

夫妻有权在婚姻合约中约定相互供养的权利和义务、相互的收入分配方法、每人应承担的家庭支出的方式；确定在解除婚约时需要转给各方的财产，以及在合约中加入任何涉及夫妻财产关系的条例。

2. 婚姻合约规定的权利和义务，可能受限于一定的期限，或被限制于特定环境的来临或未发生。

3. 婚姻合约不能限制夫妻的权利能力或行为能力，以及他们为保护自己的权利而向法院提起申诉的权利；调节夫妻间非财产关系、关于子女方面的权利和义务；规定可能限制无劳动能力且需要供养一方权利的条款；包含其他会将夫妻一方置于极端不利的境地或者与吉尔吉斯共和国家庭法基本原则相矛盾的条件。

第 46 条　婚姻合约的修改和解除

1. 婚姻合约可以在任何时候根据夫妻双方的协议进行修改或解除。有关修改或解除婚姻合约的协议应以与婚姻合约同样的形式办理。

不允许单方面拒绝执行婚姻合约。

2. 根据夫妻一方的要求，法院可根据吉尔吉斯共和国民法典对婚姻合约修改和解除所规定的依据和方式决定对婚姻合约进行修改或解除。

3. 婚姻合约的效力自婚姻解除之时起终止（本法典第 26 条），但不包括那些婚姻合约中规定的、在婚姻终止后的阶段的情况。

第 47 条　确认婚姻合约无效

1. 依据吉尔吉斯共和国民法典中对无效婚姻的规定，婚姻合约可能被法院认定为完全或部分无效。

2. 如果婚姻合约中的条款将夫妻一方置于极其不利的境地，则法院可以根据夫妻一方的要求，认定婚姻合约全部或部分无效。婚姻合约若存在违反本法典第 45 条第 3 款其他要求的条款，将被废除。

第十节　夫妻双方的债务责任

第 48 条　对夫妻财产的追索

1. 对夫妻一方的债务可能只追索该方的财产。在这一财产不够偿付的情况下，债权人有权要求将能在分割夫妻共有财产时欠债一方能够得到的份额用于追缴债务。

2. 夫妻共同的债务，以及一方的债务，但经法院认定其所有债务是用于家庭需要而使用的，则会追索夫妻共有财产。这一财产不够偿付时，夫妻双方以个人财产对该债务承担连带责任。

如果法院判决认定，夫妻双方共有财产是由其中一方以犯罪形式获得的资金收入或增加，则可能相应的对夫妻共有财产或属于该方的部分财产进行追索。

3. 夫妻双方对给未成年子女造成的损害所应承担的责任，由民事法律进行规定。在给未成年子女造成伤害时，对夫妻财产的追索将根据本条第 2 款的规定进行。

第 49 条　在签署、修改和解除婚姻合约时债权人权利的保障

1. 夫妻一方应通知自己的债权人（多个债权人）有关婚姻合约的签署、修改或解除。在未完成这一义务时，无论婚姻合约的内容如何，该方都对自己的债务承担责任。

2. 夫妻中欠债方的债权人（多个债权人），有权根据吉尔吉斯共和国民法典规定的方式，在实际情况发生变化时，要求修改或解除夫妻间的婚姻合约。

第四章　父母和子女的权利和义务

第十一节　子女出身的认定

第 50 条　父母和子女的权利和义务的依据

父母和子女的权利和义务以按法律规定方式证明的子女的出生为依据。

第 51 条　子女出身的认定

1. 由公民状态登记机构，根据母亲在医疗机构确认的子女出生证明，按母亲（母子关系）确定子女的出身，如果孩子是在医疗机构外出生，则依据相应卫生授权机构或法院裁定的医生或其他医疗工作者出具的子女出生事实的证明。

2. 不能提供其他证明（本法典第 55 条）时，如果子女出生于父母在共同婚姻中，或者生于解除婚姻后、承认婚姻无效后，或者自子女母亲的丈夫去世之时起 300 天内，则母亲的丈夫（前夫）被认定为孩子的父亲。婚姻登记作为子女母亲的丈夫的父子关系证明。

3. 如果子女的母亲声明，子女的父亲不是她的丈夫（前夫），则父子关系根据本法典第 51 条第 4 款规定的条件确定。

4. 与子女的母亲不在婚姻关系中的人的父子关系，将根据子女父母共同向公民状态登记部门提交申请的方式确定；如果母亲去世，认定她无行为能力，无法确定母亲的所在地，或者她被剥夺了父母权利，则根据子女父亲的申请，经未成年人保护国家授权部门的地方分支机构同意确定父子关系，如果未得到该机构的同意，则由法院判定。

根据有依据的情况推测，可能在子女出生后无法或很难提交共同声明确认父子关系，则没有结婚的未来父母，有权在母亲怀孕期间向公民状态登记部门提交这一声明。对子女父母的登记将在子女出生后完成。

5. 对于已满十八周岁子女的父子关系的确定，只能在其同意后方能进行，如果他被认定是无行为能力的人，则经他的监护人或未成年人保护国家授权部门的地方分支机构同意方能进行。

第 52 条　司法程序确定父子关系

1. 婚前出生的子女，并且没有办理父母双方的共同声明或子女父亲的声明（本法典第 51 条第 4 款），则根据父母中一方，子女的监护人（保护人）或抚养人的申请，以及已成年子女自己的申请，按司法程序确定子女的出身（父子关系）。这时法院应关注能真实确定子女出身于某一具体人的社会证据和生物学证据。

2. 未婚并同意人工授精的妇女，以及代孕母亲，无权向法院提出对捐献精子用于使用辅助怀孕技术的男子进行父子关系确认的要求。

第 53 条　法院确定承认父子关系的事实

如果承认自己是子女父亲、但尚未与子女母亲结婚的男方死亡，可以按照司法程序，并根据民事诉讼法规定的办法确定其承认父子关系的事实。

第 54 条　在出生登记中登记子女的父母

1. 缔结婚姻的父亲和母亲，根据其中任何一方的申请，在出生登记证中登记为子女的父母。

2. 如果父母之间没有结婚，根据母亲的申请登记子女的母亲，而作为父亲，则需根据父母双方共同申请，或者父亲的申请（本法典第 51 条第 4 款），或者根据法院的判决方可登记为子女的父亲。

3. 未婚母亲生育的子女，在缺少有关父亲关系确认的父母双方的共同申请或法院判决书的情况下，在出生证明中子女的父姓将使用母亲的姓氏登记，而父亲的名字、父称以及民族则根据母亲的要求填写。

4. 已婚并以书面形式同意采用人工授精方法或植入胚胎的双方（包括另一妇女），使用这一方法子女出生的情况下，应作为父母被登记在公民状况登记簿中。

第 55 条　亲子关系争议

1. 只有按照司法程序，并根据作为父母亲登记的人的要求，或者在子女成年后根据自己的要求，子女的监护人和被法院认定为无行为能力人的父母监护人的要求下，方可根据本法典第 54 条第 1 款、第 2 款的规定在出生证书中登记父母。

2. 登记为子女父亲的人，如果在登记时他已经明知实际上他不是子女的父亲，依据本法典第 54 条第 2 款，他不能对父子关系提出争议。

3. 按法律规定书面同意使用人工受精或人工植入方法的夫妻中的一方，无权在亲子关系争议中引述这一情况。

同意给另一妇女人工植入的夫妻，以及代孕母亲（本法典第 54 条第 4 款），无权在完成出生证书父母登记后，在亲子关系争议时引述这一事实。

第 56 条　失效

第 57 条　失效

第 58 条　未结婚人士生育的子女的权利和义务

在根据本法典第 51 条至第 53 条规定的方式确定父子关系时，子女拥有同婚生子女一样对父母及其亲属同样的权利和义务。

第十二节　未成年子女的权利

第59条　未成年人在家庭中生活和受教育的权利

1. 未满十八周岁的人被认为是未成年人。

2. 每个未成年人有在家庭中生活和受教育、认知自己的父母双方的权利，以及获得他们关心照顾、与他们共同生活的权利，除非与父母一方或双方分开是为保护未成年人利益所必需的。

未成年人有接受自己的父母教育、保证他的兴趣及全面发展、尊重他的人格尊严的权利。

在没有父母、父母权利被剥夺以及其他失去父母保护的情况下，未成年人受家庭教育的权利，由未成年人保护国家授权部门的地方分支机构，根据吉尔吉斯共和国未成年人保护法规定的方式予以保证。

第60条　未成年人与父母和其他亲人联系交往的权利

1. 未成年人有与父母、近亲属和其他亲属联系交往的权利。

如果父母分开各自生活、他们的婚姻解除或未成年人在家庭以外生活，则未成年人保留与自己的双亲联系交往的权利，除非与父母一方或双方分开是为了保护未成年人利益所必需的。

2. 处于极其异常状况（拘禁、逮捕、看管、在医疗结构治疗等）下的未成年人，有权按法律规定的方式与自己的双亲和其他亲属联系交往。

第61条　未成年人受保护的权利

1. 未成年人有权保护自己的权利和利益。

未成年人权利和合法利益的保护由父母实施，但在本法典规定的情况下，由未成年人保护国家授权部门的地方分支机构、检察院和法院实施。

虽未满十八周岁但根据法律规定被认定达到成年前具有完全行为能力的未成年人，有权独自行使自己的权利和义务，包括保护的权利。

2. 未成年人有权保护自己免受父母（代替父母的人）滥用自己的权利。

在侵犯了未成年人的权利和合法利益时，包括父母（代替父母的人）未完成或未按应有的方式完成教养受教育的义务，以及滥用父母权利时，未成年人有权独自向未成年人保护国家授权部门的地方分支机构申请保护，如果满十四周岁，则可向法院提出保护。

3. 公职人员和其他公民，如果知晓未成年人的生命和健康受到威胁、未成年人的权利和合法利益受到破坏，则应通知未成年人实际所在地的未成年人保护国家授权部门的地方分支机构。接到这样的通知时，未成年人保护国家授权部门的地方分支机构应采取必要措施保护未成年人的权利和合法利益。

第62条　未成年人表达自己意见的权利

未成年人有权自由表达自己的意见。未成年人表达意见的权利，在法律规定的为保护他人的权利和声誉，以及保护吉尔吉斯共和国国家安全、社会秩序、居民健康和道德的情况下，可能受到限制。在本法典（第64条和第77条），以及吉尔吉斯共和国未成年人保护法（第42条、第52条、第56条、第63条、第64条、第65条、第79条）规定的情况下，未成年人保护国家授权部门的地方分支机构或法院，只有经满十周岁未成年人的同意方可作出裁决。

第63条　未成年人的姓名权

1. 未成年人具有姓名权。

2. 父母（代替父母的人）经协商给未成年人起名，父称根据父亲的名字或参考民族传统获得。

父亲改名时，他的未成年子女的父称也要变更，而已成年子女只有在提交申请时才予以变更。

3. 未成年人的姓氏根据父母的姓氏确定，父母不同姓氏时，子女的姓根据父母协商可随父姓或母姓。

根据父母的意愿，子女的姓氏可以随父姓或祖父姓，或者按照吉尔吉斯民族传统确定。

4. 父母在未成年人姓名方面的分歧，可通过司法方式解决。

5. 如果未确定父子关系，则未成年人的名字根据母亲的意愿确定，父称随登记为未成年人父亲的人的名字（本法典第54条第3款），姓氏随母姓。

6. 如果未成年人的父母双方都不确定，则孩子的姓、名和父称由未成年人保护国家授权部门的地方分支机构确定。

第64条　未成年人姓名的变更

1. 未成年人的姓氏在父母双方或一方姓氏变化时变更。

在未成年人未满十六周岁前，根据父母双方共同申请，公民状态登记部门基于未成年人的利益变更未成年人的姓、名、父称。在出示有法律效力的，认定父母失踪、被剥夺父母权利、父母被认定为无行为能力人的法院裁决书时，不一定考虑父母的意见。

2. 如果婚姻终止或被认定为无效，子女保留出生时获得的姓氏。

3. 失效。

4. 如果孩子出生时，父母尚未结婚，且父子关系未按法律规定确定，则公民状态登记部门基于未成年人的利益，有权允许其改为母姓，该母姓是母亲提交申请时的姓氏。

5. 满十周岁的未成年人，只有经本人同意方可变更其名字和（或）姓氏。

第65条　未成年人的财产权利

1. 未成年人有权以本法典第五章规定的方式和数额获得父母和其他家庭成员的供养。

2. 未成年人以赡养费、退休金、福利获得的金额，由父母（代替父母的人）支配，并用于抚养、养育和教育未成年人。

根据应支付未成年子女抚养费的父母一方的请求，法院有权作出关于向未成年子女在银行开立的账户支付不超过应付抚养费50%的判决。

3. 未成年人对居所、他所获得的收入、赠送给他的财产或者他继承的遗产，以及任何其他他所有的财产，拥有所有权。

未成年人对归其所有的财产的支配权，遵照吉尔吉斯共和国民法典第 61 条、第 63 条的规定执行。

父母对未成年人的财产实施管理时，对其适用民法针对支配被监护人财产所做的规定（吉尔吉斯共和国民法典第 72 条）。

4. 子女对父母的财产没有所有权，父母对子女的财产同样不具有所有权。共同生活的子女和父母可以相互协商互相拥有和使用财产。

5. 在出现父母和子女共同拥有所有权时，他们对共同财产的拥有、使用和支配由民法典确定。

第十三节　父母（代替父母的人）的权利和义务

第 66 条　父母的权利和义务的平等

1. 对于子女，父母拥有平等的权利，承担平等的义务（父母权利）。

2. 本节规定的父母权利，在子女满十八周岁（成年）后，在未成年子女结婚后以及其他法律规定的子女在成年前获得完全行为能力的情况下终止。

第 67 条　未成年父母的权利

1. 未成年父母有权与子女共同生活并参与该子女的教育。

2. 未结婚的未成年父母，在他们的子女出生并且确认子女的母子和（或）父子关系的情况下，有权在满十六周岁后独自行使父母权利。未成年父母未满十六周岁前，他们的子女可能被指定监护人，该监护人将与未成年父母共同教育他们的子女。子女监护人和未成年父母之间出现分歧时，由未成年人保护国家授权部门的地方分支机构解决。

3. 未成年父母有权共同承认或对与子女的父子、母子关系提出异议，也有权在满十六周岁后要求通过司法方式确定与子女的父子、母子关系。

第 68 条　父母（代替父母的人）在抚养子女方面的权利和义务

1. 父母（代替父母的人）有权并应该教养子女，保证他们接受教育，根据年龄和才能指导他们的行为。父母（代替父母的人）必须创造必要的条件以利于子女的全面发展、教育、体质增强，培养子女在家庭中和社会上的独立生活能力。父母双方（代替父母的人）应同等程度地关心子女的教育，以应有的方式照顾子女，提供物质和生活保障。

2. 涉及为子女全面发展创造条件的所有问题，在以子女的利益为出发点，并参考子女的意见的同时，由父母双方（代替父母的人）协商解决。父母（代替父母的人）在出现分歧时，有权将分歧提交未成年人保护国家授权部门的地方分支机构解决或法院审理。

第69条　父母（代替父母的人）在保护子女权益方面的权利和义务

1. 父母承担保护子女权益的责任。

父母（代替父母的人）是子女的合法代表，并负责保护子女在与任何自然人和法人，包括法院的关系中的权利和利益，并不需要特殊授权。

2. 如果未成年人保护国家授权部门的地方分支机构确定，子女和父母的利益存在冲突，这种情况下父母（代替父母的人）无权代表自己子女的利益。在父母和子女间出现分歧时，未成年人保护国家授权部门的地方分支机构应对子女的权利和利益实施保护。

第70条　父母权利的实施

1. 在与子女利益冲突的情况下，不能实施父母权利。

在实施父母权利时，父母无权给子女的身体和心理健康，以及道德发展造成损害，教育子女的方法应排除藐视、残忍、粗暴、贬低人格地对待、侮辱或利用子女。

行使父母权利而给子女权益带来损害的父母，应按照法律规定的方式承担责任。

2. 在父母分开生活时，子女的居住地由父母协商确定。

在未达成协议时，父母之间的争议由法院基于子女的利益并参考子女的意见解决。这时法院会考虑子女与父母、兄弟姐妹的依恋程度，子女的年龄，父母的道德品质，父母和子女的关系，可能给子女创造的教育和发展条件（父母的经营性质、工作制度、父母的物质和家庭状况等）。

第71条　与子女分开生活的父母一方权利的实施

1. 与子女分开居住的父母一方，有权与子女交往，参与其教育和抚养，解决子女受教育的问题。

与子女一起生活的父母一方，不应阻碍子女与父母另一方的交往，如果这一交往不会给子女的身体、心理健康和道德发展造成损害。

2. 父母一方有权与子女分开居住的另一方就实施父母权利的方式签署书面协议。

如果父母不能达成一致，则争议可由法院根据父母（或其中一方）的请求，在未成年人保护国家授权部门的地方分支机构的参与下解决。

3. 在未完成法院对父母中过错方作出的裁决时，适用民事诉讼法规定的措施。在恶意未完成法院裁决的情况下，法院根据与子女分开居住的父母一方的要求，根据子女的利益，并参考子女的意见，可以作出将子女转交给他的裁决。

4. 与子女分开居住的父母一方，有权从教育机构、医疗机构、居民社会保护机构和其他相似机构获得有关自己子女的信息。只有在出现父母一方对子女的生命和健康造成威胁的情况下，才可能对其拒绝提供信息。对拒绝提供信息的行为，可以按司法程序提出异议。

第72条　祖父母、兄弟姐妹和其他亲属与未成年人交往的权利

1. 祖父母、兄弟姐妹和其他亲属有权与未成年人交往。

2. 如果父母（其中一方）拒绝为未成年人近亲属提供与其交往的可能，未成年人保护国家授权部门的地区分支机构可以责成父母（其中一方）不再阻碍这一交往。

3. 如果父母（其中一方）不遵从未成年人保护国家授权部门的地区分支机构的决定，未成年人的近亲属或者未成年人保护国家授权部门的地区分支机构有权向法院提起诉讼，要求消除对与未成年人交往的阻碍。法院基于未成年人的利益并参考未成年人的意见解决争议。

如果未执行法院的裁决，则将对过错方采取民事诉讼法规定的措施。

第 73 条　保护父母的权利

1. 父母（替代父母的人）有权要求任何非法或非依据司法裁决将未成年人扣留的人归还自己的子女。出现争议的情况下，父母（代替父母的人）有权向法院要求保护自己的权利。

在审理这些申请时，如果得出的结论是，将未成年人交给父母（代替父母的人）不符合未成年人的利益，则法院有权根据未成年人的意见拒绝满足父母的诉求（代替父母的人）。

2. 如果法院确定，无论是父母，还是与未成年人在一起的人，没有能力保证给未成年人提供应有的教育和发展，法院会将未成年人转交给未成年人保护国家授权部门的地区分支机构监护。

第 74 条　剥夺父母权利

父母（其中一方）可能被剥夺父母权利，如果他们：

回避履行父母的义务，其中包括蓄意逃避支付抚养费；

没有正当理由拒绝从产科医院（科室）或其他医疗机构、育婴机构、居民社会保护机构，或其他类似机构领走自己的子女；

滥用父母权利；

残忍对待未成年人，包括实施身体或心理暴力、蓄意性侵；

具有病态慢性酗酒或吸毒的情形；

对子女或配偶，或子女的监护人的生命和健康实施蓄意犯罪；

让未成年的子女流浪；

让子女从事最恶劣的童工。

第 75 条　剥夺父母权利的方式

1. 通过司法程序剥夺父母的权利。

剥夺父母权利的案件根据父母一方（代替他们的人）、检察官，以及有义务保护未成年人权利的机构和机关（未成年人保护国家授权部门的地区分支机构、孤儿院和没有父母监护的儿童机构等）的申请进行审理。

2. 剥夺父母权利的案件，必须在检察官和未成年人保护国家授权部门的地区分支机构参与的情况下进行审理。

3. 在审理剥夺父母权利的案件时，法院将解决有关向被剥夺父母权利的父母（其中一方）追索子女抚养费的问题。

4. 如果法院在审理剥夺父母权利的案件时，发现父母（其中一方）的行为涉嫌刑事犯罪，则法院应就此通知检察官。

5. 在法院裁决剥夺父母权利的判决生效后3天内，法院应将判决书摘录发送给未成年人出生国家登记所在地的公民状态登记机构以及未成年人保护国家授权部门的地区分支机构。

第76条　剥夺父母权利的后果

1. 被剥夺父母权利的父母，失去一切与该子女亲属关系的事实为基础的权利，其中包括获得赡养费的权利（本法典第92条），以及获得针对有子女的公民规定的优惠、国家补贴的权利。

2. 剥夺父母权利并不解除父母抚养子女的义务。

3. 子女与被剥夺了父母权利的父母今后共同生活的问题，由法院根据家庭法规定的方式裁决。

4. 父母被剥夺父母权利的子女，对居所保有所有权或使用权，并且保有因与父母和其他亲属的亲戚关系而产生的财产权，其中包括继承权。

5. 在无法将子女转交给未被剥夺父母权利的父母一方或子女的父母双方均被剥夺了父母权利的情况下，子女的财产和居所交由未成年人保护国家授权部门的地区分支机构监管。

6. 在父母（其中一方）被剥夺父母权利时，只能在法院作出剥夺父母（其中一方）的父母权利的判决6个月后方可办理收养该儿童的相关手续。

第77条　父母权利的恢复

1. 如果父母改正了自己的行为、生活方式和（或）教育孩子的方式，则该父母（其中一方）可能被恢复父母权利。

2. 父母权利应根据被剥夺父母权利的人的申请，并按司法程序恢复。

3. 在审理父母（其中一方）关于恢复其父母权利的申请的同时，可一并审理将子女交还给父母（其中一方）的请求。

4. 如果恢复父母权利与子女的利益有冲突，则法院有权根据子女的意见拒绝满足父母（其中一方）申请恢复其父母权利的诉求。

对已满十周岁的子女恢复其父母（其中一方）的父母权利，只有经该子女书面同意方有可能。

如果子女是收养的，并且收养已被取消，则不允许恢复其养父母的父母权利。

第78条　限制父母权利

1. 根据子女的利益，法院可以决定限制父母（其中一方）的父母权利。

2. 如果由于父母的情况（心理抑郁，或其他慢性病、艰难情况等），造成与父母在一起会对子女造成危险，就会限制父母权利。

父母权利还可能在以下情况下被限制：由于父母（其中一方）的行为对子女构成危险，但又没有足够的依据剥夺父母权利而将子女与父母留在一起。如果父母（其中一方）不改变自己的行为，未成年人保护国家授权部门的地区分支机构在法院作出限制父母权利的裁决之日起满6个月后必须提起剥夺父母权利的诉讼。为了子女的利益，未成年人保护国家授权部门的地区分支机构有权在这一期限之前提交剥夺父母权利的诉讼。

3. 限制父母权利的诉讼可以由子女的亲属、法律授权负责保护未成年人权利的机构(本法典第75条第1款)、教育机构和其他机构、检察官提交。

4. 限制父母权利的案件将在检察官和未成年人保护国家授权部门的地区分支机构参与下审理。

5. 在审理限制父母权利的案件同时，法院也可解决追缴父母（其中一方）对子女的抚养费问题。

6. 在法院限制父母权利的判决书生效后3天内，法院将判决书摘录发送给子女出生登记地的公民状态登记部门和未成年人保护国家授权部门的地区分支机构。

第79条　限制父母权利的后果

1. 被法院限制父母权利的父母（其中一方），失去对子女的教育权利，以及为有子女的公民提供的优惠和国家补贴的权利。

2. 限制父母权利并不解除父母抚养子女的义务。

3. 父母权利被限制的子女，对居所保有所有权或使用权，并且保有因与父母和其他亲属的亲属关系而获得财产权，以及获得遗产的权利。

4. 在父母双方均被限制父母权利时，子女及其财产和居所将被转交给未成年人保护国家授权部门的地区分支机构监护。

第80条　被法院限制父母权利的父母与子女的接触

被法院限制父母权利的父母，如果不会给子女造成不利影响，可以被允许与子女接触。父母与子女的接触应经未成年人保护国家授权部门的地区分支机构同意或经监护人(保护人)、子女的养父母或子女所在的机构同意。

第81条　取消父母权利限制

1. 如果父母（其中一方）被限制父母权利的依据已经不存在，法院可以根据父母(其中一方）的申请作出将子女交还给父母（其中一方）和取消本法第79条规定的限制的判决。

2. 如果将子女交还给父母与子女的利益不符，则法院根据子女的意见有权拒绝满足父母的诉求。

第82条　当未成年人的生命或健康受到威胁时应采取的措施

在发生直接威胁未成年人生命和健康的特殊情况下（身体或心理暴力、利用儿童等），未成年人保护国家授权部门的地区分支机构应采取保护未成年人权利的紧急措施，并应将其安置在家庭以外的地方。一昼夜内未成年人保护国家授权部门的地区分支机构应书面通知检察官和未成年人事务委员会有关采取的紧急措施，并在不迟于3日内作出给未成年人提供保护的方案，并将资料发给未成年人事务委员会，之后发往法院。

第83条　支持家庭和未成年人保护部门参与法院审理与教育未成年人相关的争议

1. 在法院审理与未成年人教育相关的争议时，不论提交保护未成年人诉讼的主体是谁，都将邀请未成年人保护国家授权部门的地区分支机构参与审理。

2. 删除。

第84条　法院作出的与未成年人教育相关案件判决的执行

1. 对于法院作出的与未成年人教育相关的判决，由司法执行人员按照民事诉讼法规定的方式执行。

如果父母（其他保护未成年人的人）阻碍司法判决的执行，则将对其采取民事诉讼法规定的措施。

2. 强制执行剥夺未成年人和将未成年人转交给他人相关的判决，必须在未成年人保护国家授权部门的地区分支机构和接受未成年人的当事人参与的情况下进行，必要时应有内政部门的代表参与。

在无法执行法院有关对未成年人利益无损害情况下转交未成年人的判决时，未成年人可以根据法院的判定临时居住于教育机构、治疗机构、社会保护机构或其他类似机构。

第五章　家庭成员的抚养和赡养义务

第十四节　父母和子女的抚养和赡养义务

第85条　父母抚养未成年子女的义务

1. 父母必须抚养自己的未成年子女。父母自行决定抚养未成年子女的方式和形式。

父母有权根据本法典第十七节的规定签署抚养自己未成年子女的协议（支付抚养费的协议）。

2. 如果父母不抚养未成年子女，将依据未成年人保护国家授权部门的地区分支机构提交到法院的诉讼书，按司法程序追缴父母的抚养费，该机构有权就未成年子女的抚养费向其父母（其中一方）追缴提起诉讼。

第85-1条　十八周岁到二十一周岁、在教育机构学习的子女的抚养

1. 如果没有签署支付抚养费的协议，法院有权责令父母供养十八周岁到二十周岁、仍在全日制付费教育机构学习的子女，无论该教育机构为何种法律形式的机构，但不包括子女在该教育机构学习结束以前教育机构的休学期。

2. 给十八周岁到二十一周岁在全日制付费教育机构学习的子女抚养费的金额，由法院确定为支付给教育机构的学费的50%，无论该教育机构为何种法律形式、何种类型和种类。

第86条　按司法程序追缴的未成年子女抚养费的金额

1. 在未达成支付抚养费的协议时，未成年子女的抚养费通过法院向父母追缴，每月金额为父母工资和（或）实际收入的：一个孩子——四分之一、两个孩子——三分之一、三个以上孩子——二分之一。

2. 法院可以根据双方的物质或家庭状况以及其他明显的情况，将这些份额的数量减少或增加。

3. 在从事农场经营、缺少现金流通时，抚养费可以实物抵偿。

4. 没有工资和（或）实际收入，并不能免除父母对子女的抚养义务，他应该自行寻找用于支付抚养费的资金，并根据当地平均工资计算的金额，按规定数量支付，或者将动产或不动产或者其中的一部分提供给一个或多个子女平均所有。

第87条　需要扣除未成年子女抚养费的工资和（或）其他收入种类

父母以本国货币和（或）外币获得的，并从其中需要扣除本法典第86条规定的未成年子女抚养费的工资和（或）其他收入的种类，由吉尔吉斯共和国政府规定。

第88条　以固定现金金额追缴未成年子女的抚养费

1. 在父母未达成支付未成年子女抚养费的协议，并且应支付抚养费的父母一方，工资和（或）其他收入不稳定并经常变化，或者如果这一方的工资和（或）其他收入全部或部分为实物或者外币，或者他没有工资和（或）其他收入，抑或从工资或其他收入中按比例追缴抚养费无法实行、非常困难，或实质性损害了另一方的利益，在这些情况下，法院有权以固定现金或者同时以比例（本法典第86条）和固定现金的方式确定每月需缴纳的抚养金数量。

2. 法院以最大可能保留子女之前的保障水平，并根据双方的物质和家庭状况，以及其他值得关注的状况为依据，确定固定现金金额。

3. 如果父母双方都留有子女，则条件好的父母一方支付给缺少保障的父母一方的抚养费金额，以固定现金金额确定，该金额由法院根据本条第一款确定并每月支付。

第89条　没有父母保护的子女的抚养费的追缴和使用

没有父母保护的子女的抚养费根据本法典第86~88条的规定追缴并支付给子女的监护人（保护人）或其养父母，或存入在国家或家庭式儿童院、其他未成年人保护机构（教育、治疗、社会保护机构和临时居住机构）生活的子女的个人账户。

如果子女留在这样的机构，他获得的抚养费存入其所在地国家银行的个人账户。

未成年人所在机构的负责人经与未成年人保护国家授权部门的地区分支机构协商，有权提前获得必要的资金用于该未成年人使用（只能用于治疗，假体术，提供个人助听器、视力辅助器的使用，且经相应医疗机构诊断）。

第 90 条　无劳动能力的成年子女要求抚养费的权利

1. 父母必须抚养需要帮助的、无劳动能力的成年子女。

2. 在未就无劳动能力的成年子女抚养费达成协议的情况下，法院会根据双方的物质和家庭状况，以及其他值得关注的利益，确定每月应支付的固定现金金额的抚养费。

第 91 条　父母养育子女的额外费用

1. 在没有明确协议，并发生特殊情况（子女重病、未成年子女残疾、无劳动能力并需要帮助的成年子女、必须支付他人照顾费用及其他必要用品费用）时，法院可以要求父母中的任何一方承担这些状况所带来的额外费用。

父母承担额外费用的方式及金额由法院根据父母和子女的物质、家庭状况及其他值得关注的利益情况来确定每月应支付的固定现金金额。

2. 法院有权督促父母支付该实际必要的及未来必要的额外费用。

第 92 条　成年子女赡养父母的义务

1. 有劳动能力的成年子女有义务赡养自己无劳动能力的和需要帮助的父母，并关心他们。

2. 在没有达成赡养无劳动能力的、需要帮助的父母的协议时，法院将按照司法程序向有劳动能力的成年子女追缴赡养费。

3. 每个子女应缴的赡养费，由法院根据子女和父母的物质状况和家庭状况，以及其他值得关注的利益，以固定现金的方式每月支付。

4. 在确定赡养费金额时，法院有权根据父母向所有子女或其中之一或几个提出的诉求，结合所有有劳动能力子女的状况确定。

5. 如果法院认定，父母逃避履行其父母义务，则子女可能被解除赡养自己无劳动能力父母的义务。

子女免除向被剥夺父母权利的父母支付赡养费的义务。

第 93 条　成年子女赡养父母的额外费用

1. 在成年子女缺少对无劳动能力父母的关心，并发生特殊情况（重病、残废、必须支付他人照顾费等）时，法院可能会要求成年子女承担这些状况所需的额外费用。

2. 每个成年子女承担额外费用的方式及金额由法院根据父母和子女的物质和家庭状况，以及其他值得关注的利益，并遵守本法典第 92 条第 3 款、第 4 款、第 5 款的情况确定。

3. 承担额外费用的方式以及金额可以根据各方的协议确定。

第十五节　夫妻和前夫妻的抚养义务

第 94 条　夫妻双方互相供养的义务

1. 夫妻双方应在物质方面互相支持。

2. 如果拒绝互相支持，并且夫妻间未达成支付赡养费的协议，则对此资金有需求的一方可以按照司法程序要求另一方提供赡养费，提出申请的可以是：

无劳动能力的夫妻一方；

怀孕期的妻子；

自子女出生后3年内一直照顾共有子女的一方；

一直照顾共有的未满十八周岁的残疾子女，或照顾自幼为一级残疾的子女而有需求的一方。

第95条　婚姻解除后前夫妻获得赡养费的权利

1. 有需求的前配偶有权按司法程序要求提供赡养费，他们是：

怀孕期间的前妻；

自子女出生后3年内一直照顾共同子女的前配偶；

一直照顾共有的未满十八周岁的残疾子女，或照顾自幼为一级残疾的子女而有需求的前配偶；

在解除婚姻前丧失劳动能力，或自离婚后1年内丧失劳动能力的，有需求的前配偶；

自离婚后5年内退休的有需求的前夫妻一方，且夫妻曾有很长时间的婚姻生活。

2. 在离婚后提供给前配偶的赡养费金额，可以由双方协商确定。

第96条　通过司法程序申请夫妻和前夫妻赡养费的金额

如果夫妻双方（前夫妻双方）未就支付赡养费达成协议，夫妻（前夫妻）一方通过法律程序申请支付的，需由法院根据夫妻（前夫妻）双方的物质和家庭状况，以及其他双方值得关注的利益，规定每月应支付的固定现金金额。

第97条　法院免除夫妻一方赡养另一方的义务或以期限限制这一义务

根据夫妻一方的申请，在以下情况下，法院可以免除夫妻一方赡养无劳动能力并需要帮助的另一方，或者规定这一义务的期限在婚姻期间和解除婚姻后不超过5年。

如果需要帮助的夫妻一方的无劳动能力是由于滥用酒精、毒品造成的，或者由于蓄意犯罪造成的；

在婚姻期间夫妻短暂居住；

要求支付赡养费的一方在家庭中具有不当行为。

第十六节　家庭其他成员的抚养义务

第98条　兄弟姐妹抚养未成年的和无劳动能力的成年兄弟姐妹的义务

未成年需要帮助的兄弟姐妹，在无法获得自己父母亲的抚养费时，有权按司法程序要求自己有劳动能力，且拥有这一资金的成年兄弟姐妹提供抚养费；同样的权利赋予成年但无劳动能力而需要帮助的兄弟姐妹，如果他们无法从自己有劳动能力的成年子女、配偶（前配偶）或父母处获得抚养费。

第 99 条　祖父母抚养孙子女的义务

未成年的孙子女，如无法获得自己父母的抚养费，则有权通过司法程序要求拥有这一资金的祖父母支付抚养费，这一权利同样赋予成年但无劳动能力需要帮助的孙子女，如果他们不能获得自己的配偶（前配偶）或父母的抚养费。

第 100 条　孙子女赡养祖父母的义务

无劳动能力需要帮助的祖父母，如果无法获得自己成年且有劳动能力的子女或配偶（前配偶）的赡养，有权按司法程序要求获得拥有这一资金的、有劳动能力的成年孙子女支付赡养费。

第 101 条　被养育人赡养实际养育人的义务

1. 实际养育未成年子女且无劳动能力的人，如果无法获得自己已成年有劳动能力的子女或配偶（前配偶）的赡养，则有权按司法程序要求自己抚养大的、已成年且有劳动能力的被养育人提供赡养费。

2. 如果养育人抚养并教育被养育人少于 5 年，且是以不应该的方式抚养和教育自己的被养育人，则法院有权免除被养育人赡养实际养育人的义务。

3. 本条第 1 款规定的义务，不能由被监护（保护）的人，或在收养家庭正在被养育的人承担。

第 102 条　继子女赡养继父母的义务

1. 养育了自己继子女的继父母，如无劳动能力且需要帮助，如果无法从自己有劳动能力的成年子女或配偶（前配偶）处得到赡养费，则有权按司法程序要求有劳动能力的且拥有这一资金的成年继子女提供赡养费。

2. 如果继父母养育继子女不超过 5 年，且是以不应该的方式完成养育继子女的义务，则法院有权解除继子女赡养继父母的义务。

第 103 条　按法律程序申请其他家庭成员的扶养费

1. 支付给本法典第 98~102 条中注明的人的抚养费或赡养费金额和支付方式，可以由双方协商确定。

2. 如果双方不能协商确定经司法程序追缴的赡养费金额，在每个特殊的情况下，法院将根据双方的物质和家庭状况，以及其他值得关注的利益情况，规定每月应支付的固定现金金额。

3. 如果同时有几个人必须负责供养家庭成员，则法院将根据他们各自的物质和家庭状况确定每个人完成赡养义务的份额。在确定扶养费金额时，法院有权考虑到所有必须支付扶养费的人，而无论起诉书是针对这些人中的所有人还是其中的一个人或几个人。

第十七节 支付抚养费的协议

第 104 条 签署支付抚养费的协议

支付抚养费的协议（抚养费金额、支付条件和方式）由必须支付和得到抚养费的人签署，如果必须支付和得到抚养费的人无行为能力，则由他们的法定代理人签署。不完全行为能力人签署该协议时应经其法定代理人同意。

第 105 条 支付抚养费协议的形式

1. 支付抚养费的协议应以书面形式签署并办理公证。

未按法律规定形式办理的支付协议，可能造成民法第 181 条中规定的后果。

2. 经公证的支付抚养费协议具有执行令的效力。

3. 如果抚养费协议与吉尔吉斯共和国的法律相冲突，则公证员有权拒绝公证这一协议。

4. 公证员拒绝完成公证的行为，可以按法律程序被起诉。

第 106 条 支付抚养费协议的签署、执行、修改、解除和确认无效的方式

1. 对于支付抚养费协议的签署、执行、解除和确认无效适用吉尔吉斯共和国民法典的规定，这些规定是民事法律交易签署、执行、解除和确认无效的依据。

2. 根据双方的协商，支付抚养费的协议在任何时候都可以被修改或解除。该协议的修改或解除应按照其本身的形式进行。

3. 不允许单方拒绝执行支付抚养费协议或单方对其进行修改。

4. 如果双方的物质或家庭状况发生了实质性的变化，且在无法达成修改或解除支付抚养费协议的情况下，利益方有权向法院提起修改或解除该协议的诉讼。在审理修改或解除支付抚养费协议的过程中，法院有权考虑双方的所有值得关注的利益点。

第 107 条 损害了抚养费获得者利益的抚养费支付协议无效

如果抚养费支付协议规定的给未成年人或已成年但无行为能力的家庭成员提供的抚养费条款实质上损害了他们的利益，其中包括未遵守本法典第 108 条第 2 款的规定，则根据未成年人法定代理人或已成年但无行为能力家庭成员的法定代理人的申请，或者未成年人保护国家授权部门的地区分支机构或检察官的申请，这一协议应按照司法程序被判定无效。

第 108 条 根据抚养费支付协议支付抚养费的金额

1. 抚养费金额，由双方在抚养费支付协议中确定。

2. 根据抚养费支付协议支付给未成年人的抚养费金额，不能低于他们按照司法程序所能获得的抚养费金额（本法典第 86 条）。

第 109 条 根据抚养费支付协议支付抚养费的方式

1. 抚养费的支付方式由抚养费支付协议进行规定。

2. 抚养费可以从支付人的工资和（或）其他收入中支付；以固定现金方式定期支付；以固定现金方式一次性支付；将财产或一部分财产转给子女平均所有，以及其他协议约定的方法。

协议中可以规定几种支付方法相结合。

第 110 条　根据抚养费支付协议所支付的抚养费指数化

根据抚养费支付协议支付的抚养费的指数化，根据该协议进行，如果协议中未规定指数化的方式，则根据本法典第 122 条的规定进行指数化。

第十八节　抚养费支付和追索的方式

第 111 条　根据法院判决追索抚养费

在未达成支付抚养费的协议时，本法典第 85～104 条注明的家庭成员，有权向法院提出追索抚养费的要求。

第 112 条　抚养费的上诉期限

1. 无论从出现抚养费权利开始已经过去多长时间，只要之前没有根据协议进行支付，有权获得抚养费的人，有权向法院提交抚养费的上诉申请。

2. 从向法院上诉之时起，开始给予抚养费。

上一阶段的抚养费可以追缴至上诉法院之时起的 3 年内。

3. 在 3 年期间累积的抚养费金额，可以在 1 年内平均分成几次支付。

第 113 条　法院裁决追缴抚养费

1. 对于追缴抚养费的案件，法院有权作出在追缴判决生效前追缴抚养费的决定；追缴未成年人的抚养费就是在法院作出追缴判决前进行。

2. 抚养费的金额由法院根据双方的物质和家庭状况确定。未成年人的抚养费，则根据本法第 86 条确定。

第 114 条　单位行政部门扣留抚养费的义务

依据经公证的支付抚养费的协议书、应获得抚养费之人的书面声明，或根据执行令，应支付抚养费的人所在工作单位的行政部门，每月从其工资和（或）其他收入中扣留抚养费，并在工资和（或）其他收入发放之日起 3 日内支付给或汇款给应获得抚养费的人，由此发生的汇款费用由应支付抚养费的人承担。

在向未成年子女支付抚养费时，根据应支付抚养费的人申请而扣留抚养费，其扣除总额根据申请和执行文件可超过该人工资和（或）其他收入的 50%，但不能高于 70%。

第 115 条　根据支付抚养费协议扣留抚养费

根据经公证的支付抚养费协议，如果根据该协议和执行文件，扣留的总额超过应支付抚养费之人工资和（或）其他收入的 50%时，则可以进行抚养费的扣留。

第116条　应支付抚养费的人在变更工作地点时的通知义务

1. 依据法院判决书，或经公证的支付抚养费协议进行扣留抚养费的单位，应在应支付抚养费的人离职后3天内通知法院判决书执行所在地的法院执行者以及抚养费领取人，如果知晓一并告知新的工作地点或居住地点。

2. 应支付抚养费的人，应在本条第1款规定的期限内通知法院执行者和抚养费领取人有关变更工作或居住地点的情况，在向未成年子女支付抚养费时，还应通知工资和（或）其他收入情况。

3. 如果因为不正当理由未通知本条第1款、第2款中的信息，有过错的职务人员和其他公民将被追究法律责任。

第117条　追索应支付抚养费的人的财产

1. 可以从应支付抚养费的人的工资和（或）其他收入中追缴支付抚养费协议中规定的抚养费金额，以及抚养费债务；如果工资和（或）其他收入不足，则可扣缴其银行或其他信贷机构账户上的资金，以及根据合同转交给商业和非商业组织的资金，但不包括发生所有权变更的合同。如果这些资金仍然不足，则可以追索其任何财产，只要法律允许该财产被追索。

2. 对应支付抚养费人的账户资金和其他财产的追索，应按照民法规定的方式进行。

第118条　确定抚养费债务

1. 根据支付抚养费协议或执行令追缴上一阶段的抚养费，应针对发生在执行令或经公证的支付抚养费协议提交用于追缴前的3年期限范围内进行。

2. 如果依据执行令或经公证的支付抚养费协议规定的抚养费，由于应支付抚养费之人的过错没有扣除，则对抚养费的追缴将针对整个阶段，而不取决于本法典第112条第2款规定的3年期限。

3. 债务金额由法院执行者根据经法院判决或支付协议中规定的抚养费金额来确定。

4. 根据本法典第86条规定的应支付给未成年人抚养费债务金额，根据应支付人在未进行追索期间的工资和其他收入确定。如果应支付人在这段时间未工作或未提交确认其工资和其他收入的文件，抚养费债务将根据当地平均工资水平确定。如果这一债务的确定实际损害了一方的利益，则利益被损害一方有权向法院上诉，法院可以根据双方的物质和家庭状况，以及其他值得关注的情况，以固定现金金额确定债务。

5. 如果法院执行者不同意确定抚养费债务，则任何一方都可以按吉尔吉斯共和国执行程序法的规定对法院执行者提起上诉。

第119条　免除支付抚养费债务

1. 根据双方协商并经双方同意，在支付抚养费时可免除支付抚养费债务或减少这一债务，但不包括向未成年子女支付抚养费的情况。

2. 法院有权根据应支付抚养费的人提出的诉讼全部或部分免除其支付抚养费债务，如果确定未支付抚养费是由于他生病或其他造成无法偿还债务的正当理由。

3. 造成父母无法完成父母义务的疾病清单，由吉尔吉斯共和国政府确认通过。

第 120 条　未及时支付抚养费的责任

1. 根据支付抚养费协议规定应支付抚养费一方，如果因为他的过错而形成债务时，过错方将根据该协议的规定承担责任。

2. 根据法院判决应支付抚养费的一方，如果因为他的过错形成债务时，过错方应向抚养费领取人每天支付相当于未支付抚养费额 0.5%的滞纳金。

抚养费领取人也有权向过错方在未及时支付抚养费时追缴所有因延迟完成抚养费而造成的所有损失，包括未偿付的罚金。

第 121 条　不允许抚养费被要求抵账和被反追索

1. 抚养费不能被其他反诉要求抵账。

2. 已支付的抚养费不能被反追索，但不包括以下情况：

由于抚养费领取人提供了虚假信息或由于他提供了虚假文件，法院追缴抚养费的判决被废除；

由于支付抚养费协议是在领取人欺骗、威胁或暴力下签署的，该协议被认定无效；

法院判定抚养费支付依据的法院判决书、支付抚养费协议或执行令的伪造事实。

3. 如果本条第 2 款列举的行为是由未成年人或成年的无行为能力的领取人的代表实施的，则不会发生反追索，而已支付的抚养费将根据应支付抚养费一方的起诉而向代表人索取。

第 122 条　抚养费指数化

1. 根据法院裁决，固定现金追缴的抚养费的指数化，应由扣留抚养费所在地的单位行政部门根据法律规定的最低工资增长比例完成。

2. 为了指数化，法院以符合最低工资的一定数值的固定现金金额来确定抚养费。

第 123 条　应支付抚养费的人移居国外常住时抚养费的支付

1. 即将移居国外常住的人，有权根据本法典第 104 条、第 105 条、第 108 条、第 109 条的规定，与其应依法抚养的家庭成员签署支付抚养费的协议。

2. 在无法达成协议时，相关利益方有权向法院提起诉讼，要求以固定现金额确定抚养费金额，并要求一次性支付抚养费或要求提供一定的财产作为抚养费，或者要求以其他方式支付抚养费。

3. 即将离开吉尔吉斯共和国去国外定居的人，完成抚养费义务的特殊性，由吉尔吉斯共和国法律法规以及按法律规定的方式生效的、吉尔吉斯共和国加入的国际公约确定。

4. 如果法院向父母一方追缴抚养费的判决生效后，而该父母一方即将前往与吉尔吉斯共和国没有缔结法律援助国际公约的国家定居，则根据法律的判决应在其离开吉尔吉斯共和国前追缴子女成年以前整个阶段的抚养费。

第 124 条　法院规定的抚养费金额的变更以及免除支付抚养费

1. 如果以司法方式确定了抚养费的金额后，在没有协商支付的情况下，一方的物质或家庭状况发生变化，法院有权根据任何一方的要求变更规定的抚养费金额或者免除应支付方的支付义务。在抚养费金额发生变化或免除支付抚养金时，法院有权考虑双方其他应关注的利益。

2. 法院有权拒绝追缴向已成年有劳动能力的人支付的抚养金，如果他被确定针对应支付人实施了蓄意犯罪行为或在家庭中实施了不当行为。

第 125 条　抚养费义务的终止

1. 根据支付抚养费协议规定的抚养费义务，可以由于任何一方的死亡、该协议有效期期满或者该协议规定的其他依据终止而终止。

2. 由于以下原因或情况，可终止按司法程序追缴的抚养费的支付：

子女成年或未成年子女在成年前获得了完全行为能力，而对于十八周岁至二十一周岁的子女，如果他们正在付费面授教育机构学习，则在他们完成学业或满二十一周岁后；

在领养子女时，如果给他们的抚养费被追缴；

法院认定抚养费领取人的劳动能力恢复或不再需要帮助；

无劳动能力、需要前配偶帮助的抚养费领取人结成新的婚姻；

获取抚养费的人死亡或应支付抚养费的人死亡。

3. 对子女的抚养费义务，由于获得不动产（房屋、公寓、土地等）或其中的一部分的所有权时，可能被终止。

不动产或其中一部分的所有权获得者是未成年子女本人，或子女与其共同生活的监护人，对该财产他们有共同所有权。

按照抚养费义务获得的财产，不能被追索。

未成年子女获得的财产，在其成年之前被转让时，必须获得未成年人保护国家授权部门的地区分支机构的同意。

第六章　没有父母监护的未成年人的教育形式

第十九节　查明和安置没有父母监护的未成年人

第 126 条至第 128 条　失效

第二十节　未成年人的领养

第 129 条至第 150 条　失效

第二十一节　对未成年人的监护和保护

第151条至第157条　失效

第二十二节　收养家庭

第158条至第162条　失效

第七章　家庭法对有外国公民和无国籍人士成员的家庭关系的适用

第163条　在吉尔吉斯共和国境内缔结的婚姻

1. 在吉尔吉斯共和国境内缔结婚姻的形式和方式由吉尔吉斯共和国法律确定。

2. 对于每个结婚的人，在吉尔吉斯共和国境内缔结婚姻的条件都由结婚时公民所属国家的法律进行规定，对于阻碍结婚的情况应遵守本法典第15条的规定。

3. 如果拥有几个国家的国籍，则根据其自己的选择适用哪一个国家的法律。

4. 无国籍人士在吉尔吉斯共和国境内缔结婚姻的条件，根据该人士长期居住国的法律确定。

第164条　在外交代表处和领事机构登记结婚

1. 居住在吉尔吉斯共和国境外的吉尔吉斯共和国公民之间的婚姻，在吉尔吉斯共和国外交代表处或领事机构签署。

2. 外国公民间的婚姻，在签署婚姻时他们是外国公民，并且他们的国家在吉尔吉斯共和国任命了大使或领事，如果是在吉尔吉斯共和国境内的外国大使或领事馆登记的，在双方互惠条件下在吉尔吉斯共和国被承认为有效婚姻。

第165条　承认在吉尔吉斯共和国境外签署的婚姻有效

1. 在吉尔吉斯共和国境外、遵守所在国法律而签署的吉尔吉斯共和国公民之间的婚姻，以及吉尔吉斯共和国公民与外国公民，或无国籍人士之间的婚姻，在吉尔吉斯共和国被承认为有效，除非存在本法典第15条阻碍婚姻缔结的情况。

2. 外国公民之间在吉尔吉斯共和国境外并在遵守所在国法律所签署的婚姻，在吉尔吉斯共和国被承认为有效。

第166条　在吉尔吉斯共和国境内或境外签署的婚姻的无效

在吉尔吉斯共和国境内或境外签署的婚姻的无效，由根据本法典第163条、第165条在签署婚姻时适用的法律确定。

第167条　解除婚姻

1. 在吉尔吉斯共和国境内解除吉尔吉斯公民和外国公民之间，以及外国公民之间的婚姻，应根据吉尔吉斯共和国的法律规定办理。

2. 居住在吉尔吉斯共和国境外的吉尔吉斯公民，有权在通知配偶的情况下，在吉尔吉斯共和国法院办理解除与居住在吉尔吉斯境外的配偶的婚姻，无论其配偶的国籍如何。如果根据吉尔吉斯共和国法律规定允许在公民状态登记部门解除婚姻，则婚姻可以在吉尔吉斯共和国的外交代表处或领事机构办理解除。

3. 吉尔吉斯共和国公民之间或吉尔吉斯共和国公民与外国公民或无国籍人士之间的婚姻，在吉尔吉斯共和国境外解除的，在遵守了相应国家对于有权做出解除婚姻决定的机构权限的法律规定，并在解除婚姻时适用了相应的法律时，在吉尔吉斯共和国视为有效解除婚姻。

4. 在吉尔吉斯共和国境外完成的外国公民之间婚姻的解除，如果遵守了相应国家对于有权做出解除婚姻决定的机构权限的法律规定，并在解除婚姻时适用了相应的法律时，在吉尔吉斯共和国视为有效解除婚姻。

第 168 条　夫妻双方的个人非财产、财产权利和义务

1. 夫妻双方的财产、非财产权利及义务，根据他们共同居住国法律的规定确定，如果没有共同居住地，则由他们最后共同生活的所在地国家法律为准。没有共同居住地的夫妻双方的财产、非财产权利和义务，在吉尔吉斯共和国时以吉尔吉斯共和国法律为准。

2. 在签署婚姻合约或抚养费支付协议时，没有共同国籍或共同居住地的夫妻，可以选择适用确定他们婚姻合约和抚养费支付协议中规定的权利和义务的法律。如果夫妻双方未选择应适用的法律，则婚姻合约或抚养费支付协议适用本条第 1 款的规定。

第 169 条　父子（母子）关系的确定和争议

1. 父子（母子）关系的确定和争议，由子女出生国籍的国家法律规定。

2. 在吉尔吉斯共和国领土上父子（母子）关系的确定和争议根据吉尔吉斯共和国法律规定执行。如果吉尔吉斯共和国法律允许在公民状态登记部门确定父子（母子）关系，则居住在吉尔吉斯共和国境外的子女的父母，只要他们中有一方是吉尔吉斯共和国公民，则他们有权向吉尔吉斯共和国的外交代表处或领事机构提交确定父子（母子）关系的申请。

第 170 条　父母和子女的权利和义务

父母和子女的权利和义务，包括父母抚养子女的义务，由他们共同居住地所在国的法律规定。如果父母和子女没有共同居住地，则他们的权利和义务由子女国籍所在国的法律规定。父母和子女间对抚养义务和其他关系的诉讼，应适用子女长期居住地所在国家的法律。

第 171 条　成年子女和其他家庭成员的赡养义务

成年子女对父母的赡养义务，以及其他家庭成员的赡养义务，由他们共同居住地所在

国的法律规定；如果没有共同居住地，这一义务将根据希望获得赡养费一方的国籍所在国的法律确定。

第 172 条　失效

第 173 条　确定外国家庭法标准的内容

1. 在适用外国家庭法标准时，法院或公民状态登记部门，以及其他部门，根据相应国家的官方解释、适用实践和理论确定这些标准的内容。

为了确定外国家庭法标准的内容，法院、公民状态登记部门以及其他部门，可以按规定方式请求吉尔吉斯共和国司法部和其他职能部门的协助和解释，或者邀请专家协助。

利益相关人有权提交确认外国家庭法内容的确认文件，这些文件是他们提出申请或提出异议时作为依据所引述的；他们也有权以其他方式协助法院或公民状态登记部门和其他部门确定外国家庭法标准的内容。

2. 尽管采取了本条第 1 款中的措施，但仍无法确定外国家庭法标准的内容，则应适用吉尔吉斯共和国法律。

第 174 条　限制适用外国家庭法标准

如果适用外国家庭法标准违背了吉尔吉斯共和国的法律秩序（公共秩序），则不能适用该外国家庭法标准。在这种情况下，将适用吉尔吉斯共和国法律。

第八章　最后条款

第 175 条　本法典颁布的方式

本法典自公布之时起颁布，除非本法典规定了其他颁布期限的条款。

第 176 条　本法典标准的适用

1. 本法典的标准适用于在其颁布后出现的家庭关系。

对于本法典颁布前出现的家庭关系，法典的标准适用于其颁布后出现的权利和义务。

2. 本法典第 26 条规定了在法院解除婚姻时婚姻自法院判决书生效之时起为婚姻关系终止的时刻，该条适用于本法典颁布 2 个月后在法院解除婚姻的情况。

在本条第 1 款中注明的、按司法程序在此期限前解除的婚姻，自公民状态登记簿上进行解除婚姻国家登记之日起即被终止。

3. 根据本法典第 16 条规定承认婚姻无效时，适用吉尔吉斯共和国民法第 201 条为承认受指责的交易无效而规定的诉讼时效期限。

4. 本法典第九节、第十七节规定的签署婚姻合约和抚养费支付的条件和方式，适用于在本法颁布后签署的婚姻合约和抚养费支付协议。在本法颁布前签署的婚姻合约和抚养费支付协议，只有与本法典条款不冲突的部分继续有效。

5. 本法典第35~38条规定的夫妻共同所有制条款和夫妻各方所有制条款，适用于夫妻双方（或其中一方）在本法典颁布前获取的财产。

第177条　根据本法典实行的法律条文

1. 本法实行前适用吉尔吉斯共和国现行法律法规，但不得与《吉尔吉斯共和国宪法》相冲突。

吉尔吉斯共和国总统　阿卡耶夫

COMMONLY USED
LAWS IN KYRGYZSTAN

吉尔吉斯斯坦对外移民法

（2000 年 7 月 17 日修订，2016 年 10 月 24 日修订）

本法调整对外移民领域的法律关系，并规定吉尔吉斯共和国对外移民的基础。

第一章　总　则

第1条　本法使用的基本概念

行政驱逐，是指根据法律规定，强制、监督外国公民和无国籍人士通过国家边境到吉尔吉斯共和国境外。

免签证制度，是指外国公民有权凭借吉尔吉斯共和国承认的有效证件，无需办理签证而入境、出境、过境吉尔吉斯共和国以及在吉尔吉斯共和国迁移和居住的制度。除非按法律规定生效、吉尔吉斯共和国作为成员国加入的国际公约另有规定。

居留证，是指给予外国公民或无国籍人士在吉尔吉斯共和国长期或临时居住的权利的文件。

签证，是指在外国公民或吉尔吉斯共和国承认的无国籍人士的有效证件上的标注，该标注允许入境吉尔吉斯共和国、在其领土上居留、从吉尔吉斯共和国出境和过境。

签证有统，是指的国家标准、形式和描述。由吉尔吉斯共和国政府通过并确认签证的统一国家标准、形式和描述。

对外移民，是指自然人在吉尔吉斯共和国境内或境外的迁移。

合法代表，是指当事人的父母、养父母、监护人、保护人，以及组织和被保护人的代表。

移入移民者，是指合法入境吉尔吉斯共和国、打算长期居住的外国公民或无国籍人士。

移入移民，是指来吉尔吉斯共和国长期居住的外国公民或无国籍人士的入境。

外国公民，是指非吉尔吉斯共和国公民，并有证据证明自己具有某个国家国籍的人。

无国籍人士，是指非吉尔吉斯共和国公民，并无证据证明自己具有某个国家国籍的人。

移民，是指由于各种原因，自然人从吉尔吉斯共和国前往其他国家，从其他国家前往吉尔吉斯共和国，以及在吉尔吉斯共和国境内为了长期或临时改变居住地的迁移。

过境移民，是指外国公民或无国籍人士通过吉尔吉斯共和国境内往其他国家境内迁移。

工作移民，是指长期居住在吉尔吉斯共和国境内的自然人依法自愿迁移到吉尔吉斯共和国境外，以及长期居住在吉尔吉斯共和国境外的外国人或无国籍人，迁入吉尔吉斯共和国境内，从事有偿的临时或长期工作。

简化签证制度，是指依据该制度，外国公民在来到吉尔吉斯共和国时获得的可免除证件登记的签证，依据该签证入境、出境、过境吉尔吉斯共和国并在吉尔吉斯共和国迁移和居留。

电子签证，是指等同于签证的文件证明，由吉尔吉斯共和国国家授权部门向外国公民或无国籍人士以电子形式签发，其中包括通过互联网，带有特殊代码的方式，与有效证件一同使用可以入境吉尔吉斯共和国，在其境内停留、出境和过境。

移出移民者，是指出境前往其他国家长期居住的吉尔吉斯共和国公民。

移出移民，是指吉尔吉斯共和国公民出境前往其他国家长期居住。

签证制度，是指在这种制度下，外国公民持有效签证有权入境、出境、过境吉尔吉斯共和国，在吉尔吉斯共和国境内迁移和居留，该签证的获取方式由吉尔吉斯共和国法律规定。

有效证件，是指个人证明文件，所有部分都应符合签发国授权职能部门规定的样式，按规定方式办理并由授权机构确认未过期，属于出示人所有且无造假。

个人证明文件，是指根据外交途径发送的并被吉尔吉斯共和国承认的、能证明通过吉尔吉斯共和国国境的人的身份的文件，除非按法律规定已生效、吉尔吉斯共和国作为成员国加入的国际公约另有规定。

第 2 条　本法的基本任务

本法的基本任务是：

管理吉尔吉斯共和国对外移民的流程；

保证保护移民的权利和合法利益；

预防和防止非法移民；

稳定吉尔吉斯共和国的移民。

第 3 条　调整对外移民问题的法规

吉尔吉斯共和国对外移民流程由《吉尔吉斯共和国宪法》、本法、其他法律法规，以及吉尔吉斯共和国参与的、根据法律规定方式生效的国际公约进行调整。

本法的效力不涉及已有难民身份的人士和正在申请难民身份的人士。

第 4 条　吉尔吉斯共和国调整对外移民问题的基本原则

对外移民的调整依据以下原则：

保障《吉尔吉斯共和国宪法》承认的，在自由选择居住地、自由选择经营和职业性质、自由流动方面的人权；

不允许在涉及性别、种族、语言、残疾、民族属性、宗教、年龄、政治或其他信仰、教育、出身、财产或其他状况，以及其他情况特征方面的任何歧视、侵犯权利和自由的行为；

保证吉尔吉斯共和国法律与对外移民方面的国际公约公认的标准，以及吉尔吉斯共和国加入的国际公约规定相符；

由于社会经济和社会政治情况的变化，依据建立在潜在移民与移民潮方向预测上的政策性行为，预防自发和无序的移民；

参与相关国家机构对对外移民流程的调整；

移民须尊重并遵守吉尔吉斯共和国法律。

第 5 条　国家授权机构

吉尔吉斯共和国在移民、居民登记、保卫和保护国家边境，以及实施对外政策的国家授权机构、内务部门和国家安全机构是国家对外移民领域的授权机构。

实施对外政策的国家授权部门即吉尔吉斯共和国国家授权的、保证实施统一签证政策的机构。

上述部门在法律授权范围内监督本法的实施。

第 5-1 条　免签证制度

吉尔吉斯共和国单方给予免签或为发展睦邻友好关系、加强经济、贸易、科技、文化和其他联系，根据法律规定方式生效的、吉尔吉斯共和国加入的国际条约，对其他国家实行免签证制度。

吉尔吉斯共和国单方实行的免签证制度，是依据吉尔吉斯共和国政府提议、议会通过的相应的法律实施的。

吉尔吉斯共和国根据按法律规定生效的、吉尔吉斯共和国加入的国际公约而实行的免签证制度，是以吉尔吉斯共和国议会批准的该国际公约为依据实施的。

第二章　外国公民和无国籍人士进入吉尔吉斯共和国及在共和国境内停留

第一节　对外国公民或无国籍人士进入和停留在吉尔吉斯共和国境内的基本要求

第 6 条　允许外国公民或无国籍人士在吉尔吉斯共和国入境、停留、过境和出境

属于实行免签证制度国家的公民，无需办理签证，持有效证件即可出入境、过境、迁移、停留在吉尔吉斯共和国境内。

在吉尔吉斯共和国政府确认的相关名单中的国家，对于他们的公民，适用简化签证制度。这些国家的公民有权依据在落地吉尔吉斯共和国领土时个人申请办理的签证，入境、出境、过境、迁移、停留在吉尔吉斯共和国境内。

如果吉尔吉斯共和国政府的法令或按法律规定生效的、吉尔吉斯共和国加入的国际公约没有其他规定，外国公民或无国籍人士可以根据有效证件和吉尔吉斯共和国入境和出境签证出入吉尔吉斯共和国，但不包括本法第 7 条第 2 款规定的情况。

电子签证的办理和签发方式（文件确认）由吉尔吉斯共和国政府规定。

在吉尔吉斯共和国临时或长期居住的外国公民或无国籍人士，应依据有效证件、签证，按照吉尔吉斯共和国政府规定的方式签发的临时或长期居留证入境和停留在吉尔吉斯共和国。

外国公民或无国籍人士，自通过吉尔吉斯共和国边境时起，应在 5 个工作日内按本法规定的方式在停留地登记，除非根据法律规定生效、吉尔吉斯共和国加入的国际公约另有规定。

如需在吉尔吉斯共和国工作，外国公民或无国籍人士应具备符合吉尔吉斯共和国法律规定的工作许可。

留在吉尔吉斯共和国的外国公民或无国籍人士，可以申请延期签证、居留证和工作许可（劳动卡）。

在缩短居留期限或注销居留证的情况下，外国公民或无国籍人士应在签证、登记、居留证有效期满时离开吉尔吉斯共和国。

第7条　外国公民或无国籍人士出入吉尔吉斯共和国

外国公民或无国籍人士凭有效证件和签证，经过已开放的用于国际联络的国家边境检查站出入吉尔吉斯共和国，除非吉尔吉斯共和国法律法规，以及按法律规定生效、吉尔吉斯共和国加入的国际公约另有规定。

外国公民或无国籍人士在以下情况下不允许入境吉尔吉斯共和国：

（1）没有签证或有效证件；

（2）为维护国家安全或保护社会秩序；

（3）如果威胁到吉尔吉斯共和国公民和其他居住在吉尔吉斯共和国的人士的健康、权利和合法利益；

（4）如果确认在上一次停留时违反了吉尔吉斯共和国法律；

（5）如果在申请入境吉尔吉斯共和国时，提供了不真实的个人信息或虚假文件；

（6）如果吉尔吉斯共和国国家授权机构，根据吉尔吉斯共和国政府规定的方式，针对他们作出不能在吉尔吉斯共和国停留（居住）的决定；

（7）根据吉尔吉斯共和国其他法律规定的依据。

在具有签证的情况下拒绝入境应以书面形式、由作出拒绝入境决定的国家职能部门的负责人通知申请人，并注明拒绝入境的理由。申请人可以按吉尔吉斯共和国法律规定的方式对拒绝入境的决定提起上诉。

在以下情况下可能会限制外国公民或无国籍人士从吉尔吉斯共和国出境，如果他们：

（1）根据吉尔吉斯共和国法律的规定，因实施犯罪被拘押或作为被告被追究责任的，在案件结案前或在法院判决生效前；

（2）因在吉尔吉斯共和国境内犯罪被判刑，在服刑（执行）之前或释放之前；

（3）逃避执行法院判定的义务，在履行义务前或在双方达成一致前；

（4）未完成吉尔吉斯共和国法律规定的纳税义务，在这些义务履行之前；

（5）根据吉尔吉斯共和国法律规定，因在吉尔吉斯共和国境内实施了行政违法行为而被追究行政责任，在执行处罚之前或在免除处罚之前；

外国公民或无国籍人士在出入境吉尔吉斯共和国时，需通过边境检查。边境检查条例由吉尔吉斯共和国政府规定。

通过吉尔吉斯共和国国家边境的方式由本法、吉尔吉斯共和国国家边境法，以及根据法律规定已生效、吉尔吉斯共和国作为成员国加入的国际公约进行调整。

第8条　外国公民或无国籍人士的登记

除了本条第2款规定的情况外，由吉尔吉斯共和国政府确定可免除外国公民和无国籍人士在居留所在地的实施对外政策的国家授权机构、国家授权居民登记部门，以及宾馆登记的国家名单，并注明免登记的期限。如果存在按法律规定的方式生效的、吉尔吉斯共和国作为成员国加入的国际公约，其中规定了不同的居留期限和方式，则适用该国际公约的条款，并考虑到互惠原则和平等基础。

免除个人证件登记包括：

（1）应吉尔吉斯共和国总统、议会以及政府邀请来访吉尔吉斯共和国的外国国家元首和政府首脑，国家、议会、政府代表团成员，代表团的行政技术人员，以及上述人员的家属；

（2）按规定方式飞入吉尔吉斯共和国的外国军用飞机的机组人员。军用飞机机组人员在吉尔吉斯共和国境内的流动应符合来访军用飞机的接待计划；

（3）国际航空公司的民用飞机的机组人员，在航班运行计划表注明的机场停留时；

（4）失效；

（5）失效。

第 9 条　在实施对外政策的国家授权机构登记

下列外国公民，在实施对外政策的国家授权机构登记时，享有特殊国际保护，并且吉尔吉斯共和国承认他们的特殊地位：

（1）派驻在吉尔吉斯共和国的外国外交代表处和领事机构的负责人、外交人员、领事职务人员，生活在外交代表处和领事机构的行政技术人员及服务人员；

（2）因公务来吉尔吉斯共和国，并持有外交或公务护照的外国国家部门的职务人员及其家庭成员；

（3）因公务来吉尔吉斯共和国的国际组织职务人员，上述组织在吉尔吉斯共和国办事处的职务人员，以及总部在吉尔吉斯共和国的国际组织成员国在吉尔吉斯共和国办事处的职务人员及其家庭成员，根据这些组织的法定文件，或根据法律规定方式生效的、吉尔吉斯共和国作为成员国加入的国际公约的规定，享有特权和豁免；

实施对外政策的国家授权机构，向上述人员签发认证证明或直接在护照上进行登记记录。

实施对外政策的国家授权机构在必要的时候，即在外交代表处或领事机构，以及国际组织和其他接待机构要求时，可对来到吉尔吉斯共和国的外国国家和社会活动家及其家庭成员的护照进行登记。

第 10 条　在国家授权居民登记部门登记

对于本法第 8 条第 1~3 款、第 9 条规定外的外国公民和无国籍人士，在其实际居住地的国家授权居民登记部门。外国公民和无国籍人士登记应符合吉尔吉斯共和国政府规定的方式。

向外国公民和无国籍人士临时居所服务的自然人和法人，应在居民登记领域的国家授权机构在本法规定的期限内对其进行登记。

第 11 条　失效

第 12 条　登记有效期的延长

外国公民和无国籍人士登记有效期的延长，可以在签证或在吉尔吉斯共和国居留证有效期期满后进行。

在对外国公民实行免签证制度的情况下，他们的登记有效期延长的方式，由吉尔吉斯共和国政府规定。

第 13 条　签发签证

由吉尔吉斯共和国的外交代表处或领事机构向外国公民或无国籍人士签发吉尔吉斯共和国入境签证，在没有这些机构的情况下，由专门的拥有这一授权的其他国家代表处，根据本法第 14 条的规定签发，但不包括电子签证，电子签证由实施对外政策的国家授权部门签发和延长期限。

在吉尔吉斯共和国境内，由实施对外政策的国家授权部门办理签证延期。

对外国公民或无国籍人士签发吉尔吉斯共和国入境签证的申请，审理期限不超过 7 个工作日。

签证的种类和类型、办理和签发的方式，由吉尔吉斯共和国政府规定。

第 14 条　签发签证的依据

吉尔吉斯共和国入境签证的签发依据是：

对于为商业目的来吉尔吉斯共和国的外国公民和无国籍人士——邀请方的书面申请，并提供证明来访商务目的的必要文件；

对于吉尔吉斯共和国政府确定的相应名单中的外国公民——个人申请；

对于来吉尔吉斯共和国工作的外国公民和无国籍人士——雇主的申请，该雇主应在吉尔吉斯共和国境内按规定方式注册；

对于来吉尔吉斯共和国从事个体企业经营的外国公民和无国籍人士——个体企业经营者的个人申请；

对于因私人事务来吉尔吉斯共和国的外国公民和无国籍人士——吉尔吉斯共和国公民的申请或在吉尔吉斯共和国境内登记的卫生组织的要求；

对于过境吉尔吉斯共和国的外国公民和无国籍人士——个人申请或法人的申请，必要时提供带有目的国签证的有效证件，在获得落地签证时，提供经第三国官方认证的许可（邀请）复印件；

对于来吉尔吉斯共和国旅游的外国公民和无国籍人士——个人申请或旅行社的书面申请；

对于来吉尔吉斯共和国学习的外国公民和无国籍人士——在吉尔吉斯共和国境内注册的教育机构的申请；

对于来吉尔吉斯共和国从事投资活动的外国公民和无国籍人士——经济领域授权机构出具的、证明其投入到吉尔吉斯共和国经济方面的资金和物资等价金额不少于一千万索姆的证明材料。

第 14-1 条　签证有效期延长的依据

延长签证有效期的依据是：

对于在吉尔吉斯共和国工作并从事个体企业经营的外国公民或无国籍人士——国家授权移民机构签发的在吉尔吉斯共和国工作的许可；

对于入境吉尔吉斯共和国为了家庭团聚，其中包括吉尔吉斯族人迁居到吉尔吉斯共和国临时居住或长期居住——吉尔吉斯共和国公民的申请或亲属证明文件；

对于在吉尔吉斯共和国学习的外国公民或无国籍人士——在吉尔吉斯共和国境内注册的教育机构，并提供经教育机构认证的、申请人与该机构之间的合同；

第 15 条 居留证

进入吉尔吉斯共和国境内的外国公民或无国籍人士，可以申请获得居留证，居留证分为临时和长期的。

进入吉尔吉斯共和国境内超过 6 个月的外国公民或无国籍人士，可以根据本法的规定申请获得临时居留证。

在吉尔吉斯共和国境内 5 年以上，并根据本法被赋予移入移民地位的外国公民或无国籍人士，可以根据本法的规定获得长期居留证。

居留证的办理和签发方式由吉尔吉斯共和国政府规定。

在吉尔吉斯共和国，由国家移民领域的授权机构根据本法的规定签发居留证。

临时或长期居留证为外国公民或无国籍人士在吉尔吉斯共和国境内居留期间的个人身份证明文件。

临时或长期居留证与有效证件一起赋予外国公民或无国籍人士多次往返国家边境的权利，而无需办理吉尔吉斯共和国出入境签证。

第 16 条 拒绝签发签证和居留证的依据

在以下情况下，不给予外国人或无国籍人士签发签证、延长签证，如果申请人：

（1）对吉尔吉斯共和国公民和其他生活在吉尔吉斯共和国自然人的健康、权利和合法利益构成危险；

（2）在提交获得签证的申请、在实际居住地登记或申请工作许可时提供虚假信息；

（3）未遵守吉尔吉斯共和国法律规定的获得签证和居留证的方式；

（4）从事给吉尔吉斯共和国安全造成威胁的活动；

（5）在吉尔吉斯共和国被刑事起诉，直至案件审理结束；

（6）在吉尔吉斯共和国因犯罪被判刑，在服刑前或释放前；

（7）患有健康障碍或疾病，疾病的性质、程度和可能的患病期限会给其他人的健康造成威胁，或需要卫生部门的特别监督，且在吉尔吉斯共和国政府确定的名单中。

（8）无法保证自己及其被供养人的生活；

（9）在被拒签居留证后未满 1 年，重新申请；

（10）被吉尔吉斯共和国行政或强制驱逐出境，并被决定临时或长期禁止入境吉尔吉斯共和国，在禁止入境期满之前；

（11）非法滞留在吉尔吉斯共和国或帮助其他外国公民或无国籍人士非法进入吉尔吉

斯共和国领土；

（12）是恐怖、极端或分离主义组织成员；

（13）不能掌握在吉尔吉斯共和国领土长期居住所必需的国家语言或官方语言，掌握国家语言或官方语言的程度确定方式由吉尔吉斯共和国政府规定。

拒签签证或拒发居留证的决定，应在决定作出之时起3日内通知申请人，拒签决定根据申请人的要求可以书面形式签发。

第17条　签证或居留证的取消

以下情况是签证被取消的依据，如果外国公民或无国籍人士：

（1）在提交签证申请和签证延期申请、在实际居住地登记或办理工作许可申请时，提供了虚假信息；

（2）从事给吉尔吉斯共和国安全造成威胁的活动；

（3）在吉尔吉斯共和国中断学业或被教育机构除名，而签证是由于学业而延期的；

（4）根据劳动合同签约方一方的申请而中断了劳动关系，而签证是根据该劳动关系延期的；

（5）与吉尔吉斯共和国公民的婚姻解除，且婚姻中没有子女，或法院将子女判归吉尔吉斯共和国居民或常住居民的一方家长抚养；

（6）经国家经济领域授权机构确认，终止了投资；

以下情况是居留证被取消的依据，如果外国公民或无国籍人士：

（1）在提交获得签证和延长签证有效期申请、在实际居住地登记、居留证或工作许可申请时，提供了虚假信息；

（2）从事给吉尔吉斯共和国安全造成威胁的活动；

（3）与吉尔吉斯共和国公民或在吉尔吉斯共和国拥有长期居留证的外国人或无国籍人士假结婚，目的是获得吉尔吉斯共和国的长期居留证；

（4）在吉尔吉斯共和国中断了学业或被教育机构除名，而居留证是由于学业而获得的；

（5）根据劳动合同签约方一方的申请而中断了劳动关系，而居留证是根据该劳动关系获得的；

（6）与吉尔吉斯共和国公民或在5年内与拥有吉尔吉斯共和国长期居留证的人解除婚姻，且婚姻中没有子女，或法院将子女判归吉尔吉斯共和国公民或具有吉尔吉斯共和国长期居留证的人抚养；

（7）经国家经济领域授权机构确认，终止了投资。

第18条　缩短外国公民和无国籍人士在吉尔吉斯共和国居留的期限

外国公民和无国籍人士如果违反了有关外国公民和无国籍人士的法律地位及居留方式的法律规定，则可能被缩短在吉尔吉斯共和国居留的期限。

缩短居留期限的决定由签发签证或居留证的部门作出。

第 19 条　吉尔吉斯共和国出境令、行政驱逐和强制驱逐

外国公民和无国籍人士的签证或居留证的有效期满或居留证被注销，实施对外政策的国家授权部门、内务部门或国家安全部门可以勒令其离开吉尔吉斯共和国。该外国公民和无国籍人士应在出境令规定的期限内离开吉尔吉斯共和国境内。

移民、居民登记、实施对外政策的国家授权部门，应向内务部门或国家安全部门通报有关查明的违反居留规定的事实。

在未执行出境令的情况下，外国公民或无国籍人士将被行政驱逐出吉尔吉斯共和国领土。

外国公民或无国籍人士在以下情况下可能被行政驱逐：

（1）如果他们的行为与国家安全保障和公共秩序保护的利益相冲突；

（2）如果是保护居民健康和道德、保护吉尔吉斯共和国公民和其他人士权利和合法利益所必需的；

（3）如果他们不止一次违反了吉尔吉斯共和国法律，且无依据追究他们的刑事责任。

行政驱逐的材料由实施对外政策的国家授权部门、内务机构或国家安全部门负责办理。

将外国公民和无国籍人士行政驱逐出吉尔吉斯共和国领土作为行政处罚，由法院（法官）确定并指定。

内务机构或国家安全部门在签发出境令或行政驱逐的同时，可作出临时或长期禁止入境吉尔吉斯共和国的决定，并应将此决定通知边境保护和保安国家授权部门以及实施对外政策的国家授权部门。

外国公民或无国籍人士在以下情况无需经法院判决而被强制驱逐出吉尔吉斯共和国领土：

（1）在没有相应许可文件的情况下，从事工作或个体企业经营；

（2）未办理签证、登记或居留证而在吉尔吉斯共和国境内滞留超过 1 年；

（3）拒绝自愿离开吉尔吉斯共和国境内，无视签证或居留证有效期满、被注销或有效期缩短的事实。

对外国公民或无国籍人士强制驱逐出境的决定，由内务机构或国家安全部门作出。

法院判决剥夺外国公民或无国籍人士在吉尔吉斯共和国领土入境权和居留权的期限，可能从十年到长期不等，这取决于实施的违法行为和社会危害性的程度。

根据实施对外政策的国家授权机构、内务机构或国家安全部门作出的出境令或行政驱逐令，将会在外国公民或无国籍人士的有效通行证件上加盖特殊印章并注明禁止入境吉尔吉斯共和国的期限。

行政驱逐所产生的费用，由以下人士出资支付：

（1）被驱逐的外国公民和无国籍人士；

（2）邀请外国公民或无国籍人士的自然人或法人；

（3）特殊情况下，由国家预算支付。

第 20 条　在吉尔吉斯共和国领土内迁移

外国公民和无国籍人士可以自由地在吉尔吉斯共和国对其开放的领土内迁移。

对外国公民、无国籍人士封闭的地区，只有获得国家授权居民登记部门的许可，方可进入和迁移。

第 21 条　迁移方式的确定

外国公民或无国籍人士的有效证件或其他替代证件在实施对外政策的国家授权部门登记后，他们在吉尔吉斯共和国的迁移方式由吉尔吉斯共和国政府规定。

这种方式同样适用于航空公司、银行、工贸公司和其他长期派驻在吉尔吉斯共和国的外国代表处的工作人员。

派驻在实施对外政策国家授权机构的外国记者和新闻工作者及其家庭成员的迁移方式，由吉尔吉斯共和国法律规定。

第 22 条　旅行证件

在吉尔吉斯共和国的外国公民或无国籍人士应持有有效证件。

外国公民或无国籍人士应及时向最近的内务机构和所属国家的外交代表处或领事机构说明有关证明身份的证件失效的情况，并获得有关这一事实的书面证明文件。

第 23 条　过境

外国公民和无国籍人士过境吉尔吉斯共和国领土应遵守吉尔吉斯共和国政府通过的过境吉尔吉斯共和国领土的规则，以及按法律规定方式生效、吉尔吉斯共和国作为成员国参与的国际公约的规定。

第 24 条　外国公民和无国籍人士使用个人和公务交通工具入境、迁移、出境的方式

外国公民和无国籍人士使用个人和公务交通工具入境、迁移和出境的方式，由吉尔吉斯共和国政府规定。

外国公民和无国籍人士运入并必须运出的交通工具，应在规定期满后运出吉尔吉斯共和国并且不能在吉尔吉斯共和国境内转让。

违反本条第 2 款规定转让的交通工具，可能根据法院的判决没收归国库所有。

第 25 条　邀请外国公民和无国籍人士的自然人和法人的义务

邀请外国公民和无国籍人士来吉尔吉斯共和国的自然人和法人，以及接待单位应及时向外国公民和无国籍人士解释吉尔吉斯共和国法律赋予他们的权利和规定的义务，并采取措施及时登记和办理赋予他们在吉尔吉斯共和国居住权、迁移权以及一定居留期限届满后出境权利的文件。

外国公民和无国籍人士的资金保障和医疗服务由接待方负责，除非双方另有其他约定。

第二节　外国公民和无国籍人士在吉尔吉斯共和国境内临时居住

第 26 条　临时居留证

临时居留证可以签发给来吉尔吉斯共和国超过 6 个月，并在吉尔吉斯共和国有合法生活收入的外国公民或无国籍人士：

（1）根据工作合同及工作许可来吉尔吉斯共和国工作；

（2）根据教学机构的邀请，为了在该机构学习；

（3）为了在吉尔吉斯共和国境内投资；

外国公民或无国籍人士可能获得临时居留证：

（1）期限不能超过 1 年，并可每年延期不超过 5 年；

（2）工作合同规定的期限，或完成其他活动而规定的期限，包括教学计划或科学合作计划规定的期限。

临时居留证也可能签发给上述人士的家属。

第 27 条　外国公民和无国籍人士的工作方式

外国公民和无国籍人士，不包括已返回获得地位的吉尔吉斯本族人，在吉尔吉斯共和国境内工作的方式，由吉尔吉斯共和国政府规定。

招收外国劳动力到吉尔吉斯共和国应依据移民领域的国家授权部门根据吉尔吉斯共和国法律签发的许可进行。

在规定劳动力移民时，应优先考虑保护内部劳动力市场。

第 28 条　劳动力移民配额

劳动力移民配额是规定来吉尔吉斯共和国工作的外国公民和无国籍人士的最多数量。

劳动力移民配额，每年在每个日历年度开始前 4 个月内由吉尔吉斯共和国政府确定。

给予欲邀请劳动力移民来吉尔吉斯共和国的法人和自然人的劳动力移民配额，由移民领域的国家授权部门根据每年度的劳动移民配额确定。

第 29 条　按劳动力移民的外国公民和无国籍人士在吉尔吉斯共和国的居住条件

按与变换国籍无关的劳动力移民，来到吉尔吉斯共和国的外国公民和无国籍人士，必须拥有在吉尔吉斯共和国境外的长期居住地。

来到吉尔吉斯共和国，并无国家授权部门的相应许可而在吉尔吉斯共和国工作的外国公民和无国籍人士，根据本法的规定应予以驱逐。

第三节　移入移民

第 30 条　移民配额

为了对移入移民的过程进行国家规范，吉尔吉斯共和国每年确定移入移民配额，该配额规定移入移民的最多数量。

吉尔吉斯共和国政府在每个日历年度开始前4个月内确定移入移民的配额。

第31条　给予移民地位

临时到吉尔吉斯共和国，并希望获得移入移民地位的外国公民和无国籍人士，向移民领域的国家授权机构提交申请。

已满十八周岁、有行为能力的外国公民或无国籍人士，有权提交移民到吉尔吉斯共和国的申请。

移民领域的国家授权机构审核移入移民申请并根据规定的移入移民配额，按吉尔吉斯共和国政府规定的方式对申请作出决定。

审理移入移民地位申请的期限不能超过9个月。

可以对移民领域的国家授权机构在审理给予移入移民地位申请时作出的决定，向法院提起上诉。

为获得移入移民地位，外国公民或无国籍人士应有能保证自己（和家庭成员）必需的生活需求的稳定收入来源，吉尔吉斯共和国政府确认通过等价资金额。

如果申请人及其家庭成员缺少足够的资金，则应具备就业保障或不低于吉尔吉斯共和国规定的最低生活标准的资金保证。

第32条　提交移民申请的方式

提交移民申请时应附随以下经公证的申请人的文件：

（1）根据吉尔吉斯共和国作为成员国加入的、按法律规定方式已生效的国际公约规定的有效证件或其替代文件的复印件；

（2）出生证明或与其等同的文件的复印件；

（3）家庭成员组成证明、结婚证明的复印件；

（4）具有长期合法的收入来源用以保证申请人及其家庭成员的最低生活标准的证明文件；

（5）医疗鉴定证明；

（6）外国公民在国籍所在国无犯罪记录证明，无国籍人士在入境吉尔吉斯共和国之前最后居住的所在国无犯罪记录证明。

除了上述文件之外，还应与申请一同提交：

（1）对于本法第33条第1款中注明的人士，确认父母其中一人的民族证明；

（2）对于本法第33条第2款、第3款中注明的人士，吉尔吉斯共和国公民的亲属发出的邀请函、亲属关系证明文件；

（3）对于本法第33条第3款中注明的人士，如果他们与申请人一同出行，申请人取得移入移民地位的申请；如果他们是前往移入移民所在地居住，该移民的邀请文件；

（4）对于本法第33条第4款、第5款中注明的人士，证明监护或保护事实的文件；

（5）对于本法第33条第6款中注明的人士，专业（职业）证明文件；

如果与移入移民家长同行的有年龄在十四至十八周岁之间的未成年子女，则需要提供未成年子女同意移民的书面同意书；

如果前往吉尔吉斯共和国的只有父母中的一方，且与他同行的有未满十八周岁的子女，则该家长应提供经公证的、配偶不反对子女与移民家长生活的声明。如果没有这一声明，则移民家长应出示相应国家的法院将子女判归该方家长的判决书。

必要时，移民领域的国家授权机构有权要求申请人提供其他文件。

第33条　享有获得移入移民地位优先权的人士

以下外国公民或无国籍人士享有获得移入移民地位的优先权：

（1）吉尔吉斯族出身，即外国公民或无国籍人士的父母一方是吉尔吉斯族；

（2）吉尔吉斯共和国公民的父母、配偶、未满十八周岁的子女或已成年、无行为能力的子女；

（3）移民的父母、配偶、未满十八周岁的子女或已成年、无行为能力的子女；

（4）吉尔吉斯共和国公民的被监护人或被保护人；

（5）吉尔吉斯共和国公民的监护人或保护人；

（6）知名科学家、文化活动家和其他为吉尔吉斯共和国经济、社会和文化发展做出重大贡献的人士，以及吉尔吉斯共和国经济所需的高水平专家。

第34条　拒绝给予移入移民地位的依据

外国公民或无国籍人士获得移民地位的申请，在以下情况下可能被拒绝，如果申请人：

（1）对吉尔吉斯共和国公民和其他居住在吉尔吉斯共和国的人士的健康保护、权利和合法权利的保护造成危险；

（2）在提交签证、在实际居住地登记、居留证或工作许可的申请时，提供了虚假信息；

（3）未遵守吉尔吉斯共和国法律规定的获得签证、居留证的方式；

（4）从事对吉尔吉斯共和国安全造成威胁的活动；

（5）在吉尔吉斯共和国被提起刑事诉讼的人，在案件审理结束前；

（6）在吉尔吉斯共和国因犯罪被判刑，在服刑前或服刑期满前；

（7）患有健康障碍或疾病，疾病的性质、程度和可能的患病期限会给其他人的健康造成威胁，或需要卫生部门的特别监督，并属于吉尔吉斯共和国政府确定的名单中。

（8）无法保证自己及其被供养人的生活；

（9）在被拒签居留证后未满1年期，重新申请；

（10）被从吉尔吉斯共和国行政驱逐或强制驱逐出境，并被处以临时或长期禁止入境吉尔吉斯共和国，在禁止入境期满之前；

（11）非法滞留在吉尔吉斯共和国或帮助其他外国公民或无国籍人士非法进入吉尔吉斯共和国领土的人；

（12）是恐怖、极端或分离主义组织成员；

（13）不能掌握在吉尔吉斯共和国领土长期居住所必需的国家语言或官方语言，掌握国家语言或官方语言的程度确定方式由吉尔吉斯共和国政府规定。

拒绝给予移入移民地位的决定，应在决定作出之时起 3 日内通知申请人，拒绝给予移民地位的决定，根据申请人的要求可以书面形式签发。

第 35 条　长期居住证

根据本法的规定，国家居民登记授权部门，向获得移入移民地位的外国公民和无国籍人士签发长期居留证。

第 36 条　移入移民的权利和义务

移入移民的权利和义务，根据吉尔吉斯共和国关于在吉尔吉斯共和国的外国公民法律地位法、本法和其他吉尔吉斯共和国法规以及按法律规定方式生效的、吉尔吉斯共和国作为成员国加入的国际公约的规定，予以确定。

第 37 条　重新审理移入移民申请

曾经被拒绝在吉尔吉斯共和国获得移民地位申请的外国公民或无国籍人士，有权重新提交移民申请。

重新提交的移民申请只有在上次决定作出满 1 年后方可受理。

第 38 条　失效

第三章　公民出入吉尔吉斯共和国

第一节　公民出入吉尔吉斯共和国的基本要求

第 39 条　公民出入吉尔吉斯共和国的原则和方式

每个吉尔吉斯共和国公民都享有出入吉尔吉斯共和国的权利。吉尔吉斯共和国公民不能被剥夺出入吉尔吉斯共和国的权利。从吉尔吉斯共和国出境的权利可能根据本法第 46 条的规定被临时限制。

吉尔吉斯共和国公民不能被剥夺入境吉尔吉斯共和国的权利。

吉尔吉斯共和国公民持有效证件和其他替代证件，并根据吉尔吉斯共和国作为成员国加入的国际公约的规定，有权通过开放的用于国际交通的国家边境检查站从吉尔吉斯共和国出境。

第 40 条　未成年人出境

未满十八周岁的吉尔吉斯共和国公民，可以根据合法代表人的公证申请从吉尔吉斯共和国出境。如果没有合法代表人的申请，则只能根据法院的判决书才能允许未成年人出境。

年龄在十四至十八周岁的未成年人，只有在具备他们自己的书面公证同意书时，方可被允许从吉尔吉斯共和国出境到长期居住地。

第41条　无行为能力人从吉尔吉斯共和国出境

被法院认定为无行为能力的吉尔吉斯共和国公民，可以根据他们的法定代理人的公证申请或法院的裁决书从吉尔吉斯共和国出境。

第42条　吉尔吉斯共和国出入境的权利证件

以下证件可给予吉尔吉斯共和国公民出入境的权利，并作为该公民在吉尔吉斯共和国境外居留期间的身份证明：

（1）吉尔吉斯共和国公民的因私护照；

（2）外交护照；

（3）公务护照；

（4）返乡证明。

外交护照和公务护照根据吉尔吉斯共和国政府规定的方式签发和使用。外交护照和公务护照在吉尔吉斯共和国法律规定的情况下应交还给国家。

违反外交护照和公务护照签发、使用和返还的规则，将根据吉尔吉斯共和国法律的规定被追究责任。

吉尔吉斯共和国公民如果丢失了身份证明证件，给予其吉尔吉斯共和国入境权的文件即为由吉尔吉斯共和国外交代表处或领事机构签发的返回吉尔吉斯共和国的返乡证明。返乡证明条例由吉尔吉斯共和国政府规定。

在吉尔吉斯共和国作为成员国加入的国际公约规定的情况下，可以使用其他身份证明文件代替本条第1款注明的证件从吉尔吉斯共和国出境。

第43条　吉尔吉斯共和国公民因私护照的办理方式

用于从吉尔吉斯共和国出境的公民因私护照，根据个人申请可为长期居住在吉尔吉斯共和国、年满十六周岁的吉尔吉斯共和国公民办理。

未满十六周岁的公民因私护照根据经公证的父母或法定代理人的申请办理。在申请中应注明未满十六周岁公民的信息，以及根据本法规定不存在限制出境的情况。

未满十六周岁公民的因私护照的有效期为3年。

长期居住在吉尔吉斯共和国的公民，由居住地国家授权居民登记部门向其签发因私护照；而对居住在境外的公民，则由吉尔吉斯共和国外交代表处和领事机构签发。

吉尔吉斯共和国公民的外交或公务护照由实施对外政策的国家授权部门的领事机构办理。

第44条　护照签发、办理、临时扣留和没收的规则

护照签发和办理、临时扣留和没收的规则，由吉尔吉斯共和国政府根据本法规定并应正式公布。

第 45 条　出境证件审理期限的方式　失效

第 46 条　临时限制公民从吉尔吉斯共和国出境的依据

吉尔吉斯共和国公民在以下情况可能被临时拒绝出境吉尔吉斯共和国：

（1）如果申请人知晓构成国家机密的信息，直至吉尔吉斯共和国法律规定的期限期满；

（2）如果存在不可调解的抚养费义务、合同义务或其他未履行的义务，在义务履行前或在法律规定的情况下根据双方协商解决争议前，或以抵押担保义务前，除非根据法律已生效、吉尔吉斯共和国作为成员国加入的国际公约另有规定；

（3）如果申请人被提起刑事诉讼，在案件审理结束前；

（4）如果申请人因犯罪被判刑，在服刑前或刑满释放前；

（5）如果申请人逃避执行经法院判决应承担的义务，在履行义务之前；

（6）如果申请人有意提供了有关自己的已知虚假信息，在查明提供虚假信息的原因和后果前；

（7）如果申请人应当应征服兵役，在解决延迟应征问题之前；

（8）如果申请人被提起民事诉讼，在案件审理结束前；

（9）如果申请人根据法院判决被认定为特别危险的重犯，或处于警察行政监督之下，在撤销判罪或终止监督之前。

在本条第 1 款第 1~9 项规定的情况下，或者护照被用于实施犯罪，或者发现护照是伪造的，或者在终止了吉尔吉斯共和国国籍的情况下，护照可能被临时扣留或没收。在这些情况下，由吉尔吉斯共和国法院、检察院、国家安全部门、边防机构临时扣留或没收护照。

第 47 条　为了公民的安全限制其从吉尔吉斯共和国出境

如果某个国家出现非常状态，且导致无法给吉尔吉斯共和国公民提供安全的条件，吉尔吉斯共和国政府根据实施对外政策的国家授权机构的提议，作出有关公民出境到这一国家的特殊方式或者实施临时限制出境前往这一国家的决定。上述限制在阻碍出境的状况停止前一直有效。

吉尔吉斯共和国政府以必要的方式通知欲前往这一国家的吉尔吉斯共和国公民，并提出吉尔吉斯共和国由于发生的非常状态无法向公民提供必要的安全保障的警告。这一警告并不是出境禁令。

第 48 条　争议解决的方式

对于拒绝签发和办理因私护照或临时扣留或没收因私护照的行为，吉尔吉斯共和国公民可以向法院起诉。

根据本法第 46 条第 1 款第 3~5 项的规定拒绝吉尔吉斯共和国公民从吉尔吉斯共和国出境的决定，不能被起诉。

第 49 条　吉尔吉斯共和国公民在境外登记

出境超过 3 个月的吉尔吉斯共和国公民，应在 15 日内在入境国家的吉尔吉斯共和国外交代表处或领事机构办理登记。

如果在到达地没有吉尔吉斯共和国外交代表处或领事机构，则需通过电子或传真方式在所在国办理登记。

如果在到达国没有吉尔吉斯共和国外交代表处或领事机构，则应在特别授权的其他国家的代表处进行登记。

第二节　吉尔吉斯共和国公民出境到吉尔吉斯共和国境外临时居住

第 50 条　吉尔吉斯共和国保护公民在境外的权利和合法利益

对于前往吉尔吉斯共和国境外的吉尔吉斯共和国公民，吉尔吉斯共和国根据吉尔吉斯共和国的法律给予保护和庇护。

第 51 条　吉尔吉斯共和国公民在境外就业

吉尔吉斯共和国公民，除了服兵役的人以外，可以在吉尔吉斯共和国境外就业。

在吉尔吉斯共和国从事安排吉尔吉斯共和国公民在境外就业的自然人和法人的经营方式，由吉尔吉斯共和国政府规定。

第 52 条　公务出境

吉尔吉斯共和国公民，根据吉尔吉斯共和国政府通过的条例的规定，因公务从吉尔吉斯共和国出境。

第 53 条　个人事务出境

吉尔吉斯共和国公民，根据本法和吉尔吉斯共和国其他法律法规的规定可以出境办理个人事务。

第三节　移出移民

第 54 条　吉尔吉斯共和国公民前往境外定居的方式

前往吉尔吉斯共和国境外定居的吉尔吉斯共和国公民，应具备相应的、按入境国法律规定签发的签证或许可。

获得出境文件的吉尔吉斯共和国公民，有权将属于其私有的财产运往目的国，也可保存在吉尔吉斯共和国。不允许限制他们的任何公民权、社会权、工作权、住房权和其他权利。根据吉尔吉斯共和国法律和根据法律规定方式生效、吉尔吉斯共和国作为成员国加入的国际公约，协调吉尔吉斯共和国公民将对于国家有文化、历史和其他价值的物品带出境外。

吉尔吉斯共和国公民在出境前往国外定居前，应履行完适用吉尔吉斯共和国司法管辖权的自然人和法人的财产义务。

入境外国的方式，由相应入境国法律，以及吉尔吉斯共和国作为成员国加入并按法律规定生效的国际公约进行规定。

前往其他国家定居的吉尔吉斯共和国公民，在返回吉尔吉斯共和国常住时，享有吉尔吉斯共和国法律保障的所有权利，并承担法律规定的义务。

第 55 条　非移出移民

吉尔吉斯共和国在其他国家的大使馆和代表处的工作人员，在境外国家临时工作、完成维和使命的军人，以及应单位、个人邀请到境外因公出差的人，在读书、治疗、旅游期间的人，不属于移出移民。临时从吉尔吉斯共和国出境的其他人，也不属于移出移民。

第 56 条　可能接触国家机密的公民从吉尔吉斯共和国出境

根据关于保护吉尔吉斯共和国国家机密法的规定，吉尔吉斯共和国公民可能不被允许出境。

在接受公民工作（学习）和服兵役时，企业、机关、组织行政机构或授权机构、教学机构、军队应将临时限制的情况告知可能接触到国家机密信息的公民。

第 57 条　吉尔吉斯共和国公民出境的费用

吉尔吉斯共和国公民从吉尔吉斯共和国到其他国家长期居住的费用由移出移民自行支付，也可由其他合法渠道支付。

第四章　违反吉尔吉斯共和国法律所应承担的责任

第 58 条　违法的责任依据

在吉尔吉斯共和国从事违法行为的移民，承担与吉尔吉斯共和国公民同样的责任，除非经法律规定已生效，且吉尔吉斯共和国作为成员国加入的国际公约另有规定。

第 59 条　外国公民和无国籍人士非法入境吉尔吉斯共和国所应承担的责任

外国公民和无国籍人士根据吉尔吉斯共和国法律的规定承担非法入境吉尔吉斯共和国领土的责任。

第 60 条　聘用外国公民和无国籍人士的责任

法人和自然人聘用无相应许可文件的外国公民和无国籍人士在吉尔吉斯共和国居留的，雇主将根据吉尔吉斯共和国的法律被追究责任。

第 61 条　自然人和法人邀请外国公民和无国籍人士的责任

在未遵守本法第 25 条规定的情况下，邀请外国公民和无国籍人士的自然人和法人，根据吉尔吉斯共和国的法律承担责任。

第 62 条　违反居留或过境规定的责任

外国公民或无国籍人士违反在吉尔吉斯共和国的居留方式的规定，即在不具备居住权文件而居留或以无效证件居住，不遵守规定的登记或迁移、选择居住地方式，在规定的居留期限期满后逃避出境或未遵守过境吉尔吉斯共和国的规则，将根据吉尔吉斯共和国的法律被追究责任。

根据吉尔吉斯共和国法律和国际法规定享有特权和豁免的人士的责任问题，通过外交方式解决。

第 63 条　失效

第五章　最后条款

第 64 条　国家税费和领事馆费用

国家税费和领事馆费用，以及本法规定的其他费用，按吉尔吉斯共和国法律规定的金额和方式支付。

第 65 条　本法的实施

本法自公布之日起开始实施。

吉尔吉斯共和国政府在 3 个月内根据本法规定颁布自己的法律条文。

吉尔吉斯共和国总统　阿卡耶夫

COMMONLY USED LAWS IN KYRGYZSTAN

吉尔吉斯斯坦劳动法典

（2004 年 8 月 4 日修订，2017 年 1 月 25 日修订）

第一部分　概　述

第一章　基本条款

第1条　劳动法的目的和任务

劳动法的目的是规定国家对劳动权利和公民自由的保障、创造良好的劳动环境、保护员工和雇主的权利和义务。劳动法的方向是为了使劳动关系双方达成最佳的利益协商，以及为了国家利益，而创造必要的法律条件。

劳动法的主要任务是以法律调节劳动关系和与其有直接联系的其他关系：

在组织劳动和劳动管理方面；

在该雇主处安置工作方面；

直接在该雇主处进行专业培训、进修和提高干部专业水平方面；

在雇主、员工和国家管理机构、地方自治机构之间的特别合作、进行集体谈判、签订集体合同和协议方面；

在参加规定劳动条件和法律规定的情况下适用劳动法的员工和雇主代表机构方面；

在劳动领域员工和雇主的物质责任方面；

在监督对劳动法（包括劳动保护法）的遵守方面；

在解决劳动争端方面。

第2条　法律协调劳动关系和与其直接相关关系的基本原则

法律协调劳动关系和与其直接相关关系的基本原则有：

每个公民都可自由选择或自由同意劳动的权利，包括对自己劳动能力的支配权，以及选择职业和行业的权利；

劳动自由；

禁止劳动法律关系领域的强迫劳动和歧视性待遇；

禁止最恶劣形式的使用童工劳动；

保护无理由的解雇；

保证协助就业权和社会失业保护权；

保证在符合安全和卫生条件下的劳动权利；

保证根据劳动合同获得劳动奖励的权利，但不低于法律规定的最低金额；

保证休息权；

保证由于完成劳动任务而使员工健康遭受损害的补偿权；

在生产和干部培训中促进员工的职业发展；

保证按本法典和其他法规规定的方式解决个人和集体劳动纠纷的权利；

规定国家在保证员工和雇主权利方面的保障，对它们的遵守实施国家监督；

保证每个公民的权利和自由受国家保护，其中包括以司法方式维护权利；

保证联合权，包括建立工会和员工为保护自己在劳动法律关系和进行社会监督方面的权利、自由和利益而建立的其他代表机构的权利；

保证雇主为保护自己在劳动法律关系领域的权利、自由和利益而进行联合的权利；

参加协调劳动法律关系的员工和雇主联盟；

第 3 条　劳动法及其他包含劳动法规则的法规、国际法规则

根据《吉尔吉斯共和国宪法》，由劳动法和其他包含劳动法规则的法规对劳动关系和其他与其直接相关的关系进行调节：本法典、其他法律、吉尔吉斯共和国总统令、吉尔吉斯共和国政府命令、地方自治机构的法令、地区性法规。

国家间的条约和吉尔吉斯共和国批准的其他国际法标准，是吉尔吉斯共和国法律的组成部分和直接有效部分。

如果吉尔吉斯共和国加入的国际公约对员工规定了比吉尔吉斯共和国法律和其他法规、协议、集体合同更有利的规则，则适用国际公约的规则。

当本法典与其他包含恶化员工地位条款的法律冲突时，则适用本法典的规定。

第 4 条　包含劳动法规则的地方自治机构的法令

地方自治机构在自己的职责范围内，经与员工代表机构协商，有权通过包含劳动法规则的法规。

第 5 条　由雇主通过的、包含劳动法规则的局部规范文件

在自己的职权范围内，根据法律和其他法规、集体合同、协议的规定，雇主通过包含劳动法规则的局部规范文件。

如果在本法典、其他法律和法规、集体合同有规定的情况下，雇主通过包含劳动法规则的局部规范文件时，应与员工代表机构协商。

与劳动法、集体合同协议相比，对员工地位不利的局部法规，或者在未遵守本法典规定的、应与员工代表机构协商的方式而通过的恶化员工地位的局部条例，将是无效的。在这种情况下，适用包含劳动法规则的法律或其他法规。

第 6 条　包含劳动法规则的法律和其他法规的效力

本法典，包含劳动法规则的法律和其他法规，适用于所有与雇主签订劳动合同的员工。

本法典，包含劳动法规则的法律和其他法规，适用于整个吉尔吉斯共和国领土上的雇主（法人或自然人），且不论其法律组织形式和所有制形式。

当通过司法方式确定，雇主和员工之间的劳动关系实际上由民法性质的合同来进行协调，那么在这种情况下，对这种关系也同样适用劳动法的条款。

本法典适用于外国公民和无国籍人士的特殊性，由本法典第 7 条和包含劳动法规则的其他法律规定。

个别类型的员工（单位领导、国家公务员、兼职人员、妇女、青年等）的劳动法律关系协调的特殊性，由本法典和其他法律法规规定。

本法典，包含劳动法规则的法律和其他法规，不适用于以下人士：现役军人、内务机构的普通人员和领导机构的人员、单位的经理委员会（监事会）成员（不包括与该单位签订劳动合同的人员）、根据民事法律性质的合同工作的人员（承包、委托等）、法律规定的其他人员（如果按本法典规定的方式他们没有同时作为雇主或者雇主的代表）。

附注：执法机关应理解为内务机关、国家安全机关、反经济犯罪机关、刑事执行系统机构、检察院、海关，以及毒品监督机构。

第 7 条　包含劳动法规则的法律和其他法规适用于外国公民和无国籍人士，以及在外国法人机构工作的吉尔吉斯共和国公民

如果吉尔吉斯共和国法律或国际公约未作其他规定，本法典、包含劳动法规则的法律和其他法规适用于在吉尔吉斯共和国境内单位工作的外国公民和无国籍人士。

如果吉尔吉斯共和国法律或国际公约未作其他规定，对于在吉尔吉斯共和国境内的，创立人或所有者（全部或部分）是外国法人或自然人的（包括跨国公司的子公司）单位的员工，适用包含劳动法规则的法律和其他法规。

在本条第 2 款中注明的单位工作的吉尔吉斯共和国公民，在同样劳动中有权获得与这些单位的外国员工同等的权利。

第 8 条　以合约形式协调劳动关系和其他与其有直接联系的关系

本法典协调建立在劳动合约基础上的劳动关系，以及与以下情况相关的关系：

与员工的职业培训和提高技能相关；

与工会的活动或其他保护员工权利的代表机构的活动相关；

与协调社会劳动关系的雇主联合会的活动相关；

进行集体谈判、签订集体合同和协议；

与员工（他们的代表）和雇主在单位层面上的相互关系；

与保证就业相关；

与监督劳动法和劳动保护法的执行相关；

与审议个人和集体劳动争端相关。

集体合同、协议以及劳动合同中，不能包含降低劳动法中规定的员工权利和保障水平的条款。如果集体合同、协议或劳动合同中包含了这样的条款，则不应适用。

建立在合作社、企业和公司员工基础上的劳动关系以及与其有关联的关系，由本法典参考其章程中规定的、与劳动法不冲突的特殊条款进行协调。

第 9 条　禁止劳动领域的歧视性待遇

每个人享有实现自己劳动权利和自由的同等机会。

任何人的劳动权利和自由，都不可由于性别、种族、年龄、居住地、宗教信仰、政治观点、属于或不属于社会团体，以及其他与员工的业务素质和工作成绩不相关的条件被限

制，或者在实现劳动权利和自由时获得某种优先权。

不允许为同等的劳动支付不同等的报酬。

根据工作具体种类特有的、法律规定的要求，或者因为国家对需要更多社会和法律保护人士的特殊关怀而规定的差别、例外、优先权和限制，不属于歧视性待遇。

认为自己受到歧视性待遇的人，有权向法院提出恢复被损害的权利、要求赔偿物质损失和精神补偿的相关申请。

第 10 条　禁止强迫劳动

强迫劳动，就是在采取某种强制手段的威胁下迫使完成工作，这是被禁止的，除非在以下情况下：

履行以法律为依据的军人职责和服兵役义务，或替代性的可选择义务；

在非常状态下完成工作，即在宣布被非常状态或战争状态、自然灾害或自然灾害威胁（火灾、水灾、饥荒、地震、严重流行病或动物流行病），以及全部或部分居民的生命或正常的生活条件受到威胁的其他情况下完成的工作；

法院判决生效的，在国家司法判决执行过程中负责维护法律的部门的监督下完成的工作。

禁止以最恶劣的形式使用童工劳动。

第 11 条　包含劳动法规则的法律和其他法规的实施

包含劳动法规则的法律和其他法规，在其中或确定该法规实施方式的其他法规注明的时间内开始生效。

包含劳动法规则的法律和其他法规由于下列原因失效：

它的有效期期满；

就这一问题的另一法律效力同等或更高的法规开始生效；

以法律效力同等或更高的法规废除本法规（宣布失去效力）。

包含劳动法规则的法律和其他法规，不具有溯及力，并适用于在它生效后产生的关系。

包含劳动法规则的法律和其他法规的效力，只有在本法规直接规定的情况下才能适用于在它生效前产生的关系。

而在包含劳动法规则的法律和其他法规生效前产生的关系，该法律或法规只适用于在它生效后产生的权利和义务。

第 12 条　本法典规定的期限的计算

劳动关系开始与终止的日期，即为劳动权利和义务产生或终止的日期。

以年、月、周计算的期限，在下一年、月、周的相应日期结束，以日历周或日计算的期限中应包括非工作日。

如果期限的最后一天是非工作日，则期限结束日期应为这一天之后的第一个工作日。

第二章　劳动关系、劳动关系的双方、劳动关系产生的依据、劳动关系和其他关系的主体

第13条　劳动关系

劳动关系，是在雇主提供劳动法、集体合同、协议、劳动合同规定的劳动条件的情况下，由员工本人遵守内部劳动秩序，并完成有偿工作职责（根据确定的专业、技能或职务的工作）所形成的雇主和员工之间的关系。

第14条　劳动关系产生的依据

员工和雇主之间的劳动关系是依据他们之间根据本法典签订的劳动合同而产生。

在法律、其他法规或单位的章程（条例）规定的情况和方式下，劳动关系是在劳动合同和在下列合同签署之前生效的其他法规的基础上产生的：

推选（任选）任某职务；

根据竞选而推选填补空缺职位；

任命职务或通过职务；

由法律授权机构在规定配额下委派工作；

法院有关签署劳动合同的判决；

得到雇主或雇主的代表同意或委托的实际委派工作，无论是否以应有的形式签署劳动合同。

第15条　在选举任某职务的证书和劳动合同基础上产生的劳动关系

如果有关选举任某职务的证书规定了员工完成工作职责的义务，则根据该证书和劳动合同将产生劳动关系。

第16条　在竞争选举证书和劳动合同基础上产生的劳动关系

如果法律、其他法规、单位的章程（条例）或其他雇主的地区性法令规定了属于竞争上岗的职务名单，以及该职务竞争选举的方式，则根据该竞争选举证书和劳动合同产生劳动关系。

第17条　根据职务任命书或职务确认书和劳动合同产生的劳动关系

在法律、其他法规或单位的章程（条例）规定的情况下，根据职务任命书或职务确认书和劳动合同将产生劳动关系。

第18条　劳动关系的双方

劳动关系的双方是员工和雇主。

员工是与雇主形成劳动关系的自然人。

雇员应年满十六周岁。在特殊情况下，根据与单位内的员工代表机构协商，或与国家劳动授权部门协商，可以雇用年满十五周岁的员工。

年满十四周岁的学生，经父母（监护人）或监督部门的书面同意，可以签订在课余时间完成简单的、不会对身体造成损害和妨碍教学进程的劳动合同。

父母（监护人）应以书面形式出具同意书，在这种情况下，父母（监督人）应与未成年人一同签署劳动合同。

雇主是与员工形成劳动关系的自然人或法人（单位），在法律规定的情况下，雇主可以由被赋予劳动合同签署权的其他主体代表。

劳动关系中雇主的权利和义务由下列人士完成：作为雇主的自然人；法人（单位）的管理机构或根据法律和法规、法人（单位）的创立合同和地方法令规定的方式被法人授权的人士。全部或部分由劳动关系规定的所有人（创立人）拨款的机构的义务，由所有人（创立人）按照法律规定的方式承担资助责任。

第19条　员工的基本权利和义务

员工有权：

按照本法典、其他法律规定的方式和条件签署、修改、解除劳动合同；

获得劳动合同中规定提供给他的工作和根据劳动协议应得的工资；

获得有害和危险因素防护的工作地点在劳动保护方面的条件和要求的信息；

及时、全部地获得与自己的技能、完成工作的数量和质量相符的工作报酬；

在不是由于自己的过错造成的停工时获得金额不低于本法典规定的工资；

确定最大工时，对某些职业、工作和个别员工的缩短工作日所保证的休息、提供的每周休假日、非工作日的节日，以及每年带薪假期；

参加联合会，其中包括建立工会和其他保护自己利益的员工代表机构；

通过自己的代表进行集体谈判和参加集体协议；

根据本法典和其他法律法规规定的方式参加职业培训、进修和提高技能；

获得为完成劳动义务而造成的身体损害的赔偿；

获得吉尔吉斯共和国法律规定的必需的社会保险；

要求提供法律和其他法规规定的保障和补偿；

在使用法律规定方式的情况下，保护自己的劳动权利和自由，包括司法保护权。

员工应该（有义务）：

认真完成劳动合同中规定的自己的劳动义务；

遵守单位内部劳动秩序的规则；

达到劳动的规定标准；

遵守劳动保护和保证生产安全的要求；

爱护雇主和员工的财产；

不泄漏根据劳动合同委托给自己的，构成国家、公务和商业秘密的信息；

在出现对人们生命和健康、雇主和员工财产完整性构成威胁，以及出现停工情况时，应通知雇主。

第 20 条　雇主的基本权利和义务

《吉尔吉斯共和国宪法》第 16 条、第 19 条保障雇主的所有权以及自由经营权。

雇主有权：

按照本法典、其他法律规定的方式和依据，与员工签署、修改和解除劳动合同；

接受规定组织劳动的地方法令；

进行集体谈判和签署集体合同；

为了代表和保护自己的权利和利益，建立和参加雇主联合会；

奖励员工；

要求员工完成劳动合同条款和遵守单位内的劳动秩序；

根据本法典、其他法律规定的方式追究员工的纪律和物质责任；

为保护自己的权利和利益可以诉诸法院；

雇主应该（有义务）：

遵守法律和其他法规、地方法令、集体合同、协议和劳动合同的条款；

向员工提供劳动合同中规定的工作；

保证向员工支付同等价值劳动的报酬；

及时并全部支付员工的工资；

按规定的方式接受有关规定组织劳动的地方法令（条例、细则、命令）和为了单位的正常运作而必需的其他法令；

向员工代表提供进行集体谈判、签署集体合同，以及监督合同执行所必需的信息；

按本法典规定的方式进行集体谈判和签署集体合同；

保障单位内的劳动安全和符合劳动保护和卫生要求的条件；

保证为员工提供设备、工具、技术文件和其他完成劳动义务所必需的工具；

及时完成国家监督检查机构的规定，支付由于违反包含劳动法规则的法律、其他法规而被处以的罚款；

根据法律规定的方式为员工缴纳必需的社会保险；

补偿员工由于完成劳动义务而受到的损害，并按本法典、法律和其他法规规定的方式和条件补偿精神损失；

每月向国家就业部门提交现有空缺工作岗位的信息，并注明劳动条件和工资；

完成本法典、包含劳动法规则的法律和其他法规、集体合同、协议和劳动合同所规定的其他义务。

第 21 条　劳动关系主体的种类

个人劳动关系的主体是：

员工；

雇主。

集体劳动关系的主体是：

员工代表机构（工会、联合代表机构、员工委员会等）；

雇主联合会；

法律规定的其他主体。

第二部分　劳动领域的社会合作

第三章　总　则

第 22 条　社会合作

社会合作，是国家政权机构、雇主联合会和工会在确定并实施一致的社会经济政策、劳动关系方面的政策，以及国家作为确定各方相互作用参数条件的雇主与工会双方的关系方面的相互关系。

当国家政权和地方自治机构根据法律规定作为雇主或根据雇主委托作为雇主代表时，他们便成为社会合作的一方。

第 23 条　社会合作的基本原则

社会合作的基本原则是：

各方平等；

尊重和考虑各方的利益；

考虑各方加入合同关系的利害关系；

国家在加强和发展民主基础上的社会合作的促进；

各方及其代表对法律和其他法规的遵守；

各方代表的授权性；

在讨论劳动领域问题时的选择自由；

各方承担义务的自愿性；

各方承担的义务的现实性；

完成集体合同、协议的必需性；

对通过的集体合同、协议执行的监督；

各方及其代表由于自己的过错而未完成集体合同、协议所应承担的责任。

第 24 条　社会合作的各方

社会合作的各方为以规定方式授权的员工和雇主代表。

第 25 条　社会合作体系

社会合作体系包括以下级别：

共和国级，规定吉尔吉斯共和国内劳动领域关系协调的基础；

行业级，规定行业内劳动领域关系协调的基础；

地区级，规定市政单位劳动领域关系协调的基础；

单位级，规定在员工和雇主之间的劳动范围内具体的相互义务。

第 26 条　社会合作的形式

社会合作以下列形式实施：

集体合同、协议及其签署方案准备方面的集体谈判；

对协调劳动关系和其他直接与其相关的关系，提供员工劳动权利保障、完善劳动法问题的相互咨询（谈判）；

员工和雇主代表参加劳动纠纷庭审前的和解。

第 27 条　本部分标准的适用特殊性

本部分标准对国家公务员、军事和军事化机构和组织、执法机关部门、吉尔吉斯共和国外交代表处的工作人员的适用特殊性，由法律条文进行规定。

第四章　员工和雇主的代表

第 28 条　雇主的代表

在进行集体谈判、签署或修改集体合同时，根据本法典、法律和其他法规、单位的创立文件和地方法令的规定，单位的领导或雇主的授权人是雇主代表。

在进行集体谈判、签署或修改协议、解决由于协议的签署或修改而引起的集体劳动纠纷时，以及在建立协调社会劳动关系委员会和实施它的活动时，雇主的利益由相应的雇主联合会代表来维护。

雇主联合会是非商业性组织，在自愿基础上，为了在与工会、其他员工代表机构、国家政权机构和地方自治机构的相互关系中代表自己成员的利益和保护他们的权利而将雇主联合起来。

雇主联合会的法律地位特点由法律规定。

第 29 条　员工的代表

在社会合作中员工的代表是：工会及其联合会、员工在本法典规定的情况下选举的其他代表。

在进行集体谈判、签署和修改集体合同，以及对它们的执行进行监督、审理员工与雇主之间的劳动纠纷时，单位的员工利益由基层工会组织或其他员工选举的人来代表。

在就协议的签署和修改进行集体谈判、解决由于协议的签署或修改而引起的集体劳动纠纷、对它们的执行实施监督时，以及在建立协调社会劳动关系委员会和实施它的活动时，员工的利益由相应的工会、它们的区域组织、工会联合会和工会地区组织的联合会来代表。

员工的利益不能由雇主建立或资助的机构、国家执行政权和地方自治机构、党派来代表。

工会有权通过单位的管理机构（董事会、经理委员会、监察委员会）代表员工的利益。

第 30 条　不属于工会成员的员工利益的代表

不属于工会成员的员工，有权根据合同授权基层工会组织的机构在与雇主的相互关系中代表他们的利益。

第 31 条　员工的其他代表

在没有基层工会组织的情况下，以及存在联合了不足一半员工的工会组织的情况下，在全体大会（代表大会）上，员工有权根据合同将自己的利益委托给上述工会组织或其他人来代表。

其他员工代表机构的存在，并不能阻碍工会组织实施自己的授权，工会的授权不能被其他员工代表机构暂时替换或仿效。

第 32 条　员工代表的授权

员工代表有权：

与雇主进行集体谈判、签订集体合同、监督它们的执行；

在协议和集体合同规定的情况下，参加解决单位内的社会和经济发展问题；

在劳动法律规定的情况下，参加制定单位的局部条例；

对单位内劳动法的遵守实施社会监督；

以规定的方式无阻碍地进入工作场所，从雇主处获得实施社会监督所必需的资料；

在集体劳动争议中作为员工代表；

在审议个人劳动争议的机构中代表员工的利益，在法院作为原告；

如果单位的领导和被领导授权的人所作的决定与劳动法相冲突时，对这一决定向法院起诉；

根据法律规定的方式宣布和停止罢工。

员工代表还拥有法律、机构章程和条例所赋予的其他权利。

第 33 条　雇主在创造保证员工代表活动的条件方面的义务

根据本法典、其他法律和法规、集体合同、协议的规定，为了使员工代表得以行使赋予他们的权利，雇主应为保证他们从事相关活动而创造条件：

在涉及员工利益的决定通过之前，在本法典、法律、集体合同和协议规定的情况下，向员工代表进行咨询；

及时研究员工代表的建议并将通过的决定通知他们并说明理由；

向员工代表提供必要的劳动、其他社会经济问题的信息；

完成本法典、集体合同、协议中规定的，在员工代表方面的其他义务。

第 34 条　对员工代表的补充劳动保障

为了完成社会义务，对未脱离生产工作的员工代表，可以根据协议、集体合同规定的条件提供工余时间。

脱产的员工，根据在员工代表机构职务选择的情况，在选任的授权完成后，可以获得以前的工作（职务），如果该工作职务空缺，则可获得该单位内其他同等的工作（职务）。

除了单位被清算的情况（本法典第 83 条第 1 款）外，只有经商议及相关员工代表机构的同意，方可在雇主的倡议下，不遵守解雇的一般程序而解雇员工代表机构的成员。

第五章　社会合作机构

第 35 条　协调社会劳动关系的机构

为保证协调社会劳动关系，进行集体谈判和准备集体合同、协议的方案及其签署，以及对集体合同和协议的执行进行监督，根据双方的决定，在平等的基础上，由双方赋予必要授权的代表组建各级委员会。

在共和国级别上，组建协调社会劳动关系的常设共和国三方委员会，由吉尔吉斯共和国政府、共和国雇员联合会和工会代表组成。

在地区级别上，可以组建协调社会劳动关系的三方委员会，它将根据法律，由国家执行政权的代表机关或地方自治机构通过有关这些委员会的条例的规定开展工作。

在行业级别上，为了进行集体谈判、准备行业协议方案及其签署，可以组建委员会。行业委员会可以在共和国级别和地区级别上组建。

在作为协议一方的执行政权的相应机构和地方自治机构的代表必须参加的情况下，签订协议，该协议规定由各个级别的财政全部或部分地进行拨款。

为了进行集体谈判、准备集体合同的方案及其签署，可组建各单位级别的委员会。

第 36 条　进行集体谈判的原则

进行集体谈判的原则是：

权利平等和尊重双方的利益；

自由选择构成集体合同和协议内容的讨论问题；

双方自愿承担义务；

遵守劳动法。

第 37 条　集体谈判的进行

员工和雇主的代表参加为集体合同和协议的准备、签署和修改而举行的集体谈判，并有权发起举行这些谈判的倡议。

收到开始谈判书面通知的一方，应在 7 天内开始谈判，任何一方都无权拒绝进行集体谈判。

第 38 条　进行集体谈判的程序

集体谈判的参加者可自由选择需要审议的、协调社会劳动关系的问题。

如果单位内存在有两个及以上的工会组织或其他员工代表组织，将由它们产生统一的代表机构以便进行集体谈判，统一集体合同方案的制定及签署。统一代表机构是根据工会和其他代表机构的成员数量，在比例代表制原则的基础上产生的。在这种情况下，代表应该由每个员工代表机构产生。

如果在集体谈判开始之后的 5 天内没有建立统一的代表机构，则单位内所有员工的利益可以由单位内最初的、联合了一半以上员工的员工代表机构代表。

如果单位内没有一个最初的员工代表机构联合的员工人数超过一半，则员工全体大会（代表会议）将以不记名投票的方式确定授权哪一个最初的代表机构组建代表机构。

在本条第 3 款和第 4 款规定的情况下，在集体合同签署之前，其他最初的工会组织保留派遣自己的代表参加代表机构组成的权利。

相应的工会（工会联合会）将被赋予进行集体谈判，在共和国、行业、地区级别上以员工名义签署协议的权利，如果在相应的级别上存在几个工会（工会联合会），则每个工会将被授予在统一代表机构中的代表权以便进行集体谈判，该统一代表机构是根据各代表所代表的工会成员数量产生的。如果没有约定建立进行集体谈判的统一代表机构，则谈判的权利将被赋予联合了多数工会成员的工会（工会联合会）。

在收到相应查询申请时，双方应在收到查询申请后的 2 周内互相提供他们掌握的、进行集体谈判所必需的信息。

集体谈判的参加人、与集体谈判相关的其他人士，如果他所获得的信息资料根据法律规定属于应保守秘密（国家、公务、商业和其他秘密）的信息，则不应泄漏获得的资料。泄漏上述信息的人，将根据法律规定的方式被追究纪律、行政、民事、刑事责任。

集体谈判进行的期限、地点和方式由参加上述谈判的双方代表确定。

第 39 条　调节分歧

在就集体合同，协议的签署或修改所进行的谈判过程中出现的分歧，应按本法典规定的方式进行调节。

第 40 条　对参加集体谈判人员的保障和补偿

参加集体谈判，准备集体合同、协议方案的人员，可免于完成主要的工作并在双方协议规定的期限内保留平均工资收入，但不超过 3 个月。所有与参加集体谈判相关的费用，根据法律、集体合同和协议的规定进行补偿。

如果集体合同、协议未另行规定，则被邀请的专家的服务费由邀请方支付。

参加集体谈判的员工代表，在谈判进行期间未经代表授权机构的事先同意，不能被雇主处以纪律处分、调换到其他工作岗位或被解雇，除非是根据本法典、其他法律规定的，由于过错而解除劳动合同情况下的解雇。

第六章　集体合同和协议

第 41 条　集体合同

集体合同是协调单位内部社会劳动关系，并由员工和雇主通过他们的代表，以书面形式签署的、局部性的规范文件。

集体合同可以在任何所有制形式的单位内部签署，期限不少于1年。

集体合同也可以在分公司、办事处或单位的其他独立的分支机构内部签署。在这种情况下，雇主代表是由雇主授权的相应分支机构的领导人。

如果双方在集体谈判开始后的2个月内不能就集体合同的个别条款达成一致，则双方应在协商的条件下签署集体合同并同时起草分歧备忘录。

不能调节的分歧可以作为今后集体谈判的问题或根据本法典的规定解决。

第42条　集体合同的内容和构成

集体合同的内容和构成由双方确定，在集体合同中可以包含员工和雇主之间在以下问题上的相互义务：

改善劳动的组织、提高生产效率；

规定的定额、形式、制度、薪率和薪额、补贴和津贴；

代号、津贴和补助的支付；

雇主根据吉尔吉斯共和国国家退休社会保险法的规定支付提前优惠退休金的方式；

工作时间、休息和假期的期限；

建立健康和安全的劳动条件、改善健康保护、员工的医疗保险保障、环境保护；

协调内部劳动秩序和劳动纪律；

保证就业、技能培训和提高、脱产员工的进修和工作安排；

改善员工的居住和日常生活条件，在单位和机关部门的住房私有化时保护员工的利益；

员工的保健、疗养、休息；

防止大规模的解雇、劳动冲突和罢工；

员工和雇主对给单位造成的损失应承担的责任；

双方执行集体合同的责任；

双方规定的其他问题。

如果法律和其他法规中包含对某些义务条款的直接规定，则集体合同中应包含这些规范条款的内容。

第43条　集体合同的效力

集体合同签署的期限不应少于3年，自双方签订之日起或合同中规定的期限起生效。

双方有权将集体合同的有效期延长，但不超过3年。

集体合同的效力适用于签署该合同的单位员工，单位的分公司、办事处和其他独立的分支机构的员工。

集体合同在单位更名、与单位的领导人解除劳动合同的情况下仍然保留自己的效力。

在单位重组（合并、联合、分立、分离、变更）时，集体合同在整个重组期内仍然有效。

在单位的所有制形式变更时，集体合同自所有权转让之日起的3个月内仍然有效。

在重组或所有制变更时，任何一方都有权向另一方发出有关签署新的集体合同或将原来的合同延长3年的建议。

在单位清算时，集体合同在整个清算期间仍然有效。

第44条　集体合同的修改和补充

集体合同修改和补充的方式由双方确定。

第45条　双方未执行集体合同的责任

如果未执行集体合同规定的义务，双方将根据集体合同的规定承担责任。

第46条　协议及其种类

协议是规定协调社会劳动关系以及与其相关的经济关系的一般原则的规范性文件，它由员工和雇主在共和国、行业（行业间）和地区级别的授权代表在他们的职权范围内签署。

协议中应包含双方在以下问题的相互义务：劳动条件和保护、劳动和休息制度、社会合作发展、其他双方规定的问题。

根据被协调的社会劳动关系的范围，可以签订总协议、行业（行业间）协议、地区协议等。

总协议规定协调共和国级别的社会劳动关系的普通原则。

行业（行业间）协议规定行业员工劳动报酬的普通条件、劳动保障和优惠。

行业（行业间）协议可以在社会合作的共和国、地区级别上签署。

地区协议规定相应的所述组成区域内员工的普通劳动条件、劳动保障和优惠。

参加集体谈判的各方约定的协议，可以是双方的也可以是三方的。

其他协议是指，在任何社会合作级别上，由各方签署的，在个别方面协调社会劳动关系和其他与其直接相关的关系的协议。

第47条　协议制定和签署的方式

协议的制定和签署由进行集体谈判的委员会确定。

协议方案由委员会制定并由双方代表签字。

第48条　协议的内容和构成

协议的内容和构成，由双方代表协商确定，他们有权自由选择讨论协议包括的问题的范围。

第49条　协议的效力

协议自双方签字之日起生效或在协议规定的日期内生效。

协议有效期、监督其执行的方式及新的协议签署的期限由双方在协议中规定。

第 50 条　协议的登记

总协议、行业协议、地区协议相应地由吉尔吉斯共和国政府、国家在劳动领域的授权机构和协议中一方所在地的地区机构进行登记。

第 51 条　协议的修改和补充

协议应根据双方的协商，按照本法典规定的协议签署方式进行修改和补充。

第 52 条　监督协议的执行

由社会合作的各方、他们的代表、劳动领域内相关的国家部门对协议的执行进行监督。

第三部分　劳动合同

第七章　有关劳动合同的一般规则，劳动合同的签署

第 53 条　劳动合同的概念

劳动合同，是员工与雇主之间的协议，根据这一协议雇主应根据约定的劳动职能为员工提供工作，保证提供本法典、法律和其他法规、集体合同、协议、地方法规规定的劳动条件，及时完整地向员工支付工资，而员工应根据规定的职业（专业）、技能或职务亲自完成工作，并遵守内部劳动秩序。

第 54 条　劳动合同的内容

劳动合同的内容由双方的劳动协议确定，并遵守本法典的规定。

劳动合同应包含以下必需的内容：

（1）劳动合同签订的日期和地点；

（2）双方的信息：

法人雇主的全称、所在地、创立文件的国家注册号和日期；

雇主（他的代表）的姓名（身份证明文件上注明的）和职务，如果雇主是自然人，则应注明他的常住地址，身份证明文件的名称、号码、签发日期；

姓名（员工的身份证明文件中注明的、社会保护证明的代号）；

（3）完成工作的地点；

（4）职务、专业、职业名称，并根据单位的编制注明技能，或具体的工作职能；

（5）工作开始的日期；

（6）劳动合同有效期；

（7）工作制度；

（8）员工和雇主的权利和义务；

（9）劳动支付条件（其中包括薪额或员工的职务薪金、补助、津贴和奖金，繁重、危险和有害条件下的劳动补偿）；

（10）劳动条件的准确特点，在繁重、有害或危险条件下工作的员工的补助和优惠；

（11）双方签字。

劳动合同中可以规定试用期的条件，不能泄露国家、公务、商业和其他法律保护的秘密，员工培训后不少于合同规定期限的工作义务，或者如果培训费用由雇主承担并且劳动合同是根据员工的倡议在规定期限之前终止，则员工应赔偿费用，以及与本法典、法律、其他法规、集体合同和协议相比不会恶化员工地位的其他条款。

劳动合同的条款只有经双方同意并以书面形式办理的情况下方能修改。

如果签订定期劳动合同，合同中应注明有效期和签订定期劳动合同的理由。

在与单位的领导人、他的副职和总会计师签署劳动合同时，根据双方的协商，除了本法典规定的条件外，可以规定解除劳动合同的补充的依据。

第 55 条　劳动合同的期限

劳动合同可以签署的期限：

（1）不确定期限；

（2）不超过 5 年的确定期限（定期劳动合同），除非本法典和其他法律规定了其他的期限。

定期劳动合同是在法律规定的情况下，由于工作特点和条件而不能在不确定期限的情况下确定劳动关系时签订的，其中包括与以下人在以下情况签署：

与单位的领导人、副职和总会计师签署，无论单位的法律形式和所有制形式如何；

为了更换临时缺席，但根据法律规定应为其保留职位的员工；

完成临时（2 个月以内）工作，以及季节性工作的时间，由于自然条件，工作只能在季节的一定时间内完成；

为预防不幸事件、事故、灾难以及消除它们的影响和其他非常状态的影响而进行的定期工作；

为进行包括在单位的一般业务框架内的工作（改造、安装和调试工作、审计），以及为了进行与临时（1 年内）扩大生产或提供的服务量相关的工作；

与进入员工人数在 15 人以内且创建不满 1 年的单位的劳动者；

如果不能确定完成工作的具体日期，而与完成该工作的人签订的合同；

直接与员工实习和职业培训有关的工作；

与参加全日制学习的人；

与在单位内做兼职工作的人；

与科研、教育和其他员工签订合同，该劳动合同中规定了一定期限的工作，而此工作是根据法律、国家政权机关和地方自治机构的其他法规规定的方式进行竞争并根据竞争结果确定的；

在推选担任一定期限内的选举机构成员或担任选择的职务，有偿工作的情况下，以及担任直接与保证被选举机构成员的活动，或国家政权机构和地方自治机构、政党和其他社会团体中的负责人活动相关的工作的情况下；

与达到退休年龄的退休工人，以及由于健康状况、根据医疗证明的人士解决特别临时性质的工作；

为进行社会工作。

如果劳动合同中未书面规定合同的有效期，则认为合同签署的期限是不确定的期限。如果在合同有效期结束时，任何一方在合同期限过后都没有要求解除定期合同，则可认为劳动合同签署的是不确定期限的合同。

以不确定期限签署的劳动合同，不经员工同意不能重新签署为固定期限的合同。

不允许为了逃避向员工提供本法规定的权利和保障而无依据地签署定期劳动合同。

第 56 条　禁止要求完成不属于劳动合同约定的工作

雇主无权要求员工完成劳动合同中没有约定的工作，除非本法典和其他法律另有规定。

第 57 条　劳动合同的生效

如果在合同中未作其他规定，则劳动合同自员工和雇主签字之时起开始生效。

员工应自合同规定的日期起开始执行劳动义务。如果劳动合同中未规定工作开始的日期，则员工应在合同开始生效当日后的下一个工作日开始工作。

如果员工未在规定期限内开始工作并且没有正当理由，则劳动合同将被废除。

如果员工在没有签订书面劳动合同的情况下，经雇主或雇主代表同意或委托开始了实际的工作，那么劳动合同将被认为在工作开始之日已签订。实际允许员工开始工作，并不能解除雇主与员工签订书面劳动合同的义务。

第 58 条　劳动合同的签订和办理接收上岗

劳动合同以书面形式签订，一式两份，由双方签字。一份交给员工，一份交给雇主保存。

根据签订的劳动合同，在 3 天之内根据雇主的命令（指示）办理接收员工上岗，雇主应在命令（指示）签发 3 天内向员工宣布并由员工签收。

劳动合同可在本法典第 14 条规定的条件下签订。

如果吉尔吉斯共和国法律允许，员工可以在兼职的条件下与几个雇主同时签订劳动合同。

在接收上岗时，雇主应将单位内实行的内部劳动制度规则，与员工职能相关的其他局部条例、集体合同、协议介绍给员工，对员工进行劳动保护指导，根据规定的方式为员工设立（填写）劳动手册。

第 58-1 条　签署劳动合同或民事合同时对曾任职国家或市政部门公民的限制

曾任职列入吉尔吉斯共和国法规确定的名单内的国家或市政部门的公民，在从国家或市政部门辞职后 2 年内，经相关委员会同意，根据遵守国家或市政职务人员职务行为和调节利益冲突要求的情况下，有权根据劳动合同在单位任职并（或）在民事合同条件下在该单位完成每月价值超过30倍结算指数的工作，如果国家、市政（行政）管理该单位的个别职能包含在国家或市政职员的职务责任内。

委员会应在收到公民要求同意在劳动合同条件下在单位任职，并在民事合同条件下在该单位完成工作（向该单位提供服务）的申请后7天内，按法规规定的方式审议该书面申请，并在1个工作日内将作出的决议书面通知该公民，并在3个工作日内口头通知他。

曾任职列入吉尔吉斯共和国法律规定的名单内的国家或市政部门的公民，在从该部门辞职后2年内应在签署完成工作（服务）劳动合同或民事合同（本条第1款注明的）时，通知雇主有关自己最后的工作单位的信息。

曾任职列入吉尔吉斯共和国法律规定的名单内的国家或市政部门的公民，在从该部门辞职后若不遵守本条第3款的规定，将导致本条第1款注明的、与该公民签署的完成工作（服务）的劳动合同或民事合同的终止。

雇主在与曾任职列入吉尔吉斯共和国法律规定的名单内的国家或市政部门的公民，在其从该部门辞职后2年内签署本条第1款注明的、完成工作（服务）的劳动或民事合同时，应在10天内通知该公民最后工作单位的国家或市政雇主代表有关签署的合同。

如果雇主未完成本条第5款规定的义务，即为违法，将承担法律规定的责任。

在法律规定的情况下，如果国家管理该单位的个别职能包含在国家或市政职员的职责内，则按法律规定的方式检查本条第1款注明的公民是否遵守在劳动合同下在单位任职和（或）在民法合同条件下该单位完成工作（提供服务）的禁令，以及雇主是否遵守与该公民签署劳动合同或民法合同的条件。

第59条　禁止无理由地拒绝与个别公民签订劳动合同

禁止无理由地拒绝与下列公民签订劳动合同：

（1）由于职位配额而被指定到国家就业部门工作的人；

（2）根据雇主之间的协商，以从另一个单位调职的方式被书面邀请来工作的人；

（3）根据雇主的申请或与之签订的合同，在学校毕业后来工作的人。

本条第1款规定的情况，雇主应在公民提出要求的3天内，以书面形式通知该公民被拒绝的理由。无理由的拒绝可能被诉诸法院。

第60条　劳动合同的无效性

在以下情况签订的劳动合同，可以被法院判为无效：

（1）在欺诈、威胁的情况下，以及由于严重情况的巧合而以对员工极其不利的条件签订；

（2）为装门面、无意造成法律后果（虚假的劳动合同）；

（3）由不了解自己行为意义的人签署；

（4）由于精神疾病或弱智而被认定为无行为能力的公民签署。

劳动合同被宣布无效，并不会导致员工失去享受每年假期、在被解雇时对未休假的货币补偿、将已完成的工作期限计入保险工龄以及其他优惠的权利。

第 61 条　劳动合同个别条款的无效

劳动合同的个别条款将被视为无效，如果它们：

（1）与本法典、包含劳动法规则的其他法律法规、集体合同、协议或包含劳动法规则的局部条例的条款相比，恶化员工地位；

（2）带有歧视性。

劳动合同个别条款的无效，并不会导致整个劳动合同的无效。

第 62 条　接收上岗的试用

在签订劳动合同时，为了检验员工是否适合交给他的工作，双方可以协商规定试用，试用的条件可以在劳动合同中规定。

如果劳动合同中没有试用条款，则意味着员工无需试用而被聘用。

在试用期间，对员工适用本法典、包含劳动法规则的法律和其他法规、地方法规、集体合同、协议的标准。

试用期不应超过 3 个月，而对于单位的领导、他们的副职、总会计师及其副职，分公司、办事处和其他独立分支机构的领导，试用期为 6 个月，除非法律另有规定。

临时无劳动能力期和员工实际缺席的其他期限将不被计入试用期内。

在接收未满十八周岁的人、残疾人上岗时，根据竞争接收从初级、中级、高级职业教育学校毕业并第一次根据获得的专业工作的人上岗时，根据选举结果接收，季节性工作，2 个月以内期限的工作、再调换到其他地方或其他单位工作时，以及其他法规规定的情况下，将不规定试用期。

对试用结果不满意时，雇主有权在试用期结束前解除与员工的劳动合同，并提前 3 天书面通知员工。在这种情况下，雇主应以书面形式指出员工未通过试用的理由。

如果在试用期结束前雇主没有决定解除劳动合同，则员工将被视为通过了试用，之后只有根据普遍适用的依据方可解除劳动合同。

如果在试用期间员工认为交给他的工作不适合自己，他有权根据自己的意愿解除劳动合同，并提前 3 天将此决定书面通知雇主。

第 63 条　劳动合同签订时的医疗证明

未满十八周岁的人士，以及本法典和其他法律法规规定的其他人士，在签订劳动合同时必须提前出具医疗证明。

第 64 条　劳动合同签订时出示的文件

在签订劳动合同时，参加工作的人应向雇主出示以下文件：护照或其他证明身份的文件，劳动手册，社会保障证明，军人证（对军人和属于应征人员）；而对于要求专业知识（培训）的工作，员工应出示文凭（专业、技能证书）；对于为十八周岁以下人士提供教育、教学和服务的工作，需提供无犯罪记录证明。

对于第一次参加工作的人，劳动手册和社会保障证明由雇主办理。

在个别情况下，考虑到所完成工作的特点，本法典、其他法律可能规定参加工作时应出示其他的补充文件。

在接收员工时，禁止要求员工提供本法和其他法律规定以外的文件。

禁止收集有关员工属于的政党、政治运动或宗教组织，以及员工隐私的资料。

第 65 条　劳动手册

规定形式的劳动手册是有关员工劳动活动和工龄的基本文件。办理和保存劳动手册的形式和方式，以及劳动手册表格的制作和向雇主提供的方式，由吉尔吉斯共和国政府规定。

如果在该单位的工作是员工的主要工作，则雇主（不包括自然人雇主）应为所有在组织内工作超过 5 天的员工设立劳动手册。

劳动手册中应记录接收员工上岗、调换到其他固定工作、解雇的信息，以及劳动合同终止的理由。

劳动手册中有关劳动合同终止原因的记录，应完全符合本法典或其他法律的表述并应引述相应的条款。

在劳动合同终止时，劳动手册应在解雇当日（工作的最后一天）交给员工。如果由于不取决于雇主的原因（员工缺席或拒绝获得劳动手册）而未在工作的最后一天转交劳动手册，则雇主应通过邮局通知员工必须到场领取劳动手册，或者同意通过邮局寄出。雇主在发出通知的当日解除延误转交劳动手册的责任。

由于雇主的过错，解聘员工时未及时发放劳动手册，每延误一天雇主应向员工支付一天的平均日工资。

第 66 条　有关工作和工资金额文件的签发

雇主应根据员工的书面申请（其中包括以前的员工的书面申请），在 5 天内，签发以应有方式办理的、有关工作文件的证明副本（接收上岗、调换到其他工作、解雇的命令，劳动手册摘录和在本单位工作期间的证明等等）。

如果雇主拒绝签发本条第 1 款注明的文件或超过上述规定期限签发，将根据吉尔吉斯共和国法律被追究行政责任。

第 67 条　在国家民事部门和市政部门任命、就职和解除职务的程序

应通过任命、选举或确认的方式，按吉尔吉斯共和国宪法、法律和其他国家民事部门和市政部门领域法规规定的程序，在国家民事部门和市政部门就职。

在国家民事部门和市政部门任命、就职、解除职务，应根据吉尔吉斯共和国国家民事部门和市政部门领域的法律规定进行。

第 68 条　对亲属共同在国家机构工作的限制

禁止亲戚或亲属（父母、夫妻、兄弟、姐妹、儿女，以及夫妻对方的兄弟、姐妹、父母、子女）在同一个国家机构共同工作，如果他们的工作直接从属或一个受另一个的监

督，但不包括吉尔吉斯共和国政府规定的情况。

第八章　劳动合同的修改

第 69 条　调换工作

在同一单位内部，根据雇主的意见调换到其他长期或临时性的工作岗位，即改变工作职能或改变现有的劳动合同条款，而同样地调换到其他单位的长期工作或与单位一同转到其他地方工作，只有在员工书面同意的情况下才被允许。

禁止将员工调换到对其健康状况不利的工作岗位。

相应的法律可能规定国家民事部门职员和市政部门职员转换到其他长期或临时工作岗位的特殊性，并应参考国家民事部门和市政部门在相应国家机构和地方自治机构的职务特点。

第 70 条　职位调动

雇主在不改变工作职能和劳动合同现有条款的情况下，委托员工在其他工作岗位、该单位在当地的其他分部完成原先的工作，委托在其他机构工作为职位调动。

职位调动可以不经员工同意。可以因为生产、组织或经济的原因进行职位调动。

第 71 条　改变现有的劳动条件

由于工艺、组织生产和劳动改变的原因，允许通过减少工作（产品、服务）量的方式，在不改变员工工作职能（职业、专业、技能、职务）的情况下改变劳动条件。

应至少提前 1 个月书面通知员工有关改变现有劳动条件（制度和金额、工作制度、职业、优惠和优先权的配合）的决定，在改变现有劳动条件时，应对劳动合同做相应的修改和补充。

如果员工不同意在新的条件下继续工作，雇主应书面向他提供单位内现有的、符合他技能和健康状况的其他工作。

如果没有上述工作，而员工拒绝提供的其他工作、拒绝在新条件下的工作，则劳动合同可根据本法典第 79 条第 8 款的规定终止。

如果本条第 1 款中的情况可能引起大规模解雇员工，为了保留工作岗位，经与员工代表机构的协商，如果没有员工代表机构可经员工的书面同意，雇主有权不遵守本条第 1 款规定的预告期限，而在 6 个月内实行，不完全工时制度。在这种情况下，工时不应少于月标准工时的一半，而不应少于工薪额的二分之一。

如果员工拒绝在相应工时制度的条件下继续工作，则劳动合同可根据本法典第 83 条第 2 款的规定解除并应向员工提供相应的保障和补偿。

第 72 条　由于生产需要而临时调换到其他工作岗位

在生产需要的情况下，雇主有权将员工调换到劳动合同中未规定的、该单位内或其他单位的工作岗位上，期限不超过 1 个月，但应在同一地区、不低于原先工作的平均工资水平。

允许为了预防灾难、生产事故，或消除灾难、事故或自然灾害的后果，为了预防不幸事件、财产的损毁，和其他特殊情况下进行这种调动。在这种情况下，员工不能不调换到对其健康状况不利的工作岗位。

临时调职应以雇主向员工宣布，并由员工签收命令（指示）的形式办理。

第 73 条　由于停工原因的临时调职

由于组织、经济、自然性质的原因临时暂停工作或由于员工的过错、替换缺席员工的原因而暂停工作，称为停工。

由于停工的原因而进行临时调职时，应考虑到员工的职业、专业、职务、技能。

不经员工同意将员工临时调职到其他雇主处工作的时间不超过 1 个月，而经员工同意，临时调动期限可以是整个停工的时间。

不允许因为停工而将员工调到其他地区，和不利于其身体状况的工作岗位上临时工作。

由于停工而临时调职到低收入的工作岗位时，应为完成生产标准的员工保留原工作的平均工资水平，而对未完成标准的员工或调换到按工时支付劳动报酬的工作岗位的员工，则保留他们的固定薪额。

第 74 条　临时代理

为了生产的需要，允许将临时缺席员工完成职务的义务委托给其他非编制代理人的员工。

临时代理的时间不能超过 3 个月。

不允许任命员工完成空缺职位的义务。

第 75 条　由于健康原因调职到其他工作岗位

根据医疗鉴定需要提供其他工作的员工，雇主应根据该员工的同意，临时或无限期地将其调换到其他现有的、与其健康状况没有禁忌的工作岗位。

由于健康状况调换到低收入的工作岗位时，应为调换工作的员工，至少在调换后的 1 个月内保留原有的平均工资水平。

如果员工拒绝调换或单位内没有相应的工作，劳动合同可根据本法典第 79 条第 7 款的规定被终止。

由于残废、职业病或其他与工作相关的对身体造成的危害而临时被调换到低收入工作岗位的员工，对其健康的损害承担责任的雇主，应向该员工支付原先的岗位和新岗位之间的收入差额。这一差额支付到该员工恢复劳动能力或确定丧失劳动能力或残废之前。

在根据医疗鉴定解决由于残废、职业病或其他与工作相关的对身体造成危害而将员工调换到其他工作的问题之前，该员工可免于工作并保留在此期间所有工作日的平均工资水平。

第 76 条　停职

雇主在以下情况，在相应的日期内（换班）或相应期限内停止员工的工作：

（1）根据国家授权部门和负责人的要求，在法律和其他法规规定的情况下；

（2）员工在醉酒、麻醉状态或中毒醉酒状态下出现在工作岗位；

（3）未通过劳动保护规则和安全技术规则的考核；

（4）未使用雇主提供的个人保护必需的工具；

（5）未通过本法典和其他法规规定的必需的医疗检查；

（6）在本法典第 83 条第 9 款、第 10 款规定的情况下，自出现违法行为开始直至按规定的方式解决了终止与该员工的劳动合同问题为止；

（7）在工作地点行窃时被发现，在法院判决或有权实施行政追索的机关发出的命令生效之前；

（8）其他吉尔吉斯共和国法律规定的情况。

在作为停职理由的状况消除之前的整个期间，雇主可以停止员工的工作。

在员工停职期间，不计算工资，但不包括法律规定的情况。如果由于本条第 6 款中的原因而最终确定了恢复员工名誉，则雇主应向员工支付整个停职期间的工资。

第 77 条　在单位的所有人改变和重组时的劳动关系

在单位的所有人改变时，新的所有人自获得所有权之日起的 3 个月内有权解除或与单位的领导人、他的副职和总会计师重新签订劳动合同。

单位所有人的变换（任何形式的私有化），以及将单位出租、同样的重组（合并、联合、分割、分离、改组）、改变隶属关系或改变名称，都不能作为与单位内的其他员工合同解除的理由。

如果由于单位所有人的变更，员工拒绝继续工作，则劳动合同将根据本法典第 79 条第 9 款的规定终止。

在单位财产的所有人变换时，只有在对所有权进行国家注册后方可裁减员工人数和编制。

第 78 条　雇主在防止大规模解雇员工方面的义务

在出现大规模解雇员工的威胁时，经与工会或其他员工代表机构协商以及相应的国家机关协商，雇主应采取特别措施，这些措施应规定：

（1）限制或临时停止招收新的员工，解雇兼职人员；

（2）取消加班；

（3）根据本法典第 71 条第 1 款和第 5 款的规定，改变现有的劳动条件；

（4）分阶段解雇员工；

（5）集体合同和协议中规定的其他措施。

大规模解雇是指在连续 2 个月的时间内，在 50 人以内的单位内裁减 25%以上的员工和在人数超过 50 人的单位内裁减 15%以上的员工。

第八章　劳动合同的终止

第 79 条　劳动合同终止的依据

劳动合同终止的依据是：

（1）双方协商（第 80 条）；

（2）劳动合同期限届满（第 81 条）；

（3）员工的倡议（第 82 条）；

（4）雇主的倡议（第 83 条）；

（5）根据员工的要求或经员工同意将其调到其他雇主处工作或调换到员工选择的（工作）职务；

（6）不以双方意志为转移的状况（第 88 条）；

（7）员工由于身体状况，根据医疗鉴定（第 75 条第 3 款）而拒绝调换到其他工作岗位；

（8）员工由于现有劳动条件的改变（第 71 条第 4 款）而拒绝继续工作；

（9）员工由于单位所有人的变更、单位隶属（所属）关系的改变和单位的重组（第 77 条）而拒绝继续工作；

（10）员工由于雇主迁移到其他地区（第 69 条第 1 款）而拒绝调换工作；

（11）试用期的不满意结果（第 62 条第 7 款）。

劳动合同可以根据本法典和其他法律规定的其他理由而终止。

在所有情况下，解雇日期即为工作的最后一天。

劳动合同的终止应以雇主命令（指示）的形式办理，并注明解除劳动合同的依据、引述本法典或其他法律规定的相应条款。

第 80 条　根据双方协商解除劳动合同

以不确定期限签订的劳动合同、定期劳动合同可以根据双方的书面协商在任何时候被解除。根据这一理由解除劳动合同的日期由员工和雇主之间进行协商确定。

根据这一理由表示解除劳动合同愿望的一方，应向合同的另一方发出书面建议，收到建议的一方，应在 3 天内以书面形式通知另一方自己的决定。

只有根据劳动合同双方的协商方可取消有关解除劳动合同的约定。

第 81 条　定期劳动合同的解除

定期劳动合同在期限届满时解除。

以完成一定工作的时间为期限签订的劳动合同，在该工作完成后解除。

在执行缺席员工的义务的时间内签订的劳动合同，在该员工返回工作之日解除。

在完成季节性工作所需时间内签订的劳动合同，在确定的季节结束后解除。

第 82 条　根据员工的倡议（自己的意愿）解除劳动合同

员工有权解除不确定期限的劳动合同或定期劳动合同，并以书面申请的形式，在 2 周内（14天）提前通知雇主。在预告期结束时，员工有权停止工作，而雇主应将劳动手册转交给员工并支付属于员工的劳动报酬。

根据双方协商，劳动合同可以在预告期结束前解除。

在预告期期间，如果发出申请的员工的工作岗位没有以书面形式提供给其他员工，而根据本法典和其他法律规定该员工不能被拒绝签署劳动合同，则发出申请的员工有权撤回自己的申请。

如果员工的辞职申请是以无法继续工作（列入教学机构、退休和其他正当理由）为前提的，或者雇主违反了法律和包含劳动法规则的其他法律法规、集体合同和协议或者劳动合同的条款，则雇主应在员工申请中注明的期限内解除合同。违反劳动法、集体合同、协议或劳动合同的事实，将由国家监督劳动法的执行机构、工会组织或法院确定。

在雇主拒绝根据员工的要求解除定期劳动合同时，员工有权请求法院解决争议。

在没有正当理由，即本条第4款中注明的理由，而解除定期劳动合同时，雇主有权要求员工按照劳动合同中约定的金额予以补偿，但不应超过平均月工资金额。

第83条 根据雇主的倡议解除劳动合同

不定期限的劳动合同，以及定期劳动合同，在有效期结束之前可以在以下情况被雇主解除：

（1）单位（法人）清算、雇主（自然人）停止经营；

（2）裁减员工数量或编制，其中包括由于单位重组的原因；

（3）员工与职务或完成的工作不相符：

a. 根据医疗鉴定的健康状况原因；

b. 考核结果、未完成劳动标准的证明、出产的废品证明和其他资料确定技能不足；

（4）单位的财产所有者变更（对于单位的领导人、他的副职和总会计师）；

（5）员工无正当理由而多次未完成劳动义务，如果他有纪律处分；

（6）员工一次严重违反劳动义务：

c. 旷工（没有正当理由在工作日期间连续3个小时未上岗）；

d. 醉酒、麻醉或酒精中毒状态出现在岗位上，有医疗鉴定、证人指证，或有雇主与员工代表机构共同办理的证明确认；

e. 在工作地点有意破坏或盗窃单位的财产；

f. 员工违反劳动保护要求并导致严重后果，包括损伤和事故；

g. 泄露由于完成劳动义务而告知员工的关于国家、公务、商业或其他法律保护的秘密，并且劳动合同中规定了保守秘密的条款；

对某些级别的员工，法律和章程、纪律条例可能规定其他一次性严重违反劳动义务的种类；

（7）直接参与保管财物的员工，如果他的错误行为导致雇主方面失去了对他的信任；

（8）负责教育职能的员工所做的与继续该工作不相容的不道德行为；

（9）单位（分公司、办事处）的领导人、他的副职和总会计师所做的无依据的决定，并导致破坏了单位财产的完整性，非法使用财产或其他损失；

（10）在签订劳动合同时，员工向雇主提交了不真实的文件或虚假资料，如果这些文件或资料可能被作为拒绝签订劳动合同的理由；

（11）单位（分公司、办事处）的领导人、他的副职一次性严重违反他的劳动义务；

（12）本法典和其他法律规定的其他情况。

曾按法律法规规定任职国家、市政部门的人，在以下情况，由于丧失信任应被开除：

员工存在直接与财物有关的过错行为；

未采取措施防止和调节他所在方的利益冲突；

未提供有关自己收入、财产和财产性质的债务，及其配偶和未成年子女的收入、财产和财产性质的债务的信息，或者提供了明显不真实或不完全的信息；

有偿参与商业组织管理机构的经营，但不包括法律规定的情况；

从事经营活动；

加入政党、管理机构、监督或观察委员会、其他非商业非政府组织和在吉尔吉斯共和国境内的外国非商业非政府组织、他们的分支机构，除非已生效的、吉尔吉斯共和国作为参与国的国际公约，或吉尔吉斯共和国法律另有规定；

对吉尔吉斯共和国企业实体的违法行为的调查结果没有按照司法程序确认。检查职务人员的过失导致他被免职。

曾任职国家或市政部门职务的人，知晓其下属是与其有个人利益关系的人，该人导致或可能导致利益冲突，在未采取措施防止和（或）调整利益冲突情况下，由于失去信任应被辞退（解职）。

第 84 条　根据雇主的倡议并经员工代表机构的事先同意而解除劳动合同

未经相关的工会组织或该组织其他员工代表机构事先书面同意，根据本法第 83 条第 2 款、第 3 款第 b 副款、第 5 款、第 6 款第 d 副款的规定，不能解雇作为该机构成员的员工。集体合同可能规定其他解雇的理由，根据这些理由需要代表机构对根据雇主倡议的解除劳动合同的决定给予事先的同意。

在以下情况劳动合同的解除无需员工代表机构的同意：

从没有员工代表机构的单位中解雇；

解雇由国家政权或管理机构，以及社会组织和其他公民联合体选举、通过或任命的单位的领导人、他的副职、领导层的员工，以及吉尔吉斯共和国法律规定的其他情况。

雇主解雇员工的申请应由代表机构在 7 天内审理。

雇主有权在得到相应的代表机构同意后的 1 个月内解除劳动合同。

第 85 条　根据雇主的倡议解除劳动合同的程序

在单位裁减员工人数或编制时，留任的优先权属于具有较高劳动能力和技能的，以及符合集体合同、协议或劳动合同中规定标准的员工。

根据本法典第 79 条第 8 款，第 83 条第 2 款、第 3 款规定的理由，与员工解除劳动合同时，员工可以被调换到其他岗位。

在根据本法典第 83 条第 1 款、第 2 款解除劳动合同时，雇主应至少在解雇员工前的 1 个月内书面通知员工本人，并签收这一决定。

在预告期期间，员工应完成自己的劳动义务，遵守内部劳动秩序的规则，雇主应为员工提供与其他员工同等的劳动条件和每周一天的自由时间用于寻找工作并应保留平均工资。

由于健康状况或技能不足而造成的员工与职务或与所完成的工作不相符，从而妨碍了继续工作，因而解雇员工时，雇主应提前 2 周通知员工。

由于单位裁减员工人数或编制，或者由于单位清算而解雇员工，经双方协商、劳动合同可以在预告期结束之前解除，并应每天支付不低于平均工资水平的补偿直至本条第 3 款规定的期限结束为止。

不允许在员工暂时无劳动能力期间和员工休假期间解雇员工，但不包括本法典第 83 条第 1 款规定的情况（单位清算、雇主终止经营）。

第 86 条　解雇金

由于本法典第 83 条第 1 款、第 2 款的理由解除劳动合同时，应支付不低于两个月平均工资额的解雇金。

在根据本法典第 79 条第 10 款，第 83 条第 3 款第 a 副款，第 88 条第 1 款、第 2 款解除劳动合同时，应支付相当于月平均工资额的解雇金。

劳动合同或集体合同可以规定支付解雇金的其他情况，以及提高解雇金额。

在承认解雇员工不合法的时候，为恢复到原工作岗位的员工补发平均工资时，应扣除已支付给他的解雇金。

第 87 条　对被解雇员工的优惠和补偿

由于单位清算、重组或实施裁减员工人数或编制，在解除劳动合同时被解雇的员工，如果在被解雇后 10 天内在国家就业部门登记为寻找工作的人，则在寻找工作期间，但不超过 3 个月，保留月平均工资并包括解雇金和不间断的工龄。在任何情况下，将向根据上述理由被解雇的员工支付不低于 2 个月平均工资额的解雇金。

如果在 3 个月期限结束后，未向被解雇的员工提供适合的工作，以及在上述期限内该员工拒绝了两个这样的工作建议，则该员工即具备失业地位。

第 88 条　由于不以双方意志为转移的状况而终止劳动合同

由于以下不以双方意志为转移的状况，应终止劳动合同：

（1）员工被应召入伍或类似的执行公务，以及由于配偶被调换到其他地方工作；

（2）根据国家劳动管理局或法院的判决恢复之前完成该工作的员工的职务；

（3）违反规定的招工规则；

（4）根据生效的法院判决，员工被判决取消了原来的处罚；

（5）未推举担任已选择的职务；

（6）员工或自然人雇主死亡，以及法院宣告员工或自然人雇主死亡或失踪；

（7）阻碍继续劳动关系的非常状态的出现（军事行动、灾难、自然灾害和其他非常状态），如果这一状态被吉尔吉斯共和国政府以决议的形式承认。

如果经员工同意且不能将其调换到其他工作岗位，则允许根据本条第 2 款中注明的理由终止劳动合同。

第十章　工作时间

第 89 条　工作时间及其定额的概念

工作时间是指在这一时间内，根据内部劳动规章或工作日程表，或者劳动合同的条款的规定，员工应完成自己的劳动义务。

工作时间通过确定在一个日历周（工作周）或一昼夜（工作日、工作换班）内的工作时间进行定额。

第 90 条　标准工时

标准工时不能超过一周 40 小时，但不包括本法典规定的其他情况。

劳动合同中，根据双方的合意可以规定较少的工时。

第 91 条　为个别类别的员工缩短工时

对个别类别的员工规定缩短的工时：

（1）年龄为十四至十六周岁的员工，每周工作时间不超过 24 小时；十六至十八周岁的员工，每周工作时间不超过 36 小时；

（2）从事繁重体力劳动、有害或危险条件工作的员工，每周工作时间不超过 36 小时；

（3）一、二级残疾人员工，每周工作时间不超过 36 小时。

生产、车间、职业、职务的名单，以及在有害或繁重、危险条件下工作有权要求缩短工时的工作种类的清单，由吉尔吉斯共和国政府确定。

第 92 条　为从事特殊性质工作的员工缩短工时

对从事高度紧张的脑力、精神、情绪工作的特殊性质的员工（医生、教师等），规定缩短的工时。

从事特殊性质工作的员工的类别，他们工作的具体工时由吉尔吉斯共和国政府确定。

第 93 条　不完全工作时间

根据员工和雇主的协商，可以在招工时和以后规定不完全工作日或不完全工作周。雇主应根据怀孕妇女、抚养十四周岁以下的子女（十八周岁以下的残疾的子女）父母中的一方（监护人），以及根据医疗鉴定需要照顾病人家属的人的请求，规定不完全工作日或不完全工作周。

在不完全工作时间的条件下工作，将按完成的工作时间的比例或根据完成的工作支付员工的劳动报酬。

在不完全工作时间条件下的工作不应给员工年度基本带薪假期的时间、工龄的计算和其他劳动权利造成任何限制。

第 94 条　五天和六天工作周

两天休假日的五天工作周或一天休假日的六天工作周，根据内部劳动规章确定或由雇主经与员工代表机构协商通过的值班制工作计划确定。

六天工作周每天（班）的工时不应超过：在 40 小时的周标准工时为 7 小时、在 36 小时的周标准工时为 6 小时、24 小时的周标准工时为 4 小时。

第 95 条　每天（班）的工时

每天（班）的工时不应超过：

十四至十六周岁的员工为 5 小时，十六至十八周岁的员工为 7 小时；

教学机构（学校），初级、中级职业教育机构，半工半读的学生，年龄在十四至十六周岁为 2.5 小时、十六至十八周岁为 3.5 小时；

残疾人应根据医疗鉴定的规定；

从事繁重体力劳动，有害或危险劳动条件下，并规定有缩短工时的工作的员工，在 36 小时工作周时允许每日（班）最长工时不超过 6 小时，除非吉尔吉斯共和国法规另有规定。

对于电影、电视、录影、剧院、戏剧和音乐组织、马戏团、大众媒体的创作人员、职业运动员，根据吉尔吉斯共和国政府通过的员工类别清单，每日（班）工作时间，可以根据法律和其他法规、集体合同或劳动合同确定。

第 96 条　不工作节假日前一天的工作时间

不工作节假日前一天的工作（班）时间减少 1 小时。

如果对员工已经实行了缩短工时，则不工作节假日前一天的工作日（班）时间不减少。

在不间断运行的单位和个别种类的工作中，由于生产（工作）条件而无法在节假日减少工时（班），超额的工作将以提供额外休息时间的方式进行补偿，或者，经员工同意，根据规定的额外工作标准予以支付报酬。

第 97 条　夜间工作

从晚上 22 点到早上 6 点为夜间。

夜间工作（班）时间应缩减 1 小时。

如果集体合同未作其他规定，则对于实行缩短工时的员工，以及专门招收在夜间工作的员工，夜间工作（班）不缩减工时。

夜间工时在下列情况下与白天相等：根据劳动条件是必需的（在不间断运行的生产单

位内等)、一天休假日的六天工作周制度的值班工作。类似的工作清单可以在集体合同和局部条例中予以规定。

如果医疗证明不禁止，残疾人和孕妇可以聘用在夜间工作。

抚养三周岁以下子女的妇女、抚养残疾子女的员工，可以经他们同意在夜间工作。

不允许十八周岁以下的人在夜间工作。

电影、电视、录影、剧院、戏剧和音乐组织、马戏团、大众媒体的创作人员、职业运动员的夜间工作方式，根据吉尔吉斯共和国政府通过的这些员工类别清单确定，可以由集体合同、局部条例或劳动合同双方协商确定。

第 98 条　标准工时以外的工作

可以根据员工的申请（兼职）、雇主的申请（额外工作）进行标准工时以外的工作。

第 99 条　员工申请的标准工时以外的工作（兼职）

根据员工的申请，雇主有权允许该员工根据另一劳动合同，在标准工时以外，在本单位，以内部兼职的方式从事另一职业、专业或职务的工作。

如果本法典或其他法律没有另行规定，为了在外部兼职条件下工作，员工有权与另一雇主签订劳动合同。

标准工时以外的工作，每天不应超过 4 小时，每周不能超过 20 小时。

不允许在规定了缩减工时的情况下进行内部兼职，但不包括本法典和其他法律规定的情况。

第 100 条　雇主申请的标准工时以外的工作（额外工作）

额外工作是指根据雇主的申请，由员工在规定的工时、每日（班）工作以外完成的工作，以及在核算阶段超出标准工时以外的工作。

额外工作应根据雇主的建议、指示或认可，并且只有在员工书面同意的情况下方可进行。

禁止让员工从事额外的繁重体力工作，危险或有害劳动条件下的工作，但不包括以下情况：

（1）国家国防所必需的生产工作，以及为防止生产事故或消除生产事故或自然灾害所必需的工作。

（2）社会必需的供水、天然气、暖气、照明、排水、交通、通讯工作，为了消除破坏它们正常功用的不可抗力状况。

（3）必须完成（结束）已开始的工作，该工作由于不可预见的生产技术条件的阻滞而无法在正常的工时完成（结束），如果不完成（不结束）该工作可能导致雇主、国家或市政财产的损毁，或者对人们的生活和健康造成威胁。

（4）临时维修和恢复机械或设施的工作，如果这些机械和设施的不正常工作会造成大部分员工工作的中止。

（5）如果该工作不能中断的话，在换班的员工未出现时继续工作。在这些情况下，雇主应立即采取措施用其他员工替换换班的员工。

每个员工的额外工作时间连续 2 天内不能超过 4 小时。

如果医疗证明不反对，可以允许残疾人和孕妇完成额外工作。不允许十八周岁以下的员工完成额外工作。

雇主应保证对每个员工完成的额外工作的准确核算，根据员工的要求，应向员工提供完成额外工作的数量信息。

第 101 条　工作时间制度

在劳动合同或单位内部的劳动规章中应按照本法典对工作时间进行规定。工作时间制度应规定工作周的持续时间（两天休假日的五天工作周、一天休假日的六天工作周、不固定休假日的工作周）、为个别类别的员工规定非标准工作日的工作、每天工作（班）的时间、工作开始和结束的时间、中间休息时间、一昼夜的值班数、工作日和非工作日的轮换。

交通、通讯和其他特殊工作的员工的工作的休息时间的特殊性，由本法典和吉尔吉斯共和国政府令进行规定。

规定的工作时间制度应在实施前 2 周内通知员工。

第 102 条　值班工作的工作时间制度

值班工作的工作时间制度根据值班计划确定，员工平均轮流替换。

两班之间每天最少的休息时间（从一班结束到下一班的开始），包括休息和饮食的间歇时间在内，不应少于休息前一班的 2 倍工作时间。

禁止未经员工同意而安排员工连续两班工作。

第 103 条　工作时间的总核算

如果遵守某类员工每日或每周标准工时对于某些单位存在有生产（工作）条件不允许或经济上不合理的情况，则在这些单位内可采用工时总核算，条件是在核算期内（月、季度等）的工时不超过标准工作小时，核算期不应超过 1 年。

在进行总核算时，每天或每周工时可能多于或少于工作日或工作周的标准小时。

进行总核算时，核算期是指在这段时间内平均保持了对该类员工规定的工作日时间和工作周的时间。核算期可以根据日历阶段确定或者根据完成一定工作的阶段确定。

核算期内的标准工作小时是参考节日缩短工时和夜间时间，根据计划表或工作安排的工作日（班）标准小时乘以核算期内的工作日数得出的。

进行工作时间总核算的方式由单位内部的劳动规章确定。

第 104 条　工作日的划分

由于劳动的特殊性质，以及在工作日（班）内工作强度不一致的工作中，工作日可以被划分成几部分，以便使总工时不超过规定的每天工作的持续时间。

可将工作日划分成几部分的工作种类、工作间歇的数量和间歇时间，以及对从事这种工作的员工进行补偿的种类和金额，由劳动合同、协议，或雇主经与员工代表机构协商确定。

在一个工作日期间的间歇时间不计入工作时间。

第105条 灵活工作时间制度

灵活工作时间制度规定必须既包含在工作上的时间（固定时间），又包含灵活（变化的）时间，在这一灵活时间期间员工有权自行决定上班和下班。

固定时间的长短和灵活时间的每一部分的长短，由双方协商确定。

在一个工作日内最长的灵活时间不应超过10小时，在核算期内工作时间的小时总数应与这一阶段的标准小时相同。

雇主应在相应的核算期内（工作日、周、月等）保证员工完成工作小时的总数。

第106条 非标准工作日

非标准工作日是一种特殊的工作制度，根据这一制度，个别员工在标准工时以外，可以按照雇主的指示，在必要时被要求完成自己的工作任务。

非标准工作日员工的职务清单由集体合同、协议或单位的内部劳动规章确定。

第107条 工作时间的核算

雇主应对员工实际完成的工作时间进行核算。

在规定格式的工时考勤表、年度考勤卡和其他文件中进行上下班核算。

应对包括已完成和未完成的工时的实际工作时间进行核算。已完成工时中单独计算额外工作时间、计件工的临时工作时间、出差时间。未完成工时中包括支付的和未支付的时间，以及由于员工的过错或非员工过错造成的工时的损失。

实际时间自员工根据规则、换班表或雇主的特殊指示出现在完成工作的地点之时起，直至在这一天（班）内实际离开工作岗位之时止。

停工时间根据停工单据和其他文件计算。

第十一章 休息时间

第108条 休息时间的概念

休息时间是指在这一时间内员工被解除完成工作义务，并且他可以自行决定利用的这一时间。

第109条 休息时间的种类

休息时间的种类是：

工作日（班）期间的间歇；

每天（换班之间）的休息；

休假日（每周不间断的休息）；

不工作节假日；

假期。

第 110 条　工作日（班）内休息和饮食间歇

在每天的工作（班）期间，应向员工提供休息和饮食的间歇，时间总数不少于 30 分钟但不超过 1 小时，并且不计入工作时间。

提供间歇的时间和具体的时间长短，根据单位内部劳动规章或根据员工和雇主双方的协商确定。

允许将间歇划分成两部分。午休的时间可以为全体员工整体规定或为各部门、队、个别类别的员工单独规定。

由于生产（工作）条件无法提供休息和饮食间歇的工作，雇主应保证在工作时间每个员工可以休息和进餐。

这类工作的清单，以及休息和进餐的地点，由单位内部劳动规章确定。

第 111 条　为了取暖和休息的专门间歇

在个别种类的工作中，应在工作期间向员工提供专门的、以工艺和组织生产以及劳动条件为条件的间歇，这种工作种类，提供这种间歇的持续时间和方式，由单位内部劳动规章确定。

在一年的寒冷季节，在室外工作或在封闭的没有取暖设施的场所工作的员工，以及法律和集体合同中规定的其他员工，应向他们提供专门用于取暖和休息的间歇，这一间歇时间应包括在工作时间内。雇主应保证员工取暖和休息的场所内的设施。

第 112 条　休假日

所有员工都有休假日（每周不间断的休息）。休假日是每周的休息日，五天工作周制度提供每周两天的休假日，六天工作周制度提供一天的休假日。

一般休息日是周日。在某些经济领域根据生产的性质，集体合同、集体协议或劳动合同可以规定休息日为其他日，第二个休息日在每周五天工作日时，根据内部劳动秩序或工作日程规定，除非双方协议另有规定，两个休息日应连续。

某些组织由于生产技术和组织条件的原因不能在休息日停止工作，根据内部劳动秩序的规定，每个班组员工将在一周内的不同日期轮休。

第 113 条　不工作的节假日

吉尔吉斯共和国的不工作的节假日有：

1 月 1 日，新年；

2 月 23 日，卫国者日；

3 月 8 日，国际妇女日；

3 月 21 日，民族节日纳乌鲁斯节；

4 月 7 日，四月人民革命日；

5月1日，劳动节；

5月5日，吉尔吉斯共和国宪法日；

5月9日，胜利日；

8月31日，吉尔吉斯共和国独立日；

11月7日、8日，历史和祖先纪念日。

穆斯林的节日开斋节、古尔邦节根据月历确定，1月7日，耶稣圣诞节（东正教圣诞节）属于不工作的节假日。

在公休日（星期天）和不工作的节假日重合时，公休日移至节日后的工作日。

为了员工合理使用公休日和不工作的节假日，吉尔吉斯共和国政府有权将公休日移到其他日期。

第114条　禁止在公休日和不工作的节假日工作，要求员工在公休日和不工作的节假日工作的特殊情况

通常，禁止在公休日和不工作的节假日工作。

在以下情况，经员工书面同意，可以要求员工在公休日和不工作节假日工作：

为了防止生产事故、灾难，消除生产事故、灾难或自然灾害的后果；

为了防止不幸事件、财产的损毁；

为了完成事先不可预见的工作，这一工作的及时完成决定了今后单位整体或个别部门的正常运作。

在不工作的节假日，允许进行由于生产技术的条件（不间断运行的单位）而无法停止的工作，居民服务必需的工作，以及无法拖延的维修和装卸工作。

根据国家财政拨款单位的这类员工清单，电影、电视、录影、剧院、戏剧和音乐组织、马戏团、大众媒体的创作人员和职业运动员可以在公休日和不工作的节假日按照吉尔吉斯共和国政府规定的方式工作，而在其他单位，这类员工在节假日工作的方式由集体合同规定。

在其他情况下，只有在员工和该单位员工代表机构的书面同意下，才可让员工在公休日和节假日工作。

只有在医疗证明允许的情况下，方可让残疾人和孕妇在公休日和节假日工作。

第115条　对在公休日和节假日工作的补偿

根据双方的协商，可以对在公休日和节假日的工作以提供在其他日休息或合并到工作假期中的方式，以及支付不少于2倍的薪金的方式给予补偿。

第116条　每年的带薪休假

员工每年都有保留工作位置（职位）和平均薪金的休假。

第117条　每年基本带薪休假的持续时间

每年向员工提供28天的基本带薪休假。

根据本法典和其他法律的规定，可向员工提供超过 28 天的每年基本带薪休假（延长的基本休假）。

第 118 条 延长的基本休假

超过 28 天的延长基本休假规定提供给：

（1）符合吉尔吉斯共和国法律规定的国家公务员；

（2）十八周岁以下的员工（包括为了通过生产培训而招收的员工）以及残疾人，为 30 天。若在此期间该员工满十八周岁或在一个工作年度内作为提供延长基本休假依据的无劳动能力证明被取消，该假期的时间并不会缩短；

（3）林业和木材加工企业的员工，为 30 天，提供延长基本休假权利的生产、工作、职业和职务的清单由吉尔吉斯共和国政府规定。

第 119 条 年度额外带薪假期

年度额外带薪假期提供给从事有害和（或）危险劳动条件工作的员工、特殊劳动性质工作的员工、非标准工作日的员工、在高山和类似地区条件下工作的员工，以及法律规定的其他情况。

单位根据自己的生产和财务能力，可以独立规定员工的额外休假，除非法律另有规定。提供这一休假的方式和条件由集体合同或单位制定的条例确定。

第 120 条 在有害和（或）危险劳动条件工作的员工每年的额外带薪假期

年度额外带薪假期提供给从事有害和（或）危险劳动条件工作的员工：在地下矿山工作和露天矿山工作，在露天矿场、辐射污染区，与对人体健康会产生不良影响的有害物理、化学、生物和其他因素相关的其他工作。

给予额外带薪假期权利的，带有有害和危险劳动条件的生产、工作、职业和职务清单，以及这种假期的最少持续时间和提供的条件，由吉尔吉斯共和国政府确定。

第 121 条 为特殊性质工作提供的年度额外带薪假期

为特殊性质工作提供的年度额外带薪假期提供给个别类别的员工，这与他们的劳动与工作完成的特殊性有关。

由于特殊性质工作而享受年度额外带薪假期待遇的员工的清单，以及这种假期的最少持续时间和提供的条件，由吉尔吉斯共和国政府确定。

第 122 条 向非标准工作日员工提供的年度额外带薪假期

向非标准工作日员工提供年度额外带薪假期，假期的长短由集体合同或单位内部劳动规章确定，这种假期不应少于 3 天。如果没有提供这种假期，在标准工时外超额完成的工作，经员工的书面同意，可以作为额外工作进行补偿。

对在由国家财政拨款的单位工作的非标准工作日员工，提供年度额外带薪假期的方式和条件由吉尔吉斯共和国政府确定，而在由地方财政拨款的单位工作的年度额外带薪假期的方式和条件，由地方自治机构确定。

第 123 条　年度带薪假期时间的计算

员工每年基本和额外带薪假期的持续时间，以日历日计算。

假期期间的不工作的节假日，不包括在假期的日历日天数内并且不予支付薪金。

在本法典规定的情况下，年度基本带薪假期根据六天工作周计划表的工作日结算。

在计算每年带薪假期的总时间时，应将额外带薪假期与每年的基本带薪假期总计起来。

第 124 条　工作年度

提供每年的劳动假期的工作年度，是与日历年时间相同的时间区段，但每个员工的工作年是从接受他工作之时起开始计算的。

第 125 条　包含在工作年度中，给予年度基本带薪假期的时间阶段

给予年度基本带薪假期权利的工作年度中包括：

实际工作时间；

员工实际不工作，但根据法律、其他法规规定为员工保留工作位置（职务）的时间，其中包括年度假期的时间；

集体合同、劳动合同或单位的局部条例中规定的其他时间阶段。

给予年度基本带薪假期的工作年度中不包括：

无正当理由的员工缺席时间（其中包括本法典第 76 条规定的停工）；

照顾婴儿到法律规定年龄的休假时间；

根据员工请求而提供的、不保留工资的、期限超过 14 天的假期。

由于在有害和（或）危险条件下工作而给予年度额外带薪假期的工作年度中，只包括在相应条件下的实际完成工作的时间。

第 126 条　提供年度带薪假期的方式

每年都应提供带薪假期。

工作第一年员工使用假期的权利，在该员工在该单位不间断工作 11 个月后开始享有。根据双方的协商，可以在 11 个月结束之前向员工提供带薪假期。

在不间断工作 11 个月结束前，带薪假期根据员工的请求可以提供给：

（1）妇女在假期前由于怀孕和生产或直接在假期之后；

（2）未满十八周岁的员工；

（3）兼职人员，如果主要工作地点的劳动假期在兼职工作满 11 个月前开始；

（4）领养年龄在三个月以下婴儿的员工；

（5）其他法律规定的情况下。

第二年和之后年度的假期，根据该单位规定的年度带薪假期提供顺序，可以在工作年度的任何时间。

除了本条第 3 款的第 1 项、第 3 项规定的情况外，可以按照完成工作年度部分的比例提供假期，但不应少于 14 天。

如果集体合同或劳动合同未作其他规定，则在第一个工作年度满 11 个月之前预支基本假期的情况下，有额外劳动假期权的员工，将按照工作年度完成部分的比例获得额外劳动假期。

员工可以在工作超出不少于 1 个月的情况下，享有未使用劳动假期的补偿权。

第 127 条　假期的办理和核算

假期以命令（指示）或假期报告的形式办理，由授权人以雇主的名义签署。

雇主应保证对假期进行核算。

假期报告的形式由吉尔吉斯共和国政府确定。

第 128 条　年度带薪假期提供顺序

带薪假期提供的顺序在每年的日历年到来前两周内，由雇主确认的假期计划表确定。员工和雇主都必须履行假期计划表。

应在假期开始前 2 周内通知员工假期开始的时间。应在假期开始前 3 天内向员工支付假期薪金。

在本法典和其他法律规定的情况下，对个别类别的员工，年度带薪假期可根据他们的意愿、在他们方便的时间开始。

第 129 条　年度带薪假期的延长或改期

年度带薪假期在以下情况可能被延长：

员工暂时无劳动能力；

员工在年度带薪假期期间完成国家的义务，如果法律规定因此可免除工作；

法律、集体合同或单位的局部条例规定的其他情况。

如果本条第 1 款中列举的原因在假期开始前就已出现，则根据员工的意愿假期可改在员工和雇主双方协商确定的、本工作年度的其他时间。

员工应书面通知雇主无法在计划期内使用假期的原因以及假期的延长。

如果员工没有及时获得假期薪金或者迟于假期开始前 2 周的时间通知员工假期开始的时间，则根据员工的申请，假期可以改在其他时间。

在特殊情况下，在本工作年度向员工提供假期可能给单位的正常工作带来不利影响，则经员工同意假期可改在下一工作年度。

不允许连续 2 年不提供年度带薪假期，不允许不提供给未满十八周岁员工和在有害和（或）危险条件下工作的员工年度带薪假期。

在未提供年度带薪假期的情况下，员工不会失去使用假期的权利或要求未休假全部年度补偿金的权利。

第 130 条　将年度带薪假期划分成部分

根据员工与雇主的协商，年度带薪假期可以被划分成几个部分。这时，一部分的时间不应少于 14 天。

只有经员工同意，方可将员工从假期中召回，由此而未利用的假期，应根据员工选择的、在本工作年度对其方便的时间提供或将其合并到下一工作年度的假期。

不允许将未满十八周岁的员工、孕妇和在有害和（或）危险条件下工作的员工从假期中召回。

第 131 条　以货币补偿的形式替代年度带薪假期

超过 14 个日历日的部分假期，根据员工的书面申请，可以货币补偿的形式被替代。

不允许以货币补偿形式替代未满十八周岁员工，以及在有害和（或）危险条件下工作的员工的年度基本带薪假期。

第 132 条　被解雇员工享有享受未使用假期的权利

在解雇员工时，应以货币补偿其所有未使用的假期。

根据员工的书面申请，未使用的假期可能与之后的解雇一同提供（除了由于过错行为造成的解雇）。在这种情况下，解雇的日期即为假期的最后一天。

由于劳动合同期限结束而解雇员工时，当假期时间全部或部分超出合同期限时，假期可同时与之后的解雇一起提供。这时解雇日期即为假期的最后一天。

根据员工的提议在提供假期后辞职、解除劳动合同时，如果该员工的岗位未以书面形式提供给其他员工，以及根据本法典和其他法律规定该员工不能被拒绝签署合同，则员工有权召回自己有关在假期结束之前辞职的申请。

第 133 条　无薪假期

由于家庭状况和其他正当理由，根据员工的书面申请，员工可获得无薪假期，期限由员工和雇主双方协商确定。

雇主应根据员工的申请，在以下情况提供无薪假期：

卫国战争的参加者或享有同等优惠的人士，消除切尔诺贝利核电站事故的参加者，每年 14 天以内；

为保护国家而受伤、中弹或致残而牺牲的，或者由于参加战争而患疾病的军人父母和妻子（丈夫），每年 14 天以内；

残疾人，每年 60 天以内；

生产（生小孩）、婚姻登记、亲属死亡，5 天以内；

本法典、其他法规或集体合同规定的其他情况。

员工在无薪假期期间，将为其保留职位。

不允许根据雇主的提议让员工使用无薪假期休假。

第 134 条　个别类别的员工在任何方便时间或确定期限内使用年度劳动假期的权利

以下员工有权在其方便的任何时间使用年度劳动假期：

(1) 拥有两个和两个以上十四周岁以下子女或十八周岁以下残疾子女的员工；

（2）参加卫国战争和享有同等优惠的员工；

（3）根据吉尔吉斯共和国有关在切尔诺贝利灾难中受害的公民的社会保护法享受这一权利的员工。

（4）残疾人。

以下员工有权在一年的任何方便时间、在一定期限内例外使用假期：

（1）未满十八周岁的员工，在夏季（6月至8月）；

（2）在普通教育学校，初级、中级职业和高等学校未脱产学习的员工，在规定的课程进行前或进行时，完成学习任务、考试和考核期间；

（3）妻子正在妊娠和生产休假的员工，在这一假期期间；

（4）兼职员工，主要工作的假期的同时；

（5）妊娠妇女；

（6）拥有十四周岁以下子女的单亲母亲。

第135条　按用完的时间比例计算劳动假期时间的方式

劳动假期的时间根据在工作年度用完的时间比例，以1个月假期的数量乘以在工作年度内完成月份的数量的方式计算。

在假期天数总时间计算中，用完时间的比例份额、十分之几、相当于0.5以上，取整为1天，少于0.5则不计入。

工作年度用完的整月份按以下方式计算：

（1）计算包括在工作年度的天数；

（2）获得的总数除以1年内月平均工作日数；

（3）剩余天数为13天以上工作日的，取整为全月，而少于13天工作日的则不计算。

第136条　妊娠和生产假期

根据自己的申请和依据医疗证明，妇女可根据本法典第307条规定的方式获得妊娠和生产假期。

第137条　照顾婴儿的假期

根据在职妇女的申请，可向其提供照顾婴儿至三周岁的额外无薪假期，根据劳动合同的双方协商，照顾婴儿至三周岁的假期可在任何时间提供任何时长。

照顾婴儿的假期可以由婴儿的父亲、祖父母、其他实际照顾婴儿的亲属或监护人全部或部分使用。

根据妇女或本条第2款中注明的人士的申请，在照顾婴儿的假期期间，他们可以在不完全工作时间条件下或在家里工作。

为上述员工在照顾婴儿的休假期间保留职位。

照顾婴儿的假期计入总工龄，以及专业工龄（但不包括根据服务年限在优惠条件下的退休和其他法规规定的情况）。

第 138 条　领养新生儿的员工的假期

领养三个月以下婴儿的员工，可根据本法第 308 条规定的方式获得妊娠和生产假期，并获得这一阶段的妊娠和生产补助。

根据领养三个月以下婴儿的员工的申请，可提供本法第 137 条规定的照顾婴儿的规定外的休假。

第 139 条　在高等职业教育教学机构学习的同时工作的员工的学习假期

被雇主派往拥有国家信用证书的高等职业教育教学机构的函授和面授-函授（夜校）学习的员工，无论教学机构的法律组织形式如何，并且在这些机构学习优秀，雇主应给他们提供规定外的休假并保留平均工资，以便：

通过第一年级和第二年级的考核和考试，相应地为 40 天；之后的年级，相应地为 50 天；

毕业论文的准备和答辩即通过国家结业考试，为 4 个月；

通过国家结业考试，为 1 个月。

雇主应向被允许参加高等职业教育教学机构入学考核的员工提供无薪假期，为 15 天；

高等职业教育教学机构中的培训部学生员工通过毕业考试，为 15 天；

高等职业教育教学机构面授生，同时工作学习的员工，通过学年考核和考试，为 15 天；论文的准备、答辩和通过国家毕业考试，为 4 个月；通过国家毕业考试，为 1 个月；

在高等职业教育教学机构函授学习的员工，雇主每学年一次性支付往返学校的路费，以便完成实验室工作、通过考核和考试，并为了通过国家毕业考试、论文的准备和答辩。

在集体合同或劳动合同中规定对自己考入高等职业教育学校（没有雇主的指派）并同时工作的员工提供保障和补偿。

第 140 条　在中等职业教育教学机构学习的同时工作的员工的学习假期

被雇主派往拥有国家信用证书的中等职业教育教学机构的函授和面授-函授（夜校）学习的员工，无论教学机构的法律组织形式如何，并且在这些机构学习优秀，雇主应给他们提供规定外的休假并保留平均工资，以便：

通过第一年级和第二年级的考核和考试，相应地为 30 天；之后的年级，相应的为 40 天；

毕业论文的准备和答辩即通过国家结业考试，为 2 个月；

通过国家结业考试，为 1 个月；

雇主应向被允许参加中等职业教育教学机构入学考核的员工提供无薪假期，为 10 天。

中等职业教育教学机构面授生，同时工作学习的员工，通过学年考核和考试，为 10 天；论文的准备、答辩和通过国家毕业考试，为 2 个月；通过国家毕业考试，为 1 个月。

在中等职业教育教学机构函授学习的员工，雇主每学年一次性支付往返中级职业教育学校的路费，以便完成实验室工作、通过考核和考试，以及通过国家毕业考试、论文的准备和答辩。

在集体合同或劳动合同中规定对考入中等职业教育学校（没有雇主的指派）并同时工作的员工提供保障和补偿。

第 141 条　对在初级职业教育学校学习的同时工作的员工的保障和补偿

被派往拥有国家信用证书的初级职业教育教学机构学习的员工，无论教学机构的法律组织形式如何，并且在这些机构学习优秀，应给他们提供 1 年内 30 天的规定外的休假并保留平均工资以便通过考试。

第 142 条　对在普通教育机构夜校学习的员工的学习假期

在拥有国家信用证书的普通教育机构夜校学习优秀的员工，无论教学机构的法律组织形式如何，雇主应给他们提供规定外的休假并保留平均工资以便通过毕业考试，在九年级为 9 天、十一年级为 22 天。

第 143 条　向同时学习和工作的员工提供保障和补偿的方式

在第一次获得相应水平教育时向同时学习和工作的员工提供保障和补偿。

同时在两个学校学习和工作的员工学习时，只根据一个学校提供保障和补偿（根据员工的选择）。

第十二章　劳动秩序、劳动纪律

第 144 条　单位的劳动规则、纪律章程和条例

由雇主经与单位员工代表机构协商通过的内部劳动规章来确定单位内部的劳动规则。

单位内部劳动规章，是单位的局部条例，它根据本法典和其他法律详细规定了聘用和解雇员工的方式，劳动合同双方的基本权利、义务和责任，单位的工作制度、休息时间、对员工采取的奖励和处罚措施，以及规定单位内劳动关系的其他问题。

对个别类别的员工，实行由吉尔吉斯共和国政府通过的纪律章程和条例。

第 145 条　劳动奖励

对工作中的成绩，雇主应采取单位内部劳动规章中规定的奖励措施（声明感谢、颁发奖金、赠予贵重礼物、荣誉证书、授予最优秀职业称号）。

对员工的其他形式的劳动奖励由集体合同或单位内部劳动规章，以及纪律章程和条例确定。对社会和国家的特别劳动功勋，员工以及雇主通过雇主联合会可被授予国家奖章。

第 146 条　纪律处罚

违反劳动纪律，即员工违反法律规定完成或由于员工的过错未以应有方式完成属于他的劳动义务，雇主有权适用以下纪律处罚：

（1）批评；

（2）训诫；

（3）根据相应理由开除。

法律和有关纪律的章程和条例，针对个别类别的员工可以规定其他纪律处罚。

不允许适用法律、纪律章程和条例中未规定的纪律处罚措施。

第 147 条　纪律处罚的方式

纪律处罚由单位负责人、授权负责人行使。

在适用纪律处罚之前，应要求员工进行书面解释。拒绝解释应由雇主证明、这并不能妨碍适用处罚。

纪律处罚在发现犯规时，但不迟于发现之日起的 1 个月内适用，但员工生病或休假的时间不计入其中。

纪律处罚不能在发生过错后的 6 个月以后适用，根据财务经营核查、检查或审计检查结果，不能在发生过错后的 2 年以后适用。上述期限不包括刑事案件的审理时间。

在适用纪律处罚时，应考虑过错的严重程度，在什么情况下发生的，以前的工作状况。

每次纪律犯规只可能适用一次纪律处罚。

适用纪律处罚的命令（指示）在发布后的 3 个工作日内向员工宣布并由员工签收，如果员工拒绝签收命令（指示），则应办理相应的证明手续。

第 148 条　对纪律处罚申诉的方式

纪律处罚可以按照个人诉讼性质的劳动争议审理方式或者向国家劳动管理局进行申诉。

审理个人诉讼性质的劳动争议的机构和国家劳动管理局将核查纪律处罚与纪律过失严重程度是否相符、过失发生时的状况、员工以前的行为、对劳动的态度。

第 149 条　纪律处罚的有效期

纪律处罚自实施开始，在 1 年内有效。如果在这一期间员工没有被处以新的纪律处罚，则可以认为他是没有被处以纪律处罚的。

实施纪律处罚的雇主，有权根据自己的决定、员工的请求、员工代表机构或员工的直接领导的申请，在 1 年期限结束前取消该处罚。

第 150 条　根据员工代表机构的要求追究单位的领导、他的副职的纪律责任

雇主（财产的所有者）应对员工代表机构提出的关于单位的领导、他的副职违反法律和其他劳动法规、集体合同、协议规定的申请进行审查并将审查结果通知员工代表机构。

第四部分　劳动报酬和标准、保障和补偿

第十三章　劳动报酬

第 151 条　基本概念和定义

劳动报酬制度，是与保证雇主根据法律、法规、集体合同、协议、局部条例和劳动合同规定支付员工劳动报酬相关的制度。

工资，是根据劳动的复杂程度、数量、质量和条件对劳动的报酬（补偿），以及补偿和激励性质的支付款项。以补助和补贴形式支付的补偿和激励性质的款项，应规定金额或以工资的百分比表示，但不包括工资加算的区域参数。

最低工资（劳动报酬最低金额），是法律保障的、在正常劳动条件下完成普通工作时全部做完标准劳动时间的非技能员工的月工资额。

薪额，是员工在单位时间内完成一定复杂程度（机能）的劳动定额（劳动义务）所获得的劳动报酬的固定金额。

工资等级评定，按劳动种类划分工资级别或根据劳动种类的复杂程度划分技能等级的制度。

工资级别，是反映劳动复杂程度和员工技能的数值。

技能等级，是反映员工职业培训水平的数值。

工资等级表，是根据工作的复杂程度和员工的技能特点、借助工资率系数确定工作（职业、职务）的工资等级总汇。

工资制度，是标准定额的总和，借助这些标准对员工不同级别的工资进行细分。

第 152 条　员工的劳动报酬

雇主应根据本法典、集体合同和劳动合同的规定支付员工的劳动报酬。

员工的劳动报酬可以按计时、计件或其他劳动报酬制度支付。报酬可根据个人和（或）集体劳动成果支付，劳动报酬的金额不应低于法律规定的最低工资额。

根据所完成工作的数量、质量和复杂程度确定员工的劳动报酬。

对员工的技能要求和一定工作种类的复杂程度，应在工作技能和职工职业手册、职员职务技能手册的基础上进行规定。上述手册的制定和使用方式由国家劳动领域的授权部门确定。雇主根据工作和职工职业技能手册、职员职务技能手册的规定自行将所完成的工作归入一定的复杂程度，并授予员工技能级别。上述手册的制定和使用方式由国家劳动领域的授权机构确定。

属于劳动报酬的奖励报酬清单，由吉尔吉斯共和国政府确定。

第 153 条　劳动报酬的形式

工资以吉尔吉斯共和国货币（索姆）的形式支付。

禁止以借据、收条、食品卡或工业商品卡，以及其他类似的货币资金代用形式支付工资。

第 154 条　最低工资的规定

最低工资，是在整个吉尔吉斯共和国境内在同一时间由法律确定非技能型劳动报酬的最低额，它不应低于有劳动能力的人的最低生活费。

在这一阶段做完标准工时并完成劳动定额（劳动义务）的员工的月工资，不能低于法律规定的劳动报酬的最低额。

在根据工资制度支付劳动报酬时，工资等级表的第一级的薪额不能低于劳动报酬的最低额。

劳动报酬的最低额中不包括补助和津贴、奖金和其他奖励性支付款，以及在非正常条件下工作、在特殊气候条件和受辐射污染区域工作的报酬，其他补偿性和社会性的款项。

最低生活费的计算方式和数额由法律进行规定。

第 155 条　工资的规定

工资制度、薪额数量、个别员工级别之间薪额的比例、奖励制度、支付的方式和条件、年终奖金、服务年限奖金、其他物质奖励等，由协议、集体合同（如果集体合同未签署则由雇主经与工会或其他代表机构协商）、单位的局部条例、劳动合同确定。

协议、集体合同、单位局部条例确定的劳动报酬条件，不能低于法律规定的条件。

第 156 条　保证提高工资实际内容的水平

保证提高工资实际内容的水平包括由于商品和服务的需求价格上涨而进行的工资标定指数。在由相关财政拨款的单位内，工资指数的标定根据法律和其他法规的规定方式进行，而在其他单位，则根据集体合同、协议或单位局部条例规定的方式进行。

第 157 条　工资支付期限

每月至少支付一次工资，工资的支付期限由集体合同或单位局部条例规定。

如果工资支付日与公休日或节假日重合，则在前一天支付。

劳动合同终止时，所有应支付给员工的款项，应不迟于工作的最后一天支付。如果员工在解雇当天不工作，则相应的款项应不迟于被解雇员工提交书面结算要求的第二天支付。

如果雇主违反了工资、假期和其他款项的支付期限规定，每延迟 1 天雇主应额外支付实际结算当日未支付金额的 0.15%。

如果雇主违反了解雇结算支付期限规定，则每延迟 1 天雇主应额外支付实际结算当日未支付金额的 0.5%。

本条第 4 款、第 5 款注明的滞纳金总额不能超过欠付工资基本金额的 200%。对滞纳金最大金额的这种限制，只针对雇主延迟支付工资、假期和其他劳动所得开始之日至员工书面要求雇主支付欠付工资之日的时间段。在员工书面要求雇主支付所拖欠金额后，最大金额的限制将不适用，本条第 4 款、第 5 款注明的滞纳金将加算至实际结算日。

第 158 条　支付员工死亡之日前未收到的工资

员工死亡之日前未收到的工资，应发放给他的家庭成员或死亡当日仍受其赡养的人，工资应在雇主收到相关文件之后的 1 周内支付。

第 159 条　平均工资的计算

在本法典规定的所有情况下，平均工资额应根据工资的统一计算方式确定。

计算平均工资应参考具体单位采用的劳动报酬制度规定的任何支付来源的所有支付

项目。

平均工资的计算应依据实际加算的工资和在任何工作制度下实际做完的时间。

平均工资以支付之前的12个月计算。集体合同中可能规定不会恶化员工地位的其他计算阶段。

为了支付假期和补偿未使用的假期而计算最近3个月的平均日工资时，采用将加算的工资总数除以3和29.6（月平均天数）的办法。

在本法典规定情况下，在工作日提供的假期以及支付这种情况下的未使用的假期补偿，平均日工资的确定方式是，将加算的工资数除以六天工作周制度的工作天数。

本条规定的平均工资计算方式的特殊性，由吉尔吉斯共和国政府确定。

第160条　从工资中扣除款项

只有在本法典和其他法律规定的情况下，方可从工资中扣除款项。

根据雇主的指示可以从员工工资中扣除员工欠雇主的债务：

（1）为了偿还以工资形式支付给员工，而未完成的预付款；为了偿还计算错误而多付的金额；为了偿还未用完的和未及时偿还出差或调职到其他地方的预付金；用于经营需要，如果员工对扣除款项的理由和金额无异议；

（2）在工作年度结束之前解雇员工时，员工已得到了当年的年度带薪假期，为了未使用的假期天数；如果员工是由于本法典第83条第1款、第2款、第3款第a副款，第4款，第88条第1款、第2款、第6款、第7款中的理由被解雇，则不扣除这些天数的款项。

（3）在补偿由于员工的过错给雇主造成的损失时，金额不超过员工的平均工资。

在这些情况下，雇主有权决定从员工的工资中扣除，时间不迟于返还预付款、偿还债务规定期限结束后的1个月，或者，从错误计算支付款项后的1个月内，但不包括本法典规定的情况，并且员工对扣除理由和金额没有异议。错过了上述规定的1个月，则只能通过司法程序才可进行扣除。

雇主支付员工工资的多余部分，包括不正确的使用法律的结果，可以被追回，但不包括计算错误的情况。

第161条　从工资中扣除款项金额的限制

在每次支付工资时扣除款项的总额不能超过工资的20%，但在法律规定的情况下，可以达到支付给员工工资的50%。

如果根据多份执行文件从工资中扣除款项，无论如何，应为员工保留工资的50%。

本条规定的限制，不适用于在完成劳改工作、支付未成年人的抚养费、补偿对身体造成的损失、补偿由于赡养人死亡而遭受的损失，以及补偿犯罪造成的损失时而从工资中扣除款项。在这些情况下，从工资中扣除的款项金额不超过70%。

不允许从假日补贴、补偿金和其他法律不允许追索的支付款中进行扣除。

第162条　工资支付方式和地点

在支付工资时，雇主应书面通知每个员工有关本阶段属于员工的工资的组成部分，已扣除款项的金额和依据、应收到金额，结算单的形式由雇主确定。

通常工资应在员工完成工作的地点支付给员工，或根据集体合同或劳动合同确定的条件汇入员工指定的银行账户。

工资应直接支付给员工，但法律或劳动合同规定的其他支付方式除外。

第 163 条　单位领导人、他的副职、总会计师的劳动报酬

由国家财政拨款的单位的领导人、他的副职和总会计师的劳动报酬，根据吉尔吉斯共和国政府规定的方式和金额支付。

其他单位的领导人、他的副职和总会计师的劳动报酬，根据双方签订劳动合同时协商的方式支付。

第 164 条　特殊条件下的劳动报酬

从事特殊条件下工作（繁重劳动，在有害、危险和其他特殊条件的工作，特殊气候条件的工作）的员工的劳动报酬，应以较高的数量，按照吉尔吉斯共和国法规规定的方式和金额支付。工作名称清单由吉尔吉斯共和国政府确定。

第 165 条　破产时的工资支付

在单位宣布破产时，将根据吉尔吉斯共和国法律规定的顺序满足员工的工资支付要求。

第 166 条　在非正常劳动条件下先完成工作的劳动报酬

在非正常劳动条件下完成工作时（完成不同技能的工作、兼职、标准工时以外的工作，夜间工作、公休日和节假日工作、野外条件下工作，需要经常到各地工作和流动性很大的工作），应向员工支付集体合同和劳动合同中规定的相应的补助。补助的金额不应低于本法典、其他法律法规的规定。

第 167 条　兼职和完成其他临时缺席员工的义务时的劳动报酬

在根据劳动合同完成主要工作的同时，在同一个雇主处还完成其他专业、技能或职务的额外工作，并且不脱离主要工作的员工，可获得兼职或完成其他临时缺席员工义务的补助。

为兼职或完成其他临时缺席员工义务的补助金额，由雇主与员工协商确定，但不能低于兼职工作薪额的 30%。

第 168 条　完成不同技能工作时的劳动报酬

员工在计时工资条件下完成不同技能的工作，应按照较高技能的工作支付其劳动报酬。

员工在计件工资条件下完成不同技能的工作，应按照员工完成工作的计件工资支付他的劳动报酬。

根据生产的性质，交给计件工资条件下工作的员工完成工资等级低于他获得的级别的

工作时，雇主应向员工支付等级差。

第 169 条　夜间工作的支付

夜间工作的每小时都应高额支付，不应低于 1.5 倍的金额。夜间工作的高酬金不包括在薪额中。

提高的具体金额经与员工代表机构协商由雇主、集体合同、协议或劳动合同确定。

第 170 条　未完成劳动定额（职务义务）的劳动报酬

由于雇主的原因未完成劳动定额（职务义务），将按照实际完成的时间或完成的工作进行支付，但不应低于在这一时间阶段或完成工作所应支付给员工的平均工资。

由于不以雇主和员工意志为转移的理由而未完成劳动定额（职务义务）时，将为员工保留至少三分之二的薪额。

由于员工的原因未完成劳动定额时，工资定额部分应根据完成的工作量进行支付。

第 171 条　加工报废产品的劳动报酬

不是由于员工的原因造成的废品，应同合格产品一样支付。

由于员工的原因造成的完全报废品不应予以支付。

由于员工的原因造成的部分废品，根据合格产品的程度，按降低的定价支付。

第 172 条　停工时间的工资

由于雇主的原因造成的停工时间，如果员工以书面形式告知雇主停工开始，则应按不低于员工平均工资的三分之二支付。

由于不以员工和雇主的意志为转移的原因造成的停工时间，则应按不低于薪额三分之二的金额支付。

由于员工的原因造成的停工时间，不予以支付。

第 173 条　开发新生产（产品）时的劳动报酬

集体合同或劳动合同可以规定，在开发新生产（产品）阶段保留员工原先的工资。

第 174 条　加班的劳动报酬

加班的报酬，在前 2 个小时不应低于 1.5 倍的工资，之后每小时不低于 2 倍的工资。加班报酬的具体金额可以在集体合同或劳动合同中规定。根据员工的意愿，加班不是以高报酬而是以提供额外的休息时间为补偿，休息时间不应少于完成的加班工时。

标准工时以外的兼职工作，根据做完的时间和完成的工作情况支付劳动报酬。

第 175 条　公休日和节假日的劳动报酬

公休日和节假日的工作报酬，不应少于员工工资的两倍：

计件工，不少于 2 倍的计件定价；

按日和小时薪额付酬的员工，不少于 2 倍的日或小时薪额；

按月薪计酬的员工，如果公休日和节假日工作是在月标准工作时间以内，则除薪额外不少于日或小时薪额；如果公休日和节假日工作是在月标准以外，则除薪额外不少于 2 倍的小时或日薪额。

根据在公休日或节假日工作的员工的意愿，可以在其他日期休息，这时在节假日工作的报酬同平时一样，而休息日则没有报酬。

根据吉尔吉斯共和国政府确定的职业清单中规定的电影、电视、录影、剧院、戏剧和音乐组织、马戏团、大众媒体的创作人员和职业运动员在公休日和节假日工作的报酬，根据吉尔吉斯共和国协调社会劳动关系的三方委员会的意见，可以在劳动合同、集体合同或单位的局部条例中确定。

第十四章　劳动定额

第 176 条　总则

应向员工保障：

国家促进系统化的编制劳动定额；

采用由雇主与员工代表一同参加确定或集体合同规定的劳动定额制度。

第 177 条　劳动定额

劳动定额，是指员工的工作、时间、服务的定额根据达到的技术、工艺水平、组织生产和劳动的水平确定。

劳动定额可以根据保证劳动生产力提高的新技术、工艺、组织或其他措施的完善或推广，以及在使用老化设备时进行修改。

根据个别员工的倡议采用新的劳动方式和完善工作岗位而取得的高水平的产品（服务）产量，不能作为修改以前制定的劳动定额的依据。

第 178 条　制定和通过劳动标准定额

对同一种工作，可以制定和规定（行业间、职业和其他）劳动标准定额。

应按吉尔吉斯共和国政府规定的方式制定和通过劳动标准定额。

第 179 条　劳动定额的实行、更换和修改

规定实行、更换和修改劳动定额的局部条例，由雇主经与员工代表机构协商之后实行。

应提前 1 个月通知员工有关新的劳动定额的实行。

第 180 条　提供正常的工作条件以便完成工作定额

为了使员工完成工作定额，雇主应提供条件。属于这种条件的有：

完好状态的建筑、设施、机器、工艺装备和其他设备；

及时提供技术和其他必要的工作文件；

符合质量要求的材料、仪器、其他完成工作所必需的工具和物品，并应向员工及时

提供；

符合劳动保护和安全生产要求的劳动条件。

第十五章　保障和补偿

第 181 条　保障和补偿的概念

保障，是指为了保证社会劳动关系领域中提供给员工的权利而使用的手段、方法和条件。

补偿，是指为了抵偿员工完成他们的劳动义务或其他法律规定义务的开支而规定的货币支付款项。

第 182 条　对受雇完成国家或社会义务的员工的保障和补偿

在员工执行国家或社会义务时，并且根据法律规定这些义务应在工作时间内完成，则雇主应免除员工的工作并为其保留职位（职务）。

招收员工完成国家或社会义务的国家机构或社会团体，在本条第 1 款规定的情况下，在完成执行义务期间应向员工支付法律或其他法规规定的，或者相应的社会团体决定中确定的补偿金额。

员工完成有利于社会的行为时（消除事故、自然灾害的影响，救助他人生命，参加选举委员会的工作等），将为其保留职位（职务）和平均工资。

第 183 条　对被雇主送去进行医疗检查的员工的保障

根据本法典规定应通过医疗检查的员工，在进行医疗检查期间，将为其保留职位（职务）和平均月工资。

第 184 条　对员工献血和捐献血液其他成分的保障和补偿

在献血和捐献血液其他成分的当天，以及进行与此相关的医疗检查的当天，员工可被免除工作。

如果根据与雇主的协商，献血和捐献血液其他成分的当天，员工即开始工作（不包括繁重劳动和在有害和危险条件下的工作，在这一天员工无法工作），则根据员工的要求提供在其他日期的休息。

如果在年度带薪假期、公休日或节假日期间献血和捐献血液其他成分，则根据员工的要求提供在其他日期的休息。

在每次献血和捐献血液其他成分后，员工可获得额外休息日。根据员工的意愿这个休息日可以并入年度带薪假期中或者在献血后的 1 年内的其他时间使用。

在献血和捐献血液其他成分时，雇主应为员工在献血日和由此提供的休息日保留平均工资。

第 185 条　对被派去提高技能的员工的保障

在雇主派遣员工脱产提高技能时，将为其保留职位（职务）和在主要职位上的平均工资。

被派去其他地方脱产提高技能的员工，应按因公出差人员规定的方式和金额支付出差费。

第 186 条　由于更换单位所有人而解除劳动合同时对单位领导人、他的副职和总会计师的保障

由于更换单位所有人而解除与单位领导人、他的副职和总会计师的劳动合同时，新的所有人应向上述员工支付劳动合同双方协商一致的补偿金额，且不应低于员工的月平均工资。

第 187 条　对由于紧急应征入伍或类似的参加公务而被解雇的员工的补偿

由于紧急应征入伍或类似的参加公务而被解雇的员工，在公务期结束后，在应招时解雇他的单位有优先招聘权。

第 188 条　公务和长期境外出差的含义

公务出差，是指员工根据雇主的安排，为了长期在工作地点以外完成公务，在一定期限内的外出。长期工作是在路途中进行或具有流动性质的员工的公务出行，不属于公务出差。

长期境外出差，是指国家公务人员和其他员工出差至吉尔吉斯共和国在外国或境外国际组织的外交部门和国家机构部门工作。

第 189 条　派遣员工出差的保障

在派遣员工出差时，应向他提供保留职位（职务）和平均工资，以及补偿与出差相关费用的保障。

第 190 条　补偿与出差相关的费用

如果派遣员工出差，雇主应补偿员工的：

出行的费用；

租赁生活场所的费用；

在常住地以外居住的额外费用（每昼夜的）；

经雇主允许或认可的、由员工支付的其他费用。

集体合同或单位的局部条例确定出差费用的补偿方式和金额，补偿金额不应低于吉尔吉斯共和国政府为国家财政拨款单位规定的金额。

第 191 条　调职到其他地方工作时的费用补偿

根据与雇主的事先协定，在员工调职到其他地方工作时，雇主应向员工补偿：

员工、他的家庭成员和财产的迁移费（但不包括雇主向员工提供相应迁移费的情况）；

在新居住地的安置费。

具体补偿费用的金额由劳动双方协商确定，但不应低于吉尔吉斯共和国政府为国家财

政拨款单位规定的金额。

第 192 条　完成有利于单位员工利益的义务时的保障

为了单位员工的利益而完成义务时，员工免于工作的条件，以及这一时间保障金的金额，由本法典、集体合同或雇主经与员工代表机构协商确定。

第 193 条　使用员工个人财产的费用补偿

员工经雇主同意或认可，并为了雇主的利益而使用员工的个人财产时，应向员工支付属于员工的工具、私人交通工具、设备和其他技术工具和材料的使用、耗损（折旧）补偿金，并补偿与使用有关的费用。费用补偿的金额由双方书面协议确定，但不应低于吉尔吉斯共和国政府为国家财政拨款单位规定的金额。

第 194 条　暂时无劳动能力时对员工的保障

根据法律和其他法规的规定，在暂时无劳动能力时，雇主向员工支付暂时无劳动能力津贴。

暂时无劳动能力津贴的金额和支付条件由吉尔吉斯共和国政府规定。

第五部分　职业培训

第十六章　总　则

第 195 条　雇主在干部培训和进修方面的权利和义务

雇主根据自己的需要确定干部职业培训和进修的必要性。

根据集体合同、协议、劳动合同规定的条件和方式，雇主进行员工的职业培训、进修和提高技能、在单位内教授他们第二职业，必要时在初级、中级和高级职业教育教学机构进行培训和进修。

干部职业培训和进修的形式、职业和专业的名单由雇主确定。

在法律、其他法规规定的情况下，如果提高技能是员工完成一定工作的条件，则雇主应对员工进行技能的提高。

通过职业培训的员工，雇主应为他们创造必要的条件以便使工作和学习兼容，并为他们提供本法典、其他法规、集体合同、协议、劳动合同规定的保障。

第 196 条　员工在职业教育和技能提高方面的权利

员工有进行职业培训的权利，其中包括学习新的职业、专业，以及提高技能。

这一权利是通过在员工和雇主之间签署补充合同实现的。

第 197 条　考核

为了刺激职业技巧和技能的增强、促进积极性的提高、确保员工的业务质量、完善单位的经营、提升员工的职务，以及员工与职务相适应的程度，雇主有权对员工进行考核。

关于考核的标准状况和职务名称，由有关劳动领域的国家机构确定。

第 198 条　学习合同

雇主有权与正在寻找工作的人签订职业培训学习合同，而与本单位的员工签订不脱产进修学习合同。

与正在寻找工作的人签订学习合同，属民法事务，由民法和其他包含民法规则的法规进行调整。与本单位的员工签订的学习合同是对劳动合同的补充合同，由劳动法和其他包含劳动合同规则的法规调整。

第 199 条　学习合同的内容

学习合同应包含：

双方的名称；

注明员工应获得的具体职业、专业、技能；

雇主根据学习合同向员工提供学习机会的义务；

员工通过培训的义务和根据获得的职业、专业、技能，按照与雇主的劳动合同在学习合同规定的期限内工作的义务；

学习的期限；

学习期间的工资额。

学习合同可以包含双方协商确定的其他条件。

第 200 条　学习合同的期限和形式

学习合同签订的期限为该职业、专业、技能培训所必需的期限。

学习合同以书面形式签署，一式两份。

第 201 条　学习合同的效力

学习合同自该合同中注明的日期之日起，在整个合同规定期限内有效。

学习合同的效力可以延长，期限延长时间相应为学生生病的时间、通过军队招募的时间和法律法规规定的其他情况。

在学习合同有效期内，它的内容只有根据双方的协商才可以修改。

第 202 条　学习的组织形式

可以个人、班组、训练班教授的形式和其他形式组织学习。

第 203 条　学习时间

一周的学习时间不能超过为相应年龄、职业、专业员工在完成相应工作时制定的标准工时。

在组织内通过培训的员工，经与雇主协商，可以完全免除劳动合同规定的工作，或者在不完全工时的条件下完成这一工作。

在学习合同的有效期内，员工不应加班，被派出与学习无关的公差。

第 204 条　学习酬劳

学生在学习期间有助学金，助学金的金额由学习合同确定，并取决于获得的职业、专业、技能，但不应低于法律规定的最低工资。

学生实习课上完成的工作，根据定价进行支付。

第 205 条　在发生损害时对学生适用劳动法

根据学习合同由学生完成义务时对学生造成工伤、职业病或其他损害健康的情况时，将根据劳动法、包括劳动保护法的规定进行损害补偿。

第 206 条　学习合同条款的无效性

与本法典、集体合同、协议相冲突的学习合同条款，是无效的，并不能被采用。

第 207 条　学习结束后学生的权利和义务

顺利完成学业的人，在与雇主签订劳动合同时，根据他们通过培训的合同，不规定试用期。

如果学生在学习结束后，没有正当理由而不完成自己的合同义务，其中包括不上班，根据雇主的要求，学生应退还在学习期间获得的助学金，以及雇主由于学习承担的其他费用。

第 208 条　学习合同解除的依据

学习合同根据为解除劳动合同而规定的依据解除。

第六部分　劳动保护

（参见劳动保护法）

第十七章　总　则

第 209 条　基本概念

劳动保护，是在劳动过程中保护员工生命和健康的制度，其中包括法律、社会经济措施、组织技术、卫生、治疗预防、康复以及其他措施。

安全劳动条件，是指在此种劳动条件下排出的有害或危险生产因素对工作人员的作用，该作用不超过规定的标准。

工作地点，是指员工应该处在的位置或者由于工作的原因必须达到的地方，该地点直接或间接处于雇主的监督之下。

个人和集体防护用具，是指用于防止或减少有害或危险生产因素对员工的作用，以及污染保护的工具（工作鞋、工作服、电介质手套和工具、防护腰带、防护镜等）。

有害劳动条件，是指带有超过卫生标准和对员工身体会造成不利影响的有害生产因素的劳动条件。

生产活动，是指采取的将资源变为成品所必需的劳动手段的员工的行为总和，其中包括各种原材料的生产和加工，建设，提供各种服务。

第 210 条　国家劳动保护标准要求

包含在法律和其他法规中的国家劳动保护标准要求（以下称劳动保护要求），规定了在劳动活动过程中保护员工生命和健康的规则、程序和标准。

有关劳动保护方面的受法律约束的标准文件（行业间和行业规则、标准劳动保护细则、建筑和卫生标准及规则、安全规则和细则、安装和安全使用规则、设计和建筑标准总则、卫生标准和国家安全劳动标准）的制定和通过方式，以及进行修改的期限由吉尔吉斯共和国政府确定。

第 211 条　雇主在提供劳动保护方面的义务

在为员工创造健康和安全的劳动条件、完成劳动保护要求的义务时，由雇主以自己的资金来完成。

雇主应保证：

建筑物、设施、设备使用时，工艺流程实施中，以及生产中使用原料和材料时的员工安全；

采取员工个人和集体防护手段；

每个工作岗位上具有符合劳动保护要求的劳动条件；

制定和通过员工劳动保护方面的细则；

符合吉尔吉斯共和国法律的员工劳动和休息制度；

免费向员工发放工作服、工作鞋和其他个人防护工具，符合规定标准的洗涤和消除有害物的药剂；

培训、指导和检查员工的劳动保护要求方面的知识，不允许未通过劳动保护要求培训、指导和检查的人员上岗；

对工作地点的劳动条件状况，以及员工对劳动保护要求的遵守组织监督；

对工作地点进行劳动条件方面的鉴定；

对员工必须进行的预先的（招聘时）和阶段性的医疗检查、例外的医疗检查；

不允许员工在没有通过必需的医疗检查和在医疗禁忌的情况下完成劳动义务；

通知员工工作地点的劳动条件和保护，存在对身体危害的风险，应给予他们的补偿和个人防护手段、劳动条件方面的补偿和优惠；

采取防止事故发生、在出现这些事故时对员工生命和健康的保护措施，其中包括向受害者提供第一时间的援助；

以吉尔吉斯共和国政府规定的方式调查生产中的不幸事故和职业病；

给员工的日常卫生和预防治疗提供服务；

对员工在生产中的不幸事故和职业病必需的社会保险；

让员工了解劳动保护要求；

补偿员工健康和生命遭受的损失；

划拨必要数量的财政资金用于改善劳动条件使其符合劳动保护要求；

在法律规定的情况下向员工提供有害和繁重劳动条件下工作的优惠和补偿（根据2号名单的年龄退休，吉尔吉斯共和国国家退休社会保险法中规定的退休形式、缩短的工时、高工资、额外休假、牛奶或同样营养价值的食物等）；

相应机构的代表无阻碍地进入单位对生产中的不幸事故和职业病进行调查，检查在预防工伤和事故方面的工作时，应以法律规定方式提供劳动保护方面的资料。

第212条　员工在劳动保护方面的义务

员工必须：

遵守劳动方面的规则、标准和细则的规定要求；

正确使用个人和集体防护工具；

通过劳动保护要求的知识的培训、指导和检查；

及时通知自己的直接或上一级领导有关出现的威胁人们生命和健康的状况、生产中发生的每个不幸事故，或自己变坏的身体状况；

通过必需的预先的（在招聘时）和定期的医疗检查。

第213条　生产项目和产品符合劳动保护的要求

生产项目以及机器、机械和其他生产设备、工艺流程的建设和改造项目，应符合劳动保护的要求。

在没有国家对劳动保护要求的监督检验部门出具的、有关设计文件与劳动保护要求相符的鉴定结论的情况下，禁止进行生产项目的建设、改造和技术改造，新技术的生产和推广。

在没有国家对劳动保护要求的监督检验部门出具的结论之前，新的或改造的生产项目不能使用。

禁止在生产中使用有害的或危险物质、材料、产品、商品，以及提供未制定方法和计量监督方式和毒性（卫生、医学生物）评估的服务。

在单位内使用以前未采用过的新的、有害的或危险物质时，雇主应在使用上述物质前制定并与国家对劳动保护要求的监督检验部门协商在保护员工生命和健康方面的措施。

机器、机械和其他生产设备、交通工具、工艺流程、材料、化学物质、员工个人和集体防护工具，其中包括外国出产的，都应符合吉尔吉斯共和国规定的劳动保护要求。

第214条　向员工提供个人用具

在有害或危险劳动条件下的工作中，以及在特殊气候条件或与污染相关的条件下完成的工作中，应根据吉尔吉斯共和国政府确定的方式通过的标准和规则为员工发放工作服、工作鞋和其他个人防护用具、清洗和消除有害物质的药剂。

由雇主承担获得、保存、清洗、清洁、维修、消毒和消除有害物质的员工个人防护和卫生用具的费用。

第 215 条　保障员工的劳动保护权利

劳动合同的条款应符合劳动保护方面的要求。劳动合同中应注明由于繁重的工作和在有害或危险劳动条件下工作而提供给员工的准确的劳动条件特点、补偿和优惠。

在企业（它的分支机构）或工作地点由于非员工的原因违反劳动保护要求而暂停工作期间，应为员工保留工作岗位、职务和平均工资。

在没有根据劳动标准和条件为员工提供个人和集体防护用具时，雇主无权要求员工完成劳动义务。

员工有权拒绝完成明显的会危害他的生命和健康的工作，根据劳动保护的要求，同时应通知有关领导。

在出现直接对员工生命和健康构成危险的情况时，员工拒绝完成劳动合同中未规定的工作，或完成繁重的工作，在危险和有害条件下的工作，以及在未提供个人防护用具的情况下拒绝工作，并不会给员工造成任何影响。在消除这些危险的期间，将为员工保留他的平均工资。

对员工劳动保护权利的其他保障，对在有害和繁重条件下工作的补偿和优惠的种类，以及提供的方式和条件，由本法典、法律和其他法规和劳动合同规定。

如果法规中没有对进行一定工作所必需的劳动保护进行规定，则雇主应采取措施为员工提供安全的劳动条件。

第 216 条　对员工在劳动保护方面的培训和指导

单位的所有员工，包括雇主，应根据吉尔吉斯共和国政府规定的方式通过劳动保护知识的培训、指导和检查。

对于重新招聘，以及调换到其他工作岗位的员工，雇主应进行劳动保护的指导、组织培训安全工作方法，以及对不幸事故的受害者提供第一时间的援助。

对于参加高危险生产工作或要求进行职业挑选工作的员工，应进行预先劳动保护培训并进行考试，之后应定期进行考核。

禁止让没有通过劳动保护知识培训、指导和检查的人员参加工作。

第 217 条　员工的日常卫生和医疗服务

根据单位经营项目和参考员工的需求，雇主应向员工提供水和组织他们的进餐；在单位内安装日常卫生设施场所：换衣间、厕所、淋浴室、进餐和休息室、妇女个人卫生间、向事故受害者或生病的人提供第一时间医疗救助的场所。应向高温车间和区段的员工提供加气加盐的水。

雇主应根据法律规定的方式组建相应的保健机构和部门（保健站、医疗点、医院等）。

第 218 条　完成繁重工作和有害或危险条件下工作的限制

在繁重的工作和带有危险或有害条件的工作中，禁止让妇女和十八周岁以下人士，以及健康状况不符的人劳动。

禁止让妇女和十八周岁以下人士参加的繁重工作和带有危险或有害条件的工作的名单由吉尔吉斯共和国政府确定。

第 219 条　提供牛奶和预防治疗性食品

在有害劳动条件下的工作中，应根据规定的标准发放免费牛奶或其他等值的食品。

在特别有害条件下的工作，应根据规定的标准提供免费的预防治疗性食品。

牛奶和其他等值食品，以及预防治疗性食品的发放标准和规则，按照吉尔吉斯共和国政府确定的方式进行规定。

第 220 条　某类员工的医疗检查

从事繁重工作、高山条件下的工作、带有有害条件和危险条件的工作（包括地下工作）、交通运输工作、轮值方式完成工作的员工，应在招聘时通过必需的预先的例外医疗检查，以及定期进行医疗检查以便确定是否适合工作，预防职业病的发生。

食品工业和加工工业、大众食品和零售单位、自来水设施、预防治疗和儿童机构，以及其他一些单位的员工，为了保护居民的健康，应通过上述医疗检查。

必需的定期医疗检查和例外的医疗检查在工作时间进行，并应保留平均工资。

有害生产因素和需要医疗检查的工作、职务和职业清单的检查规则，由国家保健部门经与国家劳动领域的授权部门和工会机构协商确定。

第 221 条　将在生产中生病的员工运送到治疗机构

应使用雇主的交通工具或由雇主支付费用，将在生产中生病或受伤的员工运至治疗和其他机构。

第 222 条　劳动保护部门

为了保证对劳动保护要求的遵守，对每个进行生产活动、员工人数超过 50 人的单位执行劳动保护要求的情况进行监督，建立劳动保护部门或实行劳动保护专家的职务，他们应经过相应的这一方面的培训或具备一定的工作经验。

在员工超过 50 人的单位，雇主根据该单位的经营特点决定建立劳动保护部门或建立劳动保护专家的职务。

如果单位内没有劳动保护部门（劳动保护专家），雇主应与专家或提供劳动保护领域服务的单位签订提供服务的协议。

单位内劳动保护部门的结构和劳动保护部门员工的人数，由雇主根据员工人数、生产的危险和有害程度、地域，按照国家劳动领域部门规定的标准规定。

有关劳动保护部门的标准条例由吉尔吉斯共和国政府或由政府授权的部门规定。

第 223 条　对生产中的不幸事件和职业病的调查和计算

对生产中的不幸事件和职业病的调查和计算，应根据吉尔吉斯共和国政府确定的方式进行。

在法律规定的情况下，在国家专门授权机构的代表、工会或其他单位内的员工代表机构和其他相关人员的参与下，雇主应及时和正确地对生产中发生的不幸事件、职业病进行调查和计算，采取必要的措施消除它们产生的根源，为受害人或死者的家属提供物质和其他援助。

对于群体事故、严重事故或死亡事故，雇主应立即通知国家劳动检察局和其他相应机关。

损伤的严重程度根据医疗鉴定确定，医疗鉴定由预防治疗机构根据雇主或国家监督部门的要求在一昼夜内出具。

受害人的被委托人有权参加对生产中的不幸事件、职业病的调查，在受害人死亡的情况下，则由家属的委托人参加。如果委托人不参加调查，则雇主或委员会主席应根据委托人的要求将调查材料提供给他了解。

根据不幸事件、职业病的调查结果，按规定方式办理证明，其中的一份应由雇主或委员会主席签字后转交给受害人或死者的家属或他们的委托人。

委员会关于轻度事故与生产无关的结论应经过相应的国家监督部门或工会劳动技术检查局的同意。

如果雇主拒绝调查不幸事件，按照 H-1 表办理不幸事件或职业病的证明，或者受害人、死者家属或他们的委托人不同意证明中的内容时，他们有权向相应的国家劳动检察机构、工会的劳动技术检查局、国家卫生流行病部门或法院提起诉讼。

第 224 条　劳动条件方面的优惠和补偿

由于繁重的工作和带有有害或危险条件的工作，应向员工提供优惠和补偿（根据 2 号名单的年龄退休、工资补助、缩短的工作日、额外休假、发放牛奶等）。提供、取消的方式和条件由吉尔吉斯共和国法规进行规定。

雇主经与单位内的员工代表机构协商，可以根据劳动条件的改善，依据对工作地点的检验或测量生产环境的因素水平而取消或减少补偿和优惠。在解决优惠退休的问题时，要求提供相应的国家监督和检察机构的鉴定书。

雇主有权自行为员工提供法律规定以外的、对有害和危险的生产因素的影响的额外的优惠和补偿。

第十八章　雇主对员工在工作中造成的工伤、职业病或其他给员工造成的损害的责任

第 225 条　雇主对员工身体造成的损害的责任

雇主对与完成劳动义务有关的、发生在雇主领地内外的，以及员工在雇主提供的交通工具上去往单位或离开单位途中发生的工伤、职业病或其他对身体的危害而对员工造成的损害承担责任（以下称工伤）。

第 226 条　雇主对工伤给员工身体造成的损害承担责任的依据

如果不能证明，损害是不可抗力或受害人预谋的结果，则雇主应完全补偿员工在完成劳动义务时危险源给他的身体造成的损害。

如果损害不是由高危险源造成的，如果证明损害不是由于雇主的原因造成的，则雇主将被解除责任。

在完成自己的劳动义务时，由于第三人（自然人和法人）的原因给员工造成身体损害，则雇主应进行赔偿，并在之后按照法律规定的方式对肇事者行使追索权。

第 227 条　雇主的过错

如果工伤是由于未给员工提供健康和安全的劳动条件、未完成劳动安全要求造成的，则工伤将被认为是由于雇主的过错造成的。

第 228 条　雇主对造成损害的证明责任

雇主对造成损害的责任证明，在本法典第 227 条规定的情况下证明雇主过错的有：

不幸生产事件的（职业病）证明；

委员会对不幸生产事件的调查证明；

法院判决、决定、检察院调查或提前侦讯机构的命令；

国家监督和检察机构或工会劳动技术检查局有关危害身体原因的鉴定；

对责任人作出行政或纪律处罚的决定；

职业病的医疗鉴定；

证人的指证；

其他文件。

第 229 条　飞机所有者——雇主的责任

由于在飞机滑行、起飞、飞行或降落过程中执行公务而造成机组成员的工伤时，拥有飞机所有权或其他法律权利的雇主，应为造成的损害承担责任，除非可以证明，损害是由于受害人故意造成的。

第 230 条　混合责任

如果因为受害人的粗心大意促使了损害的出现或增加，则赔偿的金额根据受害人过错的程度相应的减少。

在受害人的粗心大意以及雇主没有过错时，当责任不取决于过错时（第 226 条第 1 款），赔偿的金额也相应地减少，在这种情况下不允许完全拒绝赔偿损失。

不幸生产事件调查委员会对受害人粗心大意过错程度的确定的决定，不能被提交国家劳动检察部门、工会劳动技术检查局或法院。

混合责任不适用于临时调换到其他工作岗位、补偿额外费用，以及补偿安葬费用、补偿由于供养人死亡而失去的工资。

第 231 条　损害赔偿的种类

对受害人损害的赔偿包括：

（1）赔偿失去的工资（或相应部分）；

（2）额外费用的补偿；

（3）规定情况下的一次性补助；

（4）赔偿精神损失；

（5）赔偿安葬费。

第 232 条　劳动能力的鉴定

由工伤造成的职业劳动能力丧失的程度、残疾类别由医学社会鉴定委员会根据受害人的检查结果确定。

由工伤造成的职业劳动能力丧失程度的确定方式，由吉尔吉斯共和国政府确定。

医学社会鉴定委员会的证明根据雇主、国家劳动检察局、预防治疗机构或法院，以及受害者或他的代表，在提供不幸生产事件（职业病）证明或其他文件时办理。根据受害人的申请或雇主的请求可办理受害人的提前的重新检查（复查）。

第 233 条　损害赔偿金的增加

损害赔偿金额、额外费用的补偿和一次性补助可以根据双方协商或依据集体合同、协议而增加。

第 234 条　由于生活成本增加和最低金额的提高而增加损害赔偿金额

由于生活成本的增加，按照法律规定的方式，损害赔偿金额应标定指数。

最低工资额提高时，整体上所有损害赔偿金额按最低工资额的提高比例而增加；

为了计算损失赔偿而确定工资总额时，第一次被计算在工资中的金额，应根据吉尔吉斯共和国政府确定的方式标定指数。

第 235 条　向受害者赔偿工资

向受害者赔偿损失的金额根据他的月平均工资和丧失职业劳动能力的程度确定。

在赔偿工资时，由于工伤而规定给受害人的残疾退休金，同在工伤之前和之后规定的其他退休金种类一样，以及工伤后受害人获得的工资，不计算在损失赔偿金内。

第 236 条　作为赔偿金额计算依据的工资的组成

作为赔偿金计算依据的、丧失的工资组成中应包括劳动报酬的所有种类，其中包括加班、在公休日和节假日工作，以及兼职的酬劳。

不计算一次性支付的款项，包括在解雇时对未使用假期的补偿和公休津贴。

在暂时无劳动能力、妊娠和生产休假期间，应计算支付的津贴。

稿酬应包括在丧失的工资中。

培训期间的助学金，等同于工资（根据损失补偿申请人的意愿）。

所有种类的工资应以扣除税收和其他必须缴纳的款项之前加算的金额计算。

第 237 条　确定平均月工资的时间段

平均月工资根据发生工伤或由于工伤而丧失劳动能力或劳动能力降低（根据公民的选择）之前 12 个月的工作确定。在职业病的情况下，平均月工资还可以根据因病停止工资之前的最后 12 个月的工作确定。

作为计算平均月工资依据的月份数中应除掉（根据公民的意愿）：

（1）不完整月份，因为工作的开始或结束不是从月份的第一天开始的；

（2）休假月份（其中包括不完整月份），该假期是因为照顾婴儿而提供的；公民作为残疾人工作的时间，或者在这一时间内得到工伤损失补偿金、照顾一级残疾人、十八周岁以下的残疾儿童，或者根据医学卫生鉴定为需要照顾的人士。

（3）不带薪或部分带薪的休假月份（包括不完整月份），该假期是雇主在临时停产时建议提供的。

被除掉的月份直接以之前的月份代替或者在无法代替时从计算中排除。

第 238 条　平均月工资的计算方式

本法典第 237 条中注明的时间段内的月平均工资计算方式为：将工作的 12 个月内的工资总数除以 12。

如果工作持续不足 12 个月，月平均工资的计算方式为：实际完成月份的工资总额除以实际月份数。

如果工作的时间段少于 1 个日历月，赔偿金额应根据下列方式确定假定月工资计算：所有做完的时间内的工资除以工作的天数，得到的数字乘以年平均计算得出的每月工作日数。

在无法得到有关实际工资的文件时，则损失赔偿金额根据 5 倍的最低工资计算。

在月平均工资低于 5 倍的最低工资时，赔偿金额按照 5 倍的最低工资计算。

如果在受害人受到工伤或其他伤害以前，他的工资发生了改变他的财产状况的稳定变化（根据职务工资提高、被调职到高工资的工作岗位，以及其他工资的平稳变化或可能改变的情况），在确定他的月平均工资时，应该只计算他获得的或应该获得的工资。

第 239 条　在二次工伤时的损失赔偿金额

在二次工伤时，月平均工资根据受害者的意愿按照第一次或第二次工伤之前的相应时间段计算。

如果工伤是在为同一个雇主工作期间发生的，那么损失赔偿金额根据第一次和第二次工伤总和所丧失的劳动能力的总百分比计算。

如果工伤是在不同的雇主单位发生的，则赔偿金额的确定由每个雇主根据相应的工伤所造成的丧失职业劳动能力的百分比单独计算。

第 240 条　在国外工作的公民工资的计算

在国外工作的公民的月平均工资，按一般原则计算。

按照规定方式派往吉尔吉斯共和国驻外机构和组织工作的公民，损失赔偿金额根据赔偿当日在吉尔吉斯共和国相应的职业和技能员工的平均月工资计算。

第 241 条　进行生产培训的员工工资的计算

在进行生产培训（实习）期间受到工伤的人的月平均工资，按普通原则计算。在这种情况下，培训期间支付的助学金等同于工资。

根据受害者的意愿，月平均工资可以按生产培训之前的工作阶段计算。

第 242 条　由于工伤而临时调职到其他工作岗位的工资

由于工伤，经本人同意而被临时调到劳动量较轻的低工资工作岗位的受害人，他的工资在恢复劳动能力前或在确定长期或永久丧失职业劳动能力之前，应不少于工伤事故前的月平均工资。

有关调到其他工作岗位的必要性、持续时间（最多 1 年），及推荐的工作性质的鉴定书，由预防治疗部门出具。

如果在上述时间段雇主没有向受害者提供相应的工作，则应向他支付工伤之前的月平均工资。

在这种情况和本法典第 244 条规定的情况下，原工作的月平均工资按照法律规定的方式，确定为发生工伤事故那个月之前 2 个月的工资。

第 243 条　培训新职业（专业）期间的损失赔偿

如果受害人由于工伤不能从事以前的工作，则雇主经受害人同意，根据预防治疗机构或医疗社会鉴定委员会的鉴定结论，应出资对其进行新职业（专业）培训。

在新职业（专业）培训过程中，应向受害人支付原工作的月平均工资。在这期间，损失赔偿金的支付按普通原则进行。

第 244 条　额外费用的种类

对造成的损害负责的雇主，应在赔偿丧失的工资以外支付由于工伤所引起的额外费用。

额外费用包括：额外的食品、购买药品、安装弥补物（假肢假牙等）、第三人或家属照顾受害人、疗养、包括支付受害人到治疗地点的往返路费、必要时包括随行人员的路费、获得特殊交通工具和燃料费、这些工具的大修和其他费用，如果根据法律规定受害人没有从相应单位根据其他理由免费获得这些费用。

一级残疾人不需要出具医疗社会鉴定委员会的有关需要照顾的结论书（除了需要特殊医疗照顾的情况外）。

应向需要几种援助的受害人赔偿获得每种援助所需的相关费用。

本条第 2 款中规定的额外费用，根据医疗社会鉴定委员会或预防治疗机构出具的有关需要照顾的结论书进行支配。这种费用的支付根据吉尔吉斯共和国政府确定的方式进行。

第 245 条　额外费用的金额

额外费用的金额根据相应机关开具的发票、支票、处方和其他文件，或者根据受害人支付这些费用的当地形成的价格确定。

根据医疗社会鉴定委员会出具的有关需要第三人特殊医疗照顾的结论书，受害人的费用规定为五个最低工资水平的金额，而第三人的日常费用为两个最低工资的金额，并且无论由谁来支付都应每月进行赔偿。

在规定的使用期限内，获得交通工具和大修的费用应在它们的价值范围内支付。

第 246 条　由于健康损害治疗所需的规定外休假及其对休假的支付

在出具医疗社会鉴定委员会或预防治疗机构有关受害人需要疗养的结论书时，应向受害人提供年度带薪假期以外的治疗假期。

治疗假期期间的损失赔偿根据普通原则进行。

受害人以及陪同人员的路费支付金额根据出差法的规定确定。

第 247 条　对受害人的一次性津贴

在赔偿丧失的工资、额外赔偿项目以外，雇主向受害人支付一次性津贴。

一次性津贴的金额根据集体合同确定，并应参考失去的劳动能力和残疾程度，但不应低于：

在三级残疾时，为受害人 3 倍的平均年工资；

在二级残疾时，为受害人 5 倍的平均年工资；

在一级残疾时，为受害人 10 倍的平均年工资。

第 248 条　雇主赔偿受害人精神损失的义务

雇主应赔偿工伤受害人的精神损失（肉体和精神的痛苦）。

精神损失以货币或物质形式赔偿，并不取决于其他损失赔偿的应有方式，金额由法院或雇主与受害人协商决定。

第 249 条　在受害人（供养人）死亡情况下，有获得损失赔偿权的人

在受害人（供养人）死亡的情况下，下列人士有损失补偿权：

（1）无劳动能力、受死者赡养的人，或者在其死亡当日有权从死者处获得赡养费的人；

（2）在死者死后出生的死者的子女；

（3）父母之一、配偶或无工作和照顾死者的未满十四周岁和已满十四周岁但根据医疗机构证明需要第三人照顾的子女、孙子女、兄弟姐妹的其他家庭成员，无论其是否有劳动能力；

（4）死者赡养的人，和在他死后 5 年内成为无劳动能力的人。

无劳动能力是指：未满十八周岁，以及十八周岁以上在面授教学机构学习的人，但不超过二十五周岁；按规定方式被确认为残疾的人；达到退休年龄的人。

无劳动能力的死者的被赡养人，无论他们是否有亲属关系，都有权要求赔偿损失。即使存在根据法律规定应赡养他们的人，被赡养人仍然不会丧失这一权利。

在死者生前有工资或获得退休金和其他支付金的无劳动能力的人，如果死者提供的资金对其是主要的和长期的生活来源，则其被认为是被赡养人。

对未成年子女的抚养无需出具证明。

父母之一、配偶或无工作和照顾死者的子女、孙辈、兄弟姐妹的，并在照顾期间成为无劳动能力人的其他家庭成员，保留在结束照顾上述人员之后的提出损失赔偿的权利。

婚姻家庭法中注明的无劳动能力的人不是死者的被赡养人，但在其死亡当日有获得死者赡养费权利的人。

第 250 条　在受害者（供养人）死亡情况下的损失赔偿金额

死者的被赡养人和有权要求因死者死亡而获得损失赔偿的人，对他们的损失根据死者平均月工资除掉他应得的部分确定。

为了确定每个有权获得赔偿的人的赔偿金额，属于所有上述人员的供养人工资部分，应在他们之间划分。

不是死者的被赡养人，但有权利获得损失赔偿的无劳动能力的人，他获得的补偿金额按以下方式确定：如果赡养金是根据法院判决追回的，则损失补偿金额由法院确定；如果赡养金不是经法院方式追回的，那么补偿的金额根据无劳动能力的人的物质状况和死者生前给予他的帮助程度确定。

如果同时既有死者的被赡养人，也有不是死者的被赡养人，但在其死亡当日有获得死者赡养费权利的人，则应先确定不是死者被赡养人的赔偿金额，将确定赔偿给他们的金额从供养人的工资中扣除，之后根据剩余工资额，按照本条第 1 款、第 2 款规定的方式确定赔偿死者被赡养人的赔偿金额。

在确定供养人死亡损失补偿时，死者工资中应计算他生前获得的退休金、终生赡养费和其他类似的支付款。

在确定补偿损失时，由于供养人死亡而发放给他人的退休金，在供养人死亡前后规定的其他形式的退休金，以及工资、助学金和其他由这些人获得的收入，不应计入损失赔偿金中。

第 251 条　将款项重新计入供养人死亡损失赔偿中

向每个有权获得供养人死亡损失赔偿的人支付的、根据本法典第 250 条规定方式计算的死者的部分工资，今后不应重新计算，以下情况除外：

（1）婴儿在供养人死亡之后出生；

（2）规定或停止向照顾死亡供养人的子女、孙子女、兄弟姐妹的人支付的损失赔偿金；

（3）规定向死者被赡养人和在其死后 5 年内成为无劳动能力的人支付损失赔偿金。

第252条　受害者（供养人）死亡的一次性津贴

雇主应向根据本法典第249条规定有权获得供养人死亡损失赔偿的人支付一次性津贴，金额为受害人年平均工资的20倍。一次性津贴的金额不能低于该地区（在支付当日）规定的4年的最低生活保障金。

第253条　雇主赔偿员工死亡精神损失的义务

雇主应向由于工伤而死亡的员工的父母、配偶、子女赔偿精神损失。

精神损失以货币或其他物质形式赔偿，并且不依据应赔偿损失种类，它的金额由法院或由雇主和本条第1款注明的人协商确定。

第254条　向雇主申请

无论工伤时效的期限如何，都可以向对工伤造成的损害应承担责任的雇主提交赔偿损失的申请。

雇主应协助申请人提交获得赔偿损失所必需的文件，在必要的情况下可向其他单位索取。

与申请一起随附下列文件：

（1）医疗社会鉴定委员会的受害人丧失职业劳动能力的程度证明；

（2）医疗社会鉴定委员会或预防治疗机构有关受害人需要医疗、社会和职业康复的证书；

（3）死亡证明副本；

（4）死者家庭成员证明，其中注明由他赡养的人；

（5）子女的出生证明副本；

（6）有关死者家属不工作或在照顾死者的子女、孙辈、兄弟姐妹的证明；

（7）有损失补偿权的十八至二十三周岁的员工在面授教学机构学习的证明；

（8）在受害者死亡当日有权从死者处获得赡养费的无劳动能力人士的证明；

（9）其他文件。

如果没有或无法确定死者被赡养人的存在，则存在被赡养人的事实由法院确定。

第255条　在雇主重组或清算时的损失赔偿

在雇主清算或重组（合并、联合、分立、分离、改组）时，相应的款项支付责任由权利继承者承担，要求赔偿损失的申请应提交给该权利继承者。

如果被清算雇主的权利和义务没有转移给权利继承者，则他应提供资金并将应支付的赔偿金缴纳给国家社会保险机构。

清算委员会的成员中包括国家社会保险机构的代表。

只有在将以后必须支付的损失赔偿金转化成资金并汇入国家社会保险机构之后才能通过清算报表。

在这种情况下由国家社会保险机构负责支付赔偿金。如果由于被清算的雇主没有支付能力而无法将支付款项转化成资金，不足部分和应转化成资金的款项部分由国家社会保险机构从国家财政资金中补偿。

如果在雇主清算时，赔偿金没有兑现，则应向国家社会保险机构提起损失赔偿诉讼。

雇主应在两周内向因工伤而有权要求损失赔偿的人发出有关即将清算或重组的通知。

损失赔偿金的资金转化方式由吉尔吉斯共和国政府确定。

第 256 条　参加与雇主谈判的受害人代表

根据受害人或其他相关人员的请求，工会或单位的其他员工代表机构应作为受害人一方的代表参加与雇主的谈判。

第 257 条　雇主对损失赔偿申请的审议

雇主应对损失赔偿申请进行审议并在 10 天内作出相应的决定。

决定应以雇主的命令（指示、决议）的形式办理，并注明应得到赔偿人的姓名、每个家庭成员的金额和支付期限。

雇主有关损失赔偿的命令（指示、决议）或有理由的书面拒绝函，应在提交申请后的 10 天内交给相关人员。

在规定期限内延迟对申请进行审议或转交命令，将被视为拒绝损失赔偿。

第 258 条　对损失赔偿案件的庭前审理

受害人和在受害人死亡时有权要求损失赔偿的人，有权就雇主有关赔偿问题的决定向国家劳动监察部门或工会提出申诉。

雇主必须执行国家劳动监察部门、工会的劳动技术监察局作出的损失赔偿金支付的决定。

如果不同意这一决定，雇主可以按照法律规定的方式对这一决定提出上诉。雇主不同意国家劳动监察部门的决定，并不能作为不支付赔偿金的理由。

第 259 条　将损失赔偿争议提交法院，法院审理争议的程序

在相关人员不同意雇主的决定、国家劳动监察部门的决定，以及在规定期限内未收到答复的情况下，争议由法院进行审理。

工会或其他员工代表机构有权经相关人员的同意，向法院提交申请并参加审理程序。

申请人自行决定是在雇主所在地还是在自己的居住地，或者在损失发生地向法院提交要求赔偿损失的申请。

诉讼时效不适用于员工由于执行劳动义务而发生工伤造成损失的赔偿要求，或者由于受害人死亡而提出的损失赔偿要求。

第 260 条　损失赔偿金开始支付的期限

损失赔偿金支付给：

（1）受害人，自其由于工伤而完全或部分丧失职业劳动能力之日开始；

（2）由于受害人死亡而有权要求赔偿损失的人，自受害人死亡之日起，但不早于获得赔偿权利的日期。

在损失赔偿事由产生 3 年后提出损失赔偿要求的，只满足权利人提出诉求近 3 年的损失赔偿。

提出赔偿要求的日期为提交申请的日期。

第 261 条　损失赔偿支付的时间段

与失去工资有关的损失赔偿，在对由于工伤而丧失职业劳动能力的确定期限内支付，而额外的费用则是在确定需要的这段期限内支付。

由于受害人死亡而有权要求赔偿损失的人，将根据本法典第 250 条的规定向他们支付补偿。

对受害人以及由于受害人死亡而有权要求赔偿损失的人的损失赔偿，并不取决于他们的收入情况。

第 262 条　损失赔偿金支付的延长

无论受害人和其他相关人员在何时向雇主提出赔偿要求，赔偿金支付时间可以在上次支付结束后的那一天开始延长。

对过去时间的赔偿金支付，是在确认这段时间内劳动能力已丧失，并根据提交的必要文件进行支付。由于对身体造成伤害而进行额外费用的赔偿金支付也是在同样的条件下进行。

第 263 条　收款人通知发生影响赔偿金支付的状况的义务

收款人应书面通知雇主，有关发生了引起重新审议赔偿金额的变化情况。

第 264 条　支付损失赔偿金，送达和转寄赔偿金的费用

当月赔偿金的支付不应迟于该月份结束日期。

一次性津贴的支付不应迟于赔偿金确定所必需文件的提交日期之后的 1 个月。每月支付的赔偿金应在雇主规定的发放工资的期限内支付。

由对造成的损失承担责任的雇主承担送达和转寄赔偿金的费用，根据收款人的意愿，可将赔偿金汇入他们的银行账户。

第 265 条　赔偿金重新计算的期限

从下列期限开始对规定的赔偿金进行重新计算：

（1）在出现提高赔偿金额权利的情况下，自受害人提出重新计算赔偿金并提交所有必要文件的下一个月的第一日开始；

（2）在发生造成赔偿金额减少的状况时，自发生相应状况的下一个月的第一日开始。

第 266 条　对居住在养老院和残疾人福利院期间的赔偿金的支付规则

如果赔偿金指定人被安置在养老院和残疾人福利院（疗养院、地区中心），则赔偿金

（不包括属于无劳动能力的被赡养人的部分）由雇主汇入福利院（疗养院、地区中心）的账户。

上述人士的无劳动能力的被赡养人的赔偿金由雇主按以下方式支付：一个无劳动能力的被赡养人为四分之一，两个被赡养人为三分之一，三个以上为规定赔偿金数目的一半。剩余部分汇入福利院（疗养院、地区中心）的账户。

由福利院（疗养院、地区中心）的管理部门向有权获得赔偿的人支付汇入金额与福利院赡养成本之间的差额，但不能超过规定赔偿金额的25%。

第267条　赔偿金的获得人被剥夺自由期间赔偿金的支付

根据被剥夺自由的人的意愿，属于他的赔偿金可以汇入他的账户或者发放给他的家庭成员或其他公民。

第268条　赔偿金的获得人到吉尔吉斯共和国境外定居情况下的赔偿金支付

如果赔偿金的获得人到吉尔吉斯共和国境外定居，对他的赔偿金将根据吉尔吉斯共和国加入的国际条约规定的方式支付。

第269条　对未及时收到的赔偿金的支付

对规定的应收到但受害人或有权获得赔偿金的人未及时收到的赔偿金，应对过去的时间进行补发，但不超过提出申请之前的3年期限。

由于被害人或有权获得赔偿金的人的死亡而未全部获得的赔偿金额，应根据一般原则支付给他们的继承人。

由于对损失承担责任的雇主的原因而未及时收到的赔偿金额，对过去时间的赔偿金的补发没有任何期限的限制。

在规定的期限内未支付赔偿金的情况下，其中包括一次性津贴，则每延迟支付1天，雇主应缴纳未支付赔偿金部分的0.15%的罚金。

由于未及时支付赔偿金和一次性津贴，根据吉尔吉斯共和国法律的规定，雇主可能被追究行政责任。

第270条　对追回已作为赔偿金获得的金额的限制

如果由于相关人员提交的虚假文件或提供了虚假信息而通过了支付决定，以及由于计算错误或隐藏了影响赔偿金额确定的证据而作出了支付决定，则由受害人或由于受害人死亡而有权获得赔偿的人获得的赔偿金金额，可能被雇主重新追回。

雇主在遵守本法规定的保障的情况下，可追回错误发放的赔偿金。

如果停止支付赔偿金，剩余的债务可通过法院程序进行追缴。

第271条　安葬费的赔偿

对造成受害人死亡承担责任的雇主，必须向承担安葬费用的人赔偿必需的安葬费用。费用的金额可根据双方协商或由法院确定。

第 272 条　赔偿损失卷宗的保存

有关规定损失赔偿的雇主的命令（指示、决议）、法院的判决、受害人和其他相关人员的赔偿损失的申请，以及所有必需的文件，应由雇主单独为每个收款人保存。

在赔偿金支付期间，受害人的损失赔偿卷宗应保存在雇主的会计处。

赔偿金支付停止 2 年后，上述卷宗由雇主转交国家档案部门永久保存。

第七部分　劳动合同双方的物质责任

第十九章　总　则

第 273 条　劳动合同一方对给另一方造成的损失有赔偿的义务

劳动合同的一方（雇主或员工），如果给另一方造成了损失，则应根据本法典和其他法律的规定对这一损失进行赔偿。

劳动合同或以书面协议形式签署的合同附件，可以具体规定合同双方的物质责任。在这种情况下，雇主对员工的合同责任不能低于员工对雇主的责任，不能高于本法典或其他法律在这一方面的规定。

劳动合同在造成损失后终止，并不能解除双方的责任。

第 274 条　劳动合同双方物质责任产生的条件

劳动合同一方在给另一方造成了损失所应承担的物质责任，是由于这一方的过错违法行为（作为或不作为）、过错违法行为和造成的损失之间的因果关系而产生的，除非本法典和其他法律条文另有规定。

由于失去工资、员工失去财产或财产损坏以及法律规定的其他情况下的精神损失，雇主向员工赔偿损失。

由于财产的失去或损坏，以及多余资金支付的必要性，员工向雇主赔偿损失。

在法律规定的情况下，单位领导人应赔偿由于玩忽职守造成的未全部获得的收入。

第二十章　雇主对员工的物质责任

第 275 条　雇主向员工赔偿由于非法剥夺员工劳动机会而造成的物质损失的义务

雇主应向员工赔偿在所有非法剥夺员工劳动机会的情况下员工没有得到的工资。这一义务是由于在以下情况未获得工资而产生：

非法将员工撤职、调换到其他工作岗位或开除；

雇主延迟向员工发放劳动手册，在劳动手册上填写不正确或不符合法律规定的说明解雇员工的原因；

拒绝执行或未及时执行负责审理劳动纠纷的机构或国家劳动监察部门所作的恢复员工以前工作的决定；

使用任何方法散布（其中包括不客观的性质）诽谤员工的信息以妨碍员工到其他地方工作；

法律和集体合同中规定的其他情况。

第 276 条　雇主对给员工财产造成损失的物质责任

由于不正确地履行劳动合同中规定的义务而给员工的财产造成损失时，雇主应全部赔偿。损失的金额根据该地区、在补偿损失时的市场价格或在员工同意的情况下以等值的财务赔偿。

第 277 条　补偿给员工造成的精神损失

由于雇主的不当行为或不作为而给员工造成的精神损失，应以货币的形式，按劳动合同双方协商的金额给予赔偿。

如果出现纠纷，给员工造成精神损失的事实和赔偿金额由法院确定，并且无论是否应该补偿财产损失。

第 278 条　对给员工造成损失的补偿方式

要求赔偿损失的申请由员工本人或其他相关人员提交给雇主。雇主应在接到申请后的10 天内对申请进行审议并作出相应的决定。

如果员工不同意雇主的决定或在规定的答复期限结束后未答复，原告有权向负责审理劳动纠纷的机构或法院提出申诉。

第二十一章　员工的物质责任

第 279 条　员工对给雇主造成损失的物质责任

员工应按照本法典规定的金额，向雇主赔偿给他造成的直接的实际损失。不应向员工追缴未得到的收入（预期的利益）。

直接的实际损失是指雇主现有财产的实际减少，或者上述财产状况的恶化（其中包括位于雇主处的、属于第三者的财产，如果雇主承担该财产完整性保全的责任），以及雇主必须支出的费用或为了获得或恢复财产而多支付的款项。

员工对其给雇主造成的直接的实际损失，以及雇主为向他人赔偿损失而造成的损失承担物质责任。

第 280 条　取消员工物质责任的情况

由于不可抗力、正常的经营风险、极其必要或国防需要或雇主未履行为交给员工的财产提供应有的储藏条件方面的义务而造成的损失，可免除员工的物质责任。

第 281 条　雇主放弃向员工追缴损失的权利

雇主有权根据造成损失的具体情况，全部或部分放弃向过失员工追缴，除非法律另有规定。

第 282 条　员工物质责任的范围

如果本法典或其他法律未作其他规定，则员工在自己的平均月工资范围内承担向雇主赔偿所造成损失的物质责任。

第 283 条　完全物质责任的情况

在以下情况员工对所造成的损失承担全部物质责任：

根据有关完全物质责任的书面合同交给员工的财物发生短缺；

按照一次性文件获得的财物发生短缺；

故意造成的损失；

在醉酒、麻醉或酒精中毒状态下造成的损失；

由法院判决确定的员工犯罪行为造成的损失；

根据本法典和其他法律规定员工对在履行劳动义务时造成的损失承担完全物质责任；

由于国家相应机构规定的行政过失造成的损失；

泄露法律规定属于秘密（公务、商业等）的信息；

员工不是在履行劳动义务时造成的损失。

对造成损失的完全物质责任可以在与单位领导人、他的副职、总会计师签订的劳动合同中进行规定。

第 284 条　有关员工完全物质责任的书面合同

在招聘时和以后对劳动合同进行补充时，可以与年满十八周岁、直接看管货币或物质财物的员工签订有关个人和集体完全物质责任的书面合同。

雇主可与员工就有关完全赔偿损失的个人、集体物质责任签订合同，这类员工担任或完成的职务和工作的名单由雇主经与员工代表机构协商，并在吉尔吉斯共和国政府确定的示范名单的基础上通过。

如果员工的义务中不包括看管货币和物质财物的工作，则与该员工签署的有关完全个人物质责任的合同是无效的。

根据有关完全个人物质责任合同，财物交给具体的员工，该员工对财物的短缺承担个人责任，为了免除责任，签署上述合同的员工应证明自己没有过错。

根据有关承担全部赔偿损失的集体物质责任的合同，财物交给之前确定的一组人员，他们承担财物的短缺责任。为了免除财物责任，签署上述合同的人员应证明自己没有过错。

从事看管财物服务（保存、销售、运输、加工等）的单位，雇主可以建立风险基金，用于赔偿发生的短缺。

第 285 条　确定造成损失的金额

在丧失和损坏财产的情况下给雇主造成的损失，按照该地区在造成损失当日实行的市场价格计算出来的实际损失确定，但不应低于财产在会计核算文件中的价值并参考该财产的磨损程度。

第 286 条　雇主确定造成损失的金额及其原因的义务

在作出由具体员工赔偿损失的决定之前，雇主应进行调查以便确定损失的金额和造成损失的原因。为了进行这样的调查，雇主有权建立由相应专家组成的委员会。

必须要求员工作出书面解释以便确定他的过失。

员工或员工代表有权了解所有的调查文件并按本法规定的方式对其提起申诉。

第 287 条　员工自愿赔偿损失

给雇主造成损失的有过错的员工，可以自愿全部或部分赔偿该损失。

自愿赔偿损失应在本法典规定的范围内进行。

根据员工和雇主的协商，可以分期支付的方式赔偿损失。在这种情况下，员工向雇主提交赔偿损失的书面保证并注明具体的支付期限。

经雇主同意，员工可以将同等的财产交给雇主以便赔偿损失或者修复故障。

如果员工出具了自愿赔偿损失的书面保证，但由于劳动关系终止而没有按期赔偿，则未偿还的债务通过司法程序追缴。

第 288 条　对给雇主造成的损失进行追缴的方式

可以根据雇主的指示向过错员工追缴不超过月平均工资的、由过错员工造成损失的金额。雇主可以在他最终确定员工造成损失金额的当天之后的 1 个月内发出这样的指示。

如果应向员工追缴的损失金额超过月平均工资或自发现损失之日起已经超过 1 个月的期限，则追缴应通过司法程序解决。

如果不同意追缴的损失金额，员工有权向法院上诉。

第 289 条　法院降低应向员工追缴的损失金额

法院可以根据过错的程度和形式，员工的具体情况和物质状况，减少应向员工追缴的赔偿金额。

如果由于贪婪而以犯罪的形式造成的损失，则不能降低应向员工追缴的损失赔偿金额。

第 290 条　赔偿与员工培训有关的费用

如果在有关由雇主出资对员工进行培训的劳动合同或协议规定的期限结束之前无正当理由辞职，则员工应赔偿雇主承担的派遣他培训的费用。

第 291 条　由单位领导给单位造成损失的赔偿

由于单位领导的过错而给单位造成的损失，应根据本法典和其他法律的规定进行赔偿。向国家（市政）机关的领导追缴损失的决定，可以由上一级机构作出。

可根据所有人或由其授权的机构的申请，对于国家（市政）机关的领导，则由检察院按司法程序向其追缴物质损失。

第八部分　个别员工劳动协调的特殊性

第二十二章　总　则

第 292 条　劳动协调的特殊性

劳动协调的特殊性，是指就同一问题部分限制使用普通规则或规定例外规则的标准。

第 293 条　规定劳动协调特殊性的情况

妇女、有家庭责任的人、未满十八周岁的员工、单位领导、兼职人员，以及其他情况下的劳动协调特殊性由本法典和其他法律进行规定。

第二十三章　未满十八周岁员工的劳动协调特殊性

第 294 条　禁止雇佣未满十八周岁员工劳动的工作

禁止在有害和（或）危险劳动条件的工作、地下工作，以及可能给身体和精神发展造成危害的工作（赌博、夜总会工作、酒类、烟草、麻醉和毒性药品的生产、运输、销售）中雇佣未满十八周岁的人劳动。

禁止让未满十八周岁的员工搬运超过规定极限标准的重物。

禁止雇佣未满十八周岁员工劳动的工作名单，以及重物极限的标准，根据吉尔吉斯共和国政府规定的方式确定。

第 295 条　招收未满十八周岁的人工作时的附加保障

雇主应接受国家相关部门根据劳动就业方式和规定的配额派遣的、特别需要社会保护的（孤儿院的毕业生、孤儿以及没有父母和其他监护人的未成年人）未满十八周岁的人工作。

禁止拒绝接受本条第 1 款注明的、按规定配额分配的人工作，如果拒绝则可能在相关国家部门或法院被提起上诉。

对拒绝接受本条第 1 款注明的人工作，雇主应按吉尔吉斯共和国法律规定的方式承担责任。

第 296 条　对未满十八周岁的人的医疗检查

只有在进行必需的提前医疗检查之后才可接受未满十八周岁的人工作，并且在满十八周岁以前每年应进行必需的医疗检查。

本条规定的医疗检查由雇主承担费用。

对未成年员工每年必须进行的医疗检查，应在工作时间进行并保留平均工资。

第 297 条　禁止派遣未满十八周岁的员工出差，加班，在夜间、公休日和节假日工作

禁止派遣未满十八周岁的员工出差，加班，在夜间、公休日和节假日工作（但不包括

根据吉尔吉斯共和国政府规定的职业清单中的大众媒体、电影、剧院、戏剧和音乐组织、马戏团和其他参加创作和（或）完成作品的人，在父母（监护人）出具书面同意书和国家在教育领域授权部门许可参与创作和（或）完成作品的人在对健康、学习和道德发展没有损害的情况下进行工作，职业运动员同上）。

第 298 条　未满十八周岁员工的工作定额

未满十八周岁员工的工作定额，根据对实行缩短工时的员工规定的普通工作定额来确定。

对于完成普通教育和初级职业教育后参加工作的，以及在生产中通过职业培训的未满十八周岁的员工，在法律和其他法规规定的情况和方式下，可以实行降低的工作定额。

第 299 条　在缩短日工时情况下的未满十八周岁员工的工资

临时支付劳动报酬时，未满十八周岁员工的工资将参考缩短的工时。雇主可以自己的资金补助给他们补助以达到完全日工时的相应级别员工的工资水平。

允许做计件工作的未满十八周岁员工的劳动，应按计件定价支付报酬。雇主可以自己的资金补助给他们以达到缩短的日工时的薪额。

在普通教育机构，初级、中级和高级职业教育机构学习的，并在课余时间工作的未满十八周岁的员工工资，根据做完的工时和完成的工作进行支付。雇主可以为这些员工规定补助，并自行支付。

第 300 条　为初级、中级和高级职业教育机构毕业的人提供工作

在雇主与从初级、中级和高级职业教育机构毕业的人签订的劳动合同的基础上，或者根据初级、中级和高级职业教育机构与雇主签订的专业人员培训合同，按他们的专业和技能向他们提供工作。

初级、中级和高级职业教育机构所在的地方自治机构，和国家就业部门应根据初级、中级和高级职业教育机构毕业生的职业培训和技能，协助他们就业。

如果拒绝接收初级、中级和高级职业教育机构的毕业生根据本条第 1 款注明的合同就业，雇主可能在相应的国家劳动监察局或法院被提出上诉。

如果拒绝接收初级、中级和高级职业教育机构的毕业生根据本条第 1 款注明的合同就业，雇主将根据吉尔吉斯共和国法律规定的方式承担责任。

第 301 条　在解除劳动合同时对未满十八周岁员工的附加保障

根据雇主的倡议与未满十八周岁的员工解除劳动合同（不包括单位清算的情况），除了遵守普通解除程序外，只有经国家相关劳动监察部门以及未成年人事务和权利保护委员会的同意方可进行。

第 302 条　未满十八周岁员工对造成损失的责任

未满十八周岁的员工对故意造成的损失，以及在醉酒、麻醉和酒精中毒状态下，以及

由于相应国家机构的命令规定的行政过失或者法院裁决判定的犯罪行为造成的损失承担完全责任。

第二十四章　妇女和有家庭责任的其他人劳动协调的特殊性

第 303 条　禁止雇佣妇女劳动的工作

禁止在繁重工作，带有有害和（或）危险劳动条件的工作中，以及地下工作，不包括非体力或卫生和日常服务工作，以及与人工抬举超过规定极限标准的重物有关的工作中雇佣妇女劳动。

禁止雇佣妇女劳动的，带有有害和（或）危险劳动条件的生产、工作、职业和职务名单，以及抬举重物对于妇女的极限负重标准，根据吉尔吉斯共和国政府规定的方式确定。

第 304 条　在派遣出差，加班，在夜间，公休日和节假日工作时对妇女的保障

只有在医疗证明不禁止的情况下，方可派遣孕妇出差，加班，在夜间、公休日和节假日工作。

只有在经本人书面同意，并且医生不反对的情况下，方可派遣有三周岁以下子女的妇女出差，加班，在夜间、公休日和节假日工作。在这种情况下，有三周岁以下子女的妇女应以书面形式明确自己对出差，加班，在夜间、公休日和节假日工作有拒绝的权利。

本条第 2 款规定的保障，也可提供给有残疾儿童或需照顾从幼年直到十八周岁的残疾子女的员工，以及根据医疗鉴定照顾家庭成员中的病人的员工。

第 305 条　在招收孕妇和有幼年子女的妇女工作时的额外保障

禁止由于妊娠或有幼年子女而拒绝接受妇女工作。

如果雇主由于本条第 1 款的理由拒绝接受，他可能在国家劳动部门或法院被提起诉讼。

第 306 条　将孕妇调换到其他工作岗位

根据医疗证明和本人的申请，可以降低孕妇的工作定额、服务定额，或者将其调换到其他排除不良生产因素影响，并保留原工作职务薪额的其他工作岗位。

在解决给孕妇提供其他排除不良生产因素影响的工作问题以前，孕妇应该免除工作并由雇主出资保留由此而失去的所有工作日的职务工资（薪额）。

在医疗机构进行必需的疾病治疗检查时，应为孕妇保留工作岗位的职务薪额。

第 307 条　妊娠和生产假期

根据妇女本人的申请，并根据医疗证明，向其提供生产前 70 天和生产后 56 天的妊娠和生产假期（在复杂的生产或两个以上婴儿的情况下为 70 天），并支付这一期间的妊娠和生产补助，金额由吉尔吉斯共和国法律规定。

妊娠和生产假期合并计算并全部提供给妇女，并不取决于在生产前实际使用的天数。

无论工龄如何，向在高山条件下工作的妇女提供带有全部工资金额的妊娠和生产补助的假期期限为：

在正常生产的情况下，为 140 天（70 天产前和 70 天产后）；

在复杂生产的情况下，为 156 天（70 天产前和 86 天产后）；

在生产 2 个及以上婴儿时，无论产前假期实际期限，为 180 天（70 天产前和 110 天产后）。

第 308 条　领养儿童的员工的假期

领养三个月以下婴儿的员工，可享受自领养之日起到领养婴儿出生之后 70 天以内的假期，而一次领养两个及以上的婴儿，则享受他们出生之后的 110 天以内的假期。

如果夫妻共同领养婴儿，则本条第 1 款规定的假期，根据他们的决定提供给其中的一人。

领养婴儿的妇女，根据自己的意愿，可不使用本条第 1 款规定的假期，而接受自领养之日起到领养婴儿出生之后 70 天以内的假期，而一次领养两个及以上的婴儿，则到他们出生之后的 110 天以内的假期。提供上述保证保守领养秘密的假期的方式，由吉尔吉斯共和国政府确定。

第 309 条　婴儿哺乳间歇

子女在一周岁半以下的工作妇女，除了休息和进食间歇外，还有额外的哺乳间歇，每 3 个小时不少于一次，每次时间不少于 30 分钟。

如果工作妇女有两个或以上的一周岁半以下的子女，则间歇的时间不少于 1 小时。

根据妇女的申请，哺乳间歇可以与休息和进食间歇相连或者以总和的方式移至上班（换班）开始或结束的时间并进行相应的缩减。

哺乳间歇应包括在工作时间内并按平均工资支付。

雇主参考妇女的意愿规定给予间歇的期限和方式。

第 310 条　在解除劳动合同时对孕妇和有子女的妇女的保障

不允许与孕妇解除劳动合同，除非单位清算和劳动合同期限结束。

不允许根据雇主的意愿与有三周岁以下子女的妇女、有十四周岁以下子女（十八周岁以下残疾子女）的单亲母亲，以及在没有母亲的情况下独自抚养上述子女的其他人解除劳动合同（但不包括本法典第 83 条第 1 款、第 3 款第 a 副款、第 5~8 款、第 10 款、第 11 款中规定的解雇的情况）。

第 311 条　给照顾残疾儿童和自幼残疾人的人士规定外的休息日和假期

父母中的一人（监护人）为了照顾残疾儿童和自幼年直到满十八周岁以前残疾的人，根据他们的书面申请，每月可享受 1 天的带平均日工资的自由时间。

根据残疾儿童或自幼年直到满十八周岁以前残疾的人的父母一方（监护人）的申请，雇主应向其提供 14 天以内的规定外的年度假期（不保留工资）。

第 312 条　对没有母亲而独自抚养子女的人的保障和优惠

本法典提供给做母亲的妇女的保障和优惠（限制夜间劳动和加班、公休日和节假日工作、出差，提供规定外假期，规定优惠的劳动制度和其他法律法规规定的保障和优惠），适用于因没有母亲而独自抚养子女的父亲以及未成年人的监护人。

第二十五章　对工作的残疾人劳动协调的特殊性

第 313 条　残疾人享有劳动权利

根据个人康复计划，向残疾人提供按普通劳动条件为雇主工作的权利，在雇佣残疾人劳动的特殊单位、车间和区段，残疾人可从事吉尔吉斯共和国法律允许的个人或其他劳动活动。

第 314 条　对残疾人工作岗位的配额

国家就业部门与残疾人社会组织共同制定，而地方自治机构、地方国家行政部门确认对残疾人工作岗位配额的标准不应少于员工总数的 5%（如果员工不少于 20 人）。根据这一标准而应向残疾人提供不完全工时条件下的工作。

对残疾人的工作岗位配额标准应由国家就业部门在年度开始前 3 个月内传达给雇主。

雇主应根据规定的配额为安置残疾人而创造工作岗位。

第 315 条　残疾人的就业

由国家就业部门保证残疾人的就业。该部门有关接受残疾人到特别设立的工作岗位或配额工作岗位的派遣，雇主必须执行。

如果无理由地拒绝根据国家就业部门的派遣接受残疾人工作，则雇主应根据吉尔吉斯共和国法律的规定承担责任。

第 316 条　在接受残疾人工作时的额外保障

雇主应按照就业方法接受由国家就业部门派遣的残疾人到作为配额的工作岗位工作。

在接收工作时不应给残疾人规定试用条款。

相关健康或医学社会鉴定委员会国家授权部门有关残疾人劳动符合不完全工时制度、降低工作强度的其他条件的决定，雇主必须执行。

第 317 条　残疾人劳动和休息的保障和条件

雇主应根据医学社会鉴定委员会出具的个人康复计划为工作的残疾人创造劳动条件，其中包括组织对他们在生产和家庭工作的职业培训。

协议规定的劳动条件，包括工资、工时和休息制度、年度假期长短，在集体合同、协议、劳动合同中、在与其他员工相比时，不能降低残疾人的地位或限制他们的权利。

对于一级、二级残疾人规定缩短工时，每周不超过 36 小时。一级、二级残疾人每日工作时间不能超过 7 小时。不允许使用工时总计核算。

只有经本人同意，并且医疗证明不禁止的情况下，才可安排残疾人加班、在公休日和夜间工作。

只有经本人同意才可指派残疾人出差。

雇主有权根据残疾人的身体状况减少他们的工作定额。

第 318 条　在调换工作岗位和解除劳动合同时对残疾人的额外保障

不允许不经本人同意而根据残疾程度将残疾人调换到其他工作岗位，但根据医学社会鉴定委员会的鉴定，残疾人的身体状况影响职业义务的完成或威胁健康和劳动安全的情况除外。

在缩减员工人数或编制时，在同等劳动生产力和技能的情况下，保障残疾人优先留用权。在指定使用残疾人劳动的特殊单位工作的残疾人，无论劳动生产力和技能如何，都享有优先留用权。

不允许根据雇主的倡议与残疾人解除劳动合同（但不包括本法典第 83 条第 1 款、第 3 款第 a 副款、第 5~8 款、第 10 款、第 11 款中由于单位清算而解雇的情况）。

第 319 条　雇主对在本单位致残的员工就业方面的权利和义务，残疾人的社会保障

对于在本单位由于工伤或职业病致残的员工，雇主应划分或创造新的工作岗位以便安排他们的就业。

如果未完成本条第 1 款规定的要求，雇主在终止与这些员工的劳动合同时，应根据吉尔吉斯共和国法律的规定承担责任。

退休前曾在雇主单位工作的残疾人，保留与其他的员工同等使用现有医疗服务、住房保证、在保健和预防机构疗养，以及集体合同、协议中规定的其他社会服务和优惠的权利。

雇主有责任承担规定给需要第三人帮助和照顾的孤寡老人附加残疾人的退休金的津贴和补助，以及提供集体合同和协议规定的其他优惠。

第 320 条　安排残疾人就业的雇主的优先权和优惠

安排残疾人就业的雇主，享有吉尔吉斯共和国法律规定的优惠。

第二十六章　单位领导人和单位集体执行机构成员的劳动协调特殊性

第 321 条　本章总则

单位领导人，是指根据法律或单位的创立合同主持该单位工作的自然人，其中包括完成单位的一人执行机构职能。

本章条款适用于任何法律组织形式的单位的领导人，但不包括：

如果单位领导人是唯一的股东（创立人）、单位的成员、单位财产的所有人；

单位的管理是根据合同由另一单位（管理单位）或个人企业家（管理者）负责。

第 322 条　单位领导人劳动协调的法律依据

单位领导人在劳动关系领域的权利和义务由本法典、法律和其他法规、单位的创立合同、劳动合同确定。

第 323 条　与单位领导人签署劳动合同

与单位领导人签署的劳动合同的期限由单位创立合同或双方协商确定。

法律、其他法规、单位的创立文件可以规定与单位领导人签署劳动合同之前的程序（进行竞争、推举或任命职务等）。

第 324 条　单位领导人的兼职工作

只有经法人或授权机构或单位财产所有人，或所有人的授权人（机构）同意，单位领导人方可在其他单位有偿任职。

单位领导人不能作为该单位监督和检查职能部门的成员。

第 325 条　单位领导人的物质责任

单位领导人对单位遭受的实际损失承担完全的物质责任。

在法律规定的情况下，单位领导人应补偿由于他本人的错误行为给单位造成的损失。在这种情况下，应根据民法规定的标准计算损失。

第 326 条　与单位领导人解除劳动合同的其他理由

除了本法典和其他法律规定的原因外，与单位领导人签订的劳动合同根据下列原因也同样可能被解除：

（1）由于根据破产法的规定免除债务人单位的领导人职务；

（2）由于法人的授权机构或单位财产所有人，或者所有人的授权人（机构）作出了提前解除劳动合同的决定；

（3）劳动合同中规定的其他理由。

第 327 条　根据法人的授权机构或单位财产所有人，或者所有人的授权人（机构）作出的决定解除与单位领导人的劳动合同

如果根据法人的授权机构或单位财产所有人，或者所有人的授权人（机构）作出的决定在有效期结束前解除与单位领导人的劳动合同，如果领导人没有过错行为（无作为），则应向领导人支付劳动合同中规定的提前解约补偿金金额。

第 328 条　根据单位领导人的倡议提前解除劳动合同

在以书面形式提前至少 1 个月通知雇主（单位财产所有人或他的授权机构）的情况下，单位领导人有权提前解除劳动合同。

第 329 条　单位集体执行机构成员劳动协调的特殊性

本章对单位领导人规定的劳动协调特殊性，通过法律和单位的创立文件可以适用于签订劳动合同的单位集体执行机构的成员。

法律可规定对这些单位的领导人和集体执行机构成员在劳动协调方面的其他特殊性。

第二十七章　兼职工作人员劳动协调的特殊性

第 330 条　兼职工作的总则

兼职，是指员工在主要工作以外的时间，根据劳动合同规定的条件完成另一个定期支付劳动报酬的工作。

如果法律未作其他规定，则可与数量不限的雇主签订兼职工作的劳动合同。

员工可以在主要工作地点和其他单位完成兼职工作。

劳动合同中必须注明工作是兼职性质的。

如果主要工作与以下条件有关，以及在法律规定的其他情况下，不允许未满十八周岁的人从事兼职工作、繁重工作、带有有害或危险劳动条件的工作。

第 331 条　应聘到其他单位做兼职工作时应出具的文件

到其他单位应聘兼职工作时，员工必须向雇主出具护照或其他身份证明文件。在应聘要求专业知识的工作时，雇主有权要求员工出示毕业证或其他学历文件，或者职业培训文件，或者这些文件复印件的公证件，在应聘繁重工作、带有有害或危险条件的工作时，需出具主要工作地点的劳动性质和条件证明。

第 332 条　兼职工作条件下的工作时间

兼职员工的工作时间，由雇主确定，但不能超过每天 4 个小时和每周 20 个小时。

第 333 条　兼职工作人员的劳动报酬

兼职工作人员的劳动报酬按完成的工时比例，根据完成的工作或劳动合同确定的其他条件进行支付。

在对临时劳动报酬的兼职工作人员确定定额任务时，工资应按照实际完成的工作量支付。

在规定了地区系数和工资津贴的地区做兼职的人，工资应参考在该地区的这些系数和职务、工龄工资的津贴。

第 334 条　兼职工作的假期

兼职人员的年度带薪假期与在主要工作中的假期一同提供，如果兼职工作做满 11 个月，则员工可以预支的形式获得假期。

如果员工在兼职工作中的年度带薪假期的时间少于在主要工作地点的假期，根据员工的请求雇主可向他提供相应时间的不带薪假期。

第 335 条　对兼职工作人员的保障和补偿

对半工半读人员，以及在高山地区和同等地区工作的员工规定的保障和补偿，只有在主要工作地点可以获得。

本法典、法律和其他法规、集体合同、协议、单位的局部条例中规定的其他保障和补偿，应完全提供给兼职工作人员。

第 336 条　与兼职工作人员终止劳动合同的其他理由

除了本法典、其他法律规定的理由外，招聘了将此工作作为主要工作的其他员工后可以终止与兼职人员的劳动合同。

第二十八章　签订两个月以内期限劳动合同的员工劳动协调的特点

第 337 条　2 个月以内期限劳动合同的签订

对于招聘在 2 个月以内工作的员工，不规定试用期。

第 338 条　在公休日和节假日工作

签订 2 个月以内期限劳动合同的员工，在这一期限内，经本人书面同意，可以在公休日和节假日工作。

公休日和节假日的工作应以货币的形式给予补助，但不应少于双倍金额。

第 339 条　带薪假期

对签订两个月以内期限劳动合同的员工，带薪假期根据每个工作月的标准提供。

第 340 条　劳动合同的解除

签订 2 个月以内期限劳动合同的员工，应提前 3 天书面通知雇主有关提前解除劳动合同的决定。

雇主应至少提前 3 天书面通知签订 2 个月以内期限劳动合同的员工有关由于单位清算、裁减员工人数或编制而面临的解雇决定，并应由员工签收。

如果本法典、其他法律、集体合同或劳动合同没有其他规定，则在解雇时不向签订 2 个月以内期限劳动合同的员工支付解雇金。

第二十九章　从事季节性工作的员工劳动协调的特点

第 341 条　季节性工作

季节性工作是指由于气候和其他自然条件的原因，在不超过 6 个月的一定期限（季节）内完成的工作。

季节性工作的清单由吉尔吉斯共和国政府确定。

第 342 条　与从事季节性工作的员工签订劳动合同的条件

应该在劳动合同中注明有关工作的季节性的条件。

在雇佣季节性工作的员工时，试用期不应超过 2 周。

第 343 条　从事季节性工作的员工的带薪假期

从事季节性工作的员工的带薪假期是根据每个工作月 2 个日历日的标准提供的。

第 344 条　解除与从事季节性工作员工的劳动合同

从事季节性工作的员工，应提前 3 天书面通知雇主提前解除劳动合同的决定。

雇主应至少提前 7 天书面通知从事季节性工作的员工有关由于单位清算、裁减员工人数或编制而面临的解雇，并应由员工签收。

由于单位清算、裁减员工人数或编制而终止与从事季节性工作的员工的劳动合同时，应支付金额为 2 周平均工资的解雇金。

第三十章　值班方式工作的员工劳动协调的特点

第 345 条　值班方式工作的总则

值班方式是在不能保证员工每天返回常住地的情况下，在员工常住地之外完成工作的特殊方式。

值班方式适用于工作地点远离雇主所在地，无法以普通方式完成的工作，以及为了缩短位于无人居住的偏远地区或特殊自然条件地区的生产、社会和其他用途项目的建筑、维修、改造和使用期限。

参加值班方式工作的员工，在工作项目的期限内居住在由雇主特别建立的，用于保证上述员工工作期间和换班休息期间的生活的、带有整套建筑和设施的值班区内。

组织值班方式劳动的条件由本法和吉尔吉斯共和国政府的法规确定。

第 346 条　对值班方式工作的限制

以值班方式完成的工作，不能使用未满十八周岁的员工、孕妇，以及医疗禁止从事值班工作的人。

第 347 条　值班时间

值班是指包括在项目上完成工作的时间和在值班区换班休息的时间的总时间段。值班时间不应超过 1 个月。

在特殊情况下的偏远项目上，雇主经与单位内的员工代表机构协商，值班时间可以增加至 3 个月，而在位于海拔 2000 米以上项目完成的工作，则还应与国家卫生保健部门和国家劳动监督部门协商。

第 348 条　值班方法工作的工时计算

值班方式的工作中，工时总和核算以月、季或其他较长期限为单位，但不超过 1 年。

核算期包括所有的工作时间，从单位所在地或集合地点到达工作地点及返回的路途时间，以及在这段时间内的休息时间。在此情况下，核算期的总的工作时间不应超过本法典规定的标准工时。

雇主应对每个员工按月和在整个核算期内的工作时间和休息时间进行核算。

第 349 条　值班方式工作中的劳动和休息制度

核算期范围内的工作和休息时间，由值班工作计划表详细制定，该计划表由雇主经与单位的员工代表机构协商确定并在实施前至少 2 个月内通知员工。

计划表中应规定将员工送至值班地点和返回所必需的时间，到达工作地点和返回路途所用的天数不计入工作时间，但可以计入值班间歇的休息时间天数内。

值班工作计划表范围内的超额工时，可以在日历年内累积并总计成整天，之后可提供额外的休息日。

如果劳动合同或集体合同未作其他规定，则在核算期（值班工作计划表）内的标准工时以外的工作而获得的休息日，按薪额的金额支付。

第 350 条　对值班方式工作的员工的保障和补偿

对以值班方式完成工作的员工，在值班期间在工作地点停留的每一天，以及从雇主所在地（集合地点）到工作地点往返路途所需的实际天数，将以吉尔吉斯共和国政府确定的金额支付值班方式工作的昼夜补贴。

为了完成值班工作，对从吉尔吉斯共和国其他地区前往高山区和同等地区的员工，提供以下保障和补助：

（1）规定地区系数并按照长期工作在高山区和同等地区的员工规定的方式和金额支付工资的利息津贴；

（2）规定额外年度带薪假期：

a. 在海拔 2000-3000 米的地区工作，为 12 天；在海拔 3001-4000 米的地区，为 24 天；在海拔 4001 米以上的地区，为 36 天；

b. 在与高山区同等地区工作，为 12 天；

给予获得优惠和补偿权利的工龄中，包括在高山区和同等地区工作的天数和换班计划表中规定的路上花费的实际天数。

对于前往适用工资地区系数的地区值班工作的员工，这些系数应根据法律和其他法规的规定加算。

对值班工作计划表中规定的从雇主所在地（集合地点）到工作地点往返路途的天数，以及由于气候条件和运输单位的原因在路上延误的天数，应向员工支付日薪额。

第三十一章　为自然人雇主工作的员工的劳动协调特点

第 351 条　自然人雇主和员工签订的劳动合同的特点

在与自然人雇主签订劳动合同时，员工应完成这一合同规定的、吉尔吉斯共和国法律不禁止的任何工作。

在书面劳动合同中，应以必需的方式列明对员工和雇主都重要的条款。

自然人雇主必须：

与员工签订书面劳动合同，并在劳动和就业领域相关的国家机构进行登记；

按照吉尔吉斯共和国法律规定的方式和金额支付保险费和其他必需款项；

为第一次参加工作的人办理国家退休保险的社会保护证明。

第 352 条　劳动合同的期限

经双方协商，员工与自然人雇主之间可签署不确定期限和固定期限的劳动合同。

第 353 条　劳动和休息制度

工作制度、提供假日和年度带薪假期的方式由员工和自然人雇主之间协商确定。这时，工作周的时间不能多于、年度带薪假期的时间不能少于本法典的规定。

第 354 条　劳动合同重要条款的修改

自然人雇主应以书面形式提前 7 天通知员工有关对劳动合同中规定的重要条款的修改。

第 355 条　劳动合同的终止

除了本法典规定的理由外，为自然人雇主工作的员工的劳动合同，可以根据劳动合同中规定的理由被终止。

有关解雇的通知期限，以及终止劳动合同时支付假日津贴和其他补偿金的情况及金额应在劳动合同中规定。

第 356 条　个人劳动纠纷的解决

员工和自然人雇主不能独立协调解决的个人劳动纠纷，通过司法程序审理。

第 357 条　为自然人雇主工作的证明文件

为自然人雇主工作的证明文件是书面劳动合同或劳动手册中的记录。

作为个体经营者注册并有自己公章的自然人雇主，有权填写员工的劳动手册，以及为首次参加工作的员工办理劳动手册。

第三十二章　手工业工人劳动协调的特点

第 358 条　手工业工人

手工业工人是指签订用材料和使用雇主提供的或本人购买的工具、机械在家里完成工作的劳动合同的人。

如果手工业工人使用自己的工具和机械，他应获得工具的磨损（折旧）补偿金。这种补偿金和其他在家里完成工作的费用补偿，根据劳动合同规定的方式支付。

向手工业工人提供原料、材料和半成品，成品结算，属于工人本人的材料价值的补偿，成品运出的方式和期限，在劳动合同中确定。

对签订在家里完成劳动合同的人，适用劳动法律和本法典中规定的特殊性。

第 359 条　允许在家劳动的条件

手工业工人得到的工作不能对他们的身体状况不利，并应在符合劳动保护要求的条件下完成。

第 360 条　解除与手工业工人的劳动合同

应依据本法典和劳动合同规定的理由解除与手工业工人签订的劳动合同。

第三十三章　在高山区和偏远、难以到达地区工作的人劳动协调的特点

第 361 条　为在高山区和偏远、难以到达地区工作的人提供保障和补偿

由本法典、其他法律和法规为在高山区和偏远、难以到达地区工作的人规定国家提供的保障和补偿 。

对上述人士的额外补偿和保障可以在集体合同和协议中，根据雇主的财务能力进行规定。

第 362 条　获得保障和补偿所必需的工龄

获得保障和补偿所必需的工龄的确定和计算方式，由吉尔吉斯共和国政府根据法律作出规定。

第 363 条　劳动报酬

在高山区和偏远、难以到达地区工作的劳动报酬采用地区系数和工资利息津贴的方式进行支付。

第 364 条　工资的地区系数

工资的地区系数额以及支付方式由吉尔吉斯共和国政府规定。

第 365 条　职务工资利息津贴

向在高山区和偏远、难以到达地区工作的人支付在本地区工作年限的工资利息津贴。工资利息津贴的金额和支付方式由吉尔吉斯共和国政府规定。

第 366 条　国家对由于单位清算、裁减员工人数或编制而被解雇的员工的保障

对由于单位清算、裁减员工人数或编制而被高山区和同等地区单位解雇的员工，在就业期间但不超过 4 个月，保留平均工资和假日津贴。

假日津贴和保留的平均工资由原工作地点的雇主承担。

第 367 条　缩短的工作周

对于在高山区和同等地区工作的妇女，如果法律没有规定更短的工作周，则集体合同或劳动合同可以规定 36 小时的工作周，此时工资按照完全工作周的标准支付。

在集体合同或劳动合同中确定缩短工作周的规定方式。

第 368 条　补充年度带薪假期

除了法律规定的基本年度带薪假期和在一般基础下提供的补充带薪假期，在高山区和偏远、难以到达地区工作的人还可在以下情况享有规定外的年度带薪假期：

在海拔 2000-3000 米地区工作，为 12 天；在海拔 3001-4000 米的地区，为 24 天；在海拔 4001 米以上的地区，为 36 天；

在与高山区和偏远、难以到达的同等地区工作，为 12 天。

兼职工作的年度假期总时间根据普通原则规定。

在几个法规调整给予年度补充带薪假期时，适用对员工相对较为有利条件的法规。

第 369 条　年度带薪假期的提供和合并方式

本法典第 368 条中规定的年度带薪假期，在员工工作满 11 个月后提供。

年度带薪假期的总时间是年度基本带薪假期和所有规定外年度带薪假期的总和。

允许在高山地区和同等地区工作的人完全或部分合并不超过 2 年的年度带薪假期。在此情况下，提供的假期总时间不应超过 6 个月，其中包括往返度假地所需的不带薪假期的时间。

超过 6 个月的未使用的年度带薪假期部分，可以合并到下一年度的例行年度带薪假期中。

根据工作的父母（监护人）一方的申请，雇主应提供年度带薪假期或其中的一部分（不少于 14 天）以便陪伴十八周岁以下进入另一地区的中级或高级职业教育机构的子女。在拥有两个及以上的子女时，用于上述目的的假期可为每个子女提供一次。

第 370 条　医疗服务保障

在高山区和同等地区工作的人，集体合同中可以规定：在具备相应的医疗鉴定的情况下，如果在居住地无法提供相应的咨询，则可以支付在吉尔吉斯共和国境内前往其他地区进行医疗咨询或治疗的路费。

第 371 条　与来到高山区和同等地区的人签订劳动合同

来到高山区和同等地区的人，只有在其具备有关在该地区工作和居住无不适应症的医疗证明时，才可与其签订劳动合同。

第 372 条　与迁居相关的费用补偿

对于已签订在高山区和同等地区工作的劳动合同，并根据该合同从吉尔吉斯共和国境内的其他地区来到此地区的人，保障提供下列补偿：

金额为 2 倍职务薪额的一次性补助和对每个同行家庭成员、金额为员工职务薪额一半的一次性补助；

根据实际费用支付员工及其家属在吉尔吉斯共和国境内的路费和根据实际费用、不超过 3 吨的家庭行李运费，但不超过铁路运价；

长达7天的在新地区准备和安置的带薪假期。

获得家庭成员路费和行李费的权利，自员工在该单位的上述地区签订劳动合同之日起的1年之内都有效。

根据任何理由（包括员工死亡）解除劳动合同而需要迁往其他地方的新居住地时，除了由于过错行为的解雇情况，应根据实际费用向员工及其家属支付路费和不超过3吨的行李实际运费，但不应超过铁路运价。

本条规定的保障和补偿，只有在作为主要工作的地方才可提供。

第373条　其他保障和补偿

对在高山区和同等地区工作的员工在社会保险、退休保证、住房法律关系等方面的保障和补偿，由吉尔吉斯共和国法律确定。

第三十四章　运输业员工的劳动协调特点

第374条　直接与交通工具运行相关的岗位工作的条件

招收到直接与交通工具运行相关的岗位工作的员工，应按照国家相关运输项目领域的机构规定的方式通过职业挑选，并具备完成劳动义务所必需的培训和健康状况。

只有按照国家卫生部门和相应运输项目部门规定的方式经过必需的预先医疗检查，才能接受员工到直接与交通工具运行相关的岗位工作。

第375条　直接与交通工具运行相关的员工的工作时间和休息时间

直接与交通工具运行相关的员工，不能在规定的、直接与交通工具运行相关的职业或职务工作时间以外工作，以及在带有有害和（或）危险劳动条件下工作。

直接与交通工具运行相关的职业（职务）和工作名单，根据吉尔吉斯共和国政府规定的方式通过。

与交通工具运行直接相关的员工的工作时间和休息时间的制度、劳动条件特殊性，由国家相关运输项目领域的部门确定。这些特殊性不能降低本法典规定的员工地位。

第376条　与交通工具运行直接相关的员工的劳动纪律

与交通工具运行直接相关的员工的劳动纪律，由本法典和经吉尔吉斯共和国政府通过的纪律条例（章程）规定。

第三十五章　教育工作者劳动协调的特点

第377条　从事教育活动的权利

允许拥有教育程度资格的人从事教育活动，该资格是经吉尔吉斯共和国政府批准的、根据有关相应类型和种类的教育组织的标准条例规定的方式确定的。

不允许经法院判决或根据医疗证明禁止从事教育活动的人在教育机构从事教育活动。

第 378 条　与高等教学机构的员工签署的劳动合同

只有签订期限在 5 年以内的劳动合同方可就任高等教学机构的科学教育员工的所有职务。

在高等教学机构就任科学教育员工职务时，除了系主任和教研室主任外，在签订劳动合同之前应进行竞选，就任上述职务的程序条例由吉尔吉斯共和国政府规定。

高等教学机构的系主任、教研室主任职务是经选举产生的。上述职务的选举程序由高等教学机构的章程确定。

在国家和市政高等教学机构中，无论劳动合同签订的时间如何，校长、副校长、系主任、分院（学院）领导人的职务由年龄在六十五周岁以下的人担任。担任上述职务并达到上述年龄的人，经本人同意可调换到其他符合其专业的岗位工作，选举和撤销国家高等教学机构的领导人的方式由吉尔吉斯共和国政府确定。

副校长根据定期劳动合同任职，副校长与高等教学机构签订的定期劳动合同的结束期限与校长的任期结束期限应该相吻合。

根据高等教学机构的教学委员会的报告，创立人有权将校长的任职期限延长至七十周岁。

根据高等教学机构的教学委员会的报告，校长有权将副校长、系主任和分院（学院）领导人的任职期限延长至七十周岁。

第 379 条　教育工作者的工作时间

对教育机构的教育工作者规定了缩短的工作时间，每周不超过 36 小时。

劳动合同中规定的教育机构的教育工作者的教学负荷，在有关相应类型和种类的教育机构标准条例规定的情况下，可以规定上限。

根据职务和（或）专业，教学机构的教育工作者，根据他们劳动的特殊性，工作时间（教育工作的薪额小时定额）由吉尔吉斯共和国政府确定。教育工作者可以兼职，其中包括类似的职务和专业的兼职。

第 380 条　年度基本延长带薪假期

教学机构的教育工作者拥有学年结束后的年度基本延长假期，假期时间由吉尔吉斯共和国政府确定。

第 381 条　终止与教育工作者的劳动合同的其他理由

除了本法典和其他法律规定的理由外，可以在以下情况下解除与教育机构的教育员工的劳动合同：

（1）在 1 年内再次严重违反教育机构的章程；

（2）对学生使用与体罚和（或）心理强制相关的教学方法，其中包括一次使用；

（3）国家或市政高等职业教学机构的校长、副校长、系主任、分院（学院）领导人达到六十五周岁年龄。

第三十六章　吉尔吉斯共和国外交部门员工劳动协调的特点

第 382 条　吉尔吉斯共和国外交部门员工劳动关系的协调

对吉尔吉斯共和国外交部门员工的劳动关系，适用吉尔吉斯共和国劳动法以及本法典，并参考《吉尔吉斯共和国外交机构法》等其他法律规定的特殊性。

吉尔吉斯共和国劳动法和其他法规，只有在特殊法律无法调整时方可适用于外交机构及其员工。

第 383 条　吉尔吉斯共和国外交部门员工的任命及其长期境外出差

不具有外国国籍、不属于由总统或总理任命职务的吉尔吉斯共和国公民，由国家外交领域授权机构的负责人任命担任吉尔吉斯共和国外交部门的外交、领事和行政国家职务。

吉尔吉斯共和国外交部门员工长期境外出差时，将被解除吉尔吉斯共和国国家外交授权部门、下属公司或在吉尔吉斯共和国行政区域办事处的职务，并被任命担任境外外交机构的职务。

吉尔吉斯共和国外交部门员工的长期境外出差结束时，该员工应被任命到吉尔吉斯共和国国家外交授权部门中不低于出差前所担任的职位的职务。

如果没有相应的职务，吉尔吉斯共和国外交机构的员工可以被任命为比出差前较低的职位，但不能低于一级，并应经该员工同意。

本条的规定适用于由吉尔吉斯共和国总统或总理任命的员工。

第 384 条　被长期派遣境外出差的吉尔吉斯共和国外交机构员工的劳动条件

被长期派遣境外出差的吉尔吉斯共和国外交机构员工的劳动条件，不应低于本法典的条件。

第 385 条　失效

第 386 条　对于从长期境外出差召回的吉尔吉斯共和国外交机构员工的补充依据

除了本法典和其他法律条文规定的理由外，对被派遣长期境外出差的员工可以在以下情况被召回：

（1）接受国出现了非常状态；

（2）员工被宣布为不受接受国欢迎的外交使节，或者受到当地执行政权机构有关在员工接受国不被接受的通知；

（3）员工不遵守接受国的习俗和法律，以及公认的行为和道德标准；

（4）员工的家庭成员不遵守接受国的法律、公认的行为和道德标准，以及相应的代表处领地实行的居住规则；

（5）一次严重违反劳动义务，以及员工已了解的制度要求；

（6）超过 2 个月以上的暂时无劳动能力或者患有吉尔吉斯共和国政府以确定的方式通

过的疾病清单所列疾病妨碍境外工作。

在根据本条第 1 款规定的理由之一而将外交机构员工从长期境外出差召回时，不再派遣他为出国工作的执行政权机关或国家机构编制内的员工，应按照本法第 79 条第 2 款的规定予以解雇。

第三十七章　宗教组织员工劳动协调的特点

第 387 条　宗教组织内的劳动合同双方

本部分所指的雇主是指根据法律规定的方式注册，并与员工签订书面劳动合同的宗教组织。

员工是指年满十八周岁、与宗教组织签订劳动合同、自行完成一定的工作，并遵守宗教组织内部规定的人。

第 388 条　宗教组织的内部规定

劳动合同双方的权利和义务，根据宗教组织与《吉尔吉斯共和国宪法》、本法典和其他法律不冲突的内部规定的特点，在劳动合同中予以确定。

第 389 条　与宗教组织签订和修改劳动合同的特殊性

员工与宗教组织之间可以签订定期劳动合同和不定期劳动合同。

在签订劳动合同时，员工应完成该合同中规定的、法律不禁止的任何工作。

根据本法典和宗教组织的内部规定，在劳动合同中应包括对员工和作为雇主的宗教组织重要的条款。

在必须对劳动合同中的重要条款进行修改时，宗教组织应以书面形式、在实施前至少 7 天通知员工。

第 390 条　在宗教组织内工作的员工的工作时间

在宗教组织内工作的员工的工作时间，是参考本法典规定的标准工时，并根据宗教组织进行仪式或其他活动的制度确定的。

第 391 条　宗教组织员工的物质责任

根据宗教组织内部规定确定的清单，可以与宗教组织的员工签订完全物质责任的合同。

第 392 条　终止与宗教组织员工的劳动合同

除了本法典规定的理由外，与宗教组织员工签订的劳动合同可以根据劳动合同规定的理由被终止。

根据劳动合同规定的理由解雇员工时提前通知员工的时间，以及向上述员工提供与解雇相关的保障和补偿的方式，应在劳动合同中进行规定。

第 393 条　宗教组织与员工个人劳动纠纷的审理

员工和作为雇主的宗教组织不能独立解决的个人劳动纠纷，通过司法程序审理。

第三十八章　破产时劳动关系的协调特点

第 394 条　破产时劳动关系的协调特点

以重组、复权（恢复名誉）、预防破产措施、和平协议和暂时停办的方式破产时，与员工的劳动关系不会终止，但不包括由于这一过程而发生裁员的情况。

在这一时期，雇主（专门的行政管理人、对外管理者、临时行政管理人）有权与从事普通管理职能的员工（领导人、他的副职、总会计师）重新签订或解除劳动合同。

如果由于重组而产生了新的法人，并且被清算单位的资产转给了该法人，那么雇主应根据本法典的规定对员工进行调职或解雇。

如果在破产过程中单位被清算，则可以解除与所有员工的劳动关系。

应根据本法典的规定计算并支付补偿。

第三十九章　其他等级员工的劳动协调特点

第 395 条　武装力量和规定没有军职的执行政权机关单位工作人员的劳动协调

包含吉尔吉斯共和国法律和其他法律条文规定的特殊性的劳动法，适用于在军队、军事机构、军事教学机构、其他武装力量和法律规定设有军职的执行政权机关单位签订了劳动合同的员工。

根据本条第 1 款中注明的机构、机关和单位的任务，对员工规定了劳动报酬的特殊条件以及附加的优惠和优先权。

第 396 条　医务工作者劳动协调的特点

对医务工作者规定了缩短的工作时间，每周不超过 39 小时。根据职务和（或）专业，由吉尔吉斯共和国政府确定医务工作人员的工作时间。

第 397 条　对于电影、剧院、戏剧音乐组织、马戏团、大众媒体的创作人员，以及参加作品创作和（或）执行的其他人员、职业运动员的劳动协调特点

对于电影、剧院、戏剧音乐组织、马戏团、大众媒体的创作人员，以及参加作品创作和（或）执行的其他人员、职业运动员，适用包含吉尔吉斯共和国其他法律法规相关规定的特殊性的劳动法。

与创作人员、文化和艺术领域的国家和市政单位的负责人和专家的劳动关系确立的基本方式，是劳动合同。

与国家文化单位达退休年龄的员工，应根据本法典第 55 条的规定签订有固定期限的劳动合同。

第九部分 保护员工的劳动权利、解决劳动纠纷、违反劳动法所应承担的责任

第四十章 总 则

第398条 保护员工劳动权利的方法

保护员工的劳动权利和合法利益的主要方法是：

国家对劳动法的遵守实行监督和检查；

工会和其他代表机构对员工劳动权利的保护；

员工对自己的劳动权利实行自我保护。

第四十一章 国家对法律和其他劳动法规的遵守实行监督和检查

第399条 国家对法律和其他劳动法规的遵守实行监督和检查的部门

国家劳动监察机构对吉尔吉斯共和国境内的所有企业遵守劳动法律和其他法律法规的情况实施国家监督和检查。国家劳动监察机构的条例由吉尔吉斯共和国政府批准确定。

第2款 失效。

国家劳动监察机构的工作由吉尔吉斯共和国国家劳动总检察官负责主持，他的职务由吉尔吉斯共和国政府任免。

第400条 国家劳动监察机构与其他机构和单位的协同关系

国家劳动监察机构在与执行政权机构、地方自治机构、其他国家监督检查机构、检察院、工会和雇主联合会、其他组织的协同关系中开展自己的工作。

国家劳动监察机构协调国家监督检查机构与社会对劳动和劳动保护的法律和法规的遵守进行监督。

第401条 国家劳动监督机构的权力

根据承担的任务，国家劳动监察机构实施以下权力：

通过检查、调查、签发必须执行的、消除非法行为的书面指示，追究相关人员的法律责任的方式，对单位在劳动法和其他包含劳动法规则的遵守方面实施国家监督和检查。

调查出现违法行为的情况和原因，采取措施消除违法行为和恢复公民被侵犯的劳动权利；

根据吉尔吉斯共和国法律规定审理行政违法案件；

按规定方式向执行政权机构、地方自治机构、护法部门和司法部门提供相应的资料；

是否按照规定方式对生产中的不幸事故进行调查和统计实施监督和检查；

总结劳动法律法规使用实践，分析违法行为的原因，对劳动法律法规的完善提出相应

的建议；

分析生产事故的状况和原因，提出防止事故发生的建议，参加调查生产中的不幸事故或自行进行调查；

对建筑标准和规则、其他法规文件的方案是否与劳动法律法规的要求相符做出结论，审议并通过行业和行业间劳动保护规则的方案；

查询并无偿地从执行政权机构及其地方机构、地方自治机构、检察机构、司法机构和其他单位获得所必需的资料；

接收并审议员工和其他公民提交的有关劳动权利被侵犯的申请、信件、申诉书等，采取措施消除出现的违法行为并恢复被侵犯的权利；

向雇主和员工提供有关劳动法律法规遵守方面的信息和咨询；

向社会公布在单位内查明的违反劳动法律法规的情况，并负责员工劳动权利的解释工作；

准备并公布普通性质的、有关劳动法律法规遵守的年度报告，以规定的方式将报告提交给吉尔吉斯共和国家政府和国家劳动组织处的负责人。

第 402 条　国家劳动监察员的基本权利

国家劳动监察员（合法的、劳动保护方面）在实施监督检查时，有权：

在出示规定样式的工作证和相应的派遣证后，在任何法律组织形式和所有权形式的单位进行现场监察；

查询并无偿的从雇主以及他们的代表、执行政权机构、地方自治机构获得为完成监督和检查职能所必需的文件、解释、资料；

按规定方式调查生产中的不幸事件；

向单位领导和他们的代表提出必须执行的、有关消除违反劳动法律法规的行为，在上述违法行为中追究责任人的纪律责任或按规定方式撤销他们的职务的书面指示；

在查明有违反劳动保护要求、给员工生命和健康造成威胁的行为时，暂时停止单位、个别生产部门、设备的工作直至上述违法行为被消除；

在具备国家鉴定委员会有关违反劳动条件的证明情况下，向法院发出由于违反劳动保护要求而对单位进行清算，或终止他们的分支机构经营的要求；

将没有按规定方式通过安全方法和完成工作方式培训、劳动保护指导、在工岗位实习和劳动保护要求知识检查的人撤离工作岗位；

禁止使用和生产不具备质量检查证明或不符合劳动保护要求的个人和集体防护用具；

按吉尔吉斯共和国法律规定的方式追究违反劳动法律法规的责任人的行政责任，必要时根据生产中的案件和资料请他们到劳动监察局说明情况，以及将追究上述人员刑事责任的资料发给护法部门，向法院提起诉讼；

在违反劳动法律法规，赔偿生产中给员工健康造成损害的诉讼中作为鉴定人出庭。

第 403 条　国家劳动监察员的义务

国家劳动监察员在实施监督检查工作中，应遵守《吉尔吉斯共和国宪法》、劳动法和其他劳动法规，以及协调国家劳动监察机构和负责人工作的法规。

国家劳动监察员直至卸任后都应保守自己在实施被授权过程中获得的国家、公务、商业和其他受法律保护的秘密，绝对保守任何对劳动法律法规条款违法行为申诉来源的秘密，如果检查工作是由于某人的申请而进行的，而申请人反对将申诉来源的资料通知雇主，则应拒绝向雇主提供申请人的资料。

国家劳动监察机构负责人进行检查的方式，由吉尔吉斯共和国通过的劳动监察方面的法律、其他法律法规以及国际劳动组织公约确定。

第 404 条　对单位进行检查的方式

国家劳动监察员为了实施对劳动法和其他法律法规遵守情况的检查和监督，可在吉尔吉斯共和国境内任何法律组织形式的单位进行检查。

在检查时，如果国家劳动监察员认为事先通知不会对检查效果造成损害，则应事先通知雇主或他的代表自己的行程。

武装力量、边防部门、安全部门、内务部门、其他护法部门、劳改局、国防工业单位，在签订劳动合同的员工的劳动协调方面，属于以特殊方式进行检查的单位，这种方式规定：

只有国家劳动监察员在事先获得相应的通行证时方能进入；

在指定的时间进行检查；

限制在演习或训练、宣布紧急状态、军事行动期间进行检查。

由法律和其他法规规定进行检查的特殊方式。

第 405 条　对国家劳动监察员决定的申诉

对国家劳动监察员的决定，可以向相关的上级领导、吉尔吉斯共和国国家劳动总监察员和（或）按司法程序提出申诉。对吉尔吉斯共和国国家劳动总监察员的决定可以向法院提起上诉。

第 406 条　对违反劳动法律法规所应承担的责任

违反劳动法律法规的单位负责人和其他责任人，在吉尔吉斯共和国法律规定的情况和方式下承担责任。

第 407 条　对妨碍国家劳动监察员工作的责任

妨碍对劳动法律法规的遵守实施监督和检查的人，以及未执行他们提出的书面指示，对国家劳动监察员及其家属和财产使用暴力威胁或暴力行为的人，将承担吉尔吉斯共和国法律规定的责任。

第 408 条　国家劳动监察员的责任

国家劳动监察员对自己的违法行为或不作为承担吉尔吉斯共和国法律规定的责任。

第 409 条　社会对劳动法遵守的监督

社会通过代表他们利益的工会对劳动法律法规、集体合同的遵守实行监督。

工会监督对劳动法的遵守。为了完成这一职能，制定工会劳动法律，成立技术监察局，其授权根据法律和工会条例确定。

第 410 条　禁止妨碍员工代表的合法活动

禁止以任何方式妨碍员工代表的合法活动。

第四十二章　个人劳动纠纷

第 411 条　个人劳动纠纷

雇主与员工之间出现以下不能协调的分歧成为个人劳动纠纷：

向员工规定新的或修改现有的劳动条件；

劳动法、协议、集体合同、单位的局部条例，以及劳动合同条款的适用（诉讼性质的纠纷）。

个人劳动纠纷是雇主与同他建立（或曾经建立过）劳动关系的人之间的争议。

雇主和员工采取措施协调纠纷。

第 412 条　审理个人劳动纠纷的机构

个人劳动纠纷由对劳动法执行监督的国家授权部门的劳动纠纷委员会和法院审理。

员工可自行选择向劳动纠纷委员会或直接向法院提出解决劳动纠纷的诉讼。

如果单位内没有建立劳动纠纷委员会，则劳动纠纷应由国家授权劳动法监督部门或法院审理。

第 413 条　劳动纠纷审理程序

个人劳动纠纷审理程序由本法典、其他法律法规规定，除此之外，由法院解决这些纠纷的方式，还应根据吉尔吉斯共和国民事诉讼法确定。

对个别等级员工的个人劳动纠纷的审理特殊性，由吉尔吉斯共和国法律进行规定。

本法典规定的劳动纠纷的审理程序，不适用于在社会组织中被选举担任带薪职务的员工。

只有经选举机构的同意，方可提前解除被选举员工的职务。

第 414 条　向审理个人劳动纠纷的机构提出诉讼的期限

员工有权在获知自己的权利被侵害之日起 3 个月内，向审理个人劳动纠纷的机构提起解决个人劳动纠纷的诉讼，而有关解雇的纠纷，应在获知解雇命令之日起或发放劳动手册之日起的 1 个月内。

雇主有权在发现造成损失之日起的 1 年内，就员工应赔偿给单位造成损失的争议向法院提起诉讼。

对工资的追索不适用诉讼时效。

本条规定的期限，同样适用于员工向检察院、国家劳动监察机构（工会劳动监察局）

提出申诉的情况。

由于正当理由错过了上诉期限，可以由劳动纠纷委员会和法院对其进行恢复。

第 415 条　劳动纠纷委员会的组建

员工超过 10 人的单位，根据员工和（或）雇主的倡议，由员工和雇主的相同代表人数成员组建劳动纠纷委员会。劳动纠纷委员会中的员工代表由单位的全体员工大会选举或由员工代表机构代表，之后经员工全体大会通过。

雇主代表由单位的领导人任命。

根据劳动纠纷委员会全体大会的决议，可以在单位的分支机构组建委员会，这些委员会是根据同单位的劳动纠纷委员会同样的依据组建和运行的。分支机构的劳动纠纷委员会可以在这些分支机构的授权范围内解决个人劳动纠纷。

单位的劳动纠纷委员会的工作由全体大会通过的条例调整。

劳动纠纷委员会从自己的成员中选举主席、副主席和秘书。

第 416 条　劳动纠纷委员会的职权范围

劳动纠纷委员会是审理单位内部出现的个人劳动纠纷的机构，但不包括本法典和其他法律规定了其他审理方式的争议。

第 417 条　劳动纠纷委员会中个人劳动纠纷的审理程序

员工提交给劳动纠纷委员会的申请，应由上述委员会进行必需的登记。

劳动纠纷委员会应在员工提交申请后的 10 天内审理个人劳动纠纷。

应在提交申请的员工或由员工授权的代表在场的情况下审理纠纷。如果员工或他的代表缺席，则只有根据他的书面申请方可进行争议的审理。如果员工或他的代表未出现在委员会的会议上，则将推迟对申请的审理。如果没有正当理由而第二次不出现，则委员会可以作出取消审理申请的决定，但这并不会取消员工在本法典规定的期限内重新提交审理劳动纠纷申请的权利。

对年龄在十四至十六周岁员工的个人劳动纠纷的审理，应由父母双方中的一人或其他监护人参加。

劳动纠纷委员会有权传唤证人、邀请专家参加会议。根据委员会的要求，单位领导应在规定期限内提交必需的文件。

劳动纠纷委员会召开会议应进行会议纪要，并由委员会主席或副主席签字，并加盖委员会的公章。

第 418 条　劳动纠纷委员会通过决议的方式

劳动纠纷委员会以无记名投票、参加委员会会议成员的普通多数通过的方式通过决议。

劳动纠纷委员会的决议中应注明：

单位（分部）的名称，向委员会申诉员工的姓名、职务、职业或专业；

向委员会申诉的日期和审理纠纷的日期、纠纷的实质；

参加会议的委员会成员和其他人员的姓名；

决议的实质和依据（引述法律和其他法律条文）；

投票结果。

经应有方式认证的劳动纠纷委员会的决议复印件，应在通过决议后的3天内交给员工和单位领导人。

第419条　劳动纠纷委员会决议的执行

劳动纠纷委员会的决议应在对申诉规定的10天过后的3天内执行。

如果在规定期限内没有执行劳动纠纷委员会的决议，则委员会向员工签发作为执行文件的证明。如果员工或雇主在规定期限内提出将劳动争议转交法院解决的申请，则不发放此证明。

根据劳动纠纷委员会发放的、在收到之日起3个月内出示的证明，法院执行者可以将劳动纠纷委员会的决定强制执行。

如果员工由于正当的理由而错过规定的3个月的期限，签发这一证明的劳动纠纷委员会可以恢复这一期限。

第420条　对劳动纠纷委员会的决定提出上诉，将个人劳动纠纷移交法院审理

如果劳动纠纷委员会在10天内没有审理个人劳动纠纷，则员工有权向法院提起诉讼。

在收到劳动纠纷委员会决定的10天内，员工或雇主可以对该决定提起上诉。

如果由于正当理由错过了上述期限，法院可以恢复这一期限并进行审理。

第421条　法院审理个人劳动纠纷

法院根据下列人员的申请审理个人劳动纠纷：

（1）员工或雇主不同意劳动纠纷委员会作出的决定或者如果双方不能达成协议；

（2）员工未经过劳动纠纷委员会而直接向法院申请；

（3）员工，如果劳动纠纷委员会没有在规定期限内审理申请；

（4）检察院，如果劳动纠纷委员会的决定不符合法律法规的规定。

根据下列人员的申请直接在法院审理个人劳动纠纷：

（1）未建立审理劳动纠纷委员会的单位员工；

（2）员工有关恢复工作的申请、终止合同（无论理由为何）、有关调转工作、修改解雇日期和理由表述、被迫旷工的工资或支付完成低工资工作期间工资差的支付申请；

（3）雇主有关赔偿员工造成的损失的申请；

（4）员工有关雇主拒绝办理生产事故证明或不同意证明内容的申请；

（5）员工有关赔偿由于完成工作义务而对自己的健康造成损害的申请；

（6）员工要求雇主将无期限的劳动合同重新签署为有期限的合同，如果工作性质和劳动条件不改变的情况下；

（7）员工对在试用期终止劳动合同情况下要求恢复工作的申请。

直接在法院可以审理下列内容的个人劳动纠纷：

（1）拒绝接收上岗；

（2）保护员工的劳动荣誉、尊严和声誉以及要求对这些财产和精神损失的赔偿；

（3）根据劳动合同为自然人雇主工作的人的申请；

（4）根据认为自己受到歧视性待遇的员工的申请。

第422条　免除员工的诉讼费用

根据劳动法律关系规定的要求提起诉讼时，员工可免除支付诉讼费用。

第423条　就解雇和调职纠纷作出的判决

如果审议个人劳动纠纷的机构承认撤职、解雇或调职是不合法的，员工应被恢复到以前的工作岗位工作。

审议个人劳动纠纷的机构，可作出向员工支付被迫旷工期间的平均工资或弥补在从事低工资工作期间工资差额的判决。

根据员工的申请，审理个人劳动纠纷的机构可能只作出对员工有利的追缴上述补偿的判决。

根据员工的申请，审理个人劳动纠纷的机构可能作出修改根据个人意愿辞职时对辞职理由的表述。

如果承认辞职理由的表述不正确或不符合法律规定，审理个人劳动纠纷的法院应该予以改正并在判决中指明完全符合本法典或其他法律表述的辞职理由和依据。

如果劳动手册中对解雇理由的不正确表述妨碍了员工获得其他工作，则法院可以作出对整个被迫旷工期间向员工支付平均工资的判决。

如果没有合法依据的解雇或违反规定方式的解雇，或者不合法的调换工作，法院有权根据员工的请求作出赔偿员工由于上述行为给他造成的精神损失的货币补偿。赔偿的金额由法院确定。

如果不可能恢复员工以前的工作（职务裁减、分支机构废除、单位清算），则法院将判决由雇主或其权利继承者履行向员工支付物质赔偿的义务，金额不应少于平均工资的12倍。

第424条　满足员工的货币资金要求

审理个人劳动纠纷的机构认为员工的货币资金要求理由充分时，这一要求应全额满足。

第425条　恢复工作判决的执行

法院有关恢复非法解雇员工的工作、非法调职的员工返回原岗位工作的判决，应立即执行。

如果雇主拖延执行判决机构的判决，应作出对拖延执行期间向员工支付平均工资或工资差额的裁定。

第 426 条　限制追索根据审理个人劳动纠纷机构的判决支付的资金

在按照监督程序撤销审理个人劳动纠纷机构的判决时，只有在判决是由于员工提供了虚假资料或虚假文件而被撤销的情况下，方可向员工追索根据这一判决向员工支付的资金。

第 427 条　个别级别员工的个人劳动纠纷的审理特点

领导层员工，被选举、通过或由吉尔吉斯共和国总统、议会、总理任命的员工，在解雇、修改解雇日期和理由表述、调转工作、被迫旷工阶段或完成低工资工作阶段的工资、处以纪律处分方面的个人劳动纠纷，根据吉尔吉斯共和国法律的规定进行审理。

第四十三章　集体劳动纠纷

第 428 条　基本概念

集体劳动纠纷是指员工（他们的代表）和雇主（他们的代表）之间由于确定和修改劳动条件（包括工资），签订、修改和执行集体合同、协议，以及由于雇主在单位内协商和通过包含劳动法规则内容的条例时拒绝考虑员工选举代表机构的意见而引起的不能协调的分歧。

调解程序是指调解委员会与中间人为了解决集体劳动纠纷而对它进行的审理。

集体劳动纠纷的开始日期是指雇主拒绝员工（他们的代表）所有或部分要求的决定的通知日期，或者雇主（他的代表）根据本法典第 430 条的规定未通知员工自己的决定，以及集体谈判过程中办理分歧纪要的日期。

罢工是指为了解决集体劳动纠纷，员工临时自愿拒绝执行（全部或部分）劳动义务。

第 429 条　员工及其代表要求的提出

员工以及根据本法典第 29~31 条确定的员工代表享有提出要求的权利。

员工和（或）单位（分部、代表处、其他独立机构）的员工代表机构提出的要求，由相应的员工会议（代表会议）通过批准。

员工会议只有在参加人数超过员工人数一半的情况下才被认为是有效的。代表会议在参加人数不少于选举代表的三分之二时被视为有效。

雇主应为员工或员工代表提供召开提出要求的会议（代表会议）所必需的场所，并且不得妨碍会议的召开。

员工的要求应以书面形式阐述并提交给雇主。

工会及其联合会的要求应向社会合作的相关方面提出和提交。

第 430 条　对员工、工会及其联合会的要求进行审议

雇主应对员工向他们提交的要求进行审议。

雇主应在收到员工要求后的 3 个工作日内以书面形式将作出的决定通知单位（分部、

代表处、其他独立机构）的员工代表机构。

雇主代表（雇主联合会）应对工会（他们的联合会）提出的要求进行审议并在收到上述要求后的 1 个月内将作出的决定通知工会（他们的联合会）。

第 431 条　调解程序

集体劳动纠纷解决的程序包括以下两个阶段：调解委员会对集体劳动纠纷进行审议，由中间人参与对集体劳动纠纷的审议。

如果雇主不能满足员工或员工代表机构的要求，则调解委员会对集体劳动纠纷的审议是必需的。

劳动纠纷的任何一方都无权回避参加调解程序。

双方代表和调解委员会应尽一切可能解决集体劳动纠纷。

第 432 条　调解委员会对集体劳动纠纷的审议

调解委员会在出现集体劳动纠纷后的 3 个工作日内组建，组建委员会的决定通过雇主的相关命令（指示）和员工代表的决定的方式办理。

调解委员会由集体劳动纠纷的双方代表在同等基础上组成。

集体劳动纠纷的双方无权回避组建调解委员会和参加委员会的工作。

雇主应为调解委员会的工作创造必要条件。

调解委员会应在发布委员会组建命令之后的 5 个工作日内对集体劳动纠纷进行审议。上述期限可以在双方同意的情况下延长并作成会议纪要。

调解委员会根据集体劳动纠纷双方的协商作出决定并以会议纪要的形式办理，这一决定对纠纷双方都具有约束力，并且应以委员会决议规定的方式和期限执行。

如果集体劳动纠纷的双方不能在调解委员会达成一致，则由中间人参加并继续调解程序。

第 433 条　由中间人参加审议集体劳动纠纷

调解委员会完成分歧纪要后，集体劳动纠纷双方可以在 3 天内邀请中间人。

有中间人参加的集体劳动纠纷的审议程序，由集体劳动纠纷双方在中间人的参与下协商确定。

中间人有权向集体劳动纠纷的双方询问并获得涉及纠纷的必要文件和资料。

由中间人参与的集体劳动纠纷的审议，应在邀请（任命）中间人之日起的 7 个工作日内进行，并以集体劳动纠纷的双方通过的书面决定或分歧纪要结束。

第 434 条　与解决集体劳动纠纷相关的保障

调解委员会的成员在参加解决集体劳动纠纷期间，免除主要工作并保留平均工资，但在 1 年内不超过 3 个月。

参加解决集体劳动纠纷的员工代表和他们的联合会代表，在解决集体劳动纠纷期间不能被处以纪律处罚、调换到其他工作岗位，或根据雇主的倡议并未经授权他们的机构同意而被解雇。

第 435 条　集体劳动纠纷解决过程中的协议

在解决集体劳动纠纷过程中纠纷双方达成的协议，应以书面形式办理并对集体劳动纠纷双方具有约束力。

由集体劳动纠纷双方监督协议的执行。

第 436 条　罢工的权利

根据《吉尔吉斯共和国宪法》第 30 条的规定，作为解决集体劳动纠纷的方式，承认员工有罢工的权利。

如果调解程序不能解决集体劳动纠纷，或者雇主回避调解程序、不执行在解决集体劳动纠纷过程中达成的协议，则员工或他们的代表有权组织罢工。

参加罢工是自愿的，任何人都不能被强迫参加或被强迫拒绝参加罢工。

强迫员工参加或拒绝参加罢工的人，应根据本法典、其他法律规定的方式承担纪律、行政、刑事责任。

雇主代表无权组织和参加罢工。

第 437 条　宣布罢工

宣布罢工的决定由单位（分部、代表处、其他独立机构）的员工会议（代表会议）根据之前解决集体劳动纠纷的员工代表机构的建议通过。由工会（工会联合会）通过的宣布罢工的决定，由每个组织的员工会议（代表大会）予以通过。

员工会议（代表会议）只有在参加人数不少于员工（代表）总数三分之二时被认为是有效的。

雇主无权阻碍召开会议（代表会议）。

如果不少于参加会议（代表会议）员工一半的人数赞成，则决议被通过。在无法举行员工会议（召开代表会议）的情况下，员工代表机构有权在收集了超过一半的同意举行罢工的员工的签字的情况下通过自己的决定。

在调解委员会工作 5 天之后，可以一次性宣布按小时计算的警告性罢工，其中应以书面形式提前通知雇主。

在举行警告罢工时，领导罢工的机构应根据本法典规定保证最低必需的工作（服务）。

在宣布罢工的决定中应注明：作为宣布和举行罢工依据的集体劳动纠纷双方分歧的清单；罢工开始的日期和时间、预计持续时间和预计参加人数；领导罢工机构的名称、授权参加调解程序的员工代表成员；在举行罢工期间单位（分部、代表处、其他独立机构）内完成的最低必需工作（服务）的建议。

第 438 条　领导罢工的机构

罢工由员工代表机构领导。领导罢工的机构，有权召开员工会议（代表会议）、从雇主处获得涉及员工利益的信息、邀请专家为争议性问题的签署作准备。

领导罢工的机构，有权暂时停止罢工。为了恢复罢工并不需要由调解委员会再次审议纠纷。应至少提前3个工作日通知雇主恢复罢工。

第439条　罢工过程中集体劳动纠纷的双方义务

在举行罢工期间，集体劳动纠纷双方应通过调解程序继续解决这一纠纷。

雇主、执行政权的机构、地方自治机构和领导罢工的机构，应尽可能采取措施保证罢工期间的社会秩序、单位（分部、代表处、其他独立机构）和员工的财产完整，以及保证停工会给公民生活和健康造成直接危害的机器和设备的运转。

经营与公民安全、保证公民健康和社会切实重要利益相关的单位（分部、代表处、其他独立机构）的最低必需工作的清单，在每个经济领域中，经与相应的工会协商、由负责协调和调解相应经济领域活动的、相应的执行政权机构制定并通过。如果在经济领域内存在几个工会，最低必需工作清单经与所有工会协商确定。制定和通过最低工作清单的程序由吉尔吉斯共和国政府确定。

单位（分部、代表处、其他独立机构）的最低必需工作（服务）由集体劳动纠纷的双方，根据宣布罢工决定通过后的5天内的最低必需工作清单，经与地方自治机构共同协商确定。最低必需工作中包括的工作项目，应以是否给公民健康造成危害和威胁公民生命的概率为依据，在单位（分部、代表处、其他独立机构）的最低必需工作中不能包括相应的最低必需工作清单中未规定的工作。

规定单位（分部、代表处、其他独立机构）最低必需工作的机构作出的决定，可以被集体劳动纠纷的双方向法院提起诉讼。

在不能保证最低必需工作时，罢工可以被认为是非法的。

第440条　非法罢工

以下情况的罢工是非法的并且是不被允许的：

（1）在军事状态或非常状态期间，或者根据非常状态法的特别措施期间；在吉尔吉斯共和国武装力量部门和单位、其他军事和军事化的编成和管辖国家国防保证问题、国家安全组织内、灾难急救、寻找救助、消防工作、预防或消除自然灾害和非常状态的部门；护法机构；直接为特别危险生产项目设备服务的单位、医疗急救站；

（2）在与保证居民生活（电力保证、暖气和热水供应、供水、供气、航空、铁路和水上运输、通讯、医院）相关的单位，如果举行罢工给国防和国家安全、人民生命和健康造成威胁的。

只有依据雇主或检察院的申请，根据法院的判决、才能认定罢工是非法的。

法院的判决通过领导罢工的机构传达给员工，该机构应将法院的判决立即通知参加罢工的人。

具有法律效力的、法院认定罢工非法的判决，应立即执行。在法院将上述判决副本交给领导罢工机构之后的第二天以前，员工应停止罢工并开始工作。

如果对人们的生活和健康造成了直接威胁，法院有权将未开始的罢工推迟30天以内，而开始的罢工则暂停相应的期限。

第 441 条　由于举行罢工而对员工的保障和法律地位

员工参加罢工不能被视作违反劳动纪律和解除劳动合同的理由，除非未履行根据本法典第 440 条第 4 款规定的停止罢工的义务。

禁止对参加罢工的员工采取纪律责任的措施，除非本法第 440 条第 4 款规定的情况。

在罢工期间，应为参加罢工的员工保留工作岗位和职务。

雇主有权不支付员工参加罢工期间的工资，除了负责完成最低必须工作的员工以外。

集体合同、协议或在解决集体劳动纠纷过程中达成的协议，可以规定给参加罢工的员工补偿金。

未参加罢工的员工，但由于举行罢工而无法完成自己的工作并以书面形式宣布由此而开始停工，非员工因素的停工期间的工资应根据本法典规定的方式和金额支付。雇主有权根据本法典规定的方式将上述员工调到其他工作岗位。

集体合同、协议或在解决集体劳动纠纷过程中达成的协议，可以对参加罢工的员工规定比本法典更有利的支付方式。

第 442 条　禁止同盟歇业

在调解集体劳动纠纷过程中，包括举行罢工过程中，禁止同盟歇业，由于参加集体劳动纠纷或罢工而根据雇主倡议解雇员工。

第 443 条　回避参加调解程序的责任和未完成调解达成的协议的责任

回避接受员工要求和参加调解程序的雇主代表，其中包括不提供召开提出要求、宣布罢工的会议（代表会议）的场所，或者妨碍会议召开，将根据本法典的规定被追究纪律责任或者根据吉尔吉斯共和国行政违法行为法规定的方式被追究行政责任。

对不执行调解程序达成的协议义务的过错雇主和员工代表，根据吉尔吉斯共和国行政违法行为法规定的方式追究行政责任。

第 444 条　员工非法罢工的责任

开始举行罢工或者在法院认定罢工非法或推迟或暂停罢工的有效判决，送达领导罢工机构后的第二天没有停止罢工的员工，可能被处以违反劳动纪律的纪律处罚。

宣布罢工和在罢工被认定非法后未停止罢工的员工代表机构，应以自己的资金，按法院规定的金额赔偿在举行非法罢工阶段给雇主造成的损失。

第 445 条　在解决集体劳动纠纷时的文件管理

集体劳动纠纷双方的行为，由于解决该纠纷而通过的决议和建议，应由集体劳动纠纷双方代表、调解机构、领导罢工的机构办理会议纪要。

第四十四章　违反劳动法和包含劳动法规则的其他法规的责任

第 446 条　违反劳动法和包含劳动法规则的其他法规的责任种类

违反劳动法律法规的人，将根据本法典、其他法律法规的规定被追究纪律责任，并按照吉尔吉斯共和国法律规定的方式被追究民事、行政和刑事责任。

吉尔吉斯共和国总统　阿卡耶夫

COMMONLY USED LAWS IN KYRGYZSTAN

吉尔吉斯斯坦公司经营法

（1996 年 11 月 15 日修订，2006 年 1 月 27 日修订）

第一章　总　则

第 1 条　公司的基本规则

1. 经营公司是指注册资本根据股份（投入）分配、主要经营目的是获取利润的商业组织。由股东投资创建而形成的财产，以及公司在其经营过程中产生和获得的财产，都属于该公司所有。

2. 经营公司可以完全公司、两合公司、有限责任公司、无限责任公司的形式设立。

3. 失效。

第 2 条　关于经营公司的法律

1. 有关经营公司的法律由《吉尔吉斯共和国宪法》、《吉尔吉斯共和国民法典》、本法、吉尔吉斯共和国其他法律法规，以及已生效的、吉尔吉斯共和国作为参与国的国际公约组成。

2. 对银行、保险公司、合资企业和其他公司等商业组织的注册资金构成和使用方式、财产的法律制度，以及管理机构的工作特点、个别经营项目的限制，由本法和其他法律条文共同调整。

第 3 条　公司的股东

1. 完全公司和两合公司的股东可以是自然人和（或）法人。

2. 每个自然人只能是一个完全公司的股东或一个两合公司的股东。

3. 公司（团体）不能少于两个股东。

4. 有限责任公司、无限责任公司的股东和两合公司的股东可以是自然人和（或）法人，但不包括代表权力机构、执行权力机构和司法权力机构。

专门为此目的而创建的执行政权机构在法令规定的情况下，可以成为公司的股东。

5. 有限责任公司、无限责任公司在由一个股东拥有公司全部注册资金股份的情况下，可以由该股东一人创建或组成。

6. 如果法律条文未作其他规定，外国法人和自然人以及无国籍人士可以在一般基础上，加入根据本法规定创建的公司。

第 4 条　公司的创立文件、公司的国家注册

1. 公司的创立文件是创立合同和章程。

2. 公司由一个股东创建时，创立文件为章程。

3. 失效。

4. 公司的创立合同由所有股东签字。

5. 公司的章程由管理该公司的全体股东大会任命的人签署。

股东为一个人的公司的章程，由该股东本人签署。

6. 删除。

7. 在创立合同中，股东应规定所创建公司的经营方式，并确定：将自己的财产转让给公司所有的转让条件、参与公司的经营、股东之间利润分配和亏损分担、管理公司的经营活动、退出公司的组成；每个股东的股份数；投入资金的金额、组成、期限和投入方式。股东根据投入资金承担责任，注册资金的金额和构成。

创立合同可以包含法律或股东规定的其他内容。

8. 公司的章程由股东确认，且反映在创立合同中。

在公司的章程以及创立合同中规定：公司的种类、名称、住所、经营期限（如果在创立时已规定）、负责人的职权、管理和监督机构、公司机构的权限范围、财产构成方式、利润分配和亏损分担的方式、停止经营的条件（重组或清算），以及公司与股东之间的相互关系。

在公司的章程和创立合同中可以包含法律或股东规定的其他条件。

在公司的章程中应包含确定全体股东大会、完成大宗交易的执行机构的职权，以及禁止或限制执行机构转让构成公司注册资本的财产的条款。

9. 创立合同中除了包括本条第 7 款、第 8 款中注明的条件外，还应包括本法对公司相关项目所规定的条件。

10. 如果缺少本条第 7 款、第 8 款、第 9 款规定的条件，则根据法律授权的国家机构的要求，以及根据其他相关人员按司法程序的要求，创立文件将被视为无效。

11. 公司在国家注册后，股东成为公司的股东。

12. 本法未规定的以公司的形式组建的特殊种类的商业组织的创立文件，清单和内容，由关于这些组织的法律条文作具体规定。

13. 公司的国家注册根据国家法人、分公司（办事处）注册法规定的程序办理。

第 5 条　公司的财产

1. 公司的财产由固定资产、流动资金，以及其他价值反映在公司独立账目中的财产组成。

2. 财产属于公司所有。

3. 公司财产来源是：

（1）股东对注册资本的投入；

（2）公司经营所得的收入；

（3）法律条文不禁止的其他来源。

第 6 条　公司的注册资本

1. 股东的出资总和构成公司的注册资本。

2. 公司股东出资可以以包括吉尔吉斯共和国货币的资金、法律规定情况下的外币资金，以及建筑物、设施、设备、原材料、物质资料、商品、产品、有价证券、其他有价物质和转让的财产权，包括知识产权，它们的价值应反映在公司的独立账目中。

3. 如果公司的财产是由股东转让给公司使用的，在创立合同未作其他规定的情况下，股东投入的金额和相应的股份根据这一财产在创立文件中规定的整个公司经营期限，或股东规定的其他期限的使用租金确定。

如果创立文件中未作其他规定，则交给公司使用的财产意外损毁的风险由转让财产的股东承担。

4. 公司注册资本的减少只有在分别书面通知了所有债权人后方可进行。债权人有权在这种情况下要求提前清偿或履行相应的义务并补偿他们的损失。

5. 第一段　失效。

违反本条第 4 款中规定的程序而减少注册资本，将作为根据相关人员的申请、按法院判决而对公司清算的依据。

第 7 条　公司财产中股东的股份

1. 公司财产中所有股东的股份与他们在注册资本中的出资成比例。

2. 股东在公司财产中的股份用百分比表示。

3. 公司的股东可以决定作出与本条不同的规定以确定他们在公司财产中所占股份的方式。

4. 如果特别法律条文或创立文件未作其他规定，公司的股东有权抵押和出售自己在公司财产中所占的股份。

第 8 条　公司的管理

1. 公司的最高管理机构是全体股东（代表）大会。完全公司和两合公司的经营管理由全部合伙人共同协商。

2. 公司中建立执行机构（集体或一个人），进行日常经营活动的管理，并对全体股东大会负责。

3. 作为集体机构可以建立：

（1）董事会（理事会）；

（2）监督机构；

（3）根据全体股东（代表）大会的决定可建立其他机构。

4. 为了对执行机构的工作进行监督，全体股东大会有权组建监事会。

5. 公司管理机构的职权范围、选举（任命）方式以及作出决定的方式由本法、法律条文和创立文件规定。

6. 失效。

第 8-1 条　公司的子公司、分公司和办事处

1. 公司有权在吉尔吉斯共和国境内外，根据本法和其他法律条文、吉尔吉斯共和国作为参与国的国际公约的规定，设立子公司、分公司和办事处。

2. 如果另外的一家主要（母）的公司由于在该公司的注册资金中占有多数，或根据两家公司签订的合同或其他方式，有权对该公司的决策作出决定，则该公司即被认为是子公司。子公司不承担母公司的债务。

3. 子公司是法人，作为独立的经营组织存在，它与主要（母）公司的关系是根据它的章程和吉尔吉斯共和国的法律规定调整的。

4. 主要（母）公司有权给子公司下达必须执行的指示，与子公司共同承担由子公司

为执行母公司指示而签订的交易的责任。

5. 子公司的股东有权要求母公司对由于母公司的原因给子公司造成的损失进行赔偿。

6. 分公司和办事处不是法人，由主要（总）公司划拨财产作为它的固定资产和流动资金，根据总公司通过的章程进行运作并以总公司的名义从事经营活动，分公司和办事处的经营责任由主要（总）公司承担。

分公司和办事处的负责人根据主要（总）公司签发的任命书进行工作。

第9条　公司经营活动的终止

1. 公司的经营活动在以下情况下终止：

（1）公司创立文件规定的的经营期限届满；

（2）公司设立的目的已经达到；

（3）根据股东的决议；

（4）根据规定的程序公司被认为破产；

（5）出现本法和其他法律条文，以及创立文件规定的情况。

2. 公司经营活动的终止通过重组（联合、合并、分立、重组）或清算进行。

在公司重组时，应对公司的创立文件和法人国家登记册进行必要的修改，在清算时应在国家登记册中进行相应的记录。

3. 同一种类的公司可以根据全体股东大会的决定，在遵守本法条款的情况下重组为另一种类的公司。

4. 完全公司或两合公司重组为有限责任公司或无限责任公司时，成为有限责任公司或无限责任公司股东的每一个合伙人，在2年内对从完全公司或两合公司中转入有限责任公司或无限责任公司的所有自己的财产承担补充责任。以前的完全公司转让属于他的股份并不能解除他的这种责任。

5. 公司的清算由股东任命的清算委员会负责，如果根据法院判决公司破产，则由法院任命的清算委员会负责。

第二段　失效。

6. 自清算委员会（清算人）任命之时起，委员会即获得监督公司各机构支配公司财产行为的授权，其中，公司机构所有用于转让财产或偿还债务的决定，只有在得到清算委员会同意之后方可执行。

债权人的索赔要求应根据吉尔吉斯共和国民法典、破产法的规定予以满足。

7. 在支付了公司员工的工资（包括法律规定的补助金），完成了对国家预算和债权人的义务后，公司剩余财产由股东根据他们在注册资本中所占的比例，按照创立文件规定的方式进行分配。

8. 失效。

9. 自登记机构发布相应命令后，清算即告结束，公司终止自己的经营活动。

第二章　个别种类公司的特点

第一节　完全公司

第 10 条　完全公司的概念

完全公司是指在公司财产不足时，公司的股东以自己所有的财产对公司债务承担共同的责任。

第 11 条　完全公司股东的权利和义务

1. 完全公司的股东有权：

（1）按照本法和公司创立文件规定的方式参与完全公司的管理，其中包括参与分配公司获得的利润；

（2）获得完全公司经营的全部信息，包括了解财务状况和其他文件；

（3）根据他们在公司财产中所占的股份比例，获得完全公司的经营利润，除非创立文件另有规定；

（4）按照规定的方式退出完全公司；

（5）根据他们在公司财产中所占的股份比例，在完全公司清算时，获得与债权人结算后公司财产的剩余部分。

2. 完全公司的股东可以享有本法、其他法律法规以及公司创立文件中规定的其他权利。

3. 拒绝承认本法和其他法律条文规定的完全公司股东的权利，或者对它们进行限制，其中包括根据公司股东的协议进行的拒绝和限制，都是无效的。

4. 完全公司的股东有义务：

（1）遵守完全公司的创立文件；

（2）按照创立文件规定的方式参与公司的经营，其中包括以公司名义或协助公司进行经营；

（3）按照完全公司创立文件规定的方式、程序和金额投入资金；

（4）不以自己的名义或为自己的利益进行与公司经营项目相同的交易；

（5）不泄漏完全公司宣布为商业秘密的资料。

5. 完全公司的股东必须承担本法和其他法律条文，以及创立文件中规定的其他义务。

6. 股东之间达成的、要求完全公司股东履行不属于本法、其他法律法规和创立文件规定义务的协议，是无效的。

7. 如果完全公司的股东未履行本法、其他法律法规和创立文件规定的义务，并对公司或其他股东造成了损害，其他股东有权要求该股东赔偿损失，而如果造成了重大损失，则按司法程序将其开除出公司。

第 12 条　完全公司的注册资本、股东在完全公司财产中的股份

1. 完全公司的股东公司的注册资本。

2. 完全公司注册资本的数量、组成方式由其现有公司的创立文件规定。

3. 股东在完全公司财产中所占的股份，根据本法第7条的规定确定。

第13条　完全公司的事务管理

1. 如果创立合同中没有规定，公司的所有股东应共同管理事务或委托个别股东管理事务，完全公司的每个股东都有权以公司的名义工作。

完全公司内部的问题根据全体股东的共同协议解决。

完全公司的创立文件可能规定由大多数股东作出决定的情况。如果创立文件中对确定股东投票权数量的方式没有作其他规定，则完全公司的每个股东拥有一票投票权。

创立文件中可以规定，股东拥有的投票权的数量根据他们在公司注册资金中所占的相应股份确定。

2. 完全公司的管理，根据本条第1款，可能由完全公司的执行机构负责。

管理机构的种类、方式和组成以及它们的职权范围，在创立文件中确定。

3. 没有其他股东的同意，完全公司的股东无权以自己的名义和为自己的利益或第三方的利益进行与公司经营项目同类的交易。如果违反这一原则，公司有权根据自己的选择要求这一股东或者赔偿公司的损失，或者将交易所得全部交给公司。

4. 完全公司委托管理公司事务的机构，应根据所有股东的请求向他们提供自己经营的全部信息。

5. 为了共同利益而工作的股东，如果没有授权，并且所有其他股东对他的工作不予认可时，如果他能证明，由于他的工作而使公司保存或获得了超出公司支出价值的财产，则该股东有权要求公司补偿他所支出的费用。

第14条　完全公司股东组成的改变

1. 如果公司的创立文件或者剩余股东的协议未作其他规定，那么，由于股东退出公司、承认破产或债权人（多个）对其在公司财产中的股份进行追索，公司股东死亡、宣布死亡、失踪、无行为能力或限制行为能力而改变完全公司股东的组成时，完全公司应停止经营。

2. 如果完全公司继续经营，以及股东在公司财产中的股份转移给其他股东或第三方，将股东开除出公司，或者公司接受新的股东，那么，完全公司应进行重新注册并对创立文件进行相应的修改。

第15条　股东退出完全公司

1. 完全公司的股东在声明放弃加入公司后，有权退出公司；

2. 股东应在实际退出公司之前至少6个月，声明放弃加入完全公司。

3. 完全公司的创立文件可以规定与本条不同的退出声明期限。

公司股东之间有关放弃退出权的协议是无效的。

第16条　股东退出完全公司的后果

1. 退出完全公司的股东可以获得公司部分财产的价值，相当于该股东在公司的注册资本中的投入金额。

2. 支付给退出股东的完全公司部分财产的价值，应根据退出之时公司的账目确定，并在该股东实际退出之日起 30 天内支付。

3. 根据退出股东与其他股东的协商，完全公司部分财产价值的支付可以以实物财产的方式进行。

4. 退出的股东同样可获得他在公司最后一年完全公司在当年获得的部分利润。

5. 如果创立文件或股东协议未作其他规定，则部分投入完全公司注册资金股份的股东，在退出时只能获得这一投入部分的价值。

6. 由退出公司股东转交给公司使用的财产，如果公司的创立文件未作其他规定，应返还给该股东。

7. 如果公司的创立文件或股东协议未作其他规定，在股东退出时，其他股东在完全公司财产中的股份根据它们在股东退出当日确定的最初股份可以相应增加。

第 17 条　完全公司股东的股份（部分股份）转让

1. 只有在所有剩余股东都同意的情况下，股东才可将自己的股份（部分股份）转让给公司其他股东或者第三方。

2. 在向公司其他股东或第三方转让股份时，应同时将属于退出公司的股东的所有权利和义务一同转移。

3. 如果公司股东死亡或被宣告死亡，经所有剩余股东同意，他的权利继承者（继承人）可以加入公司。

4. 在权利继承者（继承人）拒绝加入完全公司，或者公司拒绝接受权利继承者（继承人）进入公司时，应根据继承的公司财产中的股份向其支付属于他的价值，该价值应根据本法第 16 条的规定，在股东死亡当日或宣布其死亡当日确定。

第 18 条　将股东从完全公司中开除

1. 如果完全公司的股东之一失踪或行为能力有限，则根据剩余股东的一致同意，该股东可能被开除出公司。可以同样的方式开除作为公司股东的法人，如果该法人根据法院的判决被宣布重组。

2. 完全公司的股东有权要求根据法律程序，经剩余股东的一致同意开除一个或几个股东，并应有正当理由，其中包括严重违反了自己的义务或被发现不具备理智的处理事务的能力。

3. 被开除出公司的股东，根据本法第 16 条规定的方式，公司应向其支付部分财产。

4. 如果被开除的股东给公司带来了损失，则根据法院的判决，可以从在该股东退出公司时支付给他的部分公司财产价值中追索造成的所有损失，但不包括退出时支付给他的财产部分，不足的损失价值的部分以被开除股东的其他财产补偿。

第 19 条　追索股东在完全公司的股份

1. 只有在股东的其他财产不足以抵偿他的债务时，才允许对股东在完全公司财产中的股份进行其个人债务的追索。这一股东的债权人，为了追索这一财产，有权要求完全公司根据欠债人在公司注册资金中的投入，按本法第16条规定的方式划分出他在公司财产中的部分。应划分出的财产部分或它的价值，根据债权人提出划分请求之时所做的平衡账目确定。

2. 对股东在完全公司财产中的股份的追索，将导致该股东中止参与公司经营，以及本法第14条、第18条、第23条规定的后果。

第20条　承认完全公司股东失踪、无行为能力或限制行为能力的后果

1. 如果在承认完全公司股东失踪、无行为能力时，公司继续保留，则这一股东的监护人或者他的财产监管人，只有在得到所有剩余股东的同意时才可以参与公司的经营。

被承认限制行为能力的股东，需要得到所有剩余股东的同意方可参与公司的经营。

2. 如果被宣告失踪或无行为能力的股东的监护人，拒绝以该股东的名义参与完全公司的经营，或者公司拒绝他参与公司经营，则应向作为这一股东法定代表的监护人，支付根据本法第16条确定的方式、属于他的公司部分财产的价值。

被认定为限制行为能力的股东，在公司拒绝或该股东的法定代表拒绝参与公司经营时，公司应以同样的方式向该股东支付公司部分财产的价值。

第21条　接受新的股东进入完全公司

1. 只有经完全公司所有股东的同意，方可接受新的股东。

2. 在接受新的股东时，应对完全公司的创立文件在下列方面进行修改：

（1）公司股东新的股份数量；

（2）公司的管理方式；

（3）公司新股东投入资金的金额、方式、期限和方法；

（4）其他与接受新股东相关的条件。

第22条　完全公司利润和亏损的分配

1. 完全公司的利润和亏损，应在股东之间，根据他们在公司注册资本中的出资分配，除非创立合同或股东协议另有规定。

2. 取消某一股东参与分配完全公司的利润和分担亏损的协议，是无效的。

第23条　股东对完全公司的责任

1. 如果在完全公司清算时发现，公司的现有财产不足以清偿所有债务，该公司的股东将以自己的全部财产、为公司承担不足部分的连带责任，股东的全部财产根据法律的规定，可能被追索。

2. 在公司设立后，按照转让股份或继承的方式进入公司的完全公司股东，与其他股东承担包括在他进入公司后出现的同样的义务。

在公司设立后，以接受的新股东的方式进入公司的完全公司股东，只承担在他进入公司后出现的义务。

3. 以转让股份给其他股东或第三方的形式退出完全公司的股东，他在公司财产中的股份被债权人追索，或其他股东拒绝同意参加公司经营，以及被其他股东拒绝接受进入公司的死亡或被宣布死亡的股东的继承人，将不承担公司的责任。

4. 完全或部分清偿完全公司债务的股东，有权向其他股东要求返还相应的部分，这些股东根据各自在公司财产中所占的股份对该股东承担责任。

5. 如果完全公司的经营终止，股东应该在公司终止经营后2年之内，承担公司在终止经营之前出现的责任。

6. 如果股东之间的协议，改变了本法规定的、吉尔吉斯共和国其他法律确定的股东承担完全公司责任的方式，则该协议将是无效的。

第24条　完全公司经营终止的特点

1. 完全公司的经营，除了本法第9条规定的理由外，也可在公司只剩一个股东的情况下终止。

2. 完全公司的股东，自他成为公司唯一的股东之时起的6个月内，有权接受新的股东并保留完全公司。

3. 完全公司的股东，自他成为公司唯一的股东之时起的6个月内，还有权进行下列工作：

（1）投资人签署有关对公司经营以资金支持的合同，设立两合公司；

（2）设立无限责任公司、有限责任公司并遵守法人、分公司（办事处）国家注册法的规定，或者将公司清算。

第二节　两合公司

第25条　两合公司的概念

1. 两合公司是指以自己的全部财产承担公司债务的连带补充责任的一个或多个股东（无限责任股东），与以自己在公司注册资本中的出资额为限承担责任，并且不参与公司企业经营的一个或多个股东（有限责任股东）一同成立的公司。

2. 加入两合公司的无限责任股东的法律地位，以及他们对公司债务的责任由完全公司的股东规则确定。

3. 本法有关完全公司的标准（第10~24条）适用于两合公司，因为这与本章条款不冲突。

第26条　两合公司有限责任股东的权利和义务

1. 两合公司的有限责任股东有权：

（1）根据他们在公司财产和注册资本中所占的股份，按照创立文件规定的方式，获得公司的部分利润；

（2）了解公司的年度报告和平衡账目，并检查它们的正确性；

（3）根据本法和公司创立文件规定的方式，将自己在公司财产所占的股份或其中的一部分转让给其他有限责任股东或第三方；

（4）根据本法第 30 条第 2 款和公司创立文件中规定的方式退出公司。

2. 两合公司的有限责任股东可以享有本法、吉尔吉斯共和国民法典和公司创立文件规定的其他权利。

3. 剥夺本法和吉尔吉斯共和国民法典规定的两合公司有限责任股东的权利，或对其进行限制，其中包括根据有限责任股东和无限责任股东的协议，都是无效的。

4. 两合公司的有限责任股东有义务：

（1）遵守公司创立文件的条款；

（2）按照公司创立文件规定的程序、方法和金额进行出资；

（3）在创立文件规定的情况下，协助公司进行经营活动，其中包括为公司提供服务。

5. 如果有限责任股东在没有授权的情况下，为公司的利益完成交易，那么，如果公司认可他的行为，公司将对债权人承担全部责任。如果不认可，则有限责任股东需以自己的全部财产，独自承担对债权人的责任，对这一财产法院可能进行追索。

6. 两合公司的有限责任股东承担本法，其他法规和公司创立文件中规定的其他义务。

7. 无限责任股东和有限责任股东之间达成的要求两合公司有限责任股东履行不属于本法、其他法律和创立文件规定的义务的协议，是无效的。

8. 在两合公司有限责任股东未履行本法、吉尔吉斯共和国民法典和创立文件规定的义务时，并由此对公司或股东造成了损害，则无限责任股东有权要求这一有限责任股东补偿损失，而在造成巨大损失时，则按照法律程序将其从公司除名。

第 27 条　两合公司的注册资本、两合公司财产中股东的股份

1. 两合公司的注册资本由无限责任股东和有限责任股东的出资组成。

2. 有限责任股东在注册资本中的股份总数，不能超过 50%，在两合公司的创立文件中可能对此规定有限责任股东在无限责任股东支付出资方面的义务。

3. 两合公司注册资本的组成金额、方式和期限，由公司创立合同确定。

4. 股东在两合公司财产中的股份根据本法第 7 条的规则确定。

第 28 条　两合公司创立文件的内容

1. 在两合公司的创立文件中应注明它的公司名称，名称中应包含所有无限责任股东的姓名，以及两合公司的字样，或者不少于一个无限责任股东的姓名并附加“公司”，以及两合公司的字样。

2. 两合公司的创立文件还应包含本法第 4 条第 7 款、第 8 款中规定的资料。

第 29 条　两合公司事务的管理

两合公司事务的管理由无限责任股东负责。两合公司由无限责任股东负责的事务的管理和进行程序，由他们根据完全公司的规则确定。有限责任股东无权参与两合公司事务的管理，以及在无授权书时代表公司。

第 30 条 两合公司有限责任股东组成的改变

1. 如果公司的创立文件没有其他规定，有限责任股东只有在得到所有无限责任股东同意的情况下，才可将自己在两合公司中的股份（部分股份）转让给其他有限责任股东、无限责任股东或第三方。

在将股份转让给其他有限责任股东、无限责任股东或第三方时，从公司退出的有限责任股东的所有权利和义务也一同转移。

2. 两合公司的有限责任股东在财政年度结束时，有权声明放弃参加公司后退出公司。

有限责任股东应在财政年度结束前的 6 个月内发出放弃参加公司的声明，除非创立文件中另有规定。

在有限责任股东从两合公司退出时，将会出现本法第 16 条规定的后果。

3. 债权人对有限责任股东在两合公司财产中所占股份进行追索的程序，由本法第 19 条进行规定。

4. 如果有限责任股东未按期足额缴纳公司注册资本中自己所认缴的出资额，则根据所有无限责任股东的一致决定，无限责任股东有权要求以司法方式开除一个或几个有限责任股东。

如果公司的创立文件未作其他规定，则应向被开除出公司的有限责任股东支付缴纳公司注册资金的投资金额。

如果有限责任股东并未向两合公司的注册资本出资，则在创立文件规定的缴纳出资的期限结束之日起 30 天内，该有限责任股东在公司中的股东地位将被终止，除非公司创立文件中对此另有规定。

5. 如果两合公司的法人股东终止（清算或重组），或者自然人股东死亡或被宣告死亡，权利继承将根据吉尔吉斯共和国民法典规定的方式实施。

第 31 条 股东退出两合公司的后果

在股东（无限责任股东或有限责任股东）退出两合公司时，剩余股东在公司财产中的股份，将根据在该股东退出公司之日确定的他们的原有出资额而增加，除非公司的创立文件或股东协议中另有规定。

第 32 条 两合公司接受新的股东

1. 只有在所有无限责任股东都同意的情况下，才可接受新的无限责任股东和有限责任股东加入两合公司。

2. 在接受新的无限责任股东或有限责任股东时，两合公司的创立文件可进行涉及下列内容的修改：

（1）股东在公司财产中新的股份；

（2）公司管理方式的改变；

（3）新无限责任股东和有限责任股东向公司注册资本中投入资金的金额、方式、期限和方法；

（4）其他与接受新的股东有关的条件。

第 33 条　两合公司利润和亏损的分配

1. 两合公司的利润和亏损在它的所有股东间，根据他们在公司财产中所占股份进行分配，除非公司的创立文件或股东的协议中另有规定。

2. 不允许签署有关排除某个股东参与对公司利润和亏损的分配的协议。

第 34 条　股东对两合公司债务的责任

1. 无限责任股东根据本法第 23 条规定的方式，以自己的全部财产承担两合公司的连带补充责任。

2. 有限责任股东在自己投入到公司注册资金中的资金额范围内，承担两合公司的债务。

第 35 条　两合公司终止经营的特点

1. 两合公司的经营，除了本法第 9 条规定的理由外，也可在所有无限责任股东或所有有限责任股东都退出公司的情况下终止。

如果只剩下一个无限责任股东和一个有限责任股东，两合公司也可存续。

2. 两合公司剩余的无限责任股东，自最后一个有限责任股东退出，或剩余的有限责任股东在最后一个无限责任股东退出之日后的 6 个月内，有权接受新的股东并保留完全公司。在这种情况下，无限责任股东或公民有限责任股东有权将两合公司重组为完全公司。

3. 如果两合公司中只剩下无限责任股东或只剩下有限责任股东，则他们有权进行本法第 24 条第 3 款中规定的行为。

4. 在两合公司清算时，有限责任股东相对于无限责任股东享有从公司财产中获得出资额的优先权，这时的公司财产是指满足了债权人的要求后剩余的财产。之后剩余的财产，将在无限责任股东和有限责任股东之间，根据他们在公司财产中所占股份进行分配，除非创立文件中另有规定。

第三节　有限责任公司

第 36 条　有限责任公司的概念

1. 有限责任公司是指股东不承担公司的债务，并以出资额为限承担与公司经营相关的亏损风险的公司。

未全部投入注册资金的有限责任公司的股东，在每个股东未投入部分的财产范围内承担公司义务的共同财产责任。

第 37 条　有限责任公司股东的权利和义务

1. 有限责任公司的股东有权：

（1）根据本法和公司创立文件规定的方式参与有限责任公司的管理，包括参与分配公司所得的利润；

（2）获得有限责任公司经营的全部信息，包括了解公司财务状况和其他文件；

（3）根据在有限责任公司财产中所占的股份获得有限责任公司的年终经营利润，除非创立文件另有规定；

（4）按照规定的方式退出有限责任公司；

（5）在有限公司清算时，根据在有限责任公司财产中所占的股份获得与债权人结算后剩余财产的一部分。

2. 有限责任公司的股东可以享有本法、其他法律条文和有限责任公司创立文件中规定的其他权利。

3. 剥夺本法和其他法律条文规定的有限责任公司股东的权利，或根据协议包括有限责任公司股东之间的协议限制这些权利，都是无效的。

4. 有限责任公司的股东有义务：

（1）遵守有限责任公司的创立文件；

（2）根据创立文件规定的方式参与有限责任公司的经营；

（3）根据有限责任公司创立文件规定的方式、方法和金额出资；

（4）保守有限责任公司的商业秘密。

5. 有限责任公司的股东可能承担本法、其他法律条文和创立文件规定的其他义务。

6. 如果有限责任公司的股东未履行本法、其他法律条文和创立文件规定的义务、给有限责任公司或其他股东造成损害，则其他股东有权要求该股东赔偿损失，而如果造成重大损失，则按法律程序将其除名。

第 38 条　有限责任公司的注册资本、股东在有限责任公司财产中的股份

1. 有限责任公司的股东组建注册资金，出资额，股东应该在创立文件中规定。

2. 股东在创立文件中规定的出资额，应自国家注册之日起，在公司经营的第一年内，由股东全部足额缴纳。

如果违反了缴纳期限，公司应宣布减少注册资产并按规定方式进行注册或者通过清算的方式结束自己的经营活动。

3. 股东在有限责任公司财产中所占的股份根据本法第 7 条的规则确定。

4. 如果在第二个和之后每个财政年度结束时，公司的净资产价值少于注册资本，则公司应根据本法第 6 条第 4 款的规定声明并按规定方式对注册资本的减少进行注册。

5. 有限责任公司注册资本的增加，只有在所有股东足额缴纳了自己在注册资本中的出资后方能实现。

6. 有限责任公司的股东可以增加和减少注册资金的金额。

股东有关改变注册资金的决定在有限责任公司重新注册后开始生效。

第 39 条　有限责任公司发行债券

1. 有限责任公司有权根据有价证券法规规定的方式发行债券。

为了发行债券，公司应符合以下规定：

（1）按最后3年的金额在最后一个报告年度无亏损；

（2）在最近1年无间断的从事经营活动；

（3）公司的财务报表应由独立审计的结论确认；

（4）拥有以下管理机构：

a. 股东大会；

b. 理事会；

c. 执行机构；

d. 监察委员会。

（5）具有共同管理准则。

为发行债券，重组建立的公司应在重组后至少通过1个财政年度，并应符合本条的要求。

2. 公司有权发行债券，但应以公司自己提供的保证金或第三方提供给公司用于此目的的资金进行担保，此时不适用本条第1款提出的对公司资产和有效期限的规定。

3. 在债券发行公司，应适用由全体股东大会通过确定的共同管理准则。该管理准则包含所有为遵守共同关系参与人权利和合法利益而制定的原则、规则和程序，并调整公司机构与管理人员和股东间的相互关系。

第40条　有限责任公司的管理

1. 有限责任公司的最高管理机构是全体股东大会。

2. 根据全体股东大会的决议，在有限责任公司中可以设立理事会。理事会的组建和经营方式、授权，以及成员任命、终止授权方式，包括理事会主席的职责，由本法和公司章程规定。

3. 理事会成员可以是自然人。在理事会表决时，每个成员有一票投票权。

理事会成员不能同时担任公司执行机构的成员（集体或一个人机构），也不能担任监事会的成员。

4. 根据公司全体股东大会的决议，公司理事会成员在执行自己的职责期间，可以获得工资，并（或）获得与完成自己职责相关的费用的补偿。支付给理事会成员的工资和补偿金额，由公司全体股东大会决议确定。

5. 本法、其他法律法规以及公司创立文件规定公司管理机构的职权，作出决议的方式，代表公司的方式。

6. 属于有限责任公司全体股东大会特殊职权范围的有：

（1）修改公司章程，包括改变公司注册资本；

（2）组建和撤销执行机构（在公司没有理事会的情况下），在公司成立和注销时组建和撤销公司执行机构；

（3）确认公司的年度报表和会计账目、分配利润和亏损；

（4）决定重组或清算；

（5）选举公司监事会（监察员）。

（6）组建和撤销公司理事会。

根据公司章程的规定，可以将其他问题的解决列入全体股东大会的特殊职权范围。属于全体股东大会特殊职权范围的问题不能由其转交给公司执行机构或公司理事会解决。

7. 组建理事会的公司中，公司章程可以规定本条第 6 款第 3 副款注明的问题，全体股东大会应在理事会预先通过年度报告和财务报表，并在理事会针对利润分配和亏损分配问题方面做出建议后作出决定。

8. 每个有限责任公司的股东，都在全体股东大会上享有与其在公司注册资金中所占股份成比例的投票权，除非创立文件中另有规定。

9. 全体股东大会的决议由全部投票数的简单多数通过。而本条第 6 款第 1 副款中规定的问题，则需要全部投票数的三分之二通过；本条第 6 款第 4 副款中规定的问题，则需要由所有股东一致通过。

公司的创立文件可以规定与本法不同的全体股东大会决议的通过方式。

10. 有限责任公司的股东有权将自己在全体股东大会的权利转让给其他股东，除非创立文件中另有规定。

11. 可以由股东的代表以股东的名义在一定期限内参加全体股东大会。

12. 有限责任公司的股东可以在任何时间停止本条第 10 款、第 11 款中注明的人的授权，并将这一决定通知其他股东或执行机构。

第 40-1 条　理事会的职能

公司理事会的职能根据本法规定，在公司章程中确定，公司理事会具有以下职权：

（1）确定公司的基本经营方向；

（2）组建和撤销公司执行机构（不包括公司创建和清算的情况）；

（3）监督公司执行机构对全体股东大会决议的执行；

（4）确定对公司一人执行机构、集体执行机构成员和管理人的奖励和货币补偿金额；

（5）作出有关公司加入协会和其他商业组织联盟的决议；

（6）作出建立分公司、设立办事处的决议；

（7）预先通过公司的年度报表和财务报告、分配公司利润和亏损；

（8）其他章程规定的问题。

不允许理事会成员转让投票权，包括向理事会其他成员转让。

第 40-2 条　公司理事会的选举

1. 公司理事会成员由全体股东大会根据本法和公司章程规定的方式，按全体股东大会规定的期限进行选举。

如果理事会成员授权期限届满，新的成员还未选举，则理事会可以在选举新的理事会之前继续行使职权。

被选为理事会成员的人，可以连选连任。

根据公司全体股东大会的决议，理事会成员的授权可以提前终止。进入理事会代替被撤职（离任）理事会成员授权，可在所有理事会成员任期满后结束。

如果理事会剩余成员人数少于一半，则理事会成员的任何变更，都应通过理事会所有成员的选举方式进行。

2. 理事会的成员可以不是公司股东；对被选为公司理事会成员的人提出的要求，可以在经全体股东大会通过的公司章程或内部文件中确定。

3. 理事会成员人数应为奇数，由公司章程或全体股东大会确定，但不能少于3个，多于7个。

第40-3条　公司理事会主席

1. 公司理事会主席由理事会多数票选举通过。

公司理事会有权在任何时候，以多数票通过重新选举自己的主席。

2. 公司理事会主席主持工作，召开理事会会议，并主持会议、组织会议记录。

3. 如果理事会主席缺席，他的职能由被授权的理事会的一个成员完成。

第41条　对有限责任公司执行机构工作的监督

1. 有限责任公司的全体股东大会为了监督执行机构的工作有权组建监事会。

2. 监事会成员可以由公司股东和有权从事审计工作的人士、财务和会计核算领域的独立专家和其他人士组成。

执行机构的成员不能作为监事会成员。

3. 监事会在对公司执行机构的财务经营活动进行检查时，有权要求执行机构成员提供所有必需的资料、财务和其他文件及个人说明。监事会将检查结果提交全体股东大会。

4. 对公司执行机构财务经营活动的检查应根据全体股东大会规定的方式进行。

5. 在法规或全体股东大会规定的情况下，监事会起草年度账目和其他公司报表总结。在这种情况下，全体股东大会没有监事会的总结无权通过年度账目和公司其他报表并对利润和亏损进行分配。

6. 有限责任公司的股东有权对公司执行机构工作的监督规定与本条规定不同的方式。

7. 有限责任公司全体股东大会在法规规定的情况下，应组织独立审计检查公司的经营活动。

8. 根据任何一个股东的要求可以对公司的经营进行审计检查。在这种情况下，进行审计检查的费用由该股东和公司平摊支付，除非公司的创立文件另有规定。

9. 公司无需公布报表，除非法律和公司创立文件对此另有规定。

第42条　有限责任公司股东组成的改变

如果改变有限责任公司的股东组成，则应对创立文件进行相应的修改。

第43条　股东退出有限责任公司

1. 有限责任公司的股东有权在任何时间，无需其他股东同意退出公司。股东应在实际退出公司前的至少1个月发出退出公司的声明。

有限责任公司的创立文件可以对股东提交退出公司声明的期限另作规定。

2. 退出有限责任公司的股东，可根据本法第16条规定的方式、方法和期限获得公司部分财产价值。

第44条　股东在有限责任公司财产中股份的转让

1. 有限责任公司的股东出售或以其他方式向公司的一个或几个股东出让自己在公司财产中与在注册资本中所占比例相应的股份，或者其中的一部分。

有限责任公司股东的股份，如果缴纳足额出资之前转让，则只能转让已缴纳的部分，除非创立文件另有规定。

2. 允许股东转让自己在有限责任公司财产中的股份（部分）给第三方。

有限责任公司的股东享有与其在公司财产中所占股权成比例的购买股东股份的优先权，除非公司章程或公司股东对行使这一权利另有规定。

如果公司股东在通知发布之日起1个月内或者公司章程或股东协议规定的其他期限内，不行使自己的优先权，则股东有权将自己的股份出让给任何第三方。

3. 如果根据章程，股东不能出让在公司中的股份（部分）给第三方，而公司其他股东又拒绝购买，那么公司应向股东支付该股份实际的市场价值或者相当于这一价值的实物财产。

4. 如果股东的股份（部分）由公司获得，则公司应以创立文件规定的期限和方式将股份出售给其他股东或第三方，或者公司根据本法第38条第4款的规定减少自己的注册资本。在这一阶段，利润分配以及在全体股东大会的投票将不考虑公司获得的这部分股份。

5. 如果有限责任公司的自然人股东死亡或被宣告死亡，或者公司的法人股东终止自己的经营（清算或重组），则他在公司财产中的股份应转让给他的权利继承人（继承人）。

如果死亡或被宣告死亡的自然人股东，或者终止了经营的法人股东，未全部缴纳在公司注册资本中的出资，则他们的权利继承（继承人）人只能获得已支付部分的金额，除非公司章程另有规定。

第45条　从有限责任公司中开除股东

1. 只有在对公司或其他股东造成实质性损失，并根据法院判决，有限责任公司的股东方可能被开除出公司。

2. 从有限责任公司中开除股东应按照本法第18条第3款、第4款规定的方式进行。

第46条　对股东在有限责任公司财产中的股份进行追索

1. 只有在股东的其他财产不足以抵偿他的债务时，方可根据对该股东的私人债务对其在有限责任公司财产中的股份进行追索。该股东的债权人有权要求有限责任公司支付相当于债务人在公司注册资本中所占股份的公司部分财产的价值，或者将这一部分财产划分出来用以对债务的追索。应划分的公司的财产部分或它的价值应以债权人提出要求之时的账目确定。

2. 如果股东只是部分的缴纳了在有限责任公司中的股份，则债权人有权要求就这一部分出资进行追索，除非公司章程另有规定。

3. 对股东在公司财产中所占的所有股份的追索可以停止该股东加入公司。

第47条　有限责任公司的自然人股东被宣告失踪、无行为能力或限制行为能力的后果

1. 如果公司的创立文件未作其他规定，在有限责任公司的自然人股东被宣告失踪或无行为能力的情况下，他的监护人可以作为该股东的法定代理人参加公司的经营。

2. 如果公司的创立文件未作其他规定，在有限责任公司的自然人股东被认为限制行为能力的情况下，经监护人同意该自然人股东可以参加公司的经营。

第48条　有限责任公司股东退出的后果

如果公司的创立文件或股东协议未作其他规定，则在股东退出公司时，剩余股东的股份应根据他们在该股东退出公司当日确定的原有股份增加。

第49条　接受新股东进入有限责任公司

1. 如果公司的创立文件未作其他规定，则只有在所有股东都同意的情况下方可接受新股东进入有限责任公司。

2. 在接受新股东时，公司的创立文件应进行修改，修改应涉及：

（1）公司注册资本和股东股份的新金额；

（2）新股东缴纳出资的金额、方式、期限和方法；

（3）其他接受新股东所必需的条件。

第50条　有限责任公司股东的补缴出资

根据有限责任公司全体股东大会的决议股东可以补缴出资。对这一问题的决定，如果公司章程没有规定必须所有股东一致通过，则应由公司全体股东三分之二投票的法定多数通过，这时相应的可以改变股东的股份。

第51条　停止有限责任公司经营活动的特殊性

1. 有限责任公司的经营活动根据本法第9条的规定可以停止。

2. 有限责任公司只可以被重组为股份有限公司。

第四节　股份公司

（经2003年3月27日第64号吉尔吉斯共和国法律删除）

第80条　本法生效的日期

本法自1997年1月1日生效。

吉尔吉斯共和国总统　阿卡耶夫

COMMONLY USED
LAWS IN KYRGYZSTAN

吉尔吉斯斯坦投资法

（2003 年 3 月 27 日修订，2016 年 12 月 16 日修订）

本法规定国家投资政策的基本原则，旨在改善国家的投资环境并促进吸引本国和外国的投资，给投资者提供公正、公平的法律制度以及对他们在吉尔吉斯共和国经济中的投资给予保护。

第一章　总　则

第1条　本法使用的基本概念

1. 投资，是指归投资者所有，或由其直接或间接控制的所有形式的资产，对经济活动项目的，进行下列方式的物质和非物质投入，以便获得利润并达到其他效益：

资金；

动产和不动产；

财产权（抵押权、留置权、质押权和其他）；

股票和其他加入法人的形式；

有价债券和其他债券；

非财产权（其中包括知识产权，包括商业信誉、版权、专利、商标、工业样品、工艺流程、品牌和专有技术）；

根据许可证或吉尔吉斯共和国国家机构给予的其他形式的、任何从事经营的权利；

根据吉尔吉斯共和国法律办理的经营权，包括吉尔吉斯共和国自然资源勘察、开采或经营；

在吉尔吉斯共和国境内投资和再投资所得的利润或收入；

吉尔吉斯共和国法律不禁止的其他形式的投资。

财产投入的方式，或这一方式的改变不会影响其作为投资的性质。

2. 直接投资，是指在吉尔吉斯共和国境内创建或重新创建的股份公司中投资者持有或购买了不少于三分之一的股份或股东表决权，或者其他形式的经营主体的同等加入方式、投资者和所投资企业之间后续所有的业务，向吉尔吉斯共和国境内法人开办的子公司、办事处的固定资产投资。

3. 投资人，是指以直接投资的方式投入自有资金、借贷资金或吸引的资金的投资活动主体。

本国投资人，是指在吉尔吉斯共和国境内从事投资活动的吉尔吉斯共和国法人和自然人，以及具有吉尔吉斯共和国居民地位的外国公民和无国籍人士。

外国投资人，是指对吉尔吉斯共和国经济进行投资的、不是本国投资人的任何自然人和法人，包括：

（1）在吉尔吉斯共和国境外长期居住的、是外国公民或无国籍人士的自然人；

（2）法人：

根据外国法律设立和注册的；

或与外资共同创办的，即根据吉尔吉斯共和国法律组建的：

a. 完全属于一个或一个以上的外国自然人，法人；

b. 通过书面合同，由一个或几个外国自然人、法人监督和管理大部分股票的销售权和大多数执行机构或监督机构成员的任命权；

c. 不少于三分之一股权表决权，由长期居住在境外的外国公民、无国籍人士持有，或本条提到的法人持有；

（3）根据吉尔吉斯共和国加入的国际公约创建的法人；

（4）不是法人的外国组织；

（5）国际组织。

4. 投资活动，是指投资人对他的投资实施的实际行为。

（1）投资协议，是指投资人与吉尔吉斯共和国政府、法人和自然人之间签署的，规定投资项目实施方式的合约。

（2）投资项目，是指在达到指定目标之前，在一定的时期内，根据投资协议完成的为实际实施投资而规定的措施和文件的综合体。

5. 再投资，是指利用投资者在吉尔吉斯共和国投资所得的收入或利润投资吉尔吉斯共和国境内的经营项目。

6. 投资争议，是指实施投资时出现的，投资人与吉尔吉斯共和国国家机构、职务人员、其他投资活动的参与人之间的争议。

7. 国家授权机构，是指吉尔吉斯共和国政府授权推动在吉尔吉斯共和国投资、协调投资经营的国家管理部门，国家授权机构的章程由吉尔吉斯共和国政府确认通过。

8. 投资企业，是指在吉尔吉斯共和国境内成立、由投资人投入资金的经营公司。

9. 稳定化制度，是指在对吉尔吉斯共和国调整税收和非税费问题的法律法规进行修改和补充时，对投资人和/或投资企业有利的法律制度。

第 2 条　有关投资和稳定化制度的法律

1. 调整投资制度的法律包括《吉尔吉斯共和国宪法》、本法以及其他法律法规。

2. 在对本法、吉尔吉斯共和国税法和非税收法进行修改或补充时，投资人以及符合本条规定条件的投资企业，在稳定化制度签署之日起 10 年内，有权按吉尔吉斯共和国法律规定的方式，选择对自己更有利的纳税条件，包括增值税，但不包括其他间接税，和支付非税费的条件（不包括向国家机构提供服务的费用）。在税收和非税收法律关系中，适用稳定化制度的方式和条件由吉尔吉斯共和国法律规定。

稳定化制度不能作为依据而限制签署稳定化协议的投资人和/或投资公司享有稳定化协议签署后生效的法律所规定的有利条件。

3. 享有稳定化制度的权利是：

（1）在稳定化协议签署后 3 年内向投资企业投入资本的投资人，其中包括通过增加流通股数量，以索姆增加注册资金至 300 万美元以上（根据协议签署当日吉尔吉斯共和国民族银行汇率计算）的方式的投资，以及投资公司本身的上述行为，或者；

（2）从事与矿产研究、勘察、勘探、开采相关的经营，在签署稳定化协议 5 年内向投资企业投入资金的投资人，其中包括通过增加流通股数量，以索姆增加注册资金至 2000

万美元以上（根据协议签署当日吉尔吉斯共和国民族银行汇率计算）的方式的投资，以及投资公司本身的上述行为。

4. 投资人未完成对投资企业的投资义务，是作为解除稳定化协议，向投资人、投资企业征收由于适用稳定化制度而未缴纳的税收和非税收的依据。

5. 股东组成或投资人和/或投资企业股东的变更，不会导致终止适用本法规定的稳定化制度及其期限的权利。

第3条　本法的效力范围

1. 与吉尔吉斯共和国境内的直接投资相关的关系，由本法以及其他根据本法制定的吉尔吉斯共和国法规进行调整。

2. 对信贷机构、保险机构的投资，由吉尔吉斯共和国的法律法规进行调整。

第二章　对投资人的法律保证

第4条　保护投资和投资人的保证

1. 吉尔吉斯共和国向在吉尔吉斯共和国境内投资的外国投资人提供的国家经济活动制度，适用于吉尔吉斯共和国法人和自然人。

2. 由于投资活动而来到吉尔吉斯共和国的外国投资人、他们的代表和外国员工，有权在整个吉尔吉斯共和国境内自由通行，但不包括吉尔吉斯共和国相应法律规定了停留条件和方式的地区。

3. 以授权国家机构为代表的吉尔吉斯共和国，为本地和外国投资人提供同等的投资权利，而无论其国籍、民族、语言、性别、种族、信仰、从事经济活动的地点、投资人出生国或投资的来源国如何，但不包括吉尔吉斯共和国法律规定的情况。

4. 以授权国家机构、职务人员和地方自治机构为代表的吉尔吉斯共和国，不得干涉投资人的经济活动、权利和合法利益，除非吉尔吉斯共和国法律另有规定。

5. 未遵守本条规定的吉尔吉斯共和国相关职务人员，将根据吉尔吉斯共和国法律的规定承担责任。

6. 受吉尔吉斯共和国法律保证的、投资人被损害的权利和利益的恢复，由吉尔吉斯共和国法律及其加入的国际公约调整。

7. 在经济和社会优先领域投资，以及在国家一定地区投资的投资人，根据国家发展计划（项目）可能享有吉尔吉斯共和国法律规定的投资优惠。

8. 投资可以任何形式投入吉尔吉斯共和国法律不禁止的各种项目和经营种类，其中包括根据吉尔吉斯共和国许可证法规定的经营许可证项目。

第5条　投资、财产和信息输出或带出吉尔吉斯共和国境外的保证

1. 投资人有权以自由兑换的外币形式从吉尔吉斯共和国自由输出或带出本法第6条规定的补偿，以及在吉尔吉斯共和国境内投资所得的收入，包括但不限于：

（1）以红利、提成和其他进项形式获得的投资利润；

（2）在无损于完成投资人对吉尔吉斯共和国或其他债权人的投资义务的情况下，部分或全部终止在吉尔吉斯共和国的投资经营后，或将投资、所有权和财产权转让后，投资人获得的资金。

2. 最初将财产，和文件形式或电子载体记录形式的信息作为投资输入吉尔吉斯共和国的投资人，有权将上述财产和信息输出吉尔吉斯共和国（无需配额、许可证和对其适用的外贸经营非税率调整措施）。

第6条　保护投资不被没收和补偿投资人损失的保证

1. 投资不应被没收（国有化、征用，或其他同等措施，其中包括导致强制没收投资者资金或剥夺他使用投资收益的权利的吉尔吉斯共和国国家授权部门的作为或不作为），但不包括吉尔吉斯共和国法律规定的情况，即没收是为了社会利益，并以非歧视为原则，遵守应有的法律秩序，并及时支付必需的、切合实际的损失赔偿，包括丧失的利益。

2. 赔偿应等价于作出没收决定当天被没收投资或其中一部分的客观市场价格，包括丧失的利益。客观市场价格不应由于之前的没收信息而造成的某些价值改变。

3. 赔偿应实际可行，并按双方协商的期限完成，以可自由兑换的货币支付。赔偿应包括按伦敦银行间 LIBOR 报价利率计算的、产生赔偿的相应期限的利息，并以美元支付，超出 1 年期限，以 LIBOR-12 个月利率计算。

4. 必要的法律秩序规定了在对没收存有异议时投资者要求司法机构或其他国家授权机构快速审理案件的权利，包括评估他的投资、支付本条规定的赔偿，且不违反本法第 18 条关于补偿投资人损失的规定。

5. 由于战争或其他武装冲突、革命、非常状态、国内冲突或其他类似情况致使在吉尔吉斯共和国的投资遭受损失的投资人，可享有不少于或不低于适用于吉尔吉斯共和国法人和自然人的法律地位和条件。

第7条　使用收入的保证

1. 投资人有权按自己的意愿获得、使用和支配自己的投资和投资获得的收入和利润，用于吉尔吉斯共和国法律不禁止的任何用途。

2. 为了保存和使用收入和其他资金，投资人有权根据吉尔吉斯共和国法律的规定在吉尔吉斯共和国境内开立本国和外国货币的账户。

第8条　货币业务的自由

1. 投资人根据《吉尔吉斯共和国有关吉尔吉斯共和国民族银行、银行和银行业务法》，以及其他外汇调整法规的规定进行外汇业务。

2. 对于属于在吉尔吉斯共和国投资的所有支付款项，投资人有权将吉尔吉斯共和国货币自由兑换成任何其他外币。

3. 所有与投资相关的以外币进出吉尔吉斯共和国的货币汇款，都可按吉尔吉斯共和国法律规定的方式，自由畅通的进行。

4. 如果吉尔吉斯共和国法律中增加了限制外汇汇款进出吉尔吉斯共和国的规定，则这些规定将不适用于外国投资人。只有依据防止为恐怖主义提供资金、犯罪渠道获得收入合法化（洗钱）的法律方可能对外国投资人进行这样的限制。

第 9 条　自由获取公开信息

1. 所有吉尔吉斯共和国的法律法规，以及以某种形式涉及投资者利益的司法裁决，投资者都可获取，而在法律直接规定的情况下，应予以公示。

2. 吉尔吉斯共和国国家机构和职务人员，根据投资人的申请，按法律规定的方式向其提供他们感兴趣的、可公开获取的信息。

第 10 条　投资人的经济独立性和承认投资人权利

1. 投资人可自由选择创建法人资本的金额、组成和结构，除非吉尔吉斯共和国法律另有规定。

2. 投资人有权为了实施投资与法人、自然人，包括外国的法人、自然人，按法律规定进行经济活动。

3. 投资人可以在遵守吉尔吉斯共和国法律的前提下在吉尔吉斯共和国境内设立子公司、分公司和办事处。分公司和办事处根据总（主）公司规定的章程，以公司名义运营。分公司和办事处的经营责任由总公司承担。

4. 投资人有权在遵守吉尔吉斯共和国法律的前提下根据合同将自己的权利转让（转让债权），将义务转让（转让债务）。

5. 根据吉尔吉斯共和国法律的规定，投资人可以自愿在吉尔吉斯共和国境内建立协会和其他联合会。

6. 投资人有权以贷款、发行有价证券和借款的形式将资金引进吉尔吉斯共和国。他的财产及各种财产权和非财产权可以作为投资者义务履行的保障。

7. 投资人可以通过获得国家和公共财产所有权或被私有化企业注册资金股权、股份（份额、投入）的方式、按法律规定的条件和方式参与国家所有权和公共所有权项目的私有化。

8. 投资人有权根据法律规定购买国家的有价证券，和在吉尔吉斯共和国注册的其他法人的股票和有价证券。

9. 吉尔吉斯共和国及其职务人员，承认投资人的知识产权和财产方面的所有权利，以及属于外国投资者的权利。

10. 在建筑和设施的所有权转移时，与这些建筑和设施一同转移的还有根据法律规定方式和条件转移的土地区块的使用权。

11. 投资人可以按法律规定的方式获得土地区块的租用权。

第 11 条　租让合同

1. 根据投资人与吉尔吉斯共和国国家授权机构签署的租让合同，向投资人按法律规定的方式租让自然资源勘探、开采和进行其他经营活动的权利。

2. 允许在任何领域和任何经营种类的租让，如果吉尔吉斯共和国法律不禁止，且这些租让符合租让合同签署的目的。

第 11-1 条　吉尔吉斯共和国政府签署的投资协议

1. 如果投资人是实施投资项目的倡议人，吉尔吉斯共和国政府有权根据经济和社会领域优先行业的国家发展规划、为实施投资项目而签署投资协议。如果投资人在投资项目中的投资不少于 5000 万美元，且投资人拥有公认的国际商业信誉、独特的知识和在类似领域成功完成项目的经验，则投资协议可通过吉尔吉斯共和国政府和投资人之间直接谈判的方式签署。

2. 吉尔吉斯共和国政府和投资人之间签署的投资协议，不能提供吉尔吉斯共和国法律没有规定的优惠和特惠。

3. 在签署吉尔吉斯共和国国际公约时，不适用本条的条款。

第 12 条　在特别经济区的投资

在特别经济区的投资适用吉尔吉斯共和国有关特别经济区的法律法规。

第三章　对投资人和投资的国家支持

第 13 条　国家支持投资人和投资的目的

1. 对投资人和投资的国家支持和保护的目的，是建立有利的投资环境并为国家经济吸引直接投资。

2. 由国家授权机构负责实施对投资人的国家支持和保护，促进投资。

第 14 条　实施对投资人支持和保护、促进投资的国家授权机构

1. 为了对投资人进行国家支持和保护，促进在吉尔吉斯共和国的投资，国家授权机构根据吉尔吉斯共和国政府通过的章程，完成以下职能：

保证国家机构和投资人之间的联系；

筹备并推广有关在吉尔吉斯共和国的投资机会和条件的信息；

向潜在投资人提供有关具体经营的法律、经济等方面的咨询；

向投资人提供与进行经营的许可方式相关的必需信息，并给予相应协助；

积极协助解决投资人实际和潜在的问题，包括在投资人遇到国家机构和其他机构的不法行为或妨碍行为时的帮助和保护；

为吉尔吉斯共和国国家机构制定改善吉尔吉斯共和国投资环境的建议；

授权代表吉尔吉斯共和国，在自己职权范围内有权参加国际谈判或投资咨询；

采取措施以便完成国际公约中规定的吉尔吉斯共和国的义务，实行国际合作的措施和办法，组织对国外经验的研究和利用；

给国家机构和职务人员提供投资领域实施或计划实施政策方面的咨询；

与相关部委共同组织和进行投资项目和规划竞争；

完成推动、支持和保护在吉尔吉斯共和国的投资人的其他职能。

2. 投资人在平等的基础上有权使用负责促进投资的国家授权部门提供的、发展和保

护自己利益方面的服务。

第四章　对投资人的劳动法规定

第 15 条　投资人与吉尔吉斯共和国公民之间的劳动关系

投资人与是吉尔吉斯共和国公民的员工之间的关系，由吉尔吉斯共和国劳动法调整。

第 16 条　聘用非吉尔吉斯共和国公民员工

1. 投资人有权根据吉尔吉斯共和国法律规定自由雇用非吉尔吉斯共和国公民的员工。非吉尔吉斯共和国公民的员工可以被雇用进入企业领导机构。

2. 投资人支付给员工的工资、奖金和其他补助，以及员工的其他收入，都可无阻碍地、按吉尔吉斯共和国法律规定的方式，汇出吉尔吉斯共和国境外。

3. 国家授权机构，应协助外国公民在进行吉尔吉斯共和国投资框架下劳动活动期间出入和停留吉尔吉斯共和国。

第 17 条　社会保险和保障

1. 投资人应为自己的吉尔吉斯共和国公民、无国籍人士的员工缴纳所有国家社会保险的所有项目的费用。

2. 外国投资人有权为外国员工在外国相应基金缴纳社会保险和保障，如果吉尔吉斯共和国加入的国际公约没有其他规定。

第五章　结束条款

第 18 条　投资争议的解决

1. 投资争议应根据投资人和国家机构事先协商所采用的任何程序解决，但不排除投资人根据吉尔吉斯共和国法律的规定采用其他法律保护方式。

2. 如果未签署协议，则吉尔吉斯共和国国家授权机构和投资人之间的投资争议，双方可根据可能性、借助咨询的方式协助解决。如果双方在第一次书面咨询之日起 3 个月内未能协商解决争议，只有在外国投资人和国家机构间出现争议时，其中一方没有请求根据以下程序之一，按起诉方式审理争议的情况下，可以在吉尔吉斯共和国司法机构解决投资人与国家机构间的任何投资争议：

（1）依据调整国家和其他国家公民间投资协议的公约或调整中心书记处用于听证补充方式的使用规则，向国际投资争议解决中心起诉；

（2）向仲裁机构，或按国际商业法，根据联合国委员会仲裁规则建立的国际临时仲裁法庭（商业法庭）起诉；

3. 如果投资争议交由本条第 2 款第 1 项、第 2 项中规定的仲裁机构审理，吉尔吉斯共和国将放弃要求在将争议转交国际仲裁前用尽当地行政或司法救济的权利。

4. 外国投资人和本国投资人之间的任何投资争议，可在吉尔吉斯共和国司法机构审理，只要双方未协商按其他程序解决争议，包括通过国内和国际仲裁解决。

5. 外国投资人和吉尔吉斯共和国法人和自然人之间的争议，可以根据双方协议在仲裁法院解决，包括境外的仲裁法院。如果没有这样的协议，则可以按照吉尔吉斯共和国法律规定的方式解决争议。

第 19 条　吉尔吉斯共和国的投资义务

吉尔吉斯共和国不承担吸引外国和/或本国投资的吉尔吉斯共和国居民和非居民的义务，除非这些义务是由国家根据法律规定方式担保的。

第 20 条　投资人遵守吉尔吉斯共和国法律

1. 投资人在吉尔吉斯共和国境内从事经济活动时，应遵守吉尔吉斯共和国的法律。

2. 如果违反吉尔吉斯共和国法律的规定，投资人应承担法律规定的责任。

第 21 条　外资参股的法人国家注册的特殊性

外资参股的法人，及其分公司和办事处的国家注册、重新注册、注销，根据吉尔吉斯共和国民法典，法人、分公司（办事处）国家注册法的规定办理。

外国投资人应补充提供以下文件：

作为股东的外国法人，应提供经认证的登记证明，以证明股东是根据本国法律有效运营的法人，应以国家或官方语言翻译公证。上述文件对于独联体参与国法人无需认证。

作为股东的外国自然人，应提供护照或其他证明自然人身份的文件（注明签证有效期），应以国家或官方语言翻译公证。

第 21-1 条　投资竞争选择

1. 通过投资竞争选择程序确定货物、工程，服务的供应者，以及为了实现投资规划提供咨询服务的供应者。

2. 投资竞争选择的方法由吉尔吉斯共和国政府根据吉尔吉斯共和国议员委员会的决议确定。

第 22 条　投资保险

1. 投资人可自愿对投资和风险进行保险。如果吉尔吉斯共和国法律没有规定必须办理保险，则投资和风险可以在吉尔吉斯共和国境内或境外参保。

2. 吉尔吉斯共和国不承担保险公司的义务。

第 23 条　本法对其实施前完成的投资的适用

本法生效前在吉尔吉斯共和国注册的投资人，适用吉尔吉斯共和国经修改的外国投资法第 23 条和第 20 条第 1 款规定的优惠，直至有效期满。

第 24 条　与实施投资活动相关经营的公开

国家授权机构在大众信息媒体公布吉尔吉斯共和国调整投资活动领域的法律法规。

第25条　本法的实施

1. 本法自公布之时起生效。
2. 《吉尔吉斯共和国外国投资法》失效。

吉尔吉斯共和国总统　阿卡耶夫

COMMONLY USED
LAWS IN KYRGYZSTAN

吉尔吉斯斯坦矿产资源法

（2012 年 8 月 9 日修订，2017 年 4 月 19 日修订，
2018 年 5 月 9 日修订）

第一章　总　则

2018年4月12日吉尔吉斯共和国议会通过

第1条　本法适用范围

1. 本法调整国家与自然人、法人之间在矿产资源使用过程中产生的关系。

2. 吉尔吉斯共和国在矿产资源使用领域的立法以《吉尔吉斯共和国宪法》为依据，由本法和根据本法实施的吉尔吉斯共和国规范性法律文件构成。

3. 本法规定国家法律调整的方式，国家权力机关、地方国家行政机关和地方自治机关的职能，自然人和法人的权利和义务，以及违反吉尔吉斯共和国矿产资源使用领域的立法时所应承担的责任。

第2条　在矿产资源使用过程中其他法律和规范性法律文件的适用

1. 在矿产资源使用过程中产生的与使用和保护土地、水体、动植物、大气相关的且不受本法调整的关系，由吉尔吉斯共和国相关法律进行调整。

2. 国家以下列条款为依据，在矿产资源使用领域内实行本国国策：

（1）矿产资源是处于特殊保护下的国家所有财产。

（2）不允许因国籍或注册国家而歧视公民和法人。

（3）积极为人和环境创造安全的劳动条件。

（4）发展和管理吉尔吉斯共和国矿石原料基地。

（5）保护和合理使用吉尔吉斯共和国矿产资源。

（6）在互惠合作的基础上，调整矿产资源使用的相关关系。

（7）开放、透明化许可过程。

（8）在矿产资源使用时禁止限制竞争和垄断。

3. 以产量分成合同和租赁合同为基础的矿产资源使用关系的特殊性，由吉尔吉斯共和国相关法律规定。

第3条　矿产资源所有权

矿产资源属于吉尔吉斯共和国所有，是吉尔吉斯共和国人民赖以生存的基础，并处于国家特殊保护之下。

第4条　本法使用的术语

本法使用下列术语：

（1）权益人，是指自然人、享有矿产资源最终所有权的国家和/或通过下列方式获得矿产资源使用权的申请人：

a. 在注册资本中直接和/或间接占有10%以上的股份或者份额；和/或

b. 直接和/或间接获得10%以上的最高管理机关投票；和/或

c. 管理机关的直接和/或间接委派和/或建议。

（2）补偿税，是指矿产资源使用权税，根据吉尔吉斯共和国税法典的规定支付。

（3）矿产再生产地，是指开采时在河床的砂石沉积层自然再生的产地。

（4）选择性开采，是指违反技术方案，从矿产资源中选择性提取较富储量，降低剩余储备的工业价值。

（5）矿产资源的地质信息，是指地质报告、地图、样品、检测报告和其他地质资料，矿山技术、工艺、经济等信息（资料）中所包含的地质构造，资源发展史，成分，性能，岩石、地下水、矿产和其他地质构成的蕴藏条件，地球物理和地球化学领域的信息，以及矿产资源研究和利用方式及结果、提取的矿物原料等信息。

（6）地质信息资源，是指包含矿产资源地质和其他信息的所有文件和地质材料。

（7）地质划拨，是指提供用于地质资源研究的矿产资源区块，且以图标文件，按直角坐标系统的角点确定。

（8）地质资源研究，是指进行地质勘查、地质勘探、区域地质测绘、地球物理等工作。

（9）地质勘察工作，是指包括区域勘察、总勘察和详细勘察阶段的地质调研，还包括为了查明矿产显现和产地，并评估前景资源和在此进行地质勘探工作合理性的勘察评估工作。

（10）地质勘探工作，是指包括矿产产地预探和详探阶段的地质研究，其中包括地下水、地热资源的研究，以便研究并确定矿产的数量和质量、工艺性能、地质和矿山技术、地质水利和其他开采条件，计算出量以备开采。

（11）矿山资产，是指资源使用者在土地配置、矿山或地质划拨范围内创建或获得的、保证资源使用的不动产。

（12）矿山划拨，是指矿产资源区块，其深度根据相应矿产的延伸深度确定，用于开采矿产并以图标文件，按直角三维坐标系统的角点确定；也包括提供用于安置与矿产开采无关的项目的矿产资源区块。

（13）矿产类别，是指本法按照共同特征区分的矿产种类划分了以下矿产类别：

a. 1 类，石油和天然气；

b. 2 类，淡水和地下矿泉水；

c. 3 类，其他矿产。

（14）井产量，是指每单位时间可从井中提取的最大矿物量。

（15）平衡表外储量，是指吉尔吉斯共和国国家矿产储量平衡中计算的，在统计当时没有经济开采价值或者无法开采的矿产储量。

（16）用于矿产资源使用的土地，是指提供给矿产资源使用者开采矿产、建设基础设施（道路、仓库、尾矿、输电线、宿营地等）的土地区块，以图标文件，按直角坐标系统的角点确定。

（17）卫生防护区，是指水源和供水系统周围的区域，在此建立排除或限制污染的特殊制度。

（18）基础设施，是指构成和提供矿产资源利用活动的一系列相互关联的结构和设施。

（19）矿产开采行业透明度倡议（以下称透明度倡议），是指全球国际标准，旨在促进保证矿产开采业经营收入透明度，并规定对经营主体的缴费和吉尔吉斯共和国政府收入进行核对，并定期告知一般公众。

（20）停工保护，是指暂时中止地质勘查、勘探和开采矿产地或与矿山及其他财产相关的建造和投入使用工作，并保留继续开工的可能性。

（21）矿山清理，是指在终止利用矿产资源时所实施的一系列措施，排除进一步利用资源的可能性，确保居民的生命和健康安全，保护矿产资源和环境；

（22）被许可人，是指拥有矿产资源使用权许可证，并根据吉尔吉斯共和国法律规定注册的自然人和法人。

（23）许可区块，是指与签发了矿产资源使用权许可证的矿山和地质配置相符合的地表区块，以图标文件，按直角坐标系统的角点确定；许可区块以平方公里或公顷表示。

（24）许可机关（许可证签发人），是指被授权的国家矿产资源权力机关。

（25）许可证协议，是指许可证不可分割的部分，规定了矿产资源使用的条件。

（26）矿产资源使用权许可证，是指许可机关根据本法签发的、证明矿产资源区块使用权的文件。

（27）矿产产地，是指包含被评估矿产的，并具有工业开采合理性的资源区块。

（28）矿物，是指地壳的一部分，位于土壤层下方，如果不存在土壤层，则在地表下方以及水体的底部，延伸至可用于地质勘探和开采的深度，包括砂矿藏。

（29）独立鉴定，是指按照法律规定程序认证的独立人员所进行的相关工作技术项目鉴定。

（30）许可证号，是指按照吉尔吉斯共和国规范性法律文件的规定获得的、在本国领土上唯一的许可证编号；

（31）矿产资源保护，是指吉尔吉斯共和国相关法律规定的保证资源合理使用的综合措施。

（32）地质信息集合，是指地质、矿山技术、工艺和其他信息的总和，由被授权的国家矿产资源权力机关以纸质版和/或电子版方式确定的具体矿产资源区块的信息。

（33）地质研究的原始资料，是指自然载体（物质信息）上的信息，包括钻井的岩心取样，石油、水、天然气的样品，石材样品，各种用途的收集品、样品复制品、磨片等；人造载体（纸、磁铁等）上的信息，包括野外观察日记和文件，包括数字的文件，实验日志、样品分析结果、地球物理观察记录和其他类似资料。

（34）许可证费用，是指根据本法和吉尔吉斯共和国非税收费用法的规定，被许可人为保留矿产资源使用权许可证所必须支付的费用。

（35）矿产资源 ，是指天然矿物资源，包括碳氢化合物和地下水，其化学成分和物理特性使其可用于材料生产和消费领域，还包括位于地表上方的天然矿物和硬岩。

（36）矿产资源的利用，是指特定矿产资源区块的利用，包括从工业形成物中提取矿产。

（37）矿产资源使用者，是指享有矿产资源使用权的自然人或法人。

（38）资源使用权的终止，是指根据被授权的国家矿产资源权力机关的决定而撤销许可、中止产量分成合同和租赁合同。

（39）资源使用权的中止，是指为消除违法行为或者在出现不可抗力的情况下，被授权的国家矿产资源权力机关暂时限制矿产资源使用者的资源使用权，为保证矿山完整、无事故，对人和环境安全的工作除外。

（40）矿产显现，是指矿物在矿产资源（包括地下水）中的自然聚集，按规定方式判定而不是产地。

（41）矿产开采，是指在矿产产地上进行的从矿产资源中提取和加工矿产的工作。

（42）恢复地力，是指为了恢复被破坏土地的产出率和经济价值而采取的综合措施。

（43）资源使用税，是指根据吉尔吉斯共和国税法典应支付的资源使用税。

（44）地役权，是指为利用矿产资源，对土地、山地和/或地质配置的限制使用权。

（45）钻孔，是指从地表或地下开挖钻出圆形截面的开采活动，无论与地平线成何种角度，人都无法进入底面，其直径远小于深度。

（46）伴生矿物及成分，是指与主要矿物一起开采出来的矿物及成分，在主要的矿产原料加工过程中可利用技术提取且具有工业用途和经济价值。

（47）社会发展一揽子计划，是指矿产资源使用者与地方自治机关自愿签订的，关于促进国家级矿产资源所在区域社会经济发展的协议，该协议是依据当地社会经济发展计划起草的。

（48）可行性论证（可行性报告），是指包含矿产地开发项目的地质、技术和经济参数，以及经济可行性评估。

（49）技术方案，是指详细的（施工）分析和图表文件，包括产地地质研究，工业开发所必需的地质、矿山、工艺（精炼和/或冶炼）部分，矿山方案的经济部分以及土地恢复地力部分。

（50）工业形成物，是指含有有益成分的矿物和山体，为采矿、加工和冶金工业的废料。

（51）矿产资源区块，是指具有空间边界的矿产资源的几何部分。

（52）不可抗力，是指给利用矿产资源造成困难或阻碍的不可抗力状况。不可抗力是由于自然灾害出现的特殊的不可逆转的状况，例如地震、洪水，以及封锁、战争、罢工和其他不能预见或预防，或者可预见却无法预防的状况。

（53）经济（平衡内）储量，是指由吉尔吉斯共和国国家矿产储量平衡表计算的、具有开采合理性的矿产储量。

第二章　国家矿产资源机关的职能

第5条　吉尔吉斯共和国政府的职能

1. 吉尔吉斯共和国政府具有以下职能：

（1）支配并管理国家矿产资源储备。

（2）保证国家矿产资源使用领域的政策和法律的实施和完善。

（3）确定用于满足国家战略性矿物原料种类需求的资源区块和产地。

（4）为保护国家和居民安全、保护环境而确定的矿产资源使用限制和禁令。

（5）确认具有战略意义的产地、区块清单。

（6）确认国家级的、需招标的项目清单。

（7）确认吉尔吉斯国家矿产资源储量委员会章程。

（8）确定矿产资源使用领域的技术标准。

（9）确认进行矿产资源使用权竞标的委员会成员及其条例。

（10）根据本法和吉尔吉斯共和国矿产资源使用领域的规定，履行其他职能。

（11）遵循矿产开采行业透明度倡议的国际标准。

2. 吉尔吉斯共和国政府在矿产资源领域的国家职能由国家授权机关实施。

第 6 条　国家矿产资源权力机关的职能

国家矿产资源权力机关具有以下职能：

（1）制定国家矿产资源使用政策，并提交吉尔吉斯共和国政府审议通过。

（2）制定矿产资源使用领域的规范性法律文件。

（3）提出完善矿产资源使用领域税法的建议，并提交吉尔吉斯共和国政府审议。

（4）为吸引地质研究和矿产开采方面的投资，与国家权力机关共同制定矿产资源利用的投资政策。

（5）参与竞标和拍卖委员会。

（6）实施关于矿产资源利用的国家政策。

（7）形成体系授予使用国家储备矿产地的矿产资源和地块的权利。

（8）为矿产资源地质研究和矿产地开采吸引投资。

（9）管控矿产资源地质研究。

（10）保持吉尔吉斯共和国矿产资源国家平衡。

（11）制定吉尔吉斯共和国矿产地和矿产显现的国家地籍志。

（12）组织国家地质信息储备的管理工作。

（13）组织吉尔吉斯共和国矿产资源储备委员会的工作。

（14）对依照本法获得矿产资源使用权的主体进行国家登记。

（15）网上录入有效许可证的信息、许可区块的坐标、允许使用矿产资源的条件以及权益人信息。

（16）审查山体和地质项目工程。

（17）在关于矿产资源使用的司法纠纷中代表吉尔吉斯共和国政府。

（18）制定矿产资源使用领域的技术标准和规则。

（19）实施本法和吉尔吉斯共和国其他法律法规所规定的相关职能。

第 7 条　地方国家行政机关和地方自治机关的职能

地方国家行政机关和地方自治机关具有以下职能：

（1）依照本法和吉尔吉斯共和国土地法的规定提供土地划拨，授予许可证规定期限的地块临时使用权。

（2）划拨引水建筑物所需要的地块，务必考虑在吉尔吉斯共和国法律规定的范围内设立卫生防护区。

（3）保障被许可人无障碍进入许可区块。

（4）制止随意开采矿产资源的行为。

（5）参与在矿产地开采或者矿产资源地质研究中所利用的山体和其他财产的清理、停工保护，参与地力恢复。

（6）参与行政区域单位范围内的矿产资源地块竞标和拍卖委员会的工作。

（7）组织关于矿产资源使用项目的社会生态审查。

（8）为杜绝非法介入矿产资源使用者的活动，在当地居民中展开工作。

（9）保障国家级矿产资源所在的行政区域单位当地居民知悉社会发展一揽子计划及其年度实施报告。社会发展一揽子计划及其年度实施报告自签署和/或收到之日应保存在地方自治机关和地方国家行政机关。

（10）列明采矿个体经营者清单并进行国家登记。

（11）根据本法和吉尔吉斯共和国其他法律实施相关职能。

第 8 条　国家生态和技术安全权力机关的职能

国家生态和技术安全权力机关具有以下职能：

（1）对矿产资源的合理使用和保护进行监督。

（2）对地质划拨和土地划拨范围内的生态安全和工业安全进行国家监督。

（3）对地质研究和矿产资源工业开发中的环保法律法规遵守情况和工业安全进行国家监督。

（4）监督在矿产地开采或者矿产资源地质研究中所利用的山体和其他财产的清理、停工保护，监督地力恢复。

第 9 条　国家矿产资源储备

1. 国家矿产资源储备由吉尔吉斯共和国的所有矿产资源组成。

2. 国家矿产资源储备包括：

（1）按照吉尔吉斯共和国矿产资源法规定的方式所使用的矿产资源区块（矿产资源分配储备）。

（2）按照吉尔吉斯共和国矿产资源法规定的方式不能被使用的矿产资源区块（矿产资源非分配储备）。

第 10 条　吉尔吉斯共和国矿产地和矿产显现国家地籍志

1. 地籍志的功能是为了对矿产地和矿产显现进行国家统计，它是国家矿产资源储备形成的基础。

2. 地籍志中包含各个矿产地和矿产显现的所有信息。

3. 地籍志由国家矿产资源权力机关根据地质信息资源编写和办理。

第 11 条　吉尔吉斯共和国国家矿产储量平衡表

1. 吉尔吉斯共和国国家矿产储量平衡表包括矿产地的数量、质量、勘探程度、工业开采的分布和程度、现有企业已探明矿产储量的开采和供应保障。

2. 由国家矿产资源权力机关负责将失去工业意义的、在开采过程中损失的，或在此后的地质勘探工作或开采产地过程中未确定的矿产，从储量平衡表中注销、并对吉尔吉斯共和国国家矿产储量平衡表进行相应的修改和补充。矿产注销程序由吉尔吉斯共和国政府规定。

3. 在地方国家行政机关经过国家登记可被开采的矿产不列入矿产储量平衡表。

第 12 条　矿产储量和矿产资源的国家证明与登记

1. 产地中的矿产储量和前景资源，应根据国家矿产储量委员会的决定登记到吉尔吉斯共和国国家矿产储量平衡表中。

2. 由吉尔吉斯共和国国家矿产储量委员会（储量委员会）制定国家矿产储量平衡表，该委员会由吉尔吉斯共和国政府任命的高级专家组成，并根据吉尔吉斯共和国政府通过的国家矿产储量委员会条例开展工作。

3. 由国家矿产资源权力机关规定矿产储量登记程序。

第 13 条　国家级矿产资源区块

1. 为保障国家经济利益和安全，单独的矿产资源区块可以被列入国家级矿产资源区块。

2. 国家级矿产资源区块清单由吉尔吉斯共和国政府根据国家矿产资源权力机关的提请确定。

清单中必须包括国家级矿产资源区块的角点坐标。

3. 国家级矿产资源区块清单中也包括可被使用的矿产。

第 14 条　矿产资源的地质信息

1. 矿产资源的地质信息属于吉尔吉斯共和国所有。

2. 矿产资源的地质信息可由国家矿产资源权力机关依照吉尔吉斯共和国法定程序提供给资源使用者和其他利益相关人在资源使用期间使用。

3. 由企业经营者、企业和组织，包括合资和外国独资企业和组织，出资获得的矿产资源地质信息，在其享有矿产资源使用权期间属于他们所有，协议期满后信息无偿转归国家所有，列入地质储备。

4. 所有拥有自国家获得，或非法获得国家地质信息的人，无论他们是否为矿产资源使用者，必须在国家矿产资源权力机关第一次提出要求时将这些信息交归国家所有。

5. 未转交或逃避转交地质信息给国家或提交了不实信息的人，将根据吉尔吉斯共和国法律的规定承担责任。

第 15 条　国家地质信息储备

1. 国家地质信息储备包括矿产资源的地质信息，以及档案、石材和岩心材料、古生物沉积、磨片等样品收藏、珍稀收藏、纸质和电子版专业图书等。

2. 国家地质信息储备是根据吉尔吉斯共和国政府规定的方式，以所有矿产资源使用者无偿转让的地质信息应呈送样本系统为依据而完善的。

3. 国家矿产资源权力机关应创建并维护电子版和纸质版的全部地质信息资源，并在丢失或未经授权访问的条件下保证其完整性。国家矿产资源权力机关的公职人员承担保证地质信息资源完整性的责任。

4. 矿产资源使用者应每年向国家地质信息储备提交纸质版和电子版地质报告，其中包括经吉尔吉斯共和国政府批准形式的地理坐标采样数据库。

5. 矿产资源的地质信息不能私有化。只有在具备包含许可项目调研全面信息最终报告的情况下方可销毁中间（年度）地质报告。

6. 若第三方要使用属于矿产资源使用者个人所有且由其提供给国家地质信息储备的地质信息，需经国家矿产资源权力机关同意。如果第三方使用地质信息的特殊情况未经同意，则第三方有权在一般基础上访问地质信息。

7. 国家矿产资源权力机关应保证矿产资源使用者所提供的、属于该使用者所有的地质信息的保密性。在保密期间，矿产资源使用者提交给国家地质信息储备的地质信息，可以由国家矿产资源权力机关使用于：

（1）管理吉尔吉斯共和国矿产登记簿和国家矿产储量平衡表。

（2）为组织国家矿产资源地质研究，必须编制矿产资源建设和发展及其分布合理性的地质信息资源和其他数据。

8. 国家矿产资源权力机关利用属于矿产资源使用者的地质信息而创建的地质信息资源，属于国家所有。

第 16 条　地质信息资源的提供方式

1. 地质信息资源可有偿的访问。

2. 对地质信息资源的访问规定有两个等级：

（1）了解性访问，对地质信息进行研究，不能将信息载体带出国家地质信息储备所在地，不能复制。

（2）使用性访问，允许电子或纸质复制包含较详细地质信息的文件，属于现有矿产资源使用者所有的地质信息除外。

3. 地质信息资源提供和使用的方式、访问费、价值，以及收益的支付方式由吉尔吉斯共和国政府规定。

4. 高等和中等专业教育机构的大学生和研究生，在了解性访问范围内有权使用国家地质信息储备的地质信息资源，并免于支付吉尔吉斯共和国政府规定的地质信息资源使用费。

5. 地质信息资源访问费将用于国家地质信息储备发展以及矿产原料基地补给。

6. 允许在国家地质信息储备所在地，按照吉尔吉斯共和国政府的规定研究地质信息资源原件。

7. 只有按照吉尔吉斯共和国政府的规定方可访问构成国家机密的地质信息资源。

第三章　授予矿产资源使用权的程序

第 17 条　矿产资源使用权的种类

矿产资源供使用的目的是：

（1）地质绘图和地区地质、地球物理和其他科学研究。

（2）地质勘察工作。

（3）地质勘探工作。

（4）开采矿产产地，包括选取和利用地下水。

（5）与矿产开采无关的地下设施建设和使用（为了储油、储气和保存其他物质和材料，埋藏有害物质，利用地热以及出于其他需求）。

（6）组建被特殊保护的，具有科学、文化、历史、美学、卫生健康和其他意义（科学和教学实验区、地质自然保护区、洞穴和其他地下空穴）的项目。

第 18 条　授予矿产资源使用权的依据

1. 矿产资源使用权的产生依据是：

（1）许可证。

（2）国家登记。

（3）租赁合同。

（4）产量分成合同。

2. 应当进行国家登记的是：

（1）根据批准项目所完成的矿产资源科学研究。

（2）个体淘金活动。

（3）出于建筑用途，在不属于竞标和拍卖项目的地块上开采砂砾石材料以及沙质黏土的权利。

3. 由国家矿产资源权力机关对根据批准项目所完成的矿产资源科研工作进行国家登记。

4. 由国家地方行政机关负责个体淘金活动的国家登记，以及出于建筑用途，在不属于竞标和拍卖项目的地块上对砂砾石材料以及沙质黏土的开采权利进行国家登记。

5. 若坑深度与自然地形不超过 2 米，则开采砂砾石混合物以及沙质黏土不需要技术方案。

若坑深度超过两米，则根据技术方案开采砂砾石混合物以及沙质黏土，该技术方案在工业和生态安全方面需获得专家的肯定意见。

6. 由国家地方行政机关依照吉尔吉斯共和国政府的规定对开采砂砾石混合物以及沙质黏土进行国家登记。

第 19 条 矿产资源使用者

1. 矿产资源使用者可以是根据吉尔吉斯共和国法律规定而设立的法人，也可以是自然人，包括根据吉尔吉斯共和国法律作为个体经营者注册的外国公民。

2. 在获得和行使矿产资源使用权时，不允许因国籍或注册国家而歧视公民和法人。

3. 外国法人有权参加矿产资源使用权的竞标和拍卖，或者按照“先占”原则提交关于获取矿产资源使用权的申请。

4. 若外国法人被认定为矿产资源使用权拍卖或竞标的胜出者，或者按照“先占”原则获取矿产资源使用权，则该法人应在吉尔吉斯共和国设立全资子公司用于办理矿产资源使用许可证。

5. 若在竞标结束后签署租赁合同或者产量分成合同，则本条第 4 款的规定适用于相关立法规定的例外情况。

第 20 条 矿产资源使用者的义务

矿产资源使用者必须保证：

（1）遵守吉尔吉斯共和国在矿产资源研究、使用和保护领域的规范性法律文件。

（2）根据可行性报告或技术方案规定的条件保证充分提炼主要矿产及其伴生成分中的矿产资源。

（3）开采时核算矿产地提炼、加工和剩余的主要矿产及其伴生成分的矿产资源储量。

（4）避免矿产地被淹没、灌水、发生火灾和其他降低矿产质量和产地工业价值或加大开采难度的情况。

（5）在开展矿产资源使用工作，开采地下储存石油、天然气或其他物质和材料，掩埋有害物质和生产废料、排放废水时防止污染矿产资源。

（6）遵守企业停工保护和清除开采矿产、与开采无关的地下设施的规定。

（7）杜绝矿层区域的自建物，出于其他用途利用该区域时遵守相关规定。

（8）防止工业和生活废物堆积在泄水区和用于饮用和工业供水的地下水埋藏区。

（9）不允许矿产资源的过量损失、选择性开采和破坏产地储量。

（10）每年向国家矿产资源权力机关提供关于地质研究，勘探、提炼和剩余矿产资源储量、其中包含的成分，以及非用于开采的矿产资源使用情况的报告。

（11）安全开展矿产资源使用工作。

（12）按照法定程序进行恢复活动。

（13）按照吉尔吉斯共和国政府规定的程序以及采掘业透明行动计划的标准，每年向国家矿产资源权力机关汇报。

（14）进行取水计量。

（15）在取水地块以及经济实体区域内避免地下水枯竭和污染。

（16）通过引入节水技术、将水再利用于工业用途、使用限制自排水井流量的装置合理利用地下水。

（17）在上一个公历年度结束之后的30天内向相应行政区域单位的执行机关提交关于国家公共矿产资源项目的社会一揽子计划执行年度报告，并按照本法规定在年度汇报阶段提交至国家矿产资源权力机关。

（18）按照吉尔吉斯共和国政府的规定提交关于权益人的信息。

本条规定适用于在国家登记的基础上进行的矿产资源使用，并受到吉尔吉斯共和国政府规定的限制。

第21条　矿产资源使用权的有效期限及延期方式

1. 矿产资源使用权有效期规定为：

（1）地质勘查工作，3年以内并可根据技术方案最多延期2年。

（2）地质勘探工作，4年以内并可根据技术方案最多延期3年。

（3）矿产产地开采，20年以内并可在矿产储量耗尽前延期。

（4）抽取和利用地下水，10年以内并可以延期。

（5）与矿产资源地质勘探和开采无关的项目，技术方案规定的期限，并根据修改的技术方案所规定的期限延长。

2. 根据国家登记取得的矿产资源使用权，其有效期由科研工作项目完成的期限确定。

3. 根据租赁合同以及产量分成合同取得的矿产资源使用权，其有效期由相关立法规定。

4. 下列条件下，开采矿产资源许可根据被许可人的申请延期：

a. 在许可证有效期结束之前提交申请；

b. 获得许可时开采不少于二分之一应开采的矿物储量；

c. 提交自本年度初至许可期限结束之时的工作报告。

5. 下列条件下，抽取和利用地下水许可根据被许可人的申请延期：

a. 在许可证有效期结束之前提交申请；

b. 具有关于地下水状态的水文地质肯定意见；

c. 提交自本年度初至许可期限结束之时的工作报告；

d. 若水井属于个人所有，则申请人抽取地下水需得到水井所有人的同意。

6. 矿产资源使用权许可证的有效期限延长申请应自提交之日起30天内审查。

7. 若被许可人在规定期间内提交关于延长矿产资源使用权许可的申请，则无论有效期何时截止，在国家矿产资源权力机关作出延长许可期限的决定之前其许可证一直有效。

第22条　矿产资源使用权的授予方式

1. 可以依据招标、拍卖和“先占”原则授予矿产资源使用权。

2. 国家级矿产资源地块根据吉尔吉斯共和国政府的决定进行招标。

3. 对相应清单中的矿产资源地块进行拍卖。

拍卖的矿产资源地块清单由国家矿产资源权力机关按照吉尔吉斯共和国政府规定的标准确定。

清单中应当包括拍卖项目的坐标角点。

若矿产资源地块连续 2 次未能拍卖，则至少暂停 1 年。

4. 按照“先占”原则授予矿产资源使用权：

（1）未被竞标或拍卖取得的矿产资源区块。

（2）与矿产资源地质勘探和矿产产地开采无关的矿产资源区块。

5. 若矿产资源地块连续两次未能拍卖，则至少暂停 1 年。

6. 根据租赁合同和产量分成合同授予矿产资源使用权的方式，根据吉尔吉斯共和国单独法律规定确定。

7. 若在边境河流以及其他水体的河床或者岸边使用矿产资源，则不得授予矿产资源使用权。

8. 若申请在边境河流以及其他水体的河床或者岸边获得矿产资源使用权，则申请上应附有国家紧急情况权力机关以及吉尔吉斯共和国农业、食品工业和土地开垦部的同意说明。

第 23 条　招标方式

1. 对所有国家级矿产资源地块的招标需根据吉尔吉斯共和国政府的决定宣布和进行。

2. 为了进行招标，吉尔吉斯共和国政府组建招标委员会，其成员不少于 7 人。委员会主席由吉尔吉斯共和国政府任命，没有投票权的委员会秘书由国家矿产资源权力机关的代表担任。委员会成员由以下人员组成：

（1）吉尔吉斯共和国议会党派代表，每个党派确定一名代表。

（2）吉尔吉斯共和国政府确定的国家执行机关和国家机构代表。

（3）矿产资源利用项目所在行政区域单位的地方自治代表机关和执行机关的负责人或其副职。

3. 由招标委员会制定根据吉尔吉斯共和国政府通过的招标举办条件和方式确定优胜者的标准。

4. 举办招标的条件中应确定：

（1）参加招标的申请提交方式和期限，申请提交期限不得少于自公开宣布之时起 60 天。

（2）参加招标所必需的文件清单。

（3）允许参加招标的标准。

（4）矿产资源使用权的最低价格。

（5）参加竞标的费用金额和保证金。

（6）矿产资源地质信息集合的价格。

（7）矿产资源使用权的特殊条件，包括：

a. 基础设施项目的建设、启动矿产开采和加工过程的最长期限；

b. 为矿产地开采而聘用的国内外专家和员工的限定比例；

c. 恢复地力的义务；

d. 对矿产资源所在地的地方社会经济发展（社会发展一揽子计划）的最低投资金额；

e. 保障工业、生态安全、矿产资源保护、合理使用矿产的综合措施；

f. 招标胜出者缴纳矿产资源使用费用的期限；

g. 因不满足矿产资源使用权的特殊条件所产生的罚款；

h. 招标委员会规定的对矿产资源项目所必需的其他条件。

（8）确定胜出者的方式。

5. 国家矿产资源权力机关是招标委员会的工作机构，负责实施：

（1）草拟简短的地质信息。

（2）在国际和国家公共媒体上公开宣布，并在国家矿产资源权力机关的官方网站发布公告。

（3）接收并登记竞标申请。

（4）若根据招标进行的条件未规定签署租赁合同或产量分成合同，则根据招标委员会的纪要向招标胜出者签发矿产资源使用权许可证。

6. 如果投标标书均不符合招标条件，或者没有人提交或只收到一个投标标书，则招标被认为不成立。

7. 如果第二次招标的结果未评出胜出者，吉尔吉斯共和国政府可作出决定暂停该矿产资源地块的竞标。

8. 参加投标的费用不予返还。

第 24 条　拍卖方式

1. 国家矿产资源权力机关根据吉尔吉斯共和国政府通过的条例组织拍卖。

拍卖委员会应由国家矿产资源权力机关的代表，以及相关部委、矿产资源使用权项目所在地的国家地方行政机关或地方自治机构的代表组成。委员会成员（不少于 5 人）根据国家矿产资源权力机关的命令确定。

委员会主席和秘书由国家矿产资源权力机关的代表担任。

在委员会作决议时委员会秘书没有投票权，秘书负责筹备和组织委员会会议、做成会议纪要，并计算投票时委员会成员的投票数。

2. 拍卖公告至少应在拍卖日前的 45 天公布在大众媒体上，并在国家矿产资源权力机关的官方网站公布。

3. 拍卖公开进行。

4. 进行拍卖的矿产资源地块起拍价应当不低于补偿税与矿产资源地质信息的总价。

进行拍卖的每一个矿产资源地块的所有必要的地质信息由国家矿产资源权力机关确定。

5. 提出矿产资源使用权最高竞标价的竞标人为拍卖胜出者。

6. 矿产资源使用权根据拍卖委员会的纪要授予拍卖胜出者。

7. 参加拍卖的费用不予返还。

第 25 条　按照“先占”原则授予矿产资源使用权的方式

1. 由国家矿产资源权力机关按照“先占”原则授予矿产资源使用权。

2. 按照“先占”原则取得矿产资源使用权的，申请人需向国家矿产资源权力机关提交申请。

3. 按照“先占”原则在已终止矿产资源使用权的地块上授予矿产资源使用权的，其时间不得早于自权利终止之日起 3 个月，且在此期间未出现第二份申请。若出现第二份申请，则该矿产资源地块应被纳入矿产资源地块拍卖清单。

4. 按照“先占”原则授予矿产资源使用权的方式由吉尔吉斯共和国政府规定。

第 26 条　矿产资源使用权的中止和终止

1. 在以下情况，国家矿产资源权力机关可以中止矿产资源使用权 3 个月以下，并注明中止的原因，指明消除违法行为：

（1）违反吉尔吉斯共和国法律对矿产资源保护、生态和工业安全的要求，直接威胁在矿产资源使用所影响的区域工作或者生活的居民的生命或者健康。

（2）未按照吉尔吉斯共和国法律规定的期限提交地质、矿山工作的完成报告，以及矿产储量变动报告。

（3）提交包含不真实信息的地质、矿山工作的完成报告，以及矿产储量变动报告。

（4）未完成用于恢复土地区块的筹集资金的要求。

（5）违反补偿税和（或）许可证费的支付期限。

（6）未在规定的期限内通知国家矿产资源权力机关有关被许可人的法人变更情况，如果根据吉尔吉斯共和国税法的规定这种变更应缴纳补偿税。

对于通过招标方式获得的国家矿产资源地块清单中的项目，若被许可人不履行或者未按要求履行社会发展一揽子计划所规定的义务，则国家矿产资源权力机关中止授予矿产资源使用权 3 个月。

2. 为了保持矿产资源完整，对人和自然环境安全、无事故的状态，若根据本条第 1 款第 1 项的规定而导致矿产资源使用权中止的理由无法在中止期间消除，则国家矿产资源权力机关根据矿产资源使用者的据理申请，有权延长消除违法行为的期限，延长期限的申请至少在许可中止期限届满前 5 天提交。

3. 在以下情况，矿产资源使用权终止：

（1）矿产资源使用者放弃矿产资源使用权。

（2）矿产资源使用权许可证有效期届满，被许可人未按期提交有关延期或者转换许可证的申请。

（3）在技术方案没有通过所有必需的肯定性鉴定意见，和/或未取得施工许可同意时就进行施工。

（4）在期限内未排除造成矿产资源使用权中止的原因。

（5）在矿产资源使用权被中止期间完成矿产资源施工工作。

（6）查明矿产资源使用者未提供或者提供了不真实的公司权益人信息。

4. 对于通过招标获得的国家矿产资源地块清单中的项目，其矿产资源使用权终止的其他依据包括：

a. 未支付或未及时支付根据招标项目的招标条件所规定的矿产资源使用权费用和罚款；

b. 一次延期后，未遵守通过工业、生态安全和矿产资源保护方面的肯定鉴定意见的技术方案提交期限。

5. 矿产资源使用权根据国家矿产资源权力机关的决定予以终止。自授予矿产资源使用权的决定被认定无效的司法文件生效之日起，该矿产资源使用权即被终止。

6. 国家矿产资源权力机关作出的中止或终止矿产资源使用权的决定，自签发之日起生效。该决定中应注明其通过的依据，且在该决定作出后的10个工作日内送达矿产资源使用者。对于国家矿产资源权力机关的决定可按司法程序提起上诉。

7. 在发生不可抗力的情况下，矿产资源使用权根据矿产资源使用者的申请中止。自提交该申请之日起的10个工作日内，国家矿产资源权力机关有权拒绝中止矿产资源使用权并指出拒绝理由。在不可抗力发生期间，许可证的有效期间和许可条件的完成期限相应延长。

第27条　矿产资源使用权终止的后果

1. 矿产资源使用权的终止并不免除矿产资源使用者的以下义务：

（1）恢复土地区块地力和清除矿山资产。

（2）在将矿产资源交予下一个矿产资源使用权所有人之前，停工保护和保持其完整、无事故、对居民和环境安全的状态。

（3）向国家地质信息储备转交地质信息和原始资料。

（4）防止地下水被污染和枯竭。

2. 矿产资源所有权根据丧失矿产资源使用权的一方和新的矿产资源使用权所有人之间的合约进行转交。

3. 若在向下一任被许可人签发许可证之日起90天内未签署矿产资源所有权转让合同，则被许可人有权向矿产资源所在地的法院对丧失矿产资源使用权的一方提起诉讼，诉请根据被许可人的技术方案就应使用的矿产资源签署买卖合同，并且确定被许可人需向丧失矿产资源使用权的一方支付的补偿金额。

4. 若被许可人使用不属于其所有的矿产资源，则丧失矿产资源使用权的矿产资源所有者有权向法院提起诉讼。

5. 在矿产资源使用权终止时，工业形成物的所有权转归国家所有，除非技术方案或者清理、停工保护、恢复地力的特殊方案中另有规定。

第28条　个体淘金活动

未列入国家地籍志的砂质矿物化矿产资源区块可以根据吉尔吉斯共和国政府通过的条

款通过个体淘金的方式进行开采。

第四章　矿产资源使用权许可

第 29 条　矿产资源使用权许可

1. 所有种类的矿产资源使用权都应办理许可证，但不包括：

（1）根据租赁合同取得的矿产资源使用权。

（2）根据产量分成合同取得的矿产资源使用权。

（3）国家登记。

2. 向矿产资源使用者签发的矿产资源使用权许可证的数量不受限制。

3. 取得矿产资源使用权许可证后，被许可人应按吉尔吉斯共和国税法规定的方式和期限支付补偿金、许可证有效期第一年的许可证费，并向国家矿产资源权力机关提交支付凭证。

4. 在签发矿产资源使用权许可证之后，被许可人应完成并向国家矿产资源权力机关提交通过工业、生态安全和矿产资源保护肯定鉴定意见的技术方案。

5. 对于国家级矿产资源地块，其技术方案的提交期限由招标条件规定。但该期限可以延长一次，其时长不超过原始期限。

6. 禁止在不具备通过必要鉴定的技术方案，和/或未取得许可同意的情况下开工，除非本法另有规定。

矿产资源使用许可的方式和条件由吉尔吉斯共和国政府规定。

第 30 条　社会发展一揽子计划

1. 社会发展一揽子计划采用协议形式，该协议根据矿产资源项目所在地区的社会经济发展规划制定。协议由矿产资源使用者和相关行政区域单位的执行机关双方签署。

2. 只针对处于矿产勘探和开采阶段的国家级矿产资源项目制定社会发展一揽子计划。此时社会发展一揽子计划中包括对招标项目所在地的社会生活条件的投资规划（员工培训、地方居民就业、基础设施建设等）。

3. 社会发展一揽子计划应在技术方案制定阶段提交给国家矿产资源权力机关。

在年度汇报提交阶段应提交社会发展一揽子计划实施情况报告。其中至少应当包括下列信息：计划实施的阶段及期限、上一年度的成果及支出情况。

自收到社会发展一揽子计划及年度报告之日起 10 天内国家矿产资源权力机关将其公布在网站上。

第 31 条　矿产资源使用权许可证的兼容性

1. 对于签发了矿产资源地质勘查、地质勘探或者开采的许可证区块，第三方有权不经被许可人的同意而获得有效矿产资源使用权许可证中未规定的、属于其他矿类的矿产资源地质勘查、地质勘探或者开采的使用权许可证。

2. 在许可证重合区域发现未被申请的矿产种类时，矿产资源使用权许可证所有人有权向其他持有所发现矿产种类的许可证所有人提出购买该矿产种类的信息。

第 32 条　矿产资源使用权许可证和许可证协议的内容

1. 矿产资源使用权许可证具有严格规定的格式，带有许可机关名称、吉尔吉斯共和国国徽标志，以及序列号和许可信息。

2. 矿产资源使用权许可证包含以下信息：

（1）矿产资源使用权许可证的字母数字代码。

（2）矿产资源使用种类。

（3）被许可人的名称和地址。

（4）地下水井号码（源泉名称）。

（5）矿产种类。

（6）许可矿产资源地块所在的行政区域。

（7）矿产资源使用权许可证的最初签发日期、延期日期和有效期。

（8）许可机关负责人的签章。

3. 许可证协议作为矿产资源使用权许可证不可分割的部分，包含以下信息：

（1）矿产资源使用权许可证的字母数字代码。

（2）许可证协议的号码和签署日期。

（3）许可证发证人和持有人的名称。

（4）许可区域的角点坐标和面积。

（5）指定用途。

（6）矿产资源的利用方式和条件。

（7）有关矿产资源使用权许可证的抵押信息。

（8）协议期限。

（9）补充信息和条件。

（10）许可机关负责人的签章。

（11）双方的签章。

4. 作为矿产资源使用权许可证不可分割的部分，在许可证协议中还应包括关于地下水抽取和使用的下列信息：

（1）水井或源泉的流量、储备数量和种类。

（2）地下水的类型。

（3）井口或源泉所在地。

（4）地下水指定用途。

（5）地下水井（源泉）周围的矿山卫生保护区面积。

（6）地下水协议抽取量。

（7）状态观察的报告期限。

第 33 条　矿产资源地质勘查使用权许可证

1. 矿产资源地质勘查使用权许可证赋予被许可人在许可区域从事所申请矿产种类地

质勘探工作的绝对权利。

2. 不限制地质勘查许可区域的最大面积。

3. 被许可人有权缩小许可区域。根据被许可人的申请，在国家矿产资源权力机关收到关于缩小区块上被破坏的土地恢复地力之后的工作完成情况信息（报告）后，可缩小区域面积。若缩小的地块上未开工，则应提供由矿产资源使用者和土地权利所有人共同制定的关于未破坏土地完整性的文件。

4. 在设计阶段缩小区域不需要关于缩小区块上的工作完成情况信息（报告）以及被破坏的土地地力恢复情况。

5. 在提交关于地质勘查工作的总结报告之后，被许可人享有将矿产资源地质勘查使用权许可证转换为矿产资源地质勘探使用权许可证的绝对权利。

6. 对于国家预算支付的地质勘查工作，不征收补偿税和矿产资源使用权许可证费用。

7. 下列矿产种类无需进行地质勘查：

（1）沙和砾石的显现物。

（2）砂质黏土。

（3）细工用石。

（4）地下水。

第34条　矿产资源地质勘探使用权许可证

1. 矿产资源地质勘探使用权许可证赋予被许可人在许可区域从事所申请矿产种类地质勘探工作的绝对权利。

2. 被许可人有权缩小许可区域。根据被许可人的申请，在国家矿产资源权力机关收到关于缩小区块上被破坏的土地恢复地力之后的工作完成情况信息（报告）后，可以缩小许可证区域。若缩小的地块上未开工，则应提供由矿产资源使用者和土地权利所有人共同制定的关于未破坏土地完整性的文件。

3. 在设计阶段缩小区域不需要关于缩小区块上的工作完成情况信息（报告）以及被破坏的土地地力恢复情况。

4. 吉尔吉斯共和国国家矿产储量平衡统计矿产储量后，被许可人享有将矿产资源地质勘探使用权许可证转换为所勘探产地的矿产资源开采使用权许可证的绝对权利。

5. 对于国家预算支付的地质勘探工作，不征收补偿税和矿产资源使用权许可证费用。

第35条　矿产产地资源开采使用权许可证

1. 矿产产地资源开采使用权许可证赋予被许可人以下绝对权利：

（1）在矿山划拨范围内，对所申请的矿产种类的矿产资源地质研究权。

（2）在矿山划拨范围内的矿产开采权，包括进行所有必需准备工作的权利。

2. 自按照吉尔吉斯共和国法律的规定开采矿产之时起，矿产资源使用者获取矿产所有权。该权利保留至矿产资源使用权终止。

3. 用于矿产产地开采的矿产资源使用权许可证，是针对经吉尔吉斯共和国国家矿产储量委员会和国家地下水统计计量过储量的许可项目签发的。

4. 在极端情况下，为了防止和/或消除护岸工程的紧急状态，根据国家紧急状态权力机关的申请，以及为了防止和/或消除道路建设的紧急状态，根据国家交通权力机关的申请，允许经国家矿产资源权力机关同意，在未获得矿产资源使用许可证时开采惰性材料，并向其通报工作进行情况。

但是不要求具有技术方案。对于天然泉水出口，其储量根据源泉流量有效估算，许可前提条件为按照吉尔吉斯共和国法律规定进行登记和国家地下水统计计量。

5. 自吉尔吉斯共和国领土出口、向吉尔吉斯共和国领土进口含有贵金属和共生金属的矿石、精矿、尾矿的方式，由吉尔吉斯共和国政府确定。

6. 允许在许可证中纳入主要矿产的其他伴生矿产。

第 36 条　根据国家订货实施工作

1. 由国家矿产资源权力机关进行地质勘查以及勘探工作的国家订货，由国家预算支出。

2. 根据国家订货实施工作的组织按照与国家矿产资源权力机关签署的书面协议，在不侵犯其他矿产资源使用者权利的条件下，无需获得矿产资源使用权许可证。

3. 根据国家订货使用矿产资源，不征收补偿税和矿产资源使用权许可证费用。

第 37 条　与矿产资源地质研究和矿产地开采无关的矿产资源使用权许可证

1. 与矿产资源地质研究和矿产地开采无关的（地下石油、天然气、放射性物质、地下仓库、设施等）矿产资源使用权许可证，赋予被许可人在矿山划拨范围内根据技术方案实施工作的权利。

2. 对于与矿产资源地质研究和矿产地开采无关的矿产资源使用权许可证，不征收许可证费用。

第 38 条　矿产资源使用权许可证的抵押和转让

1. 被许可人有权根据吉尔吉斯共和国抵押法的规定及本法的特殊规定，按照抵押合同将矿产资源使用权抵押给第三方。

2. 矿产资源使用权抵押合同应在国家矿产资源权力机关进行登记。

未进行登记的矿产资源使用权抵押合同无效，其中涉及的权利无效。

矿产资源使用权抵押不会阻碍法定情形的矿产资源使用权中止和终止。

3. 自国家登记之日起满 6 个月，可以根据抵押合同追索矿产资源使用权。

4. 由于追索矿产资源使用权而发生的许可证转让是许可证变更的依据。

5. 自实施工作的许可协议签署之日起至两年届满，被许可人有权将许可证权利转让给他人，并保证其遵守现有许可证协议的规定。许可证仅能在矿产资源使用者没有欠缴补偿税、矿区使用费和矿产资源使用费的情况下进行转让。

不允许通过民法规定的继承方式转让矿产资源使用权。

通过追索抵押权而取得矿产资源使用权的商业银行有权不遵守本款规定的期限将矿产

资源使用权转让给其他人。

6. 通过追索抵押权或者转让许可证权利而将许可证转交给他人与取得许可证等同，且需支付吉尔吉斯共和国税法规定的补偿税，通过民法规定的一般权利转让方式转让许可证权利的除外。

7. 矿产资源使用权登记和变更的方式，由吉尔吉斯共和国政府通过的矿产资源使用许可方式条例规定。

第 39 条　矿产资源使用权许可证的更改、补充和转换

1. 根据许可证颁发人或者持有人的提议，且经双方同意，可在矿产资源使用权许可证和许可协议中进行更改和补充。

2. 国家矿产资源权力机关在 30 天之内对矿产资源使用权许可证和许可协议进行更改和补充。

3. 未按照本法规定进行矿产资源使用权许可证的转换，在许可证有效期届满之前持有人有权向国家矿产资源权力机关提交申请。

4. 矿产资源使用权许可证转换申请的审查期限为 30 日内。

第五章　矿产资源使用者与土地权所有者的关系

第 40 条　地块使用权

1. 保障具有矿产资源使用权的矿产资源使用者在其使用期间能够利用地块进行矿产地的勘察、勘探、开采工作，生产以及基础设施项目建设。

2. 为进行矿产地的勘察、勘探、开采工作，生产以及基础设施项目建设，无需转变土地使用类别。

3. 在临时使用期间向矿产资源使用者提供用于矿产地开采、生产以及基础设施项目建设的地块。

4. 在进行矿产资源地质研究（勘察以及勘探）时不进行地块转让，土地权所有者向矿产资源使用者出具对于进行地质工作的书面同意书。

5. 属于私人所有或被临时使用的地块，其临时使用权由地块所有人或土地权使用者根据与矿产资源使用者之间的合同提供。

6. 根据本法规定，矿产资源使用权终止后即自动终止用于矿产资源开采的地块使用权。

国家矿产资源权力机关通知国家不动产权利登记机关矿产资源使用权终止。

7. 向第三方转让矿产资源使用权时，地块的临时使用权随之转让。

8. 由吉尔吉斯共和国政府规定用于矿产资源使用地块的提供方式。

9. 如果被许可证人请求批准的地块被划分给其他较早获得矿产资源使用权许可证的被许可人，则新的被许可人应当与土地权所有人协商根据技术方案使用地块的方式。

10. 若许可地块属于边境领土，则无论是何种矿产资源使用类型，都必须获得吉尔吉

斯共和国国家边境保卫权力机关的书面同意。

第 41 条　保障矿产资源使用的公开透明

1. 在大众传媒和国家矿产资源权力机关的网站上公布国家级矿产资源地块清单和矿产资源拍卖清单，并及时更新。

2. 关于进行矿产资源使用权竞标和拍卖的公告应当在国际和国家的大众传媒上发布，并且在国家矿产资源权力机关的官方网站上公布，包括进行竞标和拍卖的日期及条件。

3. 竞标和拍卖的结果应当自签署之日起 30 天内公布在国家矿产资源权力机关的网站上。清单中至少包括下列信息：投标的评估标准、竞标或拍卖的参与人名单、竞标或拍卖的胜出者及其胜出理由。

4. 若矿产资源使用权终止，则国家矿产资源权力机关自其终止之日起 10 天内公布相应信息，并且指明再次授予矿产资源使用权的方式：竞标、拍卖或者“先占原则”。

5. 若在矿产资源使用权已被终止的地块上按照“先占原则”授予矿产资源使用权，国家矿产资源权力机关自其登记之日起 10 天内在官方网站上公布关于新的许可申请的信息。

6. 自本法正式公布起 6 个月内，所有通过竞标或拍卖授予的矿产资源使用权许可证和许可证协议应当在国家矿产资源权力机关的官方网站上公布。

由国家矿产资源权力机关编制所有许可证的详细信息清单，包括被许可人的名称、许可区域的角点坐标、提交许可申请的日期、许可证发放日期、许可证有效期及类型、受益人信息、矿产种类。清单在国家矿产资源权力机关的官方网站上公布，并且自新许可证发放之日起 10 天内更新或者在当前许可证中进行修改。

第 42 条　对于提供给其他矿产资源使用者临时使用权的地块的地役权

1. 对于提供给其他矿产资源使用者临时使用权的地块的意定地役权，或者法院判决的法定地役权，在下列情况中产生：

（1）保养和维修沿土地划拨区域铺设的公路和铁路干线、水管道、石油天然气管道、输电线路以及其他地区和国家级设施。

（2）若为消除在矿山划拨土地内的事故，尽快从划拨土地相邻和（或）非相邻一侧开通入口。

（3）根据国家规划和计划进行的地质、地球物理、测绘、矿山测量、考古和其他勘测工作。

2. 对于向其他矿产资源使用者提供了临时使用权的地块的地役权，适用吉尔吉斯共和国民法典和土地法典的规定。

第六章　矿产资源利用的国家调整

第 43 条　矿产资源利用时对矿产资源、环境的国家保护以及对工业安全的国家监督

1. 矿产资源利用时对矿产资源、环境的国家保护以及对工业安全的国家监督的任务是：

（1）所有矿产资源使用者遵守有关矿产资源、工业安全和环境保护的法律。

（2）在矿产资源利用时维护国家的经济利益。

（3）预防、最小化和消除矿产资源使用的危害后果。

2. 在国家矿产资源储备范围内，未经国家矿产资源权力机关的同意不允许建立特别自然保护区。

第 44 条　对地下水利用的调整的特殊性

1. 允许在遵守本条规定的情况下，未获得矿产资源使用权许可证而钻探水利地井。

2. 若缺少通过工业、生态安全和矿产资源保护的肯定性鉴定意见的钻探方案，或者未取得特殊同意，则禁止钻探深度超过 30 米的水利地井。

3. 地下水的抽取和使用必须办理许可证，除非是自然人出于与企业经营无关的自身需求和灭火目的而抽取和使用地下水。

第 45 条　水井的国家统计

1. 钻探或者拥有深度超过 30 米的水井的人员必须自钻探完成之日起 30 天内告知国家矿产资源权力机关该水井的技术性能。

国家矿产资源权力机关对水井进行登记和统计。

2. 若不遵守本条第 1 款的规定，则按照相关法律追究行政责任。

3. 若水井流量允许且取得水井所有权人同意，则地下水使用者有权共同抽取。

第 46 条　反垄断规定

具有以下目的的任何行为都是被禁止或者是法定无效的：

（1）限制法人和自然人参加招标、拍卖。

（2）在矿产资源地质勘探和（或）矿产产地开采时，形成某个被许可人的垄断地位。

（3）歧视在矿产资源使用中与占有支配地位的经营主体竞争的法人和自然人。

（4）在授予进入相邻和不相邻土地、矿山和地质划拨区块的权利时存在歧视。

第 47 条　保护具有特殊科学或文化价值的矿产资源区块

1. 地质裸露、古生物和其他具有特殊科学和文化价值的矿产资源区块，根据国家矿产资源权力机关的意见，可以被宣布为地质保护区、禁伐区、自然或文化古迹。严禁任何破坏上述保护区、禁伐区、自然或文化古迹的行为。

2. 若在矿产资源使用时发现具有科学和文化价值的地质裸露、陨石、古生物、考古物等，则矿产资源使用者应立刻通知国家矿产资源权力机关，并不妨碍其后续的科学研究。

在国家历史文化古迹保护权力机关同意之前，矿产资源使用者应暂停工作。

第 48 条　矿层区的建造条件

1. 在获取国家矿产资源权力机关关于应建建筑物（包括取水设备以及卫生保护区）

地块下是否存在矿产（包括地下水）的信息前，严禁设计和建设居民点、工业综合体和其他项目。

2. 经与国家矿产资源权力机关协商，下列情况下可在矿层区进行建造并在其矿层所在地铺设与矿产开采无关的地下设施：

（1）若地表未来开采的变形计算不超过在建项目的允许值。

（2）若在建项目施工现场选择在已开采矿产地的上方。

（3）若项目建设及其投入使用不会导致违反水资源保护的相关规定。

3. 擅自在矿层区进行建造将被终止，且不会赔偿已发生的费用、地力恢复费用以及已建项目的拆除费。

第 49 条　矿山资产的清理或停工保护

1. 若矿产地开采或矿产资源地质研究所利用的矿山资产的未来使用不具有经济合理性，或者矿产资源使用权中止，上述矿山资产应予以清理或停工保护，地块应当进行地力恢复。矿山资产的清理或停工保护工作优先于矿产资源使用所开垦地块的地力恢复工作。

2. 在停工保护时，应使矿山资产在保护期处于能保障该资产和矿产地完整、居民和环境安全的状态。

3. 在清理或停工保护矿山资产时，矿山测量、地质和技术文件应交由国家矿产资源权力机关保存。

4. 与矿产资源使用相关的矿山资产的清理或停工保护工作、地块的地力恢复工作根据技术方案进行。

5. 对于与矿产资源使用相关的矿山资产的清理或停工保护工作、地块的地力恢复工作的程序，由吉尔吉斯共和国政府规定。

6. 对于与矿产资源使用相关的矿山资产的清理或停工保护工作、地块的地力恢复工作所产生的费用，由被许可人自地质勘探或矿产地开采、地下水抽取或进行与矿产地开采无关的地下设施建设时起每月支付积累的地力恢复基金支付。停工保护工作由矿产资源使用者进行。

7. 对于矿产资源使用过程中所破坏的土地，其地力恢复根据相应的技术方案进行。若抽取地下水，则不需要进行地块的地力恢复。

8. 地力恢复工作所产生的费用由矿产资源使用者支付。

9. 矿产资源使用者提供经济保证或建立地力恢复基金是进行地力恢复工作的保障。

10. 地力恢复工作的程序及其验收、地力恢复基金的建立或者经济保证的提供由吉尔吉斯共和国政府规定。

11. 地力恢复基金不得用于其他用途，其中包括清偿债务以及缴纳所欠税款和关税。

12. 若企业破产、清算或者矿产资源使用者（自然人）死亡，则地力恢复基金或者所收取的经济保证金根据国家矿产资源权力机关的指令，纳入土地权所有人用于地力恢复工作的结算账户。禁止将地力恢复基金用于其他用途。

13. 若将矿产资源使用权转让给第三人，其中包括通过追索抵押权或者按照一般权利承受方式转让矿产资源使用权，则所有义务一并转移。

第 50 条　技术方案的鉴定方式

1. 进行相应工作的技术方案（地下水的抽取和使用方案除外），应鉴定是否符合工业和生态安全以及矿产资源保护的要求。

地下水的抽取和使用方案应鉴定是否符合生态安全的要求。

2. 进行鉴定的国家矿产资源权力机关应保证自收到技术方案之日起的下列期限内完成所有规定的鉴定：

（1）对于国家级的矿产资源项目为 3 个月内。

（2）对于其他所有矿产资源项目为 1 个月内。

3. 由国家矿产资源权力机关或者独立专家进行技术方案鉴定。矿产资源使用者有权代替国家鉴定进行工业安全以及矿产资源保护方面的技术方案的独立鉴定。

若技术方案中规定了钻探爆破工程，则对于国家级矿产地、煤炭、金属矿物、油气以及其他种类矿物的矿产地和地块，其工业安全方面的技术方案不允许进行独立鉴定。

4. 独立鉴定意见自在国家矿产资源权力机关登记后生效。独立鉴定的鉴定书形式、鉴定方式以及意见形成由吉尔吉斯共和国政府规定。

注意！本法第 50 条第 3 款、第 4 款自 2017 年 2 月 2 日第 19 号文件通过的吉尔吉斯共和国刑法典生效之日起生效。

5. 独立鉴定专家按照吉尔吉斯共和国刑法典的规定承担责任。

6. 矿产资源保护和工业安全方面技术方案的鉴定方式、意见形成由吉尔吉斯共和国政府规定。

第 51 条　矿产资源税费和使用费

1. 针对矿产资源使用者实施的税务制度，由吉尔吉斯共和国税法以及与租赁合同和产量分成合同相关的法律确定。

2. 矿产资源使用权许可证的费用支付、清算以及扣除费率的方式由吉尔吉斯共和国政府规定。

第七章　争议解决和违反矿产资源法的责任

第 52 条　关于矿产资源使用权所产生争议的解决方式

关于矿产资源使用权所产生争议的解决方式由吉尔吉斯共和国法律规定。

第 53 条　违反矿产资源法的责任

1. 违反吉尔吉斯共和国矿产资源法作为和不作为义务的过错方，应按照吉尔吉斯共和国法律的规定承担行政、刑事和其他责任。

2. 违反矿产资源法的行为包括：

（1）使用对工作人员和居民人身安全造成威胁、污染矿产资源和环境的方法，进行矿产资源使用的相关工作。

（2）擅自在矿层区进行施工建设。

（3）擅自使用矿产资源。

（4）在矿物原料开采和加工时不合理地选择性地开采矿产地，造成超额矿产损失。

（5）向国家矿产资源权力机关提供不真实的信息。

（6）损毁地下水观测井、矿山测量和大地测量标志。

（7）在矿产地开采、地下水抽取、与矿产开采无关的地下设施建设和使用、矿产资源地质研究中进行地力恢复时，不符合用于地块地力恢复的储备资金的要求。

（8）不符合矿山资产清理或停工保护的要求。

（9）侵犯矿产资源信息所有权或者保密权。

3. 国家机关、地方国家行政机关和地方自治机关的公职人员违反本法的情况是：

（1）不授予矿产资源使用权、地块使用权许可证，或者违反其授予期限、延期期限，违反地质报告的审核期限和其他违法行为。

（2）未完成或未以正当方式完成吉尔吉斯共和国矿产资源法的规定。

（3）未采取措施制止非法干扰矿产资源使用者经营的行为。

（4）其他违反吉尔吉斯共和国法律和法规的行为。

公职人员承担因作为和/或不作为导致违反吉尔吉斯共和国法律和其他法规的责任。

4. 擅自进行建造和/或使用矿产资源，其损失不予补偿。

5. 擅自使用矿产资源所得收入收归国家所有。

第 54 条　赔偿损失

1. 按照吉尔吉斯共和国法律的规定向矿产资源使用者或国家赔偿损失。

2. 矿产资源使用者要求补偿损失的权利产生依据是，法人和自然人、国家机关和地方国家行政机关、地方自治机关造成矿产资源的天然属性恶化，并且导致部分或全部矿产资源无法使用。

3. 根据因矿产资源使用者的过错而丧失经济价值的储备数量和价值来确定向国家赔偿的损失金额。若是非法使用矿产资源，则根据该行为非法开采和/或损失的矿产价值确定。

对于损毁地下水观测井所造成的损失，应当由土地使用者给予与同类水井建设价值相当的赔偿。

计算和追索赔偿的方式由吉尔吉斯共和国政府规定。

4. 若因法人、自然人以及国家机关、地方国家行政机关、地方自治机关的公职人员的过错，无正当理由终止矿产资源使用权或中止工作，则矿产资源使用者被迫停工所造成的经济损失根据司法程序全部由过错方承担。

第八章　总结和过渡条款

第 55 条　过渡条款

1. 对于在 2012 年 8 月 9 日第 160 号文件通过的吉尔吉斯共和国矿产资源法生效之前取得矿产资源使用权许可证的矿产资源使用者，有权按照现有技术方案更正许可区域的角点坐标，无论处于完成许可条件的何种阶段（设计或者施工）。

2. 对于在本法生效前签发的、不符合本法第 21 条规定的矿产资源使用权许可证，其保留效力直至签发期限届满，且无延期权利。

3. 在本法生效之日起 6 个月内，出于商业用途收集矿物、古生物，出于装饰目的以及当作细工用石和建筑材料采集石材的矿产资源使用权许可证所有人应当提交关于转换为本法规定的矿产资源使用类别的许可申请。

若该项未经许可，则国家矿产资源权力机关自收到关于矿产资源使用类别转换的申请之日起 3 个月内必须转换申请中所指的矿产资源使用权许可证。

若出于商业用途收集矿物、古生物，出于装饰目的以及当作细工用石和建筑材料采集石材的矿产资源使用权许可证所有人未在本款规定期限内提交关于矿产资源使用类别转换的申请，则其许可证应予以撤销。

4. 对于出于商业用途收集矿物、古生物，出于装饰目的以及当作细工用石和建筑材料采集石材的矿产资源使用权许可证，其费用自按照本条第 3 款转换许可证之时起计算。

5. 对于边境河流的河床或者岸边的矿产资源使用权许可证，其期限直至有效期届满。本款规定的矿产资源使用权许可证的有效期不得延长。

6. 对于勘探砂矿石混合物以及砂质黏土的矿产资源使用权许可人（本条第 5 款规定所涉及的矿产资源使用者除外），有权按照本法规定及其下位法规，根据由地质勘探权转换为矿产地开采权的矿产资源使用权许可证继续工作。

7. 在本法生效之前授予的矿产资源使用权保留效力直至其有效期届满，且仅能按照本法第 21 条第 1 款延期一次。

第 56 条　本法的实施方式

1. 本法自正式公布之日起一个月后生效。

本法第 50 条第 3 款、第 4 款自 2017 年 2 月 2 日第 19 号文件通过的吉尔吉斯共和国刑法典生效之日起生效。

2. 吉尔吉斯共和国政府应在 6 个月内根据本法制定规范性法律文件。

3. 自本法实施之日起下列条款失去效力：

（1）2012 年 8 月 9 日第 160 号文件通过的吉尔吉斯共和国矿产资源法（吉尔吉斯共和国议会公报，2012 年第 7 号文件，第 2771 条）。

（2）2014 年 5 月 24 日第 77 号文件通过的吉尔吉斯共和国矿产资源法（修正案）（吉尔吉斯共和国议会公报，2014 年第 5 号文件，第 359 条）。

（3）2017年2月28日第36号文件通过的吉尔吉斯共和国个别法规修正案第2条（吉尔吉斯共和国行政法典、吉尔吉斯共和国矿产资源法）（吉尔吉斯共和国议会公报，2017年第2/2号文件，第96条）。

（4）2017年4月19日第62号文件通过的吉尔吉斯共和国个别法规修正案第2条（吉尔吉斯共和国税法、吉尔吉斯共和国矿产资源法）（吉尔吉斯共和国议会公报，2017年第4号文件，第289条）。

吉尔吉斯共和国总统　索隆拜·热恩别科夫

COMMONLY USED LAWS IN KYRGYZSTAN

吉尔吉斯斯坦税法典

（2008 年 10 月 2 日吉尔吉斯斯坦议会通过，
2017 年 4 月 28 日修订，2018 年 4 月 13 日修订）

总　述

第一章　总　则

第一节　本章总则

第1条　吉尔吉斯共和国税法所调整的关系

1. 吉尔吉斯共和国税法典（以下称“税法”）调整以下关系：

（1）在吉尔吉斯共和国设立、实施并征收税收；

（2）在税务监督过程中出现的情况；

（3）追究违反本法典的责任；

（4）对税务机构的决议、税务工作人员的作为和/或不作为的申诉。

2. 税法所调整的关系是税务法律关系。

3. 对于经关税同盟的海关边境进入的商品的征税关系，吉尔吉斯共和国法律在海关事务范围内适用于吉尔吉斯共和国税法不能解决和与之不冲突的部分。

4. 由于在支付税收中采用稳定制所产生的法律关系，包括增值税，由吉尔吉斯共和国投资法调整。吉尔吉斯共和国投资法所规定的稳定制，不适用于缴纳间接税。

第2条　吉尔吉斯共和国税法

1. 吉尔吉斯共和国税法是调整税务法律关系的法规。

2. 吉尔吉斯共和国税法包括以下法规：

（1）本法典；

（2）根据本法典实施的法律条文（以下在本法中称为“吉尔吉斯共和国税法条文”）；

（3）吉尔吉斯共和国征收的税种；

（4）地方税收的实施和终止办法；

（5）纳税义务产生的依据、变化、终止和完成的方式；

（6）纳税人、税务机构和其他税务法律关系参与者的权利和义务；

（7）税务监督的形式和方法；

（8）违反吉尔吉斯共和国税法规定所应承担的责任；

（9）对税务机构决议、工作人员作为和/或不作为的申诉。

第3条　国际条约和协议的效力

1. 吉尔吉斯共和国作为参与者的国际条约如有与吉尔吉斯共和国税法不同的规定，则适用这一国际条约的规定。

2. 如果吉尔吉斯共和国政府签订的，经吉尔吉斯共和国议会批准的协议，或者根据吉尔吉斯共和国议会委托签署完成、吉尔吉斯共和国议会批准的协议，规定了不同于吉尔吉斯共和国税法的条款，则这些协议条文将作为调整税务关系的规定。

第 4 条　本法中使用的术语和定义

1. 本法中使用的吉尔吉斯共和国民法、家庭法、海关法和其他法律中的法则、术语、定义，含义不变，除非本法另有规定。

2. 在本法中使用了以下术语和定义：

（1）代理人，是指根据民事合同从事经营的主体，其中包括委托合同、代理合同、运输服务和其他代理合同；

（2）财产，是指根据吉尔吉斯共和国民法的规定属于财产的客体，其中包括财产权和非财产权；

（3）国家预算，是指吉尔吉斯共和国国家预算；

（4）银行，是指商业银行，拥有吉尔吉斯共和国国家银行（以下称国家银行）签发的许可证或营业执照的专业金融财务或信贷机构或组织；

（5）进款，是指纳税人根据规定的标准和所选的会计核算方式销售商品、劳务和服务所得或应得的资金；

（6）主体，是指从事经济活动的自然人、个体经营者、组织、独立部门、常驻机构，无论何种法律组织形式、经营种类、所属关系、所有制形式和/或纳税客体；

（7）账户，是指从事经营者可以进出资金的结算账户和其他银行账户；

（8）固定资产，是指根据共和国会计核算法的规定，价值超过 10000 索姆、作为固定资产的财产，除非本法另有规定；

（9）税收债务，是指欠缴金额，以及未支付的利息、滞纳金、税务罚款额；

（10）滞纳金，是指未按吉尔吉斯共和国税法规定的期限支付的税金；

（11）纳税人承认的纳税义务，是指未清偿的纳税义务：

根据纳税人税务报表计算的；

税务机构根据本法作出的决定所计算的，经纳税人确认并无异议；

税务机构根据本法作出的决定所计算的，并经法院裁决生效应支付的税务欠款。

（12）失效。

（13）国家授权机构，是指吉尔吉斯共和国国家机构，拥有调整税务法律关系、实施税务和海关政策的职能和授权；

（14）授权税务机关，是指吉尔吉斯共和国国家中央税务机关；

（15）税务机构，是指授权税务机关的地区和/或职能部门；

（16）近亲，是指根据吉尔吉斯共和国家庭法有婚姻关系的人、收养人和被收养人、监护人和/或保护人，以及父母、子女、同胞和非同胞兄弟姐妹、祖父母、孙子女；

（17）税务机构的决议，是指非法规，由税务机构根据本法发布，对其可以向授权税务机关或法院提出异议；

（18）与居民结算，是指根据民事法律形式的合同与自然人的结算，不包括个体经营者；

（19）利息收入，是指来自任何形式的长期债权的收入，其中包括有价证券、期票和其他形式的借贷的收入，以及根据吉尔吉斯共和国法律规定进行的引资和融资的收入，根据金融租赁（长期租赁）合同的收入；

（20）利息开支，是指用于任何形式的长期债务的支出，包括有价证券、期票和其他债务的支出，以及根据吉尔吉斯共和国法律规定进行的引资和融资、金融租赁合同（长期租赁）产生的开支；

（21）商品进口，是指根据关税同盟的海关法和/或吉尔吉斯共和国与海关事务相关的法律的规定将商品输入（进口）至关税同盟关境，以及将商品自关税同盟其他成员国输入（进口）至吉尔吉斯共和国境内；

（22）关税同盟法律，是指根据本法和关税同盟成员国之间的国际条约的规定实施的、调整关税同盟成员国家经营活动主体相互关系的法律法规总和。

关税同盟法律包括：

本法；

调整关税同盟内成员国之间海关和税务法律关系的国际条约；

根据本法和关税同盟成员国之间国际条约的规定实施的、调整关税同盟内海关法律关系的关税同盟委员会的决议。

（23）间接税的税务报表，是指商品自关税同盟成员国领土进口到吉尔吉斯共和国境内时征收的消费税和增值税的税务报表；

（24）系统经营，是指销售同一和/或同类商品的经营活动，如果在1个日历年内销售超过两个单位以上商品，以及有偿完成工作和提供服务；

（25）监督价格的最低水平，是指在本法规定的情况下，按本法规定的方式确定的进口到吉尔吉斯共和国境内的商品价格。

（26）无效发票是指由纳税人签发的违反本法典、没有在增值税报告月份之后的第15个月之前提交增值税报告，并且还违反发票的制定和流通程序的增值税发票。

（27）货物标签是指根据吉尔吉斯共和国法律和/或欧亚经济联盟法律的要求，在产品或者包装上标出/注明的识别资料。

就本条款而言，识别方法应被识别为机器可读形式的独特字符序列，以条形码或其他代码的形式呈现或记录在射频标签上，或使用包含信息的其他自动识别手段或技术呈现。

货物标签可以被认为是标记货物的一种手段，其中包括吉尔吉斯共和国税法和欧亚经济联盟法律所要求的手段。

为了税收而标记的货物清单，识别手段中所包含的信息格式和内容以及进口日期和货物标签的方法由吉尔吉斯共和国批准。

（28）商品流通是指：

a. 进口到吉尔吉斯共和国境内的货物，在吉尔吉斯共和国境内运输、收购和销售，以及出口到欧亚经济联盟共和国。

b. 根据吉尔吉斯共和国法律规定，货物在吉尔吉斯共和国境内运输、收购和销售，以及出口到欧亚经济联盟共和国必须贴上标签。

（29）电子识别器是指：

税务收款机的识别标志，它允许通过电子计算装置验证税务收款机。

3. 吉尔吉斯共和国税法中的术语和定义是按照本法相关条款的规定的意义使用的。

第 5 条　吉尔吉斯共和国税法的原则

1. 吉尔吉斯共和国税法的原则由本法确定。

2. 吉尔吉斯共和国的税法依据以下原则：

（1）征税的合法性；

（2）纳税的义务；

（3）税务体制的一致性；

（4）税法的公开性；

（5）征税的公正性；

（6）纳税人的诚信推定；

（7）合法性推定；

（8）征税的可定义性。

3. 税法的规定不能与本法典的原则冲突。

4. 定税的权力属于吉尔吉斯共和国议会。

税收的确定和取消只能由本法典规定。

免除主体纳税义务的决议由单独的法律规定。

5. 在本法典给予地方议会授权的范围内，地方税根据地方议会的法律文件生效。

6. 除非本法典另有规定，否则禁止将调整税务法律关系的法规写入非税法的法律当中。

7. 在缺少调整税务法律关系所必需的法规的情况下，不能问责纳税人和税务代表。

第 6 条　征税的合法性原则

不能将本法典未规定的纳税义务纳税和具有本法典规定的税收特征，或者按本法典以外的方式规定和生效的缴费和支付款项的义务强加于任何人。

第 7 条　纳税义务的原则

每个人都应在本法典规定的情况下，按规定缴税。

税务法律关系的所有参与者都应遵守吉尔吉斯共和国税法。

第 8 条　税务体制一致性的原则

吉尔吉斯共和国的税务体制在整个吉尔吉斯共和国境内是一致的。

第 9 条　吉尔吉斯共和国税法的公开性原则

调整税务法律关系的法律法规应按照吉尔吉斯共和国法律的规定进行公示。

第 10 条　征税公正性原则

1. 吉尔吉斯共和国是普遍征税的。

2. 禁止提供个别税收优惠，除非本法另有规定。

3. 税收不能具有歧视性，不可基于性别、社会、种族、民族、宗教标准实施。

第 11 条　诚信推定原则

在没有符合税法的确定文件证据之前，纳税人和税务代表的诚信是有效的。

第 12 条　合法性推定

1. 产生税务法律关系时，纳税人或税务代表即被承认在所有情况下合法作为或不作为的，除非这种作为和不作为是被吉尔吉斯共和国税法禁止的，同时必须遵守以下条件：

（1）作为和不作为不应与吉尔吉斯共和国税法冲突；

（2）作为和不作为不妨碍应执行的纳税义务。

2. 在产生税务法律关系时，国家授权机关、税务机构、海关机构，以及地方自治机构是合法作为的，如果吉尔吉斯共和国税法规定了其行为。

本部分所指的机构，禁止实施吉尔吉斯共和国税法未规定的行为。

第 13 条　征税的可定义性

1. 征税应该被定义。

征税的定义性是指在吉尔吉斯共和国税法中确定纳税义务产生、执行和中止的所有依据和方式。

2. 在立税时，应确定每个税种的所有征税因素，但不包括本法典第十一章和第十五章规定的税种。

第 14 条　吉尔吉斯共和国税法在适用范围、适用时间和适用对象的效力

1. 除了在相应地区适用地方议会法令外，吉尔吉斯共和国税法在吉尔吉斯共和国整个领土范围内有效。

2. 根据本法典在设立新税种、提高税率方面修订的法律，自下一税收阶段第一天，不迟于正式公布后的 2 个月前生效。

3. 吉尔吉斯共和国税法具有溯及力，如果以下修订法令直接对此进行了规定：

（1）废止税种；

（2）降低税率；

（3）免除税务法律关系主体的纳税义务；

（4）免除或减轻违反吉尔吉斯共和国税法所应承担的责任；

（5）增加保护税务法律关系主体权利的保障；

（6）其他方式改善税收关系主体的状况。

4. 设立新税种、提高税率、规定或减轻违反税务法律关系所应承担的责任，规定税务法律关系参与者应承担新的税收义务的吉尔吉斯共和国法规，不具有溯及力。

第 15 条　法规的相互关系

1. 吉尔吉斯共和国税法法令和其他吉尔吉斯共和国法规不应和本法典冲突。

2. 如果本法典与税法法令以及其他吉尔吉斯共和国调整税务法律关系的法规冲突，则采用本法典规定的标准。

3. 如果本法典规定的标准存在矛盾或缺少调整税务法律关系所必需的标准，税务机关和/或司法机关将作出有利于纳税人的裁决。本部分所指的本法典规定的标准的矛盾，是指本法规定的两个或多个标准在含义和内容上相互矛盾、冲突。

4. 在存在以下其中一种情况时，法规即被认为与本法典不符：

（1）法令颁发部门不具有本法典规定颁布类似法令的权利，或者违反了吉尔吉斯共和国法律规定的法令颁布方式；

（2）法令废止或限制了本法典规定的税务法律关系参与者的授权；

（3）法令实施、改变或废除了本法规定的税务法律关系参与者的义务、依据、条件、行为连续性和方式。

（4）法令禁止本法典允许或规定的行为；

（5）法令允许或准许本法典禁止的行为；

（6）法令改变了本法典确定的术语和定义的内容，或者使用的术语和定义与本法具有不同含义。

5. 通过了与本法典不符的法规的机关，应消除不符合的部分。

第 16 条　吉尔吉斯共和国税法规定的期限计算方式

1. 吉尔吉斯共和国税法规定的期限，按日历日确定或以年月日计算的时间区段到期确定。时限也可按照指定必然发生的事件确定。

2. 吉尔吉斯共和国税法规定的任何期限期间，始于相应日期开始日、时间区段到期日或事件的后一天。

如果吉尔吉斯共和国税法中指明了到法典规定日期前到期的期限，则任何期限期间均应始于该日期开始后一天。

3. 以年度计算的期限，在期限最后年度相应的月、日到期。这种情况下，时间区段是包含 12 个连续月份的年。

日历年度是自一年的 1 月 1 日开始，至该年 12 月 31 日结束的时间区段。

4. 以月份计算的时限，在期限最后一个月的相应月、日到期，这时月份是指日历月。

5. 当以年或月计算的期限结束于没有相应日的月份时，该期限将在这一月份的下一日到期。

6. 如果期限的最后一日是在非工作日，则该期限结束日为之后的工作日。

7. 已规定期限的行为，可以在期限最后一日的工作时间结束前完成。

第 17 条　税务法律关系参与者

税务法律关系参与者包括：

（1）根据本法典被承认为纳税人的主体；

（2）根据本法典被承认为税务代表的主体；

（3）国家授权机关；

（4）税务机构、海关机构；

（5）地方自治机构；

（6）税务法律关系领域受本法典调整其权利和义务的人。

第 18 条　吉尔吉斯共和国税法标准采用的文件

1. 国家授权机关和税务机构应根据税法采用的标准书面回复纳税人的咨询。

2. 吉尔吉斯共和国政府应发布吉尔吉斯共和国税法采用的规则、条例、细则，和其他文件。

3. 本条第 1 款指出的文件，对于纳税人不是必须履行的。

4. 本条第 2 款指出的文件，如果是为了完成本法典规定的授权而实施的，则是必须履行的。

5. 根据本条第 2 款发布的文件，应通过印刷刊物和电子刊物复制文件文本的方式，以及在国家授权机关和/或授权税务机关的公开信息网站全民通报。

第 19 条　税的含义

税是指根据吉尔吉斯共和国税法征收纳税人的必需的、个体的无偿付款。

第 20 条　间接税

间接税是指附加在价格或费率上，不与纳税人收入或财产直接发生关系的商品、工作和服务的税收，例如增值税、消费税和销售税。

间接税的纳税基数、金额和税率由纳税人根据吉尔吉斯共和国政府规定的方式反映在核算文件和税务报表中。

第 21 条　经济活动

1. 经济活动是指企业经营或其他经营活动。

2. 对于本法典，主体的经济活动如果是系统的，则被认为是企业经营。

3. 以下活动本法认为是其他经营活动：

（1）根据吉尔吉斯共和国劳动法的规定实施的业务；

（2）在银行存入资金；

（3）有价证券、自然人或法人注册资金中股权的获得、转让或销售；

（4）根据在自然人或法人注册资金中股权而获得的任何所付款项；

（5）获得的违约金、罚款、精神补偿；

（6）根据保险合同获得保险金（补偿）；

（7）其他不属于企业经营的活动。

第 22 条　组织，独立部门

1. 本法典所定义的组织是指：

（1）根据吉尔吉斯共和国民法规定创立的法人（以下在本法典中称为“本国组织”）；

（2）根据创建国法律建立的集团、公司、基金、部门或其他机构，或国际组织（以下在本法典中称为“外国组织”）

根据国际条约或协议创建的国际法主体是国际组织。

2. 总体符合以下条件的部门属于独立部门：

（1）从事经营活动；

（2）于主要管理地外，拥有地区和财产独立性；

（3）拥有与组织具有劳动法规定的关系的员工。

第 23 条　自然人

1. 吉尔吉斯共和国斯共和国的公民、外国公民和无国籍人士是自然人。

2. 在 12 个月中，连续并在同一税务期限结束的 183 天及以上期限内居住在吉尔吉斯共和国境内的任何自然人，或者在吉尔吉斯共和国境外国家机构工作的自然人，即为常住自然人。

3. 本法典规定不属于常住自然人的自然人即为非常住自然人。

第 24 条　个体经营者

个体经营者的含义是：

（1）在未组建组织的情况下从事经营活动，包括根据临时执照而从事活动的常住自然人，他有责任履行本法典规定的义务；

（2）通过在吉尔吉斯共和国的常驻机构从事经营活动的非常住自然人。

第 25 条　常驻机构

1. 常驻机构是指经营活动的长期地点，外国组织或非常住自然人（以下称“非常住民”）通过这一地点从事全部或部分的经济活动。

2. 常驻机构的概念，其中包括：

（1）管理地；

（2）分部；

（3）事务所；

（4）工厂；

（5）工场；

（6）矿井、石油或天然气钻井、矿场，或其他开采自然资源的场所；

（7）土地区块；

（8）建筑工地或建筑、安装或组装项目或与监督完成这些工作相关的服务，如果在任何 12 个月的期限内这一工地或客体存在 183 天以上或这种服务提供 183 天以上；

（9）用于勘探自然资源的设备或设施，或者与监督完成这些工作相关的服务，或者用于勘探自然资源的钻探设备或船舶，如果在任何 12 个月的期限内这种使用超过 183 天以上或这种服务提供 183 天以上；

（10）非常住自然人通过雇用的员工提供服务，其中包括咨询服务，如果员工在吉尔吉斯共和国从事这种经营在任何 12 个月的期限内持续超过 183 天及以上。

3. 常驻机构的概念不包括：

（1）仅仅为了保存、展示或供应属于非常住民的商品或产品而使用设施；

（2）储备属于非常住民的商品或产品只是为了保存、展示或供应；

（3）保存属于非常住民的商品和产品的储备只是为了用于其他组织或自然人的加工；

（4）设置长期经营地点只是为了购买商品或产品，或者为非常住民收集信息；

（5）设置长期经营地点只是为了企业从事其他具有准备或辅助性质的经营活动；

（6）设置长期经营地点只是为了本条第 3 款的 1~5 项中列出的经营项目的各种联合，如果由于这种联合而出现的长期经营地点的经营总和具有准备或辅助性质；

（7）在吉尔吉斯共和国通过经纪人、代销人和其他任何独立代理人从事经济活动，如果这些人在自己通常的活动框架内经营；

第 26 条　商品销售

具有物质实物形态的财物，称为商品。

商品的销售是指将商品的所有权有偿或无偿转让，其中包括商品交换。

第 27 条　完成工作或提供服务

任何不属于商品销售的经营活动即为完成工作或提供服务。

第 28 条　纳税人的电子文件和数字签名

纳税人的电子文件是根据吉尔吉斯共和国关于电子管理和电子签名的法律要求而编写的文件。

根据吉尔吉斯共和国 2018 年 4 月 13 日通过的第 39 号法令的决定。

第 29 条　不可抗力

不可抗力是指由于自然灾害，如地震、水灾或其他不可预见或预防的，或者可以预见但无法预防的，非常的和不可逆转的状况。上述状况根据大众媒体和其他无需特别证明的方式公示的、众所周知的事实存在确定。

第 30 条　互相依存的主体

1. 相互之间的关系可以影响各自的，或他们所代表主体的经营活动的经营条件或经济结果主体，称为互相依存的主体，即：

（1）主体直接或间接参股组织，参股总股权超过 20%；

（2）有第三方主体参股的两家组织，第三方主体直接和/或间接在每个组织的参股股权超过 20%或控股该主体；

（3）根据职务地位一个自然人与另一个自然人；

（4）主体之间出现属于吉尔吉斯共和国劳动法调整范围的关系；

（5）近亲；

（6）管理股东和信托人。

2. 法院可以根据本条第1款规定以外的依据认定主体的相互依存关系，只要这些主体之间的关系可以影响他们之间的交易结果。

3. 本条第1款所指的一个主体通过其他组织的存续性在组织中的间接参股股权，以相应参股股权的发生形式确定。

第二节　吉尔吉斯共和国的税制

第31条　税种

1. 吉尔吉斯共和国设立国家税、地方税，以及特别税则的税种。

2. 本法典设立的在吉尔吉斯共和国全境实施的税种即为国家税。

3. 地方税是指由本法典设立，通过地方议会法令实施的、属于必须在相应地区征收的税种。

4. 属于国家税的税种包括：

（1）所得税；

（2）利润税；

（3）增值税；

（4）消费税；

（5）资源使用税；

（6）销售税。

5. 属于地方税的税种包括：

（1）土地税；

（2）财产税。

6. 属于特殊税则的税种包括：

（1）强制临时执照税；

（2）自由临时执照税；

（3）统一税基础上的简化纳税制；

（4）税收合同基础上的税收；

（5）自由经济区的税制；

（6）失效；

（7）高新技术园区税制。

第32条　设立税种的一般条件

1. 除非本法典另有规定，税种只能在本法典规定了纳税人和纳税要素的情况下设立，即：

（1）纳税客体；
（2）纳税基数；
（3）税率；
（4）税收期；
（5）税收计算方式；
（6）缴税方式；
（7）缴税期限。

2. 在本法典规定的情况下，在设立税种时，可以规定税收优惠和免缴税。

第 33 条　纳税客体

1. 纳税客体是产生税收义务的权利和/或行为。

2. 每种税的纳税客体根据本法典的规定确定。

第 34 条　税收基数

税收基数是指纳税客体的价值、实质或其他特点，根据这些特点计算税额。

第 35 条　税率

1. 税率是指每个税收基数测量单位的税收加算值。

2. 税率以税收基数百分比计或者是对每个税收计数单位的绝对数。

第 36 条　税收期

1. 税收期是指确定税收基数和计算税额的时间段。如果这一期间没有确定，则税收期即是出现税收义务的那一天。

2. 如果本法典未作其他规定，则税收期是指：

（1）在这一税收期结束前作为纳税人登记日后的一天开始的时间段；

（2）自某种税税收期开始起至从吉尔吉斯共和国纳税人国家登记处删除纳税人之日的第二天的时间段。

（3）如果登记和取消发生在同一税收期，登记为某种税纳税人之日的第二天起至注销该税种纳税人之日的时间段。

第 37 条　计税方式

1. 纳税人按纳税基数乘以税率的方式，并根据税收优惠和免税情况，独自计算税收期应缴纳的税金。

2. 在本法典规定的情况下，个别税种的税金由税务机构负责计算。

第 38 条　缴税期限

1. 根据本法典的要求，缴税期限的规定按税种而不同。

2. 只有按本法典规定的方式才能改变规定的缴税期限。

3. 违反缴税期限的规定将作为追究法律规定的责任的依据。

第39条　缴纳税金的方式

1. 税金可以：

（1）全部或部分缴纳；

（2）延期或分期缴纳；

（3）产生纳税义务的日期前或当日缴纳；

（4）由纳税人直接或以其名义缴纳；

（5）直接在纳税人所在地或独立部门所在地缴纳；

（6）以现金或非现金形式缴纳。

2. 每个税种适用单独的缴税方式。

第40条　税则

1. 税则是指在吉尔吉斯共和国税法规定的情况和方式下适用的计税和缴税方式。

2. 在吉尔吉斯共和国设立普通税则和特殊税则。

3. 普通税则是指本法典规定的规则，不包括以下特殊税则：

（1）强制临时执照税；

（2）自愿临时执照税；

（3）统一税基础上的简化纳税制；

（4）税收合同为依据的税收；

（5）自由经济区的税则；

（6）失效（根据14.01.18第13号法律规定）；

（7）高新技术园区的税则。

第二章　税务法律关系参与者

第三节　纳税人，税务代表

第41条　纳税人

纳税人是指在吉尔吉斯共和国税法规定的情况下需要承担纳税义务的主体。

第42条　纳税人的权利

1. 纳税人有权：

（1）要求税务机构职务人员遵守吉尔吉斯共和国税法；

（2）自己或通过自己的税务代表参与到税务法律关系中；

（3）接收国家机关有关吉尔吉斯共和国税法及由国家授权机关、授权税务机关制定的规则、条例和其他方法指导的信息；

（4）不采用未经官方大众媒体公示的税务报表格式；

（5）依据书面咨询免费获得税务机构内有关自身的任何信息；

（6）要求将对缴纳和多征收的税费进行抵账或返还；

（7）根据吉尔吉斯共和国税法规定的依据和方式享有税收优惠；

（8）要求保守税务机密；

（9）获得税务监督结果的信息；

（10）根据税务监督的结果向税务机构提交澄清说明；

（11）不提交不属于完成纳税义务的信息和文件；

（12）对税务机构职务人员的决定、作为或不作为提起申诉；

（13）根据吉尔吉斯共和国法律的规定，对于税务机构不合法的决议、税务机构职务人员的不正确的作为和不作为造成的损失，要求给予补偿。

2. 纳税人还拥有吉尔吉斯共和国税法规定的其他权利。

第 43 条　纳税人权利的保障和保护

1. 吉尔吉斯共和国保证对纳税人的权利和合法利益给予行政和司法保护。

2. 对纳税人合法权益的保护方式根据本法典和其他法律确定。

3. 纳税人的权利由国家授权机关、税务机构、海关机构及其职务人员的相应义务予以保障。

4. 未完成或未以应有方式完成保护纳税人权利的义务，将承担吉尔吉斯共和国法律规定的责任。

第 44 条　纳税人的义务

1. 纳税人必须：

（1）按规定的方式在税务机构登记；

（2）完成纳税义务；

（3）根据本法典的要求进行税务义务核算；

（4）按照本法典规定的方式和期限提交税务报表；

（5）在本法典规定的情况和方式下提供说明、信息和文件；

（6）完成税务机构有关消除税务违法行为的后果或终止导致税务违法行为的作为和不作为的合法指令。

（7）在税务机构职务人员依据本法典执行职务义务时，不妨碍他们的合法工作；

（8）根据书面通知允许以外出税务检查、抽查检查和定岗税务检查的税务机构职务人员在进行定期检查、以现金形式追缴经纳税人确认的纳税义务进入公司拥有或使用的、导致出现纳税义务的领地或场所；

（9）应确保保存记录和履行税款的期限。

a. 纸质和电子文件不少于 6 年，除了确认自愿性营业执照购买和征税的文件。

b. 在自愿性营业执照的基础上购买和支付税款的文件期限是 3 年。

（10）向税务机构职务人员出示税务检查登记簿，以便登记完成的检查或监督；

（11）自开户或关闭银行账户（包括吉尔吉斯共和国境外的账户）第二日起 15 天内

通知相关信息；

（12）通报税务机构有关：

a. 即将从关税同盟成员国进口的商品；

b. 自关税同盟成员国临时进口商品，之后将在不改变该商品性能的情况下将其运出吉尔吉斯共和国境内；

c. 临时将商品运出吉尔吉斯共和国境内到关税同盟成员国境内，之后将在不改变该商品性能的情况下将其运回吉尔吉斯共和国境内；

提交自吉尔吉斯共和国运进（运出）商品至关税同盟成员国的通知的方式，由吉尔吉斯共和国政府确定。

（13）货物标签，提供有关标记商品的信息，并履行吉尔吉斯共和国立法和欧洲联盟立法中有关货物标签的职责。

从吉尔吉斯共和国境内向关税同盟成员国提供货物进口（出口）的程序由吉尔吉斯共和国决定。

2. 纳税人应完成吉尔吉斯共和国法律规定的其他义务。

第 45 条　纳税人的职务负责人

1. 纳税人的职务负责人是：

（1）纳税人管理执行机构的负责人；

（2）组织常设机构的负责人；

（3）根据劳动合同，或民事法律合同，或授权书被授权完成本法典规定的义务的自然人；

（4）临时执行本条 1~3 款中所注明人员的义务的自然人。

第 46 条　税务代表及其授权、权利、义务和责任

1. 纳税人有权亲自或通过税务代表参与税务法律关系。

2. 税务代表有权以纳税人的名义参与税务法律关系。

3. 亲自参与税务法律关系并不会剥夺纳税人拥有税务代表的权利，同样地，税务代表的参与并不能剥夺纳税人自己参与税务法律关系的权利；

4. 税务代表的授权、权利、义务和责任根据以下文件确定：

（1）吉尔吉斯共和国税法；

（2）纳税人和税务代表之间签署的民事法律合同；

（3）纳税人出具给税务代表的委托书；

5. 纳税人税务代表在该纳税人参与的税务法律关系中的作为或不作为，即被认为是纳税人的作为或不作为。

6. 国家机构或国家机构的职务人员不能作为纳税人的税务代表。

第四节 税务部门

第 47 条 税务部门

1. 税务部门的构成是：

（1）授权税务机关；

（2）税务机构。

税务部门具有法人地位并在吉尔吉斯共和国法律规定的职权范围内进行税务管理，并参与吉尔吉斯共和国税收政策的实施。

2. 吉尔吉斯共和国税务部门不隶属于国家地方行政部门和地方自治机构。

3. 禁止国家机关和地方自治机构干预税务部门、国家授权机关在实施吉尔吉斯共和国税法给予的授权时的工作。

4. 机构运行方式、税务部门工作人员的社会保护、特殊称号的授予都由专门的法律规定。

5. 税务部门的经费由国家预算拨付，包括实际税收和专项预算外资金的利息提成。

第 48 条 税务人员

税务人员是税务服务的领导或者工作人员，享有本法典规定的职权。

税务人员不能故意犯罪，无论其是否中止犯罪或消除犯罪结果。

第 49 条 税务部门的任务

税务部门应完成以下任务：

（1）监督对吉尔吉斯共和国税法的遵守；

（2）根据吉尔吉斯共和国税法的要求协助纳税人或其税务代表履行税务义务。

第 50 条 税务部门及其职务人员的权利

1. 税务部门及其职务人员有权：

（1）根据本法典规定的方式，制定和确认吉尔吉斯共和国税法规定的法规；

（2）根据本法典规定的方式实施税务监督；

（3）在实施税务监督时要求纳税人出示计税、扣税和缴税的文件；

（4）在实施税务监督时，要求纳税人提供补充计税、扣税和缴税的文件，以及确认计算正确和扣税、缴税及时性的文件说明；

（5）在实施税务监督时按本法典规定的方式，获得纳税人的文件副本；

（6）根据本法典进行任何涉及对全面税务检查区域、场所、文件和物品的检查；

（7）在检查与纳税人纳税相关的问题方面，按本法典规定的方式，在遵守法律规定的对所获得信息保守商业、银行和其他机密的情况下，获得银行提供的纳税人银行账户的开户、号码，以及账户余额和资金流动情况。

（8）在本法规定的情况和方式下，在间接方法的基础上，确定纳税人的纳税义务；

（9）失效；

（10）依据吉尔吉斯共和国法律的规定向法院提起诉讼，其中纳税人清算诉讼，包括强制清算；

（11）要求消除违反吉尔吉斯共和国税法的行为，并监督执行这一要求；

（12）向其他国家机构和地方自治机构要求提供并获取与纳税客体和纳税义务计算相关的信息；

（13）实施监督征税；

（14）签署税务合同；

（15）监督地方自治机构执行本法典授予的国家授权的情况。

2. 为了实施本法典赋予的授权，税务部门及其职务人员拥有本法典和吉尔吉斯共和国法律规定的其他权利。

第 51 条　税务部门及其职务人员的义务

1. 税务部门及其职务人员应该：

（1）维护纳税人的权利和合法利益；

（2）遵守吉尔吉斯共和国税法并要求纳税人予以执行；

（3）协助纳税人履行纳税义务；

（4）通过官方大众媒体公布纳税人税务报表的规定格式、填写方法、提交给税务机构的方式和期限；

（5）在吉尔吉斯共和国税法规定的情况下，回复纳税人的书面咨询；

（6）对纳税义务的执行实施税务监督；

（7）对纳税人、纳税客体、加算税收和已支付税收进行核查；

（8）如果本法典未作其他规定，提供国家预算支付的、税务机构发放的税务报表表格；

（9）解释税务报表的填写方式；

（10）严格根据命令进行税务检查；

（11）将税务检查和其他形式的税务监督登记入检查登记簿；

（12）保守受吉尔吉斯共和国法律保护的职务、商业、税务、银行和其他机密；

（13）在本法规定的期限和情况下，向纳税人通知执行纳税义务的决定；

（14）根据纳税人的书面咨询，在收到该咨询后第二天起的 2 个工作日内出示有关税收加算和支付、税务罚款、滞纳金、罚金的金额、日期的决议，以及针对纳税人和/或其纳税义务，和/或欠税的决议；

（15）保证在 6 年内保存纳税义务完成的证明文件的完整；

（16）采取保证完成纳税义务的方法；

（17）根据本法典的规定对纳税人实施税务处罚，根据吉尔吉斯共和国行政责任法的规定实施处罚；

（18）根据本法典规定的方式审核纳税人的申诉。

2. 税务部门应在下一日历报告年度的 3 月 1 日前，在授权税务机关的公开信息网站上公布税务部门的工作报告。这一报告应包含该报告年度的以下信息：

（1）税务部门征收的税种名称和金额；

（2）欠税的金额；

（3）税务机构在征税过程中的费用；

（4）提供高税收优惠、延期、分期支付欠税的统计资料；

（5）税务部门工作中的成绩和不足；

（6）公布欠税金额超过5000个计算指数的自然人姓名、组织名称，并注明欠税金额。

3. 如果根据税务监督的结果发现未计算的税金超过了刑事责任的门槛，在以下情况，税务部门应将税务检查的资料发送检察机构审查：

（1）如果相关决议已生效，并且在本法规定的期限内纳税人未向授权税务机构提起申诉；

（2）如果对于纳税人的申诉已存在生效的授权税务机关的相应决议，确认未计算的税金达到了入刑的标准，并且纳税人自收到授权税务机关的决议后第二日起30个日历日内未向法院提起申诉；

（3）如果存在已生效的司法裁决，确认未计算的税金达到了入刑的标准。

如果纳税人在规定期限内清偿了所有欠税金额，则税务部门无权作出将涉及税务违法行为的信息提交给检察机关的决定。

4. 税务部门及其职务人员应履行吉尔吉斯共和国税法规定的其他义务。

第52条　海关机构在税务法律关系领域的授权

根据关税同盟海关法、吉尔吉斯共和国海关法、吉尔吉斯共和国税法的规定，海关机构在商品经过关税同盟海关边境时进行征税。

第52-1条　地方自治机构在税务法律关系领域的权利和义务

1. 地方自治机构及其职务人员在获得国家相关授权的情况下，有权：

（1）征收本法第十三章、第十四章以及第五十三节、第五十四节规定的税种；

（2）根据本法典第93条第2款第4项、第5项的规定实施税务监督，除非本法另有规定。

（3）要求消除违反吉尔吉斯共和国税法的行为，并监督对这一要求的执行；

（4）从税务机构和其他国家机关获取与纳税客体，及根据本法典第十三章、第十四章规定的税务计算欠税相关的信息；

（5）按照本法典规定的方式进行税务监督时，获取纳税人的文件副本；

（6）根据法律规定向检察机构转交材料，以及向法院提起诉讼。

2. 地方自治机构对遵守本法第108条第1款第1项、第3项款规定的税法要求实施税务抽查。

3. 地方自治机构在获得相应国家授权时，有权：

（1）在实施税务监督时，要求纳税人提交本法典第十三章、第十四章，以及第五十三节、第五十四节规定的税收缴纳文件；

（2）在没有银行机构的吉尔吉斯共和国边远和难以到达的居民点，按吉尔吉斯共和国政府规定的方式，收取纳税人现金用以支付本部分第 1 款注明的税收。

4. 地方自治机构及其职务人员在获得相应的国家授权的情况下，应该：

（1）维护纳税人的权利和合法利益；

（2）遵守吉尔吉斯共和国税法，并要求纳税人予以执行；

（3）协助纳税人履行他们的纳税义务；

（4）采取措施保证本法典第 74 条、第 75 条规定的纳税义务的履行；

（5）监督履行本法第十三章、第十四章，以及第五十三节、第五十四节规定的纳税义务；

（6）在税务抽查时，遵循本法典第 108 条第 3 款至第 5 款、第 113~115 条和第 117 条的规定；

（7）在税务检查登记簿中登记税务监督的形式；

（8）保守吉尔吉斯共和国法律保护的职务、商业、税务、银行和其他机密；

（9）保证在 6 年内保存纳税义务完成的证明文件的完整；

（10）向税务机构出示有关税金加算和入账、使用的单据和文件，以及根据授权税务机关规定的方式和期限将税金存入银行或地方自治机构的报告；

（11）协助税务机构对纳税人的核查。

5. 根据吉尔吉斯共和国法律的规定，地方自治机构承担未完成或未以应有方式完成本条第 1 款规定的国家授权的责任。

第 53 条　利益冲突

1. 严禁税务部门的职务人员对纳税人实施职务义务：

（1）如果纳税人是该职务人员的近亲属；

（2）如果该职务人员或其近亲属有与纳税人经济活动或履行其纳税义务相关的直接或间接经济利益。

2. 税务部门的职务人员必须采取措施避免在自己的工作中出现利益冲突。

第 54 条　税务机密

1. 除非本法典另有规定，税务部门及其职务人员所获得的任何有关纳税人的信息都属于税务机密，但不包括有关以下的信息：

（1）纳税人的联系方式（纳税人的名称或姓名、地址），以及纳税人的识别代码；

（2）纳税人登记为增值税纳税人；

（3）增值税发票、消费税印花；

（4）纳税人承认的欠税金额；

（5）纳税人违反吉尔吉斯共和国税法的行为和法院判决生效的，或经纳税人承认的针对违法行为的责任措施；

（6）法人实际上缴国库的税费。

2. 税务机构及其职务人员不应泄露税务机密，除非这些机密是转达给：

（1）法律税务机构、海关、国家授权机关的其他职务人员，在其执行本法典或有关海关事务领域规定的义务过程使用；

（2）检察机构，只在根据税务违法事实针对纳税人提起刑事诉讼的情况下；

（3）法院，在确定纳税人欠税或税务违法行为责任的法院审理过程中；

（4）负责破产事务的国家授权机构、行政负责人（临时行政首长、特别行政首长、监督官、外事负责人），以便针对提起破产程序或已裁定开始破产程序的主体，实施他们在破产法中的授权；

（5）负责国家公务事务的国家授权机构，在针对国家公务法规定必须申报财产和收入的人员的关系中；

（6）吉尔吉斯共和国议会、政府办公厅、吉尔吉斯共和国金融侦查局，在其职能行为需要的情况下；

（7）其他国家的税务或检察机构，根据吉尔吉斯共和国参与的，在税务、检察机构之间的国际合作公约；

（8）国家统计机构，用以进行国家法律规定的统计工作。

3. 经纳税人书面同意可以向第三方公开属于税务机密的纳税人信息，但不包括本条第 2 款规定的情况。

4. 使用或向其他主体转达有关纳税人的、国家机构职务人员在执行职务时被告知的信息，属于泄密，除非本法典另有规定。

5. 对税务机构获得的、属于税务机密的信息，应实行专门的保管和开放制度，这一制度应经税务机构负责人的书面决议确定。

6. 经税务机构负责人书面决议确定的职务人员，被允许接触构成税务机密的信息。在税务检查时这些职务人员接触的权利会在命令中注明。

7. 税务机构及其职务人员，以及之前曾任职的人员，应对在执行公务之时所获得的有关纳税人的任何信息保密。

8. 泄露因职务或专业活动而获知的税务机密，应承担由此给纳税人带来的所有损失，以及其他补偿。

由于非法获得的税务秘密造成的损失，非法获得机密的人应承担给纳税人造成的所有损失，并支付其他补偿。

非法获得税务秘密，即使未造成损失，也应追究行政责任。

9. 禁止国家机关向税务机构索取构成税收机密的信息和文件，但不包括本条款规定的情况。

10. 国家机构的职务人员，若违反了本条第 9 款的规定，则应根据吉尔吉斯共和国法律的规定承担责任。

第三章　纳税义务和税收债务

第五节　本章总则

第 55 条　纳税义务

1. 在出现吉尔吉斯共和国税法规定的情况时纳税人缴纳税收的义务即为纳税义务。

2. 纳税义务即是资金义务。

3. 税务机构应要求纳税人履行自己的纳税义务。

4. 如果未履行或未以应有方式履行纳税义务，税务机构有权以法律规定的方式采取保证其履行的方法和强制执行的措施。

5. 禁止税务机构要求纳税人支付超过纳税人义务金额的资金。

第 56 节 纳税义务的产生、变化、执行和终止

1. 在具备吉尔吉斯共和国税法规定的依据的情况下，纳税义务会产生、发生变化，被执行或终止。

2. 自吉尔吉斯共和国税法规定的缴纳税收的情况出现之日起，纳税人即承担纳税义务。

第 57 节 纳税义务的货币单位

1. 纳税义务应以吉尔吉斯共和国本国货币索姆支付。

2. 在计算纳税义务时，允许将纳税义务按索姆单位化为整数。

第 58 条　纳税义务诉讼时效的期限

1. 纳税义务诉讼时效的期限为自以下之日的第二日起 6 年：

（1）各个税种纳税期的结束；

（2）延期或分期的有效期结束，如果未支付延期或分期的欠税金额；

（3）向纳税人交付税务检查结果出现纳税义务的通知。

在自愿性营业执照的基础上，纳税人支付税款的期限是 3 年。

2. 如果纳税人错误计算或完成纳税义务，则在诉讼时效有效期内：

（1）纳税人有权自己提出进行相关修改；

（2）税务机构有权增加或减少加算的税额，并追缴加算的税金。

3. 在相应纳税期结束后，诉讼时效有效期内，纳税人有权要求将多缴的税金抵扣或退返。

4. 在进行预防破产程序或重整程序期间，纳税义务诉讼时效的有效期中断。

5. 纳税义务诉讼时效有效期的中断，由吉尔吉斯共和国民法规定。

第六节　纳税义务的执行，纳税义务的终止

第59条　纳税义务的执行

1. 纳税义务应根据吉尔吉斯共和国税法的要求，以应有的方式执行。

2. 纳税义务应由纳税人独自执行，或在税法规定情况下由其他的第三方执行。

3. 以现金和/或通过银行汇款的方式支付所有税款即为完成了纳税义务。

4. 纳税人有权以一次性或部分缴纳所有税金的方式完成纳税义务。

5. 纳税人有权提前完成纳税义务。

6. 不允许拒绝完成纳税义务或改变其完成的方式，除非本法典另有规定。

7. 纳税义务是必须完成的，无论是否追究税务违法行为的责任。

第60条　纳税义务完成的日期

1. 纳税义务完成的日期是：

（1）如果纳税人账户上有足够完成汇款指令的资金，向银行提交税金汇款指令之日，在此种情况下，如果资金已进账至国家预算；

（2）银行完成之前由于纳税人账户没有足够支付全部税金的资金而未支付税金汇款指令之日，在此种情况下，如果资金已进账至国家预算；

（3）将现金存入银行或税务机构用以汇款支付税金之日；

（4）税务机构决定将多支付或多追缴的税金用于支付税收债务和/或现有的纳税义务之日；

（5）税务机构决定补偿增值税超额部分之日。

2. 以下情况将被认为纳税义务未按期完成：

（1）如果资金未按吉尔吉斯共和国税法规定的期限汇入国家预算账户，不包括本条第1款规定的情况；

（2）纳税人撤回税金汇款指令；

（3）银行将税金汇款指令返还给纳税人；

（4）如果纳税人向银行提交税金汇款支付指令之日，纳税人还有其他的提交付款要求和未完成的付款要求，而这些付款要求根据吉尔吉斯共和国法律的规定属于非常的，或首要次序完成的，而纳税人账户上并无足够资金支付所有付款要求。

（5）如果纳税人撤回存入用于支付税金的现金。

第61条　税收债务的清偿方式

每个税种的税收债务按以下方式清偿：

（1）税金；

（2）未按期支付税金的利息；

（3）加算未按期支付税金的滞纳金；

（4）加算税务罚金。

税收债务应按照债务出现的顺序清偿。

第62条　组织重组时纳税义务的完成和税收债务的清偿

1. 重组时纳税人应书面通知税务机构；

2. 重组组织的纳税义务由法律继承者执行，不论该继承者是否明了事实和/或重组组织未完成或未以应有方式执行纳税义务的状况。

3. 几个组织合并时，他们在完成纳税义务方面的法律继承者为合并后出现的新组织。

4. 在一个组织被另一个组织兼并时，被兼并组织的纳税义务方面的继承者是将其兼并的组织。

5. 在组织分立时，新公司即为分立平衡表的纳税义务继承者。

6. 从组织中剥离出一个或几个组织时，对于重组组织不会出现纳税义务方面的继承，除非转交证明上另有规定。

7. 组织变更时，重新产生的组织是法律继承者。

8. 继承者在重组组织纳税义务中所占的份额，根据吉尔吉斯共和国民法确定。

9. 如果重组结构不能确定继承者的份额，或者无法全部完成纳税义务，则继承者对重组组织纳税义务的完成承担连带责任。

10. 组织重组不能作为改变其继承者完成纳税义务期限的依据。

11. 组织在重组前多缴纳的税金，应由税务机构用于偿还重组组织的税收债务。

12. 如果被重组的组织没有欠税，则多缴纳的税金应返还给他的法律继承者或计入应完成的纳税义务账户。

第63条　被清算并具有支付能力组织纳税义务的完成、税收债务的清偿

1. 失效（根据15. 05. 22第115号法律）。

2. 被清算的、具有支付能力的组织，其纳税义务由清算委员会按照吉尔吉斯共和国民法规定的顺序、使用组织的资金完成，其中包括出售组织财产所得资金。

3. 在清算期间出现的纳税义务，由清算委员会按本法典规定的总的方式在该义务出现时完成。

4. 如果被清算的组织没有资金或资金金额不足以完全清偿税收债务，在这种情况下：

（1）组织只能按破产法的规定被清算，这时税务机构可以申请对该组织执行破产程序；

（2）税收债务应由上述组织的发起人（股东）以民法规定的范围和方式清偿。

5. 如果被清算的组织多缴纳了税款，则上述多缴金额应按本法典规定的方式用于完成被清算组织的纳税义务。

6. 如果被清算组织没有税收债务，则多缴纳的税金应按本法典规定的方式返还给该组织。

第 64 条　承认或宣布破产、无支付能力的组织或个体经营者的纳税义务的完成和税收债务的清偿

1. 被承认或宣布破产、无支付能力的组织的纳税义务的完成，应根据吉尔吉斯共和国破产法的规定，并考虑本法典规定的特殊性。

2. 自作出承认或宣布无支付能力组织破产决议之日的第二天起，停止纳税义务的加算。

3. 无支付能力的组织处于破产清算程序中，在实施这一程序的过程中不会出现纳税义务。

4. 如果无支付能力的组织处于预防破产程序或重整程序的破产阶段，则纳税机构将终止强制追缴税收债务的所有行为。

这种情况下，税务机构针对该组织的任何财产要求，只能在预防破产程序或重整程序的框架内提出。

5. 在进入预防破产程序或重整程序之前无支付能力组织形成的税收债务，只有在该组织的上述破产程序完成并恢复它的支付能力后方能清偿。

6. 被承认或宣布破产的个体经营者的纳税义务以及税收债务，根据本条针对组织规定的方式执行。

第 65 条　死亡或被宣告死亡的自然人纳税义务完成和税收债务的清偿

1. 在自然人死亡或被法院宣告死亡时，公证人、公民状况登记机构、法院应自遗嘱公开之日起 6 个月内通知遗嘱公开所在地的税务机构。

2. 在收到有关公开遗嘱的通知后之日起 5 天内，税务机构应通知遗嘱公开地的公证处和继承人有关存在死亡自然人的税收欠债的情况。

3. 税务机构有权根据死亡自然人的税收债务向遗嘱执行人（遗嘱管理人）或继承人提出要求。

4. 死亡自然人的纳税义务，由接受其遗产的继承人自继承遗产后第二日起的 6 个月内，在所继承的财产价值范围内，按遗产中的份额执行。

5. 在这种情况下，已死亡自然人由于税务违法行为而计算的税务罚款，不需由继承人完成支付义务。

6. 在缺少继承人或继承人拒绝继承遗产的情况下，以及自然人的税务欠债金额超过了遗产的价值，则未支付的税务债务将被认为是呆账（坏账）。

7. 被法院宣告死亡的自然人的纳税义务，根据本条针对死亡自然人规定的方式执行。

第 66 条　失踪或无行为能力的自然人纳税义务的完成和税收债务的清偿

1. 失踪或无行为能力的自然人的纳税义务，自法院判决自然人失踪或无行为能力第二日起的 6 个月内，由监护人、保护人或财产管理人、信托公司以自然人的财产执行。

2. 在作出自然人失踪或无行为能力的裁决后第二日起的 10 个工作日内，法院应以发送法院裁决书副本的方式通知上述自然人登记所在地的税务机构。

3. 被裁定失踪或无行为能力的自然人登记所在地的税务机构，应将该自然人存在未履行的纳税义务的情况通知其监护人、保护人，或财产管理人、信托公司，以及家庭和儿童保护机构。

有关存在本条第3款所指自然人的未执行纳税义务的决议，在收到有关裁定自然人失踪或无行为能力的通知后第二日起5天内转达。

4. 在被裁定失踪或无行为能力的自然人没有财产或财产不足以完成其纳税义务的情况下，该自然人的税收债务将被认为是呆账（坏账）。

第67条　在吉尔吉斯共和国从事经营的常设机构纳税义务的完成和税收债务的清偿

通过常设机构在吉尔吉斯共和国从事经营，纳税义务以及税收债务由从事这一经营的主体承担。

第68条　纳税义务的终止

在以下情况纳税义务终止，税收债务偿付停止：

（1）妥善完成纳税义务并支付欠款、滞纳金、利息、罚金。

（2）本法典规定的纳税义务诉讼时效有效期期满。

（3）失效。

（4）自然人死亡，且没有法定继承人或意定继承人。

（5）自然人被宣告失踪或无行为能力，且没有财产或没有足够的财产。

（6）根据个别法律规定免除主体的债务。

第69条　注销纳税义务呆账

纳税人的税务债务在本法典第68条第2~6款规定的情况下，被认为是呆账，并根据吉尔吉斯共和国政府规定的方式予以注销。

第七节　保证纳税义务的完成和税收债务的清偿

第70条　保证完成纳税义务和清偿税收债务的方法

1. 保证纳税人完成纳税义务和清偿税收债务的方法由本法典规定。

2. 以下方法可以保证完成纳税义务和清偿税收债务：

（1）加算滞纳金；

（2）银行担保；

（3）纳税人存款；

（4）以现金和/或纳税人和/或第三方账户的资金追缴纳税人承认的税收债务。

3. 吉尔吉斯共和国海关事务领域法规定了保证商品通过关税同盟的海关边境时产生的纳税义务和清偿税收债务的方法。

第71条　加算滞纳金

1. 滞纳金是纳税人在未完成或超期完成纳税义务时应支付的金额。

2. 无论采取强制执行纳税义务的措施还是对其他税收违法行为采取的责任措施，都会加算滞纳金的金额并予以支付。

3. 自完成本法典规定的纳税义务期限开始后的第二天起，对每个延期完成纳税义务的自然日加算滞纳金。

4. 加算的滞纳金总额不能超过纳税人欠缴额的100%。

5. 每延期一天的滞纳金以纳税人欠缴税额的百分比确定。

6. 滞纳金加算的金额每延期一天相当于欠缴金额的0.09%。

7. 不加算滞纳金：

（1）对加算的利息、滞纳金和罚金；

（2）对被承认已破产纳税人的欠缴税额，自裁定或宣布其破产的决议生效之时起；

（3）对被裁定失踪的自然人的欠缴税额，自法院裁决生效至废除该裁决之时止；

（4）对被强制清算的银行债权人，纳税人欠缴税额，如果构成欠税的唯一理由是银行的清算，自强制银行清算的决议生效之时起；

（5）对因未及时支付纳税人提供的货款、工作和服务造成的欠缴税款，在国家预算以此为目的规定的国家拨款范围内；

（6）对因不可抗力造成的欠税额；

（7）对延期和分期税收债务的金额。

第72条　银行担保

1. 纳税人缴纳税收债务的义务可以银行担保的形式保证完成。

2. 银行担保是银行对税务机构承担的、纳税人根据银行担保的条件缴纳税收债务的义务。

3. 银行担保应根据吉尔吉斯共和国民法典的规定办理。

4. 由于银行担保完成纳税人支付税收债务义务而引起的争议，根据吉尔吉斯共和国法律规定的方式审理。

5. 在出具银行担保作为保证完成支付税收债务义务时出现的违法行为，适用吉尔吉斯共和国民法典的规定。

第73条　纳税人存款

1. 在本法典规定的情况下，在未来可能出现的纳税人的纳税义务的完成，可以纳税人在税务机构专门账户存入相当于纳税义务金额的资金作为保证，即纳税人存款。

2. 接受存款的税务机构，向纳税人出具存款证明。

3. 税务机构有权根据接收纳税人存款的税务机构决定的情况、条件和期限，支配保存在存款账户上的资金。

4. 对税务存款不计算利息。

5. 在导致以存款作为担保的纳税义务的事件发生时，纳税义务的金额将会从存款中汇入国家预算。

6. 在导致出现纳税义务的事件发生时，以及出现纳税义务金额少于存款金额的情况下，已支付的金额或结余金额应返还给纳税人，或根据纳税人的意愿，抵付计入其他税种纳税义务的完成或用于保证未来税务义务的完成。

7. 存款返还或抵付，应自纳税人向税务机构提交申请及本法典规定的其他文件的第二日起的20天内完成。

第74条　纳税人承认的税收债务的完成

1. 在未支付或未全部支付由本法典第4条第2款第11项确定的，并经纳税人承认的税收债务时，税务机构有权按无争议的方式追缴纳税人的所欠税款，而无需纳税人同意，并将所追缴的资金用于支付这一债务。

2. 从纳税人账户追缴纳税人的资金用以支付该纳税人承认的税收债务，应以向银行提交税收支付指令的方式完成（在本条以下称为“税付指令”）。

3. 税付指令由银行通过纳税人账户，包括外汇账户，以转账资金的方式完成，以便支付税收债务，交易完成期限为该指令提交银行后第二日起的1个交易日内。

4. 如果在银行收到税付指令之日纳税人账户上资金不足或缺少资金，这一指令将在这些账户每次资金到账后的第二日起1个交易日内完成。

5. 如果纳税人在银行的账户资金不足或缺少资金，纳税机构有权依据命令并根据吉尔吉斯共和国政府通过的现金追缴格式交接单，以现金追索纳税人承认的税收债务。

根据本部分被追缴的资金，应在追缴至银行第二日起2个工作日内记入纳税人账户，之后转账给国家预算账户。

6. 在纳税人资金不足或缺少资金的情况下，税务机构有权在纳税人承认的税收债务范围内从第三方账户追缴现金。

如果有证据证明第三方对纳税人欠债，并在无争议的方式下根据双方之间的账户往来核对单，从第三方账户追缴。

7. 本条适用于以下情况：如果向纳税人提交了保证完成纳税人承认的税收债务的决议，以现金和/或纳税人和/或第三方账户上的资金支付，并且纳税人在收到这一决议后第二天起的15天内没有执行这一决议，或者没有按照本法典规定的方式对这一决议提起申诉。

第75条　强制清偿税收债务

1. 如果本章未作其他规定，存在税收债务并且未给纳税人以本法典规定的延期或分期，税务机构有权向法院提起财产支配限制诉讼和/或以该纳税人的财产，在通知中的应缴债务金额范围内追索欠税。

应按照吉尔吉斯共和国民事诉讼法规定的方式向法院提起诉讼。

这一诉讼应规定从第三方追缴税收债务，其中包括债务人、雇主、银行或其他组织的资金。

2. 在提起本条第1款所指的诉讼时，税务机构有权向纳税人的第三方，包括债务人、雇主、银行或其他组织通知税务机构作出的有关中止向纳税人付款或依纳税人指令进行的资金支付的决定，并随附该决定。

如果在法院作出裁决之前，第三方未完成决议中的要求，并且未对此决议提出异议，将从第三方追缴同等金额，但不超过税收债务金额的资金。本条规定的追缴应按法院的裁决进行。

3. 对于以纳税人财产追缴欠税的诉讼，应根据吉尔吉斯共和国民法典的规定审理。

4. 根据已生效的法院判决对纳税人的财产追索税收债务，将根据吉尔吉斯共和国民法典的规定执行。

5. 对自然人纳税人的财产追缴税收债务不能在以下方面执行：

（1）100 000 索姆以内金额的固定资产；

（2）与经营活动无关，并用于自然人日常生活使用或根据吉尔吉斯共和国规定的其家庭成员使用。

在以财产追缴税收债务时，如果无法划分本款第 1 项所指的财产，则这一财产应根据本条规定的条件出售之后在规定的范围内退返财产金额。

6. 在以纳税人财产追缴应缴纳税收债务义务时，自财产销售之日和以收到的金额支付税收债务之时起，即被认为已完成支付义务。在出售之前已被查封财产时，自财产查封之日起至收到销售金额并汇至国家预算账户之时止，不会加算未及时支付债务的滞纳金和罚金。

7. 税务机构职务人员以及与其相关的人士，无权获得用于执行法院有关以财产抵缴税收债务的裁决而出售的纳税人的财产。

8. 在对申述没有作出裁决之前，本条不适用于在税务检查过程中和申述有争议的纳税义务。

第八节　纳税义务完成和税收债务清偿期限的变更

第 76 条　纳税义务完成和税收债务清偿期限变更的一般条件

1. 纳税义务完成以及税收债务（在本节中以下称“税收债务金”）清偿的期限变更，是将规定的税收债务金额支付期限改变为较晚些的期限。

2. 缴纳税收债务金的期限只有根据本节规定的方式进行变更。

缴纳的期限的变更可以针对所有应付债务金也可以是针对加算未缴金额利息的部分债务金，除非本节另有规定。

3. 税收债务金缴纳期限以延期和/或分期形式变更。

4. 税收债务金缴纳期限的变更不能免除已存在的缴纳义务，也不会产生新的缴纳义务。

5. 税收债务金缴纳期限只能在银行担保下进行变更。

6. 本节的条款不适用于消费税的税收债务。

第 77 条　不允许变更税收债务缴纳期限的情况

1. 如果有证据可以证明纳税人变更税收债务缴纳期限是为了藏匿资金或其他应纳税

财产，或者该纳税人准备前往吉尔吉斯共和国境外长期居住，则税收债务金缴纳期限不能变更。

2. 在出现本条第 1 款注明的情况时，之前作出的变更缴纳期限的决定应予以撤销。

在撤销已作出的决定时，税务机构在作出撤销决定后第二天起 3 天内，按本法典规定的方式书面通知纳税人。

第 78 条　有权决定变更税收债务金缴纳期限的授权机构

有权作出变更税收债务金缴纳期限决定的部门（本节以下称“授权机构”）是：

（1）税务机构，金额不超过 1 000 000 索姆；

（2）授权税务机关，金额超过 1 000 000 索姆。

第 79 条　税收债务缴纳延期或分期的方式和条件

1. 税收债务缴纳延期或分期是指在具有本节规定的条件时，将其缴纳期限变更为 1 个月至 3 年纳税人一次性支付税收债务（本节以下称“延期”）和/或阶段性支付（本节以下称“分期”）。

2. 应根据纳税人的申请，对纳税人由于以下原因之一不能清偿的税收债务予以延期或分期支付：

（1）由于不可抗力发生给纳税人带来的损失；

（2）国家预算未及时向该纳税人拨款或支付该纳税人提供的商品、完成的工作和提供的服务，以及根据吉尔吉斯共和国公私合作法规定的经营活动；

（3）如果纳税人的财务状况或财产状况不能保证一次性支付税收债务，而延期和分期支付能帮助完成纳税义务。

3. 可以针对一个或几个税种提供延期和/或分期。

4. 如果根据本条第 3 款第 2 项中的依据提供延期或分期，则吉尔吉斯共和国民族银行对税收债务加算吉尔吉斯共和国民族银行利率的两倍加算利息，将对提供的延期或分期整个期限的每天计算利息。

如果延期或分期是根据本条第 2 款第 1 项、第 2 项的依据提供的，则不加算税收债务利息。

5. 对税收债务不计算滞纳金和税务罚金。

6. 请求延期或分期的申请，应注明依据，并提交给相关授权机关。申请同时应提供证明本条第 2 款依据的文件、银行担保支付延期或分期债务的文件。上述申请的复印件应由纳税人在提交申请后第二天起的 10 日内发送给纳税人登记所在地的税务局。

7. 提供延期或分期的决定或拒绝提供延期或分期的决定，由授权机构在收到纳税人申请后第二天起的 10 个自然日内作出。

在审理纳税人申请期间，税务机构会停止强制追缴税收债务的措施。

8. 在完成本节规定的要求时，如果缺少拒绝变更税收债务支付期限的条件，授权机构无权拒绝该纳税人依据本条第 2 款第 1 项、第 2 项的规定，在给纳税人造成损失的相应金额内，或国家预算未拨款或未支付货款、工费和服务费的金额内提出的延期或分期申请。

9. 给予延期或分期的决议应注明给予延期或分期支付的税种、税收债务金额、加算的利息支付期限和方式，以及银行担保延期或分期支付税收债务的文件。

给予延期或分期的决议的自该决议作出之日起开始生效，这时，自税收债务支付之日起至该决议生效之日止所加算的滞纳金和税务罚金，包含在债务金额内。

10. 拒绝给予延期或分期的决议，应有相应的依据。

11. 给予或拒绝给予延期或分期的决议，在作出该决议第二日起的 3 个工作日内，由授权税务机关发送给纳税人和该纳税人登记所在地的税务局。

12. 针对商品经过关税同盟海关边境而出现的税收债务是否给予延期，以及延期的方式和条件，由吉尔吉斯共和国海关事务领域法律予以规定。

第 80 条　延期和分期效力终止

1. 延期和/或分期效力在相应决议或合同有效期期满后终止，或者在本条规定的情况下可能在期满前终止。

2. 如果纳税人在规定期满前支付了所有应缴纳税收债务和相应的利息，则延期和/或分期的效力提前终止。

3. 如果纳税人违反了提供延期和/或分期的条件，但不包括因不可抗力状况的发生造成的违反行为，税务机构将向纳税人发送决议，要求应在收到决议后第二日起 10 天内消除违反条件的行为。如果纳税人未执行该决议的要求，并且对该决议未提出异议，那么延期和/或分期的效力将自纳税人违反延期和/或分期的条件之日起终止。

4. 符合本条第 3 款规定的延期和/或分期效力提前终止时，纳税人应在收到相应要求的决议后第二日起的 30 日内支付未缴纳的税收债务，以及未支付金额的滞纳金和罚金，滞纳金和罚金是自收到该决议后第二日起到支付该金额之日，包括支付当日。

在这种情况下，剩余未支付的税收债务金额确定为给予延期/分期决议中规定的，以及根据延期和分期决议计算的在延期和分期有效期内增加的利息金额的债务金额，与实际支付的债务金额和利息总和之间的差额。

5. 撤销延期或分期的决议，由作出这一决议的授权税务机关，自作出决议后第二日起 3 个工作日内，以本法典规定的方式，发送给纳税人。

第九节　税金抵付和返还

第 81 条　多缴纳的税金的抵付、返还

1. 多缴纳的税金，以及利息、滞纳金和罚金，是指纳税人支付给国家预算的税金、利息、滞纳金和罚金与应向国家预算缴纳的税金、利息、滞纳金以及罚金之间的差额，不包括根据本法典第 278 条和第 279 条规定，由于增值税而增加的金额。

2. 多缴纳的税金，以及利息、滞纳金和罚金，可按以下方式抵付税收债务：

（1）用于偿付这一税种的利息、滞纳金和罚金；

（2）用于偿付其他税种未缴纳的税金；

（3）用于偿付其他税种的利息、滞纳金和罚金。

3. 如果存在纳税人没有完成的纳税义务，则税务机构可独自将多缴纳的税金抵付，并在作出抵付决定后第二天起的 10 日内将决议送交纳税人。

4. 在纳税人多缴纳税金，并出现其他税种有未完成纳税义务的情况下，在出现未完成纳税义务的当日，税务机构可自行将多缴纳的税金抵付未完成的纳税义务。

5 税务机构在进行抵付后的 10 日内通知纳税人。

6. 在具备本条第 2 款规定的条件时，根据纳税人的书面申请，多缴纳的税金、利息、滞纳金和罚金应抵付该税种或其他税种未来纳税期的纳税义务，或者返还给纳税人。

7. 多缴纳的税金、利息、滞纳金和罚金，由纳税人登记所在地的税务机构或缴税所在地的税务机构，在收到退返多缴纳税金的申请后 30 天内将税金返还。

8. 纳税人应在出现多缴纳情况后的 6 年内提交申请，以便将多缴纳的税金、利息、滞纳金、罚金用于抵付或返还。

9. 多缴纳的税金、利息、滞纳金和罚金不应用于抵付其他纳税人的税收债务。

10. 在纳税人不存在未完成的纳税义务的情况下，多缴纳的税金、利息、滞纳金和罚金应根据纳税人的书面申请返还给纳税人。

11. 在违反本条第 7 款规定的期限时，国家预算资金每延迟一天返还，应向纳税人缴纳 0.09%的滞纳金。

第十节　税务机构的决议

第 82 条　税务机构的决议及其内容

1. 税务机构根据本法典就所有问题所作的决议，对纳税人具有法律意义。

2. 根据不同类型，决议中应注明：

（1）纳税人的姓名或名称；

（2）纳税人的税号；

（3）决议日期；

（4）决议的依据；

（5）作出的决议；

（6）作出决议当日加算的税金、利息、滞纳金和罚金债务总额；

（7）相关税金、利息、滞纳金和罚金的信息；

（8）本法典规定的纳税义务完成期限；

（9）在纳税人未执行决议时，所采取的保证纳税义务完成的措施；

（10）税务机构针对纳税人和/或其纳税义务，和/或税收债务所采取的行为信息；

（11）申诉的方式；

（12）缴纳税收或清偿税收债务所必需的银行信息；

（13）其他必需的信息。

3. 税务机构的决定应直接送交纳税人。

4. 决定一式两份，一份送交纳税人或本法典规定的其他人。

5. 授权税务机关确定决定的格式和决定通过的方式。

如果未对决定的格式进行规定，则可以按自由的格式办理。

第83条　将税务机构的决定送达纳税人

1. 决定认为已送达：

（1）根据纳税人进行经济活动的最近的地址，或根据他在吉尔吉斯共和国最后的注册地址送达，或送交给税务代表并由其亲自签名，或其他证明他接收事实和日期的方法；

（2）在税务机构签发给纳税人或其税务代表，并由其签字。

2. 通过邮局挂号信发送决定时，提交收据上的日期即决议认为已被接收或被拒收的日期。

3. 只有在决定不与本法典冲突，符合本法典的要求，并按本法典规定的方式送达纳税人的情况下，决定方具有效力。

4. 在没有遵守本法典注明的要求，即使纳税人已知晓决定及其内容，决定也是无效的或不具有效力。按法定方式将决定送达纳税人，是税务机构的义务。

5. 以下决定应送交给纳税人或其税务代表：

（1）为纳税目的规定交易价格；

（2）根据外出检查结果；

（3）税务机构计算的纳税义务的金额；

（4）有关加算不足或减少的纳税义务金额；

（5）提交终止向纳税人或按纳税人委托的资金支付申请；

（6）以行政违法决定形式办理追究行政责任；

（7）进行鉴定；

（8）纳税人的存款；

（9）延期/分期执行纳税义务和/或税务欠款；

（10）有关延长提交税务报表的期限；

（11）根据纳税人的申诉；

（12）根据纳税人的申请，将多缴纳或多追缴的税收金额计入税务欠款账户和/或未来纳税义务完成账户；

（13）有关补偿和返还超出增值税的金额；

（14）有关取消增值税登记；

（15）有关被检查纳税人提交文件；

（16）税务部门独立将多缴纳的税金记账；

（17）审查外出检查资料的时间和地点；

（18）丈量土地区块的日期和时间；

（19）室内检查的结果；

（20）查明纳税人经营指标与室内检查结果不符；

（21）根据吉尔吉斯共和国 2018 年 4 月 13 日通过的第 39 号法令，失效；

（22）根据吉尔吉斯共和国 2018 年 4 月 13 日通过的第 39 号法令，失效；

（23）作为增值税纳税人登记。

6. 根据以下人士的书面申请，税务机构的决议可提供给他们：

（1）向纳税人或他的税务代表提供：

a. 有关任命和/或延长，和/或中止，和/或恢复外出检查。决议的要素应在送交给纳税人的书面检查命令中注明；

b. 不是由于外出检查而加算或减少的利息、滞纳金、税务处罚的金额；

c. 保证执行纳税义务和/或偿还税务欠款；

d. 查明纳税人经营指数不符合室内检查结果；

e. 有关消除提供延期/分期条件的违法行为；

f. 有关消除税务报表中的违法行为。

（2）向海关机构、财务侦察机构、财务警察提供有关任命或拒绝外出检查的决议，决议要素在书面答复中注明；

（3）向监护人、保护人或实施财产信托管理的管理人、保护家庭和儿童部门提供有关存在已被认定失踪或无行为能力的自然人未履行的纳税义务；

（4）向继承人和有关于该继承的公证员提供存在已死亡自然人的税务欠款；

（5）向银行提供有关被检查的纳税人账户进行业务的信息，以及账户当前状况的信息。

（6）纳税人或者他的税务代表对增值税发票的确认无效。

决议由作出决议的税务机关在收到查询申请后的第二天起 2 个工作日内发布。

第十一节　统计文件和税务报表

第 84 条　编制和保存统计文件

1. 统计文件是指原始文件、会计核算登记簿和作为确定纳税义务依据的其他文件。

2. 统计文件以纸质和/或电子方式编制，并在本法典规定的相应的纳税义务诉讼时效期届满前保存，但不包括吉尔吉斯共和国法律规定的其他情况，但不应少于本法典规定的诉讼时效的期限。

3. 原始文件和会计核算登记簿由纳税人以国家或官方语言编制。

4. 如果存在用外语编制的其他核算文件，根据税务机关的要求，纳税人应保证将其翻译成国家或官方语言。

5. 纳税人重组时，保存重组单位核算文件的义务由他的权利继承人承担。

6. 在单位注销时，以及个体经营者从国家登记中注销后终止经营时，核算文件应被销毁，但不包括需要提交给国家档案保存的文件。

第 85 条　税务报表

1. 税务报表是按照本法典规定的程序由纳税人向税务机关提交的书面和/或电子形式的文件。税务报表包含税务债务金额的信息，以及计算税务债务所需的信息。

2. 税务报表的形式由吉尔吉斯共和国政府确认。

第 86 条　编制和提交税务报表的方式

1. 税务报表由纳税人或其税务代表根据本法典的要求独自编制，除非本法典有其他规定。

2. 如果本法典或者吉尔吉斯共和国没有其他规定，税务报表采用纸质或者电子文件方式，以国家或者官方语言编制。

吉尔吉斯共和国规定税务报表的形式和日期为电子形式。

3. 纸质载体的税务报表应由纳税人或者纳税人的负责人员和/或者税务代表签字。如果按照吉尔吉斯共和国法律，向纳税人提出使用公章的要求，则纳税人、纳税人负责人员和税务代表的签字应有公章证实。

4. 电子载体的税务报表应由纳税人或者纳税人的负责人员和/或者税务代表按照吉尔吉斯共和国有关电子管理和电子签名的法律进行电子数字签名。

5. 税务报表所报数据真实性的责任由纳税人承担。

6. 如果吉尔吉斯共和国税法未作其他规定，则税务报表应向纳税人注册所在地税务机构提交。

7. 纳税人、税务代表有权选择以下方式提交税务报表：

（1）自定方式；

（2）带有回执的挂号信寄送；

（3）在授权税务机构规定的情况下可用电脑处理信息的电子方式。

8. 税务报表的接受无需预审，并根据纳税人的意愿也无需讨论其内容。

9. 吉尔吉斯共和国规定，以纸质或者电子形式填写并提交税务报表。

10. 根据吉尔吉斯共和国 2018 年 4 月 13 日通过的第 39 号法令，失效。

11. 增值税纳税人应按吉尔吉斯共和国政府规定的方式，以电子方式向税务机构提交报表。

第 87 条　税务报表的提交期限

1. 根据本法典的要求，对每个税种规定相应地税务报表的提交期限。

2. 只有根据本法典规定的方式，方可改变提交税务报表的规定期限。

3. 违反税务报表的提交期限，是追究违反本法典和吉尔吉斯共和国行政责任法规定责任的依据。

4. 如果吉尔吉斯共和国税法未作其他规定，则税务报表在以下期限内提交：

（1）在预估税金编制税务报表的情况下，不晚于下一个报表季度当月的 20 日的第二天；

（2）编制相当于1个日历年度的税务期限报表，不晚于下一个报表年度的3月1日；

（3）编制相当于1个日历月税务期限的报表时，不晚于下一个报表月份的当月20日的第二天；

（4）编制相当于1个日历季度税务期限的报表时，不晚于下一个报表季度开始月份20日的第二天；

（5）其他本款第1项、第2项、第3项未规定的情况，不晚于下一个报表月份的当月20日的第二天。

5. 纳税人重组或注销时，税务报表在作出重组或注销决议之日起10个工作日内提交。

第88条　延长提交税务报表的期限

1. 如果本条未作其他规定，在本法规定的呈交税务报表期限前收到纳税人书面申请时，税务机关作出将提交税务报表的期限延长至自应提交该报表期限后一日起的30日的决定。

2. 延长税务报表提交期限不会改变纳税的期限。

3. 在商品自关税同盟成员国领土进口到吉尔吉斯共和国境内时提交间接税税务报表的情况下，不允许延长提交税务报表的期限。

第89条　履行提交税务报表义务的日期

1. 履行提交税务报表义务的日期是，税务机关收到报表的日期或者本法第86条第7款第3项规定的信息系统接收电子文件的通知日期，或者通过挂号信寄回报表和返回通知的日期。

2. 如果存在标有通讯公司接收报表的日期和时间、能证明报表在本法典规定的提交期限的最后一天的工作时间结束前已交给通讯公司的文件，提交税务报表的义务即被认为已按期完成。

3. 对纳税人的税务报表的义务要求是：

（1）注明纳税人的识别税号、法定地址和实际地址；

（2）注明纳税义务和纳税期；

（3）本法典针对税务报表规定的要求；

（4）按规定方式编制报表。

4. 纳税人违反本条第3款规定的要求时，税务机关向纳税人发送决议，其中规定纳税人应在收到本决议后10天内消除违反规定的行为。在纳税人执行上述决议时，提交税务报表的义务即被认为已完成。

第90条　修改和补充税务报表

1. 对税务报表的修改和补充，可以在本法典规定的纳税义务诉讼时效期限内完成。

2. 如果本法典未作其他规定，纳税人或税务代表以编制准确的纳税期税务报表的方式，对税务报表进行修改和补充，并提交有关修改纳税金额的理由的相关信息。

3. 在所提交的税务报表中发现有未反映的业务或未全部反映的业务，以及导致修改税收金额错误的情况下，如果本法典未作其他规定，应提交精确的税务报表。

4. 在进行外出税务检查期间，不允许对被检查税务期编制的税务报表进行修改和补充。

5. 纳税人对税务报表进行修改和/或补充，不是对这一纳税人适用税务处罚和追究行政和刑事责任的依据。

第 91 条　税务报表保存期限

1. 纳税人或税务代表以及相应的税务机关，应在本法典规定的纳税义务诉讼时效期间内保存税务报表。

2. 在纳税人重组时，保存被重组人经营期间的税务报表的义务由其法定继承人承担。

在组织清算时，税务报表可由纳税人销毁，除了需要交由国家档案保存的文件。

第 92 条　统一税务申报单

1. 统一税务申报单是以提供有关主体的经济活动的财务和其他信息为目的的税务报表。

2. 统一税务申报单应由以下人士编制并提交：

（1）本国组织；

（2）在吉尔吉斯共和国境内以设立常设机构的形式从事经营活动的外国组织；

（3）作为吉尔吉斯共和国公民的自然人；

（4）不是吉尔吉斯共和国公民，但有吉尔吉斯共和国居住证和回归地位的自然人；

（5）不是吉尔吉斯共和国公民，但在吉尔吉斯共和国境内有财产项目的自然人。

为了本条第 2 款第 5 项的目的，财产项目应理解为根据本法典第十三章和第十四章的规定是纳税客体的财产。

3. 自然人提交以下统一税务申报单中的一种：

（1）个人；

（2）家庭。

4. 统一税务申报单中应注明：

（1）有关纳税客体的信息；

（2）主体的财产和财务状况，他的分公司、办事处和其他独立的分支机构。

5. 主体的财务状况信息根据本法典和吉尔吉斯共和国有关会计和算法的规定办理。

6. 统一税务申报单按日历年度提交：

（1）组织，在下一报表年度的 3 月 1 日前；

（2）自然人，下一报表年度的 4 月 1 日前。

7. 统一税务申报单填写和提交的形式和方式由吉尔吉斯共和国政府确定。

第四章　税务监督

第 93 条　税务监督的概念和形式

1. 税务监督是税务机关对执行吉尔吉斯共和国税法实施的监督。

2. 税务监督按以下形式实施：

（1）纳税人的税务登记和统计登记；

（2）核算进入国库的税收进款；

（3）税务检查；

（4）抽查税务监督；

（5）确定税务点。

第十二节 在税务机构注册

第 94 条　本节使用的术语和定义

在本节中使用以下术语和定义：

（1）吉尔吉斯共和国纳税人国家登记册，是指统计纳税人的国家数据库。

（2）税务登记，是指将纳税人的信息在吉尔吉斯共和国纳税人国家登记册上登记。

（3）在税务机关登记，是指纳税人的税务和统计登记。

（4）纳税人的登记数据，是指在通过税务登记时纳税人向税务机关申报的信息。

（5）纳税人登记卡—税务登记时填写的、具有严格报告格式的、获取识别税号的文件。

（6）纳税人的统计登记，是指修改纳税人经营参数时，税务机关采取的措施体系，包括独立分支机构纳税客体组成、经营地点。

第 95 条　纳税人的税务登记

1. 根据税法的规定，以下主体应进行吉尔吉斯共和国税务登记：

（1）主体活动具有经营特征；

（2）被认定为纳税人。

主体的活动具有经营特征的，应根据本法第 21 条第 2 款规定，在开始正常经营活动的当月后的那个月底前，该主体应向税务机关提交有关税务登记的申请。

2. 吉尔吉斯共和国纳税人国家登记册由授权的税务机关管理。

3. 国家登记册的编成和管理方式、登记文件的形式，以及送交给纳税人的方式，由吉尔吉斯共和国政府确定。

4. 纳税人的税务登记应根据本法规定办理，除非有关法人、分公司、办事处和个体经营者国家登记法另有规定。

第 96 条　纳税人税务登记的依据、期限和方式

1. 纳税人的税务登记是根据以下依据办理的：

（1）主体有关税务登记的书面申请，或自然人有关个体经营者国家登记的申请；

（2）本法典第十七节中注明的部门提供的信息，证明主体应纳税义务的产生。

个体经营者的税务登记与作为个体经营者的国家注册同时进行。

2. 税务机构应在以下期限完成税务登记：

（1）本国组织—提交税务登记之后第二日起5个工作日内；

（2）在外国注册的、以设立常设机构的形式从事经营活动的外国组织或个体经营者，本条第1款注明的依据之一发生后的5个工作日内；

（3）吉尔吉斯共和国公民自然人，本条第一部分注明的依据之一发生后的5个工作日内；

（4）在吉尔吉斯共和国拥有纳税客体的外国组织或非居民自然人，在本条第1款注明的依据之一发生后的5个工作日内；

（5）个体经营者，本条第1款第1项规定的申请提交后的5个工作日内。

3. 纳税人税务登记的地点是：

（1）对于本国组织，作为法人的国家注册地；

（2）对于没有个体经营者地位的自然人，根据在吉尔吉斯共和国的护照资料的登记地或居住地；

（3）对于个体经营者，根据个体经营者护照资料的登记地、居住地或营业所在地。

4. 对于在外国注册的、需要在吉尔吉斯共和国设立常设机构从事经营活动的外国组织或非居民自然人，税务登记地是：

（1）在吉尔吉斯共和国营业所在地；

（2）办事处或分公司在吉尔吉斯共和国司法机构的统计登记地；

（3）代表在外国注册的外国组织或个体经营者利益的本国组织的所在地；

（4）代表在外国注册的外国组织或个体经营者利益的自然人的居住地；

5. 对于外国组织，其经营活动不需要在吉尔吉斯共和国设立常设机构的，经营地即为税务登记地。

6. 对于在吉尔吉斯共和国拥有纳税客体的外国组织或非居民自然人，所在地或纳税客体登记地即为税务登记地。

7. 如果本条对于纳税人规定了一个以上的登记地，则纳税人有权独立从登记清单中选择注册地。

8. 如果纳税人改变了自己所在地或居住地，并应在其他税务机关登记，则应该在纳税人提交变更所在地或居住地申请之日起5个工作日内、从曾经登记的税务机构注销登记。

9. 将纳税人登记在新的居住地或新的所在地，由税务机关根据从纳税人之前所在地或居住地的税务机关获得的文件办理。

10. 税务登记的方式和随附的文件清单，由吉尔吉斯共和国政府确定。

第97条　纳税人的税务识别号

1. 税务登记由税务机关在以下日期后的5个工作日内办理：

（1）纳税人向税务机关提交申请；

（2）从国家机构获得有关登记纳税人对纳税客体所有权的信息；

（3）从国家机构获得有关公民状态登记的通知。

2. 税务登记以纳税人获取统一税务识别号的方式办理。

3. 如自然人具有吉尔吉斯共和国社会基金识别号，则该号码作为纳税人的税务识别号使用。

4. 获取税务识别号之后，应交给纳税人或发送给他纳税人登记卡。

5. 纳税人的税务识别号应在纳税人呈交给税务机关的文件中，以及税务报表和支付文件中注明。

6. 纳税人税务识别号应由税务机关标注在所有发送给纳税人的与纳税义务和税务欠款相关的文件中。

7. 获取（改变）税务识别号、注销登记、重新注册、向纳税人签发相关文件，不收取费用（但不包括登记卡的价值）。

第 98 条　纳税人统计登记

1. 纳税人的统计登记，是在主体通过税务登记程序后在以下情况完成：

（1）对于组织和个体经营者：

a. 根据独立分支部门所在地，在独立分支机构的所在地设立、注销或变更时；

b. 根据纳税客体所在地，在纳税客体构成变化时。

（2）依据个体经营执照从事经营的个体经营者，作为对本条第 1 款规定情况的补充，根据营业所在地（如果是在税务登记地之外）；

（3）对于自然人，根据纳税客体所在地和/或登记地。

2. 为了给外交代表处和与他同级别的代表处返还增值税，税务机构根据授权国家机构，按吉尔吉斯共和国政府规定的方式对他们进行统计登记。

3. 纳税人统计登记由税务机构根据负责纳税客体统计和/或登记的国家授权部门提交的申请和/或信息完成。

4. 本条中所指的纳税客体所在地是：

（1）对于不动产，包括不动产的实际所在地；

（2）对于交通工具，是其国家登记地，否则为财产所有人所在地（居住地）。

5. 在将独立分支机构建立统计登记时，在建立统计的申请中应注明设立该分支机构的组织，纳税人的税务识别号。

6. 纳税人应向统计登记地所在的税务机关提交登记申请：

（1）对于建立统计登记，潜在经营和/或纳税人出现纳税客体后 15 个日历日内；

（2）对于修改登记数据，变更出现后 15 个日历日内。

7. 统计登记在不变更之前获得的纳税人税务识别号的情况下办理。

8. 税务机构在纳税人提交申请后的 5 个工作日内进行统计登记。

9. 根据纳税人的申请，税务机构在收到该申请后 3 个工作日内按规定的格式签发统计登记事实的证明。

10. 在登记卡中的登记数据变更时税务机构将之前签发的登记卡更换并重新签发新的登记卡，但保留之前的纳税人税务识别号。

11. 在个体经营者或组织变更所在地、经营地、居住地、居留地或纳税客体所在地和/或登记地时，纳税人应在发生变更后的15天内在新的所在地、经营地、居住地、居留地或纳税客体所在地和/或登记地通过统计登记，并注明之前获取的纳税人税务识别号。

12. 注册文件和管理统计登记的方式，由吉尔吉斯共和国政府确定。

第99条　从吉尔吉斯共和国国家纳税人登记册中删除

1. 由于纳税义务终止，根据国家授权机构提供的信息，和/或纳税人或其代表提交的有关注销登记的申请，将纳税人从吉尔吉斯共和国国家纳税人登记册中删除。

2. 将吉尔吉斯共和国纳税人从国家登记册中删除：

（1）非居民，在本法典规定的权利终止的情况下，对于纳税客体，如所有权、土地使用权、经营或业务管理，履行税收义务这样的权利；

（2）其他应进行税务登记的主体，除本款第1项注明的主体外，在离开吉尔吉斯共和国和该主体完成在吉尔吉斯共和国的纳税义务。

3. 如果纳税人符合授权税务机构规定的无效组织和个体经营者特征，且纳税人没有税务欠款，则可将纳税人从吉尔吉斯共和国纳税人国家登记册中有条件地删除，但保留税务识别号。

第十三节　税务检查

第100条　税务检查的概念和种类

1. 税务检查只能由税务机关实施。

税务检查的参与人是在书面命令中注明的税务机关的职务人员、纳税人，以及税务代表。

2. 为了调查个别需要专门知识和技能的问题并获得咨询，必要时税务机关可以聘请与税务检查无关的鉴定人。

3. 税务检查的目的是实施监督并协助纳税人及时、完全地完成吉尔吉斯共和国税法对他们的要求。

4. 税务检查分为以下类型：

（1）外出检查；

（2）室内检查。

5. 外出检查又可分为以下类型：

（1）计划检查，检查所有税种纳税义务的完成情况；

（2）计划外检查，在以下情况下进行的检查：

a. 组织重组时，不包括改组方式的重组；

b. 在组织注销时；

c. 在终止个体经营者经营时；

d. 在法律规定的情况下收到纳税人申请时；

e. 税务机关收到以文件证明的信息，证明纳税人存在不正确计税的事实；

f. 纳税人完成增值税和/或从关税同盟成员国境内进口到吉尔吉斯共和国境内商品的消费税的纳税义务。

（3）反向检查，如果在税务检查时，出现检查纳税人与上述人士进行业务的直接相关的个别文件的必要性，包括根据其他国家的税务机构的查询，税务机构针对第三方所进行的检查。

（4）再检查，税务机构进行的检查：

a. 在收到以文件证明之前被检查的纳税人存在计划检查未查明的、不正确计税的事实的信息，和税务机构职务人员有依据的申请时，其中注明了之前文件未被检查的原因。

b. 在纳税人提交早前外出检查所覆盖税务期的精确税务报表时；

再检查只能按照注明的文件信息，针对注明税务期进行。这种情况下，再检查应由未参加前次检查的税务机构的职务人员完成。

根据外出检查完成的查询、鉴定、反向检查中获得的结果指定进行的再检查，可以由负责本次外出检查的税务机构职务人员完成。

6. 就税收计算正确性的文件所进行的室内检查，可直接在税务机构所在地，根据纳税人的申报文件以及税务机构从其他渠道获取的信息完成。

7. 税务检查不应中止纳税人的经营，但不包括吉尔吉斯共和国法律规定的情况。

第 101 条　进行外出检查的计划

1. 计划检查是根据检查计划由一个税务机构完成，但自最后一次检查结束之日起的 12 个月期满后，不超过一次。

2. 检查的计划由授权税务机构制定本季度的计划，其中包含应被检查纳税人的清单，并由授权税务机构负责人在季度开始前 15 天内确定。

3. 检查计划包括两部分。

第一部分内容是根据不支付税收风险因素分析的结果所选择的所有纳税人，针对他们进行全面检查。

第二部分是针对剩余纳税人使用随机的选择方法，选择的纳税人不能超过总数量的百分之五。

4. 检查计划的第一部分属于公务使用文件，不能公布。

检查计划的第二部分应在授权税务机构的公开信息网站公布，并以纸质形式公布在相应税务机构所在地的公开场所。

5. 属于不缴税风险因素的有：

（1）数据不符：

a. 根据纳税人申报的纳税客体的存在，以及它们注册的国家机构的信息；

b. 根据已申报（已支付）和结算的税收额；

c. 根据从吉尔吉斯共和国社会基金部门得到信息的收入。

（2）在税务报表中反映的亏损；

（3）纳税人的税务负荷低于区域内其他从事类似经营项目的纳税人的平均水平，超过 25%；

（4）申报的收入金额和纳税义务与税务机构分析增值税发票和其他纳税人提交的信息得出的数据有偏差；

（5）根据税务机关按室内检查结果作出的有关查明纳税人经营指数不符的决定，纳税人未提交修改过的报表和/或理由充足的解释；

（6）根据经授权税务机构确认的外出检查计划的方法得出的其他风险；

（7）纳税人减少根据纳税人预估数据得出的利润税预估额。

6. 计划外检查、反向检查和再检查，在出现本法典规定的依据时，根据税务机构的决定进行。

第 102 条　外出检查的时间阶段和期限

1. 计划检查覆盖的时间阶段不超过本次计划检查开始之日之前的 3 个日历年。

2. 其他检查种类可以针对本法典规定的、纳税义务诉讼时效期届满前的任意时间阶段进行。

3. 书面命令中注明的计划检查的期限，不应超过自命令转交给纳税人第二天起的 30 日，对较大的纳税人不超过 50 日，除非本法另有规定。

较大的纳税人是指符合吉尔吉斯共和国政府规定标准的纳税人。

4. 对于在吉尔吉斯共和国各地区拥有分公司的组织，进行计划检查时，对每个分公司税务检查的期限不能超过 30 日。

5. 进行外出检查期间，以及外出检查本身在以下时间和情况下中止：

（1）自转交给纳税人税务机构有关提交文件的决议第二天起到纳税人提交外出检查时查询文件的提交之日前的时间阶段，包括提交日；

（2）税务检查参与者的亲属疾病、死亡，但不超过 15 日；

（3）出现不可抗力的情况。

6. 外出检查的期间，以及外出检查本身不能在获取外国查询回复及根据答复、按国际协议规定获得信息所需的时间段中止，进行反向检查、鉴定的期间也是如此。

7. 向外国查询、进行鉴定、任命反向检查，以及在外出检查结束日前未收到结果的情况下，外出检查结束，并应在检查报告中记录所做的查询、鉴定、任命的反向检查。

8. 获得查询回复、鉴定结果或反向检查，是作为再检查的依据。

9. 计划外的检查应按计划检查规定的期限进行。

10. 反向检查应在不超过 10 天的期限内完成。

11. 再检查应在不超过 15 天的期限内完成。

12. 税务机构在收到本法典第 100 条规定的计划外检查依据时，应在收到依据后的 15 天内作出有关计划外检查的决议。

税务机构应将书面命令交给纳税人并在税务机构收到本法典第 100 条规定的计划外检

查依据后 15 天内开始计划外税务检查。

第 103 条 外出检查的命令

1. 为了进行外出检查，税务机关的负责人按规定格式签署包含以下信息的命令：

（1）税务机关内命令的登记日期和号码；

（2）进行检查的税务机构名称；

（3）纳税人全称；

（4）纳税人的税务识别号；

（5）检查（监督）的种类；

（6）检查的依据；

（7）检查的对象；

（8）根据本法被邀请实施检查的人的姓名、职务；

（9）检查的期限；

（10）被检查的税务时间阶段；

（11）税务机构有关任命检查的决议信息。

2. 书面命令的格式由吉尔吉斯共和国政府规定。

3. 书面命令应有税务机构负责人、税务机构负责人授权的人签字，以公章证明，并根据授权税务机构规定的方式登记。

4. 在延长外出检查期限时，应办理补充命令，其中应注明之前命令的登记号和日期，以及税务机构有关延长外出检查期限的决议信息。

第 104 条 外出检查的开始

1. 外出检查开始的时间为向纳税人送交书面命令的日期。

2. 书面命令由登记地的税务机构送交或发送给纳税人。

3. 书面命令应转交给：

（1）组织的负责人、他的税务代表；

（2）自然人、他的税务代表。

亲自签字，或其他证明收到这一命令的事实和日期。

本部分的上述人如果逃避接收命令，该命令将通过邮局挂号信发送。命令接收日期即为提交收据上注明的收到挂号信的日期。

4. 实施外出检查的税务机构的职务人员，应向纳税人出示职务证件。

5. 实施外出检查的税务机构的职务人员，向纳税人寄送命令的第一份，第二份由纳税人或他的税务代理签字表明已了解并收到。

第 105 条 外出检查的完成

1. 外出检查完成时，税务机构的职务人员作出报告并注明：

（1）进行外出检查的地方、作出报告的日期；

（2）检查的种类；

（3）纳税人的姓名或全称；

（4）完成外出检查的税务机构职员的姓名、职务；

（5）纳税人所在地、银行信息，及他的税务识别号；

（6）负责进行税务和会计报表，及向国家交税的纳税人负责人和职务人员的姓名；

（7）有关上次检查的信息，以及为消除之前查明的违反吉尔吉斯共和国税法的情节所采取措施的信息；

（8）被检查的税务时间阶段、纳税人为检查所提交的文件的总信息；

（9）检查过程中确定的计算纳税义务的详细依据，并注明所采用的吉尔吉斯共和国税法的相应标准。

2. 向纳税人提交外出检查报告的日期，即是外出检查期限的结束日期。外出检查报告应不迟于命令中注明的外出检查结束日交给纳税人。

3. 与外出检查一同随附必需的文件复印件、税务机构职务人员做出的计算，和其他检查过程中收到的材料。

4. 外出检查报告应不少于2份，并由完成检查的税务机构职务人员、被检查组织负责人或个体经营者或他们的税务代理签字。上述人员逃避签署报告时，报告者应对此做出相应标注。

5. 外出检查报告一份交给纳税人，收到外出检查报告时，纳税人应注明已收到报告。

第106条　根据外出检查材料审理结果作出决定

1. 外出检查的材料，在将外出检查报告交给纳税人后10个工作日内由税务机构的负责人或其副职审核。

纳税人提交对外出检查的书面解释或反对意见时，检查材料在纳税人或他的税务代理人在场的情况下审核。

税务机构应在审核前5个工作日内将有关审核外出检查材料的时间和地点的决定交给纳税人。

如果纳税人无视通知而未出席，则检查材料，包括纳税人提交的反对意见、解释、其他文件和材料，将在他缺席的情况下审理。

2. 根据审理外出检查资料的结果，税务机构的负责人或其副职作出决定：

（1）有关加算和/或减少税金、滞纳金；

（2）有关追究纳税人违法行为的责任；

（3）有关不追究纳税人的责任；

（4）有关在本法典第102条第3款规定的期限范围内延长外出检查期限。

根据审理外出检查的材料作出决议，并在审核外出检查材料之日起3个工作日内交给纳税人。

3. 在追究纳税人税务违法行为的责任时，应注明：

（1）完成的违法行为情节如何在检查中确定，证明上述情节的文件和其他信息；

（2）纳税人抗辩的依据，检查这些依据的结果；

（3）追究纳税人违反税法责任的依据，并注明违反本法典标准和责任采取的措施；

4. 税务机构有关计算税额、滞纳金和税务处罚的决定应交给纳税人。获得有关计算税额、滞纳金和税务处罚决定的纳税人，如果未按本法规定的方式对外出检查结果所作的决定提出申诉，则应在收到决定后起 30 天内执行该决定。

5. 税务机构的决定应按本法典规定的方式交给纳税人。

6. 税务机构职务人员未遵守本条的规定，可以作为取消税务机构决定和追究职务人员违反吉尔吉斯共和国法律所规定的责任的依据。

7. 根据查清的违法行为，自然人纳税人或组织纳税人的职务人员应被追究行政责任，纳税人登记注册的税务机构职务人员，应起草有关行政违法的记录，并以吉尔吉斯共和国行政责任法典规定的行政责任命令的形式作出有关追究纳税人行政责任的决议。

8. 税务机构有关行政责任的决定的形式，由吉尔吉斯共和国政府确定。

第 107 条　进行室内检查

1. 室内检查在税务机关所在地，根据纳税人提交的、作为计算和缴纳税收的基础的税务报告和信息，以及税务机构保存的纳税人经营状况的文件进行，而无需询问纳税人。

2. 室内检查由税务机构的职务人员，根据他的职责，无需税务机构负责人的任何特别决议即可完成。

3. 室内检查的方式由吉尔吉斯共和国政府确定。

4. 如果根据室内检查的结果，税务机构查清降低或提高税额的事实，以及其他在填写报表时所犯的错误，税务机构将书面通知纳税人有关查明的错误，并要求纳税人在收到本通知后的 15 天内修正。

5. 如果纳税人未按期修正室内检查所查明的错误，税务机构应根据本法典第 82 条、第 83 条的规定作出决定并将其送交给纳税人。

第十四节　税务抽查、带有财务记忆卡的监督出纳机、税收点

第 108 条　税务抽查

1. 税务机构对下列吉尔吉斯共和国税法要求的遵守情况实施税务抽查：

（1）在税务机构纳税人的税务和统计登记的事实；

（2）监督出纳机的使用方式；

（3）检查以个体营业执照经营的纳税人缴税和实质指标的事实；

（4）个体经营者在收支核算簿中的买卖记录，不包括根据吉尔吉斯共和国会计核算法进行核算的人；

（5）消费税商品印花标志及其真实性。

2. 对个别纳税人的抽查检查每年不超过 12 次，但不包括检验采购。

3. 为了进行税务抽查，应办理书面命令，书面命令应根据本法典第 103 条第 1 款的规定签发，但不包括第 3 条、第 4 条、第 10 条规定的情况。在书面命令中应注明，被检查

的区域区段或属于需查清的财产、问题。

4. 在进行税务抽查时，应向纳税人出示命令的正本以便了解并/或将复印件交给他。在正本中纳税人应签字注明已了解或收到复印件。

5. 根据吉尔吉斯共和国政府规定的方式办理抽查材料。

6. 地方自治机构对下列吉尔吉斯共和国税法要求的遵守情况实施税务抽查：

（1）在税务机构纳税人的税务和统计登记的事实；

（2）检查以个体营业执照经营的纳税人缴税和实质指标的事实。

第109条　使用带有财务记忆卡的监督出纳机

1. 在吉尔吉斯共和国境内，在商务操作或者提供现金服务，银行卡，支票时有关的现金结算，必须使用有固定内存的收银机，并出具收款小票。本部分规定的标准不适用以下企业或者自然人：有具体经营或者所在地的特点，按照吉尔吉斯共和国政府规定的名单，可以不使用有固定内存的收银机。

2. 吉尔吉斯共和国政府根据活动的具体情况，确定实体需要使用税务收款机（以下简称税务收款机）进行现金支付，以及在该清单规定的情况下使用税务收款机的程序。

3. 税务收款机是带有财务记忆的技术（硬件）设备：

（1）具有将数据实时记录和传输给授权的税务机关或者其他机关的功能；提供收集，传输和存储数据的技术过程并以加密的形式将财务数据传输给运营商。

（2）在销售货物、完成工作和提供服务时使用现金结算。

（3）提供非监管的日常（季度）注册和长期存储信息。

固定内存是收款机的综合硬件，保证在使用收款机办理的全面核算现金结算时每次换班记录都不需要校正，所需的易失总信息长期保存，从而正确计算税额。

财政记忆是一套提供不可调整的超时登记和长期存储的软件，为了充分考虑到税务收款机的现金结算，其提供的所需要的信息是必要的。

4. 虚拟税务收款机是具有执行贸易运作和/或工作实施交换，复制和存储财务数据的功能的软件，可向税务机关或者其他机关实时提供财务数据的转换服务，使用由认证中心发出的电子标识符，以加密形式收集、传送和存储数据作为图形数据传输给操作员的技术进程。

本部分规定的财政数据可以通过提供收集技术过程的组织进行转移，使用由下级认证机构颁发的电子标识以加密的方式将存储的数据传输给运营商。

5. 吉尔吉斯共和国规定：

（1）税务收款机的国家登记册，包括在吉尔吉斯共和国境内允许使用的虚拟的税务收款机；

（2）建立国家登记册的规则；

（3）税务收款机的技术要求和对税务收款机技术服务中心的要求以及对税务收款机运营商的要求；

（4）使用、登记和为确保来自未经授权访问的安全性的程序和日期以及税务收款机的标准操作规则；

（5）使用、登记和为确保来自未经授权访问的安全性的程序和日期，虚拟税务收款机的技术要求和根据吉尔吉斯共和国法律有义务使用虚拟税务收款机开展活动主体的要求；

（6）接收、存储和处理税务收款机应用信息的程序，由税务机关和/或其他机关授权，提供其收集、传输和存储数据的技术过程并以加密形式传输财务数据给运营商；

（7）接收、存储和处理税务收款机应用信息的程序，由税务机关和/或其他机关授权，提供其收集、传输和存储数据的技术过程并以加密形式传输财务数据给运营商，提供收集技术过程的组织进行转移，使用由下级认证机构颁发的电子标识以加密传输和存储的数据给运营商。

6. 税务收款机中包括虚拟税务收款机，将被列入国家登记册以及由国家权威机构发布的通信和信息化结论排除在公共登记册之外。

上一款中的结论是一份文件，证明税务收款机包括虚拟税务收款机符合吉尔吉斯共和国政府制定的技术要求，发表结论的程序由吉尔吉斯共和国政府规定。

根据吉尔吉斯共和国 2018 年 4 月 13 日通过的第 39 号法律规定。

第 110 条　税务收款机的使用要求

纳税人根据现行法典使用税务收款机进行活动，应遵循以下要求：

（1）购买和安装税务收款机的技术服务；

（2）在开始实施活动之前注册税务收款机；

（3）禁止在未获批准的情况下访问税务收款机的内部机制和财务记忆，并获取税务收款机的登记卡；

（4）根据标准的操作程序使用税务收款机；

（5）按照吉尔吉斯共和国税法规定的程序，维护与登记和使用税务收款机有关的文件；

（6）确保税务官员不受阻碍地访问税务收款机以监督税务收款机的执行情况；

（7）维持税务收款机的良好状态，确保将资金核算适当地记录在财政内存中；

（8）在与买方或客户结算时使用税务收款机；

（9）在买方或顾客的产品或服务上根据公布的价格或关税文件提供服务。

（10）确保技术服务中心的工作人员能根据吉尔吉斯共和国政府的规定进入税务收款机内部取走财政记忆；

（11）根据买方或者顾客的要求，需以经授权的税务机关批准的形式进行税务收款机的检查。

第 111 条　对税控收款机应用和使用程序的税务监督

1. 税务机构对带有财务记忆的税控收款机的采用与使用方式进行监督。

2. 在税务抽查过程中应检查：

（1）税控收款机登记和采用方式；

（2）税控收款机的完好状态；

（3）给买家出具小票；

（4）存在出售商品、完成工程、提供服务的标价（价目表）；

（5）在税控收款机的财务记忆芯片上有之前出具小票的信息和金额。

（6）税控收款机的可用性和可操作性，以便实时向授权税务机关转移经营数据；

（7）由税控收款机开具的现金支票与提交付款的文件的一致性。

3. 税务机构只针对监督出具小票给买家而监督购买，并不限制周期。监督购买的方式由吉尔吉斯共和国政府确定。

当用户使用核算程序来计算出售商品、完成工程和提供服务时，税务机关应进行测试购买，使向买家或用户发放的现金支票和付款时出示的文件是一致的。

4. 在进行税务监督时税务机关有权使用税控收款机中记录的经营数据。

第 112 条　纳税点

1. 为了全面统计商品和资金周转额，税务机构和地方自治机构在本法典规定的权利和授权范围内，有权根据吉尔吉斯共和国政府规定的方式在纳税人的场地内设置纳税点。

2. 在以下主体处设置纳税点：

（1）生产应缴纳消费税的商品的；

（2）存在税务欠款的；

（3）一直提交零税务报表的，但不包括非商业组织；

（4）从事公共食品、商业领域和保健疗养领域经营的；

（5）从事矿产开采的。

3. 可设置纳税点的主体名单，由授权税务机构规定。

第十五节　接触、调查、索取文件，鉴定和起草记录

第 113 条　税务机构的职务人员可以进入用于进行外出检查、抽查、设置纳税点的场所和场地内

1. 在出示职务证件和税务机构对该纳税人进行检查的有关书面命令时，纳税人应允许税务机构的职务人员进入直接用于进行外出检查、抽查或设置纳税点（以下称检查）的场所和场地内。

2. 直接负责检查的税务机构职务人员，有权对用于从事经营活动的纳税人的场所或场地进行检查，或检查纳税客体以便确定该客体的实际数据与纳税人提交的文件数据是否相符。

3. 在非法阻止执行检查工作的税务机构职务人员进入纳税人场所或场地的情况下，该职务人员作成记录，并由该职务人员与纳税人一同签字，根据该记录税务机构有权自行根据间接估算法确定纳税义务的金额。

在纳税人拒绝签署上述记录时，将在其中作相应的记录。

4. 非法阻止进行检查的税务机构职务人员进入纳税人场所或场地，将被视为税务违法行为，并将被追究吉尔吉斯共和国法律规定的责任。

5. 税务机构的职务人员应随身携带准许进入纳税人场地或场所的许可，如果根据吉尔吉斯共和国法律规定这一许可是必需的。

6. 在以下情况，纳税人有权不允许税务机构的职务人员进入检查的场地或场所：

（1）未出示书面命令或未按规定方式转交或办理；

（2）书面命令中注明的检查期限未开始或已经期满；

（3）命令中没有注明该人员；

（4）要求提供不属于税务检查期的文件。

7. 进行检查的税务机构职务人员，在违反居住其中的自然人的意志时不允许进入住宅，除非吉尔吉斯共和国法律另有规定。

第 114 条　检视

1. 进行检查的税务机构职务人员，为了查明对全面检查有价值的情况，有权检视用于检查文件或财产的纳税人的场地或场所。

2. 在进行检视时，纳税人或他的税务代理人有权参与其中。

3. 在检视时，可以拍照、录像，在授权税务机构规定的情况下复印文件。

4. 检视的结果应作成检视报告或在检查材料中注明。

第 115 条　索取文件

1. 负责检查的税务机构职务人员，有权向被检查的纳税人索取检查所必需的文件。

有关提交文件的决定发送给纳税人，该纳税人应在收到该决定后 5 个工作日内将这些文件提交或发送给税务机构。

在个别情况下，文件可以经纳税人认证的复印件方式提交。

2. 纳税人拒绝提交检查时要求查询的文件或不按规定期限提交文件，将被认为是税务违法行为，将对此追究本法典规定的责任。

第 116 条　鉴定

1. 在必要的时候，为了便于实施税务检查的行为，根据合同，由国家承担费用聘请鉴定人。

如果为了解释出现的问题，而这些问题需要专业的知识研究和评估纳税人经营的个别方面，可任命鉴定人做鉴定。

2. 本条中的鉴定人是指，拥有专业知识、被税务机构聘请进行鉴定的人。

3. 对鉴定人提出的问题，不能超出鉴定人的专业知识范围。

4. 在本条第 1 款规定的情况下，进行鉴定的决议由税务机构负责人根据纳税人或进行检查的税务机构职务人员的申请作出。

在决定中应注明任命鉴定的依据；鉴定人的姓名和和鉴定所在地公司的名称、对鉴定人提出的意见；提供给鉴定人使用的材料。

5. 鉴定人有权了解属于鉴定对象的检查材料、申请向他提供补充材料。

6. 如果向他提供的材料不足或如果他不具备鉴定所必需的知识，鉴定人可以拒绝做出鉴定。

7. 负责检查的税务机构的职务人员，应让被检查的纳税人了解根据本条第 4 款的规定作出的决议，并向其解释本条第 9 款规定的他的权利，并对此进行记录。

8. 鉴定人以自己的名义作出书面鉴定。鉴定人的结论中需就提出的问题阐述他所做的调查、结论和依据的答复。如果鉴定人在鉴定时确定对检查有意义的情节，就情节已向被检查人提出了问题，则鉴定人有权将有关这些情节的论断加入自己的结论中。

9. 鉴定人的结论或他不能作出结论的通知，应提交给被检查人，后者有权作出自己的解释并提出反驳，并申请向鉴定人提出补充问题，进行补充或重新鉴定。

10. 在鉴定不够清晰、不够全面的情况下可指定补充鉴定，并将其委托给之前或其他的鉴定人。

重新鉴定是在鉴定人的结论没有依据或对结论的正确性质疑时进行，并应委托给其他鉴定人。

补充和重新鉴定应按照本条规定的要求。

第 117 条　对进行税务行为时所作的记录提出的一般要求

1. 在本法典规定的情况下，实施检查的行为时应进行记录。

2. 在记录中应注明：

（1）检查行为的名称；

（2）具体行为实施的地点和时间；

（3）行为开始和结束的时间；

（4）记录人员的职务、姓名；

（5）每个参与行为实施或出席的人的姓名，必要的情况下应注明他们的地址、国籍、是否掌握国家或官方语言；

（6）行为的内容、实施的连续性；

（7）行为实施时查明的、对案件有实际意义的事实和情节。

3. 记录应向全部参与实施行为或出席的人宣读，上述人员有权提出意见，对此将记入记录或存查。

4. 记录由税务机构的职务人员起草，以及所有参与实施行为或出席的人签字。

5. 在行为实施过程中完成的照片、录像、底片、电影胶片、摄像和其他材料归入记录中。

第十六节　在个别情况下进行税务监督的特殊性

第 118 条　本节使用的术语和定义

在本节中使用以下术语和定义：

1. 相同的商品，是指具有同样特点的基本特征的商品。在确定相同的商品时，应考虑它们的物理特征、质量和市场口碑、产地国和生产者。在确定相同的商品时，可以不考虑它们外形上的不大的差别。

2. 同类商品，不是相同的商品，但具有相似特性，并由相似的部分组成的商品，能使商品完成同样的功能和/或可以在商业上互相替换，如果这些商品之间的差距实质上不影响它们的价格或可通过调整而进行核算。在确定商品的同类性时，应考虑到它们的质量、商标的存在、市场口碑、产地国。

3. 商品、工作、服务的市场，商品、工作、服务的流通范围，这一范围是根据买家或卖家的可能性，在对买家或卖家相对最近的吉尔吉斯共和国境内或境外，以没有较大附加费用获得或销售商品、工作、服务。

4. 商品、工作、服务的市场价格，按可比经济条件，在相同商品、工作、服务，如没有相同商品则是同类商品、工作、服务的市场上供需相互作用时形成的价格。

第 119 条　使用纳税义务估算的间接方法

1. 纳税义务由税务机构在以下情况下根据间接方法确定：

（1）在违反与居民现金结算业务的统计方法时；

（2）在缺少原始核算文件时。

2. 可在对资产、债务、流通、费用和/或根据设置的税务点情况获得的数据的评估基础上，根据吉尔吉斯共和国政府确定的方式采用纳税义务估算的间接方法。

第 120 条　为了征税目的采用商品、工作或服务的市场价格

1. 如果本条没有其他规定，为了纳税目的，应参考实际交易双方采用的商品、工作或服务的价格。如果没有相反的证据，应可预计，这个价格符合市场价格的水平。

2. 税务机构在监督税额全面计算时，只有在以下情况下有权检查采用交易价格的正确性：

（1）在关联人之间进行交易时；

（2）根据商品及交换的业务（易货）；

（3）在完成外贸交易时；

（4）失效；

（5）缺少证明有关商品、工作或服务销售的文件；

（6）与具有无行为能力人特征的主体进行交易；

（7）与采用特殊税务制度的经营主体进行交易；

（8）根据本条规定进行被规定了最低监督价格水平的商品交易时。

3. 在本条第 2 款规定的情况下，交易双方采用的商品、工作或服务的价格与市场价格的差异超过 20% 时，税务机构有权依法作出有关补充加算税额、滞纳金和税务处罚的决议，补充加算税额、滞纳金和处罚是采用相应商品、工作或服务的市场价格评估该交易的结果计算出来的。

4. 根据本法典第 121 条规定的纳税目的确定商品、工作或服务的市场价格的原则，确定市场价格，在缺少前一个原则适用的足够信息的情况时，依次适用每个确定原则。

5. 在确定市场价格时，应参考对价格的一般附加额或不相互依赖的双方签署交易时规定的折扣。其中应参考由以下情况引起的附加额和折扣：

（1）对商品、工作或服务需求的季节性和其他波动；

（2）按吉尔吉斯共和国政府规定的方式，商品的质量损耗或其他需求特性的损耗；

（3）商品有效期或销售期的日期期满或邻近；

（4）销售政策，包括向市场推广没有类似产品的新品，以及将商品、工作和服务推广到新市场；

（5）为将其介绍给消费者，而推行经验模式和商品样品。

6. 在确定商品、工作或服务的市场价格时，应注意不是关联人士之间的交易。关联人士之间的交易，只有在这些人的相互依赖性不会影响到交易结果的情况下，方可被考虑到。

7. 在确定和承认商品、工作、服务的市场价格时，应使用有关商品、工作、服务的市场价格、交易所牌价信息所标示的价格；国家机构和地方自治机构的数据库；纳税人提交给税务机构的信息，依据其他相应的信息。

8. 最低监督价格标准的商品清单、监督价最低水平金额、确定和采用最低监督价格水平的方式，由吉尔吉斯共和国政府确定。

9. 对于规定了最低监督价格水平的进口商品，本法典规定的价格不低于本条第 8 款规定的水平。

第 121 条　纳税的商品、工作或服务市场价格的确定原则

1. 市场上形成的、每季度发布的吉尔吉斯共和国国家统计委员会的商品、工作和服务价格通告资料将作为商品、工作或服务的市场价格使用。

根据吉尔吉斯共和国法律规定的国家调整价格（费率）销售商品、工作、服务时，为了征税目的采用上述价格（费率）。

2. 商品、工作、服务的市场价格是根据在可比条件下销售相同和/或同类商品、工作或服务交易完成时的信息确定。其中，应考虑到交易中供货（办理进入一批商品的量）数量、完成义务的期限、支付条件，一般在交易中使用的这一种类以及其他对价格有影响的合理条件。

这是相同商品、工作、服务的市场交易条件，没有相同的市场交易条件时则是按照同类商品、工作、服务的市场交易条件，如果这些条件之间的差别或者实质上不会影响这些商品、工作或服务的价格，或者可能在修改后被参考，则这些条件是有可比性的。

3. 为了确定市场价格，可使用随后销售价格的方法，在这种方法下，卖方销售的商品、工作或服务的市场价格是在随后的转卖时买方的销售价格，和买方在转卖和向市场推广所获得的商品、工作或服务时在相似情况下承担的一般费用，以及对于买家从事这一领域经营的一般利润的差额。

4. 在无法使用随后执行的价格的方法时，则根据价值构造方法，此方法下卖方销售商品、工作或服务的市场价格是以产生的费用和对于这一经营领域一般的利润确定的。这时应参考类似情况下一般直接和间接的生产费用和/或商品、工作或服务的获得和/或销售费用，在相似情况下的交通、存储、保险和其他类似的一般费用。

5. 税务机构做出的、有关确定纳税目的的交易金额的决议，在审理纳税人对此决议提出申诉的案件时，法院有权参考任何对确定交易结果有意义的情节，而不会局限于本节列出的情节。

第十七节　税务机构与其他主体的协作

第 122 条　税务机构与海关机构、金融侦查机构和反经济犯罪机构的协作

1. 税务机关与海关机构，金融侦查机构和反经济犯罪机构的协作要在本法、吉尔吉斯共和国海关法典，《业务调查活动法》《反恐怖融资和反洗钱法》，以及双边协议规定的职权范围内实施。

2. 税务机构通过交换、获取、提交本条注明的信息和材料的方式，实施税务机构与海关机构、金融侦查机构，以及反经济犯罪机构的协作。

3. 税务机构：

（1）审查反经济犯罪机构、金融侦查机构和海关机构查明和发送的有文件证明的、与执行纳税人纳税义务相关的信息和材料，并按本法典规定的方式根据这些材料作出有关对纳税人进行外出检查或拒绝检查的决议。

（2）根据反经济犯罪机构和金融侦查机构的书面查询，提供有关存在的纳税人税务登记的信息：税务识别号、姓名或名称、居住地或所在地，以及增值税登记的信息。

（3）根据本法典的要求向反经济犯罪机构发送外出检查的材料，根据这些材料压低的税金超过了应对此承担刑事责任的门槛。

（4）向反经济犯罪机构申请追查未通过在税务机构的税务登记、未提交税务报告、逃避缴纳税收的人，以及有关虚假经营、使用伪造增值税发票和消费税印花的事实，并按规定的期限获得根据申请的实质做出有依据的答复。

（5）反经济犯罪机构审理税务机构职务人员违法行为的职务调查材料后，且在没有构成刑事犯罪的情况下，税务机构会对这些人采取纪律和行政措施。

（6）从海关机构获得进出口业务，以及有条件加算增值税方式的固定资产进口的全部数据库。

（7）以发送相应材料的方式向海关机构提供外出检查过程中澄清的海关违法行为的事实。

第 123 条　税务机构与司法部门的协作

税务机构与司法部门的协作，通过交换关于已通过注册、重新注册，以及从国家法人登记册中被删除的主体数据库的方式实施。

第 124 条　税务机构与国家统计部门的协作

1. 税务机构和国家统计部门的协作，是在本法典和吉尔吉斯共和国有关国家统计法规定的授权范围内实施。

2. 税务机构通过以下方式实施与国家统计部门的协作：

（1）交换、获取或提供本条注明的信息和材料；

（2）在收集统计报表，进行核算、抄录、查询、筛选和其他调查方面，参与征税领域的国家统计监督的任务制定、形式制定、结果整理；

（3）参与制定国家统计监督的统计方法论和统计报表文件，以及标准统计文件格式；

（4）紧迫状态的支持，在使用税务识别号，企业、组织和个体经营者的一般识别码和其他分类方法基础上保证吉尔吉斯共和国纳税人国家登记册和国家统计单位统一登记的信息兼容性。

3. 税务机构与国家统计部门的协作也可以在以下情况实施：

（1）在将新纳税人注册和录入国家纳税人登记册和统一国家统计单位登记时；

（2）在纳税人重新注册时；

（3）在规定的授权范围内实施对纳税人经营的监督；

（4）在纳税人终止自己的经营时。

4. 税务机构向国家统计部门转交：

（1）通过国家注册的纳税人数据库的信息；

（2）从事经济和经营活动的纳税人数据库的信息。

5. 国家统计部门向税务机构转交：

（1）失效；

（2）国家统计部门发出的查询簿和通告，定期转交；

（3）根据相应的查询，有关统计单位的纸质或电子版的必需的信息（数据库）。

第 125 条　税务机构与从事纳税客体登记部门的协作

1. 税务机构通过纸质或电子文件的形式获取信息，从而实现与国家不动产权登记部门和运输工具登记部门的相互配合。

（1）财产纳税客体，在这些机关登记或注销登记；

（2）作为这一财产所有人的主体；

（3）属于纳税客体的财产的参数。

2. 本条第 1 款注明的机构，每季度应在下一报表季度最后一个月的 20 日前，向所在地的税务机构转交所有权或纳税客体国家登记信息。

3. 进行汽车或拖拉机、自行机械车辆，及其拖挂登记的部门，在登记、重新登记、签发证明和进行技术检查时，应要求提交财产税缴纳文件。

如果没有上述文件，不能进行登记、重新登记、签发证明和技术检查。

4. 税务机构与其他从事与纳税客体权利转移有关的交易，包括公证交易和吉尔吉斯共和国交易所的交易登记部门进行协作。上述机构应每季度向自己所在地的税务机构在报告季度最后一个月的20日前转交有关交易登记的信息。

第126条　税务机构与银行的协作

与税务机构协作，银行必须：

（1）根据税务机构和/或已生效的法院判决书，提供有关纳税人开立或注销账户的信息；

（2）根据已生效的法院判决书，提供有关被检查的纳税人账户业务信息，以及账户现有状态的信息；

（3）只有在出示税务机构有关纳税人税务登记事实的证明后，为组织和个体经营者开立账户；

（4）优先完成纳税人向国库支付纳税义务资金的汇款指令；

（5）从纳税人账户提取资金业务当日将税金汇入国家预算；

（6）收到相关查询后，在30天内提供有关从银行借款人的未偿还债务和银行中止债权的信息；

（7）无任何争议、优先完成税务机构出具的、纳税人承认的税务欠款支付要求。

第127条　税务机构与国家公民状态证件登记部门的协作

税务机构通过获取有关国家公民状态证件登记信息：出生、死亡、结婚、离婚、改姓名等方式开展与国家公民状态证件登记部门、负责进行公民状态登记的地方自治机构、在吉尔吉斯共和国境外的外交代表处和领事机构进行协作。

第128条　税务机构与被授权负责外国公民和无国籍人士事务部门的协作

税务部门通过获得以下信息的方式与被授权负责外国公民和无国籍人士事务部门进行协作：

（1）有关向外国公民或无国籍人士签发吉尔吉斯共和国入境许可，在吉尔吉斯共和国居留许可和出境许可；

（2）有关在吉尔吉斯共和国工作的外国公民和无国籍人士的信息。

第129条　税务机构与纳税人组织的协作

为了制定和实施有效的吉尔吉斯共和国税务政策、提高协作水平、达到纳税人和国家利益的平衡，税务机构与纳税人的组织进行协作，其中包括协会、职业联合会。

第130条　税务机构与外国的外交、领事及其他代表处或国际组织的协作

税务部门与外国的外交、领事和其他代表处或国际组织进行协作，同时应参考根据本法典规定的这些主体对税务机构在要求提供任何信息和完成任何行为时所享有的豁免权。

第131条　税务机构与地方自治机构的协作

1. 税务机构通过以下方式与地方自治机构进行协作：

（1）从地方自治机构获得：

a. 实行地方税的决议；

b. 有关划分给法人、自然人用于从事经济活动和建设住宅的土地区块的决议；

c. 有关签署的使用国家和公共土地的租赁合同；

d. 有关根据居民点经济布置区域特点规定的、区分居民点土地使用税基本税率系数额的决议；

e. 免除土地税和财产税的决议；

f. 设置税务点的申请；

g. 在纳税人违反本法典第十三章、第十四章以及第五十三节和第五十四节规定的标准时办理的记录；

（2）共同参与本法典规定的委员会的工作；

（3）采取以征税为目的的共同措施；

（4）共同制定地方的财政收支预算。

2. 地方自治机构协助税务机构统计纳税人和征缴税收的情况。

第132条　税务机构与向组织和自然人签发许可证和批文的部门协作

税务机构通过获取有关许可证和批文主体信息，及其他税务部门查询信息的方式与负责签发许可证和批文的部门进行协作。

第133条　违反本节条款的责任

相关部门的职务人员未遵守本节的规定，将根据吉尔吉斯共和国法规的规定被追究责任。

第五章　税务违法行为和实施违法行为的责任

第十八节　有关实施税务违法行为责任的总则

第134条　税务违法行为

1. 违反吉尔吉斯共和国税法的税务违法行为是指税务法律关系参与人错误完成的、违法的行为（作为或不作为），但不具行政和/或刑事违法行为的特征。

2. 违反吉尔吉斯共和国税法的刑事或行政违法行为的责任，根据吉尔吉斯共和国行政责任法典或刑事法典的规定确定。

第135条　实施税务违法行为的责任

1. 实施税务违法行为的责任，是指实施税务违法行为所产生的法律后果，这一后果以法院或由职能部门（职务人员）对实施税务违法行为过错方的税法关系参与人进行裁判和采取处罚措施的方式表述。

2. 实施税务违法行为的责任，根据本法典的规定确定。

3. 除本法典以外，禁止将规定实施税务违法行为责任的标准归入其他法律。

第 136 条　应被追究实施税务违法行为责任的税法关系参与人

在本法典规定的情况下，实施税务违法行为的责任由以下人员承担：

（1）纳税人、他的职务人员和/或和他的代表人（父母、监护人、保护人）；

（2）税务机构及其职务人员；

（3）其他税法关系参与人。

第 137 条　追究实施税务违法行为责任的总原则

1. 如果不是根据本法典和吉尔吉斯共和国法律规定的依据和方式，任何人不得被追究实施税务违法行为的责任。

2. 任何人不得被重复追究实施同一个税务违法行为的责任。

3. 追究税法关系参与人实施税务违法行为的责任，在具备相应依据的情况下，并不能解除他的职务人员承担吉尔吉斯共和国刑法典、行政责任法典规定的责任。

4. 追究实施税务违法行为的责任，不会解除纳税人完成纳税义务、依法支付滞纳金和承担税务处罚的义务。

5. 在未按吉尔吉斯共和国法律规定的方式证明税法关系参与人的犯罪前，不能认定税法关系参与人是有罪的。

6. 被追究责任的纳税人及其职务人员，没有证明自身有实施税务违法行为的义务。

7. 对证明税务犯罪事实和实施人有罪的情况的举证责任，由税务机构承担。

第 138 条　追究实施税务违法行为责任的时效

1. 如果自税务违法行为完成之日起满 6 年（时效期），且税务机构未就该违法行为作出相关处罚决定，则不能追究该主体的责任。

2. 在实施与降低税务报告中税额的违法行为时，时效的计算应自税务机构相应决议提交之日起开始。

第 139 条　对实施税务违法行为的税务处罚

1. 税务处罚是对税务违法行为采取的责任措施。

2. 税务处罚是根据本法典的规定确定并适用本法典规定金额的资金处罚方式。

3. 一个主体实施两个或多个税务违法行为时，本法典规定的税务处罚将对每个违法行为单独适用，不能用较重的处罚吸收较轻的处罚。

4. 适用税务处罚的决议，由税务机构作出并按本法典规定的方式交给纳税人。

第 140 条　税务处罚的处罚时效

1. 税务机构可以在交给纳税人有关追究税务违法行为责任的决议后 6 年内，向法院提交税务处罚的起诉书。

2. 在法院拒绝立案或终止刑事案件，但确实存在税务违法行为的情况下，提交起诉申请的期限应自税务机构收到有关拒绝立案或终止刑事案件决议之日起开始计算。

第十九节　税务违法行为的种类及其责任

第 141 条　逃避在税务机构的税务登记和/或统计登记

纳税人未在税务机构进行税务和/或统计登记的情况下从事经营活动，对此将被处以整个经营期加算和/或应加算的税额 1 倍的税务处罚，但不少于结算指数的 50 倍。

第 142 条　降低税额

如果税务报告中注明的税收金额，与应在税务报告中注明的税收金额相比被降低了，则对纳税人：

（1）税收金额降低了被检查年度上一年度年总收入总额的 2%以内，不适用税务处罚；

（2）税收金额降低了被检查年度上一年度年总收入总额的 2%至 5%，适用所降低税额总数 50%的税务处罚；

（3）税收金额降低了被检查年度上一年度年总收入总额的 5%以上，适用所降低税额总数 100%的税务处罚。

第 143 条　税务代理未完成缴纳税金的义务

在未缴纳或未全部缴纳被扣除和应缴纳的税金时，税务代理将被处以未缴纳税金 10%的罚金，并补缴自规定缴纳日起每个完全月或不完全月的税收，但不超过上述金额的 50%。

第 144 条　失效

第 145 条　税务机构职务人员的责任

1. 违反了吉尔吉斯共和国税法的税务机构职务人员，应按本法典和吉尔吉斯共和国其他法规的规定承担责任。

2. 实施了违法作为和/或不作为的税务机构职务人员，在根据司法程序确定了他的犯罪行为后 3 年内，无权在税务机构担任任何职务。

3. 由于税务机关职务人员的违法作为和/或不作为损害了纳税人的权利，或因职务人员没有履行本法所规定的对纳税人的义务，导致纳税人遭受损失，根据吉尔吉斯共和国法律规定职务人员和税务机关应对纳税人予以补偿。

第六章　对税务机构的决议，及其职务人员的作为和/或不作为的申诉

第二十节　对税务机构决议的申诉方式

第 146 条　审理纳税人对税务机构决议申诉的部门

根据本章的规定，纳税人对税务机构决议的申诉，由授权税务机构审理。

第147条　纳税人申诉书提交方式和期限

1. 纳税人对税务机构决议的申诉书，应在纳税人收到该决议后的30天内向授权税务机构提交。

2. 如果纳税人在本条第1款规定的期限届满后提交对税务机构决议的申诉书，则对此申诉不予审理。

3. 申诉书的复印件应由纳税人发送给做出此决议的税务机构。

4. 违反本章规定提交的申诉书，授权税务机构应退还给申请人并注明原因。

5. 纳税人在排除作为退还申诉依据的原因后，有权在收到退还的申诉书后10天内重新向授权税务机构提交申诉书。

6. 根据降低纳税义务的事实，且由于这一事实被刑事立案，纳税人的申诉书不能被税务机构审理。这种情况下，纳税人有权请求授权部门提供对上述事实的鉴定结论。

第148条　纳税人申诉书的形式和内容

1. 纳税人的申诉书应以书面形式提交。

2. 申诉书中应注明：

（1）申诉书提交日期；

（2）向其提交申诉书的税务机构名称；

（3）申诉书提交人的姓名或全称、居住地（所在地）；

（4）纳税人的税务识别号；

（5）决议被申诉的税务机构的名称；

（6）提交申诉书的纳税人提出自己主张所依据的事实，以及证明这一事实的证据；

（7）随附的文件清单；

（8）被申诉决议的信息。

3. 在申诉书中可以注明其他对解决争议有意义的信息。

4. 申诉书由纳税人签字。

5. 随申诉书一同提交的文件：

（1）按税务监督结果的材料和证明复印件；

（2）对申诉书的决议复印件；

（3）纳税人的主张所依据的证明文件，由纳税人和其他机构认证；

（4）其他与此案相关的文件。

第149条　纳税人申诉书的审理方式

1. 在收到申诉书后的30天内，应对纳税人的申诉书作出决议。

申诉书的审理期限自申诉书在授权税务机构登记后开始计算，在向纳税人发送决议之日届满。

2. 如果在审理纳税人申诉书期间，收到对相关税收和付款的原始申诉补充，则审理基本申诉和补充申诉的期限自收到补充材料之日起开始计算。

在任命反检查、再检查、根据国际公约向其他国家授权机构发送查询以便查清征税问题条例适用方式的情况下，申诉书审理期限会暂停。

向纳税人发送中间决议，即有关申诉书的最终判决会在完成本部分规定的程序后作出。

审理申诉书的期限，包括本部分规定的延长和中断的时日，不能超过提交申诉书之日起的 90 天。

3. 如果授权税务机关没有按本条第 1 款、第 2 款规定的期限发送决议，则纳税人的申诉将认为是被支持的。

4. 根据申诉审理的结果，授权税务机关会作出以下决议中的一个：

（1）支持纳税人的申诉；

（2）部分支持纳税人的申诉；

（3）拒绝支持纳税人的申诉。

授权税务机关根据本款第 1 项、第 2 项规定作出的决议，会撤销税务机构之前的决议。

5. 授权税务机关按本法典第 82 条规定的方式将决议交给纳税人，并发送给其决议被申诉的税务机构。

在本条第 4 款第 1 项、第 2 项规定的情况下，根据授权税务机关的决议，其决议被申诉的税务机构，应根据本法典第 106 条第 2~6 款的规定作出新的决议。

6. 如果申诉书中包含的问题，就这一问题根据之前多次提交的申诉书实质作出的决议已多次发送给申请人，且申诉书中没有提出新的证据或情节，则如果该申诉书和之前提交的申诉书提交到同一个机关，授权税务机关有权作出有关当前申诉书无依据，并终止纳税人就此问题再次提交申诉的决议。有关这一决定，应书面通知纳税人。

7. 如果不同意授权税务机关就提交的申诉书作出的决议，纳税人有权根据民事诉讼法普通规则，参考对行政案件规定的特殊性，按司法程序对该决议提起诉讼。

第 150 条　税务机构就纳税人申诉书作出的决议的内容

根据申诉书审理结果，决议中应注明：

（1）作出决议的日期和地点；

（2）审理申诉书的授权税务机关的名称；

（3）纳税人的姓名或全称、申请人地址；

（4）纳税人税务识别号；

（5）作出被申诉决议的税务机构名称；

（6）被申诉决议的信息和简述；

（7）申诉书实质；

（8）阐述作为决议基础的理由和事实；

（9）对本法典、法律或法规标准的引述；

（10）作出的决议；

（11）作出对被申诉决议的税务机构的相应委托。

第 151 条　提交申诉书的后果

1. 纳税人按本法典规定的方式向授权税务机关或法院提交申诉书，会中止被申诉决议的执行。

2. 自向授权税务机关提交申诉书之日起到将被申诉决议送交给纳税人之日起 30 天内，应中止执行决议。

在向纳税人交送申诉决议之前，应中止执行决议。

3. 在完全或部分支持纳税人申诉的情况下，可根据对申诉作出的决议对税务机构的决议作出相应的修改和补充。

4. 在满足或部分支持纳税人申诉的情况下，对整个申诉审理期的税务处罚和滞纳金，直接计算被认为有依据部分的金额。

5. 如果就纳税人的申诉作出决议后，收到授权税务机关作出决议时未计算的，并可能导致改变纳税人纳税义务的文件信息，则授权税务机关有权修改这一决议。

第 152 条　对税务机构职务人员作为和/或不作为提起诉讼

针对税务机构职务人员作为和/或不作为，可以按吉尔吉斯共和国法律规定的方式提起诉讼。

特殊部分〔1〕

第 153 条　本法典特殊部分使用的术语和定义

在本法典的特殊部分使用以下术语和定义：

（1）慈善活动，是指自然人和法人为了实现吉尔吉斯共和国有关慈善活动法规定的、无私（无偿或优惠条件）或以不超过销售费用的价格向公民和法人转让资产、提供服务和完成工作的慈善目的而实施的自愿活动。

（2）慈善组织，是指非商业组织，

a. 根据吉尔吉斯共和国非商业组织和慈善活动法创建，并实施慈善活动的；

b. 不从事生产和/或消费商品销售经营的；

c. 不参与支持政党或选举活动的。

（3）退返保险费，是指保险人返还投保人支付的全部或部分保险费，并向投保人支付提前解除合同的费用。

（4）入会费，是指按组织的创立文件规定的金额和方式加入会员制非商业组织时转交的资产，转让不以向该组织会员无偿或以低于成本价格提供回报服务为条件。

（5）在提前解除人身保险时赎回的金额，是指在提前解除合约时应支付给投保人的部

〔1〕 本部分专门用于解释本法中的专有名词及术语。

分保险金储备；赎回金额根据保险人制定的特别表格确定，且不取决于已满保险阶段的市场和签署合同期限的长短。

（6）援助，是指国家、国际组织、外国和本国组织向吉尔吉斯共和国政府、地方自治机构、不参与支持政党或选举活动候选人的国家以及非商业组织无偿提供的资产。

（7）人道主义援助，是指国家、组织向吉尔吉斯共和国政府、地方自治机构、国家和商业组织，以及有需要的自然人，以食品、器械、用品、设备、医疗用品和药品、其他改善居民生活和日常条件的财产，以及防止和消除军事、生态和技术成因性质的非常状态的援助。

（8）红利，是指纳税人的部分利润，包括：

a. 以属于自己的股份收入形式，在组织清算时的价值增加额；

b. 个体经营者支付营业所得税后留其支配的利润；

c. 根据资产中份额的任何所得；

d. 农业商品服务合作社成员的合作社所得；

e. 根据投资基金中的股份所得。

（9）有文件确认的费用，是指有文件证明的费用，其清单、形式和信息由吉尔吉斯共和国政府规定，这些费用可以让参与交易的人确定交易金额、交易性质并识别交易。

（10）抽彩业，是指根据吉尔吉斯共和国法律规定从事的、组织团体或大众博彩的主体经营活动，在博彩过程中组织者在博彩参与人即彩票所有人中间进行抽彩奖品基金开奖。中奖并不取决于抽彩经营主体的意志和行为。

（11）非商业组织，是指符合下列要求的组织：

a. 该组织根据吉尔吉斯共和国有关非商业组织法和其他法律规定的法律组织形式注册；

b. 该组织不以盈利作为主要经营目的，成员、创始人和职务人员间不分配所获得的利润。

（12）文化和体育组织，是指任何所有制形式的、主要经营项目是提供文物保存、建立、发展、推广和开发、给予文化福利的服务，以及体育文化和运动领域服务的商业和非商业组织。

（13）支付，是指包括需求人或其他人对供货，全部或部分以实物或货币形式向供货商直接或间接完成的、已支付的或应支付的所有支付种类。

（14）矿产，是指资源中包含的天然矿物构成、碳氢化合物和地下水，它们的化学成分和物理性能使得人们可以将其使用在物质生产和需求领域中。

（15）商品变质，是指商品的全部或个别性能恶化，其结果使得该商品不能用于课税供应。

（16）失效。

（17）矿产产地开采，是指从资源中将矿产剥离、准备和提炼的综合矿山开采工程。

（18）使用费，是指因以下情况作为奖励获得的任何形式的支付款项：

a. 使用或提供任何文学、艺术作品，或科学著作的著作权的使用权，包括电脑程序、电影、电视、录像或用于广播和电视的记录；

b. 证明工业所有权项目、商标、设计或模型、保密共识或程序，或涉及工业、商业或科学实验的信息（技能）权利的任何专利证书。

使用费不包括根据金融租赁所获得的酬金。

本法第十一章中的使用费应理解为纳税人支付的使用内部资源的款项。

（19）农业生产者，是指生产农业产品，以及对自己生产的农产品进行加工的组织或自然人，但不包括完税消费品，且销售这一产品所得不低于年度销售商品、工作、服务总量的75%。

（20）农业商品服务合作社，是指75%以上成员是农业生产者，且75%以上的年收入来自于销售该合作社生产的商品、工作、服务的合作社。

（21）保险金（保费），是指投保人支付的保险人在保险合同条款中约定的保险事件发生时所承担的支付承保金额（保险赔偿）责任的金额，该金额应在保险合同有效期内由保险人一次性付款（保险金），或按每月、每季度分部分（保费）缴纳。

（22）保险事件，是指根据法律或合同规定，保险人应在发生时支付承保金额（保险赔偿）的事件。

（23）承保金额（保险赔偿），是指投保人、第三方或他们的财产发生保险事件时，保险公司在承保金额范围内支付的部分或全部损失赔偿。

（24）保险人，是指根据吉尔吉斯共和国法律规定拥有从事该种类保险许可证的本国组织，它根据与投保人所签署的保险合同（保险单），在发生保险合同约定的保险事件时，对保险金（保费）承担赔偿投保人或第三方损失的责任。

（25）投保人，是指在保险合同中具有利益的，并为了保证自己或第三方（受益人）利益与保险人签署合同，为了获得在发生保险合同（保险单）中规定的保险事件时赔偿损失的保证而向保险人支付保险金（保费）的自然人或组织。

（26）补贴，是指吉尔吉斯共和国政府、议会、地方议会以向纳税人以转交资产的形式提供的资助，以换取过去或将来完成的与他的经济活动相关的一定条件。

（27）商品丢失，是指导致商品销毁和/或损失的事件。纳税主体在吉尔吉斯共和国法规规定的自然损耗标准范围内承受的商品损失不属于丢失。

（28）金融租赁（长期租赁），是指根据吉尔吉斯共和国法律规定的方式签署的金融租赁（长期租赁）合同，所实施的在固定资产方面的特殊租赁关系类型。

（29）会费，是指非商业组织的成员，根据创立文件中规定的金额和方式转交的资产，但前提是，该转交不能作为向组织会员无偿或按低于成本价格反向提供商品、服务的条件。

（30）经济（平衡）储量，是指吉尔吉斯共和国矿产储量国家平衡局核算、具有开采经济合理性的矿产储量。

（31）失效。

（32）公共食品的主体，是指提供公共食品服务（餐厅、咖啡店、食堂、小吃店、酒吧和其他公共食品点）的组织或个体经营者。

（33）共同支付，是指为了获得在统一支付人系统经营的卫生部门提供的医疗服务、在国家公民医疗卫生援助保障方面的国家保障项目融资规模以外，由居民以共同筹资的形式支付的资金；

（34）坏账，是指应向纳税人支付的金额，但根据法院判决的债务终止、债务人破产、清算或死亡，或者吉尔吉斯共和国民法规定的诉讼时效期限已届满而使纳税人无法全部获得的金额。

（35）可疑债务，是指纳税人应缴纳的，但根据法院判决的债务终止、债权人破产、注销或死亡，或吉尔吉斯共和国民法规定的诉讼时效期满而未支付的金额。

（36）租赁公司，是指至少90%的收入来自于根据销售固定资产的金融租赁合同所得收入的本国公司、外国公司的分公司和/或办事处。

（37）住宅建设者，是指从事住宅设施建设的组织和/或个体经营者。

（38）疗养保健领域的主体，是指提供接待和安置临时居住休养人，并提供各种日常、交通、娱乐、保健和治疗性服务的组织和/或个体经营者。税法上将该类主体认定为疗养机构、娱乐、运动与休养基地、防治疗养所、旅馆、膳宿公寓、汽车旅游者宿营地和其他类似用途的机构，以及用于类似目的的私人房屋。

（39）精炼标准铸锭，是指用金和/或银加工和标记的金属锭，符合伦敦贵金属市场协会通过的国际质量标准。

（40）精炼计量铸锭，是指吉尔吉斯共和国国家银行或精炼企业发行（出产）的用金和/或银加工和标记的金属锭，由伦敦贵金属市场协会出具合格证，重量不超过1000克，主要金属化学纯含量，含金的中间合金锭不少于99.95~99.99%，含银的中间合金锭不少于99.9%。

（41）投资金币和/或银币，是指由吉尔吉斯共和国国家银行用金和/或银 发行（出品）的金币和/或银币，用于居民储蓄个人基金的投资。

（42）古（收藏）钱币，是指吉尔吉斯共和国国家银行限量发售的、用于文化教育目的并具有一定的主题的钱币。

（43）标记铸锭，是指带有在未来可以识别、标注它们的性能和识别数据的一定标记、字母、数字、图标或签字的铸锭。

（44）小型经营主体，是指年收入不超过增值税登记门槛的组织或个体经营者。

在超过本条规定的金额时，在提交税务报表和纳税时，该主体在年末之前将被视为小型经营主体。

（45）中型经营主体，是指年收入等于或超过增值税登记门槛，但不超过3000万索姆的组织或个体经营者。

在超过本条规定的金额时，在提交税务报表和纳税时，该主体在年末之前将被视为小型经营主体。

（46）报告期，是指年度、季度和月度时间段，在此时间段纳税人应根据本法典要求提交税务报告。

（47）出口工作和服务，是指纳税主体完成和提供的工作和服务供应，根据本法典规定该工作和服务的供应地点位于吉尔吉斯共和国境外。

（48）出口商品，是指将销售的商品从吉尔吉斯共和国境内出口到关税同盟成员国境内或关税同盟海关境外。

（49）现金形式支付，是指以现金方式，通过纳税人收款处进行的支付。

（50）非现金形式支付，是指通过将现金和/或汇款存入纳税人账户的方式支付，或通过商品交换（易货）业务进行的支付。

（51）优惠居民税收点，是指吉尔吉斯共和国政府确定的居民点。

第二十一节　税收核算

第 154 条　税收核算的规则

1. 税收核算，是指根据吉尔吉斯共和国会计核算法和本法典规定的方式，以被分类的原始文件的数据、来确定税收基数的信息概括系统。

2. 税收核算是为了形成完全真实的核算方式，以便对纳税人在报告（税务）期内完成的经营业务进行征税，并保证向内外使用者提供信息监督计税的正确性，全面及时地计税和向国库缴税。

3. 税收核算系统，由纳税人根据税收核算标准和原则，适用连续性原则自行组织，即从一个税务期到另一个税务期连续适用。进行税收核算的方式，由纳税人根据负责人的命令（指示）所通过的纳税核算政策进行规定。税务和其他部门有权向纳税人推荐税收核算文件的形式。

4. 在变更核算适用方法是修改纳税核算政策的决议时，应在年初通过，在吉尔吉斯共和国税法修改的情况下，则应在不迟于该税法修改实施之日通过。

第 155 条　税收核算的方法

1. 为了按照会计核算中适用的方法和规则纳税，纳税人应根据吉尔吉斯共和国法律的规定确定资产价值、欠债金额、收入和支出，除非本法典另有规定。

纳税人应自 1 月 1 日起开始使用其他核算方法，并通知税务部门。

2. 在变更纳税人所使用的核算方法时，将对收入、支出和其他影响税额的元素的核算修改记入核算方法变更的年度，并应注意上述各元素的任何一项都不能被遗漏或重复核算。

3. 外汇业务转为吉尔吉斯共和国货币时，应遵守会计核算规则。

4. 在所有税种中易货业务都被认为是按照适用价格销售商品、工程和服务，并必须办理这些业务的发票。

第 156 条　核算文件和税收核算登记

1. 用于确定收入和扣除款项的原始税务文件，是指能证明收入额、支出额及其性质的文件，包括根据吉尔吉斯共和国会计核算法规定办理的发票、现金支票、商品凭证、采购单和登记簿。

如果会计核算登记簿中包含的信息不足以确定吉尔吉斯共和国会计核算法和本节规定的纳税基数，则纳税人有权使用构成税务核算登记簿的补充信息，自行补充所适用的登记簿，或者自行填写税收核算登记簿。

2. 税收核算的数据应反映构成收入和支出额的方式；本税收（报告）期为纳税目的核算的支出份额的确定方式；应转入下个税收期支出项的支出（亏损）余额；所创建的储备金构成方式，以及与国家财政的结算。

税收核算数据的证明是：

（1）原始核算文件（包括会计证明）；

（2）税收核算分析登记簿；

（3）税收基数计算。

3. 税收核算分析登记簿是对用于核算的原始文件中包含的信息，和反映在税收基数计算中的税收核算分析数据的系统化和收集。

税收核算登记簿是在纸质、电子方式和/或其他载体上以专门形式办理的。

税收核算登记簿的形式，以及税收核算分析数据和原始文件数据在其中的反映方式，由纳税人自行制定，并以公司纳税核算政策的附件来确定。

在此情况下，纳税人应将税收核算数据的分析性核算组织成对纳税基数构成方式的解释。

4. 确定纳税基数的税收核算分析登记簿的形式，作为税收核算文件，必须包含以下信息：

（1）登记簿的名称；

（2）编制期限（日期）；

（3）以实物（如可能）和货币计价的业务的计量单位；

（4）经营业务的名称；

（5）负责编制上述登记簿的人的签字。

5. 税收核算登记簿编制人和签字人应保证经营业务在其中的正确反映。

对税收核算登记簿中错误的修改，应以修改负责人的签字作为依据和证明，并注明修改日期和依据。

第 156-1 条　发票

1. 发票是纳税人在购销商品、提供或接受服务以及从事其他经营活动中，所办理的税务单据。

2. 发票应按照吉尔吉斯共和国税法、吉尔吉斯共和国关于电子管理和电子签名的法律要求以电子文件的形式开具，但本条规定的情况除外。

3. 如果纳税人不能按吉尔吉斯共和国政府的规定开具电子发票，则该纳税人有权办理三份纸质发票，随后按照政府规定的时间和方式补办电子发票。

开具纸质发票的纳税人有义务向税务登记地的税务机关提交一份发票副本：

增值税纳税人，在纳税期内向税务机关提交增值税税务报表；

未缴纳增值税者，应在下个月的 25 日之前向税务机关提交已经开具的发票。

4. 根据本条第 7 款的规定，纳税人有义务开具电子发票，在下列情况下，可以允许纳税人不开具发票并在买方要求开具发票：

（1）如果纳税人在销售商品、完成工程或提供服务时，根据本法的规定，使用税控收款机进行核算；

（2）如果纳税人是完成工程或提供服务，则在严格报表的基础上，根据吉尔吉斯共和国政府制定的清单以现金方式结算。

5. 如果纳税人按照本条第 4 款的规定销售商品、完成工程或提供服务，则在当月月末办理一次增值税发票即可。

6. 发票的形式，开具和使用的程序，以及电子发票的生成和使用的程序由吉尔吉斯共和国政府规定。

7. 在下列条款中规定的情况下纳税人须开具电子发票：

（1）增值税纳税人和进出口货物的纳税人，自 2018 年 7 月 1 日起实施；

（2）根据欧亚经济联盟立法的规定，从非欧亚经济联盟成员国进口到吉尔吉斯共和国境内的商品流转的纳税人；

（3）本款第 1 项未规定的纳税人可自愿开具电子发票，但必须在吉尔吉斯共和国政府规定的范围内，自 2018 年 7 月 1 日起实施。

第 157 条　小型经营主体的简化税收核算办法

1. 未注册为增值税纳税人，并选择一般税制的小型经营主体，有权根据简化的税收核算办法计税和纳税。

2. 如果本法未作其他规定，则简化税收核算办法及其适用方式由吉尔吉斯共和国政府确定。

第 158 条　分开核算及其使用规则

1. 本法典规定的不同征税条件下，多个经营种类的纳税人，应将纳税客体进行分开核算。

2. 纳税人根据会计核算数据进行分开核算。

归入一定经营种类的所有收入和支出，应由相应的核算文件予以证明。

3. 无法将某些费用归入某个经营种类时，这些费用将由授权税务部门确定应归入的具体经营种类。

第 159 条　金融租赁

1. 转交和/或获得的固定资产的价值，在签署租赁（长期租赁）合同之时确定。

2. 金融租赁（长期租赁）在纳税方面被认定为承租方（长期租赁获得人）购买的固定资产。

3. 承租方（长期租赁获得人）被视为固定资产的所有者，长期租赁费则作为提供给承租方（长期租赁获得人）的贷款款项。

第159-1条　优惠类型的工业活动的优惠税收

1. 吉尔吉斯共和国政府以不超过每五年一次的频率批准享受优惠税收的优惠类型工业活动清单。

重新批准享受优惠税收的优惠类型工业活动清单是基于授予优惠对居民点的发展是否有效的分析。

在这一个前提下，该清单包括：

（1）基于创新技术的各类工业生产；

（2）轻工业和食品工业；

（3）动力工程业；

（4）农产品加工；

（5）组装生产业；

（6）出口导向型生产业。

如果不遵守投资协定的条款或规定的优惠期限届满，从决议后的下一年年初开始，企业将被移除在优惠类型工业活动清单之外。

2. 将企业列入或移除优惠税收的优惠类型工业活动清单的程序，企业的年度福利差异，以及产品销售收入和已缴纳所得税总额的标准，由吉尔吉斯共和国政府规定。

3. 在具体居民点内给予工业企业税收优惠的决议，由地方自治代表机关在以法令批准的投资协议的基础上通过。投资协议由吸引投资领域的授权机构制定。

4. 给予优惠工业企业的税收优惠，不适用于税收优惠居民点外的企业的分支机构和代表处。

第七章　个人所得税

第二十二节　本章总则

第160条　本章中使用的概念和术语

在本章中使用以下概念：

（1）奖品，是指纳税人参加游戏、抽彩、开奖、比赛、竞赛、奥林匹克、会演和其他类似活动所获得的各种实物和货币形式的支付款项、奖金和其他收入。

（2）收入，是指资产的增加、具有资金价值的物质利益，以及纳税人债务的减少。

（3）被扶养人，是指没有收入的、依靠纳税人生活的纳税人的近亲属。

（4）税务代理（人），是指向非个体经营者的自然人支付收入的组织或个体经营者。

第161条　个人所得税纳税人

1. 个人所得税的纳税人是：

（1）获得收入的、作为吉尔吉斯共和国公民的自然人；

（2）获得收入的、非吉尔吉斯共和国公民，但拥有吉尔吉斯共和国居留证或回归地位的居民自然人；

（3）获得收入的，且收入来源在吉尔吉斯共和国的，非吉尔吉斯共和国公民的非居民自然人；

（4）向自然人支付来源于吉尔吉斯共和国收入的税务代表。

2. 个体经营者，在作为税务代表时，不属于个人所得税纳税人。

第 162 条　征税客体

个人所得税的征税客体是：

（1）经济活动的完成，但不包括以下来源获得收入的经营活动：

a. 收入来源于吉尔吉斯共和国境内和/或在吉尔吉斯共和国境外的，对于吉尔吉斯共和国公民，非吉尔吉斯共和国公民但拥有吉尔吉斯共和国居留证和回归地位的居民自然人；

a-1. 收入来源于吉尔吉斯共和国境内，对于非吉尔吉斯共和国公民的居民自然人；

b. 收入来源于吉尔吉斯共和国境内，对于吉尔吉斯共和国非居民自然人，但不包括作为在吉尔吉斯共和国境外注册的本国组织分公司和/或办事处的员工的吉尔吉斯共和国非居民自然人；

（2）获得的任何其他收入。

第 163 条　纳税基数

1. 个人所得税的纳税基数是作为纳税人在税收期内获得的年总收入与本章规定的扣除额之差所计算的收入，除非本条另有规定。

2. 在产生由吉尔吉斯共和国劳动法典调整的关系时，每月应缴纳个人所得税的收入不能少于本条规定的最低结算收入。

3. 下一年度的每月最低结算收入金额，根据吉尔吉斯共和国政府规定的方式，依据国家统计机构的数据，按吉尔吉斯共和国的不同地区和城市，确定为上一年度员工平均工资的 40%。

最低结算收入金额，由吉尔吉斯共和国政府经与吉尔吉斯共和国议会专业委员会协商，在当年的 10 月 1 日前确定。最低结算收入额应在当年的 11 月 1 日前正式公布。

如果下一年度的最低结算收入额没有按本法典规定的方式确定，则适用上一年度的最低结算收入额。

4. 最低结算收入不适用于在以下情况，以工资形式获得的收入：

（1）国库资金支付的；

（2）兼职；

（3）低级服务人员；

（4）住宅所有人、集体住宅团体、住宅建设、车库、农业商品服务和果艺合作社的员工；

(5) Ⅰ、Ⅱ、Ⅲ级残疾人；

(6) 服刑期间在剥夺自由地或流放地工作的人。

5. 为了征税目的，低级服务人员认定为值班守卫员、清洁工、清扫工、卫生员、化验员、司炉工、实习生、学生和看守人。

6. 在对以下员工不属于全职的情况下，雇主根据实际工作时间的比例适用最低结算收入：

(1) 获得无工作能力和生育津贴的；

(2) 不完全工作日工作的；

(3) 休假的，包括无薪；

(4) 未足月工作的新聘用或解雇的员工。

第 164 条　税收期

个人所得税的税收期为 1 个日历年。

第二十三节　年总收入和其他收入

第 165 条　年总收入的构成

1. 纳税人在这一税收期以资金和实物形式，工作、服务等获得的所有种类的收入都属于税收期年总收入，包括：

(1) 员工收入，其中包括：

a. 工资，包括奖金、担保金、补偿金和吉尔吉斯共和国劳动法规定的其他支付款项；

b. 员工作为劳动补偿获得的：

商品；

为了员工利益完成的工作；

为员工提供的服务；

c. 由雇主支付员工从第三方获得的商品、工作和服务的价值；

d. 因参与组织管理所获得的奖金和补偿形式的收入；

e. 雇主根据自己员工的保险合同所支付的保险金额；

(2) 以物质利益形式获得的收入；

(3) 无偿获得的资产的价值；

(4) 利息收入，包括根据保险合同所取得的利息收入，之前已向吉尔吉斯共和国支付过相应税款的利息收入除外；

(5) 红利；

(6) 销售自获得之日起拥有所有权少于 1 年的汽车运输工具所得价值的增加额；

(7) 根据国家不动产权利登记统一系统部门数据属于住宅基金的不动产，且在获得该不动产之日起拥有所有权少于连续 2 年的，则销售该不动产所得价值的增加额；

（8）销售有价证券的进款减去购买价值，包括遗产继承、赠与；

（9）补助；

（10）以精神损失补偿形式获得的收入；

（11）退休金；

（12）奖学金；

（13）津贴；

（14）以中奖奖金形式获得的任何形式的收入；

（15）由于以下情况产生的纳税人义务终止所获得的收入：

a. 债权人免除债务；

b. 根据吉尔吉斯共和国民法典规定的诉讼时效期限届满而免除的债务；

c. 由第三方完成纳税人的义务，包括纳税义务；

（16）保险合同规定的保险金额（赔偿）；

（17）使用费；

（18）累积型保险（保险合同规定的利息收入或保险）支付的收入。

2. 预计得到但实际未得到的收入，不是收入，也不能包括在年总收入构成中。

3. 年总收入中不包括不征税收入。

第 166 条　以物质利益形式获得的收入

1. 年总收入的构成中包括获得以下形式的物质利益：

（1）提供无息借款或贷款，以及以低于债务产生时吉尔吉斯共和国国家银行的核算利息率的利息提供的借款或贷款；

（2）无偿提供商品；

（3）雇主在向员工销售商品时提供的折扣。

2. 提供贷款时自物质利益得到的收入，是指贷款金额乘以债务产生时吉尔吉斯共和国国家银行的核算利息率。

3. 提供借款或贷款时自物质利益得到的收入，是指纳税人获得的借款或贷款金额乘以获得借款或贷款之日吉尔吉斯共和国国家银行的核算利率之积，与借款或贷款金额乘以提供贷款或借款的主体确定的利息之积之间的正差额。

4. 在无偿提供商品时，自物质利益获得的收入即是所提供商品的核算价值。

5. 在提供折扣时自物质利益获得的收入，即是商品核算价值与实际销售价值之间的正差额。

6. 以物质利益形式获得的收入，其个人所得税的计算和缴纳义务由纳税人独立承担，但不包括雇主向员工提供的物质利益。

第 167 条　不征收个人所得税的收入

不征收个人所得税的收入是：

（1）吉尔吉斯共和国法律规定的津贴；

（2）吉尔吉斯共和国总统储备基金、吉尔吉斯共和国议会议长储备基金、吉尔吉斯共和国议会医院基金和吉尔吉斯共和国政府储备基金的支付款项；

（3）国家社会保险的津贴和补偿；

（4）根据吉尔吉斯共和国法律支付的退休金；

（5）国家预算资金支付的津贴和补偿；

（6）向吉尔吉斯共和国教育机构的学生、按吉尔吉斯共和国法律规定的金额支付的奖学金；

（7）由于不可抗力而无偿获得的金额；

（8）与军人、国家安全部门、执法部门工作人员、国家公务员在执行公务时死亡和/或遭受身体损伤相关的补偿款和津贴金额；

（9）死亡员工的近亲属或由于近亲属死亡员工从雇主处无偿获得的金额；

（10）在完成工作义务时发生员工工伤、死亡事件时，根据吉尔吉斯共和国法律支付的健康损伤补偿金额及其他支付款项；

（11）特殊服装、鞋、个人防护用品、肥皂、消毒用品的价值；根据吉尔吉斯共和国法律规定的有害或危险条件下劳动工种和标准清单从事工作的工人获得牛奶和治疗预防性食品的价值；

（12）根据吉尔吉斯共和国法律规定员工必需的医疗观察、预防治疗服务价值；

（13）支付给员工的出差费用补偿金额，以及公司管理机构成员在履行职责时发生的以下费用补偿金额：

a. 往返目的地的费用—根据提交的文件；

b. 租赁场所—根据提交的文件；

c. 出差补助—在吉尔吉斯共和国政府规定的标准范围内。

在缺少本条第 a、b 项中注明的文件时，出差费用补偿金额应在吉尔吉斯共和国政府规定的标准内免除征税。

（14）雇主根据自己员工签署的必需保险合同支付的保险金，以及根据该合同，按吉尔吉斯共和国法律规定的方式完成的支付款项；

（15）本法典第 195 条规定的雇主用于员工培训、再培训的费用；

（16）国内战争、卫国战争的残疾人，在阿富汗战争和其他国家参加国家间协议的参战人员、军人，在卫国战争期间因在后方忘我劳动、出色服役而获得苏联奖章和勋章的人，巴特肯事件参与者，参加消除切尔诺贝利核电站事故的人，在国内战争、卫国战争中牺牲的军人的遗孀或遗属的收入，但不包括经营活动获得的收入，除非本条另有规定。

（17）自然人销售农产品的收入，但不包括个体经营者；

（18）雇主向员工的十四周岁以下的子女（被抚养人）提供的、金额不超过 10 个结算指数的新年礼物；

（19）由国家预算向奥林匹克冠军和得奖人、吉尔吉斯共和国体育项目的国家队成员支付的奖金，对奥林匹克世界杯、亚洲杯和亚洲比赛冠军和国家队得奖成员同时支付的奖励；

（20）军人，负责管辖内务问题的国家授权部门、毒品监督领域国家授权部门的职员，刑事执行系统部门和机构的员工以津贴和补偿代替餐费的收入；

（21）从事有偿公益工作、就业组织部门工作的公民的工资；

（22）工会向残疾人、退休人员、孤儿和多子女的父亲或母亲发放的津贴；

（23）退休人员、残疾人，国内战争、卫国战争的伤残人员，按照国家间协议在阿富汗或其他国家参加过战争的军人，在卫国战争期间因在后方忘我劳动、出色服役而获得苏联奖章和勋章的人，巴特肯事件参与者，参加消除切尔诺贝利核电站事故的人，I、II 级残疾人在吉尔吉斯共和国银行获得的储蓄利息；

（24）吉尔吉斯共和国居民自然人入股本国组织所获得的红利，以及非居民自然人根据本法第 221-2 条应缴纳零税率利润税的部分利润的形式获得的红利；

（25）以下人员从第三方获得的收入：

a. 残疾人，以支付残疾人使用的技术用具的形式；

b. 残疾人，豢养残疾人使用的导盲犬、预防致残和康复的费用金额；

c. 残疾人、退休人员、孤儿、未成年子女人数超过四个及以上的多子女家庭，以津贴的形式；

d. 无社会保护的人，以免费午餐的形式；

（26）献血和吉尔吉斯共和国法律规定的其他形式供血所得的金额；

（27）根据吉尔吉斯共和国法律规定获得的赡养费；

（28）夫妻或已离婚的前夫妻之间所有权转让获得的任何收入；

（29）自然人根据继承或赠与方式从近亲属处获得的财产、工程、服务的价值，但不包括在从事经营时获得的财产、工程、服务；

（30）自然人以人道援助形式获得的财产价值；

（31）以不超过 10 个结算指数的中奖奖金形式获得的其他种类的收入；

（32）销售纳税人个人使用的，并不是为经营活动而购买的动产和/或不动产所得，但不包括以下情况：

a. 销售自购买之日起所属所有权少于 1 年的汽车运输工具所得的收入；

b. 根据国家不动产权利登记统一系统部门数据属于住宅基金的不动产，且在获得该不动产之日起拥有所有权少于连续 2 年的，销售该不动产的收入；

（33）返还以入股投入的股份或份额的金额；

（34）失效；

（35）在吉尔吉斯共和国存款的利息；

（36）在最高和二级证券交易所上市当日证券价值利息所得和价值增加所得；

（37）国家、非商业组织无偿向需要社会复原或适应、医疗帮助、收入低于生活费水平的人转让资产：

a. 难民；

b. 重病人；

（38）根据吉尔吉斯共和国法律规定、为在高山和难以到达的边远地区工作而规定的附加额和地区参数额；

（39）参加国家比赛、会演以奖品形式获得的金额；

（40）国际组织（基金）宣布的奖金所得；

（41）吉尔吉斯共和国外交部门的职员、国家公务员，在吉尔吉斯共和国境外机构以及在外国或境外的国际组织中的国家机构代表处工作的其他吉尔吉斯共和国公民的薪酬；

（42）以工资、奖金、其他补助和激励形式支付给地区组织员工的收入；

（43）自然人提供宗教仪式、礼仪、庆典服务和组织进行朝圣服务的收入；

（44）返还的保险金和采购金额，以及保险金额和与经营活动无关的、在发生自然人签署的保险合同规定的保险事件时的赔偿，但不包括本法典第 165 条第 18 款规定的情况。

第 168 条　收入产生的日期

本章规定的收入产生的日期是：

（1）在收到货币形式的收入时，为支付收入的日期，其中包括向纳税人银行账户汇款或根据纳税人向第三方账户的汇款指令汇款；

（2）在获得商品形式的收入时，为商品所有权的转换日期；

（3）在获得工程、服务形式的收入时，为所有或部分工程完成日期或服务的提供日期；

（4）在获得物质利益方式的收入时，为纳税人根据所获得的借款或贷款，以及所获得和/或购买商品而缴纳费用和/或利息；

（5）在纳税人义务终止时，为义务终止的日期。

第二十四节　为了确定纳税基数从总收入中的扣除项

第 169 条　本节总则

1. 纳税人有权完成本节规定的扣除。

2. 纳税人有权扣除属于该税收期的扣除项。

3. 纳税人有权完成以下扣除：

（1）标准扣除项；

（2）社会扣除项；

（3）财产扣除项。

第 170 条　标准扣除项

构成标准扣除项的是：

（1）个人扣除，税收期每个月 6.5 倍的结算指数金额；

（2）纳税人的赡养人的扣除，税收期每个月每个赡养人 1 倍的结算指数金额；

（3）国家社会保险提成的扣除，但不包括根据本法典规定不征收个人所得税的国家社会保险提成的扣除；

（4）国家退休基金提成的扣除—不超过纳税人纳税基数的 8%。

第 171 条　社会扣除项

1. 纳税人有权获得构成纳税人及年龄不超过二十四周岁的赡养人的社会扣除项。

2. 为学前教育、小学、中学和高等职业教育的扣款额等同于纳税人向吉尔吉斯共和国有国家授权许可资格的教育机构或向监护人委员会缴纳的金额，并记录在案。但不得超过纳税基数的 10%，其中不包括教育扣款额，而对于有三个或三个以上待赡养亲属的纳税人，则不得超过除教育扣款额外的纳税基数的 25%。

3. 本条第一款所规定的社会基金扣款权，应在纳税人以书面申请形式提交报税单和已经缴纳教育费用的凭证时确认。而且这种扣除权只有纳税人一人享有。

4. 如果社会扣除项超过本条第 2 款规定的限制金额，则超出的金额不应在以后的税收期扣除。

第 172 条　财产税收扣除项

1. 纳税人有权在实际支付的偿还按揭贷款利息的资金中获得财产税收扣除项，但每年不超过 23 万索姆。

按揭是为了购买和/或建造楼房、住宅，并将其抵押时而获得的贷款。

2. 在纳税人根据书面申请和纳税人支付贷款和利息事实的证明文件提交税务报表时，向纳税人提供财产税收扣除项。

3. 本条规定的财产税收扣除，不适用于用雇主或其他主体的资金为纳税人支付建设或购买住房、公寓支出的情况，以及相互依赖的自然人之间进行住房、公寓、房间或其中份额买卖交易的情况。

第二十五节　个人所得税税率，个人所得税计算办法

第 173 条　个人所得税税率

个人所得税税率为 10%。

第 174 条　个人所得税的计算

个人所得税，是通过个人所得税的纳税基数乘以个人所得税税率的方式计算的。

第 175 条　个人所得税的计算办法、缴纳期限和地点

1. 个人所得税纳税人在统一税务申报单提交之日前进行最终结算，并缴纳个人所得税。个人所得税的最终金额，即为所计算的税额与税务代理扣除的税额。

2. 个人所得税在纳税人税务和/或统计登记所在地支付。

第二十六节　个人所得税税务代理完成纳税义务

第 176 条　税务代理的纳税义务

1. 作为税务代表的主体，应计算、扣除并向国家预算账户支付个人所得税，除非本

章另有规定。

2. 在结算税务代表支付的个人所得税时，纳税基数是所支付的收入额与标准扣除项之间的差额，除非本章另有规定。

3. 如果个人所得税纳税基数额少于最低结算收入的金额，则个人所得税纳税基数额将适用等同于最低结算收入的金额，纳税代表据此扣缴个人所得税。

为了对当月的纳税义务进行结算，个人所得税纳税基数和最低结算收入的金额，由税务代表根据员工自当前税收期开始起实际工作月份内的总数进行计算。

4. 在结算税务代表扣除的个人所得税金额时，不计算非征税收入。

5. 如果本条未作其他规定，只有针对劳动合同支付款项，以及只有在自然人与税务代理之间的劳动关系有效期不少于支付当月的 15 天的情况下，方能向税务代理提供标准扣除权 。

如果劳动关系有效期少于 15 天，且如果该人同时做兼职工作，则税务代理对根据该劳动关系进行扣除的权利只能针对国家社会保险的提成金额。

第 177 条　税务代理完成纳税义务的方式

1. 如果本条没有其他规定，则税务代理扣缴的个人所得税，应在下一个收入支付月的 20 日前向国家预算账户支付。

扣缴的个人所得税的税务代理，若是小型经营或非商业组织的主体，则应在支付收入报告季度后的那个月的 20 日之前向国库缴纳该所得税。

2. 税务代理扣缴的个人所得税，应在税务代理税务统计地缴纳，如果存在独立分支机构，则在独立分支机构统计登记地缴纳。

应向独立分支部门所在地的国家预算账户缴纳的税收金额，根据支付给这一独立分支机构员工的收入金额确定。

3. 在吉尔吉斯共和国的收入来源人的税收，不论支付费用的形式和地点如何，应由税务代表计算并向国库缴纳。

4. 如果税务代理未从支付给自然人的收入中扣缴或未完全扣缴税收，但不包括支付给个体经营者的款项，则未完成的纳税义务由税务代理完成。

第 178 条　税务代理提交个人所得税报表

1. 如果本条未作其他规定，则税务代理必须在下一个收入支付月的 20 日以前，向个人所得税缴纳所在地的税务部门提交报表。

个人所得税报表，在报告季度后的月份 20 日以前，由作为税务代理的小型、中型经营或非商业组织的主体提交。

2. 税务代理应在税务和/或统计登记所在地向税务局提交有关向自然人支付的事实和金额的信息，其中包括以物质利益形式提供的支付：

（1）下一年度的 2 月 20 日前，向根据吉尔吉斯共和国劳动法签署的合同工作的人；

（2）每季度不迟于本季度后第一个月的 20 日之前，向本款第 1 项未注明的所有剩余的人。

3. 有关向自然人支付收入的事实和金额信息的形式，包括以物质利益形式提供的支付金额，由吉尔吉斯共和国政府规定。

第二十七节　个别类型的自然人纳税的特殊性

第179条　外国外交代表处和领事机构及国际组织代表处人员的课税

以下人员的收入不征收所得税：

（1）外国外交代表处和领事机构的非吉尔吉斯共和国公民的领导、工作人员以及与他们共同居住的家属，但不包括这些自然人与外交或领事职务无关的、来源于吉尔吉斯共和国的收入；

（2）外国外交代表处和领事机构的非吉尔吉斯共和国公民的行政技术和服务工作人员及其共同居住的家属，但不包括与这些机构的上述自然人的工作不相关的、来源于吉尔吉斯共和国的收入；

（3）根据已生效的、吉尔吉斯共和国是成员国的国际公约规定的标准，在国际组织工作的、非吉尔吉斯共和国公民的自然人。

第180条　居住在吉尔吉斯共和国的非吉尔吉斯共和国公民的个人所得税的计算和缴纳

在向居住在吉尔吉斯共和国的非吉尔吉斯共和国公民征收个人所得税时，应使用本章规定的标准扣除，由税务代理计算个人所得税的纳税义务。

第181条　非居住在吉尔吉斯共和国的非吉尔吉斯共和国公民的个人所得税的计算和缴纳

1. 向非居住在吉尔吉斯共和国的非吉尔吉斯共和国公民的来源于吉尔吉斯共和国的收入征税，由税务代理计算该收入的个人所得税，且不提供本章规定的扣除项。

2. 对来源于吉尔吉斯共和国的收入征收个人所得税，与收入支付地点无关，包括支付地点在吉尔吉斯共和国境外的收入。

第182条　避免双重征税

1. 纳税人在外国缴纳的税额，若已存在按法律规定方式生效的、吉尔吉斯共和国和外国之间签署的避免双重征税的协议，且根据该协议规定的标准，该收入的金额应在外国征税，则在吉尔吉斯共和国计算个人所得税时应将其计算在内。

2. 本条第1款计入的金额，不应超过在吉尔吉斯共和国根据现行税率缴纳的税额。

3. 在外国缴纳的所得税金额计入方式，由吉尔吉斯共和国政府确定。

第八章 利润税

第二十八节 总 则

第 183 条 本章使用的概念和术语

本章中使用下列概念和术语：

（1）产地的地质筹备，是指综合的勘测评估和勘探工程，包括按工业类型计算和地质经济评估产地的储量。

（2）矿山基建工程：综合的矿山建设工程，以保证产地或部分产地开采的开发和准备：

a. 在开放式开采时，矿山基建工程包括：

修建和装备开发（基本堑沟）以及剖面（开段堑沟或基坑）矿坑；

从采石场退离时，清除采石场（覆土）覆盖在堆土堆中矿物层的矿石；

水位降低的水井的钻探和装备工程、建设地下排水坑等；

在矿山基建工程中，将矿产储备开发并准备好开采，需保证矿产资源足够 4~6 个月的矿场设计能力的使用。在一定深度的矿层产状中，为达到 15%的矿场设计生产能力而必须完成的工程，属于矿产基建工程；

b. 在地下开采时，矿山基建工程包括：

建设和装备井筒、平硐和连接它们的坑洞，井筒延伸，建设和装备近井筒周围的坑洞和矿坑；

建设和装备主要基础坑道（岩层穿脉坑道、运输和通风巷道、斜坑、斜坡、输矿槽等）。

在建设新的矿山开采企业时，矿山基础工程量应以保证全部设计生产能力或独立顺序的能力（阶段性交付使用矿山开采企业时）预先确定。

（3）矿山筹备工程，是指在矿井和矿场开采矿产及时再生产方面，防止气体动力显现方面，包括防止煤、页岩和气体的喷出、岩爆，在预储备详勘方面的矿山建设综合工程。矿山建设综合工程的主要内容是：圈定矿山企业回采区的预备矿坑建设。

（4）矿山开采企业，是指从事矿产产地开采的企业。

（5）长期证券贴现，是指票面价值和原始发行（不计息票）价值之间的差额，或购买（不计息票）长期证券的价值。

（6）长期证券，是指吉尔吉斯共和国政府、吉尔吉斯共和国国家银行、国家政权地方机构发行或担保的国家内部和地区债券、其他有价证券。

（7）参股股份，是指自然人和法人在共同创立的组织中财产入股股份，但不包括股份公司和股份投资基金。

（8）收入，是指使纳税人自有资本增加的资产（资金、其他财产）流入量增长或债务减少，但不包括股东的投入。

（9）长期有价证券的收入，是指贴现或息票（根据折扣或原始发行价值和/或购买价值的奖金）；支付期票。

（10）长期有价证券息票（以下称息票），是指发行者根据发行条件支付（应支付）的超过长期有价证券票面价值的金额。

（11）矿山开采和/或矿山加工企业的固定资产，是指这些企业的技术设计和/或经济技术论证规定的、生产的和/或购买的财产，包括：

a. 建设、装备的矿山基建和矿山预备矿坑（井筒、平硐、岩层穿脉坑道、主要运输和通风巷道、斜坡、斜坑、中央和区段排水管道、供电和通风的地下井、矿井技术汽车干道、基础开发、开发剖面堑沟和其他基建和矿山预备坑道，保证它们进入、开发和准备产地的储备、矿山装备、工艺装备、公路运输，但不包括轻型轿车）；

b. 矿山运输车、开采矿产产地和加工矿物原料的工艺装备，以及其他主要和辅助设备；

c. 主要和负重用途的楼房和设施；

d. 运输路线。

（12）长期有价证券的奖励，是指原始发行（不计息票）价值或购买价值（不计息票），和有价证券的票面价值之间的差额，它们的发行条件规定了息票的支付。

（13）派生有价证券，是指证明对该派生证券基础资产权利的有价证券。属于派生证券的有：认购权、互换权、期货权、期货交易权、存托凭证、仓单和其他根据吉尔吉斯共和国法律认定为派生证券的有价证券。基础资产可以是标准批货、有价证券、外汇和金融衍生物。

（14）有价证券，是指股票、长期证券、派生证券和其他根据吉尔吉斯共和国法律规定被承认为有价证券的财产权实体。

（15）失效。

第 184 条　利润税纳税人

1. 利润税的纳税人（在本章中以下称“纳税人”）是：

（1）本国组织；

（2）通过在吉尔吉斯共和国的常设机构从事经营的外国组织；

（3）个体经营者；

（4）向外国组织支付来源于吉尔吉斯共和国的收入，与该组织在吉尔吉斯共和国的常设机构无关的税务代理。

2. 在本章中，税务代理是指向外国组织支付收入的组织或个体经营者。

3. 吉尔吉斯共和国国家银行、保护存款代理处、保护存款基金和吉尔吉斯共和国社会基金不属于利润税的纳税人。

第 185 条　利润税征税客体

利润税的征税客体是从事经济活动，由此获得以下来源的收入：

（1）国内组织或个体经营者，来源于吉尔吉斯共和国和/或来源于吉尔吉斯共和国境外的收入；

（2）通过在吉尔吉斯共和国的常设机构从事经营活动的外国组织，来源于吉尔吉斯共和国的收入。

第 186 条　利润税纳税基数

1. 利润税的纳税基数，是根据吉尔吉斯共和国会计核算法规定的规则，以及本章的特殊规定计算的利润。

2. 本章内的利润是指纳税人年总收入与税收期内结算的，根据本章应扣除的支出之间的正差。

3. 对于获得来源于吉尔吉斯共和国的收入，但与在吉尔吉斯共和国的常设机构无关的外国组织，纳税基数是未进行扣除的收入。

4. 利润税纳税基数，在根据吉尔吉斯共和国会计核算法进行资产和债务评估时，不会因此出现的支出和费用的增加而减少。

第 187 条　利润税税收期

1. 利润税的税收期是日历年。

2. 如果纳税人在日历年开始后注册的，则它的第一个税收期就是自它创建之日起到日历年结束为止的时间期限。

这时纳税人的登记日即是他在国家授权机构的国家登记日。

3. 如果纳税人在日历年结束前清算或通过了重组程序，则它的最后税收期是从年初到清算、重组结束日为止的时间期限。

4. 如果在日历年开始后注册的纳税人，在该年度结束前清算或通过了重组程序，则其税收期即是自创建之日起至清算、重组完成之日为止的时间期限。

第二十九节　年总收入

第 188 条　年总收入的构成

1. 根据吉尔吉斯共和国会计核算法规定的规则确定的所有种类的收入都属于年总收入，包括：

（1）销售商品、工程、服务的进款，但销售被列入税务折旧目的的税收类别中的固定资产除外；

（2）销售不应折旧的资产的收入，包括在拆卸或清理报废的固定资产时获得的物质价值或其他财产形式的收入；

（3）同意限制或终止经济活动而获得的收入；

（4）无偿获得资产价值；

（5）正汇价差额超出负汇价差额之差；

（6）利息收入；

(7) 红利;

(8) 使用税;

(9) 参与组织管理获得的奖励和补偿形式的收入;

(10) 出租动产和不动产的所得;

(11) 非用于经营活动的动产和不动产销售时,价值增长所得;

(12) 销售以下各项所得:

a. 股票,减去购买价值;

b. 衍生证券;

c. 不计息票根据销售之日的贴现折旧和/或奖金折旧减去购买价值的不计息票的长期证券;

d. 根据吉尔吉斯共和国法律认定为有价证券的其他财产权实体,减去购买时的价值;

e. 入股的股份减去原始价值;

(13) 津贴;

(14) 税收期结束时折旧资产类的税务结算所负金额;

(15) 清点结果查明的多余资产的价值;

(16) 由于以下原因出现的纳税人债务终止的收入:

a. 债权人免除债务,但不包括特别法通过的债务免除;

b. 失效;

c. 失效;

d. 纳税人债务的完成,包括第三方完成的税收债务;

(17) 出让债务追偿权的所得;

(18) 保险合同的保险金(赔偿金),但不包括投保的固定资产的保险金的赔偿;

(19) 可疑债务的金额;

(20) 社会领域项目运行中获得的收入与支出之差。

2. 年总收入的构成中不包括非征税收入。

第 189 条　免税的收入

不征收利润税的有:

(1) 作为入股投入和/或注册资金投入,和/或主体作为股东投入到组织中的其他投入形式获得的财产价值。

(2) 根据吉尔吉斯共和国政府或地方自治机构的决议在发展自有生产基地时组织无偿获得的固定资产和资本投资资金的价值,以及无偿获得 50%以上归由国有股份的经营公司或吉尔吉斯共和国和/或专业组织,或从事按目的使用和运营的地方自治机构的所有的实体(社会文化、公共日常居住用途的道路、电网、变电站、锅炉房和热力线路、天然气线路、水电站、热力电站项目、水利设施、引水设施、矿山设备、民防设施,以及土地区块使用权)的价值(本章以下称为无偿获得的社会文化用途实体)。

本条注明的专业组织的清单，由吉尔吉斯共和国政府通过。

（3）非商业组织获得的：

a. 会员费和入会费；

b. 按规定目的使用条件下的人道主义援助和自助；

c. 按规定目的使用条件下的无偿获得的资产价值；

d. 居民楼及其附属建筑和设施的技术保养服务付费；

e. 在法定经营框架下，向为自己的水使用协会成员提供灌溉水供应服务的付费；

f. 提供宗教仪式、礼仪、典礼、组织和进行朝圣及自愿捐款服务所得；

（4）纳税人入股本国组织所得的红利；

（5）普通合伙获得的作为合伙人投入的财产价值；

（6）信托公司接受托管的财产价值；

（7）持有的股份价值超过其票面价值带来的收入；

（8）销售持有的股份时价值增长带来的收入；

（9）在最高和二级证券交易所销售当日的证券价值的利息所得和价值增加所得；

（10）根据金融租赁（长期租赁）合同销售固定资产所得。

第 190 条　修改收入

1. 销售商品、工程、服务的所得，在以下情况下应进行修改：

（1）商品全部或部分退回；

（2）交易条件变更。

在发生商品退回或交易条件变更的税收期，收入的修改会改变这一税收期的年总收入额。

2. 销售应折旧的固定资产所得，以及根据这些固定资产保险合同获得的保险金，不包括在商品销售收入中，而应根据本章的规定计入类别税收价值。

第 191 条　被补偿扣除项

1. 如果补偿之前扣除的费用、出现亏损或呆账，则收到的金额即为进行补偿的税收期的收入。

2. 如果之前根据本章规定扣除的储备缩减，此时缩减的金额应该计入收入或根据吉尔吉斯共和国会计核算法的规定减少费用。

第 192 条　长期合同产生的收入和扣除项

1. 适用本条的长期合同，应理解为生产、安装、建设或提供伴生服务的合同，按该合同规定的工作在税收期开始但未在本期结束，但不包括那些根据评估应在工程开始之日起 12 个月内结束的合同。

2. 在纳税人使用加算方法确定收入和支出时，涉及长期合同的收入和扣除项，应根据合同执行比例在 1 个税务年内计算。

合同执行部分的数额，通过对照税务年底前发生的支出与该合同总支出的方式确定。

3. 纳税人适用简化核算方法确定收入和支出时，涉及长期合同的收入和扣除项应根据税务年内实际完成和支付的工程、服务确定。

第三十节　应扣除支出

第 193 条　扣除用于获得收入的支出

1. 如果本法典未作其他规定，纳税人只有权将有文件证明的、用于获得收入的支出、负汇价差额与正汇价差额的超出额以及呆账金额列入扣除项。

2. 未来税收期的支出，应在它们所属的税收期扣除。

3. 如果同一费用在几项支出中注明，则这些费用只能从收入中扣除一次。

4. 对于个别纳税人征税时计算的支出或由于特殊情况发生的支出，其确定的特殊性由本章条款规定。

第 194 条　公务出差支出和开办费支出金额的扣除

1. 属于应扣除的公务出差支出的是：

（1）实际发生的往返出差地的路费支出，包括支付的备用支出；

（2）实际发生的住宿费用，包括支付的备用支出；

（3）在吉尔吉斯共和国政府规定的标准范围内，支付的吉尔吉斯共和国境内外出差期间的差旅补助。

2. 为获得收入而花费的用于纳税人接待和/或为参加双方合作谈判的人、为举行股东全体大会参加理事会会议的人提供服务的支出，属于应扣除的开办费支出。

上述人员的交通和酒店住宿费用、非组织编制内的翻译费，也属于开办费支出。

第 195 条　员工培训与再培训支出扣除项

1. 用于纳税人获得收入与培训和提高员工技能和再培训相关的支出，属于纳税人用于员工培训和再培训支出。

2. 本条第 1 款注明的支出应扣除：

（1）如果培训和/或再培训计划能促进提高专业或在纳税人经营框架内更有效地利用被培训者和再培训专家。

（2）如果纳税人的编制内员工通过培训和/或再培训。

（3）如果教育服务是由本国组织提供的。

3. 本条中所指的提高技能，是根据提高专业水平的要求、开发解决专业任务的现代化方法的必要性而进行的专家理论和实践知识的更新。专业再培训是年满二十三周岁全天工作制的在职员工为完成新的专业经营种类而获得补充知识和技能、经验。

第 196 条　扣除利息支出

1. 根据纳税人按本法典规定适用的税务核算办法加算或缴纳的利息支出，如果该债务是为进行经营而产生的，则应根据本条的限制予以扣除。

2. 根据纳税人按本法典规定适用的税务核算办法加算或支付的利息支出，由于可折旧固定资产的购买和建立，或与影响固定资产运行前价值变化的费用相关的利息支出，不能从年总收入中扣除，而应增加它们的价值。

第 197 条　科学研究、实验构造、设计勘探工程支出的扣除项，资源耗竭的扣除

1. 纳税人用于与其经营相关的科学研究、实验构造和设计勘探工程的支出，应予以扣除。

2. 本条第 1 款规定的与固定资产购买和/或生产相关的支出，应按照本法针对固定资产规定的方式扣除。

3. 矿山开采企业的征税基数，应减少 15%并将这一金额储备在企业用于产地偿还储量再生产的专门基金中。

4. 本条第 3 款注明的专门基金的资金，应由企业在 5 年内再投资于矿山和地质划拨区域的地质勘探工程。

5. 本条第 3 款规定的专门基金的资金额，在 5 年内企业未按用途使用的，应支付给国库。

6. 按本条规定的方式使用专门基金的资金，用于在矿山和地质划拨区域内的地质勘探工程的支出，不能扣除。

第 198 条　固定资产、非物质资产和商品物质储备的价值

1. 固定资产的原始价值包括：获取该资产的实际费用，其中包括与购买和生产自用固定资产相关的利息支出；加工、安装、调试的费用；关税和海关费、税收，但不包括应抵扣的增值税、固定资产运输过程中的保险费和其他增加其价值的费用，不包括作为纳税人有权根据本法典规定进行抵扣的支出构成计算的税额。

2. 固定资产价值在相应实体改造、扩充、现代化，技术在装备、部分清理的情况下会发生变化。

3. 对股东、创立人作为注册资本投入的固定资产，它的原始价值是反映在这些资产投入当天纳税人会计核算中的价值，但不能超过市场价值。

无偿获得固定资产时，其原始价值根据该资产交接证明的数据确定，但不低于其平衡价值。

4. 在以下情况下平衡价值为零：

（1）在获得无偿转让的社会文化用途的实体时；

（2）在非商业组织以下列方式获得财产时：

a. 会费和入会费；

b. 人道主义援助和资助；

c. 无偿获得的资产。

5. 非物质资产的原始价值中包括获得和/或创建的费用，包括利息费用和将其调整到适合使用的费用；

创立人作为组织的注册资金投入的非物质资产的价值，在遵守吉尔吉斯共和国法律要求的情况下，由双方的协商确定。

从其他组织和自然人处购买的非物质资产的价值，根据实际发生的购买费用和调整到适用状态的费用。

组织自己创建的非物质资产的价值，确定为创建、加工的实际费用，包括购买商品材料储备、工资支出、其他组织的服务费支出，获得专利和证书的税费支出。

6. 固定资产和非物质资产的价值属于按本法典规定的方式和条件计算折旧提成的扣除。

7. 商品物质储备价值根据购买价格确定，包括支付给中介组织的中介费，进口关税和海关费、间接税，但不包括应抵扣的增值税、运输费和其他与获得商品物质相关的费用。

8. 固定资产、非物质资产和商品物质储备价值包括不应抵扣的、购买物质资产发生的增值税。

第 199 条　折旧固定资产

1. 折旧固定资产是纳税人所有的未获得收入而投入运营和使用的固定资产，包括非物质资产，其价值超过 100 倍的结算指数。

2. 土地和其他资源使用对象不应折旧，例如水、矿藏资源和其他自然资源，以及商品物质储备、未完成的基建项目、有价证券、金融衍生品、未安装的设备、纳税人在生产产品和/或销售商品、完成工程和提供服务中未使用的固定资产和非物质资产及在本税收年其价值完全转入成品、完成的工程和提供的服务中的财产。

3. 本章使用的折旧的财产中应排除以下固定资产：

（1）根据合同转让无偿使用的；

（2）封存的；

（3）进行改造和现代化装备时长超过 12 个月的。

第 200 条　固定资产分类和折旧加算额的确定

1. 应折旧的固定资产根据以下折旧标准分为六类：

（1）一类：轻型轿车；公路上使用的汽车拖拉机机械；专业工具、器材和用具；电脑、电话设备、周边设施及其加工设备—30%；

（2）二类：汽车运输的机车：货车、公共汽车、专用汽车和汽车拖车；建筑设备、所有工业行业、铸造生产的机械和设备；锻压设备；电子和普通设备、电讯设备、农业机械，办公家具，非物质资产—25%；

（3）三类：本款第 1、2、4、5、6 项中未列出的、应折旧的固定资产以及与其相同的费用—20%；

（4）四类：铁路、海洋和河流运输工具、动力机械和设备：热工设备、涡轮设备、电动机、柴油发电机、电力传输和通讯设施，管道—10%；

（5）五类：楼房、设施、建筑物 —10%；

（6）六类：纳税人为了之后的矿产开采、用于矿产产地地质筹备、设计和工程勘测工程、获得资源使用权、矿石基础和矿山筹备工程的费用，以及矿山开采和/或矿山加工企业在资源利用时运行和实际使用的固定资产—50%。这时允许使用较低的折旧标准。使用较低折旧标准的纳税人，在之后的税收期不能变更这些较低的标准。

2. 如果本章未做其他规定，则征税折旧加算金额由纳税人每年按本节的规定确定。每一类的折旧应适用本条第 1 款注明的折旧标准，单独加算到该类的税收价值上。

3. 楼房、设施和建筑物（以下在本节中成为建筑物）的折旧应单独加算到每个建筑物。自建筑物交付开始使用之日起 20 年期满，每个建筑物将根据每年 20%的标准按直线方式折旧。

4. 如果本章未做其他规定，固定资产的长期租赁者作为纳税人应对作为金融租赁（长期租赁）合同对象的固定资产，按本条规定进行折旧。

5. 进行税收目的折旧的各类固定资产，应确定类别的税收价值。

每类年终税收价值按以下方式计算：

（1）年初类别税收价值，确定为减去上一年度计算的折旧提成金额的上一年度末类别的税收价值，加上

（2）根据本条第 6 款规定在 1 年期间被添加到类别中的固定资产价值，减去；

（3）被添加到上一年度类别税收价值中的固定资产剩余价值部分，减去；

（4）根据本条第 7 款确定的价值的年内报废的固定资产，减去；

（5）上一年度报废的固定资产的剩余价值。

6. 被添加到类别税收价值的固定资产的价值，按以下公式确定：

$B\times(A+0.5)/12$，　其中

A—为获取收入而实际使用固定资产的整月的天数；

B—根据本法典第 201 条第 1 款确定的固定资产价值。

7. 从类别税收价值中排除的、在本年度报废的固定资产价值，按以下公式确定：

$D\times(C+0.5)/12$，其中

C—固定资产报废当月之后剩余整月的数量；

D—根据本法典第 201 条第 2 款确定的固定资产价值。

8. 如果年末类别税收价值低于零，将被归于零，这时纳税人将上述负余数加入自己的收入。

9. 为了本条，根据吉尔吉斯共和国会计核算法进行的固定资产重新评估，不会增加或减少类别的税收价值。

10. 吉尔吉斯共和国政府经与吉尔吉斯共和国议会协商，有权规定个别固定资产加速折旧的标准。

第 201 条　用于折旧的固定资产的进账和报废

1. 如果本法典未作其他规定，购买和获得的固定资产被视为年度期间添加到类别中

的固定资产，并会将类别的税收价值增加以下金额：

（1）在固定资产作为注册资本投入进账时—本法典第198条确定的价值；

（2）将固定资产项目从封存状态转为现行固定资产时—之前封存这些固定资产时从类别中报废的固定资产的税收价值；

（3）在返还之前交由无偿使用的固定资产—根据报废价值；

（4）改造或现代化改造后固定资产进项—从类别中报废的、增加了与该固定资产改造或现代化改造相关的纳税人费用额的固定资产价值；

（5）纳税人无偿获得所有权的、价值被加入收入组成部分的固定资产进账时—本法典第198条第3款确定的固定资产价值；

（6）在购买固定资产、建设完成、投入使用后—按原始价值；

（7）在超出本法典第203条第3款的维修支出费限制时—按超出限制的支出金额。

2. 报废的固定资产将类别的税收价值减少了：

（1）在销售固定资产或将固定资产金融租赁（长期租赁）时—销售价值；

（2）在转交作为注册资金投入时—按本法典第198条规定的价值；

（3）在没有保险合同时固定资产损耗或损坏—按零价值；

（4）发生保险事故时—按保险组织根据保险合同支付给投保人的保险金；

（5）在无偿转交、转交无偿使用，以及转为封存时—根据吉尔吉斯共和国会计核算法确定的平衡价值；

（6）在销售被清算的固定资产时—按照销售价值；

（7）在将清算固定资产转成商品物质储备时—根据吉尔吉斯共和国会计核算法规定确定的商品物质储备价值；

（8）失效。

第202条　折旧加算金额的扣除

1. 根据本法典第200条确定的折旧固定资产的折旧加算，应从纳税人的收入中扣除。

2. 如果年末类别税收价值额少于100倍的结算指数，则该金额即被认定为折旧加算，并且类别的所有税收价值都应从纳税人的收入中扣除，除非本条另有规定。

3. 如果类别中的所有固定资产已出售、转让给他人或清算，则类别的剩余税收价值被认定为折旧加算，并应从纳税人收入中扣除。

第203条　维修费用的扣除

1. 维修属于所有权的固定资产的支出，其中包括作为金融租赁（长期租赁）对象的固定资产，针对本法典第200条确定的每个类别进行扣除。

2. 根据本条第1款每个税务期应扣除的维修支出金额，应限制在该类别年初税收价值的15%，年初价值确定为减去上一年度计算的折旧加算额的、上一年度年底的类别税收价值。

3. 超过本条第2款规定的限制的金额，被视为添加到类别价值中的固定资产价值，并增加了报告年末类别的税收价值。

4. 承租人对所租赁固定资产支付的实际维修费，属于按本条规定方式的扣除项。

5. 如果维修费未根据本条规定列入扣除项，则承租方应组成类别并根据本章确定的折旧提成，按被维修的固定资产所在的类别规定的折旧标准，在租赁合同有效期内扣除所承担的费用。租赁合同有效期届满后，承租人有权将根据本部分组成的类别的剩余税收价值列入扣除项。

第 204 条 国家社会保险提成扣除

纳税人的年总收入应扣除吉尔吉斯共和国规定的国家社会保险费的金额。

第 205 条 销售有价证券产生的亏损

1. 销售有价证券造成的亏损有：

（1）有价证券方面，但不包括长期有价证券，—销售价值与购买价值之间的负差；

（2）长期有价证券方面，—销售之日贴现折旧和/或奖金折旧销售价值与购买价值之间的负差。

2. 销售有价证券产生的亏损，由销售其他有价证券获得的收入补偿。

3. 如果本条第 2 款注明的亏损，不能在发生年度内补偿，则可以延长至 5 年以内的期限并由 5 年内销售的有价证券的收入进行补偿。

第 206 条 与经济活动相关的亏损转移

1. 纳税人扣除项超出收入的金额，被认为是亏损，并应由纳税人在不超过 5 年的期限内转移作为亏损产生的税收期之后的税收期内征税收入中的扣除项。

在纳税人被免除缴纳利润税的税收期承受的亏损，不应转移为纳税期扣除项。

2. 如果纳税人在一个以上税收期承受了亏损，这些亏损将按发生的顺序被转移到发生亏损后的税务期。

3. 纳税人由于重组终止经营时，权利继承者纳税人有权根据本条规定的方式和条件将纳税基数减少至重组前被重组的纳税人得到的亏损额部分。

第 207 条 补偿潜在损失和亏损的储备、银行对存款保护基金的缴费

1. 银行用于补偿贷款和长期租赁潜在损失储备的金额，只能用于保证银行发放的贷款和同等的资产，该金额应从年总收入中扣除。

本款中与银行贷款等同的资产，是金融长期租赁以及接受归银行所有的抵押财产。

2. 储备的提成方式和金额由吉尔吉斯共和国国家银行规定。

3. 银行用于保护存款基金的缴费，属于业务支出并应从年总收入中扣除。

第 208 条 慈善支出的扣除

无偿转让给任何所有制形式的慈善组织以及文化体育组织的资产，包括资金和财产（按平衡价值），在一个税收年内不能超过纳税人应纳税收入的 10%，如果这些资产未用

于利于纳税人、转让人的使用，则应从年总收入中扣除。

第 209 条　不应扣除的费用

1. 不应扣除的支出有：

（1）与固定资产的生产、购买和安装相关的支出和其他投资支出；

（2）支付给国家预算和吉尔吉斯共和国社会基金预算的税务罚款、滞纳金和利息；

（3）应缴纳给吉尔吉斯共和国国家预算的以下税收：

a. 利润税；

b. 增值税，不包括根据本法规定应抵扣的增值税；

c. 销售税，不包括购买商品、工程和服务时支付给供应商的销售税；

d. 消费税，不包括不应进行本法规定扣除的消费税。

（4）储备提成形式的支出，除非本法典另有规定。

（5）根据吉尔吉斯共和国政府通过的清单，社会领域项目运行所承受的支出超出这些项目运行所获得收入部分。

（6）其他人的任何支出，除了存在该费用是为了支付服务且是生产所必需的事实的证明的情况下。

（7）任何所有权的获得、管理或维护的支出，该所有权带来的收入根据本法典不应征税。

（8）与纳税人向其家庭成员或关联主体出售或交换所有权直接或间接相关的任何亏损。

（9）纳税人对其近亲属和对与其从事经营活动无关的其他人的支出。

（10）按优惠价格或费率，或低于市场价格销售商品、工程、服务时向员工支付的价格差的支出，除税务代理缴纳的个人所得税支出外。

（11）自然损耗和损失的金额超过吉尔吉斯共和国法规规定的标准。

（12）性质和金额不能以证明文件确定的支出，但不包括本法典规定的情况。

（13）与获得收入无关的支出金额。

（14）与获得收入相关的、不征收利润税的支出。

（15）出差期间支付的差旅补助金额超过吉尔吉斯共和国政府规定的上限，但不包括征收个人所得税的超出金额。

（16）组织宴会、娱乐、消遣或休假的支出。

（17）发行银行纳税人作为购买发行股票（股份、股本）的物资清零产生的支出。

2. 本条第 1 款第 1 项规定的支出，通过折旧补偿。

第 210 条　财产信托合同参与人纳税基数的确定

1. 财产信托合同参与人的纳税基数按以下方式确定：

（1）根据本条第 3 款的规定，如果根据上述合同受益人是信托创立人；

（2）根据本条第 4 款，如果根据上述合同受益人不是信托创立人。

2. 在本章中，根据信托合同转交的财产，不认定为信托公司的收入。

信托公司在财产信托合同有效期间获得的酬金，是它的收入。这时与完成信托管理相关的支出，如果在财产托管合同中未规定由信托管理创立人补偿，则被认定为信托公司的支出。

信托公司应确定税收期的财产托管收入和支出，并向信托创立人（受益人）提交有关收入和支出的信息用于该创立人（受益人）根据本章规定确定纳税基数。

3. 信托创立人在财产信托合同框架内的收入包括在年总收入内。

与实施财产信托管理相关的支出，包括财产的折旧，以及信托公司的酬金，被认定为与获得收入相关的支出、属于信托管理创立人的支出。

4. 受益人在信托合同框架下的收入，包含在其年总收入中并应按规定纳税。

这时，与执行财产托管合同相关的支出，如果该合同中注明酬金的支付不通过减少该合同执行框架内获得的收入的方式支付，则不包括信托公司的酬金，创立人在确定纳税基数时不予考虑，但纳税时作为受益人支出计算。

在该合同有效期间由于使用托管财产造成的亏损，不认定为根据本章规定纳税时计算的创立人（受益人）的亏损。

5. 财产托管合同终止时，托管的财产根据上述合同的条款可以返还给信托创立人，或转交给他人。

财产返还的情况下，无论是否出现转交托管财产价值在信托合同生效和终止时价值之间的正（负）差，都不构成信托创立人的收入（亏损）。

6. 本条不适用于入股投资基金财产的管理公司和信托管理合同的参与人（创立人）构成独立综合财产，但不包括本条第 2 款第 1 项规定的情况。

第 211 条　普通合伙合同参与人纳税基数的确定

1. 根据合同规定承担普通合伙核算义务的主体，应按自己公司的主营和普通合伙的经营项目进行单独的核算。

2. 承担核算义务的普通合伙的参与人，应根据本法典的要求进行纳税义务的结算，利润税除外。

3. 根据普通合伙合同在纳税前的利润和亏损，合伙人间根据合同分配、每个人单独核算。

4. 合伙人作为普通合伙的投入转交的财产，不属于出售。

5. 在完成普通合伙合同条款后，合伙人的投入以货币或实物形式返还给合伙人，投入金额的返还不认定为合伙人的收入。

第三十一节　税收优惠

第 212 条　免税

1. 免税的利润有：

（1）慈善组织的利润。

（2）I、II 级残疾人的公司；吉尔吉斯共和国盲人、聋哑人协会组织；残疾人、盲人和聋哑人超过总员工人数的50%，且工资不少于工资总计金额50%的个体经营者的利润。这些公司、组织和个体经营者的清单由吉尔吉斯共和国政府确定。

（3）农业生产者的利润。

（4）吉尔吉斯共和国刑事执行系统机构的利润。

（5）农业商品服务合作社的利润。

（6）失效。

（7）信贷联盟的。

（8）从事农产品工业加工的食品和加工工业企业的利润（用于生产消费税商品分类的产品除外）。包含在此类的企业名单和选择标准由吉尔吉斯共和国政府规定。

（备注：自2018年9月1日起吉尔吉斯共和国2008年10月17日第231号法第6条第8款废除）。

（9）长期租赁公司的。

（10）学前教育组织（私有制的幼儿园）。

（11）私人心脏外科专业的医疗机构。

（12）私有制的普通教育组织。

（13）吉尔吉斯共和国内政部国家专业安全局主要部门。

2. 免缴利润税并不解除纳税人提交利润税报表的义务。

第三十二节　税率、利润税计算、申报和缴纳办法

第213条　利润税税率

1. 如果本章未做其他规定，则利润税税率为10%。

2. 从事含金矿石、含金精矿、金合金和精炼金开采和销售的纳税人，其利润税的税率为0。

3. 长期租赁公司的利润税税率为5%。

4. 本法第159-1条规定的活动涉及税收优惠的优惠工业企业，其利润税税率为0（矿业加工，采矿，以及生产消费税商品的企业除外）。

本条适用的最长期限为5年，并有权延长至10年，具体取决于产品销售收入和已缴纳所得税的总额。

第214条　利润税的计算

利润税应根据本法典第37条第1款规定的方式计算。

第215条　由支付来源者扣缴税收的报表提交期限

税务代理应在支付收入的下一个月20日之前，按在吉尔吉斯共和国的收入支付来源扣缴的税收金额提交报表。

第216条　利润税的确定方式、缴纳期限和地点

1. 利润税纳税人应在提交统一税务申报单之前对利润税进行最终计算并缴纳。

1-1. 最终税额应在计算的税额与以下各项之间的差额中确定：

（1）纳税报告期间初步计算的利润税额；

（2）纳税人按照本法第 220 条的规定在外国缴纳的税额；

（3）根据本条第 1-2 款规定的税控收款机或经营数据传输设备的费用额。

1-2. 纳税人有权减少税控收款机或经营数据传输设备的费用利润税税额，但不得超过计算指标的 100 倍，并需满足以下条件：

（1）税控收款机或经营数据传输设备是购于纳税报告期内；

（2）从税控收款机或经营数据传输设备的注册日期起至纳税期结束，纳税人在其活动中持续使用税控收款机或经营数据传输设备；

（3）纳税人没有因违反吉尔吉斯共和国关于使用税控收款机的要求而承担责任。

2. 利润税在纳税人的税务登记所在地缴纳。

第 217 条　缴纳预报利润税额

1. 除零税率的纳税人和免缴利润税的纳税人以外的纳税人，应在自第二季度起每季度的报告期后的第二个月的 20 日以前提交税务报告并向国家财政缴纳预报的利润税税额。

2. 利润税预报税额的报告期为当前税收期的第一个季度、第一个半年、第一个九个月。

3. 报告期的利润税的预报税额确定为根据吉尔吉斯共和国会计核算法规定的原则计算的报告期利润的 10%。

在计算利润税预报税额时，不计算本法典规定的非征收利润税的收入。

4. 应在报告期向国库缴纳的利润税预报税额，应确定为报告期计算的利润税预报税额与上一报告期计算的利润税预报税额之间的正差。

5. 纳税人将经营产生的亏损转移时，应向国库缴纳根据本条第 4 款计算的利润税预报税额与按亏损的 10%计算的金额之间的正差，上述亏损是指应作为本法典第 206 条、第 223-8 条规定报告期应纳税收入扣除项被转移的。

6. 未缴纳或未及时缴纳利润税预报税额的情况下，将对纳税人适用本法典规定的未缴纳或未及时缴纳税款的滞纳金。

第三十三节　个别类型的纳税人和收入的纳税特点

第 218 条　保险组织组建的保险储备基金提成款的扣除

在计算纳税基数时，从事保险经营的本国组织，有权根据吉尔吉斯共和国政府通过的标准扣除对保险储备基金的提成款金额。

第 219 条　通过在吉尔吉斯共和国的常驻机构从事经营的外国组织的纳税特点

1. 对于通过在吉尔吉斯共和国的常驻机构从事经营的外国组织，纳税基数根据与常驻机构相关的收入和支出确定。

2. 如果外国组织在吉尔吉斯共和国境内拥有一个以上的独立机构，这些机构的经营得以组建常设机构时，应单独计算每个机构的纳税基数和税额。

3. 外国组织的常设机构在税收期结束前终止经营时，最后一个报告期的税收申报单应由该组织在机构经营终止日后起1个月内提交。

第220条　避免双重征税

1. 纳税人在外国缴纳的税额，若存在已按法律规定方式生效的，吉尔吉斯共和国和外国之间签署的避免双重征税的协议，且根据该协议规定的标准，该收入的金额应在外国征税，则在吉尔吉斯共和国计算个人所得税时应将其计算在内。

2. 本条第1款计入的金额，不应超过在吉尔吉斯共和国根据现行税率缴纳的税额。

3. 在外国缴纳的所得税金额计入方式，由吉尔吉斯共和国政府确定。

第221条　利息税的税率和缴纳期限

1. 向纳税人支付的利息，应由在吉尔吉斯共和国的收入来源按支付额10%的税率纳税。

2. 本条第1款的标准，不适用于吉尔吉斯共和国保险基金、常驻银行、租赁公司获得的利息。

3. 之前在吉尔吉斯共和国的收入来源已纳税的利息，如存在证明该税已扣缴的文件，则不应列入应纳税利息金额中。

4. 由税务代理扣缴的利息税，应在支付利息后一个月的20日前缴纳给国家财政。

第221-1条　矿山开采和/或矿山加工企业的纳税特点

1. 从事含金矿石、含金精矿、金合金和精炼金开采和销售的纳税人，应支付收入税。

2. 收入税的纳税客体是含金矿石、含金精矿、金合金和精炼金开采和销售的经营。

3. 收入税的纳税基数是：

（1）不计入增值税和销售税的销售金合金和/或精炼金的收入；

（2）含金矿石和含金精矿中金的价值，按吉尔吉斯共和国政府规定的方式根据国际价格计算。

4. 收入税的税率规定为以下金额：

每盎司黄金的美元价格	1300以内	1301-1400	1401-1500	1501-1600	1601-1700	1701-1800	1801-1900	1901-2000	2001-2100	2101-2200	2201-2300	2301-2400	2401-2500	2501以上
收入税的税率，（%）	1	3	5	7	9	11	13	14	15	16	17	18	19	20

5. 收入税的税收期是日历月。

6. 收入税应根据本法典第37条第1款规定的方式计算。

7. 本条第1款注明的纳税人，应在报告期后当月的20日前提交税务报表，并在统计登记所在地交纳收入税。在没有进行统计登记的情况下，应在税务登记地缴纳。

第221-2条　大规模投资所得利润的纳税特点

1. 本国组织（本条以下称为“纳税人”）在只使用新设备从事生产和销售自己商品经营时，包括在吉尔吉斯共和国境内加工的商品的生产和销售，获得的利润，根据本章规定计算，在以下情况下按0%的税率纳税，如果纳税人：

（1）在税收期获得的产品销售所得不少于1.7亿索姆；而且

（2）在税收期内每月缴纳的个人所得税不少于15万索姆；而且

（3）已缴纳的注册资本不少于1000万索姆。

2. 本条中的新设备，是指进口到吉尔吉斯共和国之后，在2015年5月1日前在该境内没有使用的固定资产，以及使用的、属于本国组织所有的或根据金融租赁（长期租赁）合同使用的不动产。

在2015年5月1日后纳税人进口的、为固定资产的扩展或现代化装备而使用的，或纳税人在2015年5月1日前购买或生产的生产综合体，不属于新设备。

新设备进口到吉尔吉斯共和国境内的事实，应由进口商品时根据吉尔吉斯共和国海关事务领域法办理的文件和/或吉尔吉斯共和国边防部门地区分支机构出具的、有关通过国家监督的文件证明。

3. 本条规定的征税，适用于纳税人在符合本条规定的标准的税收期获得的利润。

4. 纳税人有权自使用新设备获得第一笔利润的当月后的税收期开始起，对每五个连续税收期获得的利润适用本条规定的纳税方式。

5. 本条规定的利润纳税方式，不适用于从以下经营获得的利润：

（1）开采矿产，不包括从加工矿产获得的商品生产和销售所得的利润，以及加工矿山、提炼、焦化和冶金生产的废料所得的利润；

（2）完成工程或提供服务，但不包括本条规定的商品加工工程和服务；

（3）研制程序软件，包括：

a. 分析、设计和信息系统程序化，包括推广的成品；

b. 分析信息需求和使用者的问题；

c. 个体和/或成品程序软件的设计、研制、供应和文件编制，包括符合具体需求人的定制条件的软件；

d. 根据使用者的指示修改程序；

（4）从事商业经营；

（5）生产和销售酒类和烟草制品。

本款中商业经营应理解为用于销售目的的商品经营。

第三十四节　外国组织来源于吉尔吉斯共和国的收入的纳税特点

第 222 条　与常设机构无关的外国组织来源于吉尔吉斯共和国的收入的计税和纳税

1. 本法典第 223 条规定的收入，属于与常设机构无关的外国组织来源于吉尔吉斯共和国的收入。

2. 与在吉尔吉斯共和国的常设机构无关的外国组织，从吉尔吉斯共和国获得的收入，由向外国组织支付收入的组织和个体经营者计税，并在每次支付收入时按本法典第 223 条规定的税率和方式扣缴，但不包括收入获得者通知税务代理该收入属于收入获得者在吉尔吉斯共和国的常设机构的情况，以及收入获得者向税务代理转交登记卡复印件和税务机构出具的税务登记证明的情况。

3. 税务代理人应在根据本法典第 168 条产生收入当月之后月份的 20 日前，向国家财政汇付本条第 2 款规定的税额。

4. 如果税务代理没有扣缴或未全部扣缴支付给外国组织的税额，则视为税务代理未完成税收义务。

第 223 条　与常设机构无关的外国组织来源于吉尔吉斯共和国的收入的税收扣缴方式和税率

1. 如果本条未做其他规定，与常驻机构无关的外国组织来源于吉尔吉斯共和国的收入，应由税务代理按以下税率，在支付源中不进行扣除的情况下纳税：

（1）红利和利息—收入的 10%，在吉尔吉斯共和国最高和二级证券交易所挂牌的证券所得利息收入除外；

（2）根据以下依据获得的保险费：

a. 根据保险或风险再保险合同，除强制保险合同外—收入的 5%；

b. 根据强制保险或风险强制保险再保险合同—收入的 10%；

（3）作者稿酬、使用费—收入的 10%；

（4）工程、服务—收入的 10%；

（5）国际通讯和在吉尔吉斯共和国和其他国家之间的电讯或运输服务—收入的 5%；

在吉尔吉斯共和国和其他国家之间的运输，是指任何海洋、河流或航空运输、公路运输或铁路的运输，但不包括只在吉尔吉斯共和国境内的或境外的地点之间完成的运输。

2. 与在吉尔吉斯共和国的常驻机构无关的外国组织，在吉尔吉斯共和国境内完成和提供的工作和服务收入，应由税务代理按本条第 1 款规定的税率，在支付源中不进行扣除的情况下纳税。

3. 收入支付应理解为用于偿付对非居民支付来源于吉尔吉斯共和国的收入的债务而进行的转交现金和/或非现金资金、有价证券、参股股份、商品、财产、完成工程、提供服务、非居民收入获得者债务索赔注销或记账。

4. 支付来源税收的适用与是在吉尔吉斯共和国境内还是境外发生的支付款项无关。

5. 与在吉尔吉斯共和国的常设机构无关的外国组织，从租赁公司获得的收入，应由租赁公司按以下税率在支付源不进行扣除的情况下纳税：

（1）红利和利息、工程和服务—收入的1%；

（2）作者稿酬、使用费—收入的0%。

6. 与在吉尔吉斯共和国的常设机构无关的外国组织的红利，以应缴纳本法第221-2条规定的0%利润税的部分利润形式获得的，应按0%的税率在支付源纳税。

第三十四-1节　小型和中型经营主体利润税纳税基数计算的简化办法

第223-1条　小型和中型经营主体利润税纳税基数简化计算办法的适用方式

1. 小型和中型经营主体有权按照本节规定的简化办法确定利润税的纳税基数。

2. 在本条未规定的情况下，利润税纳税基数应根据本法典第二十九节、第三十节规定的方式计算。

3. 中小型经营的主体，在日历年内进款额超过3000万索姆的，将自本年度后的下一年度第一天起丧失使用简化办法计算利润税纳税基数的权利。

4. 有权根据年度总数使用简化利润税纳税基数计算办法的利润税纳税人，有权自该年度的下一年开始之日起适用该办法。

5. 从利润税纳税基数简化计算办法过渡到一般办法时，以及从利润税一般计算办法过渡到利润税纳税基数简化计算办法时，在计算折旧时计入的固定资产原始价值，应为等同于截至纳税人按一般规则缴纳利润税当年的1月1日，根据吉尔吉斯共和国会计核算法计算的固定资产的剩余价值。

第223-2条　年总收入

1. 未计算间接税的销售商品、工程或服务的所得属于年总收入。

2. 年总收入的构成中不包括根据本法典第189条规定的不征税的收入。

3. 销售固定资产的收入，但不包括销售所有固定资产时的负剩余，不属于销售商品、工程或服务的所得，而在计算折旧加算时会减少固定资产的价值。

第223-3条　扣除用于获得收入的支出

如果本节未做其他规定，则纳税人有权将与销售商品、工程或服务获得的收入相关的、经证明的支出列为扣除项，包括不能抵扣的、获得物质资源的税收，根据本节规定计算的折旧加算，以及在没有使用本法典第203条规定的限制时计算的、用于维修固定资产的支出。

第223-4条　扣除利息支出

1. 根据纳税人按本法典规定适用的税收核算办法，如果债务金额用于经济活动的实施，则加算或支付的利息支出，应根据本条规定的限制进行扣除。

2. 根据纳税人按本法典规定适用的税收核算办法，由于购买或创建折旧固定资产而加算和/或支付的利息支出，或与影响其价值变化的支出相关的加算和/或支付的利息支出，不能计入该资产的价值中，并应从年总收入中扣除。

第 223-5 条　固定资产、非物质资产和商品物质储备的价值

1. 本节中使用的固定资产是指根据吉尔吉斯共和国会计核算法被认定为固定资产的资产。

2. 固定资产或非物质资产的原始价值中包括用于购买和/或加工它们的实际支出。

3. 固定资产和/或非物质资产的原始价值不能修改。

4. 固定资产和非物质资产的价值属于按本节规定的方式和条件计算折旧提成的扣除项。

5. 商品物质储备的价值，是根据从购买价格减去应抵扣的增值税和/或根据本法典第 294 条规定应扣除的消费税来确定的。

第 223-6 条　被折旧的资产

属于纳税人所有的固定资产和非物质资产，包括根据金融租赁（长期租赁）合同获得的固定资产，用于获得商品、工程、销售所得而使用的固定资产，都应进行折旧。

第 223-7 条　折旧加算额的确定

1. 在确定折旧加算额时，纳税人应适用本条规定的方法。

2. 为确定利润税征税基数的折旧加算额，由纳税人每年通过将本条第 3 款注明的折旧标准乘以年度期末固定资产税收价值的方式确定。

3. 折旧标准确定为 40%。

4. 期末固定资产的税收价值，按以下方法计算：

（1）期初固定资产的税收价值，确定为上年期末固定资产的税收价值减去上一年计算的折旧加算额；加上

（2）税收期内购买的固定资产价值；减去

（3）税收期内销售的固定资产价值。

5. 如果固定资产的期末税收价值少于零，则应将其归于零，这种情况下纳税人应将负余数计入自己的收入。

6. 如果期末固定资产的税收价值低于结算指数的 1%，则该金额被认定为折旧加算额。

7. 如果所有的固定资产都被出售，则剩余税收价值为折旧加算额并应予以扣除。

8. 使用本条规定的折旧计算办法的纳税人，有权在使用本节规定的利润税纳税基数简化计算办法期间使用本方法，并应自使用该制度的纳税人注销登记之日起终止使用该办法。

第 223-8 条　转移与经营活动相关的亏损

1. 纳税人扣除项超出收入的金额，被认为是亏损，并应由纳税人在不超过 5 年的期限内转移发生亏损后的税务期纳税收入的扣除项。

2. 如果纳税人在一个以上税收期承受了亏损，这些亏损将按发生的顺序被转移到发生亏损后的税务期。

3. 纳税人由于重组终止经营时，权利继承者纳税人有权根据本条规定的方式和条件将纳税基数减少重组前被重组的纳税人得到的亏损额部分。

第 223-9 条　不应扣除的支出

1. 不应扣除的支出有：

（1）支付给国家预算和吉尔吉斯共和国社会基金预算的税务罚款、滞纳金和利息。

（2）应缴纳给吉尔吉斯共和国国家预算的以下税收：

a. 利润税；

b. 增值税，不包括根据本法规定应抵扣的增值税；

c. 销售税，不包括购买商品、工程和服务时支付给供应商的销售税；

d. 消费税，不包括不应按本法规定扣除的消费税。

（3）其他人的任何支出，除了存在对该费用是为了支付服务，且是生产所必需的事实的证明的情况下。

（4）任何所有权的获得、管理或维护的支出，该所有权带来的收入根据本法典不应征税。

（5）与纳税人向其家庭成员或关联主体出售或交换所有权直接或间接相关的任何亏损。

（6）纳税人对其近亲属和对其从事经营无关的其他人的支出。

（7）按优惠价格或费率，或低于市场价格销售商品、工程、服务时向员工支付价格差的支出，除税务代理缴纳的所得税支出外。

（8）性质和金额不能以证明文件确定的支出。

（9）与获得收入无关的支出金额。

（10）与获得销售商品、工程或服务收入相关的、不征收利润税的支出。

（11）储备提成形式的支出，除非本法另有规定。

第九章　增值税

第三十五节　本章总则

第 224 条　本章使用的概念和术语

本章中使用以下概念和术语：

（1）征税进口，是指根据关税同盟的海关法和/或吉尔吉斯共和国海关事务领域法规定的以“自由流通放行”的海关制度将商品进口到吉尔吉斯共和国境内，以及从关税同盟的其他成员国境内、吉尔吉斯共和国免税仓库和自由关税区内将商品进口到吉尔吉斯共和国境内，但不包括免进口增值税的商品进口；

（2）征税供应，是指应纳税主体从事的商品、工程和服务供应：

a. 在吉尔吉斯共和国境内供应商品；

b. 在吉尔吉斯共和国境内有偿供应工程和服务；

c. 商品出口。

征税供应中不包括免除增值税和根据本章规定不是增值税征税客体的供应。

（3）失效。

（4）失效。

（5）失效。

（6）失效。

第 225 条　增值税

增值税是所有在吉尔吉斯共和国境内应纳税的预算收入部分，及应缴纳的进口税上交国家财政收入的方式。

第 226 增值税纳税人

应纳税主体以及从事应纳税进口的主体，是增值税纳税人。

第 227 条　增值税税率

1. 如果本条未做其他规定，则增值税税率规定为所有应纳税供应和应纳税进口的 12%。

2. 对于本法典第 261 条至第 263-1 条规定的供应，增值税税率为 0。

第三十六节　应纳税主体

第 228 条　纳税主体，获取关于增值税纳税人的信息

1. 如果主体根据本章规定在吉尔吉斯共和国税务机构注册或应注册为增值税纳税人，则该主体即成为应纳税主体。

2. 每个纳税人都有权自由接触有关增值税纳税人的信息，其中包括：

（1）增值税纳税人的全称、税务识别号和增值税注册日期；

（2）注销增值税注册的日期；

（3）根据吉尔吉斯共和国 39 号法，自 2018 年 4 月 13 日废除；

（4）发票的内容被认定为无效。

3. 本条第 2 款注明的信息，应自税务机构收到相关信息或作出相关决定后的第二天在授权税务机关的公开网站公布。

第 229 条　增值税注册要求和方式

1. 从事经营的主体，如果在连续 12 个日历月内，或连续在不少于 12 个月的税收期内从事了本法典第 224 条第 2 款规定的商品、工程和服务供应，供应的价值超过 800 万索姆

（在本章以下称为“增值税注册门槛”），则应注册为增值税纳税人。

在本章中使用的应纳税供应的价值确定为：

（1）对于本国组织，根据该主体在吉尔吉斯共和国境内的所有独立机构的应纳税供应价值；

（2）对于通过在吉尔吉斯共和国的常驻机构实施经营的外国组织和个体经营者，根据本法典第96条第4款的规定登记；

（3）对于普通合伙合同规定承担该合伙企业经营事务管理的主体，根据普通合伙合同从事的经营。

2. 在将财产转交信托托管时，信托公司应根据本条的要求登记为从事信托合同经营的增值税纳税人。这时托管将被视为区别于托管创立人的、独立的增值税纳税人。

3. 主体在应纳税供应总价值超过增值税注册门槛的税收期满的1个月内，通过提交申请注册为增值税纳税人。

注册自主体提交注册申请下一个月份的第一天起开始生效。

如果应根据本条第1款规定注册的主体，未提交申请或未及时提交，则自应纳税主体应注册之日起的下一个月份的第一天起被承认为应纳税主体。

4. 不应注册的主体，有权自愿注册为增值税纳税人：

（1）如果它在不少于最近12个月的税收期内从事商品、工程和服务供应，但不包括根据本法典规定免交增值税的供应，并根据本法典规定提交报表；

（2）在从事某一供应开始之前，如果他计划在未来进行应纳税供应，应同时具备以下条件：

a. 纳税人具有可以识别主体经营地点的法定地址、具有从事经营活动的场所；

b. 纳税人拥有银行结算账户。

在本部分规定的情况下，增值税注册自提交申请后的下个月份的第一天开始生效。

5. 注销了增值税注册的主体，只有在应纳税供应价值超过增值税注册门槛的情况下方可注册为增值税纳税人。

6. 增值税注册应在应纳税主体的税务登记地，根据税务机构完成的增值税调查的结果，在10个工作日内，按吉尔吉斯共和国政府规定的方式完成。

7. 失效。

8. 失效。

9. 失效。

10. 如果主体的管理机构职务人员、一个或几个符合关联主体的定义的股东之前负责过被税务机构注销增值税登记的主体的经营或组建，则不允许该经营主体自愿作为增值税纳税人进行注册。

第230条 注销增值税登记

1. 如果在最近12个月内应纳税供应价值未超过增值税注册门槛，则已注册增值税的应纳税主体有权提交注销登记的申请。

第二段　失效。

第三段　失效。

2. 应纳税主体通过清算和重组方式破产时，应注销增值税登记。应根据特别管理员的申请进行注销，该管理员应在破产程序开始后的 10 天内提交申请。

第二段　失效。

3. 如果应纳税主体由于清算而终止了应纳税供应，则该主体应在作出清算决定后的一个月内向税务部门申请注销登记。

4. 在从事应纳税供应之前停止供应商品、工程和服务的计划时，根据纳税人的申请，税务部门应注销自愿完成增值税的登记。

5. 在注销登记时，购买的物质资源的增值税金额超过应纳税供应的增值税额的部分，应按本章规定的方式补偿或返还。

6. 如果纳税人在应提交报表之日后的 2 个月内未提交增值税报表，税务机关有权未经纳税人申请注销增值税登记。

7. 除本条第 2 款、第 3 款、第 4 款、第 5 款规定的情况外，自愿登记为增值税纳税人主体的登记，不能在该登记生效之日起的 24 个月内注销。

8. 在提交增值税注销登记申请时，纳税主体或行政专员应在本节所规定的期限内提交增值税报表。

9. 注销增值税登记不能免除纳税人的增值税纳税义务，以及缴纳加算和/或应加算的利息、滞纳金和税务罚款。

10. 失效

11. 自税务部门作出相关决定之日起注销登记开始生效。

第三十七节　纳税客体

第 231 条　纳税客体

1. 增值税纳税客体是：

（1）应纳税供应；

（2）应纳税进口。

2. 不是增值税纳税客体的是：

（1）一个增值税纳税人向另一个增值税纳税人，或向在转交之时成为这样的纳税人的主体出售企业或企业独立功能部分；

本部分中的企业的独立功能部分是指企业的独立机构；

（2）作为增值税纳税人的所有者向以下人转让财产：

a. 根据托管合同向作为增值税纳税人的信托公司转交；

b. 根据普通合伙合同承担管理合伙事务责任的应纳税主体；

（3）信托管理合同或普通合伙合同终止时，如果所有人是应纳税主体，向所有人转交财产；

（4）吉尔吉斯共和国国家银行的供应，但不包括供应疗养、娱乐和休闲领域的工程和服务；

（5）由一个增值税纳税人向另一个增值税纳税人或向在转交之时成为这样的纳税人的主体转交或退返作为注册资金的财产（基金、投入）；

（6）根据金融租赁（长期租赁）供应固定资产；

（7）提供宗教仪式、礼仪、活动服务，以及组织和举行朝拜服务。

第232条　供应商品、工程和服务

1. 主体从事商品供应，如果他：

（1）将商品的所有权转让给其他人，包括雇主将商品作为工资或吉尔吉斯共和国劳动法典规定的其他支付款项转让给员工，将抵押财产用于偿还抵押权人的债务；

（2）将财产转交金融租赁（长期租赁）；

（3）电力、天然气、低压气、热力、水供应、冷藏和空气调节服务；

（4）根据海关出口程序出口的商品，根据海关再进口程序返回的商品。

2. 如果主体提供了包括下列经营的任何其他有偿服务，则该主体即是供应工程和服务：

（1）根据财产租用（租赁）合同提供财产临时所有和使用；

（2）雇主为雇佣的员工完成工程、提供服务支付吉尔吉斯共和国劳动法典规定的工资。

3. 主体供应与其完成的作为基本供应的商品供应有关的附带工程或服务，是商品供应的一部分。

4. 对于商品供应，工程和服务供应是基本供应的情况下，与工程或服务供应相关的附带商品的供应，由提供该工程和服务供应的主体完成，该商品供应是工程或服务供应的一部分。

5. 已完成的或提供的与商品进口相关的工程或服务，是商品进口的一部分。

6. 违反吉尔吉斯共和国法律而提供的商品、工程和服务供应，根据本章规定被认为是应纳税或免税供应。

7. 在注销增值税登记时，在增值税登记有效期内获得的商品物质储备、固定资产和非物质资产的余额，被认为是按核算价值供应商品。

8. 由于不可抗力的作用遭受的商品损失，不认为是商品供应。损失的商品价值应由单据确认，而单据遗失时则由工商局和相应部门代表，按吉尔吉斯共和国政府规定的方式组建的独立鉴定委员会出具结论予以证明。

第233条　由代理或员工实施的供应

1. 由代理人实施的商品、工程、服务供应，被认为是由主体自己完成的，除非本条另有规定。主体向代理人转交商品不是供应，除非商品是作为代理酬金转交的。

2. 员工在职责框架内给雇主的商品、工程和服务供应，不是应纳税供应。

3. 根据非增值税纳税人的外国组织主体或非居民自然人委托由代理人实施的商品、工程、服务供应，如果根据本法典规定是应纳税主体，则可以列入代理人供应。

第 234 条　税收义务的日期

1. 除非本条另有规定，否则交付日期就是税务债务产生的日期。

2. 交付日期：

（1）对于商品，为向消费者转移商品所有权的日期；

（2）对于完成的工程或提供的服务，除非本条另有规定，为所有工程都完成或服务提供的日期，

3. 对于完成的施工建筑工程，完成工程和付款的日期视为交付日。

4. 如果在应纳税交付日之前已经开具增值税发票或已经收到付款，除非本条另有规定，否则开具增值税发票的日期或收到付款的日期为税务债务日期，以最早的日期为准。

5. 如果在较长时期内（超过 1 年）交付商品、完成工程或提供服务，则开具增值税发票或定期提交增值税发票或每次收到定期付款的日期，为税务债务的日期，以最早的日期为准。

6. 除关税同盟成员国的商品进口外，商品进口增值税税务债务的日期由关税同盟的海关法规和吉尔吉斯共和国海关从事法规定。

第 235 条　商品供应地点

如果本章未做其他规定，商品供应地点是供货人转交商品的地点，或者，如果供应包括运输，则商品供应地点是运输开始时商品的所在地。

第 236 条　工程和/或服务供应地点

1. 工程和/或服务的供应地点，如果该工程和/或服务直接与不动产的所在地相关，则应是该财产的所在地。属于这些工程和/或服务的有建设、建设安装、维修、修复工程、绿化工程、技术服务和通过直接作用于该财产的方式完成的类似工程和/或服务，以及根据财产租用、租赁合同提供不动产临时使用，除非本条另有规定。

2. 在以下情况下，供应地点为经济活动的地点，与工程和/或服务的买方常驻机构相关的该机构所在地：

（1）在转让所有权或专利证书、许可证、商标、著作权或其他类似权利时；

（2）在加工被置于在海关区域内的加工品和海关程序下用于内部需求的商品时；

（3）在提供人员时；

（4）在以合同主要参与人的名义吸引其他人为完成本部分规定的工程和服务的代理人提供服务时；

（5）在提供咨询、法律、广告服务时，进行试验时分析、提供审计服务时；

（6）在提供准备生产方面的工程咨询服务和工业、农业及其他项目产品的销售服务，设计前和设计服务，准备技术经济论证、商业计划书、设计结构制定的服务等；

（7）在提供信息收集、总结、系统化的服务，提供这一信息整理结果给使用者使用的

服务；

（8）在提供不动产临时所有和使用时，但不包括交通工具。

3. 在提供卫生、文化、艺术、科学研究、教育、旅游、体育和运动领域的服务时，服务供应地点是实际提供服务的地方。

4. 在供应本条第 1 款、第 2 款、第 3 款未规定的工程和服务时，完成这些工作和服务的主体所在地为供货地点。

第三十八节　免增值税供应和增值税零税率供应

第 237 条　免增值税供应

如果供应属于本法典第 238 至 256-3 条中规定的供应种类中的一种，根据本法典的规定该供应是免增值税供应。

第 238 条　供应土地、住宅设施和场所

1. 根据国家登记部门的文件属于住宅基金的住宅设施的供应，或住宅场所的租赁，是免增值税的供应，但不包括出租酒店、膳宿旅店、休息和治疗的疗养院等类型的场所。

2. 土地供应，包括出租，是免增值税供应，但不包括提供的地方用于商业场地、交通工具的停车场、停车处的情况。

第 239 条　供应农产品和浆果、果实和蔬菜的工业加工产品

1. 农业生产者供应自己生产的农产品，以及农产品的加工产品，属于免增值税的供应。

2. 主体供应的浆果工业加工商品、果实和蔬菜工业加工商品，且这些商品都是由该主体直接进行的加工，属于免增值税的供应。

3. 来自属于合作社成员的农业生产者生产、由农业商品服务合作社加工的农产品和产品，属于免增值税的供应。

4. 农业商品服务合作社向该合作社的成员供应商品、工程和服务，属于免增值税的供应。

5. 提供加工本国农业原材料的食品和加工工业企业的商品、工程和服务（除了用于应征消费税类的商品），根据吉尔吉斯共和国政府通过的清单，属于免增值税的供应。

第 240 条　市政公共设施供应，吉尔吉斯共和国司法部改造机构和刑事执行系统企业的供应

1. 向自然人提供排水，电梯使用，固体和液体废料运出，供应冷热水、热能、电力和煤气包括灌装低压气等方面的日常服务，属于免增值税的供应。

2. 吉尔吉斯共和国司法部改造机构和刑事执行系统的企业供应自己生产的商品、工程和服务，属于免增值税的供应。

3. 在刑事执行系统的改造机构所属区域内从事经营的主体，如果就业的、被判在改

造机构服刑的人员不少于在该企业工作员工总数的60%，则该主体的商品供应属于免增值税的供应。

第241条　失效

第242条　供应医疗和兽医经营领域商品、服务、药品和医用产品

1. 为限制健康能力的人供应修复整形产品、专业商品，包括其维修，属于免增值税的供应。

2. 供应药品，包括疫苗和动物药品，以及吉尔吉斯共和国政府通过的清单中的医疗产品，属于免增值税的供应。

第243条　金融服务

1. 金融服务，属于免增值税的服务。

2. 在本条中使用的金融服务是指：

（1）加算和征收利息收入、提供和追缴债务、出具保证和/或担保，包括出具银行担保、债券管理的代理服务；

（2）存款业务、开立和管理企业和自然人的银行账户，包括代理行的账户；

（3）付款、汇款、债券、支票和商业周转支付手段等业务、托收业务；

（4）开立和管理自然人和组织的金属账户，该账户上反映属于该人的贵重精炼金属的实际数量；

（5）合法支付手段的外汇、钞票和资金业务以及精炼标准和计量合金业务、投资金银币业务，但不包括古钱币和收藏币；

（6）股票、债券和其他有价证券、支付卡、消费税印花等业务，但不包括保证证券完整性的服务，参股经营公司的业务；

（7）管理投资基金；

（8）清算业务，包括收集、核对、分类和确认支付，以及进行相互记账、确定清算各方——银行和从事个别银行业务的组织的净值；

（9）信用证的开立和服务。

3. 银行供应作为偿还银行借款人债务收到的财产，在贷款债务金额范围内是免增值税的供应。

4. 银行供应的精炼标准和计量合金、投资金银币，是免增值税的供应。

第244条　保险服务

保险、共同保险、再保险服务是免增值税供应，与提供该服务相关的经纪人或代理人的服务，也是免增值税的供应。

第245条　退休金服务

提供养老保障服务、与支付退休金相关的服务和信托财产、退休金基金相关的服务，

是免增值税的服务。但不包括出租财产。

第 246 条　运输服务

1. 在吉尔吉斯共和国境内的旅客运输，是免增值税的服务，但不包括以少于 6 个旅客座位的轻型轿车的运送运输。

2. 铁路实施的国际旅客、行李和货物运输，是免增值税的服务。

第 247 条　失效

第 248 条　供应国家语言的教科书、学校用品、科学著作

供应国家语言的教材、文选作品、科学、文学艺术书籍、杂志、儿童读物，是免增值税的供应。

第 249 条　被置于海关领域内建工和用于内部需求加工海关程序下商品的加工

进口到关税同盟的海关境内，并被置于海关领域内建工和用于内部需求加工海关程序下的商品进行加工的服务，是免增值税的服务。

第 250 条　私有化

以私有化形式供应国家财产，是免增值税的供应。

第 251 条　慈善组织的供应

慈善组织根据吉尔吉斯共和国有关资助和慈善活动法规定的慈善目的而实施的供应，是免增值税的供应。

第 251-1 条　学前教育组织（以私有制性质创建的幼儿园）提供的服务

学前教育组织（以私有制性质创建的幼儿园）提供的服务，是免增值税的服务。

第 251-2 条　心脏外科私人医疗组织提供的服务

心脏外科私人医疗组织提供的服务属于免增值税的服务。

第 251-3 条　以私人所有制形式创建的教育组织提供的服务

以私人所有制形式创建的教育组织提供的服务，属于免增值税的服务。

第 251-4 条　吉尔吉斯共和国内务部国家专业警卫服务管理总局提供的服务

吉尔吉斯共和国内务部国家专业警卫服务管理总局提供的服务，属于免增值税的服务。

第 252 条　非商业组织实施的供应

非商业组织有偿提供的供应，但支付额不超过用于进行这些供应的支出，属于免增值税供应，如果这些供应是：

（1）为儿童或低保障老人提供的社会保障和保护；

（2）教育、医疗、科学、文化和体育领域的供应。

第 253 条　无偿供应

1. 将社会文化、体育健康、住宅—公共设施—日常用途的项目，道路、电网、变电站、锅炉和热能供应网、天然气供应网、水电站项目、热电站、水利设施、供水设施、矿山矿井设备、民防设施无偿转让给持有 50%以上国有股的经营公司所有和/或吉尔吉斯共和国所有的专业组织所有，或实施按用途使用和运行上述项目的地方自治所有，属于免增值税的供应。

2. 根据吉尔吉斯共和国政府或地方自治机构的决议将固定资产无偿转归组织所有，属于免增值税的供应。

3. 将保证住宅项目日常运行的工程管道网络无偿转让，应按吉尔吉斯共和国政府规定的方式、依据项目运行验收证明完成，且属于免增值税的供应。

4. 本条第 1 款注明的专业组织清单，由吉尔吉斯共和国政府通过。

第 254 条　国家或市政所属组织提供仪式商品和仪式服务

国家或市政所属组织向居民提供与丧葬仪式有关的商品和服务，属于免增值税的供应。

第 255 条　供应矿物肥料和植物化学保护剂

供应经吉尔吉斯共和国政府确定清单的矿物肥料和植物化学保护剂，是免增值税的供应。

第 255-1 条　吉尔吉斯共和国企业生产的农机具供应

向本国农业生产者供应吉尔吉斯共和国企业生产的农机具，清单由吉尔吉斯共和国政府通过，属于免增值税的供应。

第 256 条　金属矿石、精矿、合金和精炼金属的供应和出口

金属矿石、精矿、合金和精炼金属的供应和出口，属于免增值税的供应。

第 256-1 条　个体合伙人和（或）设计公司根据吉尔吉斯共和国有关国家私人合作法的规定从事的供应

个体合伙人和（或）设计公司在实施经吉尔吉斯共和国政府通过的，有关国家、私人合作协议中约定的商品、工程和服务供应，在有关国家、私人合作协议规定的期限内属于免增值税的供应。

第 256-2 条　供应国际空运飞机加油用的喷气发动机燃料

燃料加油公司供应的喷气发动机燃料，作为实施国际空中运输的飞机随机物资，属于免增值税的供应。

第 256-3 条 根据有关社会意义项目合约供应商品或工程

1. 根据有关社会意义项目合约供应商品或工程，属于免增值税的供应。

2. 在本条中：

（1）有关社会意义的项目合约是指在以下各方之间签署的生产和/或建设或获得社会意义项目的三方合同：

a. 出资人，为一方；

b. 工程承包人或商品供应者，为另一方；

c. 国家机构、国家部门或地方自治机构，为第三方。

（2）有关社会意义项目合约在以下情况被认为是有效的，如果：

a. 在建设时，自该合同签署之日起 3 年内，或在进口社会意义项目时，自进口到吉尔吉斯共和国境内之日起 3 年内，或自这一项目在吉尔吉斯共和国境内获得之日起 3 年内，将工程转让或商品供应给国家机构或国家部门，或地方自治机构；

b. 工程承包人或商品供应人，在签署该合同之日起 30 天内通知税务登记所在的税务机构有关签署了具有社会意义项目的合同。

有关提交通知的要求适用于对社会意义项目合同的修改和补充的情况，应在进行修改和补充之日起连续 30 天内通知。有关签署社会意义项目合同的通知方式或对该合同的修改补充的方式，由吉尔吉斯共和国政府确定。

（3）属于社会意义项目的商品是：

a. 用于满足居民在卫生、教育、文化、体育和社会基础设施方面的需求；以及

b. 由出资人出资生产或建设，或获取的；以及

c. 转交给国家部门，或国家机构，或地方自治机构未来使用的。

（4）出资人是指根据社会意义项目的三方合同提供资金生产和/或建设，和/或获取社会意义项目，并将其交由国家部门，或国家机构，或地方自治机构使用的自然人和/或组织。

第 257 条 免除进口商品增值税

1. 进口到吉尔吉斯共和国的以下商品免交增值税：

（1）有价证券、确认格式的空白吉尔吉斯共和国公民护照表格和身份证；

（2）专门给限制健康能力人群使用的商品；

（3）教科书和学校用品、科学著作；

（4）在关税同盟海关法和吉尔吉斯共和国海关事务领域法确定的海关程序框架下规定了免交增值税的商品；

（5）地震测量和监督方面的地质（地球物理、大地测量）考察科学设备；

（6）消费税印花和外汇，除用于古钱币收藏目的外；

（7）消除不可抗力、武装冲突后果的援助商品；

（8）按吉尔吉斯共和国政府规定的方式作为人道主义援助和/或资助的商品；

（8-1）根据具有社会意义项目的合同的商品；

（9）根据国际公约，用于外国和国际组织的外交代表处和领事机构官方使用的，以及外交人员及其家属个人使用的商品；

（10）儿童食品；

（11）天然气；

（12）药品，包括疫苗和动物药品，以及医用产品；

（13）玻璃熔炉和转炉（铁合金炉）建设和改造的专门商品；

（14）银行设备（自动提款机、POS 机、支付机、柜员机）；

（14-1）银行设备（自动提款机、POS 机，支付终端和柜员机）；

（15）电能；

（16）燃料加油公司作为机载物资进口的，为飞行器在国际空运中加油使用的喷气发动机燃料。

2. 本条第 1 款第 2 项、第 3 项、第 10 项，第 12 项和第 13 项规定的商品进口，按照吉尔吉斯共和国政府批准的名单，根据欧亚经济同盟的对外经济活动商品名录（以下简称商品名录），免交增值税。

第 258 条　免除进口农业种畜和种子、矿物肥料和植物化学保护剂的增值税

1. 进口到吉尔吉斯共和国境内的农业种畜和种子、矿物肥料和植物化学保护剂免交增值税。

2. 本条注明的商品进口，应根据商品名录，按吉尔吉斯共和国政府通过的清单免交增值税。

第 258-1 条　免除进口武器、军用技术、军事物资、专业技术和专业器械的增值税

1. 由吉尔吉斯共和国国家财政拨款从事经营的组织和部门为保证吉尔吉斯共和国国防力量、国家安全和法律秩序进口到吉尔吉斯共和国境内的武器、军用技术、军事物资、专业技术和专业器械，免交增值税。

2. 本条注明的商品进口，应根据商品名录，按吉尔吉斯共和国政府通过的清单免交增值税。

第 259 条　进口到吉尔吉斯共和国境内的固定资产免交增值税

1. 注册为增值税纳税人的经营主体进口到吉尔吉斯共和国境内，直接为自己生产目而使用的固定资产，免交增值税。

2. 本条第 1 款规定的免交增值税适用于商品名录中商品类别为 8401-8406，840710，8410-8414，8416-8447，8449-8465，8471，8474，8475，8477-8480，8504，8505，8514，8515，8525，8526，8529，8530，8601-8606，8608，8609，8701，8702（不包括面包车），8704，8705，8709，8716，8802，9018，9022，9027，9406 00310 0 的固定资产。

3. 由农业生产者和农业商品服务合作社进口的、直接用于自己和商品服务合作社成员生产目的和/或根据金融租赁（长期租赁）合同的经营主体进口的本条第 2 款规定的固定资产，无论经营主体是否登记为增值税纳税人，都免交增值税。

4. 失效。

5. 失效。

6. 本节中使用的固定资产，是指经营活动使用的，逐渐将自己的价值转移到由其创造的商品、工程和服务中，使用或运行期限超过 1 年，海关价值不少于 20 万索姆的资产。

7. 本节中使用的根据金融租赁（长期租赁）合同供应的固定资产不是固定资产转让。

第 260 条　出口工程和服务

出口工程和服务属于免增值税的供应。

第 261 条　出口商品

1. 除含金属矿石、精矿、合金和精炼金属以外的出口商品，都属于零增值税供应。

2. 向欧亚经济同盟成员国出口商品时，以及完成来料加工工程时，增值税纳税人应在向税务部门提交增值税报表的同时，提交吉尔吉斯共和国政府通过的清单中规定的文件。

第 262 条　国际运输

1. 国际旅客、行李和货物运输，但不包括铁路运输，属于零增值税供应。

2. 如果运输是从吉尔吉斯共和国境内向其他国家境内或从其他国家境内向吉尔吉斯共和国境内完成的，即为国际运输。

第 263 条　飞机过境航班服务和与国际运输相关的服务

1. 飞机过境航班的服务，以及与国际运输相关的服务，除铁路国际运输外，都属于零增值税供应。

2. 在本节中使用的与国际旅客、行李和货物相关的服务，是指：

（1）装载、卸载、倒装、液体灌装；

（2）发运；

（3）加油和/或航空油泄装；

（4）机场导航、气象、地面导航、机场和地面服务等；

（5）技术服务；

（6）供应和送达随机食品和饮料；

（7）清理飞机；

（8）销售和预定国际运输和在吉尔吉斯共和国境外运输票。

第 263-1 条　农业灌溉、保证居民饮用水的泵站的电力供应服务

为农业灌溉、保证居民饮用水的泵站提供电力供应服务，属于零增值税供应。

第三十九节　纳税基数

第 264 条　纳税基数

1. 应纳税供应的增值税纳税基数，是根据本法典第 265 条确定供应的应纳税价值。

2. 应纳税进口的增值税纳税基数，是根据本法典第 167 条确定的进口商品应纳税价值。

第 265 条　供应的应纳税价值

1. 如果本法典未做其他规定，则供应的纳税价值是所有主体针对该供应支付的或应支付的总金额扣除增值税和销售税。

2. 如果是以实物支付的情况，应纳税价值是供应的商品、工程和服务的市场价格，扣除增值税和销售税。

3. 应纳税价值不能低于核算价值，除非是按根据本法典第 120 条适用的符合市场价格水平的价值完成的供应。本款的条款不适用于按国家调整价格提供商品、工程和服务的供应。

4. 如果商品、工程和服务的供价低于市场价格，则应纳税供应的价值根据本法典第 119 条、第 120 条的规定确定。

5. 供应的应纳税价值还包括：

（1）为供应或与供应相关而支付的税金，但不包括增值税和销售税；

（2）由于纳税人适用国家调整价格或吉尔吉斯共和国法律对个别需求人在销售商品、工程和服务时提供的优惠，由国家财政拨出的补贴金额。

6. 供应的应纳税价值中不包括根据吉尔吉斯共和国法律规定的国家手续费。

7. 本章中，核算价值应理解为：

（1）在商品物质储备方面，为购买和生产的费用；

（2）在固定资产和非物质资产方面，为减少了吉尔吉斯共和国会计核算法规定的加算折旧金额的、购买和生产的费用。

8. 如果为了实施自己的经济活动应纳税主体供应的商品、工程和服务，是由主体的员工或其他人无偿提供的，则供应的应纳税价值是商品、工程和服务的市场价格。

9. 失效。

10. 之前根据海关出口程序完成商品出口的纳税人，在根据海关进口程序进口这些商品时，其供应的应纳税价值，应根据增值税报表中反映出口商品供应量的该商品的价值，按办理出口时适用的计量单位进口商品量的比例确定。

第 266 条　应纳税供应价值和应抵扣的增值税的修改

1. 在所供应商品、工程和服务的价值变化时，也应以相应的方式修改应纳税供应的价值。

2. 应纳税价值，在交易条件变更时修改，包括：

（1）商品全部或部分退回，但不包括根据之前出口海关程序运出的、根据再进口海关程序进口的商品；

（2）价格变更；

（3）拒绝完成工程和/或服务；

（4）退还商品、工程和服务支付金。

应纳税供应的修改，包括增值税的修改，应在本款注明的情况发生的税收期完成。

3. 如果商品、工程和服务供应的全部或部分价值属于呆账，则应纳税主体有权要求将增值税额抵扣，但不早于根据出现呆账的供应加算增值税之日起的税收期期满后 12 个月。

4. 增值税纳税人使用本条第 3 款提供的权利后，如果收到所供应的商品、工程和服务的支付款，则应将应纳税供应价值增加计入收到上述价值支付款的税收期内。

5. 如果应纳税主体购买物资的债务是可疑的，则包括在该债务中的增值税额应从债务被认为是可疑的那个税收期的抵扣中排除。

如果可疑债务全部或部分支付，则属于债务支付部分的购买物资的增值税，应在进行支付的税收期内抵扣。

6. 之前被抵扣的购买物资的增值税金额，在以下情况下可以修改：

（1）为了实施免税供应而使用购买的物资；

（2）不是为了创立应纳税供应而使用购买的物资；

（3）吉尔吉斯共和国税法修改的情况下，由此应纳税供应获得了免税供应的地位；

（4）由于适用期、服务年限期满注销物资时；

（5）在物资变质和损坏时，但不包括不可抗力的情况。

（6）认为无效的发票。

7. 购买物资的增值税金额应在本条第 6 款规定的情况发生的纳税期内进行修改。

8. 在本条注明的情况下，修改购买的物资价值时，购买物资的增值税应以相应的方式修改。修改金额应在发生上述情况的税收期内抵扣或从抵扣中排除。

9. 根据本章规定无效的增值税发票，不应当修改减少其应纳税供应价值。

第 267 条　进口商品的应纳税价值

进口商品的应纳税价值是海关价值、海关税和这些商品进口时应缴纳税收的金额，但不包括增值税。

第四十节　税收期，增值税计算、缴纳和补偿的方式

第 268 条　税收期

计算应纳税供应增值税时，税收期是 1 个月。

第 269 条　增值税的计算方式

1. 增值税应根据本法第 37 条第 1 款规定的方式计算。

2. 影响国家财政缴纳的应纳税供应的增值税金额，应确定为对在税收期内应纳税主体完成的所有应纳税供应加算的增值税金额，与在这一税务期内应抵扣的购买物资增值税金额之间的差额。

第 270 条　增值税抵扣方式

1. 在向国家财政缴纳增值税时，应纳税主体有权抵扣购买用于进行应纳税供应使用的物资所缴纳或应缴纳的增值税额，除非本章另有规定。如果应纳税主体将购买的物资部分用于建立纳税供应、部分用于免税和不应纳税供应，则应根据应纳税供应的使用比重来确定购买物资的增值税金额。

2. 本章中的购买物资是指应纳税主体为了实现供应而获得或进口的固定资产商品，包括原料、材料、燃料、配件，以及完成的工程和提供的服务。

3. 本条第 1 款规定的抵扣权利，在满足以下条件下出现：

（1）应纳税主体：

a. 商品、工程和服务是由注册为增值税纳税人的主体实际提供的；且

b. 开具了按本法规定的方式办理的增值税发票；且/或

c. 开具的出纳凭证和/或销售票据，应注明：应纳税主体供应人的名称、税号；商品名称、数量和价格，并按本法第 282 条第 3 款规定的情况下单独列出增值税金额；

（2）失效；

（3）失效；

（4）当从非关税同盟成员国的国家境内进口商品时：

a. 根据关税同盟的海关法和/或吉尔吉斯共和国海关事务领域的法规办理海关手续；且

b. 已向国家财政缴纳了增值税；

（5）当从关税同盟成员国的国家境内进口商品时：

a. 履行了提交间接税收税务报表的义务；且

b. 根据本章规定向国家财政缴纳了增值税。

4. 购买物资的增值税应当于应纳税供应在自然损耗标准（损失标准）范围内进行抵扣。

参见国家授权机关制定、吉尔吉斯共和国政府通过的对于个别主体的自然损耗行业标准和自然损耗标准（吉尔吉斯共和国政府决议 2013 年 5 月 28 日第 293 号法《关于确立股份无限公司的热能和热水供给的损耗标准》，吉尔吉斯共和国政府决议 2013 年 6 月 20 日第 361 号法《关于确立天然气的损耗标准》，吉尔吉斯共和国政府决议 2014 年 4 月 28 日第 183 号法《关于确立 2014 年天然气的损耗标准》）。

5. 从事建筑安装工程的应纳税主体有权抵扣已缴纳的基于实施应纳税供应的生产目的使用的购买物资的增值税额。

第 271 条　不应抵扣的购买物资的增值税

1. 不是基于建立应纳税供应而购买的物资，购买物资的增值税不应抵扣。

2. 为了组织休闲、娱乐而购买的物资，购买该物资的增值税不应抵扣，但应纳税主体为从事娱乐和休闲领域的经营而购买的物资除外。

3. 如果增值税抵扣违反了本法典的规定，则购买物资的增值税不应抵扣。

4. 超过自然损耗标准（损失标准）的物资，购买该物资的增值税不应抵扣。

5. 购买物资的增值税发票根据本章规定被认为无效的，购买该物资的增值税不应抵扣。

6. 购买物资未按照规定格式填写相关信息的增值税发票，购买该物资的增值税不应抵扣。

7. 不应抵扣的购买物资的增值税，包含在物资的核算价格中，但本条第 3 款、第 6 款规定的情况除外。

8. 在吉尔吉斯共和国境内以现金方式购买的物资，在增值税报告期内不包括增值税和销售税，其价值总额超过 30 万索姆的，购买该物资的增值税不应抵扣。

第 272 条　购买物资的增值税分配方式

1. 应纳税主体在完成应纳税和免税供应时，如果在税收期内免税供应的价值不超过所有供应价值的 5%，则已支付购买物资的增值税金额应全部抵扣。

2. 除本条第 1 款规定的情况外，应抵扣的购买物资的增值税应按以下方式计算：

（1）用于建立应纳税供应的购买物资的增值税应抵扣；

（2）用于建立免税供应的购买物资的增值税不能抵扣；

（3）剩余未分配的增值税部分应按以下金额进行抵扣：

未分配增值税金额×A+B＝应抵扣金额，其中

A 为应纳税供应总价值；

B 为在税收期完成的免税供应总价值。

3. 根据本条第 1 款、第 2 款进行抵扣的增值税，在购买不用于应纳税供应的物资时，应在该物资用于免税供应和/或非增值税征税客体供应的税收期内进行修改。

第 273 条　抽彩经营增值税的计算特点

1. 抽彩经营的纳税基数是销售彩票所得与应属于该所得的奖金基金支付金额，以及根据该基数计算的增值税金额之间的差数。

2. 已缴纳的购买用于奖金基金构成的物资的增值税，不能抵扣。

第 274 条　税务报告提交期限和增值税缴纳期限

1. 如果本节未做其他规定，增值税纳税人应在税务报告期结束后的下一个月 25 日前向税务局提交规定格式的增值税报表。

2. 失效。

3. 进口商品增值税，应按关税同盟海关法和吉尔吉斯共和国海关事务领域法规定的方式和期限支付，除非本法典另有规定。

4. 授权税务部门职能机构管理的重要纳税人，应在税务报告期后的第一个月最后一

天前提交增值税税务报告。

第 275 条　对税务报表修改和补充的特殊性

1. 纳税人不能以按照本章规定被认定为无效的增值税发票作为事实依据对增值税税务报表进行修改和补充。

2. 本条第 1 款的标准不适用于修改和补充会增加增值税纳税义务的情况。

第 276 条　从事农产品工业加工的主体缴纳增值税的方式

1. 如果本章未做其他规定，从事农产品工业加工的主体应根据本条的规定缴纳增值税。

2. 从事农产品工业加工的主体，属于本条第 1 款注明的应纳税主体，但不包括用于应缴纳消费税商品生产的农产品。

3. 本章中的工业加工是指商品加工过程，在加工过程中商品具有区别于作为原料使用的商品的、在任何由前四位数字组成的税号级别的商品名录代号。

4. 不属于农产品工业加工的是：

（1）用于销售和运输的农产品准备业务（分批、编货、分类、再包装）、包装拆装和组装业务；

（2）不会导致所得产品与原始组件发生实质区别的农产品（组件）混合；

（3）屠宰牲畜、肉类分解（分类）及其加工；

（4）谷物和大米的脱皮，全部或部分增白、打磨、抛光；

（5）去壳、种子提取、果实、蔬菜和浆果（坚果）分离；

（6）通过筛子或筛网筛选、分类、分离、抽选、挑选（包括农产品组合）；

（7）分装、装瓶、装袋、装箱和其他包装业务；

（8）不导致所获得的成分与原始产品有实质性区别的农产品分离；

（9）两个或以上上述业务的混合；

（10）根据本条第 3 款，不导致商品名录代码发生变化的其他业务。

5. 本条注明的应纳税主体应向国家财政缴纳的根据本法典第 269 条第 2 款计算的增值税金额，应减少 35%。

6. 本条第 2 款注明的从事其他应纳税供应的应纳税主体的抵扣权，只有在进行购买物资和应纳税供应分别核算时才能产生。

7. 购买物资的未分配的、用于建立本节规定的应纳税供应和其他应纳税和/或免税供应使用的增值税金额部分，应根据本法典第 272 条规定的方式进行分配。

第 277 条　根据普通合伙合同实施供应时的增值税缴纳方式

1. 根据普通合伙合同应承担核算义务的应纳税主体，应根据本章规定的方式计算和支付增值税。

2. 本条第 1 款注明的实施其他应纳税供应的、应纳税主体的购买物资增值税的抵扣权利，只有在他为了普通合伙合同而进行物资购买和应纳税供应的分别核算时才能产生。

第 278 条　补偿增值税的溢缴金额

1. 增值税的溢缴金额，是应抵扣的购买物资的增值税金额，与根据应纳税主体的应纳税供应加算的增值税金额的差额。

2. 将一定税收期的应纳税主体的增值税溢缴额用于抵缴滞纳金、税务罚款、下个税收期增值税，以及该纳税主体的进口商品增值税，即是补偿增值税溢缴额。

3. 应纳税主体应按以下方式补偿增值税溢缴额：

（1）无需申请而用于抵缴主体的增值税滞纳金、税务罚款；

（2）无需纳税主体申请，而用于抵缴下个税收期的增值税的纳税义务；

（3）根据纳税主体申请用于抵缴商品进口的增值税。

第 279 条　零税率供应的增值税溢缴额的退税

1. 如果纳税主体从事零税率供应，这些供应的价值在连续 6 个月内构成该期应纳税供应总量的 50%以上，则该主体有权要求退还增值税溢缴额。

退还增值税溢缴额是指将增值税溢缴额用于抵缴其他税收，从国家财政向纳税人的银行账户支付溢缴金额。

2. 应按以下方式向应纳税主体退还增值税溢缴额：

（1）用于抵缴该主体其他税种的税务欠款；

（2）向该主体的银行账户支付增值税溢缴额。

3. 只有在没有其他税种债务的情况下，包括进口商品增值税债务，方可向从事零税率供应的应纳税主体的银行账户退还增值税溢缴额。

4. 在提供纳税延期、分期的情况下，不退还溢缴额。

第 280 条　增值税溢缴额补偿和退还的方式

1. 应纳税主体缺少关于本法第 278 条和第 279 条第 1 款规定的增值税溢缴额的申请书，其增值税溢缴额视为列入缴纳增值税滞纳金、税务罚款和下个税收期增值税的账单。

2. 税务部门应在收到应纳税主体提交的关于补偿和退还增值税申请书和文件复印件之日后的 60 天内补偿和退还其增值税溢缴额，提交的文件包括：

（1）税务期内的增值税税务报表；

（2）供应商品、工程和服务的协议或合同；

（3）增值税发票；

（4）证明商品、工程，服务和增值税金额支付事实的付款凭证；

（5）对于在吉尔吉斯共和国境内的纳税供应，在没有支付事实的证明文件时，应具有增值税溢缴额的应纳税主体和下列人员之间的相互结算核对单：

a. 商品、工程和服务的供货人；

b. 商品、工程和服务的购买人；

（6）在商品出口的情况下：

a. 出口商品的货物关税申报单；

b. 目的地国家的货物关税申报单或其他证明向目的地国家进口的文件，如国际公路运输证、国际货运单、国际铁路货物联运时办理的运单；

c. 按照协议或合同，证明商品和增值税金额支付事实的支付凭证；

（7）涵盖提交补偿和退还申请书时期的外出检查报告，如果这一时期被涵盖在上一时期内。

3. 补偿和退还增值税溢缴额的决议，在对纳税人提交的关于构成增值税溢缴额有效性问题的文件强制检查的基础上，由下列机关作出：

（1）授权税务部门的地区机构和/或职能机构：

a. 每个单独税种每月 30 万索姆以内；

b. 列入名单的应纳税主体，不限制其补偿和退还的金额。

（2）高于 30 万索姆的增值税溢缴额由增值税补偿和退还委员会审核，但列入名单的应纳税主体出示的金额除外。

4. 本条中的名单是指在生产周期中使用的用于出口的商品（工程和服务）的设备、原料，材料和配件的应纳税主体名单，及生产带有“机密”印章的军用技术产品的应纳税主体名单。

对列入名单的应纳税主体，采用吉尔吉斯共和国政府规定的退还和补偿增值税的简化方法。

5. 增值税补偿和退还委员会的组成及其工作章程，列入名单的应纳税主体的选择构成和标准，由吉尔吉斯共和国政府根据授权税务机关的提议确立。

6. 在确定补偿和退还增值税溢缴额的事实违反吉尔吉斯共和国税法的情况下，之前作出的决议应撤销，已补偿和返还的金额应恢复并加算滞纳金、利息和税务罚款。

7. 在对纳税人就增值税溢缴额有效性问题的文件调查的过程中，税务机关有权根据本法要求对应纳税主体的个别业务进行计划外检查或反向检查。

本章规定的返还和补偿增值税溢缴额的调查方式由吉尔吉斯共和国政府规定。

参见调查方式的规定，增值税溢缴额从预算中补偿和退还。

第 281 条　向外交代表处和与其同级别的办事处退还增值税

1. 在吉尔吉斯共和国注册的外国代表处和领事机构或国际组织的官方代表处、其职员及与其共同生活的家庭成员个人使用的商品、工程和服务的供应，应在征收增值税之后，在以下情况下向上述人员退税：

（1）如果相关外国法律针对吉尔吉斯共和国的外交代表处或同级别的办事处，以及这些代表处的外交和行政技术人员，包括与他们共同居住的家庭成员规定了类似的方式或免税，或

（2）如果已生效的吉尔吉斯共和国参与的国际公约规定了类似的方式或免税。

2. 本条第 1 款规定的增值税退税方式，由吉尔吉斯共和国政府规定。

第 282 条　增值税发票

1. 增值税发票是由应纳税主体对应纳税供应办理的文件，符合以下条件：

（1）增值税发票根据本法典规定的方式获取的序列号和编号；

（2）填写吉尔吉斯共和国法律规定的必需的信息。

2. 从事纳税供应的纳税主体，应向收货人提供增值税发票，并按照增值税发票规定格式填写所有信息。

3. 开具增值税发票不是必须的，在以下情况下根据买方的要求开具：

（1）在零售店现金结算销售时，遵守下列条件的情况下：

a. 已注册的主体应在每个售货点放置出纳机、出纳簿用于记录收取现金和完成支付时所有商业交易数据，在每天结束时做现金账；

b. 在每个月末将完成的供应征收的增值税数据计入核算簿。

（2）以精确的报表格式为居民完成现金结算的工程和提供服务时，应遵守吉尔吉斯共和国使用精确报告表格法规的规定。

（3）在办理旅客运输车票时。

4. 在应纳税主体完成与零售店现金结算时，及根据本条第 3 款完成工程和提供服务时，每月底办理一次增值税发票。

5. 出口商品的增值税发票应包含：

（1）增值税所属出口的记录；

（2）出口目的地。

6. 在修改应纳税供应时，应办理补充增值税发票，其中应按必需的方式注明：

（1）补充增值税发票的原增值税发票的序列号和编号、编写日期；

（2）被修改供应额的商品、工程和服务的名称；

（3）增值税发票表中规定的数量和价值指数的修改额，根据修改供应额的理由。

7. 应纳税主体应核算所供应商品、工程和服务以及购买的物资的总纳税额。

8. 失效。

9. 失效。

10. 增值税发票的序列号和编号由纳税人根据提交到税务部门的申请，以及吉尔吉斯共和国政府规定的限制条件获取。

11. 税务部门应在登记申请之日起第二天内作出有关给予或拒绝给予增值税发票序列号和编号的决议。

纳税主体的申请，以及本条注明的决议，应以电子形式和/或纸质文件的形式，按吉尔吉斯共和国政府规定的方式发出。

如果纳税主体在提交申请之日起超过 10 天的期限内逃避接收税务部门有关给予增值税发票序列号和编号的决议，则税务部门应作出有关取消给予增值税发票序列号和编号并将其注销的决议。

12. 增值税发票的形式由吉尔吉斯共和国规定。

13. 增值税发票，除无效的外，应作为按本章规定方式接受购买物资增值税金额进行抵扣的依据。

14. 增值税发票在以下情况下是无效的：

（1）如果增值税发票不符合本条第1款规定的条件，且/或

（2）如果签署虚假合同，增值税发票按不建立纳税供应的形式办理。

第四十-1节　在关税同盟进出口商品、完成工程、提供服务的增值税纳税

第282-1条　本节总则

1. 本节条款调整关税同盟成员国相互贸易中的商品进出口、完成工程、提供服务时的增值税征收。

2. 如果本节规定了不同于本法典其他章节中规定的进出口商品、完成工程和提供服务的其他增值税征税标准，则适用本节的标准。

3. 本节中使用的概念，由关税同盟成员国批准签署的国际公约规定。

4. 本节中使用以下概念和术语：

（1）随货文件，是指国际汽车运单、铁路运单、商品运输单、统一格式运单、行李单、邮递单、行李收据、航空运单、提货单、在商品通过管道和输电线路输送时使用的文件、应缴纳消费税的个别商品运输时使用的其他文件，以及在运输时吉尔吉斯共和国交通法和吉尔吉斯共和国作为参与国的国际公约规定的随货和随车文件；发票、明细单、装运和装箱单，以及其他证明商品信息，包括商品价值的文件，和吉尔吉斯共和国作为参与国的国际公约规定使用的文件。

（2）商品所有者，是指拥有商品所有权的主体或在合同（协议）中规定了其转交商品所有权的主体。

5. 在关税同盟成员国的相互贸易中，由税务机构负责实施对进出口商品、完成工程、提供服务时增值税的管理。

根据免税海关区或免税仓库海关程序运送的商品，由海关部门实施对该商品的增值税管理。

第282-2条　增值税纳税人

关税同盟内增值税的纳税人是：

（1）应纳税主体；

（2）从关税同盟成员国向吉尔吉斯共和国境内进口商品的主体。

第282-3条　征税税率和客体

在关税同盟内增值税的征税税率和客体根据本法典第227~231条的规定确定。

第282-4条　商品、工程和服务的供应、出口和应纳税进口

1. 在关税同盟内供应商品、工程和服务，应根据本法典第232条确定。

2. 从吉尔吉斯共和国境内向关税同盟其他成员国出口商品属于供应。

3. 在关税同盟内应纳税进口是：

（1）进口到吉尔吉斯共和国境内的商品，但不包括根据本法典第282-14条规定的免

增值税商品。本部分同样适用于应在吉尔吉斯共和国国家部门进行官方登记的、进出口的交通工具。

（2）输入吉尔吉斯共和国的、属于从关税同盟成员国进口的原料来料加工产品的商品。

第 282-5 条　商品、工程和服务的供应地点

1. 商品的供应地点在本法典第 235 条中规定。

2. 在以下情况下工程和/或服务的供应地点被认定为在关税同盟成员国境内，

（1）工程和/或服务直接与该国境内的不动产相关；

（2）工程和/或服务直接与动产相关，包括在该国境内的运输工具，但不包括租赁、金融租赁服务，及提供其他方式使用可移动财产的服务，包括运输工具；

（3）在这一国家境内提供文化、艺术、教育、体育、旅游、疗养、运动领域的服务；

（4）该国纳税人购买的：

a. 咨询、法律、会计、审计、工程、广告、设计、市场推广服务、信息整理服务，以及研发实验、结构和工艺工程；

b. 研制电脑和数据库程序的工程和服务（程序工具和计算技术信息产品），它们的适用和改型，这些程序和数据库的跟踪；

c. 如果员工在买方经营地工作，提供员工服务；

（5）向该国的纳税人：

a. 转交、提供、转让专利、许可证，和其他证明受国家保护的工业所有权项目、商标、商号名称、服务标识、著作权、邻接权或其他类似权利的文件；

b. 出租、长期租赁或其他使用方式转交动产，但不包括运输工具的租赁、长期租赁和其他使用方式；

（6）该国的纳税人完成的工程、提供的服务，如果本款第 1~5 项未做其他规定。

本条在提供运输工具租赁、长期租赁和其他方式使用时同样适用。

3. 如果纳税人完成、提供了几项工程和/或服务，且一项工程和/或服务的供应与其他工程和/或服务的供应具有辅助关系，并且这些工程和服务的纳税方式都是在本章规定的，则辅助工程和/或服务的供应地点为主要工程和/或服务的地点。

4. 证明工程、服务供应地点的文件清单，由吉尔吉斯共和国政府规定。

第 282-6 条　商品、工程和服务的供应以及应纳税进口的日期

1. 为了计算商品出口供应时的增值税，商品供货日期是装运日，该日期作为证明商品装运、托运给商品买方（第一承运人）的会计（核算）原始文件编制日期的第一天。

2. 如果本条未做其他规定，则进口增值税纳税义务的日期即是纳税人将进口商品计入核算之日，其中包括作为根据商品加工合同完成工程结果的商品，以及根据以来料加工产品的形式提供借款的合同（协议）所获得的商品。

3. 本节中使用的“将进口商品计入核算的日期”是指：

(1) 根据国际财务报告标准或吉尔吉斯共和国会计核算法的要求，这些商品在会计核算中最早被承认（反映）的日期；

(2) 这些商品输入吉尔吉斯共和国境内的日期。

如果纳税人存在本条第1款、第2款注明的两个日期，则计入核算的日期认定为其中更晚的日期。

4. 本条第2款、第3款中的“商品输入吉尔吉斯共和国境内的日期”是指：

(1) 在航空运输商品时，进入吉尔吉斯共和国境内机场的日期；

(2) 国际公路运输商品时，穿越吉尔吉斯共和国国家边境的日期。

这时，穿越吉尔吉斯共和国国家边境的日期，根据由吉尔吉斯共和国边防部门的地方机构签发的、有关通过国家检查的文件确定。有关通过国家检查的文件的形式和提交方式，由吉尔吉斯共和国政府规定。

(3) 在以国际和国家间的铁路交通运输商品时，进入吉尔吉斯共和国政府规定的第一个边境通行站的日期；

(4) 沿管道线路或输电线路系统运送商品时，进入商品交送点的日期；

(5) 通过国际邮件发送商品时，吉尔吉斯共和国境内加盖吉尔吉斯共和国邮政法规定的邮政印章的日期。

在缺少有关商品进入吉尔吉斯共和国境内日期的情况下，进口商品计入核算的日期就是本条第3款第1项注明的日期。

在会计核算中没有承认（反映）商品时，根据吉尔吉斯共和国会计核算法的规定，将进口商品计入核算的日期为本条第3款第2项注明的日期。

5. 在本条第2~4款未注明的情况下，将进口商品计入核算的日期，为证明收到（或购买）这些商品确切的签发日期。这时如果存在证明商品送达的文件，则计入核算的日期为运送人将商品交给买方的日期。

6. 作为长期租赁对象的商品，根据规定了该商品所有权转让给长期承租人的金融租赁（长期租赁）合同，从关税同盟其他成员国进口至吉尔吉斯共和国境内时产生纳税义务的日期，是金融租赁合同中规定的、支付该商品不计利息收入部分价值的日期，而不取决于实际金额和完成支付的日期。

如果根据金融租赁（长期租赁）合同，商品部分价值的支付期限开始的日期规定为商品进口到吉尔吉斯共和国境内的日期之前，则作为长期租赁对象的进口商品增值税纳税义务产生的首个日期为计入核算的日期。

如果长期承租人提前支付金融租赁合同规定的租赁费，则作为长期租赁对象的进口商品增值税纳税义务产生的最后日期为根据该金融租赁合同进行最后结算的日期。

7. 工程和/或服务的供应日期是工程和/或提供服务完成的日期，除非本条另有规定。

工程和/或提供服务完成的日期是证明工程和/或服务完成事实的文件签署日期。

如果工程和/服务是长期（超过一年）供应的，则供应日期根据本法典第234条确定。

第282-7条　出口商品时应纳税供货价值的确定

1. 出口商品时应纳税供货价值，根据交易双方采用的价格和税率，在所销售商品的价值基础上确定，除非本法另有规定。

2. 根据金融租赁合同出口商品时（长期租赁对象）应纳税供货价值，确定为每次租赁款收到日该商品（长期租赁对象）在租赁合同中规定的原始价值的一部分，但不超过实际到款金额。

在这种情况下，商品（长期租赁对象）的原始价值应理解为合同中注明的、未计算利息收入的长期租赁对象的价值。

3. 根据以商品形式借款的合同（协议）出口商品时，应纳税供货价值确定为合同（协议）规定的所转交（提供）商品的价值。如果合同（协议）中没有注明价值，则应纳税供货价值确定为随货文件中注明的价值，如果在合同（协议）和随货文件中都没有注明价值，则确定为会计核算中反映的商品价值。

4. 修改商品出口时应纳税供货价值，应根据本法典第 266 条规定的方式完成。

第 282-8 条　应纳税进口商品价值的确定

1. 如果本法典未做其他规定，应纳税进口商品的价值，包括根据该商品加工合同（协议）完成工作结果的商品，应根据合同（协议）条款规定的所购买商品的机制确定。

2. 如果根据合同（协议）条款，交易价值由所购买的商品价值以及其他支出的价值构成，且所购买商品和/或其他支出的价值单独注明，则应纳税进口商品的价值只能是所购买商品的价值。

3. 如果根据合同（协议）条款，交易价值由所购买的商品价值以及其他支出的价值构成，且所购买商品和/或其他支出的价值没有单独注明，则应纳税进口商品的价值是合同（协议）中注明的交易价值。

4. 应纳税进口商品的价值中包括应缴纳消费税的进口商品的消费税。

5. 根据商品交换合同，以及以商品形式提供借款的合同收到的应纳税进口商品的价值，根据本条第 1~3 款规定的纳税价值确定原则，依据商品价值确定。

6. 作为来料加工产品的应纳税进口商品的价值，根据该来料加工工作价值确定。

7. 应纳税进口商品的价值，应根据本法典第 266~282-20 条规定的方式进行修改。

第 282-9 条　供应工程、服务的应纳税价值的确定

如果本节未做其他规定，供应工程、服务的应纳税价值根据本法典第 265 条的方式确定。

第 282-10 条　向关税同盟其他成员国出口商品

1. 从吉尔吉斯共和国境内向关税同盟其他成员国出口商品时，适用零增值税税率。

如果本节未做其他规定，在从吉尔吉斯共和国境内向关税同盟其他成员国出口商品时，增值税纳税人有权抵扣购买物资的增值税用于根据本法典第四十节规定的补偿和/或退还增值税溢缴额。

2. 本条也适用于根据有关商品加工、之后出口到关税同盟其他成员国的合同，而在吉尔吉斯共和国境内完成的工作结果的商品，作为来料加工完成结果的商品，不属于上述商品。

3. 根据规定商品所有权转让给租赁承租人金融租赁（长期租赁）的合同，以及根据加工合同在吉尔吉斯共和国境内加工的商品提供借款的合同，从吉尔吉斯共和国境内向关税同盟其他成员国出口长期租赁对象的商品时，适用零增值税税率。

4. 证明商品出口的文件清单，由吉尔吉斯共和国政府确定。

第 282-11 条　在关税同盟内对国际运输的征税

1. 如果本条未做其他规定，在关税同盟内，对国际运输应根据本法典第 262 条的规定进行征税。

2. 将出口或进口商品转交给买方或将上述商品继续运输并送达给关税同盟境内的买方的承运人，如果使用证明该事实的文件办理运输，则通过关税同盟内的管道线路运输出口或进口的商品，被视为国际运输。

3. 用于本条第 2 款的证明文件清单，由吉尔吉斯共和国政府确定。

4. 通过管道线系统，从关税同盟的一个成员国经吉尔吉斯共和国领土到关税同盟的另一个成员国的货物国际运输，证明这一事实的文件清单，由吉尔吉斯共和国政府通过。

第 282-12 条　在关税同盟内来料加工工程的征税

1. 从关税同盟的其他成员国进口到吉尔吉斯共和国境内的原料来料加工，并将加工产品出口到其他国家的工程，在遵守本条第 7 款和第 282-13 条规定的商品加工和来料加工期限条件的情况下，适用零增值税税率。

2. 纳税人完成从关税同盟的其他成员国进口到吉尔吉斯共和国境内的原料来料加工，并将加工出来的产品出口到该国，这一过程完成的事实证明文件清单，由吉尔吉斯共和国政府确定。

3. 纳税人完成从关税同盟的其他成员国进口到吉尔吉斯共和国境内的原料来料加工，并将加工出来的产品出口到关税同盟的其他成员国，这一过程完成的事实证明文件清单，由吉尔吉斯共和国政府确定。

4. 纳税人完成从关税同盟的其他成员国进口到吉尔吉斯共和国境内的原料来料加工，并将加工出来的产品出口到非关税同盟成员国，这一过程完成的事实的证明文件清单，由吉尔吉斯共和国政府确定。

5. 从关税同盟其他成员国进口到吉尔吉斯共和国境内的原料来料加工，之后将加工的产品供应给吉尔吉斯共和国境内，应根据本法典第 227 条第 1 款规定的供应缴纳增值税。

6. 完成用于加工的来料进口时，吉尔吉斯共和国纳税人应提交加工产品的进口（出口）保证书，并且按吉尔吉斯共和国政府规定的方式完成。

7. 来料加工应符合吉尔吉斯共和国政府确定的商品加工条件。

8. 相关授权国家部门有关商品加工条件的结论，应包含以下信息：

（1）根据对外经贸活动商品统一名录规定的商品和加工产品的名称、分类、数量和价值；

（2）加工合同（协议）的日期和编号、加工期限；

（3）加工产品的产量标准；

（4）加工性质；

（5）从事加工人的信息。

第 282-13 条　来料加工的期限

1. 从吉尔吉斯共和国出口到关税同盟成员国、从关税同盟成员国进口到吉尔吉斯共和国境内的原料来料加工的期限，根据来料加工合同（协议）确定，但不能超过自原料计入核算和/或装运日期起连续 24 个月。

2. 超过本条第 1 款规定的期限时，进口到吉尔吉斯共和国境内用于加工的来料，则在税务上应自商品根据本节规定进口到吉尔吉斯共和国境内之日起，被认定为应纳税进口。

3. 超过本条第 1 款规定的期限时，从吉尔吉斯共和国境内出口到关税同盟其他成员国境内用于加工的来料，在税务上将被认定为应纳税供应，并应自来料从吉尔吉斯共和国出口之日起征收增值税。

本款中，用于在规定期限内不再返回到吉尔吉斯共和国的来料加工产品的价值、来料供应的应纳税价值部分，确定为来料价值额，该价值包括在根据吉尔吉斯共和国会计核算法要求制定的、在一年内不能修改的核算政策规定的这些加工产品的成本中。

第 282-14 条　在关税同盟内免增值税供应和进口

1. 以下供应免征增值税：

（1）提供本法典第三十八节中注明的工程、服务，如果其提供地点是吉尔吉斯共和国；

（2）从关税同盟其他成员国进口到吉尔吉斯共和国的商品的维修服务，包括该商品的修复、组成部分的更换。

提供本款中注明的服务的证明文件，是本法典第三十八节规定的文件。

2. 进口以下商品免缴增值税：

（1）本法典第三十八节规定的商品；

（2）合同（协议）规定的保修框架下进口的商品。

3. 使用之前进口到吉尔吉斯共和国境内的商品时，如果将吉尔吉斯共和国法律赋予免缴增值税的进口商品用于其他目的，则这些商品的进口增值税应按本法典第四十节规定的期限缴纳。

4. 作为长期租赁承租人的吉尔吉斯共和国纳税人，根据金融租赁（长期租赁）合同向关税同盟其他成员国的出租人支付的利息收入，免缴增值税。

第 282-15 条　在关税同盟内购买物资增值税的抵扣，增值税溢缴额的补偿和退还方式

在关税同盟内，购买物资的增值税额抵扣、增值税溢缴额的补偿和退还，根据本法典

第四十节的规定完成。

第 282-16 条　增值税发票

1. 增值税发票的开具方式根据本法第 156-1 条的规定确定，本条另有规定的除外。

2. 当从关税同盟成员国进口到吉尔吉斯共和国境内的原料来料加工、加工产品之后再出口到其他国家的工程完成时，应以来料加工工程完成的证明文件签署日期作为增值税发票的开具日期。

3. 吉尔吉斯共和国经营租赁业务的纳税人，在将商品租赁给其他关税同盟成员国的承租人时，开具增值税发票的日期应为每个不包含租赁合同规定的利息收入的租赁费支付日期，但不得超过实际收到付款的金额。

吉尔吉斯共和国经营租赁业务的纳税人的利息收入金额，应在增值税发票中另起一行列出。

第 282-17 条　进口商品时增值税纳税人的确定

1. 如果吉尔吉斯共和国纳税人根据与关税同盟其他成员国的纳税人签署的合同（协议）购买商品，由商品进口到达国家境内即吉尔吉斯共和国的纳税人，即商品的所有人，或经纪人、被委托人、代理人完成进口增值税的缴纳。

2. 如果吉尔吉斯共和国纳税人，根据与关税同盟其他成员国的纳税人签署的合同（协议）购买商品，且商品是从关税同盟的成员国第三国进口的，由商品进口到达国家境内即吉尔吉斯共和国的纳税人，即商品的所有人，或经纪人、被委托人、代理人完成进口增值税的缴纳。

3. 如果商品是由关税同盟其他成员国的纳税人，根据委托合同向吉尔吉斯共和国纳税人供应，而且商品是从第一或第三关税同盟成员国境内出口的，则由商品进口到达国家境内即吉尔吉斯共和国的纳税人，即商品的所有人，或经纪人、被委托人、代理人完成进口增值税的缴纳。

4. 如果吉尔吉斯共和国纳税人购买之前由关税同盟成员国的纳税人进口到吉尔吉斯共和国境内的商品，且该商品的进口增值税未缴纳，则由商品进口到达国家境内即吉尔吉斯共和国的纳税人，即商品的所有人，或经纪人、被委托人、代理人完成进口增值税的缴纳。

5. 如果吉尔吉斯共和国纳税人购买之前由吉尔吉斯共和国纳税人的经纪人、被委托人根据与关税同盟其他成员国的纳税人签署的委托、代理合同（协议）进口到吉尔吉斯共和国境内的商品，且该商品的进口增值税未缴纳，则由商品进口到达国家境内即吉尔吉斯共和国的纳税人，即商品的所有人，或经纪人、被委托人、代理人完成进口增值税的缴纳。

6. 如果商品是根据吉尔吉斯共和国纳税人，与非关税同盟成员国的其他国家的纳税人签署的合同（协议）购买的，且商品是从关税同盟的成员国进口的，则由吉尔吉斯共和国的纳税人，即商品的所有人，或经纪人、被委托人、代理人完成进口增值税的缴纳。

第 282-18 条　在关税同盟内根据经纪、委托、代理合同向吉尔吉斯共和国境内进口商品时增值税的计算和缴纳

1. 经纪人、被委托人、代理人根据经纪、委托、代理合同向吉尔吉斯共和国境内进口商品时，进口商品增值税计税和向国家财政缴税的义务，由经纪人、被委托人和代理人承担。

在这种情况下，进口到吉尔吉斯共和国境内的商品的经纪人、被委托人和代理人缴纳的增值税金额，应根据本法典第四十节规定，由被委托人、经纪人和代理人列入抵扣。

2. 经纪人、被委托人、代理人供应商品、完成工程或提供服务，认定为本法典第 233 条第 3 款规定的供应。

3. 向吉尔吉斯共和国境内根据委托、代理合同进口商品时，应纳税进口商品增值税的完成日期为进口商品的经纪人、被委托人和代理人计入核算的日期。

本款中，计入核算的日期是指由委托人、被代理人委托给经纪人、被委托人和代理人，证明商品转让的原始文件的日期。

第 282-19 条　在关税同盟内增值税计税、提交税务报告和缴税的方式

1. 如果本章未做其他规定，在关税同盟内增值税计税和缴税方式在本法典第四十节中确定。

2. 出口商品到关税同盟成员国，或完成来料加工时，增值税纳税人按期向税务部门提交本法典第 274 条规定的增值税报告的同时，应根据吉尔吉斯共和国政府通过的清单提交其他文件。

3. 从关税同盟其他成员国向吉尔吉斯共和国境内进口商品时，包括作为来料加工产品的商品，纳税人应在税收期之后第一个月的 20 日前向税务登记所在的税务部门提交间接税税务报告。

除本部分规定的税务报告外，纳税人还需向税务部门提交经吉尔吉斯共和国政府通过的清单中规定的文件。

4. 进口商品的增值税，在每个税收期结束后第一个月的 20 日前由纳税人在税务登记所在地缴纳。

根据间接税税务报告计算应缴纳的间接税额，应符合有关进口商品和缴纳间接税申请中计算的间接税金额。

在关税同盟内进出口商品时，进口商品和缴纳间接税的申请形式、填写、提交和撤回方式，由吉尔吉斯共和国政府确定。

5. 编制进口商品的间接税税务报表的方式和形式，由吉尔吉斯共和国政府确定。

从关税同盟成员国向吉尔吉斯共和国境内进口商品时，包括来料加工产品的商品，作为金融租赁合同（协议）的租赁对象的商品，间接税计税和纳税的税收期应为将这些进口商品计入核算的当月。

6. 提交进口商品间接税税务报告和有关进口商品、支付间接税的申请，应符合本法

典第 89 条的规定。

7. 从关税同盟成员国进口的商品增值税缴纳的事实，应由税务部门通过在有关进口商品和缴纳间接税的申请上加注相应标记的方式予以确认。

未缴纳或未完全缴纳进口商品增值税，以及纳税人提交的文件不符合吉尔吉斯共和国税法规定的情况下，税务部门有理由作出拒绝确认进口增值税缴纳的事实。

第 282-20 条　进口商品时已缴纳增值税金额的修改方式

1. 从关税同盟成员国向吉尔吉斯共和国境内进口的商品，在这些商品进口的当月结束前，由于质量不符合/或不配套发生部分退货时，这些退还商品的信息不会反映在进口商品的间接税报表中，以及有关进口商品和间接税缴纳申请中。

2. 从关税同盟成员国向吉尔吉斯共和国境内进口的商品，在这些商品进口的当月结束前，由于质量不符合/或不配套发生全部退货时，无需向税务部门提交这些进口商品的间接税报表，和有关进口商品和间接税缴纳的申请。

3. 本条第 1 款注明的商品退还发生在这些商品进口的当月结束后，这些退还商品的信息应反映在进口商品的间接税详细报表中，以及有关进口商品和间接税缴纳申请中。

4. 本条中由于质量不符合/或不配套将从关税同盟成员国向吉尔吉斯共和国境内进口商品的退货确认，是指经出口纳税人和进口纳税人协商的、包含由于质量不符合/或不配套应退还的进口商品的数量信息的文件。

5. 不应缴纳增值税的是：

（1）纳税人在吉尔吉斯共和国法律规定的自然损耗标准范围内；

（2）由于不可抗力所产生的商品变质。

第十章　消费税

第四十一节　本章总则

第 283 条　消费税纳税人

1. 如果本章未做其他规定，则消费税纳税人是指在吉尔吉斯共和国境内生产应缴纳消费税的商品，包括根据来料加工的商品，和/或将应缴纳消费税的商品进口到吉尔吉斯共和国境内的主体。

2. 失效。

3. 本条第 1 款注明的主体在来料加工基础上的应缴纳消费税商品生产被免缴消费税，这时消费税的纳税人是来料原料的所有人。

第 283-1 条　进口商品时消费税纳税人确定的特点

在关税同盟内，进口应缴消费税商品的消费税纳税人，应根据本法典第 282-17 条的规定确定。

第 284 条　征税客体

消费税的征税客体是：

（1）在吉尔吉斯共和国境内生产和/或向吉尔吉斯共和国境内进口本法典第 285 条第 1 款第 1~4 项、第 6 项规定的应缴纳消费税的商品。

（2）失效。

第 285 条　应缴纳消费税的商品清单

1. 属于应缴纳消费税的商品的是：

（1）属于商品名录 2207 分类项下的含 80%以上酒精的非变性乙醇、乙醇酒精，和其他任何纯度的酒精酊、变性酒精；

（2）麦芽啤酒、天然葡萄酒，包括加酒精的葡萄汁，除此之外，2009 分类项下的苦艾酒和其他加入植物或香精的天然葡萄酒、其他发酵饮料（例如西德尔酒、梨酒，或梨做的西德尔酒、蜂蜜饮料）；发酵饮料混合物、发酵饮料和无酒精饮料、低酒精饮料的混合物、没有名称或未列入名单的饮料、含 80%以上酒精的非变性乙醇；2203、2204、2205、2206、2208 分类项下的酒精酊、烈性酒和其他；

（3）属于商品名录 2402 分类项下的烟草制品，如雪茄烟、切头雪茄、小雪茄（细香烟）和烟草香烟或替代品；

（4）属于商品名录 2403 分类项下的其他含烟草制品，如其他工业制作烟草、工业烟草替代品；均质烟草或还原烟草；烟草精和香精；

（5）失效；

（6）从含沥青页岩中获得的原油和原油产品，除原油外的石油和石油产品；其他地方的未列入的含 70%及以上石油和石油产品的产品，且这些石油产品是主要组成部分；2709、2710 分类项下的已加工石油产品。

2. 本条中注明的商品，可以有消费税印花标识（在本章中以下称消费税标）。

第 286 条　纳税基数

1. 消费税纳税基数是：

（1）应以消费税印花标识的、应缴纳消费税商品的实际体积；和/或

（2）应缴纳消费税商品的销售价格，不包括增值税、销售税和消费税；和/或

（3）根据关税同盟的海关法和吉尔吉斯共和国海关事务领域的法律确定的应缴纳税消费税商品的关税价值；和/或

（4）不计入增值税、销售税和消费税的应缴纳消费税商品的市场价格，作为实物支付、实物由应缴纳消费税商品生产者转交时，在将抵押商品转归抵押持有人所有或交换业务时，以及无偿转交时；和/或

（5）不应标识消费税印花的已销售应缴纳消费税商品的实际体积；

本条中，已销售应缴纳消费税商品应理解为所有权转移给消费者的应缴纳消费税的商品。

2. 无论商品是用自有原料还是来料加工生产的，都适用本条的标准。

3. 在从关税同盟成员国进口应缴纳消费税的商品时，应根据本法典第 282-20 条的规定修改纳税基数额。

第 286-1 条　失效

第 287 条　消费税基础税率

1. 消费税基础规定为以下金额：

应缴纳消费税的商品	商品名录代码	单位（纳税基数）	基础税率
非变性乙醇酒精、乙醇，和其他任何纯度的酒精酊、变性酒精酊，除商品生产者出产的或商品生产者进口用于加工伏特加、烈性酒、加酒精饮料、加酒精果汁、药酒、葡萄酒，在具备生产许可证和标准范围内酒精使用许可证的情况下	2207	立升	350 索姆
伏特加	220860	立升	300 索姆
酒制品	220830；220870；220890	立升	300 索姆
加酒精饮料、加酒精果汁、药酒	220840；220850	立升	300 索姆
葡萄酒	2204，220410 和 220430 除外，2205，2206	立升	100 索姆
白兰地（除白兰地酒精）	2208201200-2208202900，2208206200-2208208900	立升	200 索姆
起泡葡萄酒，包括香槟	220410	立升	140 索姆
灌装或非灌装啤酒	2203	立升	30 索姆
葡萄酒材料	220430	立升	35 索姆
低度饮料	220890	立升	200 索姆
烟草制品：			
过滤嘴香烟、无过滤嘴香烟和雪茄： 自 2018 年 1 月 1 日至 2018 年 12 月 31 日 自 2019 年 1 月 1 日至 2019 年 12 月 31 日 自 2020 年 1 月 1 日至 2020 年 12 月 31 日 自 2021 年 1 月 1 日至 2021 年 12 月 31 日 自 2022 年 1 月 1 日起	2402	1000 件	1250 索姆 1500 索姆 1750 索姆 2000 索姆 2250 索姆

续表

应缴纳消费税的商品	商品名录代码	单位（纳税基数）	基础税率
小香烟： 自2018年1月1日至2018年12月31日 自2019年1月1日至2019年12月31日 自2020年1月1日至2020年12月31日 自2021年1月1日至2021年12月31日 自2022年1月1日起	2402	1000件	920索姆 1060索姆 1220索姆 1400索姆 1610索姆
香烟： 自2018年1月1日至2018年12月31日 自2019年1月1日至2019年12月31日 自2020年1月1日至2020年12月31日 自2021年1月1日至2021年12月31日 自2022年1月1日起	2402	1件	115索姆 130索姆 150索姆 175索姆 200索姆
烟斗烟草、咀嚼烟草、含吮烟草、鼻烟草（不包括生产烟草制品的原料烟草）： 自2018年1月1日至2018年12月31日 自2019年1月1日至2019年12月31日 自2020年1月1日至2020年12月31日 自2021年1月1日至2021年12月31日 自2022年1月1日起	2403	公斤	460索姆 530索姆 610索姆 700索姆 800索姆
失效			
石油产品：			
汽油、轻质馏分和中质馏分和其他汽油	2710121100-2710129009， 2710191100-2710191500， 2710192500-2710192900	吨	5000索姆
喷气燃料	2710192100	吨	2000索姆
柴油	2710193100-2710194800， 2710201100-2710201900	吨	800索姆
重油	2710195100-2710196809， 2710203101-2710203909	吨	1000索姆
机油和其他冷凝物	2709001001， 2709001009， 2710197100-2710199800	吨	2000索姆
从沥青页岩中获得的原油和原油产品	2709009001-2709009009	吨	0索姆

2. 消费税率可以由吉尔吉斯共和国政府在规定的基础税率额范围内修改。

3. 失效。

4. 乙醇酒精的特别需求者是指为医疗和兽医目的，在吉尔吉斯共和国政府每年通过的使用者清单的标准范围内使用乙醇酒精的人。

第 288 条　税收期

生产或从关税同盟成员国境内进口的应缴纳消费税商品的消费税税务期按日历月计算。

第 289 条　计算方式

应根据本法典第 37 条第 1 款规定的方式计算消费税。

第 290 条　纳税和税务报表的提交期限

1. 在以下期限内缴纳消费税：

（1）对于生产的，但不包括伏特加（商品名录代码 220860）和/或进口的应标识消费税印花的应缴纳消费税的商品，在消费税印花获得前或当日；

（2）对于从非关税同盟成员国的国家进口的、不应标识消费税印花的应缴纳消费税的商品，在关税同盟海关法和/或吉尔吉斯共和国海关事务领域法规定的缴纳海关费当日；

（3）对于从关税同盟成员国进口的、不需标记消费税印花的应缴纳消费税的商品，在税务报告期后下一个月 20 日前。

2. 生产和/或从关税同盟成员国进口的应缴纳消费税商品的消费税纳税人，每月应在税务报告期后下一个月 20 日前向税务登记所在地的税务局提交消费税和/或间接税税务报告。

应按本法典第 282-19 条规定的格式和方式与间接税税务报告一起提交其他相应文件。

3. 从关税同盟成员国境内进口的应缴纳消费税的商品时，应在消费税纳税人税务登记地缴纳进口消费税。

4. 对缴纳从关税同盟成员国境内进口的应缴纳消费税商品的消费税的事实，税务机关通过在有关进口商品和支付间接税申请上加注相应标记的方式予以确认。

第 290-1 条　消费税的管理

如果本条未做其他规定，在关税同盟成员国的相互贸易中进出口商品，由税务部门实施对消费税的管理。

第四十二节　征税特点

第 291 条　特别规则

1. 本法典第 292 条、第 293 条适用于由来料加工生产的和应发运出口的应缴纳消费税的商品。

2. 从事来料加工消费税商品生产的纳税人必须：

（1）自签署提供来料加工服务的合同和合约之日起3天内，将该交易通知税务登记所在地的税务部门，并随附相应合同的复印件；

（2）在应缴纳消费税成品发运给来料原料所有人和/或根据来料所有人委托出口前，将针对应缴纳消费税商品量计算的、应根据上述合同条件产生的消费税金额（存款）存入税务登记所在地税务部门的专门账户。

3. 从吉尔吉斯共和国境内出口至关税同盟成员国境内的，以及从关税同盟成员国境内进口吉尔吉斯共和国境内、作为应缴纳消费税的来料加工期限，根据来料加工合同（协议）的条件确定，且不能超过计入核算和/或来料装运之日起两年。

第292条　使用来料原料生产的商品的消费税缴纳

1. 从事使用来料原料生产应缴纳消费税商品的纳税人存入税务机构专门账户的消费税金额（存款金额），应在向税务机构提交相应申请，及下列文件之日起20天内退还至纳税人的银行账户：

（1）消费税税务报告；

（2）来料加工人的所有者与第三方之间的应缴纳消费税商品出口供应合同的复印件；

（3）发票或其他消费税商品成品装运文件的复印件，包括出口文件；

（4）证明支付来料加工服务费事实的支付文件；

（5）证明出口消费商品支付事实的支付文件；

（6）消费商品出口的货物海关申报单；

（7）目的国的货物海关申报单或证明进口到目的国的其他文件，例如，

a. 国际公路运输证；

b. 国际商品运单；

c. 国际铁路运输运单；

（8）来料所有人在税务登记机构不存在税务欠债的证明。

2. 如果自消费税成品商品发运给来料所有人和/或根据来料所有人委托出口之日起90天后，从事来料加工消费商品生产的纳税人没有提交本条第1款规定的文件或没有全部提交本条第1款规定的文件，则消费税金额（存款）将计入国家财政收入并不予退还。

3. 在没有确认消费税商品出口事实的情况下，存入税务机构专门账户的消费税金额（存款），将计入国家财政收入并不予退还。

4. 如果来料所有人存在税务欠债，则存入专门账户的消费税金额（存款）在该欠债范围内不予返还。

第293条　个别情况下消费税的缴纳

1. 如果获得消费税标后，无论消费税税率增加或减少，在获得消费税标时缴纳的消费税金额，不能重新计算。

2. 将消费税商品出口到吉尔吉斯共和国境外时，消费税的缴纳特点由本法典第297条

规定。

3. 商品通过关税同盟边境运输时消费税的缴纳特点，由关税同盟的海关法和吉尔吉斯共和国海关事务领域法确定。

第 294 条 消费税金额的扣除

1. 消费税纳税人有权减少在吉尔吉斯共和国境内购买或向吉尔吉斯共和国境内进口消费税商品时缴纳的消费税金额，如果上述商品作为生产消费税商品的主要原料使用。

2. 根据本条第 1 款的规定，应根据税务期实际将应缴纳消费税的原料用于生产应缴纳消费税商品的数量，扣除根据由应缴纳消费税的原料生产应缴纳消费税商品的产出标准确定的消费税金额。

3. 本条适用于在转交从作为原料的应缴纳消费税的来料加工原料加工出来的应缴纳消费税的商品时，应缴纳消费税的来料原料所有人证明已缴纳消费税的情况。

第 295 条 应标注消费税标的应缴纳消费税的商品

1. 本法典第 285 条第 1 款第 2 项、第 3 项注明的，在吉尔吉斯共和国境内生产的，和向吉尔吉斯共和国境内进口的酒类和烟草类制品，除啤酒（商品名录代码 2203）和葡萄汁（商品名录代码 220430）以外，应标识消费税标。

2. 消费税标，是经确认图案的标志，粘贴在包装盒、包装瓶或销售消费税商品的其他容器上，确认已向国家财政缴纳消费税，除非本章另有规定。

3. 不需要以消费税标来标识的酒类和烟草类制品有：

（1）根据出口海关程序向吉尔吉斯共和国境外出口的；

（2）在吉尔吉斯共和国政府通过的标准范围内，由自然人向吉尔吉斯共和国境内进口（转送）的。

4. 由吉尔吉斯共和国政府规定消费税标的签发以及适用形式和方式。

第 296 条 应缴纳消费税商品和消费税标的损坏、丢失

1. 在所生产的消费税商品损坏和丢失时，应全额缴纳消费税并/或不能退换，除非是由于不可抗力引起的情况。

2. 消费税标丢失时，不能返还获得消费税标前后已缴纳的消费税，除非由于不可抗力引起的情况。

3. 消费税标破损时，破损的消费税标由授权银行接收根据注销用于销毁的证明时，不缴纳消费税。在支付了消费税标票面价值的情况下，签发新的消费税标代替破损的消费税标。

4. 对于丢失的、标识酒类产品的消费税标，其消费税应根据规定的、适用于最大可能体积包装的税率，按消费税标注明的容量进行计算。

第 297 条 免缴消费税

1. 自然人按照吉尔吉斯共和国政府通过的标准进口的应缴纳消费税的商品，不需缴纳消费税。

2. 以下进口商品免缴消费税：

（1）国际货物、行李和旅客运输的运输工具运行所必需的商品，在沿途和区间站点时；

（2）通过关税同盟的海关边境运送的、在关税同盟的海关法和/或吉尔吉斯共和国海关事务领域法规定的海关程序框架下免税的商品；

（3）被没收的、无主的贵重物品，以及继承权转给国家的贵重物品。

3. 如果本条未做其他规定，由生产者出口的应缴纳消费税的商品，在证明他们出口这些商品的条件下，不征收消费税。

为了免缴本部分规定的消费税，消费税纳税人应在将应缴纳消费税的商品出口到吉尔吉斯共和国境外的税务期结束后的180天内，向税务登记所在地的税务部门提交证明商品出口的文件复印件，包括：

（1）消费税税务报表；

（2）应缴纳消费税的商品的出口供应合同；

（3）发票；

（4）证明支付出口商品事实的付款文件，如果合同规定在纳税人提交文件日期前支付；

（5）应缴纳消费税商品的海关货物出口申报单；

（6）目的国海关货物申报单或证明向目的国进口的其他文件，如：

a. 国际公路运输证；

b. 国际货运单；

c. 国际铁路运输时办理的运单。

在未确认、未提交或未完全提交本条注明的文件时，或在以后的税务检查过程中未确定它们的真实性的情况下，根据应缴纳消费税的数据，按本章对在吉尔吉斯共和国境内销售应缴纳消费税商品规定的方式计算消费税。

4. 应缴纳消费税商品的生产者的一个机构部门为了生产其他消费税商品，向同一生产者的另一个机构部门转交消费税商品，不缴纳消费税。

5. 向关税同盟成员国境内出口消费税商品时，为了确认免缴消费税的依据，纳税人在向税务登记所在地的税务部门提交消费税税务报告的同时，提交本法典第282-10条第4款规定的文件。

在这种情况下，纳税人有权自消费税商品装运之日起180天内向税务部门提交本法典第282-10条第4款规定的文件，但不包括消费税税务报表。

在确认本条规定的期限届满后将消费税商品出口销售的情况下，已缴纳的消费税应抵扣和/或根据本法典第81条规定退还。

这时由于未确定消费税商品出口销售到关税同盟其他成员国而加算的，且已缴纳的滞纳金，不予退还。

第十一章　资源使用税

第四十三节　本章总则

第 298 条　失效

第 299 条　资源使用税的种类

资源使用税包括：

（1）补偿税，是指对用于矿产产地勘察、勘探和开采目的行使资源权利的一次性支付款。

（2）使用费，是指为了矿产产地开采和/或抽取地下水（提炼资源）而使用资源的日常支付款。

第 300 条　免缴资源使用税

免缴资源使用税的主体：

（1）进行与在其所属或所使用的土地区域上进行与经营活动无关的砂子、黏土、沙石混合料开采和地下水选取的土地区域所有者或土地使用者；

（2）获得资源区域用于组建具有特别生态、自然保护、科学和历史文化意义的特别自然保护区的主体；

（3）加工矿山、选矿、焦化和冶金生产废料的主体；

（4）由吉尔吉斯共和国财政资助完成的地质、地球物理学和其他资源研究、科学研究工程，包括地震预测、地质工程勘测、地质生态研究，以及其他不破坏资源完整性的工程。

第四十四节　补偿税

第 301 条　补偿税纳税人

1. 补偿税纳税人是拥有资源使用权的本国组织和通过在吉尔吉斯共和国常驻机构从事经营的外国组织，以及个体经营者。

2. 失效。

第 302 条　征税客体

1. 补偿税的征税客体是用于以下目的的资源使用权：

（1）矿产产地的开采，包括地下水的抽取（资源提炼）；

（2）矿产勘探；

（3）矿产勘查；

（4）用于商业目的的矿物、古生物标本的收集；

(5) 用于装饰石材、手工石材和建筑材料使用的矿石材料的收集。

2. 补偿税征税客体还有:

(1) 由于追缴抵押而将资源使用权转让给他人;

(2) 根据《吉尔吉斯共和国资源法》规定的方式向他人转让资源使用权，但不包括由于继承、不改变股权人（股东）和/或注册资本股权（股份）结构的法人重组;

(3) 拥有资源使用权的法人在注册资本中的所有权股权（股份）的变更，但不包括在交易所挂牌的法人和由于吉尔吉斯共和国民法典规定的多方面权利继承造成的所有权股权转移;

(4) 由于进行补充勘探、储量重新计算或其他原因，在提供资源使用权时存在的矿产储量的后续增加;

(5) 提供给资源使用者的资源区域面积增加;

(6) 提供在首次获得资源使用权时未申请的、新矿产的使用权。

本条注明的情况，适用于本条第1款注明的资源使用权种类。

第303条　纳税基数

用于计算补偿税的纳税基数是:

(1) 产地开采时（不包括地下水抽取），为吉尔吉斯共和国国家矿产储备平衡局计算的矿产储量;

(2) 在抽取地下水时，为申报的应抽取水量;

(3) 矿产勘探和勘察时，为许可证区域的面积;

(4) 用于商业目的收集矿物、古生物标本、装饰的石材、手工石材和建筑材料，为许可证区域面积;

(5) 转移、转让资源使用权时，为根据资源使用者（开采权）的报告，由此剩余未开采的矿产储量，或者许可证区域面积;

(6) 权利拥有者注册资本的所有权股权发生变更时，为根据资源使用者（开采权）的报告，按该股权变化的比例计算由此剩余未开采的矿产储量，或者许可证区域面积;

(7) 在矿产储量增加时，为吉尔吉斯共和国国家矿产储备平衡局计算的矿产储量的增加数。

第304条　补偿税税率

吉尔吉斯共和国政府按分类表的矿产种类，根据用于开采的矿产储量，以及用于矿产勘察和勘探、收集用于商业目的的矿物、古生物标本、装饰石材、手工石材和建筑材料的许可证区域面积规定补偿税税率。

第305条　计算方式

补偿税的计算方式由吉尔吉斯共和国政府规定。

第306条　提交税务报表和缴税的期限

1. 在本法典第302条第1款规定的情况下，补偿税纳税人在资源使用权证明文件签发之日起30日内，向税务部门提交经与实施国家资源利用政策的国家授权部门协商的相应结算，并在统计登记地缴纳补偿税。

2. 在本法典第302条第2款规定的情况下，补偿税纳税人在完成以下行为当月的下一个月的最后一天前，向税务部门提交经与实施国家资源利用政策的国家授权部门协商的相应结算，并在统计登记地缴纳补偿税：

（1）实施国家资源利用政策的国家授权部门由于追缴抵押或转让资源使用权利作出有关转移资源使用权的决议；

（2）拥有资源者法人完成注册资金中所有权的股权变更登记；

（3）吉尔吉斯共和国国家矿产储量委员会计算的矿产储量的增加部分；

（4）实施国家资源利用政策的国家授权部门作出有关增加许可证区域面积或给予之前未申报的新的矿产种类资源使用权的决议。

第四十五节　使用费

第307条　使用费纳税人

使用费的纳税人是从事下列经营的本国组织和通过在吉尔吉斯共和国常驻机构从事经营的外国组织，以及个体经营者：

（1）矿产产地开采；

（2）抽取地下水（提炼资源）；

（3）在勘查和勘探碳氢化合物产地时，实验过程中石油、天然气的共生提炼；

（4）进行工业试验和/或为预防或消除特别状态而进行的一次性矿产开采。

第308条　征税客体

使用费的征税客体是以提炼矿产资源为目的的资源使用权。

第309条　纳税基数

1. 使用费的纳税基数是：

（1）不计入增值税和销售税的销售矿产或矿产加工产品的所得；

（2）实物形式的产品销售量；

（3）对于（开采等）特许权纳税人，根据水表计数的取水量但不包括第310条关于专门供水单位的规定。

第310条　使用费税率

1. 使用费的税率根据以实物计算取水量确定，按以下金额计算，但不包括专门供水单位：

矿产名称	单位（纳税基数）	税率（百分比或索姆）
作为饮用水分装使用的矿物水和淡水	$м^3$	200 索姆
用于矿泉疗养的矿物和热水	$м^3$	0.05 索姆
取暖用热水	$м^3$	0.12 索姆
饮用淡水	$м^3$	0.15 索姆
技术用淡水	$м^3$	0.10 索姆
农业生产用淡水	$м^3$	0.01 索姆

2. 使用税的税率根据销售所得确定：

（1）金、银、铂金，根据储量的增长：

a. 对于储量超过 10 吨的产地，为 5%；

b. 对于储量在 3~10 吨的产地，为 3%；

c. 对于储量少于 3 吨的产地，为 1%；

（2）对于专门供水单位，为 5%；

（3）石膏，为 6%；

（4）用于装饰材料生产的天然石材，为 12%；

（5）石煤、褐煤，为 1%。

3. 本条第 1 款、第 2 款未规定的销售矿产资源或其加工产品的使用费税率，确定为本法典第 309 条第 1 款第 1 项计算的纳税基数的 3%。

第 311 条　税收期

使用费的税收期是每个月。

第 312 条　计算方式

应根据本法典第 37 条第 1 款规定的方式计算使用费。

第 313 条　使用费缴纳和提交税务报表的期限

1. 纳税人在报告月的下一个月的 20 日前，向统计登记所在地缴纳使用费，除非本条另有规定。

2. 小型经营主体作为使用费纳税人，应在每季度报告期结束后的那一个月的 20 日前向统计登记所在地缴纳使用费。

3. 使用费纳税人每个月在报告期结束后那一个月的 20 日前向统计登记所在地提交税务报告，除非本条另有规定。

4. 作为使用费纳税人的中小型经营主体，应在每季度报告期结束后的那一个月的 20 日前向统计登记所在地提交税务报告。

5. 土地区域所有人或土地使用人，在其所属或所使用的土地区域上进行与经营活动无关的砂子、黏土、沙石混合料开采，不提交税务报告。

第十二章　销售税

第四十六节　本章总则

第 314 条　销售税纳税人

销售税纳税人是本国组织和通过在吉尔吉斯共和国常驻机构从事经营的外国组织，以及个体经营者（本章中称为纳税人）。

第 315 条　免缴销售税

1. 由以下主体完成的销售商品、完成工程和提供服务免缴销售税：

（1）农业生产者。

（2）农业商品服务合作社。

（3）储蓄所，保护存款基金会，吉尔吉斯共和国国家银行，但不包括在休养、娱乐和休闲领域提供服务和工作所得的利润。

（4）慈善组织。

（5）Ⅰ、Ⅱ级残疾人的社团；吉尔吉斯共和国盲人和聋哑人社团组织；个体经营者，在其企业中残疾人、盲人和聋哑人工作者的比率占工人总数的50%以上，且向此群体支付的工资占企业支出总工资的50%以上。上述社团，组织和个体经营者的名单由吉尔吉斯共和国政府规定。

（6）学前教育组织（私人所有制幼儿园）。

（7）从事心脏外科方向的私人医疗机构。

（8）根据经地方自治机关政府决议批准和规定给予税收优惠政策的投资协议，在税收优惠居民点开设的工业企业。该投资协议由有权机关在吸引投资的领域制定。

（9）吉尔吉斯共和国内务部国家专属警卫总署。

2. 非营利组织在销售商品、完成工程和提供服务的所得不超过销售该商品、完成该工程和提供该服务的支出时，则可免缴销售税：

（1）用于社会保障和保护儿童或低收入老年公民；

（2）教育、医疗、科学、文化和体育领域。

3. 向自然人销售用于日常生活的电能、热能和天然气，免缴销售税。

4. 银行销售精炼标准和计量金银锭，投资金银币，免缴销售税。

第四十七节　销售税的计算

第 316 条　征税客体

1. 销售税的征税客体是销售商品、完成工程和提供服务所得。

2. 不属于销售税征税客体的是：

（1）所有人转交财产：

a. 根据托管合同向信托公司转交；

b. 根据普通合伙合同向进行该合伙事务管理的主体转交；

（2）在托管合同或普通合伙合同终止时向所有人转交财产；

（3）根据金融租赁合同（长期租赁）转交固定资产；

（4）提供宗教仪式、礼仪、典礼以及组织和主持朝拜；

（5）学前教育组织提供的服务（私有制幼儿园）；

（6）心脏外科的私人医疗机构；

（7）商品、工程和服务的出口；

（8）在吉尔吉斯共和国境外销售商品、工程、服务；

（9）一个增值税纳税人向另一个增值税纳税人或在转交之时成为这样的纳税人的主体销售企业或其独立机构。

第 317 条　纳税基数

1. 如果本条未做其他规定，纳税基数是不计算增值税和销售税的销售商品、工程和服务的进项所得。

2. 在转交财产租赁时，纳税基数是未计算增值税和销售税的租金。

3. 对于从事矿石冶炼的企业，纳税基数是未加算增值税的、冶炼后获得产品的销售价值，与加工前矿石的价值之间的差额。

4. 抽彩经营的纳税基数是销售彩票进项与带来该收入的支付奖品基金的金额之间，未计算增值税的差额。

5. 对于银行，纳税基数是销售固定资产、商品、利息收入的进项，但不包括根据金融租赁销售固定资产所得的利息收入，完成工程、提供服务的所得，包括外汇业务收入减去外汇业务损失的所得。

6. 对于保险公司，纳税基数是不计增值税和销售税的销售商品、工程所得，不计销售税并扣除根据再保险合同支付给再保险人保险金的服务所得。

累计形式的保险，纳税基数是不计销售税的保险金进项扣除保险理赔额。

7. 在购买任何形式的黄金和/或白银用于精炼并销售时，纳税基数是精炼金银销售价值与购买任何形式的金银价值之差。

第 318 条　修改进项所得

1. 在以下情况应修改销售商品、工程、服务进项所得：

（1）商品全部或部分退货；

（2）交易条件变更；

（3）全部或部分未完成交易条件。

2. 修改进项将会改变商品退货或交易条件变更发生的税务期的纳税基数金额。

第 319 条　税率

1. 如果本条未做其他规定，销售税的税率规定为：

（1）销售应缴纳增值税和/或免缴增值税的商品、工程、服务，并以现金形式缴纳：

a. 对于商业经营，为 1%；

b. 本款第 a 副项未规定的经营，为 2%。

（2）销售应缴纳增值税和/或免缴增值税的商品、工程、服务，以非现金形式缴纳的，为 0。

2. 本条第 1 款未规定的情况下，销售商品、工程、服务的销售税按缴纳形式规定为：

（1）现金形式：

a. 对于商业经营，为 2%；

b. 本款第 a 副项未规定的经营，为 3%。

（2）非现金形式，为 0。

3. 对银行销售税税率规定为 2%，移动通讯领域的经营为 5%。

4. 在本条中：

（1）“商业经营”应理解为以销售为目的而购买的商品；

（2）“移动通讯”服务应理解为由国家通讯授权部门向提供该服务的单位签发的许可证中注明的无线和卫星通讯服务。

第 320 条　税收期

销售税的税收期是每个月。

第 321 条　销售税的计算方式

根据本法典第 37 条第 1 款的规定计算销售税。

第 322 条　缴税和提交税务报表的期限

1. 纳税人在报告期的所在月份之后的每个月的 20 日前向统计登记所在地缴纳销售税，除非本条另有规定。

2. 小型经营主体作为销售税纳税人，应在每季度报告期结束后的那一个月的 20 日前向统计登记所在地缴纳销售税。

3. 销售税纳税人报告期的所在月份之后的每个月的 20 日前向统计登记所在地提交税务报告，除非本条另有规定。

4. 作为销售纳税人的中小型经营主体，每季度在报告期结束后的那一个月的 20 日前向统计登记所在地提交税务报表。

5. 在没有进行统计登记时，应在税务登记地缴纳销售税。

第十三章　财产税

第 323 条　财产税纳税人

1. 如果本条未做其他规定，本法典第 324 条注明的财产税纳税人，是以下组织或自然人：

（1）对在吉尔吉斯共和国境内登记的财产拥有所有权；

（2）在金融租赁或按揭贷款合同框架下获得的、在吉尔吉斯共和国境内登记的财产，自该财产所有权开始后第一个月的第一天起拥有该财产。

2. 如果无法确定财产所有人的所在地，财产税纳税人即是使用该财产的组织或自然人。

3. 在没有进行财产权登记时，将使用者认定为财产税纳税人的依据是对财产的实际使用。

4. 国家预算拨款和/或拥有专项资金的国家部门、地方自治机构、国家机构、市政部门、吉尔吉斯共和国国家银行、国家保护存款部门、保护存款基金、吉尔吉斯共和国社会基金等从事其名下和拥有所有权的财产业务管理，不属于财产税纳税人，除非根据合同将财产或其中的部分交给国家企业、市政企业和其他法人或自然人有偿或无偿使用，以及将财产用于休养、娱乐与休闲目的使用的情况。

对本条中的主体转交的财产，向以有偿或无偿方式从所有者处获得财产的人征缴财产税。

5. 如果本法典第 324 条中注明的、属于双方共同所有的 1 类财产对象的双方之间签署的协议中未做其他规定，则纳税人是每个在财产中所占份额的所有人。

第 324 条　征税客体

1. 财产税的征税客体是以下财产：

（1）归国家所有的，国家企业拥有经营管理权或业务管理权的财产，如果是国有机构则有业务管理权；

（2）归市政所有的，市政企业拥有经营管理权，而市政机构则拥有业务管理权的；

（3）私人所有的。

2. 以下物体属于应纳税财产：

（1）1 类：指定为长期或临时居住的、未用于经营使用的住宅楼、住房、乡间别墅；

（2）2 类：指定为和/或用于经营使用的住宅楼，住房，乡间别墅，膳宿旅馆，公寓，疗养院，休养地，生产、行政、工业及其他基础建筑物；

（3）3 类：指定为和/或用于经营的钢结构和其他结构的临时场所，如报亭、货柜；

（4）4 类：运输工具，包括自行机械。

3. 不是征税客体的财产客体清单，由吉尔吉斯共和国政府经与吉尔吉斯共和国议会专业委员会协商确定。

第 325 条　纳税基数

财产税的纳税基数是：

（1）对于本法典第 324 条第 2 款规定的 1 类、2 类、3 类财产对象，按本章规定的方式确定财产客体的应纳税价值。

（2）对于本法典第 324 条第 2 款注明的 4 类财产对象：

a. 内燃发动机类的，为发动机功率或平衡价值。

b. 没有内燃发动机的，为平衡价值。本章中的“平衡价值”应理解为财产税税收期期初、计入根据吉尔吉斯共和国会计核算法计算的折旧财产客体的价值。

c. 没有内燃发动机和核算价值的，根据吉尔吉斯共和国政府规定的方式确定价值。

第 326 条　税收期

财产税税收期是一年。

第 327 条　财产客体应纳税价值的确定方式

1. 本法典第 324 条第 2 款中规定的 1 类、2 类、3 类财产客体的应纳税价值，按以下公式计算：

HC = C × П × Kp × Kз × Ko，

其中：

HC 为财产客体的应纳税价值，单位为索姆；

C 为财产客体每平方米应纳税价值，单位为索姆/每平方米；

П 为 1 类财产对象的总面积减去本法典第 330 条第 1 款第 2 项规定的不应纳税的面积，或者 2 类或 3 类财产客体的总面积，单位为平方米；

Kp 为根据客体在吉尔吉斯共和国境内的所在地，核算客体应纳税价值变化的区域系数；

$K_з$ 为根据客体在吉尔吉斯共和国境内的所在地，核算客体应纳税价值变化的地区系数；

Ko 为适用于 2 类、3 类财产客体的行业系数，对于其他类的财产客体适用 1 类。

2. 1 类、2 类、3 类财产客体每平方米的应纳税价值，根据财产的材料和财产使用年限，规定为以下金额：

墙的材料	使用期限	$1м^2$ 的评估价值（单位：索姆）
砖	5 年内 5~15 年 15~30 年 30~45 年 超过 45 年	15000 14000 13000 12000 10000

续表

墙的材料	使用期限	$1M^2$ 的评估价值（单位：索姆）
木材	5 年内 5~15 年 15~30 年 30~45 年 超过 45 年	13000 12000 11000 10000 8000
组装和整体浇注混凝土和钢筋混凝土。混凝土组件沙石砖、泡沫砖、泡沫混凝土、玻璃	5 年内 5~15 年 15~30 年 30~45 年 超过 45 年	14000 13000 12000 11000 10000
泥草拌生料、半生黏土（土坯等）	5 年内 5~15 年 15~30 年 30~45 年 超过 45 年	10000 9000 8000 6000 5000
矿渣砌块、聚苯乙烯建筑砌块	5 年内 5~15 年 15~30 年 30~45 年 超过 45 年	9000 8000 7000 6000 5000
金属	30 年内 超过 30 年	10000 8000
其他材料和用于临时住房的材料		4000

3. 计算财产客体价值时，基数为财产客体墙体中的主要材料。主要材料的确定方式，由吉尔吉斯共和国政府规定。

4. 对于 1 类财产客体，总面积应根据从事不动产登记的国家授权部门签发的、纳税人不动产房产证上内部测量的总面积数确定。

如果不动产房产证上没有内部测量的总面积数，则总面积根据外部测量数确定。

5. 对于 2 类、3 类财产，总面积根据从事不动产登记的国家授权部门签发的、纳税人不动产房产证中行政、生产和库房场所的总面积数确定，这些财产客体用于实施经营活动：生产商品、提供服务、完成工程、保存商品物资。

6. 在没有进行财产权登记，和/或纳税人对财产确定的纳税基数和/或功能用途，与税务机构从其他渠道获得的文件信息有偏差的情况下，税收意义上的墙体材料和财产面积按吉尔吉斯共和国政府规定的方式，根据由相应税务机构、国家不动产权登记部门、地方自治机构和财产实际使用人授权代表组成的委员会所得出的 2 类、3 类财产外围测量结果确定。

测量结果应办理证明，一式三份，分别交由税务机构用于确定财产客体的纳税义务金额、区域不动产登记部门，以及财产客体的实际使用人保存。

7. 区域系数 Kp 按以下金额确定：

州、区的名称	Kp 值	州、区的名称	Kp 值
巴特肯州		巴凯—阿塔区	0.2
巴特肯区	0.2	卡拉布林区	0.2
莱莱克区	0.2	纳伦州	
卡达姆扎伊区	0.2	纳伦市	0.3
克孜尔齐亚市	0.1	阿克—塔林区	0.1
苏流克塔市	0.1	阿特—巴沙区	0.1
贾拉拉巴德州		准格尔区	0.1
阿克色区	0.2	科奇柯尔区	0.2
阿拉—布金区	0.2	纳伦区	0.2
巴扎尔—库尔贡区	0.2	奥什州	
农垦区	0.2	阿莱区	0.2
苏扎克区	0.3	阿拉万区	0.3
托古兹—托罗乌斯区	0.1	卡拉—库扎区	0.2
托克托库尔区	0.1	卡拉苏区	0.6
查特卡尔区	0.1	诺卡特区	0.3
贾拉拉巴德市	0.8	乌兹根区	0.3
玛依拉苏市	0.1	琼—阿莱区	0.1
卡拉库尔市	0.1	奥什市	0.9
塔什—库梅尔市	0.1	楚河州	
伊塞库尔州		阿拉姆东区	0.8
阿克苏区	0.3	扎伊尔区	0.4
热吉—奥库兹区	0.3	伊塞克—阿塔区	0.4
伊塞库尔区	0.3	克明区	0.3
顿区	0.2	莫斯科区	0.4
秋浦区	0.2	潘菲洛夫区	0.2
卡拉克尔市	0.6	索库卢克区	0.7
巴雷克奇市	0.3	楚河区	0.4
塔拉斯州		托克马克市	0.6
玛纳斯区	0.1	卡拉巴尔塔市	0.6

续表

州、区的名称	Kp 值	州、区的名称	Kp 值
塔拉斯区	0.2		
塔拉斯市	0.4	比什凯克市	1.0

8. 地区系数 Kз 值等于 1，但不包括比什凯克市、奥什市、贾拉拉巴德市。

比什凯克市、奥什市、贾拉拉巴德市地区系数 Kз 值和价值区的边界，由吉尔吉斯共和国政府，在当年 10 月 1 日前，经与吉尔吉斯共和国议会专业委员会协商定为 0.3~1.2，在税务期内不超过一次。

9. 行业（功能）系数 Ko 按以下数值确定：

行业属性（客体的功能用途）	值
宾馆、典当行、兑换点	1.6
加油站	1.4
小市场、市场、商业市场、综合体	1.0
大众食品企业、商业企业、服务行业	0.8
火车站和长途汽车站、公共汽车站、铁路货运站	0.7
行政机关、办公楼、商务中心、银行	0.6
运输企业、汽车维修企业、通讯和电力企业	0.5
国防、体育、技术组织	0.3
农业生产大厦	0.3
疗养院、膳宿公寓、休养院	0.2
工业、建筑企业	0.2

10. 财产客体的行业属性（功能用途）按吉尔吉斯共和国政府规定的方式确定。

11. 如果 Kp、Kз、Ko 系数未确定，它们的值将适用 1。

第 328 条　税率

税率规定为：

（1）对于 1 类财产：纳税基数的 0.35%；

（2）对于 2 类、3 类财产：纳税基数的 0.8%；

（3）对于 4 类财产：

a. 使用内燃发动机的：

交通工具的种类	使用年限，包括生产厂家的出厂年份	税率，索姆 每立方厘米发动机的功率
轻型轿车、轻型轿车基础上的箱式运货汽车、皮卡	5年内 5~10年 10~15年 15年以上	0.90 0.75 0.60 0.45
货车、公共汽车、面包车	5年内 5~10年 10~15年 15年以上	0.75 0.60 0.45 0.30
自动汽车和/自行机械：拖拉机、康拜因、修路车	15年以内 15年以上	0.30 0.15
其中包括：农用自动汽车和/或自行机械（拖拉机和康拜因）	15年以内 15年以上	0.10 0.05
摩托车、小轮摩托车、摩托自行车、摩托雪橇、摩托艇、汽艇、轮船、内燃机船	10年以内 10年以上	0.15 0.09
游艇和水上摩托	5年以内 5年以上	1.8 1.2

b. 本条第3款第a副项未规定的，有内燃发动机的或没有内燃机发动机的，为平衡价值的0.5%；

c. 没有内燃机发动机和平衡价值的，为本法典第325条第2款第c副项中确定的价值的0.5%。

第329条　失效

第330条　税收优惠

1. 不应纳税的有：

（1）外国的外交机构，领事机构，以及根据按照法定程序生效的国际条约，吉尔吉斯共和国是其成员国的国际组织代表处的财产；

（2）1类财产的一个客体面积，属于该财产所有者所有，不超过以下数值的：

1类财产客体不征收财产税的面积，按照该居民点的居民人数/每平方米确定								
千人	5以下	5~10	10~20	20~50	50~100	100~200	200~500	500及以上
住宅楼，别墅，平方米	360	330	300	270	240	210	180	150
公寓，平方米	290	260	230	200	170	140	110	80

（3）Ⅰ、Ⅱ级残疾人社团的财产；吉尔吉斯共和国盲人和聋哑人社团组织的财产；个体经营者，在其企业中残疾人，盲人和聋哑人工作者占工人总数的50%以上，且向此群体支付的工资占企业支出总工资的50%以上的企业的财产；刑事执行系统的机构和企业的财产；以及吉尔吉斯共和国内务部国家专属警卫总署的财产。上述企业的名单由吉尔吉斯共和国政府确定。

（4）从事科学、教育、卫生、文化、体育、社会保障，以及儿童或低收入老年公民保护领域经营的组织的2类财产客体。

2. 以下主体免缴财产税：

（1）被授予吉尔吉斯共和国最高级别功勋奖“吉尔吉斯共和党人巴蒂尔”奖、苏联和社会主义劳动英雄称号、英雄母亲称号的人，被授予光荣勋章和三级劳动光荣勋章的人，伟大的卫国战争的参与者和伤残人员，按照国家间协议在阿富汗或其他国家参加过战争的军人，或是由于在保卫苏联、吉尔吉斯共和国以及在履行其他军事职责过程中致残的军人，由于上前线而患病致残的军人，享受的养恤金等同于指定类别的军人的其他残疾人，伟大的卫国战争中的残疾人遗孀，Ⅰ、Ⅱ级残疾人，作为征税对象的1类和/或4类的一个财产客体，或按照吉尔吉斯共和国法律规定属于免缴财产税的个人的私有财产份额中的一部分财产。

本部分所规定的上述主体，免缴的1类和/或4类财产税根据相应纳税财产客体计算的应缴纳税额的50%。

（2）拥有三轮或四轮摩托车或者手动操作汽车的残疾人，按本类交通运输工具认定。

3. 在以下情况下可享有本条第2款所规定的税收优惠政策：

（1）在8月1日税务报告期之前产生的优惠权在税务报告期享有；

（2）在8月1日税务报告期之后产生的优惠权在报告后的纳税期享有。

4. 地方议会有权：

（1）在纳税人由于不可抗力遭受物质损失时，有权给予最多3年内全部或部分免除财产税的优惠；

（2）对新建立的从事生产和加工制造的组织，在其保障年生产和/或加工制造产品的总额不少于3000万索姆的情况下，给予最多5年内免缴财产税的优惠；

（3）给予从事特惠种类的工业生产，按本法第159条的规定应当享受税收优待的企业免缴全部财产税的待遇。

适用本项的最长期限为5年，之后延长至10年的权利取决于销售收入金额和已缴纳所得税的金额。

本项规定不适用于包含在特惠种类工业生产名单里的企业转让，应税项目的使用，信托管理或者向其他经济实体租赁的情况。

5. 归入银行财产的被抵押的财产，从该财产归入银行财产之日起到开始使用该财产或到根据吉尔吉斯共和国法律规定按期出售该抵押财产之日止，按发生较早的事件的日期免缴财产税。

6. 纳税人有权将财产税的金额减少相当于土地税的金额，该土地税是纳税人为该财产客体直接所处区域已付或应付的税，减少的数额不能高于对该财产计算的财产税的金额。

第 331 条　计税方式，税收义务日期

1. 财产税由纳税人根据本章和本法典第 37 条第 1 款规定的方式独立计算。

2. 如果本条对新生客体或其部分未做其他规定，则财产税的纳税义务自客体投产验收日后的那一个月第一天产生，或自客体开始使用之日起产生，根据这些事件较早发生的日期。

3. 对于改造项目或其一部分，根据新的纳税价值的财产税产生于项目或项目的一部分验收日后那一个月第一天。在项目或其一部分验收日期之前适用项目之前的应纳税价值。

由于改造 2 类财产项目或其一部分终止使用时，改造工程期间自改造工程开始之日起至该项目开始使用月的下一个月第一天止这段时间不计算财产税。

4. 如果 1 类新建财产项目，多住房的住宅楼交付使用，但未使用，则财产税的税收义务自每个住房单独开始使用之日的下一个月第一天起产生。

第 332 条　缴税方式和期限

1. 自然人纳税人缴纳财产税的期限：

（1）1 类财产客体，不迟于当年的 9 月 1 日后的一天内，在统计登记所在地或财产客体所在地；

（2）4 类财产客体，在吉尔吉斯共和国政府规定的期限，但在通过技术检测之前的期限之内，且在财产客体所有权全部或部分转让时，在一年内新的所有者办理转让时，在该财产登记地或临时登记地；

2. 组织和个体经营者缴纳财产税的期限：

（1）2 类、3 类财产客体，在每季度第三个月的 20 日前，在财产所在地按当年内的平均份额；比什凯克市在纳税人税务登记地缴纳。

（2）4 类财产项目，在吉尔吉斯共和国政府规定的期限，但在通过技术检测之前的期限内，在登记所在地的相应国家机构。

3. 转交所有权和使用权的纳税人应支付的 1 类、2 类、3 类财产客体实际所有权期和/或使用期的税额，应在国家登记这些权利前或在当日向国家财政支付。在这种情况下，财

产客体的最初所有者应缴纳自当年1月1日起到他转交该财产当月初之前这一期间计算的税额。

以后的财产税纳税人应缴纳自产生财产权当月的月初起计算的税额。

在进行财产权利国家登记时，可以经协商由双方中的一方向国家财政缴纳年度税额。在办理国家财产权利登记时缴纳的税额，今后不需重复缴纳。

在办理财产所有权国家登记前或当时未缴纳财产税的，根据本条的要求，缴纳完成权利转让的整个税收期财产税的义务，由以后的纳税人承担。

4. 对边远和难以到达的居民点，在没有银行机构的情况下，允许自然人按吉尔吉斯共和国政府规定的方式向税务机构缴纳财产税。

5. 纳税人应在下列日期提交当年财产税的信息结算：

（1）就1类、2类、3类财产：

a. 组织，在当年的3月1日前；

b. 自然人，在当年的4月1日前。

（2）就4类财产：

a. 组织，在当年的3月1日前；

b. 自然人，在当年的4月1日前。

6. 信息结算的填写形式和方式，由吉尔吉斯共和国政府确定。

7. 在本法典第331条第2款、第3款、第4款规定的情况下，纳税人应：

（1）在财产税纳税义务产生之日提交信息结算；

（2）在财产税纳税义务产生之日缴税，但不早于本条第1款、第2款规定的财产税缴纳期限。

第333条　获得财产税信息

1. 每个纳税人都有权自由获取财产税结算信息，包括：

（1）财产客体应纳税价值的确定方式；

（2）规定的区域、地区和行业系数数值；

（3）居民点区域的价值区划分；

（4）不应缴纳财产税的财产面积数；

（5）税率。

2. 本条第1款注明的信息，应在所有级别的税务机构开放场所，以及授权税务机关的公开网站上公布以便纳税人了解。

第十四章　土地税

第四十八节　本章总则

第334条　土地税纳税人

1. 土地税纳税人是被承认为土地所有者或土地使用者的主体，无论该土地区域被使用或未被使用，他们的土地使用权由国家土地区域私人所有权证、临时土地区域使用权利证、土地份额私人所有权证，根据吉尔吉斯共和国土地法典的规定予以证明（以下称权利证明文件），除非本法另有规定。

2. 共同所有或使用的土地区域，权利证明文件或各方协议规定的份额中的每个人都是土地税纳税人。

3. 在没有权利证明文件的情况下，承认土地使用者为土地税纳税人的依据是对这一区域的实际拥有和/或使用，但不包括在资源地质研究过程中的拥有和/或使用，以及在完成国家财政拨款的地质、地球物理学和其他资源研究工程、科研工程，包括地震预测、工程地质勘查和地球生态研究，以及其他不破坏资源完整性的工程过程中对土地区域的拥有和/或使用。

4. 失效。

5. 在提供国家和市政所有的土地使用（出租）时，包括国家农业用地基金的土地，土地税纳税人是提供土地区域租赁（出租人）的国家或市政使用者，除非本条另有规定。

6. 由国家财政资助、支配和使用土地区域的国家和市政土地使用者，在该区域的地面上存在转交给该使用者业务管理权和经营管理权的建筑和/或设施，不是土地税纳税人，除非是被出租给经营结算组织和/或私人所有制组织和/或自然人的土地区域或其中一部分份额。

7. 包括被免交土地税的土地区域的所有人或使用人，在出租土地区域时，土地税的纳税人是出租人，但不包括国家农业用地基金的土地。

8. 在本条第5~7款注明的情况下，在土地出租合同框架内，出租人向承租人征收出租土地区域的土地税，合同中应不包含出租人向国家财政缴纳的土地税。

在提供（出租）国家农业用地基金的土地使用时，土地税纳税人是承租人。

第335条　征税客体

1. 土地税的征税客体是对本条中的农用地和应缴纳土地税的土地的所有权、临时所有权和使用权。

2. 农用地和以下土地应纳税：

（1）居民点的土地；

（2）工业、交通、通讯和其他用途的土地，包括国防用地的土地；

（3）自然保护、保健、休养和历史文化用途的土地；

（4）森林基金的土地；

（5）水基金的土地；

（6）储备土地。

3. 本章的土地分类是根据吉尔吉斯共和国土地法典规定完成的。

4. 在土地区域共同所有份额时，纳税客体是土地份额的所有权。

第336条　纳税基数

1. 用于计算土地税的纳税基数是权利证明文件中注明的土地区域面积。

2. 共同所有或使用的土地区域，对每个纳税人的纳税基数是权利证明文件中确定所持有的土地区域的份额，或所有人（使用人）间的协议确定持有的土地份额。

3. 转交使用（出租）的土地区域，纳税基数根据土地区域出租合同确定。

4. 国家农业用地基金的土地，纳税基数依据确定由相关地方自治机构管理和支配区域的相关法规予以确定。

5. 在没有土地区域的权利证明文件时，纳税基数根据由相关税务机构、国家不动产权利登记授权部门和地方自治机构代表组成的委员会完成的测量进行确定。

税务机构应在不迟于测量日期前三天的期限内通知土地区域的实际使用人进行土地区域测量的日期和时间。

在已根据本法典第 83 条规定的方式通知了土地区域的实际使用人，但其未出现的情况下，土地测量可在他不在场的情况下进行。

测量结果应办理证明，一式两份，其中一份交给不动产登记部门的相应地区机构，或地方自治机构用于作出相应决议，另一份交给税务机构用于确定土地税纳税义务。

第四十九节　土地税税率

第 337 条　使用农用地的土地税基础税率

1. 使用农用地的土地税基础税率，按以下数值确定：

州、区名称	土地税的基础税率（索姆/公顷）				
	灌溉耕地	旱地耕地	多年林木	割草场	牧场
1	2	3	4	5	6
巴特青州					
巴特青区	268	41.3	149	–	7.7
莱莱克区	268	41.3	149	24.3	7.7
卡达姆扎伊区	275	41.3	150	24.4	12.7
贾拉拉巴德市					
阿克色区	306	56.7	193	15.9	13.6
阿拉—布金区	306	41.3	204	22.5	9.9
巴扎尔—库尔贡区	414	41.3	220	30.9	15.4
农垦区	453	41.3	193	24.4	15.4
苏扎克区	414	41.3	220	30.9	15.4
托古兹—托罗乌斯区	223	62.3	–	33	12.9
托克托库尔区	239	62.3	201	30.4	12.9

续表

州、区名称	土地税的基础税率（索姆/公顷）				
	灌溉耕地	旱地耕地	多年林木	割草场	牧场
查特卡尔区	194	62.3	–	26.5	12.9
伊塞库尔州					
阿克苏区	373	87.5	173	30.4	10.6
热吉—奥库兹区	305	74.9	168	23.8	7.7
伊塞库尔区	280	68.6	155	23.8	7.7
顿区	236	39.2	119	20.4	7.1
秋浦区	379	87.5	174	29.1	15
纳伦州					
阿克—塔林区	205	37	–	25.1	4.5
阿特—巴沙区	191	54.3	–	21.7	4.5
准格尔区	196	37	–	25.1	4.5
科奇柯尔区	215	37	–	25.1	4.5
纳伦区	196	54.3	–	21.1	5.3
奥什州					
阿莱区	232	62.3	–	27.7	5.3
阿拉万区	436	41.3	226	15.2	12.7
卡拉—库扎区	232	62.3	117	27.7	5.3
卡拉苏区	453	41.3	246	27.9	12
诺卡特区	413	62.3	233	27.8	12.7
乌兹根区	413	62.3	235	33.7	13.9
琼—阿莱区	183	–	–	21.1	5.5
塔拉斯州					
巴凯—阿塔区	318	52.5	164	–	7.4
卡拉布林区	350	36.4	165	11.2	4.8
玛纳斯区	331	36.4	166	11.2	4.8
塔拉斯区	297	52.5	164	11	4.8

续表

州、区名称	土地税的基础税率（索姆/公顷）				
	灌溉耕地	旱地耕地	多年林木	割草场	牧场
楚河州					
阿拉姆东区	400	56.5	209	23.1	10.8
扎伊尔区					
a. 楚河地带	329	67.9	213	20.4	10.8
b. 苏萨梅尔地带	189	34.5	–	11.3	10
伊塞克—阿塔区	400	74.2	213	29.7	10.8
克明区	354	80.5	211	29.7	10.8
莫斯科区	392	67.2	215	29.7	7.8
潘非洛夫区	362	67.2	215	23.1	7.8
索库卢克区	407	67.2	211	13.9	7.8
楚河区	400	74.9	211	32.4	10.8

2. 使用城市和居民点农用地的土地税基础税率，依据本条第1款的规定，适用于附近行政区的税率确定。

3. 使用水库的土地税基础税率，依据本条第1款的规定，适用于相应区域的灌溉耕地税率确定。

4. 使用泵站灌溉地的土地税基础税率，依据本条第1款的规定，适用于相应区域旱耕地税率确定。

5. 对于被吉尔吉斯共和国议会列为高山和偏远地区的居民点的农用地，在缴纳农用地土地税时提供针对该地区土地税基础税率50%的优惠。

6. 地方议会有权根据土壤品级，以及未使用农用地的情况，增加使用农用地土地税的基础税率，除非是由于不可抗力造成的，但一年不能超过一次。

第338条　使用宅前地、宅基地、果园地的土地税税率

1. 使用宅前地、宅基地、果园地的土地税税率，按以下数值确定：

居民点	土地税税率（索姆/平方米）
比什凯克市、奥什市	1.5
托克马克、卡拉巴尔塔、贾拉拉巴德市、卡拉克尔、塔拉斯、乔彭娜塔市	1.0
本条第1款、第2款未规定的城市以及村落，但不包括农业居民点	0.5
农业居民点	0.1

2. 失效。

3. 如果宅前地、宅基地和/或果园地或其份额用于经营目的的使用，这些农用地或其部分的土地税应根据本法典第339条确定。

第339条　使用居民点土地和非农用地土地税税率

1. 使用居民点土地和非农用地土地税税率按以下数值确定：

区域名称	居民点土地税率 及居民人数（万人，索姆/平方米）							
	0.5以下	0.5~1	1~2	2~5	5~10	10~20	20~50	50万以上
巴特肯州	0.9	1.4	1.5	1.7	1.7			
贾拉拉巴德市	1.2	1.6	1.8	2.0	2.1			
伊塞库尔州	1.2	1.6	1.8	2.0	2.1			
纳伦州	1.0	1.4	1.6	1.7	1.8			
奥什州	1.3	1.6	1.8	2.0	2.3	2.4	2.6	
塔拉斯州	1.1	1.5	1.7	1.9				
楚河州和比什凯克市	1.2	1.6	1.8	2.0	2.3	2.4		2.9

2. 对于位于本条第1款规定的居民点边界以外的非农用地，适用对人口在5100~10000人的相应地区的土地税税率。

3. 本条第1款规定的土地税税率，分别适用地区系数，经济布置区域的Kз系数和商业使用土地区块系数Kк。

4. 地区系数Kз的数值，由地方议会每三年一次，在当年的10月1日前确定，不以经济布置区的特点为依据，规定数值为：

（1）比什凯克市为0.6~3；

（2）奥什市为0.3~3；

（3）其他居民点为0.3~1.2.

5. 商业使用系数Kк对于宅前地、宅基地、果园地部分按住宅建筑或由所有人出租用于居住部分所占比例规定为1。

6. 商业使用系数Kк对于属于组织和个体经营者、自然人所有权或使用权的，用于经营活动使用的土地区域，按以下数值、用途规定：

（1）商店、报亭、售货亭和其他商业点，根据面积：

面积（平方米）	10以内	10~20	20~35	35~50	50以上
Kк值	22.5	16.5	10.5	7.5	6

（2）小型市场、市场、商业市场综合体，为7.5；

（3）牲畜、饲料市场，为4.5；

（4）公共食品企业，为3；

（5）宾馆经营企业，为7；

（6）银行、典当行、兑换点，为5；

（7）舞厅，为7；

（8）办公楼、商务中心、交易所，为2.5；

（9）加油站，为10；

（10）石油基地，为1.5；

（11）停车场、汽车维修服务企业，为4.5；

（12）广告设施，为50；

（13）休闲娱乐领域、运动保健服务、提供个人服务的企业，如果本条未做其他规定，为1.5；

（14）运输企业的行政楼、候机厅、长途汽车站、公交汽车站、铁路火车站，为0.9；

（15）工业、运输业、建筑、通讯和电力企业、境内自由经济区企业，如果本条未做其他规定，为0.5；

（16）矿山开采企业的建筑和设施，以及铁路运输的货场，铁路和航空运输企业的卫生保护区，为0.3；

（17）开采产地、矿场、矿井、剖面区、废料堆场，为0.05；

（18）地质勘探、设计勘测、勘探和研究工程，为0.005；

（19）通讯和电力输送的空中架线线路，为0.01；

（20）科学、教育、健康保护、文化、儿童青年体育运动机构，为0.3；

（21）农业生产建筑（车库、维修车间、谷物脱粒场、谷物清洗综合体、蔬菜土豆保存库、施工和生产院落、其他农业用途的项目），为0.2；

（22）国防、运动、技术组织，为0.01。

第340条　税收期

土地税的税收期为1年。

第五十节　计税和缴税的方式

第341条　土地税额的计算

1. 土地税额按以下方式计算：

（1）对于农用地，按公式：

H=C × П × Kи，其中

H为土地税额，C为本法典第337~338条规定的土地税率，П为土地区域的面积，公顷或平方米，Kи为通货膨胀系数；

（2）对于居民点的土地和非农用地，按公式：

H = C × П × Kи× Kз × Kк，其中

H 为土地税额，C 为土地税率，П 为土地区域的面积（平方米），Kи 为通货膨胀系数，Kз 和 Kк 为本法典第 339 条规定的系数；

（3）对于宅前地、宅基地和果园地，按公式：

H = C × П ×Kз，其中

H 为土地税额，C 为土地税率，П 为土地区域的面积（平方米），Kз 为按本法典第 339 条第 4 款规定的方法规定的地区系数。

2. 在相应的系数未规定的情况下，该系数使用 1。

3. 通货膨胀系数，每年由吉尔吉斯共和国政府在当年的 4 月 1 日前根据前一年的事实通过。在通货膨胀系数未确定的情况下，采用与前一年相同的系数。

4. 组织、个体经营者，以及农民或农场经营应缴纳的土地税的计算，由这些主体根据本条第 1 款的规定独自完成。

5. 向自然人征收的宅前地、宅基地和果园地的土地税额计算义务，由土地区域所在地的税务机构承担，但不包括个体经营者用于经营活动使用的土地。

6. 如果本节未做其他规定，且土地税纳税义务在少于日历年的时间内有效，则土地税额应根据该义务有效月份数计算。

7. 如果土地区域上存在适用不同商业使用系数 Kк 的建筑物或一部分建筑物，属于每个建筑物或其部分的土地区域份额，将根据建筑物的建筑占地面积确定。

第 342 条　土地税纳税期限和地点

1. 农业用地的土地税额的 20%应在 4 月 25 日前缴纳，25%应在 8 月 25 日前缴纳，55%应在当年的 11 月 25 日前缴纳。

2. 使用城市和农村公民提供的宅前地、宅基地和果园地的土地税的年度金额，应在当年的 9 月 1 日前缴纳。

税务机构有关加算税收期土地税金额的通知，应在规定的缴税期前交给纳税人。通知中应注明本部分规定的缴税期限。

未收到通知不能作为纳税人不完成土地税纳税义务的依据。

3. 本条第 1 款、第 2 款未注明的土地税纳税人，在每季度的第一个月的 20 日前，按平均份额缴纳土地税。

4. 土地税在土地区域的统计地缴纳，在比什凯克市范围内的在纳税人税务登记地缴纳。

5. 对于没有银行机构的偏远和难以到达的居民点，允许自然人按吉尔吉斯共和国政府规定的方式向税务机构缴纳土地税。

6. 转移所有权和/或使用权的纳税人，在实际所有和/或使用土地区域时期内应缴纳的税额，在国家权利登记日期前或当日支付给国家预算。这时，最初的土地税纳税人应缴纳自本年度 1 月 1 日起至转让土地区域当月开始前这段时间的税额。

之后的土地税纳税人应缴纳自他获得土地区域权利当月起开始计算的税额。

在国家登记土地区域时，年度税额可以经双方协商由一方向国家财政支付，已在进行国家土地权利登记时缴纳的税额，在未来无需再次缴纳。

根据本法要求在进行土地所有权或使用权国家登记前或当时未缴纳土地税的情况下，完成权利转让的整个税务期的土地税纳税义务，由之后的纳税人承担。

7. 本条第1款、第3款注明的纳税人，应在当年的2月1日前提交土地税的信息结算。

第五十一节　税收优惠

第343条　免税

如果本部分未做其他规定，以下土地免税：

（1）自然保护区、禁猎区、自然公园、国家公园和林木园、植物园和动物园、季节性禁猎区、自然遗址、历史文化实体的土地，未被分配的储备土地，国家边境沿线土地带，居民区内用于人工防护林、水资源和森林资源储备的公用土地，用于交通运输线路、石油输油管道、通讯和输电设施的土地，及沿路和沿着建筑物为了保护上述设施正常运行的带状土地，但不包括用于农业生产及企业生产经营的土地；

（2）墓地；

（3）牧道和牧场的土地；

（4）储蓄所、保护存款基金会、吉尔吉斯共和国国家银行的土地，但不包括其用于休养，休闲娱乐和/或用于租赁的土地；

（5）残疾人、参战人员及与他们同等地位的人员的组织的土地，吉尔吉斯共和国盲人和聋哑人社团组织的土地，个体经营者的土地，在其企业中残疾人、盲人和聋哑人员工占工人总数的50%以上，且向此群体支付的工资占企业支出总工资数量的50%以上。上述社团、组织和个体经营者的名单由吉尔吉斯共和国政府确定；

（6）刑事执行系统的机构的土地；

（7）地方自治机关、组织以及自然人在地方议会规定的期限内获取的用于农业需求的，需要开垦的被破坏的土地（此处的破坏是指退化了的地表和其他土地质量指标被破坏的情形）；

（8）属于卫生安全区的疗养院、休养所以及工会寄宿公寓的土地；

（9）根据吉尔吉斯共和国法律规定方式登记的宗教组织的祈祷场所的土地；

此处的祈祷场所是指为了相同的信仰和宗教传播而直接用于举行仪式和进行祈祷的宗教组织的不动产。

（10）学前教育机构的土地（私人所有制幼儿园）；

（11）吉尔吉斯共和国内务部国家专属警卫总署。

第344条　土地税优惠

1. 除非本章另有规定，下列主体免缴使用宅前地、宅基地、果园地的土地税：

（1）残疾人，卫国战争的参战人员，按照国家间协议在阿富汗或其他国家参加过战争的军人，参加消除切尔诺贝利核电站事故的人，自幼残疾的人，I、II级残疾人；

（2）在执行公务过程中死亡或失踪的军人和执法机构职务人员的家属，包括未成年子女；

（3）达到退休年龄的自然人；

（4）有4个及以上未成年子女的自然人。

2. 在由于不可抗力造成土地使用者承受物质损失的情况下，地方议会有权提供3年内全部或部分免缴农业用地土地税的优惠。

第十五章　特别税务制度

第五十二节　按执照完成纳税义务的一般条件

第345条　本节总则

1. 个别税可以通过获取强制性的营业执照或者自愿性的营业执照的方式来缴纳。

营业执照可由纳税人自愿选择书面形式或者电子形式（电子执照）。书面形式和电子形式的营业执照具有相同的法律效力。

书面形式的营业执照的表格是严格的报表类文件。本法规定的诉讼时效期间内营业执照受法律保护。

2. 强制性和自愿性的营业执照确认：

（1）纳税人享有进行营业执照上所规定的业务类别的经营的权利；

（2）按照营业执照上规定的业务类别缴纳税款；

（3）在营业执照有效时的纳税期内取得收入。

3. 社团、组织或个人经营者按照本法第五十三章所规定的业务类别，按照经营地域，由在税务机关有税收注册登记的纳税人本人或通过税务代表，或者通过有权的税务机关的信息系统来获取强制性的营业执照。

4. 自然人可在税务机关登记注册纳税人的情况下，在经营活动所在地的税务机关获取自愿性的营业执照。

5. 税收数额可由纳税人按营业执照通过下列方式缴付：

（1）在银行机构，包括通过远程银行服务系统，以及计算机或手机银行缴付；

（2）通过支付终端或者POS终端以电子货币方式缴付。

在偏远的、难以到达的、银行机构缺乏的城镇可以按照吉尔吉斯共和国政府的规定，根据营业执照确定的纳税数额按顺序向税务机关缴纳税款。

6. 银行、支付终端、POS终端的收执，或者通过外围设备提交给有权的税务机关按照营业执照缴付的税收数额的信息，是给予纳税人营业执照或者延长现有营业执照有效期的前提。

7. 未获得营业执照即从事生产经营活动的，应被视为未登记即从事生产或逃避纳税。

8. 营业执照仅在签发地区域内（区、没有区划的城市或者比什凯克市）有效。禁止将营业执照或其复印件转让给他人用于从事生产经营活动。

9. 若纸质营业执照遗失，税务机关可签发副本。在此情况下，可向纳税人签发剩余纳税期的新营业执照并注明“替代丢失的营业执照”。

税务机关应按照吉尔吉斯共和国法律的规定制作电子文件以确认电子执照。

10. 从事某些经营活动的营业执照并不能取代经营许可或其他按照吉尔吉斯共和国法律所规定的要求取得的从事该活动所需的特许经营文件。

11. 营业执照上应填的项目信息、格式及营业执照签发的顺序由吉尔吉斯共和国政府规定。

第 346 条　一般要求

1. 执照税纳税人在本法典规定的情况下不免除纳税代理人的义务。

在纳税人经营框架下根据民事合同（合约、雇佣）支付员工的一次性工作、服务的工资时，个人所得税的计算、扣缴，以及向国家财政支付，应根据本法典的要求完成。

2. 从事不属于执照税的其他经营项目的纳税人，应按本法典规定的方式，根据经营项目进行单独核算，提交报表并缴税。这种情况下执照税经营产生的费用，不属于从其他非执照税纳税的经营项目的年总收入中的扣除项。

3. 执照税纳税人从事的经营，在执照有效期间不应进行外出税务检查，除了反检查外。其他形式的税务监督应根据本法典的规定完成。

在检验执照及其有效期时，纳税人应提交支付收据。

4. 失效。

5. 在以下情况，税务机构有权注销执照、召回或中止其有效期，如果：

（1）纳税人从事执照中未注明的经营项目；

（2）纳税人根据签发给其他纳税人的执照从事经营；

（3）存在吉尔吉斯共和国规定的其他违法行为。

第 347 条　计时调查

1. 由税务机构、地方自治机构和在授权税务机关登记的行业商业联合会代表共同进行计时调查，以便确定个别经营项目和地区、适用特别税制所必需的平均收入。进行计时调查的方式由吉尔吉斯共和国政府确定。

2. 计时调查每年不超过一次，而对个别具有季节性的经营项目，则每年不超过三次，每次计时调查不应超过 15 天。

3. 计时调查可以经纳税人同意，也可以不经纳税人同意。进行计时调查的依据是根据本法规定签发的书面指令。

4. 在经纳税人同意进行计时调查时，应将书面通知正本给纳税人阅读了解并将复印件交付纳税人。纳税人应在正本上签字确认表示已了解书面指令的内容并已收到复印件。

5. 在未经纳税人同意进行计时调查时，应在调查后将书面通知正本给纳税人阅读了解并将复印件交付纳税人，并同时将调查报告交给纳税人。

6. 计时调查的结果不会改变被调查的具体经营人的义务，只能用于确定具体经营项目的执照税的金额。

7. 在进行计时调查时应根据本法典的规定保证职务人员进入。

第五十三节　强制执照基础上的税收

第 348 条　适用强制执照税的一般条件

1. 强制执照税（在本节中称“税”），应对以下经营项目强制缴纳：

（1）桑拿、浴室服务，除市政浴室外；

（2）台球室；

（3）失效；

（4）失效；

（5）兑换服务；

（6）舞厅和夜院服务；

（7）昼夜停车场服务；

（8）典当行服务；

（9）理发店和美容院服务；

（10）私人牙医服务；

（11）广告牌出租服务；

（12）失效；

（13）洗车服务；

（14）农产品出口服务。

按强制执照出口的农产品种类清单，由吉尔吉斯共和国政府规定。

舞厅和夜店服务是指征收一定费用或任何提前固定金额提供跳舞场地的场所服务。

2. 支付强制执照税的组织和个体经营者（以下称为纳税人），应缴纳本法典规定的税，但不包括以下税种：

（1）利润税；

（2）应纳税供应的增值税；

（3）销售税。

3. 代替为所雇用员工的工资计算和缴纳个人所得税，纳税人应为每位在应办理强制执照的经营活动中雇用的员工购买每月数额为 7 个被结算指数的执照。

第 349 条　征税客体、纳税基数和税率

1. 为计税目的的征税客体是本法典第 348 条第 1 款规定的经营项目。

2. 为了计算税额，适用以下纳税基数和税率：

经营项目	纳税基数	税务期的税率
（1）桑拿、浴室服务	1个桑拿、浴室的总面积在：	
	150平方米以内	30 000索姆
	150平方米以上	50 000索姆
（2）台球服务	1张桌子	10 000索姆
（3）失效		
（4）失效		
（5）兑换服务	1个许可客体	20 000索姆
（6）舞厅和夜店服务	1个舞厅、夜店	100 000索姆
（7）昼夜停车场服务	1个停车位	100索姆
（8）典当行服务	1个客体	15 000索姆
（9）理发店、美容院服务	1个座位	2000索姆
（10）私人牙医服务	1个座位	5000索姆
（11）广告牌出租服务	1个广告牌	5000索姆
（12）失效		
（13）洗车服务	1个洗车位	4000索姆
（14）农产品出口服务	1辆车，货物重量：4吨以内，4~8吨，8~12吨，12吨以上	300索姆 600索姆 900索姆 2000索姆

3. 在本条第2款注明的税率范围内，吉尔吉斯共和国政府经与吉尔吉斯共和国议会专业委员会协商，有权每年不超过一次，根据客体所在地和/或提供服务的价值修改税率。

4. 如果纳税人混合两种或以上应缴纳强制执照税的经营项目，则每种经营种类单独适用税率。

第350条　税收期

税收期为连续的30天。提供农产品出口服务的税收期是货车的每次出行期。

第351条　计税方式

1. 税额根据纳税基数、税率并根据修改的系数确定。

2. 如果本条未做其他规定，在确定根据纳税客体所在地计算的应缴税额时，适用以下修改系数：

根据居民点居民人数的系数（万人）						
50万以上	25~50万	10~25	5~10	2~5	1~2	1万以内
1	0.7	0.6	0.5	0.4	0.3	0.1

3. 无论居民点居民人数多少，在计算提供台球、车位超过100的停车场税额时，使用系数为1。

4. 在计算居民点边界以外提供服务的税收，应使用最近的居民点的系数。

第352条　提交税务报表的方式、缴税方式和期限

1. 缴税应在开始经营前以购买执照的方式完成。

2. 执照应购买连续的30天、90天、180天，购买90天的执照时，税额降低5%；购买180天的执照时，税额降低10%。农产品出口服务执照在货车每次出行时购买。

3. 税额是固定的，不能重新计算，已缴纳的税额购买执照后不予退还。

4. 从事执照经营的纳税人，根据本法典要求，不免除提交执照经营方面统一税务申报单的义务，其中应注明强制执照经营的实际收入，无需对缴纳税额进行必须的确认和重新计算。

第五十四节　自愿执照的税收

第353条　适用自愿执照税的一般条件

1. 根据吉尔吉斯共和国政府经与吉尔吉斯共和国议会专业委员会协商通过的清单从事经营的自然人，有权缴纳自愿执照税。

2. 缴纳自愿执照税的自然人（以下称纳税人），缴纳本法典规定的税，但不包括以下税种：

（1）利润税；

（2）销售税。

3. 纳税人从雇用员工的工资中扣缴每个员工根据本法典第163条确定的最低结算收入计算的、固定的个人所得税。

4. 以下人员无权适用自愿执照税的缴纳制度：

（1）作为增值税纳税人和/或年收入超过增值税注册门槛的自然人；

（2）组织。

5. 在不符合本节规定的条件时，纳税人应自不符合确定后的下个月第一天起转用计税和缴税的普通规定方式。根据自愿执照税已缴纳并属于在开始转用普遍适用方式期间的税额，应认定为多缴纳的税额，并按本法典规定的方式进行抵扣。

6. 在超过增值税注册门槛时，增值税纳税义务根据本法典的条款产生。

第354条　税额的确定方式

1. 自愿执照税根据经营项目的基础税额，由吉尔吉斯共和国政府根据税务授权部门的提议，经与吉尔吉斯共和国议会专业委员会协商确定。

2. 在基础税额范围内，税务部门有权根据经营的季节性、收入性、种类和地点修改税额。

3. 基础税额的计算和确定及其修改，应根据计时调查结果进行。

4. 如果纳税人从事两个及以上应按自愿执照税纳税的经营项目，则税额根据每种经营项目单独确定。

第 355 条　提交税务报表的方式，缴税的方式和期限

1. 缴税应在开始经营前以购买执照的方式完成。

2. 可以按照吉尔吉斯共和国政府确定的方式购买任何连续天数的执照。购买 90 天的执照时，税额降低 5%；购买 180 天的执照时，税额降低 10%。

3. 税额是固定的，购买后不能重新计算。

4. 从事执照经营的纳税人，根据本法典要求，不免除提交执照经营方面统一税务申报单的义务，其中应注明自愿执照经营的实际收入，无需对缴纳税额进行必须的确认和重新计算，除非本节另有规定。与统一税务申报单一同提交执照复印件。

第 356 条　特殊条款

如果纳税人销售商品、工程和服务的收入超过增值税纳税人的注册门槛，则该纳税人无权缴纳自愿执照税。

第五十五节　纳税人在统一税收基础上的简化纳税系统

第 357 条　总则

1. 简化纳税系统规定了小型经营主体有权根据本节规定缴纳经营规定的统一税，以此代替：

（1）利润税；

（2）销售税。

2. 适用简化纳税系统的小型经营主体（在本节中以下称纳税人），必须：

（1）根据现金核算法进行税务核算；

（2）按本法规定的方式使用带有财务记忆芯片的监督出纳机；

（3）根据本法典规定支付本条第 1 款未注明的税收。

3. 如果本条未做其他规定，则不免除税务代理人在本法典规定情况下的义务。

4. 纳税人从雇用员工的工资中扣缴根据本法典第 163 条规定的最低结算收入计算的每个员工的固定金额的个人所得税。

第 358 条　适用简化纳税系统的方式

1. 纳税人有权根据本法典规定的方式自行选择纳税系统。

2. 选择适用简化纳税系统的纳税人，必须作为统一税纳税人，在以下期限内向税务登记所在地的税务部门提交申请：

（1）对于新注册的主体，自税务登记之日起 5 天内；

（2）对于有效法人，在当年的 12 月 1 日前。

3. 在不符合本节规定条件的情况下，纳税人应在下一年的 1 月 1 日起转为适用普通的

计税和缴税方式。

4. 在超过增值税注册门槛时，将根据本法典的规定产生增值税纳税义务。

5. 在自愿退出简化纳税系统时，纳税人应在退出该纳税系统至少 1 个月前通知税务机关这一决定。在这种情况下注销统一税纳税人登记应自下一年的 1 月 1 日开始生效。

6. 根据本条第 5 款规定注销统一税纳税人登记的纳税人，有权在注销起 3 年后重新转为简化纳税系统。

第 359 条　纳税人

1. 如果在同时遵守以下条件的情况下，小型经营主体即是纳税人：

（1）年度进项不超过增值税注册门槛的金额；

（2）不是增值税的纳税人。

2. 纳税人转为简化纳税系统的权利是根据其在上一年度以现金方式计算的总进项额确定的，而对于重新注册的纳税人，则是根据纳税人的预测数据确定的。

3. 统一税基础上的简化纳税系统不适用于：

（1）缴纳执照税的主体；

（2）提供金融、保险服务的主体；

（3）投资基金；

（4）证券市场的专业参与者；

（5）消费税纳税人；

（6）公共食品主体；

（7）疗养保健范围的主体。

第 360 条　征税客体

征税客体是纳税人从事的经营活动。

第 361 条　纳税基数

1. 如果本条未做其他规定，纳税基数是商品、工程和服务的销售进项。

2. 在本法典第 358 条第 4 款规定的情况下，纳税基数是不计增值税的商品、工程和服务的销售进项。

第 362 条　税率

1. 纳税人根据经营项目按以下税率纳税：

（1）对于农业产品的加工业、生产业、商业：

a. 现金形式为 4%；

b. 非现金形式为 2%。

（2）对于其他经营项目：

a. 现金形式为 6%；

b. 非现金形式为 3%。

2. 从事多项经营项目的纳税人，按这些经营项目的税率单独计算和缴税。

第 363 条　税收期

统一税的税收期是季度。

第 364 条　计税方式

纳税人根据本法典第 37 条规定的方式独立计算税额。

第 365 条　提交税务报表、缴税方式和期限

1. 纳税人应提交：

（1）每季度在报告季度后一个月的 15 日前提交税务报告；

（2）在报告年后下一年的 3 月 1 日前提交统一税务申报单。

2. 纳税人应在每季度后一个月的 15 日前缴纳统一税。

第五十六节　根据税务合约的税收

第 366 条　本节总则

1. 从事经营的组织和个体经营者，有权根据税务合约（以下称合约）缴税。

2. 合约确定纳税人和税务部门之间经协商的、以下列税种的固定金额规定纳税人的义务：

（1）利润税；

（2）应纳税供应增值税；

（3）销售税。

3. 根据合约纳税的组织和个体经营者（在本节以下称纳税人），应缴纳根据本法典规定的税收，但不包括本条第 2 款规定的税收。

第 367 条　根据税务合约执行纳税义务的限制

不能成为合约纳税人的是：

（1）缴纳强制执照税的主体；

（2）提供贷款、金融、保险服务的主体；

（3）投资和退休基金；

（4）证券市场的专业参与者；

（5）有税务欠债的主体；

（6）资源使用税的纳税人；

（7）消费者纳税人；

（8）从事经济活动 3 年以下的主体，但不包括公共食品、疗养保健领域和住宅建设的主体；

（9）从事经营少于 3 个月的公共食品、疗养保健领域的主体。

第 368 条　税收期

根据合约执行纳税义务的税务期是 1 年，但不包括本条规定的情况。

对于公共食品和疗养保健领域的主体，在 1 年内转为根据税务合约纳税，税务期将是纳税人过渡到合约纳税当月起至该年年底的期限。

对于转为根据税务合约纳税的住宅建设主体，税收期是根据本法典第 369 条第 3 款规定的期限。

第 369 条　转为根据税务合约执行纳税义务的方式

1. 除打算适用税务合约纳税或重新签署合约的住宅建设主体外的纳税人，应在签署或重新签署合约上一年的 11 月 1 日前向税务部门提交申请成为税务合约纳税人。

公共食品和疗养保健领域的主体，从事经营超过 3 个月的，有权在任何月份签署税务合约。

2. 有关依据合约完成纳税义务的申请，应提交给税务登记地所在的税务部门。

申请中应注明以下信息：

（1）纳税人名称；

（2）纳税人法定地址；

（3）税号；

（4）财务经营结果；

（5）前三年的纳税义务额；

（6）合同的基础指数。

3. 纳税人可以适用税务合约制度的决议，或者有理由地拒绝纳税人适用该制度的决议，由税务部门在收到申请后的 15 天内作出。

在作出纳税人可以适用税务合约制的决议后，税务机关经与国家授权税务机构协商，在作出决议后的 15 个工作日内与纳税人签署合约。

与住宅建设主体签署的合约按每个住宅设施项目单独签署，期限不超过 36 个连续月，且每年根据与税务部门的核对单确定纳税义务。

合约按吉尔吉斯共和国政府确定的形式签署 1 年，可以每年重新签署。应根据本条的规定重新签署合约。

授权税务机构有权拒绝适用合约制度的可能性，或在以下情况下按吉尔吉斯共和国政府确定的方式中断合约：

（1）不符合本节规定的条件；

（2）不符合合约规定的条件；

（3）存在逃避纳税迹象的情形。

4. 在合约有效期内，对包括在合约金额中的税收不进行外出税务检查，除非是反检查。其余形式的税务监督根据本法典规定进行。

5. 纳税人重组时，合约终止。

6. 在一个日历年内，住宅建设主体有权适用税务合约纳税制度以及签署和重新签署合约。

第 370 条　税务合约纳税义务金额的计算

1. 如果本条未做其他规定，税务合约纳税义务金额将定为签署合约的第一年超过之前 3 年纳税义务最高金额的 25%以上。

2. 对于公共食品和疗养保健领域的主体，税务合约纳税义务的金额，应根据税务点的经营结果确定。

2-1. 对于住宅建设主体，合约纳税义务的金额根据住房销售总面积确定。

对住宅建设主体，合约纳税义务的金额按以下公式计算：

$$CH = П \times Cф \times Kз,$$

其中：CH 为合约纳税义务的金额；

П 为住房销售总面积（平方米）；

Cф 为固定税的税率，相当于每平方米 900 索姆；

Kз 为当地议会规定的地区系数。

3. 在之后重新签署合同时，纳税义务金额定为超过前一个日历年 10%以上的金额，但不包括住宅建设主体。

第 371 条　税务合约纳税义务的执行和税务报表

1. 税务合约纳税义务应在每月的下一个月 15 日之前，按合约条件规定的金额执行。

2. 根据住宅建设主体的经营，合约纳税义务每月以平均份额执行，除非本条另有规定：

（1）在第一个连续 12 个月期间，以不少于合约纳税义务总金额 20%的金额；

（2）在接下来的连续 12 个月期间，以不少于合约纳税义务总金额 30%的金额。

3. 签署合约的纳税人，应提交统一的税务申报单，其中包括根据合约完成纳税义务的经营申报。

第五十七节　自由经济区的税制

第 372 条　本节总则

1. 本节规定的税制，只针对从事经营和对外经济活动的自由经济区主体的经营，其中包括根据吉尔吉斯共和国自由经济区法的规定而生产和销售商品（工程、服务），但不包括应缴纳消费税商品的生产和销售。

2. 对于自由经济区的主体在吉尔吉斯共和国其他地区上的经营，适用普通税制。

第 373 条　自由经济区的主体

自由经济区的主体，是指根据吉尔吉斯共和国法律由国家授权部门注册（重新注册）的、通过自由经济区总管理处统计登记的法人。

第 374 条　税务登记

自由经济区的主体应按本法典规定的方式进行税务登记。

第 375 条　自由经济区主体的纳税特点

1. 如果本节和吉尔吉斯共和国自由经济区法未做其他规定，自由经济区主体的经营免缴所有税种。

2. 非自由经济区主体在吉尔吉斯共和国境内向自由经济区主体提供的商品、工程和服务，应根据本法典规定缴纳增值税。

3. 自由经济区主体的经营不符合本法典第 372 条和吉尔吉斯共和国自由经济区法规定的要求时，应根据普通税制纳税。

商品从自由经济区运出用于向吉尔吉斯共和国其他地区供应时，其中包括将商品转让给非自由经济区主体的人，对该商品应根据普通税制征税。

4. 商品通过自由经济区边界时的征税，应根据关税同盟的法律和吉尔吉斯共和国海关事务领域法，以及有关吉尔吉斯共和国自由经济区法的规定进行管理。

5. 自由经济区主体为吉尔吉斯共和国内部市场需求所提供的服务、工程，应根据普通税制征税。用于吉尔吉斯共和国内部市场需求所提供的服务、工程是任何非自由经济区主体的组织、自然人在经济区内和吉尔吉斯共和国其他地区所需求的服务、工程。

6. 应从收入支付来源计算、扣除、缴纳的收入，根据本法典规定纳税。

7. 失效。

8. 失效。

9. 如果自由经济区的主体在自由经济区，以及吉尔吉斯共和国其他区域和境外从事经营，则该主体的纳税应根据本法典的规定进行分别核算。

第 376 条　税务报告

自由经济区的主体根据本法典的规定向税务部门提交税务报告。

自由经济区的主体提交统一税务申报单。

第五十八节　特别资金税

第 377 条　失效

第 378 条　失效

第 379 条　失效

第 380 条　失效

第 381 条　失效

第 382 条　失效

第 383 条　失效

第 384 条　失效

第 385 条　失效

第五十九节　高新技术园区的税制

第 386 条　本节总则

本节规定的税制，在符合吉尔吉斯共和国有关高新技术园区法规定的情况下，只适用于从事经营或对外经济活动的高新技术园区的居民。

第 387 条　税务登记

高新技术园区的居民，在注册为高新技术园区居民后的 5 个工作日内，应以向登记所在地的相关税务部门提交申请的方式通过高新技术园区的居民统计税务登记，并应提供经公证的证明这一注册完成的文件复印件。

统计登记自主体提交登记申请当月的下一个月第一天开始生效。

第 388 条　高新技术园区主体的纳税特点

1. 如果本节未做其他规定，则符合本法典第 386 条要求的高新技术园区居民的经营，在吉尔吉斯共和国高新技术园区法规定的期限内，免缴以下税收：利润税、销售税、增值税。根据本节规定高新技术园区居民的纳税有效期，在任何情况下都不会超过高新技术园区制度的有效期。

2. 高新技术园区居民的员工、作为高新技术园区居民的个体经营者、高新技术园区管理处（除从事大楼、场所和土地区域保养、保安的员工外）的个人所得税税率为 5%。

从在吉尔吉斯共和国的来源收入的税收计算和缴纳，应根据本法典的规定进行。

3. 在丧失高新技术园区居民地位时，应根据本法典的规定，自丧失该地位之时起按普通原则征税，除非吉尔吉斯共和国法律另有规定。

第 389 条　税务报告

高新技术园区居民应根据本法典规定向税务部门提交税务报表。

吉尔吉斯共和国总统　巴基耶夫

COMMONLY USED
LAWS IN KYRGYZSTAN

吉尔吉斯斯坦海关监管法

（2014 年 12 月 31 日修订）

第一章　总　则

第一节　吉尔吉斯共和国海关监管总则

第 1 条　本法的监管目的

本法的目的是：

（1）保证吉尔吉斯共和国对构成关税同盟法律合约基础的国际公约的执行，以及对关税同盟机构在海关监管和海关事务领域所作出的决议的执行；

（2）保证吉尔吉斯共和国对外商品贸易时的经济安全；

（3）完善海关事务领域的国家管理；

（4）保证维护从事吉尔吉斯共和国进出口商品经营活动的人、从事海关事务业务的人，以及实现吉尔吉斯共和国进出口的商品所有权、使用权、支配权的人的权利和合法利益。

（5）为发展对外经济活动和对外贸易活动、海关事务领域的基础设施创造条件。

第 2 条　吉尔吉斯共和国的海关监管和海关事务

1. 吉尔吉斯共和国的海关监管，是对在海关监管、临时保存、海关申报、根据海关手续放行和实施、进行海关监管、支付海关费用下商品通过吉尔吉斯共和国境内关税同盟海关边界，以及与在统一关税同盟的海关境内运输（以下称关税同盟的海关境内）所产生的关系，以及吉尔吉斯共和国海关部门（以下称海关部门）与行使上述商品所有权、使用权和支配权的人之间的关系进行法律监管。

2. 海关事务是指保证遵守关税同盟的海关法和吉尔吉斯共和国海关监管法的方式方法的总和。

第 3 条　海关事务关系的法律调整

与商品通过关税同盟的海关边界相关的法律关系，根据关税同盟的海关法进行调整。

吉尔吉斯共和国海关事务领域的法律，以《吉尔吉斯共和国宪法》为依据并包括：

（1）本法；

（2）根据本法规定制定的法规。

如果吉尔吉斯共和国通过的国际法规定了与本法不同的其他规则，则适用国际法。

第 4 条　海关法时效

1. 吉尔吉斯共和国海关法法令适用于在其实施后出现的关系，不具有溯及力，除非本条第 2 款另有规定。

2. 吉尔吉斯共和国海关法法令中提高人的地位的条款，具有溯及力。

3. 吉尔吉斯共和国海关法法令在其正式公布后满 15 日后方可生效，除非关税同盟的海关法另有规定。

第5条　海关事务的负责人

1. 吉尔吉斯共和国政府对海关事务实施总领导。

2. 吉尔吉斯共和国政府确定海关事务领域的国家授权部门，对海关事务实施直接领导。

3. 海关事务领域的国家授权部门（以下简称国家授权部门）通过吉尔吉斯共和国下属海关机构直接实施自己的授权。

4. 国家授权部门的法律组织地位的章程，由吉尔吉斯共和国政府批准。

第6条　吉尔吉斯共和国海关部门获得和提供信息

1. 国家部门和其他人根据本法和其他法律规定提供给海关部门的信息，只能用于海关目的，包括为了制止违法行为提供的信息。

2. 吉尔吉斯共和国海关部门及其职务人员，无权将构成国家机密，商业、银行、税务机密，或其他受法律保护的秘密，以及其他保密信息用于个人目的的使用、泄漏，或转交给第三方，包括国家机构，除非本条第4款规定的情况。

3. 吉尔吉斯共和国海关部门及其职务人员，根据吉尔吉斯共和国法律的规定，对泄漏商业机密或机密性信息的行为承担责任。

4. 吉尔吉斯共和国海关部门根据正式的询问，向吉尔吉斯共和国国家机构提供以下信息：

（1）向执法机构，只有根据立案的刑事案件，只针对实施了海关事务领域违法行为的人；

（2）向法院，在司法审理过程中根据法院的要求；

（3）向破产事务国家授权部门、行政官（临时行政官、特别行政官、长官、外事管理者），为了使其实施破产法规定的授权，并只有在针对提起破产程序的主体时；

（4）向税务机关，为了使其完成本法和税法规定的职责；

（5）向吉尔吉斯共和国议会、审计署、吉尔吉斯共和国政府下属财务侦查局，在规范其职能的吉尔吉斯共和国法律规定的情况下；

（6）向其他国家的海关、税务机构或司法机构，根据吉尔吉斯共和国作为成员国的，有关海关、税务机构或司法部门间相互合作的国际公约的规定。

5. 根据本条第4款规定获得的信息，不属于泄密和传播。

第7条　本法中使用的基本概念

1. 本法中使用以下基本术语、概念和定义：

（1）国内税，是指增值税和消费税，商品在吉尔吉斯共和国境内流通时征收。

（2）商品的临时（条件性）估价，是指商品的海关价值，为计算申报人应向吉尔吉斯共和国海关部门存放的存款额采纳的，作为在确定申报人所申报的商品海关价值期间缴纳海关费用的保证。

（3）盗版商品，是指包含知识产权、混合权利、商标权、商品产地的服务标志和名称标志等客体的商品，如果未经权利所有者允许擅自加工该商品，以及通过海关边境运输该商品，或其他与海关监管的商品相关的行为，导致损害了吉尔吉斯共和国法律保护的权利所有者的权利。

（4）非费率调整措施，是指禁止并限制向吉尔吉斯共和国境内进口商品、从吉尔吉斯共和国出口商品，包括在进行对外贸易时保护吉尔吉斯共和国经济利益的措施、许可证制、配额制、出口监督措施体系、符合标准和商品安全规定的确认，以及其他由吉尔吉斯共和国海关部门在商品通过海关边境时执行监督的禁令和限制。

（5）向吉尔吉斯共和国海关部门出示商品和运输工具的地点，是指开放式区域（部分区域）或封闭式场地，由吉尔吉斯共和国海关部门根据本法规定而确定办理海关手续的地方。

（6）商品和（或）运输工具非法通过海关边界，是指以违反本法规定的方式实施的将商品和运输工具运入或运出关税同盟的海关领土的行为。

（7）通关地的海关基础设施实体，是指用于监督机构执行自己的职责、吉尔吉斯共和国海关部门职务人员的社会服务，并为自然人、商品、运输工具经过关税同盟的海关边界通关创造条件而使用通关地的楼房、建筑、设施、区域。

（8）特别经济区，是指根据吉尔吉斯共和国法律规定包括自由经济区、海关免税区在内的区域。

（9）国人，是指企业、机关、组织，无论是否具备法人资格，在吉尔吉斯共和国有所在地，根据吉尔吉斯共和国法律设立，以及居民自然人，其中包括在吉尔吉斯共和国作为个体经营者注册的人。

（10）商品和（或）运输工具通过关税同盟海关边界，是指以任何方式实施的关税同盟进出口商品和（或）运输工具，包括通过国际邮递方式发送的邮包、使用管道交通和输电线路。

属于上述行为的包括：

向关税同盟进口商品和（或）运输工具，是指商品和（或）运输工具实际通过海关边界，以及之后根据关税同盟的海关法和本法规定的、在吉尔吉斯共和国海关部门放行商品和运输工具前发生的所有行为。

从关税同盟境内出口商品和（或）运输工具，是指提交海关报关单或其他直接进行商品和运输工具出口的行为。

（11）权利所有人，是指根据吉尔吉斯共和国法律规定对知识产权实体拥有权利的人。

（12）暂停放行包含知识产权客体的商品，是指吉尔吉斯共和国海关部门延缓放行或有条件放行包含知识产权客体的商品。

（13）通关地，是指位于吉尔吉斯共和国境内的关税同盟海关边界带有海关基础设施的区域，位于铁路、公路或空运范围内，用于允许人、商品和运输工具通过关税同盟的海关边界，由吉尔吉斯共和国政府和（或）吉尔吉斯共和国加入的国际条约确定。

（14）吉尔吉斯共和国海关部门许可，是指通过提供个人数字签章或以书面形式作出一定决议的方式，办理吉尔吉斯共和国海关部门允许从事本法规定的一定的业务的行为。

（15）海关检查，是指吉尔吉斯共和国海关部门为了核实人们在商品通过关税同盟的海关边界时，与属于主体经营活动的财务核算、报表等文件一起提交的信息是否真实而采取的措施。

（16）海关价值，是指根据关税同盟的海关法、关税同盟成员国国际公约、本法的规定，为计算关税、税收和从税税率的海关费所确定的商品价值。

（17）吉尔吉斯共和国海关部门，是指国家授权机构、海关和其他中央机关的分部。

（18）海关费用，是指由吉尔吉斯共和国海关部门根据关税同盟的海关法、关税同盟成员国的国际公约、本法以及税法规定征收的海关关税、税收、海关费。

（19）海关目的，是指保证根据关税同盟的海关法、关税同盟成员国的国际法、本法的规定遵守海关法。

（20）海关监管商品，是指运至关税同盟境内的，在放行用于自由流通前、在出口时实际通过海关边境前或在销毁前的外国商品，以及在从关税同盟出口的、在实际通过海关边境前的国产商品。

（21）运输工具，是指在有偿运送人员、有偿或无偿的工业或商业运送商品的国际运输中使用的任何运输工具（包括拖挂、半拖挂和混合运输工具），以及与运输工具一同运输的普通备件、配件和设备、普通油箱中规定量的油料、燃料。

（22）有条件免税，是指根据关税同盟的海关法、关税同盟成员国间的国际公约、吉尔吉斯共和国参与的国际协议、吉尔吉斯共和国税法和本法的规定免缴海关费用。

（23）商品的丢失，是指在进行海关业务时，根据本法规定应保证商品完整的人员实际掌握中的商品丢失，包括偷窃或第三方其他不法行为造成的。

2. 本法未确定的海关管理领域的术语，在本法中根据关税同盟海关法和构成关税同盟法律条约基础的国际公约确定的意义使用。

3. 所有其他术语在本法中根据吉尔吉斯共和国税法、民法、行政责任法和其他吉尔吉斯共和国法律确定的意义使用。

第 8 条　吉尔吉斯共和国海关部门与对外经济活动参与者及其他组织的关系

1. 吉尔吉斯共和国海关部门，与对外经济活动参与者、承运人及其他从事与对外贸易相关活动的组织、他们的专业联合体（协会）保持正式的关系，以便在推广更有效的海关手续和海关监督方法方面，以及解决其他促进外贸发展的任务方面进行合作和互相协助。

2. 推广更有效海关业务实施方面的合作和协作，及解决其他促进对外贸易发展任务，应以下列形式进行：

（1）参与制定吉尔吉斯共和国海关事务领域的法规草案、关税同盟海关法条例；

（2）参与分析吉尔吉斯共和国境内对外经济活动发展的财务、经济、社会和其他指数，其中包括个别经济领域；

（3）参与评估海关行政管理措施的有效实施；

（4）为吉尔吉斯共和国国家授权机构提交完善海关事务的建议。

第二节　海关事务中的信息系统和信息技术

第9条　信息系统、信息技术和信息保障手段的使用

1. 本法规定的海关业务通过使用信息系统、信息技术进行，其中包括使用依赖电子方法转达的信息，以及根据本条规定的方法的保障手段。

2. 海关事务中的信息系统和信息技术的使用，应是经济实惠并对海关部门和对外经济活动参与者有效的。

3. 使用计算机技术和通讯手段的信息系统和信息技术的推广，应根据相关的国际标准实施。

4. 由吉尔吉斯共和国海关部门研制和生产，或者合法获得的信息系统、信息技术，及其保障手段，属于国家所有并包含在吉尔吉斯共和国海关部门财产中，海关部门对于上述产品在其职权范围内行使所有权。

5. 与吉尔吉斯共和国海关部门使用属于第三方所有的信息系统、信息技术及其保障手段相关的关系，应建立在合约基础上。

6. 在海关事务中使用的属于第三方所有的信息系统、信息技术及其保障手段，应符合吉尔吉斯共和国政府规定的要求，并应与海关部门完成海关业务时使用的其他产品兼容。

7. 用于海关目的使用信息系统、信息技术及其保障手段的可能性，使用这一产品的方式和条件，由吉尔吉斯共和国政府规定。

第10条　信息系统、信息技术及其保障手段的认证

1. 信息系统、信息技术及其保障手段应在吉尔吉斯共和国法律规定的情况下，以其规定的方式进行认证。

2. 由于使用非认证的信息系统、信息技术及其保障手段，以及使用从非认证系统获得的信息而对其产生风险的人的范围，由吉尔吉斯共和国法律确定。

第11条　吉尔吉斯共和国海关部门的信息资源

1. 吉尔吉斯共和国海关部门的信息资源，构成完成海关业务时提供的文件和信息，及其完成所必需的文件。

吉尔吉斯共和国海关部门的信息资源，应理解为文件证明信息的组织总和，包括数据库和其他在吉尔吉斯共和国海关部门信息系统中整理和累积的信息群。

2. 吉尔吉斯共和国海关部门的信息资源属于国家所有，其中包括财产，根据海关部门的职能范围由海关部门管理。

3. 吉尔吉斯共和国海关部门信息资源的法律制度，包括信息的文件办理方式、构成和使用方式，由吉尔吉斯共和国政府根据吉尔吉斯共和国法律法规的规定确定。

4. 在吉尔吉斯共和国政府规定的情况下，按本法规定的方式提交的文件，包括海关报关单，可以信息交换的电子方式提交，并应在遵守文件办理要求和其他法律规定的情况下提交。

5. 本条不适用于吉尔吉斯共和国有关信息、信息化和信息保护的法律法规规定的情况下，依据必须提供文件证明信息构成国家信息资源的情况。

第 12 条 信息资源的使用

1. 吉尔吉斯共和国海关部门管理的信息资源，是开放和大众化的，除非是根据吉尔吉斯共和国法律规定限制接触的情况。

2. 如果信息不被限制获取，自然人、法人以及政权机构、地方自治机构有权从吉尔吉斯共和国海关部门获取信息，并不需要向其说明获取信息的依据。

3. 获取吉尔吉斯共和国海关部门管理的信息资源中信息的方式，获取的地点、时间、依据和条件，由吉尔吉斯共和国政府根据本法和其他法规的规定确定。

4. 由反资助恐怖主义和洗黑钱的国家授权部门准许进入吉尔吉斯共和国海关部门管理的，包含商业、银行或其他受法律保护的秘密的资料库。

第 13 条 保护信息过程和信息化参与主体的信息和权利

1. 保护信息过程和信息化参与主体的信息和权利，应按照吉尔吉斯共和国法律规定的方式进行。

与信息系统和信息技术保障手段兼容的信息保护的特殊程序技术手段的推广和使用，是信息保护的保障，这些手段应根据吉尔吉斯共和国法律规定的方式办理认证。

2. 以信息保护手段保障的信息保护水平，应符合信息的等级。信息保护水平与一定的信息等级相符合，是由吉尔吉斯共和国管理信息资源的海关部门保障的。

3. 对于遵守信息保护和使用信息保护手段规定的监督，应根据吉尔吉斯共和国法律的规定实施。

第 14 条 吉尔吉斯共和国海关部门加入国际信息交换

国家授权部门和吉尔吉斯共和国其他海关部门加入与海关部门的国际信息交换，并在其职能范围内，按照吉尔吉斯共和国法律和国际公约规定的方式和条件参与与外国其他部门和组织以及国际组织的信息交换。

第三节 海关事务领域的信息和咨询

第 15 条 有关作出作为或不作为决定依据的信息获取

吉尔吉斯共和国海关部门或其职务人员对其作出决定或作为的人，以及对其未作出决定或者在规定的期限内未对其完成应有的作为，则该人有权在决定作出、作为实施之日起的 2 个月内，或上述决定作出或完成作为的期限期满向该吉尔吉斯共和国海关部门询问作出决定或作为的理由和依据，或未作出决定或未完成作为的理由和依据，如果这些直接并个别地触及了该人的权利和合法利益。

对于询问吉尔吉斯共和国海关部门应立即审议。在提交书面询问时，应按书面形式给予回复。

第 16 条　海关事务领域的法规信息

吉尔吉斯共和国国家授权部门和其他海关部门应保证所有需求人员可以无阻碍地获取海关事务现行法律法规，包括使用信息技术方式获取。

吉尔吉斯共和国海关部门保证相关人员获取海关事务领域未生效的对法规的修改方案，包括使用信息技术的方式获取，但不包括不允许预先通知修改方案的情况。

第 17 条　海关事务问题和其他属于吉尔吉斯共和国海关部门职责范围问题的咨询

1. 吉尔吉斯共和国海关部门按照吉尔吉斯共和国法律规定的方式提供海关事务，以及属于其职权范围的其他问题的咨询。

2. 吉尔吉斯共和国海关部门提供免费的口头和书面咨询。

3. 在进行咨询时，向相关人员提供的信息，不作为吉尔吉斯共和国海关部门在进行与商品和运输工具有关的海关业务时作出决定或作为的依据。

第四节　海关事务领域的监督工作

第 18 条　海关事务领域工作总则

1. 作为临时保管仓库、海关仓库、免税贸易商店的所有者，海关承运人，授权经济业务人和海关代表的本国法人，如果他们已列入临时保管仓库业主登记册、海关仓库登记册、免税贸易商店所有者登记册、海关承运人登记册、授权经济业务人登记册和海关代表登记册，则允许他们从事经营。

在经营中作为免税仓库业主的相关法人，列入免税仓库业主登记册的方式和条件，将免税仓库业主从登记册中删除及删除方式，以及暂停作为免税仓库业主的经营活动、业务重新恢复的方式、管理登记册的方式，都由吉尔吉斯共和国政府确定。

2. 从事海关事务领域经营人的登记册，由国家授权部门按本法规定的方式进行管理。

3. 国家授权部门必须：

（1）保证定期的不少于 3 个月一次在自己的官方出版物上公布从事海关事务经营人员的登记册。

（2）向关税同盟部门提交从事海关事务领域经营的人员登记册。

第 19 条　将从事海关事务经营的人员列入和删除登记册的方式

1. 将从事海关事务经营的人列入登记册，是根据该人向国家授权部门提交的书面申请进行的，其中应包含本法第 20 条规定的信息。

2. 与申请一同提交的本法第 21 条规定的文件，应以原件或按规定方式公证的复印件形式提交。文件应以国家语言或官方语言提交。

国家授权部门有权向第三方，以及国家机构寻求证明申请人信息的文件。

审理申请后，根据申请人的要求，国家授权部门应将提供的文件原件返还给申请人。

3. 根据国家授权部门的书面决议将从事海关事务经营的人列入登记册，并免费签发登记证书。

国家授权部门作出的列入从事海关事务经营人登记册的决议，只针对提交相应申请的人有效，并且是无限期的。

4. 将从事海关事务经营人员登记册删除的决定，应根据国家授权部门收到的有关收回列入登记册证书的申请或根据本法规定的依据进行。

第 20 条　列入从事海关事务经营人登记册所必需的信息

1. 列入从事海关事务经营人登记册的申请包含：

（1）申请人的名称、法律组织形式、注册资本；

（2）有关在一个（或多个）吉尔吉斯共和国海关部门经营区限制或不限制自己的经营区域的要求。

2. 除了本条第 1 款的一般信息外，申请人还应提供以下补充信息：

（1）组建临时保管仓库或海关仓库时：

a. 临时保管仓库或海关仓库类型的信息以及组建封闭型仓库的依据；

b. 属于申请人所有、用于临时保管仓库或海关仓库使用的场所和（或）开放式场地的信息，它们的所在地、装备、设备及技术照明。

（2）组建免税贸易商店时：

a. 在提交申请时拥有适合作为免税贸易商店使用的场所的信息。

（3）在作为海关代表人从事经营时：

a. 在根据关税同盟对外经济经营商品编码，或者根据在一个（或多个）吉尔吉斯共和国海关部门经营区框架内完成个别海关业务而确定的商品种类方面，有关限制或不限制自己从事海关业务经营范围的申请信息。

（4）从事海关承运人经营时：

a. 从事货物运输经营的期限信息；

b. 作为海关承运人而从事经营时预计使用的、自己所有的运输工具情况（总数量、技术性能），其中包括适用于海关铅封、封条和加印商品运输的运输工具。

（5）作为授权经济业务人从事经营时：

a. 本条第 1 款注明的信息。

3. 针对每一个用于临时保管仓库、海关仓库、免税贸易商店使用的独立场所和（或）每个独立的开放式场地，应提交单独的从事海关事务经营人员的登记申请。

第 21 条　登记为从事海关事务经营人所必需的文件清单

1. 与登记为从事海关事务经营人的申请一同提交的文件有：

（1）创立文件复印件；

（2）国家注册证书复印件；

（3）银行开户文件；

（4）根据本法第 22 条规定支付保险费的证明文件。

2. 除本条第1款注明的一般文件外，申请人还应提交以下补充文件：

（1）组建临时保管仓库或海关仓库时：

a. 用于临时保管仓库或海关仓库使用的场所和（或）开放式场地的平面图和草图；

b. 场地和场所的租赁合同或其他证明其所有权的文件；

c. 根据吉尔吉斯共和国法律规定国家不动产权利和抵押（限制）登记文件；

d. 保证缴纳根据本法第四十节规定的海关关税、税收的证明文件。

（2）组建免税贸易商店时：

a. 组建免税贸易商店使用的场所租赁合同或其他证明所有权的文件；

b. 国家边境保护授权部门出具的、可以开设免税贸易商店的证明；

c. 用于免税贸易商店使用的场所平面图和草图；

d. 根据吉尔吉斯共和国法律国家不动产权利和抵押（限制）登记文件；

e. 拥有法律规定的零售商业登记或许可文件。

（3）从事海关代表人业务时：

a. 申请人作为办理海关业务专家的专业证书；

b. 调整聘用海关业务专家劳动关系的文件，以及确认作为海关业务专家的授权文件；

c. 在每个申请人计划从事的领域拥有相应海关业务专家的证明文件；如果计划从事没有任何地区限制的业务，则应提交在提交申请当天申请人计划通过分公司作为海关代表时，该分公司及其所在地信息；

d. 证明保证缴纳关税同盟海关法典第13条第3款规定的海关关税和税收金额的文件。

（4）作为授权经济业务人从事经营时：

a. 保证以银行担保形式缴纳海关关税和税收的证明文件，银行担保应由进入国家授权部门管理的银行和其他信贷机构名册的银行出具，金额不少于关税同盟海关法典第39条第1款的规定；

b. 在向国家授权部门提交申请当日，按税法规定的无欠税证明；

c. 具有可以对照海关部门在办理海关手续时提供的信息，与业务经营信息的商品核算系统的情况介绍；

d. 用于仓库使用的场所和（或）开放场地的平面图和草图；

e. 场地和场所租赁合同，或其他证明仓库场地和场所所有权的文件；

f. 根据吉尔吉斯共和国法律规定的不动产权和抵押国家登记文件。

（5）作为海关承运人从事经营时：

a. 从事货物运输经营的许可证，如果根据法律规定这一经营项目需要办理许可；

b. 作为海关承运人经营使用的运输工具所有权的证明文件；

c. 保证缴纳不少于关税同盟海关法典第19条第2款规定金额的海关关税、税收的证明文件。

第22条 列入海关事务经营人名册的条件

1. 列入海关事务经营人名册的条件是：

（1）组建临时保管仓库或海关仓库时：

a. 拥有适合临时保管仓库或海关仓库使用的场所和（或）开放式场地（本法第65条、第96条）；

b. 用于临时保管仓库或海关仓库的场所和场地的所有权、使用权或支配权，这时，场所和场地的租赁合同有效期自提交申请之时起不少于3年；

c. 保证缴纳海关关税和税收；

d. 使用的海关监管商品统计与监督的信息系统，技术上与吉尔吉斯共和国海关部门信息系统兼容；

e. 在提交申请当日，没有海关税费的欠费或滞纳金；

f. 在提交申请当日，在1年内没有因海关事务领域违法行为被追究行政和刑事责任的事实存在。

（2）组建免税贸易商店时：

a. 拥有适合免税贸易商店使用的场所和（或）开放式场地（本法第149条）；

b. 用于免税贸易商店的场所和场地的所有权、使用权或支配权，这时，场所和场地的租赁合同有效期自提交申请之时起不少于3年；

c. 保证缴纳海关关税和税收；

d. 使用的海关监管商品统计与监督的信息系统，技术上与吉尔吉斯共和国海关部门信息系统兼容；

e. 在提交申请当日，没有海关税费的欠费或滞纳金；

f. 在提交申请当日，在1年内没有因海关事务领域违法行为被追究行政和刑事责任的事实存在。

（3）作为海关代表：

a. 职员编制中至少有一位获得专业证书的海关业务专家（本法第231条、第232条）；

b. 使用与吉尔吉斯共和国海关部门的信息系统技术上相兼容的信息系统；

c. 保证缴纳海关关税和税收；

d. 在提交申请当日，没有海关税费的欠费和滞纳金；

e. 在提交申请当日，在1年内没有因海关事务领域违法行为被追究行政和刑事责任的事实存在。

（4）作为授权经济业务人：

a. 保证提供由进入国家授权部门管理的银行和其他信贷机构名册的银行出具银行担保；

b. 在向国家授权部门提交申请时，从事对外经济活动不少于1年；

c. 在向国家授权部门提交申请当日，没有海关税费的欠费或滞纳金；

d. 在向国家授权部门提交申请当日，没有吉尔吉斯共和国税法规定的欠税；

e. 截至提交申请当日，在 1 年内没有因违反海关规定被追究行政和刑事责任的事实存在；

f. 具有商品核算系统；

g. 具有报关、海关报关监督和核算的自动化系统，其中包括必需使用与吉尔吉斯共和国海关部门使用的程序产品相兼容的程序产品；

h. 为了文件的完整和保护电脑系统不被他人非法侵入，保证提供信息技术安全措施；

i. 具备适合仓库使用的开放场地和场所；

j. 具有仓库场地和场所的使用权、所有权或支配权；

k. 截至提交申请当日，没有海关税费的欠费或滞纳金；

l. 在提交申请当日，在 1 年内没有因海关事务领域违法行为被追究行政和刑事责任的事实存在。

（5）作为海关承运人：

a. 拥有适合海关铅封、封条商品运输的运输工具，并符合本法第 56 条规定的对装备和设备的具体要求；

b. 保证支付海关关税和税收；

c. 截至提交申请当日，没有海关税费的欠费或滞纳金；

d. 在提交申请当日，在 1 年内没有因海关事务领域违法行为被追究行政和刑事责任的事实存在。

2. 作为临时保管仓库业主、海关仓库所有人、免税贸易商店所有人和海关代表所从事的经营活动，应根据吉尔吉斯共和国法律的要求办理必需的保险。

第 23 条　列入（拒绝列入）从事海关事务领域经营名录的决定

1. 国家授权部门，在登记所有接收文件之日起 15 天内作出是否将申请人列入从事海关事务经营名录的决定，其中包括审核文件的期限。决定中也可能拒绝将其列入名录：

（1）如果没有提供本节所规定的所有文件和信息；

（2）在申请人未遵守本法第 22 条规定的条件下；

如果申请人消除了本款第 1 项、第 2 项中的拒绝理由，申请会根据一般依据进行审理。

2. 国家授权机构应在作出决定后的 3 天内通知申请人。

拒绝列入名录的通知，应以书面形式发送给（亲手交给）申请人或申请人的代表，并注明拒绝的理由。

3. 可以按照本法第十一章规定的方法，对国家授权部门拒绝将申请人列入从事海关事务经营人名录的决定提起诉讼。

第 24 条　暂停和召回有关列入从事海关事务经营人名录的决定

1. 从事海关事务经营的主体一次违反本节中包含的要求和条件，但未造成大的损失，或未执行本节中包含的要求和条件，应对其予以书面警告。

2. 如果根据本条第 1 款被书面警告的人未完成本法的要求和条件，国家授权机构将暂停其从事海关事务经营，期限为 3 个月以内。

在消除作为暂停其有效期依据的理由后，可以恢复从事海关事务经营人名录决议的有效期。

在决定有效期中止期间：

（1）不允许将商品存入临时保管仓库、海关仓库、免税贸易商店；

（2）不允许从事任何与存入临时保管仓库、海关仓库和免税贸易商店的商品有关的业务；

（3）禁止销售海关仓库和免税贸易商店中的商品。

3. 在以下情况，国家授权部门可以召回作出的有关列入从事海关事务经营人名录的决定：

（1）在组建临时保管仓库或海关仓库时：

a. 仓库业主实施了两次及以上海关事务行政违法行为；

b. 根据法院的判决；

c. 认定仓库业主无支付能力（破产）或其自己宣布破产；

d. 根据吉尔吉斯共和国法律的规定进行重组；

e. 根据仓库业主提交的召回有关列入从事海关事务经营人名录决定的申请；

（2）作为海关代表人从事经营时：

a. 未完成海关代表人义务，如果之前对其采取过本条第 1 款、第 2 款规定的措施；

b. 对海关代表人办理海关程序的商品，违反了该商品的核算方式，如果之前对其采取了本条第 1 款、第 2 款规定的措施。

c. 海关代表人有两个及以上海关事务方面的行政违法行为；

d. 根据法院的判决；

e. 根据吉尔吉斯共和国法律的规定进行重组；

f. 根据海关代表人提交的召回有关列入从事海关事务经营人名录决定的申请；

g. 给所代表的人带来损失，其中包括由于非法使用商业秘密或属于机密的信息造成的损失，并按法律规定方式证明其存在；

h. 承认海关代表人无支付能力（破产）或其自己宣布破产；

i. 使用无专业证书的专家的服务，其中包括专业证书已被收回，或者由于有效期满证书的效力已暂停，根据法院的判决剥夺从事这一经营的权利；

（3）组建免税贸易商店时：

a. 免税贸易商店的所有者有两个及以上海关事务行政违法行为；

b. 根据法院的判决；

c. 承认免税贸易商店所有人无支付能力（破产）或其自己宣布破产；

d. 根据吉尔吉斯共和国法律的规定进行重组；

e. 根据免税贸易商店所有人提交的召回有关列入从事海关事务经营人名录决定的申请。

4. 国家授权部门根据本条第 3 款规定作出的召回决定，可将法人和自然人从事海关事务经营人名录中删除。

召回决定自国家授权部门作出该决定之日起生效。

召回决定自作出之日起的第二天由国家授权部门以书面形式通知该决定针对的人，并告知作出该决定的依据。该决定应交给负责人或其代表，并由其签收，或其他证明事实和获取该决定的方法。如果上述法人或自然人逃避签收决定，则可通过邮局发送挂号信。通知之日即为邮局转交信件的通知日期。

5. 列入从事海关事务经营人名录的再次申请，可以在消除作为拒绝签发依据的理由后再次审理。

6. 本条的效力不适用于从事授权经济业务人的主体。

第 25 条　暂停和召回有关列入从事授权经济业务人名录的决定

1. 有关列入从事授权经济业务人名录的决定的效力，在以下情况下暂停：

（1）授权经济业务人提交暂停列入从事授权经济业务人名录的决定效力的申请；

（2）存在海关费、税收和滞纳金的欠款，在偿付欠款以前；

（3）存在刑事立案的事实，在根据吉尔吉斯共和国法律规定作出最终判决之前；

（4）存在违反海关规则的行政诉讼，在根据吉尔吉斯共和国法律规定作出最终判决之前。

国家授权机构应在作出决定之日起 5 天内书面通知授权经济业务人。

2. 有关列入从事授权经济业务人名录的决定的效力，在以下情况召回：

（1）授权经济业务人提交将其从事授权经济业务人名录删除的申请；

（2）根据吉尔吉斯共和国法律的规定法人清算；

（3）根据吉尔吉斯共和国法律的规定法人重组；

（4）根据按规定方式生效的法院判决，存在刑事责任；

（5）根据按规定方式生效的法院判决，存在行政责任；

（6）认定法人无支付能力（破产）或其自己宣布破产。

3. 国家授权部门根据本条第 2 款规定作出的召回决定，会导致将授权经济业务人从名录中删除的结果。

在国家授权部门作出有关召回的决定后，召回开始生效。

有关召回的决定，由国家授权部门在作出该决定的第二天以书面形式通知该决定针对的人，以及吉尔吉斯共和国海关机构，并说明作出该决定的依据。上述决定应交给负责人或其代表并签收，或以其他可以证明接收该决定事实和日期的方法。如果上述法人或自然人逃避接收决定，可通过邮局挂号信的方式发送。通知该人有关召回决议的日期即为邮局提交挂号信的通知日期。

4. 再次申请列入从事授权经济业务人名录，可以在消除作为召回依据的理由后，方可审核，不包括被追究刑事和（或）行政责任的申请人。

第 26 条　重新办理有关列入从事海关事务领域经营人名录的决定

1. 在不会导致该法律组织形式或所在地的名称变更，或变更本法第 21 条第 2 款第 4 项注明的文件信息时，从事海关事务领域经营的人，应提交有关重新审核列入从事海关事务领域经营人名录的申请，并随附证明上述信息的相关文件。

申请人在出现重新办理依据的状况后 5 个工作日内应提交重新办理决定的申请。

2. 在重新办理决定时，国家授权机构对从事海关事务领域经营人名录进行相应的变更。同时，之前签发的决定和执照将被注销。重新签发的证书将获取新的命令登记号，并注明签发日期。

在获得执照前，在重新办理期间，从事海关事务领域的经营人将依据之前按规定方式认证的决定和执照的复印件从事经营。

国家授权部门在从事海关事务领域的经营人提交相关申请和文件后的 15 个工作日内重新办理决定。

3. 禁止从事海关事务领域的经营人要求根据本条未规定的依据重新办理决定。

第 27 条　从事海关事务领域经营人名录

1. 国家授权部门办理并管理从事海关事务领域经营人名录。

2. 从事海关事务领域经营人名录中包含的信息，在国家授权部门的网络资源上公布。允许在大众媒体上定期发布从事海关事务领域经营人名录中包含的信息。

3. 从事海关事务领域经营人名录包含以下信息：

（1）列入从事海关事务领域经营人名录的执照号码和日期；

（2）有关被注销的列入从事海关事务领域经营人名录的执照；

（3）有关暂停之前签发的列入从事海关事务领域经营人名录执照的效力；

（4）从事海关事务领域经营人名录中列入的人的法定地址；

（5）有关临时保管仓库、海关仓库、免税贸易商店和授权经济业务人仓库的所在地；

（6）有关海关代表和独立分支机构的名单和所在地；

（7）有关具有海关代表编制的海关业务专家；

（8）有关对授权经济业务人提供特别简化手续；

（9）可以使用特别简化手续办理海关业务的吉尔吉斯共和国海关部门的名称；

（10）有关保证海关关税和税收缴纳的方法；

（11）证明保证缴纳关税和税收的文件号码和日期；

（12）有关交通类型；

（13）补充信息。

4. 办理名录变更应在国家授权部门作出相关决定之日起 15 个工作日之内。

第二章　商品产地国，对外经济活动商品名录

第五节　商品产地国

第 28 条　商品产地国的总则

1. 产自非关税同盟成员国的商品，在进口至吉尔吉斯共和国时，根据商品产地国确认统一规则协议，以及关税同盟海关法典第 7 章的规定确认其产地国。

2. 在必须确定产自关税同盟成员国的商品产地国时，适用根据吉尔吉斯共和国在独联体自由贸易区框架内签署的国际公约规定的商品产地国确定规则，除非关税同盟成员国的国际公约另有规定。

3. 商品产地国由申报人确定，而在本法规定的情况下，则由吉尔吉斯共和国海关部门确定。申报人应在商品海关申报时向吉尔吉斯共和国海关部门申报商品的产地国。申报人申报的商品产地，应根据关税同盟海关法典的要求提供证明文件。

第 29 条　确定商品产地国的特殊性

1. 分几批发货的未组装商品，如果根据生产或运输条件无法一批发运，并且如果由于错误分几批发运的商品，应根据申报人的意愿在确定产地国时作为同一商品。

2. 本条第 1 款的适用条件是：

（1）提前通知吉尔吉斯共和国海关部门有关分批供货的散装（未组装）商品，注明这一供货理由，并提交每批货的装箱单、商品的外经商品名录的分类代码、每批商品的价值和产地国，或者证明商品分成几批发运错误的文件；

（2）由一个发货人从一个国家发运全部货物；

（3）向吉尔吉斯共和国海关部门申报全部批次的商品；

（4）所有批次的商品进口至吉尔吉斯共和国的期限不超过吉尔吉斯共和国海关部门接受海关报关单之日起的 6 个月，或者第一批商品提交的期限届满。根据申报人理由充分的申请，吉尔吉斯共和国海关部门可以将上述期限延长至所有批次商品进口所需的时间。

3. 在确定商品产地国时，不会考虑生产或加工所使用的电能、机械、设备和工具的产地。

4. 用于机械、设备、仪器或运输工具的配件、备件和工具，如果是与机械、设备、仪器或运输工具一同成套进口并销售的，则产地国与机械、设备、仪器或运输工具相同。

5. 商品进口到吉尔吉斯共和国境内的包装，将被认为与商品本身属于同一个产地国，除非包装是与商品分开申报的。在这些情况下，包装的产地国将与商品的产地国分开确定。

为确定商品的产地国，包括在适用从价份额原则时，在商品进口到吉尔吉斯共和国境内的包装被认为是产自于商品本身的产地国时，只参考商品一般零售时使用的包装。

第 30 条 确认商品的产地国

确认商品产自该国的文件，是商品的产地证或商品的产地申报单。

第 31 条 商品的产地证

1. 商品的产地证是唯一证明商品产地国的文件，由该国的相关职能部门签发，或出口国的相关部门，如果出口国出具的产地证是根据从商品产地国获得的信息签发的。

如果商品产地证中有关产地国的信息，是依据关税同盟海关法典中适用的其他标准，则商品的产地国应根据关税同盟的海关法典中适用的标准确定。

2. 从吉尔吉斯共和国境内出口商品时，商品的产地证由吉尔吉斯共和国政府的授权部门或组织签发，如果根据合同，按照商品进口国的国家标准或者吉尔吉斯共和国加入的国际公约规定了上述产地证是必需的。

出具商品产地的部门和组织，应自签发证明商品产地文件之日起 6 年内保存其复印件及其他证明商品产地的文件。

3. 在进口到吉尔吉斯共和国境内的商品进行海关申报时，应将商品产地证与海关报关单和其他文件一并提交。如果产地证丢失，可提供正式认证的副本。

4. 在发现商品产地证未按规定形式办理，或者产地证中包含有不真实的信息，吉尔吉斯共和国海关部门有权请求签发商品产地证的国家职能部门或其他组织提供补充文件或确认信息。

如果根据本法第 33 条规定提供产地证是必需的，则在未提交按应有的方式办理的商品产地证，或提供查询的补充文件或确认信息之前，将不会认为商品产自该国。

5. 吉尔吉斯共和国海关部门有权要求出具商品产地证的国家职能部门或其他组织提供补充文件或确认信息以便进行抽样检查。该检查不会妨碍根据海关申报时商品产地证的信息对商品放行。

第 32 条 商品产地申报单

1. 商品产地申报单是指由于商品制造者或出口人根据商业或与商品有关的文件出口商品时所做的有关商品产地国的书面申请。

2. 如果在商品产地申报单中有关商品产地国的信息，不是按照关税同盟海关法典适用的标准作为依据，则商品的产地国应根据关税同盟海关法典所适用的标准确定。

第 33 条 提交证明商品产地国的文件

1. 如果根据吉尔吉斯共和国加入的国际公约和法律的规定，吉尔吉斯共和国给予某国税率特惠制，则在将商品进口到吉尔吉斯共和国境内时，应提交商品的产地证。在上述情况下，当提交吉尔吉斯共和国加入的国际公约或法律规定的一定格式的产地证时，可给予税率特惠制。

2. 无论本条第 1 款的条款如何规定，在以下情况无须提供商品产地证：

（1）如果进口到吉尔吉斯共和国境内的商品申报了过境或临时进口海关制度，除非海关部门有证据证明，商品的产地国是根据吉尔吉斯共和国加入的国际公约或法律规定被禁止向吉尔吉斯共和国出口商品的国家。

（2）如果进口到吉尔吉斯共和国境内的商品之前已在并非该商品产地国的出口国自由流通过；

（3）如果通过海关边界的商品是在同一时间、以同样的方式、由同一个发货人发给同一个收货人，且其总海关价值不超过结算指数的2500倍。

（4）在其他关税同盟海关法和吉尔吉斯共和国加入的国际公约规定的情况下。

3. 如果不要求提交商品产地证，则产地国应以商品产地申报单确定。

4. 在自然人按简化优惠方式（本法第三十四节）将商品运送通过海关边界时，不需要提交商品产地证。

第34条　在确定商品产地时商品的放行条件

1. 在缺少证明商品产地国的文件，或发现提交的文件未按规定方式办理和（或）包含不真实信息时，吉尔吉斯共和国海关部门将根据吉尔吉斯共和国加入的国际公约和（或）法律拒绝将商品放行（第47节）。

2. 在其他情况下，根据本法第30~32条规定，未真实证明产地国的商品，将根据与产自贸易政策方面未规定更优惠制度的国家的商品所适用的税率支付关税，方能放行。

3. 对于本条第2款注明的商品，如果在吉尔吉斯共和国海关部门接受海关报关单之日起1年期限届满前确定该商品的产地国，则对其适用（恢复）更优惠的制度或特惠制度。在这种情况下已支付的进口关税应根据关税同盟海关法典第13节的规定予以返还。

第六节　关税同盟的对外经济活动商品名录，商品分类

第35条　关税同盟的对外经济活动商品名录

1. 为了对外贸和对外经济活动其他项目、吉尔吉斯共和国外贸的海关统计、吉尔吉斯共和国其他关税同盟成员国相互贸易的统计方面实施海关税率和非税率调整措施，适用关税同盟对外经济活动的商品名录（以下称为外经商品名录）。

外经商品名录是商品的分类器，其中包括商品项目、副项和又副项，以及属于它们的分类（数字）代码。对任何分类级别项目的注释以及基本注释规则，是外经商品名录不可分割的部分。

2. 国家授权部门：

（1）在国际组织中的外经商品名录的国际基础制定、修改、补充、解释和适用方面代表吉尔吉斯共和国；

（2）对外经商品名录的国际基础进行修改和补充、对这一基础解释方面的国际说明和决议实施监督；

（3）保证与相关国家部门共同准备提交有关外经商品名录制定、修改和补充的建议。

第 36 条　商品分类

1. 如果根据关税同盟海关法典和本法规定，在海关申报或向吉尔吉斯共和国海关部门提交的其他文件中需要注明外经商品名录商品代码时，则在海关申报时必须将商品分类。

2. 在海关申报时，外经商品名录中商品的代码应由申报人注明或者根据申报人的委托由海关代表注明。

3. 如果查明外经商品名录的商品分类不正确，吉尔吉斯共和国海关部门可自行进行商品分类并作出商品分类决议。

商品分类的决议，吉尔吉斯共和国海关部门应以书面形式作出，或作为海关检查报告所作出的决议组成部分，或者有关追缴海关费、利息和滞纳金的决议。

商品分类决议应包含以下信息：

作出商品分类决议的吉尔吉斯共和国海关部门的名称；

申报人的名称［姓、名、父称（如有）、所在地（居住地）］；

商品申报单的登记号，或根据申请的海关程序商品放行登记号；

商品全称和分类所必需的其他信息；

作出决议的理由和依据，并注明外经商品名录的分类基本规则；

外经商品名录中规定的商品十位数代码；

对所作出的决议起诉方式的信息。

商品分类决议由吉尔吉斯共和国海关负责人或其副职签字。

第 37 条　未组装或拆分商品的分类

1. 未组装或拆分的商品，其中包括非成套或未成品的商品（以下称为未组装或拆分的商品），进口到吉尔吉斯共和国境内时，是用一个或几个运输工具，按同一份运输（运送）单据或发票（发票、形式发票）发送给同一个收货人，应根据商品分类规则按商品成品代码分类。

2. 外经商品名录的第 84 号、第 85 号或第 90 类商品（包括商品组合），但不包括规定了特殊或组合进口关税税率的商品，计划在超过 10 天的期限内、按不同批次、以未组装或以拆装形式进口到吉尔吉斯共和国境内时，可以在满足以下条件的情况下，根据商品分类规则获得统一的外经商品名录中的商品代码：

（1）持有吉尔吉斯共和国海关部门就未组装或拆分商品分类作出的决议，但不包括本条第 2 款中注明的情况；

（2）由一个申报人、在一个外贸交易框架下向同一个吉尔吉斯共和国海关部门进行商品海关申报；

如果个别商品配件分批进口至吉尔吉斯共和国的关税同盟的海关境内，临时保管或根据海关仓库的海关程序保管，则并不强制作出有关未组装或拆分的商品分类的决议。对于这些配件，可以提交商品申报单，也可以同时提交给吉尔吉斯共和国海关部门。

3. 未组装或拆分的商品，其配件在进口至吉尔吉斯共和国境内、从吉尔吉斯共和国出口时，计划分不同批次，在本条第2款规定以外的一定时间期限内发运，在满足以下条件时这些商品可以根据商品分类规则按统一的外经商品名录代码分类。

（1）是由同一个申报人在同一个外经交易框架下，向同一个吉尔吉斯共和国海关部门进行商品的申报；

（2）在提交第一批商品配件海关申报单之前，向即将提交该海关申报单的吉尔吉斯共和国海关部门提交有关计划发运的书面通知，其中应包含申报人、供货期、商品即将申报的海关程序，商品及其配件的描述、数量和外经商品名录规定的代码信息。

对于计划在一定时间期限内分批发运其配件的未组装或拆分商品，可以根据关税同盟海关法典第53~56条规定的方式获得有关这一商品分类的预先决议。

4. 计划按同一个外经商品名录代码、分批进口至吉尔吉斯共和国境内的未组装或拆分商品，应根据本法第227条的规定进行海关申报。

5. 如果在本法第227条规定的期限内，未组装或拆分商品的所有配件未被放行，这些配件将根据外经商品名录的规定，按商品分类规则适用于上述配件的代码进行分类。

第38条　有关作出未组装或拆分商品分类决议的申请

1. 为了作出未组装或拆分商品分类决议，有权申报该商品的人，可以向未来应放行该商品的吉尔吉斯共和国海关部门提交书面申请。

有关作出未组装或拆分商品分类决议的申请，应在将该商品中的一批置于海关程序前提交，但不包括海关过境和海关仓库的海关程序。

2. 有关作出未组装或拆分商品分类决议的申请应包含以下内容：

（1）有权作为该商品申报人的信息；

（2）商品的信息（商品名称、配件清单）；

（3）商品发运期限；

（4）商品将使用的海关程序的信息；

（5）商品海关申报区域所在的吉尔吉斯共和国海关部门的名称。

3. 与有关作出未组装或拆分商品分类决议的申请一并提交下列文件：

（1）证明完成了商品外贸交易的文件；

（2）纸质或电子版的商品配件清单（以表格形式），其中应注明：

a. 配件名称，其中包括组成商品个别配件的部分；

b. 外经商品名录中的商品配件代码；

c. 配件的数量和重量，其中包括组成商品个别配件的部分，按外经商品名录采用的计量单位；

（3）描述商品的个别配件，注明功能用途、操作原则、制作的材料；

（4）组装（安装）图纸（示意图）。

4. 如果提交的文件和信息不足以用于作出未组装或拆分商品的分类决议，吉尔吉斯共和国的海关部门应在提交该申请之日起的15日内以书面形式通知申请人提交必需的补充信息。

申请人应在收到通知后的30日内提交补充信息。

5. 在以下情况吉尔吉斯共和国海关部门拒绝作出未组装或拆分商品的分类决议：

（1）提交申请的人没有作为该商品申报人的授权；

（2）吉尔吉斯共和国海关部门要求的补充信息未按本条第4款规定的期限提交，或者被授权申报该商品的人拒绝提交商品分类所必需的文件和信息；

（3）申请和随附的文件包含互相冲突的信息；

（4）应进口到吉尔吉斯共和国境内的配件，不能组成按外经商品名录中的统一代码被分类的商品；

（5）未组装或拆分商品的个别配件的一部分，被申报了海关程序，但不包括海关过境和海关仓库的海关程序。

第39条 作出未组装或拆分商品分类决议的期限、对该决议的要求

1. 未组装或拆分商品的分类决议，应在有关作出未组装或拆分商品分类申请提交登记之日起30日内作出。在根据本法第38条规定必须提交补充信息时，该期限将自登记书面通知之日起暂停，并在吉尔吉斯共和国海关部门收到包含所要求信息的文件后重新恢复。

2. 未组装或拆分商品分类的决议应包含以下信息：

（1）作出未组装或拆分商品分类决议的吉尔吉斯共和国海关部门的名称；

（2）未组装或拆分商品分类决议的登记号及作出决议的日期；

（3）有权作为这一商品申报人的申请人信息；

（4）商品的全称；

（5）所作出决议的理由和依据，并注明外经商品名录的分类基本规则；

（6）外经商品名录规定的商品的十位数代码；

（7）商品配件清单，其中应注明：

a. 配件的名称，包括构成商品个别配件部分的名称；

b. 外经商品名录规定的商品配件代码；

c. 配件的数量或重量，其中包括构成商品个别配件的部分，以外经商品名录中适用的计量单位计算；

d. 证明外经交易完成的文件信息，该文件是进口商品配件的依据，或者是海关目的所必需的其他文件的信息；

（8）商品即将办理的海关程序的信息；

（9）对作出的决议提起诉讼的程序信息。

3. 未组装或拆分商品的分类决议，由吉尔吉斯共和国海关部门的负责人或其副职签字，并自作出决议之日起生效。

第40条 未组装或拆分商品分类决议有效力的终止、修改

1. 吉尔吉斯共和国海关部门可以作出终止或修改未组装或拆分商品分类决议有效力

的决定。

终止未组装或拆分商品分类决议效力的决定，将在作出该决定的3个工作日内发送给有权作为商品申报人的人。

2. 在以下情况作出终止未组装或拆分商品分类决议效力的决定，如果：

（1）吉尔吉斯共和国海关部门确定，有权申报商品的人为申请作出未组装或拆分商品分类决议提交了虚假文件或申报了不实信息；

（2）未按本法第227条规定的期限提交未组装或拆分商品的最后一批配件的海关申报单；

（3）有权申报这一商品的人，书面拒绝发运商品，其中包括在商品个别配件运至吉尔吉斯共和国境内之后。

3. 根据商品分类规则，如果放行的商品配件属于未组装或拆分商品分类决议中注明的成品或成套商品的分类代码，则不会作出终止未组装或拆分商品分类决议有效力的决定。

4. 终止未组装或拆分商品分类决议效力的决定，自作出未组装或拆分商品分类决议之日起生效。

5. 在以下情况对未组装或拆分商品分类决议进行修改：

（1）外经商品名录的修改；

（2）欧亚经济委员会或国家授权机构作出吉尔吉斯共和国海关部门不予执行的决定或对商品个别种类分类的解释；

（3）商品分类决议或申请人在准备文件时存在书面错误；

（4）外经交易条款的修改，如果这一修改是针对商品或其个别配件的。

6. 有关修改未组装或拆分商品分类决议的决定，在有关修改未组装或拆分商品分类决议的决定中注明的期限开始生效。

7. 在对未组装或拆分商品分类决议进行修改或其效力终止时，本条中注明的商品的个别配件将根据外经商品名录，按商品分类规则对其所适用的代码进行分类。

第41条　商品分类的预先决议、解释和其他决议

1. 国家授权机构确定的吉尔吉斯共和国海关部门，根据相关人员的请求可以按照关税同盟海关法典第53~56条规定的方式，按外经商品名录作出商品分类的预先决议。

2. 国家授权机构就商品个别种类的分类作出决定并给予解释。

3. 国家授权机构保证相关人员可以免费获得吉尔吉斯共和国海关部门根据本条作出的有关预先决议的信息和解释。

第七节　海关统计

第42条　对外贸易的海关统计

1. 为了保证向吉尔吉斯共和国议会、总统、政府和吉尔吉斯共和国法律规定的其他

国家部门提供吉尔吉斯共和国对外贸易状况的信息，监督海关费用进入国家财政预算，监督外汇，分析吉尔吉斯共和国对外贸易的状况、动态和趋势、贸易平衡等，吉尔吉斯共和国海关部门收集和整理通过海关边界的商品信息，并提供海关统计数据。国家授权机构根据吉尔吉斯共和国加入的国际公约和吉尔吉斯共和国法律的规定向国际组织提供海关统计数据。国家授权机构应公布对外贸易海关统计数据。

2. 吉尔吉斯共和国对外贸易海关统计应根据关税同盟海关法典、本法和吉尔吉斯共和国其他法律规定进行管理。

3. 应根据可以保证吉尔吉斯共和国及其外贸伙伴相互贸易数据对比性的方法对对外贸易进行海关统计。每月和每年的进出口报告应向吉尔吉斯共和国政府和议会提交，并应在相应报告期结束后的 1 个月内向公众公布。根据本法第二节的规定应尽可能保证使用信息技术。

第 43 条　专门海关统计

吉尔吉斯共和国海关部门根据国家授权机构规定的方式进行专门的海关统计。

第 44 条　为统计目的使用的文件和信息

为统计目的使用的文件和信息，应根据本法的规定提交。

第三章　提交海关申报单之前的海关业务

第八节　商品和运输工具通过海关边界的通关基本原则

第 45 条　商品和运输工具通过关税同盟的海关边界时的通关方式

1. 通过海关边界的商品和运输工具的通关应符合关税同盟海关法典、本法以及吉尔吉斯共和国其他法律的规定。

2. 向吉尔吉斯共和国境内进口商品和从吉尔吉斯共和国境内出口商品，商品通关人应履行按本法规定的海关程序申报商品并遵守这一海关程序条件的义务。

3. 通过关税同盟海关边界的商品和运输工具，应按关税同盟海关法典和本法规定的方式和条件接受海关监督。

4. 吉尔吉斯共和国海关部门在实施海关监督时提出的要求，不能成为在超过遵守关税同盟海关法典和本法最低保证限度情况下对商品和运输工具通过关税同盟海关边界和完成海关事务领域活动的阻碍。

第 46 条　商品通过关税同盟海关边界的地点

1. 商品通过关税同盟海关边界的地点是通行口岸或吉尔吉斯共和国政府确定的其他地点。

2. 为了给乘客、运输工具和商品通过关税同盟的海关边界创造良好的条件，吉尔吉斯共和国政府有权根据吉尔吉斯共和国法律规定的方式，将通过吉尔吉斯共和国国家边界口岸的海关基础设施项目转让管理。

第 47 条　在商品通过关税同盟的海关边界时遵守禁令和限制

1. 如果关税同盟海关法典、本法、关税同盟成员国加入的国际公约、吉尔吉斯共和国加入的国际公约、关税同盟委员会的决议、吉尔吉斯共和国法规除了规定禁令和限制外无其他规定，则商品通过海关边界时应遵守这些禁令和限制。

2. 将商品通过海关边界的人士、申报人、承运人或其他人，由于遵守对这些商品进口到吉尔吉斯共和国境内或从吉尔吉斯共和国境内出口所设置的禁令和限制而产生的费用，吉尔吉斯共和国海关部门不予赔偿。

3. 由承运人负责商品的运出。在无法或未立即运出时，商品应放入属于海关监管区的临时保管仓库或其他地方，并由商品通关人承担费用。这些商品的最长储存期不超过 3 天，除非吉尔吉斯共和国法规对个别类别的商品规定了其他期限。这一期限届满后上述商品应根据本法规定支配。

第 48 条　商品的使用和支配

1. 在商品被放行前，任何人无权按照关税同盟海关法典和本法规定以外的方式和条件使用和支配商品。

2. 吉尔吉斯共和国海关部门放行商品后，应根据所申请海关程序的条件或根据为个别商品种类规定的条件使用和支配，这些个别商品种类不应申报关税同盟海关法典和本法规定的海关程序。

第九节　商品和运输工具到达吉尔吉斯共和国境内

第 49 条　商品和运输工具到达吉尔吉斯共和国境内的地点和时间

1. 商品和运输工具可以在吉尔吉斯共和国政府确定的口岸，且在吉尔吉斯共和国海关部门的工作时间到达吉尔吉斯共和国境内。商品和运输工具在吉尔吉斯共和国海关部门规定的工作时间以外到达口岸，必须提前通知海关部门。

2. 通过海关边界将使承运人承担义务，即在尽可能短的期限内将商品和运输工具运送至口岸或向吉尔吉斯共和国海关部门通知商品和运输工具的地点，且在需要时按吉尔吉斯共和国海关部门规定的线路运送。铁路运输商品时将不规定线路。在这种情况下，不允许改变商品的状态或损坏商品的包装，不允许改变、移除、毁坏铅封、封条、印章和其他识别手段。

3. 为了保证监管的有效性，吉尔吉斯共和国政府有权规定个别种类商品到达吉尔吉斯共和国境内的具体口岸。

4. 本条规定不适用于不在吉尔吉斯共和国境内港口或机场停留的空运通过吉尔吉斯共和国边境的商品。

第 50 条　发生事故或不可抗力情况下所采取的措施

1. 如果商品供货终端，以及飞机由于事故或不可抗力情况，或由于其他妨碍商品运送被迫停留或降落在吉尔吉斯共和国境内，或降落在规定的地方，承运人应采取所有措施保证商品和运输工具的完整，尽快将该情况和商品所在地通知最近的吉尔吉斯共和国海关部门。

2. 由于按照本条规定承运人或其他人产生的费用，吉尔吉斯共和国海关部门不予赔偿。

第 51 条　通知吉尔吉斯共和国海关部门有关商品和运输工具到达吉尔吉斯共和国境内

1. 商品通关人以及被授权完成通关商品一定行为的人，或承运人，应将商品和运输工具到达吉尔吉斯共和国境内的信息通知吉尔吉斯共和国海关部门。

2. 应在商品和运输工具到达吉尔吉斯共和国境内前或到达的同时向吉尔吉斯共和国海关部门提交信息。

3. 将商品和运输工具到达吉尔吉斯共和国境内的信息以书面、电子或其他方式发送给吉尔吉斯共和国海关部门，即是在法律上承认的通知。

4. 提交与商品和运输工具通关有关的运输（承运）文件即被认为是承运人提交通知的书面形式。

5. 在铁路站到达的信息，是铁路部门以书面或电子方式向吉尔吉斯共和国海关部门提交有关到达铁路站的商品和运输工具信息的方式通知。

6. 提交国际铁路客货定期和不定期发车时刻表，即是向吉尔吉斯共和国海关部门提交运输工具到达的通知。

7. 航空运输商品到达吉尔吉斯共和国境内的通知，应由国际机场管理处以向吉尔吉斯共和国海关部门提交民航国际航线飞机时刻表、飞机机组信息、到达该机场前和过境乘客数量，以及飞机上商品和邮件信息的方式传达。

8. 国际机场管理处应在飞机到达前一个小时通知吉尔吉斯共和国海关部门有关时刻表外的飞机到达以及所有延误到达飞机的信息。

9. 在商品通过输送管道和电力传输线路通关时，商品到达的通知可以向吉尔吉斯共和国海关部门提供与通关商品有关的合同、会议纪要、许可证和其他文件的方式进行。

第 52 条　提交文件和信息

1. 吉尔吉斯共和国海关部门在通知商品到达吉尔吉斯共和国境内时要求的信息和文件，仅限于关税同盟海关法典第 159 条规定的海关识别商品和运输工具所必需的文件和信息。

通知商品根据交通类型到达吉尔吉斯共和国境内时提交的文件和信息的具体清单，由吉尔吉斯共和国政府确定。

2. 无论以何种运输工具运输，在通知商品到达吉尔吉斯共和国境内时，均应提交证明遵守禁令和限制的文件，但不包括关税同盟海关法典第 152 条第 1 款规定的非税率调整措施。

第53条 在到达地完成的海关业务

1. 到达吉尔吉斯共和国境内的商品从运输工具上卸载、倒装（换装）：

（1）在向吉尔吉斯共和国海关部门出示商品和运输工具的专用地点；

（2）在其他规定的到达地点，应根据相关人员申请，经吉尔吉斯共和国海关部门许可。

允许将商品运送到吉尔吉斯共和国境内的运输工具更换为其他运输工具。

2. 商品卸载和倒装（换装）的地点是海关监管区。上述地点应具备保证商品完整性，并排除非参与货物业务人员接触商品可能性的设备和设施。吉尔吉斯共和国海关部门对商品卸载和倒装地点的设备和设施进行具体规定。

3. 允许在到达地点根据申报的海关程序，进行与商品临时保管、海关申报和放行有关的海关业务。

4. 在商品丢失或未经吉尔吉斯共和国海关部门许可将其转让给第三方，则由负责商品货运业务的承运人承担支付本法规定的关税和税收的责任。

如果由于事故或不可抗力的情况，或自然损耗、磨损造成商品被毁坏或无法挽回地丢失，实施货运业务的承运人，不承担支付进口关税和税收的责任。承运人也不承担未经海关部门允许的商品卸货、倒装，包装开封或重新包装，商品识别方式被修改、去除、毁坏的责任，如果该承运人能证明，在完成货运交易的地方上述情况的发生是存在对人的生命和健康，商品的损毁、丢失、无可挽回地丢失或实质性损坏具有实际威胁。

5. 处于卸载、倒装（换装）地点的商品，属于临时保管商品。在临时保管的最长期限届满后，吉尔吉斯共和国海关部门可根据本法第十章的规定支配该商品。

第54条 使用商品运送自动化监督系统运输商品

1. 吉尔吉斯共和国海关部门之间在吉尔吉斯共和国境内且短暂过境邻国的情况下运输处于海关监管的商品，包括将商品从吉尔吉斯共和国境内到达地点至海关申报地点，从海关申报地点至吉尔吉斯共和国运出地点，以及临时保管仓库、海关仓库、免税仓库、免税海关区、特别经济区之间的运输，应使用商品运送自动化监督系统。

2. 使用商品运送自动化监督系统的规定，不适用于经输送管道和输电线路的商品，如果飞机在完成国际定期航线时在商品到达地实施了中间降落或迫降（技术降落），且并未部分卸装商品，则也不适用于航空运输的商品。

3. 使用运送商品自动化监督系统运输的商品，在吉尔吉斯共和国境内无需缴纳关税、税收，且在遵守本条规定的条件下不对商品适用非税率调整措施。

4. 使用运送商品自动化监督系统，应遵守下列条件：

（1）商品不被禁止向吉尔吉斯共和国境内相应地进口，或不被禁止从该境内出口；

（2）对于进口商品，如果该商品根据吉尔吉斯共和国法律规定属于应在到达吉尔吉斯共和国境内地点进行检查的，则应进行边防和其他类型的国家监督检查。

（3）如果根据吉尔吉斯共和国法律规定某些商品在吉尔吉斯共和国境内往来需要提供

许可或许可证，则需要该商品的许可和（或）许可证。

（4）商品应根据本法第 52 条规定提供文件和信息。

（5）如果商品是在海关铅封、封条下（第 56 条）运输的，则运输工具应按规定方式配置。

（6）保证商品的识别（第 55 条）。

5. 使用商品运送自动化监督系统的商品，由于事故或不可抗力的情况，或由于其他阻碍商品运输的情况，其倒装、卸载、装载和其他货运操作，应经吉尔吉斯共和国海关部门许可。如果在不损坏海关铅封、封条的情况下，商品可以从一个运输工具倒装到另一个运输工具上，但需提前通知吉尔吉斯共和国海关部门。

如果商品的货运操作将导致无法对该商品继续进行海关监督，吉尔吉斯共和国海关部门可以拒绝进行该货运操作。

6. 使用商品运送自动化监督系统运送商品的期限，由发运海关部门根据商品运输普通期限、运输类型、运输工具的能力、线路和其他运输条件确定。

7. 根据本条第 1 款规定运输商品时，应提供根据本法第 199 条规定缴纳海关费用的保证，但不包括海关承运人和授权经济运营商承运的商品。

根据商品承运人的书面申请，其中包括实际承包人（根据吉尔吉斯共和国民法典规定履行运输合同的人）、驾驶运输工具的自然人，在无法提供海关费用缴纳保证的情况下，根据本条第 4 款第 5 项的规定，吉尔吉斯共和国海关部门有权作出将商品运送至海关部门指定的地点，以及海关跟踪形式的决定。

海关跟踪需要支付海关费（第 189 条）。

8. 使用商品运送自动化监督系统运送商品，如果在检查文件和识别商品时没有发现违反吉尔吉斯共和国海关事务领域的法律，则应在运输工具到达登记之时起 24 小时的尽可能短的期限内，在指定地点完成。

9. 为了使用商品运送自动化监督系统运送商品，承运人应在运输工具到达商品送达地点之时起 1 个小时内，提交商品运输监督文件，以及承运人所持有的其他文件，如果在吉尔吉斯共和国海关部门规定的工作时间外到达，则应在吉尔吉斯共和国海关部门工作时间开始之时起的 1 个小时内提交。

10. 在商品送达地，使用商品运送自动化监督系统的商品运送结束前，交通工具应位于海关监管区内，可以在 1 天内的任何时间将运输工具驶入海关监管区。

11. 在运送商品至非吉尔吉斯共和国海关部门规定的送达地点时，使用商品运送自动化监督系统运送的商品，无需向目的地海关部门呈报商品而结束运送。

在注明的情况下，应接受商品并予以保存，保证不发生改变商品状态，破坏商品包装、使用和支配商品的业务，直至吉尔吉斯共和国海关部门证实商品送达临时保管仓库、海关仓库或其他指定商品送达地点。

第 55 条　商品及其文件的识别

1. 离境海关部门应保证目的地海关部门（在此完成使用商品运送自动化监督系统的

商品的运送)，可以识别商品并发现没收商品，将商品放入运输工具，完成其他任何商品操作的痕迹。

2. 如果运输工具、集装箱或可移动车厢的配置和商品性质，允许对其加入铅封、封条，并使用加在运输工具、集装箱或可移动车厢上的海关铅封、封条作为识别工具。

3. 在其他情况下，通过数字、字母或其他识别标记，在个别货运地方加注铅封、封条、钢印、商品和运输工具描述，使用包括吉尔吉斯共和国海关部门人员所做图样、草图、制作的比例图像、照片、录像、图例，并使用其他可能识别商品的方法。

吉尔吉斯共和国海关部门可使用外国海关部门的海关铅封、封条和其他识别方式，但不包括以下情况：

(1) 发货海关部门认为这些方式不足或不牢固，不符合本法第 56 条规定的要求。

(2) 发货海关部门进行商品的海关查验。

如果吉尔吉斯共和国海关部门使用外国海关部门的海关铅封、封条或其他识别手段，则应遵守本法对吉尔吉斯共和国海关部门识别方式采取的禁止改变、去除、损毁或损害的规定。

4. 为了海关目的，吉尔吉斯共和国海关部门使用安全包作为识别手段，这是一种特殊的保护装置，可以防止去除或替换其中的商业和商品随附文件，及运输工具不被留下明显曾被打开的痕迹。

第 56 条　运输工具、集装箱和可移动车厢在海关铅封、封条下运输货物的配置

1. 作为识别手段的海关铅封、封条，如果运输工具、集装箱和可移动车厢的设计和装备可允许以下操作的，则可直接将铅封、封条加注其上：

(1) 海关铅封、封条可以普通的、牢固的方式加封。

(2) 商品不能在不留下明显的开启痕迹或损害海关铅封、封条的情况下，从铅封、封条的运输工具货仓中被取出或放入其中。

(3) 在运输工具及其货仓中没有用于藏匿商品的秘密地方。

(4) 所有放置商品的地方，都应使海关检查易于进行。

2. 如果运输工具没有被允许用于海关铅封和封条下运输时，由发货海关部门作出有关运输工具、集装箱或可移动车厢适于在海关铅封、封条下运输货物的决议。

3. 如果吉尔吉斯共和国国际法规定了提前许可，则吉尔吉斯共和国海关部门不会要求运输工具、集装箱和可移动车厢被提前允许用于海关铅封、封条下运输。

第 57 条　承运人的义务

在使用商品运送自动化监督系统运送商品时，承运人必须：

(1) 将商品及其文件按规定期限运送至离境海关部门指定的地点，并根据运输文件中注明的目的地（位于目的地海关部门活动区内的海关监管区），如果同时规定了线路，则应按规定的线路运送。

(2) 保证商品以及海关铅封、封条或其他使用的识别方式的完整性。

（3）在未通知吉尔吉斯共和国海关部门的情况下，不允许分装、装运不足，或进行其他任何操作，除非商品是在本法第 50 条规定的情况下倒装到其他运输工具上。

第 58 条　承运人和发送人的责任

1. 在未将外国商品运送至目的地海关部门活动区的海关监管区时，承运人（发送人）应缴纳相当于将该商品放行用于内部消费需求使用时所应缴纳的关税和税收。

具备关税同盟海关法典第 186 条第 1 款规定特征的申报人，与承担人或发送人承担因未将货物运至目的地而应缴纳的关税和税收的连带责任。

2. 如果在未违反本节规定的条件和要求的情况下，商品由于事故，或不可抗力的情况，或正常运输条件下商品自然磨损或损耗而造成的商品损毁、损害或无法挽回的丢失，承运人不承担未遵守本法第 57 条规定所应承担的责任。如果由于乘客和乘务人员的生命和健康受到威胁，在未经吉尔吉斯共和国海关部门允许的情况下而完成的卸载、倒装、打开包装或重新包装，改变、去除、损毁或损坏商品的识别方式，承运人同样不承担责任。

3. 如果由于事故或不可抗力，或由于正常运输条件下的自然磨损或损耗造成商品损毁或无法挽回的丢失，承运人和发送人不承担缴纳关税和税收的责任。

如果本节规定的其他条件和要求都已完成，吉尔吉斯共和国海关部门无权以承运人未按规定线路运输或违反内部海关过境期限为理由向承运人或发送人提出缴纳关税和税收的要求。

4. 在内部海关过境将商品倒装到其他车辆时，负责使用该车辆运输商品的承运人，应承担遵守本条规定的条件和要求的责任。这时，缴纳关税和税收的责任由从事内部海关过境的承运人或发送人承担。

第十节　海关承运人

第 59 条　作为海关承运人的经营

1. 海关承运人可以是从事经营，并根据本法规定为完成该经营项目而被列入海关承运人登记名录的本国法人。

2. 海关承运人的经营，是指运输海关监管下的商品，而无需担保支付海关费，也无需采用其他吉尔吉斯共和国法律规定的保障措施。

第 60 条　海关承运人的义务

海关承运人必须：

（1）遵守本法规定的条件和要求；

（2）核算所运输的海关监管下的商品并向海关部门提交这些商品运输的报告；

（3）在本法第 58 条规定的情况下支付关税和税收。

第 61 条　海关承运人对从商品发货人或收货人处获得的信息的态度

从商品发货人或收货人处获得的信息，构成商业、银行或受法律保护的其他秘密以及其他保密信息的，海关承运人不能泄露，不能为了自己的目的使用、转交给他人，除非是吉尔吉斯共和国法律规定的情况。

第十一节　商品的临时保管

第 62 条　本节总则

1. 商品临时保管的内容，与临时保管有关的业务操作、临时保管的期限，由关税同盟海关法典第 167 条、第 170 条、第 171 条规定。

2. 易腐烂商品临时保管的最长期限不超过 10 天。

3. 作为海关事务领域刑事案件和行政违法案件物证的商品运输工具，应在法院判决或案件终止决议生效前进行临时保管。

第 63 条　临时保管的地点

1. 临时保管的地点是临时保管仓库和以下临时保管的地点：

（1）在吉尔吉斯共和国政府规定的情况下，为商品收货人的仓库；

（2）本法第 234 条规定的授权经济运营商的场所、开放场地和其他地方；

（3）根据本法第 162 条规定的国际邮件交换地的独立场所；

（4）在航空或铁路旅客运送合同框架内运输的未收回或无人领取行李的保存地点；

（5）外国商品进入和运出吉尔吉斯共和国的地点相符时，为在机场制度区域内特别装备的外国商品卸装和倒装（转运）地点；

（6）位于经与吉尔吉斯共和国海关部门协商的铁路站范围内的，用于不卸装商品临时保管的铁路线和集装箱场地。

2. 商品的临时保管地点，是根据本法第 246 条规定建立的海关长期或临时监管区。

3. 任何商品都可以放置在临时保管仓库。可能给商品带来损害或需要特殊保存条件的商品，应保存在特别配备用于保存这种商品的临时保管仓库和仓库场所。

4. 在其他地方临时保管商品的许可签发条件和方式，包括提供保证支付关税、税收的要求，以及在将商品存放在临时保管仓库和其他地方临时保管时，向吉尔吉斯共和国海关部门提交文件和信息的方式，将商品放置在临时保管仓库的方式，其中包括根据运输类型放置的方式，由吉尔吉斯共和国政府规定。

第 64 条　腐烂或损坏的商品

由于商品临时保管期间发生的事故或不可抗力情况而腐烂、变质或损坏的商品，应根据本法规定办理相关海关程序。

第 65 条　临时保管仓库的类型

1. 临时保管仓库分为开放式和封闭式。

可以保存任何商品和由任何人使用的临时保管仓库，是开放式仓库。

用于保管一定的商品或一定人士的商品的临时保管仓库，其中包括限制流通和（或）

需要特殊保管条件的商品，是封闭式仓库。

2. 对临时保管仓库的基础设施、技术照明和工作制度的要求，由吉尔吉斯共和国政府确定。

第 66 条 临时保管仓库业主的义务

1. 临时保管仓库业主必须：

（1）根据吉尔吉斯共和国法规的要求装备仓库；

（2）排除保管商品被从仓库中没收的可能性，除海关监管外；

（3）保证将在吉尔吉斯共和国海关部门工作时间以外到达的商品和运输工具放置在仓库或属于海关监管区的仓库附属区域；

（4）保证位于临时保管仓库或属于海关监管区的仓库附属区域的商品和运输工具的完整；

（5）协助实施海关监管；

（6）核算并向吉尔吉斯共和国海关部门提交保管商品的报表；

（7）保证未经吉尔吉斯共和国海关部门许可，第三方无法接触所保管的商品和运输工具；

（8）在本法第 68 条规定的情况下缴纳关税和税收。

2. 本条第 1 款规定的义务，适用于在其他临时保管地点保管商品和运输工具的情况。

第 67 条 临时保管仓库业主与将商品放置于临时保管仓库的人之间的关系

临时保管仓库业主与将商品放置于临时保管仓库的人之间的关系，建立在合约基础上。

第 68 条 临时保管商品时，缴纳进口关税、税收义务的产生及终止，及其缴纳期限

临时保管商品时，缴纳进口关税、税收的义务将根据关税同盟海关法典第 172 条的规定产生和终止。

第 69 条 吉尔吉斯共和国海关部门将商品置于临时保管仓库

吉尔吉斯共和国海关部门可以在以下情况下将商品置于临时保管仓库：

（1）吉尔吉斯共和国海关部门在海关监管框架内发现非法运入吉尔吉斯共和国境内的商品，或违反进口关税和税收优惠商品的海关程序适用条件或限制使用和支配条件的商品，导致在关税同盟的海关领土内从事经营活动而购买商品的人未缴纳关税、税收或未遵守禁止和限制的规定；

（2）为关税同盟海关法典第 134 条第 1 款第 11 项中规定的目的进行查封和没收商品；

（3）根据关税同盟海关法典第 145 条第 1 款规定的依据，扣押属于行政违法行为或犯罪对象的商品及其文件。

由被追究行政或刑事责任的人支付保管费用，以及赔偿在注明的情况下临时保管仓库业主所受的损失。

第 70 条　在将临时仓库业主从临时仓库业主经营名录中排除时，对商品采取的行为

在将临时仓库业主从临时仓库业主经营名录中排除时，保存在该仓库的商品应在作出这一决定后的 30 天内转移至其他临时保管仓库。

第十二节　商品离开吉尔吉斯共和国

第 71 条　商品和运输工具离开吉尔吉斯共和国时应完成的海关业务

1. 商品和运输工具，可以在吉尔吉斯共和国海关部门同意完成一定的、适用于关税同盟海关法典和本法规定的出口商品的海关程序后，离开吉尔吉斯共和国。上述许可根据本法对商品放行（第 239 条）的规定签发。

2. 通过管道和电力传输线路运输的商品，从吉尔吉斯共和国出口时完成海关业务的特殊性，由吉尔吉斯共和国政府根据本法规定的要求和限制，以及以上述方法出口商品的特点进行规定。

第 72 条　提交文件和信息

1. 为获得吉尔吉斯共和国海关部门准许商品和运输工具离开吉尔吉斯共和国境内的许可，承运人应向吉尔吉斯共和国海关部门提交包含出口商品和运输工具信息的海关申报单。

吉尔吉斯共和国海关部门要求的信息和文件，应限制在用于海关目的识别商品和运输工具所必需的范围内。

2. 商品和运输工具离开吉尔吉斯共和国境内时的信息和文件的具体清单，应根据运输方式由吉尔吉斯共和国政府确定。

3. 承运人应保证按关税同盟海关法典和本法规定的方式，在海关申报单中注明所运输商品的信息。

第 73 条　商品运出吉尔吉斯共和国时的要求

商品应按申报海关程序时的数量和状态实际运出吉尔吉斯共和国，除非在正常运输和保存条件下由于自然磨损或损耗，或商品自然性能发生的数量状态的变化。

如果由于事故或不可抗力，以及吉尔吉斯共和国现行标准和规范规定的情况下发生的商品状态的损失或变化，则无需承担未遵守本条规定的责任。

第四章　海关程序

第十三节　本章总则

第 74 条　海关程序种类

1. 为了对商品进行海关调整，规定了以下海关程序种类：

（1）内部消费放行；
（2）出口；
（3）海关过境；
（4）海关仓库；
（5）海关区内加工；
（6）海关区外加工；
（7）内部消费加工；
（8）临时进口（准入）；
（9）临时出口；
（10）再进口；
（11）再出口；
（12）免税店；
（13）销毁；
（14）放弃归国家所有；
（15）自由关税区；
（16）免税仓库；
（17）特别海关程序（为海关目的，规定在关税同盟的海关境内或境外对个别商品种类使用特殊的海关程序）。

2. 规定和适用本条第1款第15项、第16项注明的海关程序方面的法律关系，对免税仓库和自由关税区的配置、装备和功能要求，免税仓库业主的义务、从事经营的条件，完成置于免税仓库和自由关税区内商品业务的个别问题，由吉尔吉斯共和国政府根据关税同盟成员国的国际公约确定。

第75条　海关程序的选择和变更

1. 商品通关人有权根据关税同盟海关法典和本法规定的方式和条件，在任何时间选择任何海关程序，无论商品的性质、数量、产地国、发送地或目的地。

2. 商品通关人有权根据关税同盟海关法典和本法规定变更所选择的海关程序。

第76条　将商品置于海关程序下

1. 根据关税同盟海关法典和本法规定的方式和条件，运入吉尔吉斯共和国境内的商品应被置于一种海关程序下办理，但不包括以下商品：

（1）从关税同盟海关境内（关税同盟成员国境内）产出的；

（2）由关税同盟境内产出或放行，用于在关税同盟成员国境内自由流通的商品加工出的；

2. 从吉尔吉斯共和国境内运出的商品，如果是出口至关税同盟的海关境外，应按照本法和吉尔吉斯共和国其他法律法规规定的条件和方式在一种海关程序下办理。

3. 商品被置于海关程序之日即为吉尔吉斯共和国海关部门根据本法放行商品之日。

第 77 条　未遵守海关程序条件的责任

1. 未遵守海关程序条件和要求的责任，以及缴纳关税的责任，由本章规定的人员承担。只有在以下情况无需承担该责任：未遵守海关程序条件和要求是由于商品处于海关监管下，在根据内部消费放行程序规定下的商品放行前，未违反本法规定的条件和要求时由于事故或不可抗力情况造成的无法弥补的损失、损坏或损毁，以及商品的数量或状态在正常运输、保存和使用条件下，由于自然磨损或损坏或商品自然性能的原因发生变化，如果上述业务是根据本章的规定适用一定海关程序的情况下完成的。

对于运出吉尔吉斯共和国的商品，或该商品的加工产品，如果由于事故或不可抗力情况造成的无法弥补的损失或损毁，正常运输、保存、使用条件下的自然磨损或损耗，以及由于外国机构的不合法行为造成的损失等原因，这些商品或其加工产品无法返回，则相关主体无需承担责任。

为确定自然磨损或损耗，应适用吉尔吉斯共和国现行标准和规范。

证明造成商品不可弥补的损失、损害或毁损的数量和（或）状态变化状况的义务，由本章规定的人承担。发生在外国的状况，由在外国境内登记的吉尔吉斯共和国领事机构证明。

2. 海关代表承担缴纳本法第 181 条规定的关税的连带责任。

第 78 条　与商品置于海关程序下相关的海关费用缴纳义务的出现和终止

与将商品置于海关程序下完成海关程序行为相关的关税和税收缴纳义务，根据关税同盟海关法典的规定产生和终止。

第 79 条　没收（查封）置于海关程序下的商品的后果

1. 按照关税同盟成员国法律规定没收或查封置于海关程序下的商品时，相关海关程序中止。

如果作出有关取消没收或查封商品的决议，则可恢复海关程序的效力。

在恢复海关程序的效力时，根据本章规定加算和支付的利息时，无需加算和缴纳海关程序效力中止期间的利息。

2. 根据法院判决将置于海关程序下的商品充公或归国家所有时，针对这些商品的海关程序效力应终止，而被充公或归国家所有的外国商品获得关税同盟商品的地位。

3. 如果追究相关人员的行政或刑事责任与未遵守海关程序相关，且未遵守的行为导致无法继续适用该海关程序，则应在追究相关人员责任的决议生效后的 15 日内完成该海关程序。

根据本条第 1 款未完成海关程序的商品，将根据关税同盟海关法典第二十一节的规定被吉尔吉斯共和国海关部门扣押。

第十四节　用于内部消费放行的海关程序

第 80 条　本节总则

1. 内部消费放行的海关程序内容和将商品置于内部消费放行海关程序的条件，根据关税同盟海关法典第 209 条、第 210 条规定。

2. 如果商品被置于内部消费放行的海关程序下，在该商品进口至吉尔吉斯共和国境内时，关税同盟的成员国海关不会要求将该商品再次置于海关程序下。

第 81 条　在商品有条件放行时内部消费放行的海关程序的应用

1. 在提供进口关税、税收政策优惠，并限制商品使用和（或）支配的情况下，办理商品内部消费放行的海关程序时，商品为获得关税同盟海关法典第 200 条第 7 款规定的关税同盟商品地位，不需要再次将商品置于海关程序下办理。

2. 为了获得关税同盟商品地位，本法第 180 条规定了关税和税收的缴纳方式。

第 82 条　对于内部消费放行海关程序的商品，进口关税和税收缴纳义务的产生和终止，及其支付期限

对于内部消费放行海关程序的商品，进口关税和税收缴纳义务的产生和终止，及其支付期限，由关税同盟海关法典第 211 条规定。

第十五条　出口海关程序

第 83 条　海关程序的内容

出口海关程序的内容和将商品置于出口海关程序的条件，由关税同盟海关法典第 212 条、第 213 条规定。

第 84 条　不征收出口关税的商品的出口

1. 不征收出口关税的商品在出口时，按照简化方式办理申报，且对该商品海关价值不予申报和证明。

2. 申报本条第 1 款规定的商品时，应向吉尔吉斯共和国海关部门提交以下文件：

（1）商业文件；

（2）如果有运输文件，应提交；

（3）许可证、证书和（或）其他证明遵守规定的限制的文件，如果需要；

（4）证明缴纳关税的文件。

第 85 条　针对出口海关程序下商品的出口关税、税收缴纳义务的产生和终止，及其缴纳期限

针对出口海关程序下商品的出口关税、税收缴纳义务的产生和终止，及其缴纳期限，由关税同盟海关法典第 214 条规定。

第十六节　海关过境的海关程序

第 86 条　本节总则

1. 海关过境的海关程序的内容和条件，由关税同盟海关法典第 215 条、第 216 条规定。

2. 遵守海关过境的保证措施，根据关税同盟海关法典第 217 条第 1 款的规定实施。

海关过境时，除非在关税同盟海关法典第 217 条第 2 款规定的情况下，吉尔吉斯共和国海关不要求提供缴纳关税和税收的保证。

3. 商品运送地点和期限根据关税同盟海关法典第 219 条、第 220 条确定。

4. 为了在不破坏海关铅封、封条下运输商品，国际运输工具应按照关税同盟海关法典第 221 条规定的要求进行装备和配备。

第 87 条　商品过境的通知

根据本法第 9 节规定的条件，经通知吉尔吉斯共和国海关，可允许商品过境。

第 88 条　在海关过境时，进行的商品卸装、倒装（转运）和其他货运操作，及更换国际运输工具

根据海关过境的海关程序运输的商品，经发运海关或相应的货运操作业务实施地所在经营区的海关同意，在关税同盟海关法典第 222 条规定的情况下，可以进行商品卸装、倒装（转运）和其他货运操作，以及更换运输商品的国际运输工具。

第 89 条　海关过境的海关程序下商品运输时承运人的义务和责任

1. 海关过境的海关程序下商品运输时承运人的义务和责任，由关税同盟海关法典第 223 条确定。

2. 如果未完成海关过境的海关程序下运输货物的义务，承运人应承担吉尔吉斯共和国法律规定的责任。在未将商品和文件运至目的海关时，承运人应根据将商品置于海关过境程序的海关部门所在的关税同盟成员国的法律承担责任，如果吉尔吉斯共和国的国际公约对此做了规定，则适用国际公约。

第 90 条　海关程序的完成

海关过境程序应按照关税同盟海关法典第 225 条规定的方式完成。

第十七节　海关仓库的海关程序

第 91 条　本节总则

海关仓库的海关程序的内容、条件、商品在海关仓库的保管期限，以及其他条款，由关税同盟海关法典第 229~231 条、第 234 条、第 235 条规定。

第 92 条　没有在海关仓库实际存放的情况下将商品置于海关仓库的海关程序下的条件

1. 由于尺寸较大无法存放在海关仓库的商品，在没有实际存放在海关仓库海关的情况下，将该商品置于海关仓库的海关程序下，应提交海关部门的书面同意书并保证按本法第四十节规定的方式缴纳关税和税收。

2. 为了得到许可，在提交海关申报单之前，申报人应向将商品置于海关仓库的海关程序后商品保存地所在的吉尔吉斯共和国海关部门提出书面申请。申请中，申报人应注明商品名称和特点，不在海关仓库存放商品的情况下将商品置于海关仓库的海关程序的理由，商品保管的确切地点，并注明邮编地址，申报人为保证商品的完整性将采取的措施。

3. 吉尔吉斯共和国海关部门在收到申报人的申请之日起 3 个工作日内签发将商品置于海关仓库的海关程序的许可，或拒绝签发该许可。许可证应注明商品存放地，提供保证缴纳海关费用的必要信息。

4. 吉尔吉斯共和国海关部门只有在以下情况有权拒绝签发许可：

（1）存在海关欠费；

（2）申报人在向海关提出申请之前 1 年内被追究两次及以上海关事务领域的行政违法的行政责任。

5. 在不实际存放商品情况下将商品置于海关仓库的海关程序的人，应根据本法第 260 条的规定向吉尔吉斯共和国海关部门提交商品报告。

第 93 条　将即将从关税同盟海关领土运出商品置于海关仓库

1. 允许将即将从关税同盟海关领土运出的外国商品置于海关仓库的海关程序下。

2. 为了根据本法计算关税和税收，在海关仓库保存外国商品并将其置于出口程序时，商品的海关价值和（或）其实物的物理特征（数量、重量、体积或其他特性）在海关部门登记海关申报单之日确定，商品即在这一天运入关税同盟的海关，海关申报单是为将商品置于出口程序而提交的。

第 94 条　与被置于海关仓库的海关程序下的商品发生的业务

1. 与被置于海关仓库的海关程序下的商品发生的业务清单，由关税同盟海关法典第 232 条规定。

2. 如果根据关税同盟海关法典第 232 条第 2 款的规定完成与被置于海关仓库的海关程序下商品相关的业务，需要获得吉尔吉斯共和国海关部门的许可，这一许可根据相关人员的书面申请，在申请当日签发。许可以独立的书面文件或吉尔吉斯共和国海关部门授权职务人员在相关人员提交的书面申请上加注相应背书的形式签发。除非完成这一业务可能会改变根据外经活动商品名录进行商品分类的商品特点，否则不允许拒绝签发许可。

3. 对于挑选的外国商品的样品和货样，应根据内部需求放行的海关程序缴纳进口关税和税收，除非商品的样品会在一个月内返回海关仓库。

第 95 条　海关仓库的类型

1. 海关仓库分为开放式和封闭式。

如果海关仓库可以保存任何商品，可被任何对商品拥有权利的人使用，则该仓库是开放式的。

如果海关仓库是为了保存海关仓库业主和在组建该仓库时业主确定的个别人的商品而使用的，则该仓库为封闭式的。

2. 封闭式海关仓库可以根据申请人提出的能证明组建封闭式仓库合理性的申请而组建。

3. 开放式和封闭式海关仓库可以用于保存需要特殊保存条件或能给其他商品带来损害的个别类别的商品（专门海关仓库）。

第 96 条　海关仓库的装配和配备

作为海关仓库使用的场地和场所，应以能保证商品完整性、排除他人（非仓库员工、不拥有商品授权或不是对商品拥有授权之人代表的人）接触商品、保证对该商品可以进行以海关监督的方式进行装配和配备。

由吉尔吉斯共和国政府规定对海关仓库基础设施、技术照明和工作制度的要求。

第 97 条　海关仓库业主的义务和责任

1. 海关仓库的业主必须：

（1）排除海关监督以外将仓库中商品没收的可能性；

（2）遵守列入海关仓库业主名录的条件；

（3）保证吉尔吉斯共和国海关部门工作人员可接触置于海关仓库中商品的要求，以及向上述工作人员提供免费场所、设备和通讯方式用于实施海关监督；

（4）在本条第 2 款规定的情况下缴纳关税、税收；

（5）核算仓库中保存的商品并向吉尔吉斯共和国海关部门提交有关这些商品的报告。

2. 海关仓库业主承担以下责任：

（1）在商品丢失或未经吉尔吉斯共和国海关部门许可发放商品时，缴纳关税和税收；

（2）未遵守海关程序条件，以及缴纳关税和税收。

第 98 条　海关仓库业主与在海关仓库存放商品的人之间的关系

海关仓库业主与在海关仓库存放商品的人之间的关系，建立在合约的基础上。

第 99 条　海关程序行为的完成

1. 海关仓库的海关程序完成的方式和期限，由关税同盟海关法典第 236 条规定。

2. 任何根据关税同盟海关法典第 186 条规定可以作为申报人的人，根据关税同盟海关法典和吉尔吉斯共和国法律的规定，有权完成海关仓库程序行为必需的海关业务。

3. 对于存放在海关仓库的商品，海关销毁程序可以由海关仓库业主提出申请。

4. 之前置于海关临时进口程序下的商品从海关仓库放行时，为了根据这一程序继续在吉尔吉斯共和国境内使用该商品，可以恢复临时进口的期限。在根据内部需求放行的海关程序下放行上述商品，应根据关税同盟海关法典第 283 条的规定计算应缴纳的关税和税收。

5. 对于海关仓库保存后根据内部需求放行程序放行的商品，应根据关税同盟海关法典第 238 条规定的特殊性计算关税和税收。

第 100 条　海关仓库的海关程序下商品出口关税和税收义务的产生和终止，及其缴纳期限

关税同盟海关法典第 237 条规定了海关仓库的海关程序下商品出口关税和税收义务的产生和终止，及其缴纳期限。

第十八节　海关境内加工的程序

第 101 条　本节总则

1. 海关境内加工程序的内容、条件，在海关境内加工商品的期限，以及在海关境内加工方面的业务，由关税同盟海关法典第 239 条、第 240 条、第 241 条、第 243 条规定。

2. 为了将商品置于海关境内加工程序下，由获得海关境内加工商品许可的人，或直接实施商品加工业务的人提交海关申报单。

3. 为了在加工的产品中识别外国商品，应使用关税同盟海关法典第 242 条中注明的方法。

4. 由吉尔吉斯共和国政府规定在海关境内加工商品期限的确定和延长方法。

第 102 条　海关境内加工商品的许可

1. 根据关税同盟海关法典第 240 条、第 244 条的规定，有关在海关境内加工商品的条件的文件，即为在海关境内加工商品的许可。在商品加工许可中应注明关税同盟海关法典第 244 条规定的信息。

2. 如果商品被授权经济运营商置于海关境内加工程序下，授权经济运营商可与吉尔吉斯共和国海关之间根据本法第 234 条规定签署协议，作为有关在海关境内加工商品的许可文件，前提是该协议中注明了本条第 1 款规定的信息。

3. 签发在海关境内加工商品许可的方式，提供关税同盟海关法典第 244 条规定的信息和文件，召回加工许可的方式和形式，该许可取消的方式和形式，由吉尔吉斯共和国政府规定。

第 103 条　海关境内加工产品的产量标准

1. 产量标准（因加工一定数量外国商品而形成的加工产品数量或比例含量），由获得在海关境内加工商品许可的人确定，并应根据标准实施的实际条件，与吉尔吉斯共和国海关协商。

2. 加工产品的描述、质量和数量在确定产量标准后规定。

3. 对于具有实际稳定特点的商品的加工业务，一般根据明确规定的技术条件进行，并生产出稳定质量的加工产品，由吉尔吉斯共和国海关规定产量标准。

4. 在吉尔吉斯共和国海关部门规定产量标准时，应参考依据专业工艺加工鉴定组织的结论。

第 104 条　废品和余品

对于加工过程中产生的废品以及剩余的置于海关境内加工程序下的商品，适用关税同盟海关法典第 246 条、第 247 条的规定。

第 105 条　用等价商品替换

1. 经吉尔吉斯共和国海关许可，可以根据关税同盟海关法典第 248 条规定的等价商品替换被置于海关境内加工程序下的外国商品。在海关境内加工商品的许可中吉尔吉斯共和国海关部门应注明有关适用等价补偿的许可。

2. 如果允许使用等价商品替换外国商品，允许在外国商品运入关税同盟的海关境内前将从等价商品中获得的加工产品运出，对此应在海关境内加工商品的许可中注明。这时，为运入外国商品由获得在海关境内加工商品许可的人，经与吉尔吉斯共和国海关协商确定。

3. 对于个别类别的商品，由吉尔吉斯共和国政府规定等值补偿的适用方式。

第 106 条　在适用海关境内加工程序时核算商品，海关境内加工程序的适用报告

1. 申报人以及海关境内加工程序下从事商品加工的人，应进行商品核算。

2. 商品核算应根据吉尔吉斯共和国会计和税务核算方面的法律规定的要求进行。

3. 如果在商品加工期间，同一外国商品分几个批次运入，这一商品的海关核算应按较早运入的、首先用于加工的商品进行推测。

4. 如果加工许可中规定的使用外国商品的加工产品中外国商品的识别方法，要求必须对具体商品预加工产品进行对比，则不适用本条第 3 款规定的规则。如果这一规则与申报人所使用的会计核算方法不相容，则申报人有权拒绝使用这一规则。

5. 商品申报人根据本法第 260 条，至少每 3 个月一次向吉尔吉斯共和国海关提交报告，其中应包含海关境内加工程序适用的要求和条件。

6. 如果加工的产品分几批运出关税同盟的海关领土，在海关境内加工商品许可中注明的数量的一致性，可以在加工产品运出时进行阶段性的最终校准，至少每 3 个月一次，且不应晚于最后一批商品运出之日起的 30 天内。

第 107 条　海关境内加工程序的行为完成和暂时中止

1. 海关境内加工程序的行为根据关税同盟海关法典第 249 条的规定完成。

2. 在将加工产品和（或）不需加工的外国商品置于内部需求放行的海关程序下时，应根据关税同盟海关法典第 251 条规定的特殊性缴纳关税和税收。

3. 在商品加工期满前，在海关境内加工程序的行为（商品加工期限）可能暂时中止。海关境内加工程序的行为中止和恢复的方式由关税同盟的决议确定。

4. 如果由于加工产品数量一致性校准，获得海关区域商品加工许可的人应缴纳关税和税收，如果在吉尔吉斯共和国海关部门作出必须缴纳上述费用的决定之日起 10 个工作日内缴纳了这一费用，则不加算上述费用的滞纳金。

第 108 条　未遵守海关境内加工程序条件的责任

未遵守海关程序条件的责任，以及缴纳关税和税收的责任，由本法第 77 条规定的人承担。

第 109 条　对于被置于海关境内加工程序下的商品，缴纳进口关税和税收义务的产生和终止，及其缴纳期限

关税同盟海关法典第 250 条规定了被置于海关境内加工程序下商品的进口关税和税收义务的产生和终止，及其缴纳期限。

第十九节　海关境外加工的程序

第 110 条　本节总则

1. 海关境外加工程序的内容、条件，海关境外商品加工的业务以及期限，由关税同盟海关法典第 252 条、第 253 条、第 254 条、第 256 条规定。

2. 为了将商品置于海关境外加工程序，应由获得在海关境外加工商品许可的人提交海关申报单。

3. 为了识别加工产品中的商品，应使用关税同盟海关法典第 255 条中注明的方法。

4. 吉尔吉斯共和国政府规定在海关境外商品加工期限和延长方式。

5. 根据海关境外加工程序运出商品时，不会免除缴纳、退还或补偿内部税收。

第 111 条　在海关境外加工商品的许可

1. 根据关税同盟海关法典第 253 条、第 257 条的规定，有关在海关境外商品加工条件的文件，即为在海关境外加工商品的许可。许可中应注明关税同盟海关法典第 257 条规定的信息。

2. 在海关境外加工商品的许可签发方式，提交关税同盟海关法典第 257 条规定的信息的方式，召回在海关境外加工商品许可的方式和形式，该许可取消的方式和形式，由吉尔吉斯共和国政府规定。

第 112 条　海关境外加工产品的产量标准

1. 产量标准（因加工一定数量外国商品而形成的加工产品数量或比例含量），由获得在海关境外加工商品许可的人确定，并应根据标准实施的实际条件，与吉尔吉斯共和国海关协商。

2. 加工产品的描述、质量和数量在确定和协商产量标准后规定。

3. 对于具有实际稳定特点的商品的加工业务，一般根据明确规定的技术条件进行，并生产出稳定质量的加工产品，由吉尔吉斯共和国海关规定产量标准。

4. 在吉尔吉斯共和国海关部门规定产量标准时，应参考依据具体工艺加工过程的鉴定组织的结论。

第 113 条　用外国商品替换加工产品

允许根据关税同盟海关法典第 259 条和吉尔吉斯共和国海关事务领域法律的规定，用外国商品替换加工产品。

第 114 条　有关适用在海关境外加工程序的报告

1. 申报人根据本法第 260 条，至少每 3 个月一次向吉尔吉斯共和国海关提交报告，其中应包含海关境外加工程序适用的要求和条件。

2. 如果加工的产品分几批次运入关税同盟的海关领土，对海关境外加工商品许可中注明的产品数量的最终校准，应在海关境外加工期限期满之日起的 30 天内进行。

第 115 条　海关程序的完成

1. 海关境外加工程序的行为根据关税同盟海关法典第 260 条的规定完成。

2. 将被置于海关境外加工程序的产品置于出口海关程序下，应根据关税同盟海关法典第 263 条的规定完成。

3. 允许在不需要向吉尔吉斯共和国海关实际呈交商品的情况下，将在海关境外加工程序转变为其他海关程序。

第 116 条　对于被置于海关境外加工程序下的商品，缴纳出口关税和税收义务的产生和终止，及其缴纳期限

关税同盟海关法典第 263 条规定了缴纳被置于海关境外加工程序下商品的出口关税和税收义务的产生和终止，及其缴纳期限。

第 117 条　将加工产品置于为内部需求放行的海关程序下的特殊性

1. 将加工产品置于为内部需求放行的海关程序下应根据关税同盟海关法典第 262 条的规定进行。

2. 对于加工的产品，如果加工目的是出口商品的（无偿）保修，则将完全免除关税和税收。对于之前被置于为内部需求放行的海关程序下的商品，如果为自由流通放行时已经考虑到作为维修理由的瑕疵的存在，则不能完全免除关税和税收。

3. 在其他情况下针对加工产品可部分的免除缴纳关税和税收，但不包括根据本条规定的消费税：

（1）在适用从价税率或综合税率的关税与税收时，计算关税和税收的基础是作为进口到吉尔吉斯共和国的加工产品的海关价值与进口用于加工的商品的海关价值之差确定的商品加工业务的成本。在适用特殊税率的关税和税收时，计算关税和税收的基础是按比例计

入加工业务成本的加工产品的数量。为计算关税和税收金额的目的确定商品数量的方法，由吉尔吉斯共和国政府规定。

（2）加工产品的消费税应全额缴纳，除非加工业务是维修进口商品的情况。在上述情况下，根据本条第1款规定的方式计算消费税。

第118条　未遵守海关程序条件的责任

未遵守海关程序条件的责任，以及未缴纳关税与税收的责任，由本法第77条规定的人承担。

第二十节　为内部需求进行加工的海关程序

第119条　本节总则

1. 为了内部需求进行加工的海关程序的内容、条件，内部需求商品加工的业务以及内部需求加工的期限，由关税同盟海关法典第264~266条、第268条规定。

2. 为了将商品置于为内部需求进行加工的海关程序下，由获得为内部需求进行加工商品许可的人提交海关申报单。

3. 为了在加工的产品中识别商品，应使用关税同盟海关法典第267条中注明的方法。

4. 为内部需求进行加工的期限的确定和延长方法，由吉尔吉斯共和国政府规定。

5. 可用于内部需求进行加工的商品的清单，由吉尔吉斯共和国政府确定。

第120条　为内部需求进行加工的许可

1. 根据关税同盟海关法典第265条、第269条的规定，有关为内部需求进行商品加工条件的文件，即为内部需求进行加工商品的许可。许可中应注明关税同盟海关法典第269条规定的信息。

2. 如果商品被授权经济运营商置于为内部需求进行加工的海关程序下，可以将授权经济运营商与吉尔吉斯共和国海关之间根据本法第234条规定签署的协议作为有关在海关境内进行加工条件的文件，前提是该协议中注明了本条第1款规定的信息。

3. 为内部需求进行加工商品的许可签发方式、提交关税同盟海关法典第269条规定的信息的方式，召回为内部需求加工商品许可的方式和形式，该许可取消的方式和形式，由吉尔吉斯共和国政府规定。

第121条　废品和余品

对于加工过程中产生的废品，以及剩余的置于为内部需求进行加工程序下的商品，适用关税同盟海关法典第271条、第272条的规定。

第122条　为内部需求进行加工的产品产量标准

1. 产量标准（因加工一定数量商品而形成的加工产品数量或比例含量），由获得内部需求加工许可的人确定，并应根据标准实施的实际条件，与吉尔吉斯共和国海关部门协商。

2. 加工产品的描述、质量和数量在产量标准确定后规定。

3. 对于具有实际稳定特点的商品的加工业务，一般根据明确规定的技术条件进行，并生产出稳定质量的加工产品，由吉尔吉斯共和国海关部门规定产量标准。

4. 在吉尔吉斯共和国海关部门规定产量标准时，应参考依据专业工艺加工鉴定组织的结论。

第 123 条　在适用为内部需求进行加工的海关程序时商品的核算，适用内部需求海关程序的报告

1. 申报人以及从事内部需求加工的海关程序进行商品加工的人，应进行商品核算。

2. 商品核算应根据吉尔吉斯共和国会计和税务核算方面的法律规定的要求进行。

3. 如果在商品加工期间，同一外国商品分几个批次运入，这一商品的海关核算应按照较早前运入、首先用于加工的商品的推测进行。

4. 如果加工许可中规定的使用外国商品的加工产品中外国商品的识别方法，要求必须对具体外国商品与在加工时使用了该外国商品的加工产品进行对比，则不适用本条第 3 款规定的规则。如果这一规则与自己所使用的会计核算方法不相容，则申报人有权拒绝使用这一规则。

5. 商品申报人根据本法第 260 条，至少每 3 个月一次向吉尔吉斯共和国海关提交报告，其中应包含用于内部需求加工程序适用的要求和条件。

6. 如果加工的产品分几批运出关税同盟的海关领土，加工商品许可中注明的加工产品数量的一致性，可以在加工产品运出时进行阶段性的最终校准，但至少每 3 个月一次，且不应晚于最后一批商品运出之日起的 30 天内。

第 124 条　为内部需求进行加工的海关程序的完成

为内部需求进行加工程序的行为，在根据关税同盟海关法典第 273 条、第 275 条、第 276 条规定的方式将商品置于为内部需求放行的海关程序时完成。

第 125 条　对于被置于为内部需求进行加工程序下的商品，缴纳进口关税和税收义务的产生和终止，及其缴纳期限

关税同盟海关法典第 274 条规定了被置于为内部需求进行加工程序下商品缴纳进口关税和税收义务的产生和终止，及其缴纳期限。

第 126 条　未遵守海关程序条件的责任

未遵守海关程序条件的责任，以及未缴纳关税与税收的责任，由本法第 77 条规定的人承担。

第二十一节　临时进口（准许进入）海关程序

第 127 条　本节总则

临时进口（准许进入）海关程序的内容，将商品置于该海关程序的条件，以及使用和支配临时进口商品的限制，由关税同盟海关法典第 277 条、第 278 条、第 279 条进行相应规定。

第 128 条　临时进口商品的使用和支配

1. 被置于临时进口（准许进入）海关程序下的商品的使用和支配，应遵守关税同盟海关法典第 279 条规定的限制条件。

2. 申报人将临时进口商品转交他人所有和使用的情况和条件，由吉尔吉斯共和国政府确定。

第 129 条　商品临时进口的期限

1. 商品临时进口（准许进入）的期限，依据这一进口的目的和状况，由海关部门根据申报人的申请，在关税同盟海关法典第 280 条规定的期限范围内确定。

2. 根据申报人有依据的申请，商品临时进口（准许进入）的期限可以在本条第 1 款注明的期限范围内延长。

3. 海关部门在 10 个工作日内审核有关延长商品临时进口期限的申请，并通知申报人是否延长期限的决定。海关部门只有在申报人未遵守吉尔吉斯共和国海关事务领域法律规定的临时进口海关程序适用条件和要求的情况下，才有权拒绝延长临时进口期限。

4. 海关部门拒绝延长临时进口（准许进入）期限，应该有理由和依据。海关部门以书面形式通知申报人有关拒绝延长期限的决定。

第 130 条　适用临时进口（准许进入）海关程序的特殊性

1. 根据关税同盟海关法典第 282 条规定的规则和条件，适用全部和部分有条件的免除缴纳关税和税收。

2. 应根据关税同盟海关法典第 284 条规定的方式，将临时进口商品置于为内部需求放行的海关程序。

第 131 条　对于被置于临时进口（准许进入）海关程序下的商品，缴纳进口关税和税收义务的产生和终止，及其缴纳期限

关税同盟海关法典第 283 条规定了被置于临时进口（准许进入）程序下商品缴纳进口关税和税收义务的产生和终止，及其缴纳期限。

第 132 条　海关程序行为的完成和暂时中止

临时进口（准许进入）海关程序行为，根据关税同盟海关法典第 281 条规定的方式完成和暂时中止。

第 133 条　未遵守海关程序条件的责任

未遵守海关程序条件的责任，以及未缴纳关税与税收的责任，由将商品置于临时进口程序的人承担。在向他人转让临时进口商品使用权和所有权的情况下，未遵守海关程序条件以及缴纳海关费用的连带责任由办理商品临时进口的人和他人共同承担。

第二十二节　临时出口海关程序

第 134 条　本节总则

临时出口海关程序的内容、条件，以及使用和支配临时出口商品的限制，由关税同盟海关法典第 285 条、第 286 条、第 287 条进行规定。

第 135 条　临时出口的期限

1. 商品临时出口的期限，依据这一出口的目的和状况，由海关部门根据申报人的申请确定，但不包括本条第 4 款规定的情况。根据申报人的书面申请，商品临时出口的期限可以由海关部门根据本条第 4 款、第 5 款的规定延长。

2. 海关部门在 10 个工作日内审核有关延长临时出口期限的申请，并通知申报人有关允许延长期限或拒绝延长期限的决定。只有在申报人未遵守关税同盟海关法典第 38 节和吉尔吉斯共和国海关事务领域法律规定的临时出口海关程序适用条件和要求的情况下，海关部门才有权拒绝延长临时出口期限。

3. 海关部门拒绝延长临时出口期限，应该有理由和依据。海关部门以书面形式通知申报人有关拒绝的决定。

4. 根据关税同盟海关法典第 288 条第 2 款的规定，对于无论为何目的出口至关税同盟海关境外的个别类别的商品，以及在临时出口时根据吉尔吉斯共和国法律规定必须返回的商品，临时出口的最长期限由吉尔吉斯共和国政府规定。

5. 将吉尔吉斯共和国法律未规定的必须返回吉尔吉斯共和国境内的临时出口商品的所有权转让给外国人时，这些商品临时出口的期限不能延长，商品则应办理出口海关程序。

第 136 条　对于被置于临时出口海关程序下的商品，缴纳出口关税和税收义务的产生和终止，及其缴纳期限

关税同盟海关法典第 290 条规定了被置于临时出口程序下商品缴纳进口关税和税收义务的产生和终止，及其缴纳期限。

第 137 条　海关程序的完成

临时出口海关程序行为，根据关税同盟海关法典第 289 条规定的方式完成。

第 138 条　未遵守海关程序条件的责任

未遵守海关程序条件的责任，以及未缴纳关税与税收的责任，由将商品置于临时出口

程序的人承担。

第二十三节　再进口海关程序

第 139 条　本节总则

再进口海关程序的内容、条件，将商品置于再进口海关程序所必需的文件和信息，由关税同盟海关法典第 292 条、第 293 条、第 294 条规定。

第 140 条　返还（记账）出口关税金额

1. 对于关税同盟海关法典第 293 条第 1 款第 1 项中注明的置于再进口程序下的商品，如果上述商品在被置于出口海关程序之日起的 6 个月内办理了再进口程序，则可将已缴纳的出口关税返还（记账）。

2. 由海关部门按本法第 42 节规定的方式返还（记账）已缴纳的出口关税。

第 141 条　在商品置于再进口海关程序下时，缴纳出口关税、税收、补贴和其他费用

1. 在将商品置于再进口海关程序下时，应将以下费用缴纳至吉尔吉斯共和国指定的账户，而在关税同盟成员国的国际公约规定的情况下，则缴纳至国际公约指定的账户：

（1）进口关税、税收和（或）利息，如果这些关税、税收及其利息未征收，或者由于商品出口到关税同盟的海关境外而被返还；

（2）内部税收、补贴金额和其他优惠，或由于将商品出口到关税同盟海关境外的补偿未支付或直接或间接获得的其他优惠。

2. 申报人缴纳进口关税、税收、内部税、津贴和其他与再进口海关程序的商品有关的其他费用的义务，自海关部门登记海关报关单时起产生。

3. 申报人缴纳进口关税、税收、内部税、津贴和其他费用的义务在以下情况终止：

（1）根据本法规定的金额缴纳进口关税、税收、内部税、津贴和其他费用；

（2）根据再进口海关程序的规定放弃商品的放行。

4. 进口关税、税收的金额，应根据关税同盟海关法典第 251 条为确定将加工产品置于为内部需求放行的海关程序下所做的规定进行计算。

5. 内部税的金额，是根据商品输出到关税同盟的海关境外时登记海关报关单当日实行的税率，及商品输出到关税同盟的海关境外时确定的商品海关价值和（或）数量计算的。如果针对输出商品申请出口海关程序时，商品的海关价值未确定也未申报，则为了计算内部税金额，可使用输出商品时根据买卖交易办理的商业文件中注明的，购买商品实际缴纳或应缴纳的价格，并在商品输出关税同盟海关境外登记海关申报单的当日，按本法规定的方式以吉尔吉斯共和国货币计算。由于其他交易对上述商品申请出口海关程序时，使用在属于该商品输出时的商业文件或其他文件中列明的，在商品输出关税同盟海关境外登记海关申报单当日，按本法规定的方式以吉尔吉斯共和国货币计算商品的价值。

6. 津贴和本条第 4 款、第 5 款未注明的其他费用的计算方式，由吉尔吉斯共和国政府规定。吉尔吉斯共和国政府有权按吉尔吉斯共和国国家银行利率对上述费用征收利息。

7. 根据再进口海关程序放行商品前，应缴纳进口关税、税收、内部税、津贴和其他费用。

8. 进口关税、税收、内部税、津贴和本条规定的其他费用及其利息，应按照关税同盟海关法典和本法为征收海关费用所规定的方式缴纳。

第 142 条　未遵守海关程序的责任

未遵守海关程序条件的责任，以及未缴纳关税与税收的责任，由将商品置于再进口海关程序的申报人承担。

第二十四节　再出口海关程序

第 143 条　本节总则

1. 再出口海关程序的内容、条件，由关税同盟海关法典第 296 条、第 297 条进行规定。

2. 为了将之前被置于为内部需求放行海关程序的商品置于再出口的海关程序下，申报人应向海关部门提交关税同盟海关法典第 299 条规定的文件和信息。

3. 如果商品在吉尔吉斯共和国境内时所属的海关程序的条件规定了免缴关税和税收或应返还已缴纳的金额，则在再出口时，将免除缴纳进口关税和税收或返还已缴纳的金额。

6. 对于申报为直接、绝对用于再出口的商品，不需缴纳关税和税收。如果在 6 个月的期限内未进行实际的商品出口，或在使用商品时，包括为了获得收入目的使用商品，应缴纳该商品进口时申报为内部需求放行海关程序所应缴纳的关税和税收，以及如果在商品办理再出口程序时对该金额可能提供的延期付款所产生的、根据吉尔吉斯共和国国家银行的利率计算的利息。

第 144 条　被置于再出口海关程序下商品的运输特点

将被置于再出口海关程序下的商品输出关税同盟的海关境外，应适用海关过境程序，在海关监管下，按照关税同盟海关法典第三十二节规定的方式和条件实施。

第 145 条　对于被置于再出口海关程序下的外国商品，缴纳关税和税收义务的产生和终止，及其缴纳期限

关税同盟海关法典第 300 条规定了被置于再出口程序下商品缴纳关税和税收义务的产生和终止，及其缴纳期限。

第 146 条　返还（记账）进口关税、税收金额

对于之前被置于内部需求放行的海关程序下，以及根据关税同盟海关法典第 297 条第 2 款规定的条件被置于再出口海关程序下且实际已被输出关税同盟海关境外的商品，应按本法第四十二节规定的方式返还（记账）已缴纳的进口关税。

第 147 条　未遵守海关程序的责任

未遵守海关程序的责任，以及未缴纳关税与税收的责任，由将商品置于再出口海关程序下的申报人承担。

第二十五节　免税贸易海关程序

第 148 条　本节总则

1. 免税贸易海关程序的内容、条件，由关税同盟海关法典第 302 条、第 303 条进行规定。

2. 免税贸易商店的商品，应在吉尔吉斯共和国海关监管下，在吉尔吉斯共和国国家边防放行口岸和其他吉尔吉斯共和国政府规定的地方销售。

3. 将国产商品置于免税贸易海关程序下时，不应返还内部税，以及之前缴纳的进口关税和税收。

第 149 条　对免税贸易商店的所在地、装配和配置的要求

1. 免税贸易商店的场所可以是交易厅、辅助场所、仓库。

上述场所应进行装配，以便保证商品只在免税贸易商店的交易厅进行销售，并能保证商品的完整性和对商品进行海关监管的可能性。

2. 免税贸易商店交易厅的分布，应能保证排除将在免税贸易商店中购买的商品留在吉尔吉斯共和国境内的可能，其中包括通过将其转交给滞留在该区域自然人的方式。

3. 在放行口岸的免税贸易商店的所在地，应经业主与吉尔吉斯共和国边防局所属的国家部门协商。

4. 免税贸易商店的所在地是海关监管区。

第 150 条　免税贸易商店业主的义务和责任

1. 免税贸易商店的业主必须：

（1）除海关监管外，排除免税贸易商店中用于销售的商品被没收的可能；

（2）核算商品的进出货；

（3）向海关部门提交商品进出的报告；

（4）缴纳本条第 2 款规定的关税和税收；

（5）遵守吉尔吉斯共和国贸易领域法的规定。

2. 在外国商品丢失或用于在免税贸易商店零售给自然人以外的其他用途时，免税贸易商店的业主应根据本条规定的条件和要求承担缴纳关税与税收的责任。

第 151 条　免税贸易海关程序的完成

免税贸易海关程序行为，按关税同盟海关法典第 305 条规定的方式完成。

第 152 条　未遵守海关程序条件的责任

未遵守海关程序条件的责任，以及未缴纳关税与税收的责任，由免税贸易商店的业主承担。

第二十六节　销毁海关程序

第 153 条　本节总则

1. 销毁的海关程序的内容、条件，以及适用销毁海关程序的特点，由关税同盟海关法典第 307~309 条进行规定。

2. 将商品置于销毁的海关程序下，应经海关部门同意。

3. 海关部门将商品置于销毁的海关程序下的许可的签发方式，由吉尔吉斯共和国政府规定。

第 154 条　销毁商品

1. 销毁商品的期限，依据申报人的申请，按申请的方式确定该类商品销毁业务所需的时间，以及从商品所在地到销毁地运输商品所需的时间，由海关部门规定。

2. 商品销毁地点由申报人根据吉尔吉斯共和国环境保护法的规定确定。

3. 商品销毁后，申报人应向海关部门提交证明文件（有关销毁或有效利用的证明或报告、销毁或有效利用时根据吉尔吉斯共和国法律规定或实际情况办理的其他文件）。

第 155 条　海关部门进行的监管

1. 海关部门在适用风险管理体系的同时，根据关税同盟海关法典和本法的规定对被置于海关销毁程序下的商品实行海关监管。

2. 如果海关部门对商品销毁的过程实施可视监控，则应根据吉尔吉斯共和国政府规定的形式和方式办理商品销毁证明文件。

第 156 条　未遵守海关程序的责任

未遵守海关程序的责任，未遵守吉尔吉斯共和国环境保护法，以及未缴纳关税、废物和废料税收的责任，由提出销毁程序的申报人承担。

第二十七节　放弃归国家所有的海关程序

第 157 条　本节总则

1. 放弃归国家所有的海关程序的内容、条件，由关税同盟海关法典第 310 条、第 311 条进行规定。

2. 将商品置于放弃归国家所有的海关程序下，应经海关部门同意。

3. 海关部门将商品置于放弃归国家所有程序下的许可的签发方式，由吉尔吉斯共和国政府规定。

第 158 条　被置于放弃归国家所有海关程序下的商品的支配

1. 将商品置于放弃归国家所有的海关程序下，不应对吉尔吉斯共和国国家部门造成任何费用支出，这些费用无法通过销售商品所得进行补偿。

2. 被置于放弃归国家所有程序下的商品，应按吉尔吉斯共和国政府规定的方式转交。

第 159 条　对适用放弃归国家所有的海关程序的责任

未遵守放弃归国家所有的海关程序条件的责任，以及通过将商品置于放弃归国家所有程序的方式支配商品的合法性，由申报人承担。对于被申报人拒绝而利于国家的商品拥有授权的人，海关部门不予支持任何财产补偿诉求。

第二十八节　特别海关程序

第 160 条　特别海关程序的内容条件

1. 特别海关程序，是指在这一程序下，根据关税同盟委员会规定的清单和条件的个别类别商品进口到吉尔吉斯共和国境内或出口到吉尔吉斯共和国境外，无需缴纳关税和税收，且不适用禁令和限制，但不包括关税同盟海关法典针对这类商品规定的情况。

2. 商品处于特别海关程序下的期限，缴纳关税和税收义务产生和终止的情况，以及适用特别海关程序时缴纳关税和税收期限的开始，特殊海关程序行为完成、暂时中止、恢复的方式，对使用和支配处于特殊海关程序下商品的限制，由吉尔吉斯共和国政府规定，除非关税同盟海关法典另有规定。对于个别类型的商品，在关税同盟海关法典规定的情况下，将其置于特殊海关程序的条件由吉尔吉斯共和国政府规定。

3. 在将商品置于特别海关程序时，不予返还已缴纳的关税和税收，以及免除缴纳、返还或补偿内部税。

第 161 条　在商品处于特别海关程序时，商品的海关申报

在将商品置于特别海关程序下时，商品的海关申报方式，应在商品申报单中注明的信息清单，以及申报人与商品报关单一并提交的文件清单，由吉尔吉斯共和国政府规定。

第五章　针对个别类型的商品海关业务的特殊性

第二十九节　通过国际邮件发送的个别类型商品海关业务的特殊性

第 162 条　国际邮件

1. 商品通过国际邮件的方式进口和出口吉尔吉斯共和国，应符合关税同盟海关法典第 44 节和关税同盟成员国国际公约的规定。

2. 国际邮件发送商品的海关业务，在国际邮件交换地或其他海关部门规定的地方完成。作为邮电联络项目的国际邮件交换地，由国家授权部门与邮电联络领域的国家授权部门共同确定。

第 163 条　通过国际邮件发送的商品的海关业务的特殊性

1. 根据吉尔吉斯共和国法律或关税同盟成员国的国际公约，被限制进口到吉尔吉斯共和国境内或相应从这一境内出口的商品，商品收货人或发货人，或以其名义作为的人，应在办理海关文件时提交必要的许可证书。

2. 海关部门根据本法规定对禁止和限制通过国际邮件发送的商品予以没收以及支配，不属于本法调整的则按吉尔吉斯共和国政府规定的方式办理。

3. 对于通过国际邮件发送的商品，应按优先方式，在最短期限内办理海关手续。办理海关手续的具体期限由国家授权部门与邮政领域授权机构协商确定。

4. 对于应提交单独海关申报单的商品的海关申报，由商品收货人或发货人所在区域的海关部门，按照国家授权部门确定的方式，经与邮电联络领域授权机构协商办理。

5. 通过国际邮件发送到关税同盟海关境外的、应提交单独海关申报单的商品，由商品发货人或以其名义作为的人，在将商品交给邮电联络组织发送之前办理海关申报。

6. 对于通过国际邮递进口到吉尔吉斯共和国境内的商品，根据关税同盟海关法典第316条的规定缴纳关税和税收。

7. 对于在吉尔吉斯共和国过境的国际邮件不需要办理海关申报。

第164条　海关部门与邮政部门的相互作用

1. 为了加速通过国际邮件发送的商品的海关申报，提高海关监管的效率，海关部门和邮政部门签署相互协作的相关协议。

在上述协议中可以规定在海关部门监管下，国家邮政部门完成个别属于海关部门的职能。

2. 国家授权部门及时通知邮政领域授权机构有关将商品进口和出口关税同盟的海关境内的规则，其中包括通过国际邮政发送的商品。

第三十节　个别外国人携带商品的特殊性

第165条　个别外国人携带商品

1. 外国的外交代表处、领事机构、其他官方代表处、国际组织以及这些代表处和组织的职员向吉尔吉斯共和国境内外输入和输出商品，以及拥有优先权、特殊权或豁免权的外国人输入和输出个人和家庭使用的商品，根据关税同盟海关法典第四十五条的规定完成。

2. 如果根据吉尔吉斯共和国加入的国际公约对本条第1款注明的外国人，规定了比关税同盟海关法典第四十五条规定的较优惠的，向吉尔吉斯共和国境内外输入或输出商品的规则，则适用吉尔吉斯共和国加入的国际公约的规则。

3. 对于国际组织、国家间组织、政府间组织、外国代表处，以及这些组织和代表处的职员及其家庭成员，适用吉尔吉斯共和国加入的国际公约规定的海关优惠。

4. 外交代表处、领事机构和其他外国代表处及其这些代表处、机构和组织的职员（以下称代表处）携带商品用于官方使用的海关申报，应通过向海关部门提交自由格式的书面申请，一式两份（以下称申请）并加盖代表处印章，由代表处负责人或授权人签字，申请应包含以下信息：

（1）海关部门的名称；

（2）商品通过关税同盟的海关边界时所使用的运输文件的号码和日期；

（3）商品简要信息。

5. 与本条第4款注明的申请一并提交运输文件。

6. 发送（接收）用于代表处官方使用的商品的人，向海关部门提交证明身份和地位的文件，或委托书（一年期的或一次性的），并加盖代表处的印章，并由代表处负责人或其他代表处授权的职务人员签字。

第166条 根据互惠原则提供的海关优惠的适用

根据与外国签署的特别协议，本法提供的海关优惠，根据针对每个国家的互惠原则可以适用于其他人。

第三十一节 针对包含知识产权客体的商品海关程序的特殊性

第167条 海关部门保护知识产权

海关部门应当按照关税同盟海关法典第四十六节、本法和吉尔吉斯共和国其他法律法规规定的方式，保护根据权利人申请列入知识产权客体的海关登记目录（以下称海关登记）的著作权与相邻权商标权版权所有者的权利、对使用货物的地理标志、服务标志的使用权。

第168条 对权利人申请的审理方式

1. 如果权利人或代表其利益的人（以下称申请人）认为，由于向吉尔吉斯共和国境内外进出口其认为侵犯其知识产权的商品时，或者在完成海关监管下商品的其他行为时，可能或已违反了吉尔吉斯共和国法律规定的其所拥有的知识产权，则申请人有权向国家授权机构提交维权申请。

2. 申请中应包含以下信息：

（1）权利人的信息，如果申请是由他的代表人提交，还需提供代表人的信息；

（2）注明需列入海关登记目录的知识产权客体，描述包含知识产权客体的商品；

（3）生产包含上述知识产权客体的组织的信息，证明这一组织授权的文件；

（4）商品生产地点；

（5）有关存在和具有知识产权的信息。

与申请一并提交证明知识产权存在和所属性的文件（证书、许可证合同或其他吉尔吉斯共和国知识产权法规定的文件），必要时需提交权利人签发给他的利益代表人的委托书。

如果同一个知识产权客体属于不同的权利人，则应与申请一并提交每个权利人的委托书，或对同一个知识产权客体缺失权利的保证书。

在提交申请的同时可以提交包含知识产权客体的商品和（或）盗版商品的样品。

申请人可以提交其他可以让海关部门查明盗版商品的信息，包括侵犯其权利的推测日期。

3. 在提交申请时，申请人向国家授权机构提交保证书，保证在确定所怀疑商品不是盗版商品时，补偿因中止放行商品所产生的费用和给申报人带来的损失。补偿费用的保证书的形式和内容，以及执行保证书的保证金额，应由国家授权部门按照吉尔吉斯共和国民法规定的方式确定。

4. 国家授权部门在收到申请之日起 1 个月的期限内审核申请，并作出将申请中注明的知识产权客体列入海关登记的决定，或者拒绝列入海关登记的决定。应将所作出的决定以书面形式通知申请人。

5. 为了核实申请人所提交信息的真实性，国家授权部门有权向第三方以及国家相关机构查询可证明申请信息的文件。上述机构和第三方应在收到查询后的 10 日内提供所查询的文件。

6. 如果申请人未提交所查询的、对作出决定具有实质意义的文件，则可以中止申请的审理。这时，审核申请的总期限不能超过 3 个月。如果申请人未提供所查询的文件，可以认为申请已被撤销，并不急需审核，对此应以书面方式或电子方式通知申请人。

7. 如果提交的文件不能证明知识产权客体的权利属于申请人，或申请人提交了不真实的信息，则可以作出有关拒绝采取与中止商品放行相关措施的、将知识产权客体列入海关登记目录的决定。

8. 在修改申请中或与申请一并提交的文件中注明的信息时，申请人应将此情况通知国家授权机构。

第 169 条　海关登记

1. 国家授权机构为进行海关监管进行海关登记。

海关登记的管理方式，以及其中包含的通知海关部门和申请人的方式，由吉尔吉斯共和国政府确定。

2. 为了将知识产权客体列入海关登记中，权利人或其代表应缴纳由吉尔吉斯共和国政府规定的费用。

3. 国家授权机构作出相应决定的知识产权客体，可以列入海关登记中。

4. 国家授权机构保证在自己的官方刊物上刊登列入海关登记中的知识产权客体清单。

5. 在以下情况应将知识产权客体从海关登记中删除：

（1）申请人申请时；

（2）未缴纳将知识产权客体列入海关登记中或延长项目保护期限的费用；

（3）在按规定方式终止知识产权客体的法律保护时；

（4）如果权利人在中止商品放行期间没有按吉尔吉斯共和国法律规定向海关部门申请保护自己的权利，或没有向海关部门申请取消中止商品放行的决议；

（5）查明在提交将知识产权客体列入海关登记时提供了不真实的信息。

6. 允许根据来自于下列人员的信息，对海关登记进行修改：

（1）权利人（其代表人）提交的有关将知识产权客体列入海关登记的修改申请，及随附文件中注明的信息；

（2）执法机关或其他国家机构，以及自然人或法人，有关海关登记中注明的权利人被剥夺或限制知识产权权利的信息。

应根据国家授权机构的决议修改海关登记。

7. 修改海关登记前可以根据国家授权机构的决议核查收到的信息，对此应书面通知权利人和海关部门。在核查期间，海关部门不能采取与中止放行包含这一知识产权客体的商品相关的措施。

8. 包含这一知识产权客体的商品列入海关登记的期限，可以在进行核查所必需的时间内中止，但不能超过两个月。

9. 作出中止放行决议的方式，将决议通知申请人和申报人的方式，中止放行期限的延长，向海关部门缴纳的费用和申报人亏损的补偿方式，以及取消中止放行决议的方式，由吉尔吉斯共和国政府规定。

10. 在发现商品侵犯知识产权时，海关部门有权按照吉尔吉斯共和国政府规定的方式中止放行未列入海关登记的、包含知识产权客体的商品。

第 170 条　提供信息，抽取样品

1. 海关部门向申请人和申报人提供确定作出中止放行的商品是否侵犯知识产权所必需的信息。

2. 申请人或申报人根据本条规定获得的信息是保密的，不能泄密给第三方及国家部门，但不包括吉尔吉斯共和国法律规定的情况。

3. 经海关部门准许，申请人和申报人或他们的代表，可以在海关监督下提取被中止放行的商品的样品，并对其进行检验。

第 171 条　属于海关部门知识产权保护的补充条款

1. 海关部门的知识产权保护，不应妨碍权利人根据吉尔吉斯共和国法律规定采取其他保护其权利的手段。

2. 在商品中止放行期间，申报人经权利人书面同意销毁商品，可以申请销毁被中止放行商品的海关程序。这时海关部门有关中止商品放行的决议应被撤销。

第三十二节　通过管道输送和输电线路输送商品的特殊性

第 172 条　商品通过管道和输电线路输送时，申报和缴纳关税和税收的特殊性

1. 商品通过管道运输进口到吉尔吉斯共和国境内时，允许根据本法第 225 条规定的特殊性进行临时阶段性的海关申报。临时阶段性申报通过提交临时海关申报单的方式办理。

2. 在临时海关申报单中，允许根据在申报人申请的不超过外贸合同有效期的时间段内商品大概数量的进口计划，根据计划进口到吉尔吉斯共和国境内商品的数量而确定的有条件的海关价值（估价）、商品需求性能和（或）外贸合同条款中上述商品在提交临时报关单当日确定价格的方式，申报信息。

3. 允许对商品提交一个临时进口申报单，这些商品是在完成几个外贸合同义务框架内，包括不同的供货、价格组成和支付条件的合同，根据一个海关程序运输商品的同一个

申报人进口的商品。

4. 申报人在本时间段开始前一个月的 20 日前提交本时间段的临时海关申报单，时长不超过一个季度，对于天然气则不超过一个日历年。

5. 如果在临时海关申报单中注明的时间段期间改变海关部门已接受的临时海关申报单中的商品数量，可以在开始运输补充临时申报单中申报的商品前提交补充临时海关申报单。

6. 申报人应提交一个或几个按规定格式填写的、完整的、每个供货日历月所进口商品的海关申报单。完整的海关申报单应在下一个供货日历月的 20 日前提交。根据申报人有依据的申请，海关机构可以延长提交完整的海关申报单的期限，但不超过 90 日。延长提交完整海关申报单的期限，并不会延长缴纳所计算的关税和税收的期限。

7. 如果在日历月期间临时海关申报单中申请进口的商品没有完成进口，则申报人应在完整的海关申报单提交期限届满前，以书面形式将此情况通知海关部门。

8. 申报人缴纳通过管道运输的商品进口关税和其他税收的义务，自海关部门登记临时海关申报单或完整海关申报单之时产生。

9. 申报人缴纳通过管道运输的商品进口关税和税收的义务，在关税同盟海关法典第 80 条第 2 款规定的情况下终止。

10. 自进口通过管道运输的商品时，进口关税和税收应根据临时海关申报单中的信息，在每个供货日历月前一个月的 20 日之前缴纳。为计算和缴纳海关费用，适用供货月前一个月的 15 日实施的关税和税收税率。

11. 每个供货月进口商品的详细信息，应在每个供货月后一个月的 20 日前提交给海关部门。如果应缴纳的关税和税收金额在确认信息后增加，则在提交详细信息的同时应补缴增加的金额。

12. 多缴纳的金额根据本法第四十二节的规定退还。

13. 在通过管道运输商品时，适用接受临时海关申报单当日的限制规定。

14. 在临时申报通过管道运输的天然气时，为了确定其数量和质量，使用商品实际供货证明，该证明是根据作为该运输依据的外贸合同中规定的地点的仪表数值而起草的。

第 173 条　通过电力传输线路输送的商品进口和出口时，申报和缴纳关税、税收的特殊性

1. 应申报进口和出口实际电量和（或）电量流动平衡，作为每个月的国家间输电线路反方向的电流的代数和。在海关申报单中（多个申报单）每个月进口或出口的电量以电能量流动平衡表示（所有电压等级的、所有工作状态的国家间输电线路上反方向的电量流动代数和，被调整到电能输送时电网中的损耗量），或者实际上分别的进口和出口电量，被调整到电能输送时电网中的损耗量。

2. 根据关税同盟海关法典第 339 条第 2 款的规定，吉尔吉斯共和国政府规定了在沿电力输送线路、通过关税同盟海关领土、在能源系统平行工作条件下运送电能时应向海关部门提交信息的清单。

3. 应根据本法第六章规定的规则，缴纳通过电力输送线路进口到吉尔吉斯共和国和

从吉尔吉斯共和国出口的商品的关税与税收。

第三十三节　国际运输交通工具的进口和出口

第 174 条　向吉尔吉斯共和国进口和从吉尔吉斯共和国出口国际运输工具、配件、设备和器材

1. 根据关税同盟海关法典第四十八节的规定向吉尔吉斯共和国进口和从吉尔吉斯共和国出口国际运输工具。国际运输工具在吉尔吉斯共和国境内到达地点和从吉尔吉斯共和国境内的离开地点用于办理空运和铁路运输海关业务的停留时间，如果承运人完成了关税同盟海关法典和吉尔吉斯共和国海关事务领域法规定的要求，相应的不应超过该类飞机保养作业表，或铁路站工作作业过程所规定的时间。

2. 用于技术维修或国际运输工具运行的配件和设备，应根据关税同盟海关法典第 349 条的规定，向吉尔吉斯共和国进口和从吉尔吉斯共和国出口。从国际运输工具上被拆换下来的配件和设备，可以与该国际运输工具一并进口到吉尔吉斯共和国境内和从吉尔吉斯共和国出口。有关这些配件和设备以及完成维修的信息，应在国际运输工具海关申报单中注明。在其他情况下，从国际运输工具上拆换下来的配件和设备，应根据关税同盟海关法典第 349 条第 3 款的规定进口到吉尔吉斯共和国，而从吉尔吉斯共和国出口时，无需缴纳针对出口海关程序所适用的关税。

3. 针对用于维修、技术保养，或运输工具运行目的的配件和设备的，临时进口（准许进入）和临时出口海关程序，相应地完成于从运输工具上被拆换下来的配件和设备，或者之前被置于临时进口（准许进入）或临时出口程序下的配件和设备，从吉尔吉斯共和国出口或向吉尔吉斯共和国进口，或者完成于将上述商品置于其他未规定其进出口关税同盟的海关境内的海关程序下。

4. 为保证运输工具正常运行和技术保养所必需的器材，向吉尔吉斯共和国进口和从吉尔吉斯共和国出口，应符合关税同盟海关法典第五十节的规定。

第 175 条　使用有条件放行的运输工具作为国际运输工具

1. 根据关税同盟海关法典第 279 条第 5 款和第 345 条第 4 款的规定，允许按照关税同盟海关法典第四十八节规定的方式，使用根据临时进口（准许进入）海关程序进口到关税同盟的海关境内的运输工具，以及根据关税同盟海关法典第 200 条第 1 款第 1 项的规定作为有条件放行商品的其他运输工具，其中包括根据海关免税区程序进口到关税同盟海关境内的运输工具，作为国际运输工具，并临时从吉尔吉斯共和国出口、再反进口到吉尔吉斯共和国。

2. 用于装载、卸载、处理和保护货物，或运输乘客和（或）行李的特殊设备，以及用于维修、技术保养或本条第 1 款注明的运输工具运行使用的配件，和从本条第 1 款注明的运输工具上因维修而被拆换下来的配件和设备，使用关税同盟海关法典第四十八节和本节的规定。

第三十四节　个人使用的商品的运送特点

第 176 条　自然人运送个人使用的商品

1. 自然人向吉尔吉斯共和国进口和从吉尔吉斯共和国出口个人使用的商品，应符合关税同盟海关法典第四十九节，以及关税同盟成员国有关自然人通过关税同盟的海关边界运送商品的国际公约的规定。

2. 吉尔吉斯共和国政府根据本条第 1 款注明的国际公约，有权对自然人进口或出口商品规定补充限制。

3. 海关部门保证有关自然人获知运送个人使用商品的规则信息，其中包括通过在运输和旅游组织发放用国家语言、官方语言和外国语言所做的信息宣传册，以及在办理自然人运送商品海关业务的地方安置信息展览台的方式。

4. 不以随身携带或由承运人运送的个人使用的商品，可以根据申报人的选择向商品所在的海关部门，或者无论商品运送至何处，向自然人长期或临时居住地所在的海关部门进行海关申报。

5. 缴纳个人使用商品的关税、税收的凭证是具有严格报表形式的海关收据凭证单。

第六章　海关费用

第三十五节　本章总则

第 177 条　海关费用

1. 属于海关费用和税收的是：

（1）进口关税；

（2）出口关税；

（3）商品进口到吉尔吉斯共和国境内时征收的增值税；

（4）商品进口到关税同盟境内时征收的消费税：

（5）海关费（完成与商品放行有关行为、海关护送的海关费、初步裁定费）。

2. 海关部门征收的特别税、反倾销税和补偿税，是根据关税同盟成员国的国际公约和吉尔吉斯共和国海关事务领域法律的规定确定的，并按照本法为征收进口关税规定的方式征收，除非本法另有规定。

3. 对于自然人运送个人使用的商品，适用本章，以及根据关税同盟海关法典第四十九节和关税同盟成员国国际公约规定的特殊性。

第 178 条　海关费用的支付者

海关费用的支付者是申报人，或根据关税同盟海关法典、关税同盟成员国的国际公约和本法规定应承担缴纳海关费用相关义务的其他人。

第179条　海关费用的缴纳期限

1. 海关费用的缴纳期限根据关税同盟海关法典第十一节确定。

2. 关税同盟海关法典第194条第2款、第4款中注明的海关申报特殊性的商品，其海关费用应在提交海关申报单之前或在提交海关申报单的同时缴纳。

第180条　海关费用缴纳的方式和形式

1. 除运送个人使用的商品的进口关税外，进口关税应缴纳至关税同盟成员国国际公约规定的账户。进口关税不能被缴纳到其他费用账户。

2. 根据支付者的意愿，进口关税可以在提交海关申报单前缴纳。提交海关申报单之前缴纳的进口关税金额的支配，应适用本法第185条规定的方式，并根据关税同盟成员国国际公约的规定执行。

3. 海关费用的缴纳方式，由吉尔吉斯共和国政府规定。

4. 特别关税、反倾销关税和补偿关税和税收的缴纳方式，由吉尔吉斯共和国海关事务领域法律规定。

5. 海关费用应支付到吉尔吉斯共和国财政账户，除非关税同盟成员国的国际公约另有规定。在特别情况下，海关费用可以在吉尔吉斯共和国海关部门收款处缴纳。

6. 根据本法规定的海关费用、预付金、滞纳金、利息、罚金，可以在电子支付方式完成业务而使用的、无法接受现金的设备上缴纳（以下称电子缴费机），以及通过缴费机或银行自动提款机，根据吉尔吉斯共和国政府规定的方式完成。

第181条　执行缴纳海关费用的义务

1. 如果本条注明的资金金额不少于应缴纳的海关费用的金额，则缴纳海关费用的支付人的义务即被认为已完成：

（1）自将资金从支付人银行账户转出之时起，其中包括通过电子缴费机、银行自动提款机缴纳海关费用的情况；

（2）自将现金交入海关部门收款处或自通过电子缴费机和银行自动提款机缴纳现金之时起；

（3）自将多余缴纳的海关费用金额记账到海关费用缴纳账户之时起，如果这一记账是根据缴纳者申请进行的，则自海关部门收到记账申请之时起；

（4）自将预付金或押金记入海关费用缴纳账户之时起，如果这一记账是根据缴纳者的申请进行的，则自海关部门收到记账指令之时起；

（5）自银行、其他信贷组织或保险公司根据银行担保，委托人根据委托合同将缴纳的资金计入海关费用缴纳账户之时起；

（6）在以下资金追缴海关费用的情况下，自将资金计入本法第180条注明的账户之时起：

a. 为缴纳海关费用的商品；

b. 海关费用缴纳者的财产抵押。

2. 为了放行商品，以非现金方式缴纳海关费用时，海关费用的缴纳者完成义务的证明，即是海关费用进入本法第180条注明的账户，而在以电子缴费机、支付机或银行自动提款机根据本法第180条缴纳海关费用时，电子缴费机、支付机或银行自动提款机出具的文件即为这一证明，其中包括以电子方式证明完成向本法第180条注明的账户汇出资金。自上述文件形成之时起，为缴纳海关费用完成的汇款，是不可召回的。

3. 对个人使用商品的海关费用，按照关税同盟成员国国际公约规定的方式，由自然人缴纳。

4. 根据海关费用缴纳人以及本法第182条、第251条中注明的人的要求，海关部门应以书面形式出具不超过该申请前3年的海关费用缴纳证明。海关费用缴纳证明的形式，由吉尔吉斯共和国政府确定。

第182条　被置于用于内部需求海关程序下，并被有条件放行的商品，其海关费用的缴纳方式

1. 在吉尔吉斯共和国境内有条件放行商品时，根据用于内部需求放行的海关程序，为获得关税同盟的商品地位，需要缴纳海关费用（关税同盟海关法典第200条第1款第1项、第3项，第5款），这一义务可以由申报人（其权利继承人）或合法持有商品的其他人承担。

2. 本条第1款注明的海关费用，由本条第1款注明的人员提交到有条件放行商品的海关部门的申请缴纳，申请中应注明商品放行所依据的海关申报单号码，以及海关费用缴纳依据等信息。

3. 对于关税同盟海关法典第200条第1款第1项注明的商品，海关费用应根据作为有条件商品放行依据的海关申报单中计算的，并由于提供海关费用缴纳优惠而未缴纳的海关费用缴纳。

4. 对于关税同盟海关法典第200条第1款第3项中注明的商品，应按统一海关费率规定的进口关税税率计算的进口关税，与商品放行时缴纳的进口关税之间的差额缴纳。

5. 本条第1款规定的海关费用，应缴纳到本法第180条指定的账户。

6. 根据本条第1款规定应缴纳的海关费用，不应加算滞纳金。

第183条　缴纳利息

1. 应缴纳以下利息：

（1）提供关税和税收缴纳延期或分期的利息；

（2）在关税同盟海关法典第250条第5款、第251条第3款、第263条第2款、第276条第2款、第284条第3款、第291条第2款规定的情况下；

（3）本法第141条规定的情况下。

2. 利息按以下金额缴纳：

（1）提供关税、税收缴纳延期或分期的，根据在商品放行之日起第二天至缴纳关税、税收义务终止之日期间吉尔吉斯共和国国家银行实施的贴现利率，加算缴纳期限变更的关

税、税收的利息；

（2）在关税同盟海关法典第 250 条第 5 款、第 251 条第 3 款、第 263 条第 2 款、第 276 条第 2 款、第 284 条第 3 款、第 291 条第 2 款，以及本法第 141 条规定的情况下，根据吉尔吉斯共和国国家银行在规定期限内有效的贴现利率，加算应缴纳关税和税收的利息。

3. 利息应在不迟于关税、税收缴纳义务终止后的第二天缴纳。

4. 利息的缴纳、追缴和退还，应按关税同盟海关法典、本法针对相应关税和税收关于缴纳、追缴和退还规定的方式完成。

第三十六节　商品的海关价值

第 184 条　商品海关价值的确定、申报、监督和修改

1. 向吉尔吉斯共和国进口时，通过关税同盟边境运送的商品，在关税同盟海关法典规定的情况下，其海关价值，结合关税同盟成员国国际公约的适用特殊性确定。

2. 吉尔吉斯共和国政府对从吉尔吉斯共和国出口商品的海关价值确定的方式进行规定。

3. 向吉尔吉斯共和国进口时，通过关税同盟边境运送的商品，其海关价值的申报、监督和修改，应根据关税同盟海关法典第八节的规定进行。

4. 吉尔吉斯共和国政府规定：

（1）从吉尔吉斯共和国出口的商品，其海关价值的申报方式和形式；

（2）在关税同盟海关法典规定的情况下确定海关价值时，进口到吉尔吉斯共和国海关境内的商品，其海关价值的申报单填写形式和规则；

（3）商品进口部分的总海关价值的数值，由该商品海关价值在无需填写海关价值申报单商品申报中；

（4）在购买商品时给予买方最大折扣的比例；

（5）海关部门有关取消修改商品海关价值的决议的方式。

5. 根据关税同盟海关法典第 68 条的规定，如果海关部门或申报人发现，申报了不真实的海关价值信息，其中包括错误地选择商品海关价值确定方法和（或）错误地确定了海关价值，海关部门应在商品放行前后对海关价值实施监督的情况下作出有关修改申报的商品海关价值的决议。在以下情况，商品放行前实施海关价值监督，且无需进行补充审查，海关部门可以作出有关修改所申报商品海关价值的决定：

（1）发现对海关价值量有影响的商品申报信息（质量和商业特性、数量、性能、产地、价值及其他信息）与海关部门在海关监督过程中确定的实际信息不相符的情况；

（2）发现申报的海关价值量与证明文件中所提出的因素不符；

（3）发现对海关价值量有影响的技术错误（笔误、计算错误、使用了不正确的汇率及其他错误）。

6. 在缺少证明申报人申报的商品价值正确的资料时，海关部门有权根据本法第 199 条

的规定在提供缴纳海关费用保证的情况下，根据临时（有条件）评估将商品放行。

7. 如果申报人不同意海关部门针对商品海关价值作出的决议，则可按本法规定的方式对该决议提出申诉。

第三十七节　预付款

第 185 条　预付款的支付

1. 预付款被认为是存入即将发生的出口关税、税收、关税支付账户的，缴纳人针对相关商品在出口关税、税收、海关费的具体种类和金额方面所不确定的货币资金。

2. 预付款应缴纳至吉尔吉斯共和国财政账户。

3. 作为预付款缴纳的资金，属于存入预付款的人的财产，不能被视作海关费用或资金抵押，直至该人向海关部门作出相应指令，或海关部门追缴预付款。存入预付款的人本人或以其名义提交的海关申报单、返还预付款，或者完成能证明该人将自己的资金作为海关费用或保证缴纳关税、税收使用意愿的行为，可被视为该人的指令。

4. 根据存入预付款之人有关预付款使用的指令，但不包括退还预付款的申请，对该资金进行行政管理的海关部门，应将预付款视作海关费用或该费用种类和金额的资金担保。

5. 根据存入预付款之人的书面申请，海关部门应在收到申请后的 30 天内向该人提供作为预付款存入的资金使用书面报告，但不超过上述申请前三年的时间。作为预付款存入的资金使用报告的形式由吉尔吉斯共和国政府确定，其中应包含申请中注明的期限内的海关和其他种类费用方面的以下信息：

（1）有关申请中注明期限内收到的预付款金额，其中包括，如果根据缴纳人的申请，缴纳人之前以资金抵押方式存入的，或多缴纳的海关费用的资金获得了预付款的地位；

（2）有关用于缴纳海关费用和其他费用、资金抵押的预付款金额，并注明对于使用剩余预付款实施无争议的追缴关税和税收所依据的文件信息；

（3）有关返还给缴纳人的预付款金额，并注明返还申请和返还决议的信息。

6. 存入预付款的人不同意海关资金使用报告结果的情况下，应对该人的资金使用情况进行共同核查。这一核查结果应按吉尔吉斯共和国政府确定的形式办理证明。证明一式两份，由海关部门和存入预付款的人签字，证明签署后，一份应交给存入预付款的人。

第 186 条　返还预付款

返还的方式、返还预付款的申请的格式，由吉尔吉斯共和国政府规定。

第三十八节　海关费

第 187 条　海关费

1. 海关费是指海关部门为完成与商品放行、商品海关护送，以及作出初步裁定等相关行为所征收的费用。

2. 海关费缴纳的方式、形式和期限，由吉尔吉斯共和国政府规定。

3. 海关费的金额不能超过海关部门在完成收费行为所支出的费用的大致价值。

4. 海关费缴纳人，海关费缴纳期限、计算、缴纳、返还（记账）、征收方式，以及不应征收海关费的情况，由本法和关税同盟成员国的法律规定。

第 188 条　完成与商品放行相关的行为和作出初步裁定的费用

1. 完成与商品和运输工具放行相关行为的费用（以下称为海关业务费）应在以下时间缴纳：

（1）在根据所选择的商品和运输工具的海关程序完成与商品和运输工具放行相关的行为时；

（2）在完成海关业务时；

（3）在根据本法第六节作出海关部门初步裁定时。

2. 完成与商品和运输工具放行相关的行为，征收海关业务费，以海关价值的 0.25% 和（或）以结算指数缴纳。

吉尔吉斯共和国政府对缴纳海关手续费的最高和最低金额进行规定。

3. 在以下情况，申报商品和运输工具时不缴纳海关业务费：

（1）在完成为了给予无偿帮助（协助）放行通过海关边境的商品时的行为；

（2）海关申报消费商标和外汇时，除非用于古钱币收藏目的；

（3）在申请放弃归国家所有的海关程序时；

（4）对于被国际或公共博物馆、档案馆、图书馆、其他国家或公共组织置于临时进口（准许进入）或临时出口海关程序的文物、展示目的的文物，以及以将商品置于出口和再进口程序下的方式完成上述程序行为时；

（5）对于由外国的外交代表处、领事机构、其他官方代表处、外国组织，以及这些代表处、机构、组织的职务人员向吉尔吉斯共和国进口和从吉尔吉斯共和国出口的商品，以及根据吉尔吉斯共和国加入的国际公约享有优先权、特权和（或）豁免权的个别外国个人使用的商品；

（6）在以口头或缔结条约的形式申报商品时；

（7）在不提供单独申报单申报商品时；

（8）吉尔吉斯共和国法律法规规定的其他情况下。

4. 对于作出初步裁定，应根据吉尔吉斯共和国政府规定的金额征收费用。

第 189 条　海关护送费

根据申报人或对商品享有权利的其他人的申请，海关部门可以提供海关护送，其中包括使用电子护送方式。

对每个运送商品的运输工具的护送，每公里按十分之一结算指数的金额征收海关费。

第三十九节　缴纳海关费用期限的变更

第 190 条　缴纳海关费用期限变更的一般条件

1. 国家授权部门根据海关费用缴纳人的申请，在按照本法第四十节规定的方式保证缴纳海关费用的条件下，可以变更海关费用缴纳的期限为：

（1）30 天内；

（2）具有本法第 191 条规定的依据时，为 180 天内。

2. 海关费用缴纳期限应以延期或分期的形式，并按关税同盟成员国的国际公约规定的依据、条件和方式进行变更。

3. 可以对一种或几种海关费用按类别，以及全部或部分应缴纳金额进行分期或延期缴纳。

4. 允许延期或分期缴纳的决议应在提交该申请后的 15 天内作出。

第 191 条　允许延期或分期的依据

在具备以下其中一个依据时，允许海关费用缴纳人根据本法第 190 条第 1 款第 2 项的规定延期和分期缴纳海关费用：

（1）由于自然灾害、技术事故或其他不可抗力状况给该人造成了损失；

（2）给该人的国家预算拨款，或该人完成的国家订购支付延迟；

（3）如果通过海关边界运送的商品是易腐烂商品；

（4）该人根据政府间协议进行供货；

（5）在公私合作项目实施框架内进行供货，如果根据吉尔吉斯共和国政府的决议，在公私合作协议中规定了延期或分期。

第 192 条　不允许延期或分期的情况

1. 如果申请人具有以下情况，则不能允许海关费用延期或分期缴纳：

（1）具有违反吉尔吉斯共和国税法或海关法相关的犯罪特征，被提起刑事诉讼或行政诉讼；

（2）被提起破产程序。

2. 在发生本条第 1 款注明的情况时，不能作出允许延期或分期的决议，而已作出的决议应取消，应在 3 个工作日内将此状况书面通知申请延期或分期的人。

第 193 条　延期或分期的利息

对于允许延期或分期缴纳海关费用的，应根据本法第 183 条规定的金额和方式征收利息。

第 194 条　延期或分期的利息缴纳期限

1. 在海关费用欠费缴纳前或缴纳的同时缴纳利息，但不应迟于延期或分期期限届满后的一天。

2. 利息应按照本法对海关费用缴纳、征收和退还所规定的方式进行缴纳、征收和退还。

第四十节　保证缴纳海关费用

第 195 条　保证缴纳海关费用的一般条件

1. 保证缴纳关税、税收的一般条件，由关税同盟海关法典第十二节规定。

2. 在以下情况，应保证完成缴纳关税和税收的义务：

（1）允许海关费用缴纳延期或分期；

（2）有条件的放行商品；

（3）运送和（或）保存外国商品；

（4）在海关事务领域从事经营；

（5）本法规定的其他情况。

3. 如果应缴纳海关费用、滞纳金和利息的金额不超过关税同盟海关法典第 85 条第 2 款注明的金额，则无需提交缴纳海关费用的保证。

4. 如果同一个人在一定期限内完成几项海关业务，海关部门应接受为完成这些业务提供的海关费用缴纳保证（总担保），当海关机构接受海关费用缴纳总担保以便在吉尔吉斯共和国海关部门完成海关程序时，由国家授权部门确定条件。

由负责缴纳这些费用的人，或其他任何对负责缴纳海关费用有利的人对海关费用缴纳提供保证。

第 196 条　保证缴纳海关费用的方法

1. 用以下方式保证缴纳海关费用：

（1）商品和其他财产抵押；

（2）银行担保；

（3）向海关部门账号存入资金（存款）；

（4）保证书。

2. 在海关部门承认的情况下，可按本条第 1 款规定的任一方法保证缴纳海关费用。

3. 除本条第 1 款规定的方法外，国家授权部门规定了可以提供保证缴纳海关费用的吉尔吉斯共和国法律规定的其他方法的情况。

4. 保证缴纳海关费用的适用方式，由吉尔吉斯共和国政府规定。

第 197 条　财产抵押

1. 抵押对象可以是吉尔吉斯共和国民法和抵押法规定的财产，但不包括：

（1）位于吉尔吉斯共和国境外的财产；

（2）已经用于担保其他义务的财产，或因之前其他义务抵押给第三方；

（3）快速变质的商品、动物；

（4）电能、热能和其他能源；

（5）企业；

（6）财产权；

（7）流通商品抵押；

（8）根据吉尔吉斯共和国法律禁止自由销售的产品和废料；

（9）根据吉尔吉斯共和国法律规定只有根据法院判决方可追索的财产。

2. 海关部门和抵押人之间应签订有关抵押的合同，抵押人可以是承担海关费用缴纳的人或其他任何人。

3. 未完成对海关部门抵押保证的义务时，缴纳海关费用的欠费金额，将由海关部门以抵押财产向国家财政账户拨付。

4. 追缴抵押财产应按照吉尔吉斯共和国民法和抵押法规定的方式进行。

第198条　银行担保

1. 海关部门接受列入国家授权机构负责的银行和其他信贷机构名录的银行、信贷机构或保险公司出具的银行担保作为缴纳海关费用的保证。

2. 将银行、其他信贷机构、保险公司列入银行和其他信贷机构名录的方式和条件，以及名录管理的方式，由吉尔吉斯共和国政府规定。

在未遵守出具的担保条件，以及具有其他违反吉尔吉斯共和国税法和海关法的情况下，银行、其他信贷机构和保险公司将被从名录中删除。

3. 对与出具银行担保、根据银行担保提出要求、担保人履行义务和银行担保终止相关的法律关系，由吉尔吉斯共和国民法规定。

第199条　将资金存入海关部门账户（存款）

1. 将资金以吉尔吉斯共和国国家货币的形式存入海关部门的账户或收款处作为缴纳海关费用的保证。

不应加算存款金额的利息。

2. 在未完成存款保证的义务时，应缴纳的海关费用、滞纳金、利息的总和应从存款额中汇入吉尔吉斯共和国财政。

3. 在完成存款保证的义务时，应根据本法第四十二节的规定退还已缴纳的资金，或者根据支付人的意愿，用于缴纳海关费用，计入未来海关费用账户，或用于保证缴纳海关部门其他海关费用。

4. 为了证明存入的存款，应向将资金存入海关部门账户或收款处的人出具存款单，存款单的使用形式和方式由吉尔吉斯共和国政府规定。

第200条　保证书

1. 保证书根据吉尔吉斯共和国民法，通过海关部门与保证人之间签署合约的方式办理。

2. 关税、税收缴纳人选择保证书作为缴纳关税、税收的保证时，希望成为保证人的人，向海关部门发送签署保证书合约的建议。

3. 海关部门不承担因签署保证书合约而发生的费用。

第四十一节　征收海关费用

第 201 条　强制征收海关费用的一般规则

1. 在规定期限内未缴纳或未全部缴纳海关费用时，海关部门按本节规定的方式强制征收海关费用。

2. 根据本节的规定，对承担缴纳海关费用的人进行强制征收。

3. 在适用强制征收海关费用措施前，海关部门向承担缴纳海关费用的人提出缴纳海关费用的要求。

4. 以下情况不强制征收：

（1）如果缴纳海关费用的要求为在缴纳期限届满或导致出现缴纳本法规定的义务的事件到来之日起 6 年内提出。

（2）如果对于一份海关申报单中注明的商品，或在同一时间、由同一个发货人发送给同一个收货人的商品，未缴纳海关费用的总额不超过 3500 索姆。

第 202 条　滞纳金

1. 在规定的期限内未缴纳海关费用（逾期）时，应缴纳滞纳金。

除本条第 2~4 款规定的情况外，自海关费用缴纳期限届满后的 1 天起到缴纳海关费用的义务完成之日，或作出提供延期或分期决定之日止，包括该日在内，每天加算未缴纳海关费用金 0.09%的金额作为滞纳金。

2. 向保证人或担保人提出缴纳海关费用要求时，自保证书或银行担保所保证的义务完成期限届满后的 1 天开始加算滞纳金。

3. 向负责缴纳海关费用的人提出缴纳海关费用的要求时，滞纳金加算至提出要求的当日，包括当日在内。如果在要求中提出的期限内未缴纳海关费用，则根据本条第 1 款的规定加算滞纳金。

4. 如果违反提交海关申报单的期限，当商品处于临时保管状态时，不加算也不需缴纳临时保管期间的滞纳金。

5. 滞纳金应与海关费用同时缴纳，或者在缴纳海关费用后缴纳，但不能超过 1 个月。

6. 由于未及时缴纳海关费用而加算的滞纳金总数，不能超过海关费用基本欠费额的 100%。

7. 提交请求提供延期或分期缴纳海关费用的申请，不能中止加算欠缴额的滞纳金。

8. 应根据本法规定的适用于海关费用缴纳、征收和退还的方式，缴纳、征收和退还滞纳金。

第 203 条　有关缴纳海关费用的要求

1. 有关缴纳海关费用的要求，是指海关部门向缴纳人发出的有关在规定期限内未缴纳或加算不足的海关费用金额，以及必须在该要求规定的期限内缴纳海关费用、滞纳金和（或）利息的书面通知。

2. 要求应包含有关应缴纳海关费用的金额、在发出要求之时加算的滞纳金金额、根据本法缴纳海关费用的期限、执行要求的期限，以及有关强制追缴海关费用和纳税人未执行要求的情况下追缴的保证方面采用的措施、有关提出要求的依据等信息。

要求的形式由吉尔吉斯共和国政府规定。要求只有在按照相应的方式办理，并按本条第 5 款规定的方式交送的情况下，方能生效。

3. 缴纳海关费用的要求，应自发现未缴纳或未足额缴纳海关费用之日起 30 天内向支付人发出。

4. 执行有关缴纳海关费用要求的期限，不应超过自收到要求之日起的 30 天。

5. 要求应交给该组织的负责人或其他授权代表，或者自然人，并应由其亲自签收或以其他方式证明收到要求的事实和日期。如果上述人员逃避接收要求，则通过邮政部门送达挂号信的形式。在国家授权机构收到有关送达挂号信的通知时即认为要求已被接收。

6. 在本条第 4 款规定的期限内未执行有关缴纳海关费用的要求时，海关部门将根据本节规定采取强制追缴海关费用的措施。

7. 有关缴纳海关费用的要求，应送达给缴纳人，无论是否会追究其刑事或行政责任。

第 204 条　通过法院追缴海关费用

1. 在规定期限内未缴纳的关税和海关费用，属于对国家财政的欠债。

2. 如果承担缴纳海关费用和税收的人，在缴纳期开始时或本法第 288 条规定的申诉期届满时未予缴纳，海关部门将移交法院进行强制追缴应缴纳的海关费用欠债，或者提交有关破产申请，并要求根据吉尔吉斯共和国破产法的规定对责任人进行破产清算。

第 205 条　用未缴纳海关费用的商品充抵海关费用

1. 在本法规定的情况下，海关部门有权使用未缴纳海关费用的商品充抵海关费用，如果这些商品未按本法规定的方式被放行用于自由流通。

2. 在未交送有关缴纳海关费用的要求时，只有在海关部门未找到负责缴纳海关费用的人的情况下，方可对未缴纳海关费用的商品进行充抵。

3. 使用未缴纳海关费用的商品充抵该费用、没收商品或其他行为，应按照吉尔吉斯共和国税法、本法和其他法律法规规定的方式进行。

第 206 条　用缴纳人的其他财产追缴海关费用

1. 在未执行有关缴纳海关费用要求的情况下，海关部门有权以缴纳人未提取存款的剩余部分或缴纳人的其他财产，追缴应缴纳的海关费用。

2. 追缴存款金额，应在这些资金存放于海关部门账户期间，根据海关部门负责人或其副职的决定进行。海关部门应在追缴后的 3 个工作日内，将有关使用存款追缴海关费用的决定书面通知将该资金存入海关部门账户的人。

3. 应根据吉尔吉斯共和国税法的规定，使用缴纳人的其他财产追缴海关费用。

第 207 条　查封缴纳人的财产

只有根据法院的判决，海关部门方可查封缴纳人的财产。

第 208 条　银行执行海关费用汇款指令的义务

1. 银行应无条件地执行缴纳人将海关费用汇入海关部门账户的汇款指令，以及海关部门将海关费用汇入国家财政账户的汇款指令。

2. 在缴纳人的账户有资金的情况下，银行无权拖延执行海关费用的汇款指令。

3. 未执行或未按照规定方式执行本条规定的海关费用汇款义务，银行将根据吉尔吉斯共和国法律承担责任。

第 209 条　海关费用呆账的注销

以下情况缴纳海关费用的债务被认为是呆账：

(1) 自海关费用缴纳期限届满，或产生缴纳海关费用义务的事件开始之日起 6 年内未支付该费用；

(2) 自然人死亡，没有权利继承人或财产继承人；

(3) 认定自然人失踪或无行为能力，以及在没有财产或财产不足的情况下；

(4) 认定缴纳人破产；

(5) 独立的法律通过将海关费用的欠费注销；

在上述情况下，海关费用的债务应按吉尔吉斯共和国政府规定的方式注销。

第四十二节　海关费用和其他资金的返还

第 210 条　返还多缴纳或多追缴的海关费用

1. 多缴纳或多追缴的海关费用，是指作为海关费用实际缴纳或追缴的资金金额超过根据吉尔吉斯共和国税法和海关事务领域法所规定的应缴纳的金额。

2. 多缴纳或多追缴的海关费用，应根据缴纳人的申请，由海关部门返还。上述申请应在缴纳之日起 3 年内提交给缴纳上述金额的账户所属的海关部门。

3. 在发现多缴纳或多追缴海关费用的事实后，海关部门应自发现这一事实之日起的一个月内通知缴纳人有关多缴纳或多追缴的海关费用金额。

4. 多缴纳或多追缴的海关费用应根据收到海关费用的海关部门的决议返还。审理返还申请、作出返还决议和返还多支付或多追缴的海关费用所必须的总期限，不能超过自提交返还申请和提交所有必需的文件之日起 1 个月。在违反上述期限的情况下，对未按照规定期限返还的多缴纳的海关费用，违反返还期限的每一天将加算利息。利率等同于违反返还期限期间吉尔吉斯共和国国家银行实行的贴现利率。

5. 返还在海关费用已计入海关部门账户的条件下进行。

6. 多缴纳或多追缴的海关费用，应返还到缴纳或追缴海关费用的缴纳人账户上，除非申请中另有声明。如果是由他人替缴纳人缴纳的海关费用，则应返还给该人。

7. 应以国家货币返还多缴纳或多追缴的海关费用。

8. 在返还多缴纳或多追缴的海关费用时，也应返还因未返还海关费用所加算和追缴的滞纳金和利息。

9. 以下情况不予返还多缴纳或多追缴的海关费用：

（1）缴纳人存在海关费用债务；

（2）在规定期限届满后提交返还海关费用金额的申请。

10. 根据缴纳人的要求，多缴纳或多追缴的海关费用可以记账到其他海关费用缴纳义务、滞纳金、利息或罚金账户的方式返还。应根据本条使用的返还方式，对多追缴或多缴纳的海关费用记账。

11. 如果存在海关费用债务、滞纳金和利息，海关部门有权自行将多缴纳或多追缴的海关费用用于偿还债务。海关部门应在完成记账后的 3 个工作日内将记账情况通知缴纳人。

12. 在所有发生返还的情况下，海关部门都应在完成返还后的 10 日内通知缴纳人登记所在地的税务机构有关发生的返还的日期、理由和金额。

第 211 条　返还海关费用的其他情况

1. 在以下情况也会发生关税、税收返还：

（1）召回海关申报单；

（2）以返还已缴纳关税金额的方式提供税费优惠；

（3）恢复最惠或特惠制；

（4）海关程序的条件规定了在将外国商品出口到吉尔吉斯共和国境外，或销毁，或放弃归国家所有，或进口国产商品或其加工产品到吉尔吉斯共和国境内的情况下返还已缴纳的关税、税收金额；

（5）经海关部门同意变更之前申请的海关程序，如果在商品被置于新选择的海关程序下应缴纳的关税和税收金额低于最初申请的海关程序的税收金额，但不包括关税同盟海关法典第 282 条第 5 款、第 6 款规定的情况；

（6）商品放行后确定海关价值，如果应缴纳的关税和税收的金额低于临时（有条件）估价时所缴纳的金额；

（7）关税同盟的成员国国际公约和吉尔吉斯共和国有关进口商品时的保障措施、反倾销或反补贴法规定的情况。

2. 在本条第 1 款注明的前提下，申请人提交申请，根据本节适用返还多缴纳或多追缴的海关费用的规定，在发生返还已缴纳关税和税收情况后第二天起的 1 年内返还关税和税收。

第 212 条　返还存款

1. 在完成了存款所担保义务的情况下，如果自完成义务之日起 3 年内向海关部门提交了返还存款的申请，则应返还存款。在上述期限届满后，无人提出申请的存款将被汇入共和国预算并不予返还。

2. 存款由存款缴纳账户或收款处所属的海关部门，或存款所担保完成的海关业务或海关程序所在的海关部门负责返还。

3. 存款在提交了以吉尔吉斯共和国国家货币的存款证明后返还。

4. 如果存款是以现金形式存入海关部门的收款处，则根据缴纳人的意愿，可以汇款方式将存款返还到缴纳人指定的账户。

5. 如果缴纳人有未偿还的海关费用债务、滞纳金或利息，则债务部分的存款不予返还。

第七章　与商品置于海关程序相关的海关业务

第四十三节　有关与商品置于海关程序相关的海关业务的基本条款

第 213 条　本节的适用范围

1. 与商品置于海关程序相关的海关业务，应根据关税同盟海关法典第二十六节、本法和根据本法通过的吉尔吉斯共和国法规所规定的方式和条件办理。

2. 与商品置于海关程序相关的海关业务完成的方式和流程，无论过关商品类型、过关使用的运输方式，以及运送商品人员的类别如何，都由吉尔吉斯共和国政府规定。

3. 使用国际网络协会“因特网”以电子形式申报商品时完成海关业务的特殊性，由吉尔吉斯共和国政府确定的方式进行规定。

第 214 条　与商品置于海关程序相关的海关业务使用的语言

与商品置于海关程序相关的海关业务，包括填写海关文件，应使用国家语言或官方语言。

第 215 条　商品的货运和其他业务

在商品放行前，商品的装载、卸载、倒装、补修被损坏的包装、开包或重新包装、运输，以及其他和商品相关的业务，只有在通知海关部门后方可进行，除非本法另有规定。

第四十四节　商品的海关申报

第 216 条　应进行海关申报的商品

1. 从非关税同盟成员国的国家进口到吉尔吉斯共和国境内的商品，包括通过关税同盟成员国境内、按海关过境程序进口的商品，以及从吉尔吉斯共和国境内出口到关税同盟海关境外的商品，在将其置于海关程序和变更海关程序时，应根据关税同盟海关法典第二十七节和本条的规定办理海关申报。

2. 商品申报单以电子形式提交。商品信息、海关程序、商品申报的情况应以书面形式办理的清单，文件、商品申报单的接受方式，以及在申报时根据申报人申请海关部门以书面形式出具的证明接收文件，由吉尔吉斯共和国政府规定。

3. 商品申报单中应反映关税同盟海关法典第 181 条规定的信息。

4. 在以书面形式提交商品申报单时，这一申报单应同时提交其电子版复印件。在关税同盟委员会决议规定的情况下，吉尔吉斯共和国政府规定了以书面形式提交申报单无需同时提交电子版复印件。

5. 填写申报单的方式由关税同盟委员会的决议规定。在关税同盟委员会决议规定的情况下，无论海关程序、商品种类、商品运送人、运输工具的状况，应在商品申报单中注明的信息可以由吉尔吉斯共和国政府规定简化。

6. 应根据关税同盟海关法典第 190 ~ 192 条规定的方式提交商品申报单，海关部门登记、变更其中已申报的信息，召回提交的申报单。

如果提交海关申报单的期限是在海关部门的非工作日结束，则该期限可延伸到海关部门的后一个工作日结束。

第 217 条　商品申报地点

1. 商品的海关申报单可以提交给任何有权接收申报单的海关部门。国家授权部门有权对个别类别的商品规定一定的海关申报部门，但只能是作为保证有效监督海关法执行所必需的措施的情况下。这种情况下，应考虑到贸易部门和运输部门的利益。

2. 在向其他海关部门提交商品申报单时，海关部门可根据关税同盟海关法典第 190 条第 4 款的规定拒绝登记这一申报单。

第 218 条　商品申报单提交的记录

1. 海关部门应按照吉尔吉斯共和国政府确定的方式记录商品申报单提交的日期。在以电子方式申报商品时，在该申报单进入海关部门电子系统时会自动登记商品申报单的提交日期，并向申报人或海关代表发送包含该日期的电子通知。

2. 根据申报人或海关代表的要求，海关部门必须出具有关商品申报单提交日期的书面证明，除非是以电子方式提交的、使用程序工具记录该申报单提交日期的方法。

第 219 条　以电子形式提交商品申报单的证明

以电子形式申报时，根据吉尔吉斯共和国法律的规定，海关申报单通过电子数字签字签署。

第 220 条　商品申报人

1. 商品申报人可以是根据吉尔吉斯共和国法律设立的、所在地在吉尔吉斯共和国境内的法人，在吉尔吉斯共和国境内作为个体经营者注册并长期居住的自然人，以及在吉尔吉斯共和国境内拥有长期居住地并具有关税同盟海关法典第 186 条第 1 款规定特征的自然人。

2. 海关过境程序下的商品申报人，可以是具有关税同盟海关法典第 186 条第 3 款规定特征的人。

3. 在提交商品申报单时，只有在关税同盟海关法典第 186 条第 2 款规定的情况下，外国人方有权作为商品申报人。

4. 在海关申报和完成其他将商品置于海关程序下所必需的海关业务时，申报人的权利、义务和责任，根据关税同盟海关法典第187~189条的规定确定。

5. 在海关申报和完成其他海关业务时，海关代表享有与申报人同样的权利。

第221条　商品申报单提交期限

1. 商品申报单提交期限由关税同盟海关法典第185条规定。

2. 在本法第224~228条规定的情况下，适用商品申报单提交的特殊期限。

3. 如果商品申报单提交期限是在海关部门的非工作日结束，则该期限的结束日期被认为是该日期之后的海关工作日。

第222条　在商品申报时提交文件

1. 在进行商品海关申报时，与申报单一起向海关部门提交关税同盟海关法典第183条、第240条、第253条、第265条、第294条、第299条、第308条规定的文件。根据海关程序、商品和申报人的类别，本法规定了相应简化的文件清单。

2. 吉尔吉斯共和国政府有权补充缩减商品申报时提交的文件清单，无论海关程序的申报形式（书面、电子）、商品与申报人的类别如何。

3. 申报人向海关部门提交完成海关业务法律权利的证明文件。对上述文件进行修改时，申报人必须将此通知文件提交给海关部门。

4. 完成海关业务法律权利的证明文件包括：

（1）本国法人的创立文件；

（2）如果根据关税同盟海关法典第186条第2款、第3款的规定外国人有权作为商品申报人，则包括外国法人分公司或办事处的注册证书；

（3）如果是自然人作为商品申报人，则需提供护照；

（4）法人的国家注册证书或自然人作为个体经营者的国家注册证书；

（5）根据吉尔吉斯共和国法律规定证明作为申报人在国家机构登记的文件。

5. 如果申报单填写的依据的是个别不能与申报单一同提交的文件，则根据申报人有依据的书面申请，海关部门以书面形式准许在商品放行后的一定期限，但不迟于登记申报保单后的5天内提交这些文件。申报人提交在规定期限提交文件的书面保证书，应根据本法第239条的规定提交许可证、证书、许可和（或）其他证明遵守规定的禁令和限制，以及放行商品所必需的文件。

第223条　预申报

1. 如果申报人根据本法第222条提交了海关申报所必需的文件，针对外国商品的预申报，可在它们按关税同盟海关法典第193条规定的方式到达吉尔吉斯共和国境内之前提交。

2. 如果为了海关目的应该使用随货的运输或商业文件，海关部门在预申报时应接受申报人认证的这些文件的复印件或这些文件的信息，必要时将上述信息与原件中包含的内容进行对照。

3. 在海关预申报时，海关申报单中可以不包含商品到达吉尔吉斯共和国境内前和提交到海关部门之前申报人所不明了的信息。

这些信息，应根据关税同盟委员会决议确定的方式作出商品放行决定前，记入海关申报单中。

4. 在修改与之前根据运输文件或商业文件复印件申报的不同的价值、数量或重量指数时，必须提交证明修改价值、数量或重量的文件。

5. 如果在向吉尔吉斯共和国境内进口商品后，申报人发现价值、数量或重量指数与之前申报的相关信息不一致，则申报人有权根据关税同盟海关法典第 192 条的规定召回预申报单。

6. 自接受预申报单之日起 30 日内，如果商品未出示给接受预申报单的海关部门，则预申报单即被认为未提交，或者如果在这期间实施了禁令和限制令，则海关部门将拒绝放行该商品。

7. 在商品到达吉尔吉斯共和国境内之前，提交预申报单和完成其核对时，预申报单可以作为对商品适用本法规定的海关业务所必须的唯一文件使用。

8. 为了计算关税和税收，适用接受预申报单当日实行的关税和税收税率，以及吉尔吉斯共和国国家银行规定的汇率。

第 224 条　不完全海关申报

1. 如果由于不取决于申报人的原因而使其不具备填写海关申报单所必需的所有信息，则允许提交不完全海关申报单，条件是申报单中申报商品放行所必需的信息，申报人保证在海关部门规定的、不超过自海关部门接受不完全申报单之日起 5 日的期限内提交不足的信息。

2. 如果海关部门接受不完全海关申报单，则适用关税同盟海关法典和吉尔吉斯共和国海关事务领域法针对最初即提交完全的，并按规定方式填写的海关申报单的情况同样的要求和条件，包括海关费用计算和缴纳的方式。

第 225 条　阶段性海关申报

1. 在由同一个人，根据本条规定的条件和方式，长期经过关税同盟的海关边界运送同一种商品的情况下，任何可以作为申报人的人，可被允许提交所有进口至吉尔吉斯共和国境内（从吉尔吉斯共和国境内出口）的所有商品的阶段性申报单。

2. 为了适用本条，供货阶段即为申报人申报的、在期间计划完成以下行为的时间阶段：

（1）向海关部门出示进口到吉尔吉斯共和国境内的商品；

（2）装运从吉尔吉斯共和国境内出口的商品［将商品交给负责商品国际运输的承运人，或第一承运人，在进行商品国际运输时同时为了出口目的将商品倒装（换装）］。

3. 为了适用本条，如果商品有同样的名称和同样的外经活动商品名录的同一分类代码，则将商品视为同一个商品。

4. 如果在30日内进行了三次及以上同一商品的供货，则该商品即被视为长期通过海关边界运送的商品。

5. 可以在阶段性申报单中申报的商品批次，是符合本条第3款、第4款条件的商品，该商品应是在同一个海关部门申报，为执行在外经交易过程中签署的一个合同中的义务，或者根据商品加工许可申报加工产品时，或根据单方外经交易，或者无需完成某个交易，无论在所申报的、不超过30日的供货阶段内独立供货的数量如何而进口或出口到吉尔吉斯共和国境内外。

6. 通过提交阶段性申报单的方式申报商品时，应在提交该申报单的同时，根据申报单登记当日实行的税率，缴纳进口关税。

7. 通过提交阶段性申报单的方式申报商品时，适用海关部门登记申报单当日的外汇汇率和限制令。

8. 阶段性海关申报，是在所申报的供货阶段开始前10日内，通过向海关提交本条第5款规定的同一批商品的阶段性海关申报保单的方式完成的。

9. 在商品阶段性申报单中，根据在申报的供货时间阶段计划进口或出口商品的数量申报信息，在阶段性申报单中应申报商品放行、海关费用计算和缴纳所必需的信息，以及证明遵守关税同盟海关法典规定的限制令的信息，可以识别所申报商品数量总额和质量特点的信息。

10. 申报人应按吉尔吉斯共和国政府规定的形式，在以下期限内，向海关部门申报阶段性申报单中申报的商品的确切信息：

（1）申报进口商品时，在供货阶段结束后的10个工作日内；

（2）在申报出口商品时，在实际出口阶段性申报单中所申报的所有商品批次后的一个月以内。

11. 在阶段性申报单中申报的出口商品，应在供货阶段结束之日起的3个月内完成实际出口。不允许发出的商品数量超过阶段性申报单中申报的数量。

12. 如果在阶段性申报单中申报的商品批次中包含的商品，发生以下情况，则将认为未提交商品阶段性申报单：

（1）实际上未在本条第8款规定的期限内出口；

（2）在申报的供货期内，未向接受阶段性申报单的海关部门出示。

13. 阶段性海关申报单不适用于应征收出口关税或适用限制令的出口商品。

14. 从事生产经营的授权经济业务人，有权在外国商品根据本条及以下特殊性规定进口到吉尔吉斯共和国境内后，进行阶段性海关申报：

（1）阶段性海关申报单中，可以注明在第一批商品供货开始到商品临时保存期届满前期间所有到达的、发送给授权经济业务人的所有商品，而在提交申报单之前放行商品的情况下，则应注明提交申报单期限届满前的商品。

（2）阶段性海关申报单的提交可以针对被置于海关境内加工或用于内部需求加工的海关程序下的商品。

第 226 条　临时海关申报单

1. 在从吉尔吉斯共和国境内出口通过管道输送或输电线路输送的商品时，允许按照吉尔吉斯共和国政府规定的方式，通过提交临时海关申报单的方式申报商品。在将商品实际运到吉尔吉斯共和国境外以后，申报人必须在海关规定的期限内，提交完整的、按规定方式填写的海关申报单。

2. 临时申报单中，允许根据在一定时间阶段内大概数量商品的出口计划，根据计划通过海关边界的商品数量，和（或）外经交易条件规定的商品价格确定方式，以及预计商品质量所确定的假定海关价值（估价）来申报信息。

在适用临时申报单时，适用海关部门接受上述申报单当日所适用的非费率调整措施。

第 227 条　在规定时间阶段运送的未组装或散装的商品，包括非成套或非成品商品申报的特殊性

1. 在本条规定的时间阶段内，计划分几个批次进口或出口的未组装或散装的商品，包括非成套或非成品商品，可以按一个外经活动商品名录的分类代码进行申报。

2. 适用本条第 1 款规定的商品的申报条件是：

（1）存在根据成品或成套商品分类代码的能证明未组装或散装商品，包括非成套或非成品商品分类的商品分类决议（本节内称为“分类决议”），是在商品或其配件申报前由国家授权机构出具的；

（2）在由申报人签署的外经交易框架下进口商品时，商品配件发送给同一个收货人；

（3）根据用于内部需求放行或海关免税区程序的规定，向同一个海关部门申报进口商品。

3. 未组装或散装商品，包括非成套或非成品形式进出口的商品，在申报该商品前，申报人向商品申报所在地区的海关部门发送有关计划供货的书面通知（本节内称为“通知”），并随附经申报人认证的分类决议。通知中应注明以下信息：

（1）有关申报人；

（2）有关分类决议（决议号码及签发日期）；

（3）有关商品进出口的计划期限；

（4）有关商品在吉尔吉斯共和国的所在地，即商品即将保存、安装或组装（对于进口商品）的地点。

4. 申报人有权在通知中注明对进口商品实施海关监管有意义的其他信息。

5. 每个单独批次的未组装或散装商品，包括非成套或非成品形式进出口的商品，都应向即将向其申报的海关部门出示。

6. 出口商品的组件，应根据出口商品配件放行申请，以及海关申报所必需的随附文件、分类决议和通知复印件放行。

7. 进口商品组件，应根据申报人提交的有条件放行申请及随附的海关申报所必需的文件、分类决议和通知复印件被有条件的放行。有条件放行的申请（出口商品组件放行申

请）根据关税同盟海关法典第180条规定的商品申报单的形式和填写方式书写。有条件放行申请（出口商品放行申请）中应注明根据分类决议所规定的外经活动商品名录的分类代码。

8. 商品所有组件进口（出口）日之后的30日内，应向海关部门提交商品的完整申报单，其中注明根据分类决议规定的外经活动商品名录的分类代码。商品完整申报单的提交期限，不应超过有关有条件放行第一批商品申请（出口商品组件放行申请）的登记之日起的一年。商品完整申报单的提交期限可以由海关部门根据申报人有依据的申请延长，申请中应注明申报人提交完整申报单所必需的期限。在此种情况下，提交完整申报单的总期限不应超过有条件放行第一批商品申请登记之日起的3年。

9. 填写有条件放行申请（出口商品组件放行申请）和商品申报的特殊性，由吉尔吉斯共和国政府规定。

10. 根据本条规定申报商品时的关税和税收，应根据分类决议外经活动商品名录的分类代码对商品使用的和提交申报单当日实行的税率缴纳。

11. 有关修改分类决议的决定根据本法第六节规定生效后，应根据分类决议的修改内容填写有条件放行申请（进口商品组件放行申请）和完整的申报单。

12. 在分类决议根据本法第六节规定终止效力时，每个单独批次进口（出口）的商品组件都应按规定方式提交单独的商品组件申报单进行申报。在这时，商品的个别组件根据外经活动商品名录，按适用于上述组件的代码，根据商品分类原则进行分类。个别组件申报单的提交期限不能超过通知相关人员有关分类决议终止效力之日起的30日。

13. 在计算本条第12款注明的个别商品组件申报单中的关税、税收金额时，使用登记该申报单当日实行的关税、税收税率以及外汇汇率。根据个别商品组件申报单加算的海关费用，自提交每个有条件放行申请（出口商品组件放行申请）之日起至缴纳所加算的金额或无争议方式追缴之日止，每延迟缴纳该费用一天，即征收滞纳金。

14. 本条条款适用于外经活动商品名录中7308、7309 00、8701、8702、8704 10、8705、8709、9301、9406 00商品项和84-86、88-40组项下分类的任何商品（不包括9406 00 110 0副项下的移动房屋）。

第228条　同一批商品中包含的不同名称的、注明每个分类代码的商品的申报特点

1. 根据申报人的意愿，在进口到吉尔吉斯共和国境内或从吉尔吉斯共和国境内出口的、同一批商品中包含的不同名称的商品，可以在符合本条规定的条件时进行申报。

2. 国家授权机构有权规定出口商品可以根据注明外经活动商品名录规定的每个分类代码进行申报的情况，以及进口商品不能根据注明外经活动商品名录规定的每个分类代码进行申报的情况。

3. 进口到吉尔吉斯共和国境内的商品，可以根据注明外经活动商品名录规定的每个分类代码进行申报，条件是较高水平的关税税率适用于该分类代码。如果包含在一批商品中的商品具有不同的外经活动商品名录规定的分类代码，但适用同一个关税税率，则应注明属于较高消费税税率的商品分类代码，而在消费税税率相等的情况下，则适用较高税率的增值税税率。

4. 在可以根据一个外经活动商品名录规定的分类代码申报的一批商品中，应包含规定了从价税的商品（包括零税率）或只有关税和消费税特殊税率（包括零税率）的商品，且根据商品产地国应对这些商品适用相同的特惠制。

5. 如果是包含在一批商品中的商品，应征收特殊税率的关税和消费税，规定的关税或消费税税率适用的计量单位，对每种海关费用都应是一样的。

6. 进口到吉尔吉斯共和国境内的，以及从吉尔吉斯共和国境内出口的，不征收进口或出口关税的商品，可以根据外经活动商品名录规定的、属于该批中较高价值商品的一个分类代码申报。

7. 包含在一批商品中的所有商品的名称和数量的信息，应通过提交商品清单的方式，由申报人申报。可使用发货明细单、装箱单、清单或其他类似文件作为这一名单。商品名单作为商品申报单不可分割的一部分用于海关目的的审核。

8. 为了审查对本条第 7 款规定的遵守情况，海关部门有权要求申报人提交个别申报商品的详细信息。

9. 如果对包含在同一批货物中的个别商品适用了禁令和限制令，则应根据外经活动商品名录规定的单独的分类代码申报，且对上述商品不适用本条第 1~7 款的规定。

第四十五节　海关代表

第 229 条　海关代表的活动

1. 根据关税同盟海关法典第 12 条、本法以及吉尔吉斯共和国政府通过的条例规定，作为海关代表从事经营的本国法人可以成为海关代表。

2. 国际机构不能作为海关代表。

3. 海关代表应承担根据关税同盟海关法典第 16 条、第 17 条规定的义务和责任。

4. 在完成海关业务时，海关代表享有关税同盟海关法典第 15 条规定的权利，以及委托其在与海关部门的相互关系中代表自己利益的人所享有的权利。

5. 根据本法应缴纳的海关费用，海关代表与申报人承担连带缴纳责任。

6. 海关代表与所代表的人的民事关系，建立在根据吉尔吉斯共和国民法典签署的合约基础上。

第 230 条　海关代表对从所代表的人处获得的信息的态度

从所代表的人处获得的信息，构成商业、银行或其他受法律保护的秘密和其他机密信息，海关代表及其工作人员不能泄漏或出于自己的目的使用、转达给第三方，但不包括吉尔吉斯共和国现行法律规定的情况。

第 231 条　海关业务专家

海关业务专家是具有中等或高等专业教育的、获得海关业务专家专业证书的、有行为能力的吉尔吉斯共和国公民。

第 232 条　海关业务专家的专业证书

1. 海关业务专家的专业证书是证明持有人在专业证书有效期内可以作为海关业务专家的文件。

2. 签发专业证书的方式和对海关业务专家的要求，由吉尔吉斯共和国政府通过的海关代表条例规定。

第四十六节　授权经济业务人

第 233 条　授权经济业务人

根据关税同盟海关法典第 38 条的规定，授权经济业务人可以是根据吉尔吉斯共和国法律注册的，从事向吉尔吉斯共和国境内进口商品用于生产或其他经营使用的，以及从吉尔吉斯共和国境内出口商品的，被列入授权经济业务人名录的法人。

第 234 条　提供给授权经济业务人的特别简化办法

1. 根据关税同盟海关法典第 41 条第 1 款的规定，可以向授权经济业务人提供以下特别简化办法：

（1）在开放场地和其他授权经济业务人的场地临时保管商品，而无需将其列入临时保管仓库业主名录；

（2）在根据关税同盟海关法典第 197 条规定提交海关申报单之前放行商品；

（3）对放置于授权经济业务人开放式场地和其他区域的商品进行与放行相关的业务，包括根据本法第 235 条规定将商品进口到吉尔吉斯共和国境内时，完成针对应发送给授权经济业务人的商品的海关过境程序；

（4）关税同盟海关法典规定的其他特别简化办法，包括商品预申报、其中的提交不完整和（或）阶段性海关申报单，根据关税同盟海关法典第 193 条、第 194 条，以及本法第 223~227 条规定提交不完整海关申报单和阶段性海关申报单。

2. 根据关税同盟海关法典规定，吉尔吉斯共和国政府有权确定不适用提供给授权经济业务人特别简化办法的商品清单。

3. 在适用提供给授权经济业务人的特别简化办法时，不适用根据本法第 217 条规定的个别商品申报地的限制。

4. 根据关税同盟海关法典第 215 条第 3 款第 4 段的规定，外国商品从到达地海关到内部海关过境的特殊性，是指应发给授权经济业务人的外国商品，无需将上述商品送到目的海关所在地，而是可以将其运送到授权经济业务人的场所、开放场地和具有海关监管区地位并位于目的地海关工作区的其他区域。上述海关监管区的边界，在本条第 8 款规定的协议中规定，并应具有特别标识。授权经济业务人应保证进入海关监管区的进入许可方式。

5. 在本条第 4 款规定的情况下，在应发送给从事生产经营的授权经济业务人的外国商品，在提交海关申报单之前或适用预申报放行商品方面的海关过境程序完成的特殊性，由本法第 235 条规定。

6. 本条第4款规定的外国商品海关过境程序完成的特殊性，不适用于根据国际公约实施的外国商品海关过境，该国际公约直接规定了海关部门即是商品的送达地点。

7. 根据关税同盟海关法典第41条第2款，只有在授权经济业务人有权作为预计可适用特别简化办法的商品申报人时，包括以授权经济业务人名义和根据其委托工作的海关代表进行商品海关申报时，方可适用本条第1款规定的特别简化办法。

8. 根据关税同盟海关法典第94条第4款规定，从事海关业务的海关部门在适用特别简化办法时应与授权经济业务人相互协作。上述协作的方式，包括授权经济业务人与海关部门之间的信息交换程序、资料构成和格式，根据本法第235条由授权经济业务人拆除的海关铅封、封条的转交方式，都由相应的海关部门与授权经济业务人在作出获取授权经济业务人地位的决议时通过签署的协议进行规定。上述协议的标准格式由吉尔吉斯共和国政府通过。根据关税同盟海关法典第244条第4条、第257条第4款和第269条第4款的规定，上述协议应作为规定授权经济业务人适用海关境内加工、在海关境外加工和用于内部需求加工海关程序的条件的文件使用。在相应的加工海关程序适用最大期限届满时，海关部门应与授权经济业务人签署新的协议。上述协议作为规定相应加工海关程序条件的文件使用，并不解除授权经济业务人遵守使用和完成相关的加工海关程序的其他义务。

9. 根据关税同盟海关法典第6条第1款第6项，第94条第1款、第2款，第128条第2款第4项的规定，为了在向吉尔吉斯共和国境内进口商品时加快海关业务的办理，在授权经济业务人适用商品预申报时，包括提交不完全、阶段性申报单，海关部门可以在商品抵达吉尔吉斯共和国境内前通知授权经济业务人进行商品海关查验，但不包括这种预先通知会妨碍海关监督或会降低监督效力的情况。若存在这种情况，海关查验可以由海关部门在不提前通知授权经济业务人的情况下进行。

提前通知授权经济业务人进行商品查验的方式，由吉尔吉斯共和国政府确定。

10. 如果根据风险控制系统，海关部门将通过对授权经济业务人或海关代表根据委托提交的申报单中申报商品进行海关监督的决定，则这一海关监督将优先在授权经济业务人存放这一商品的场所、开放式场地和其他区域进行。

11. 本条第1款注明的特别简化办法，在以下情况不能提供：

（1）如果授权经济业务人向吉尔吉斯共和国境内进口商品，发货人或卖方是在提供优惠征税制度，并且（或）未规定在进行财政业务时公开和提供信息的国家和区域（以下称离岸区）注册的法人；

（2）如果对授权经济业务人进口到吉尔吉斯共和国海关境内的商品，通过离岸区的财政业务进行支付。

第235条　完成从事生产经营的授权经济业务人的外国商品的海关过境程序，在提交海关申报单之前或使用商品预申报放行商品的特殊性

1. 为了在从事生产经营的授权经济业务人所在地完成海关过境程序，在运输工具到达授权经济业务人所在地之前的3个小时，而商品在海关部门规定的工作时间外到达时——在海关工作时间结束前3个小时前，授权经济业务人应在提交海关申报单之前以电子文件

方式向目的地海关部门发送关税同盟海关法典第 197 条第 1 款中注明的、商品放行所必需的文件或海关申报单，以及所做的补充信息，随附关税同盟海关法典第 193 条规定的文件。

2. 如果在海关部门与授权经济业务人之间的协议规定的、不超过授权经济业务人提交文件之时起五个小时的期限内，根据本条第 1 款规定，目的地海关部门没有通知有关因计划查验商品、检视运输工具并确认识别方式完整性而禁止解除识别方式的情况，则认为在商品到达运送地点后已收到海关部门解除识别方式的许可。在上述情况下，授权经济业务人将接受承运人的商品，有权拆除识别方式并卸载商品。授权经济业务人从承运人处接受商品的事实，应通过在运输和（或）商品护送文件上标注相应标记的方式确认。标注上述标记后，授权经济业务人应立即向海关部门发送电子数码签字签署的有关从承运人处接受商品的日期和时间的通知。承运人按本条规定的方式向授权经济业务人转交受海关监管商品，并不需获得目的地海关部门的允许。自从发送给海关部门的通知中注明的承运人处接受商品之时起，商品即被认为已被海关部门放行。自这一刻起，授权经济业务人就产生了关税同盟海关法典第 197 条第 2 款规定的缴纳关税、税收的义务。在应缴纳进口关税和税收的金额不少于授权经济业务人根据关税同盟海关法典第 39 条的规定提供的缴纳关税和税收的保证金额的条件下，允许在提交授权经济业务人作为申报人的商品申报单之前放行。

3. 如果适用预申报时，在运输工具到达授权经济业务人所在地时，申报单中未补充缺少的信息和（或）未缴纳商品的关税和税收，或者海关部门在本条第 2 款注明的期限内向授权经济业务人发送了有关在提交的文件中缺少放行商品所必需信息的电子通知，这些文件是根据关税同盟海关法典第 197 条第 1 款的规定提交的，在拆除识别方式、卸载这些商品后，商品获得临时保存商品的地位，并被保存在建于授权经济业务人的场所、开放式场地或其他地方的海关监管区内，无需将商品置于临时保管仓库，或其他海关监管区域，直至授权经济业务人完成上述商品的放行条件。

4. 如果在本条第 2 款注明的期限内，海关部门通知了授权经济业务人计划对商品进行查验（包括进行海关检查）、对运输工具进行检查和（或）确认识别方式的完整性，这些行为应由海关部门按优先方式立即完成。在海关部门完成上述行为时，识别方式可以被移除，商品只有经海关部门准许方可从运输工具上卸载。海关查验和海关抽检可以在建于授权经济业务人的场所、开放式场地或其他地方的海关监管区内进行，而无需将商品和运输工具存放于临时保管仓库或其他海关监管区域。

5. 授权经济业务人通过在运输文件和（或）随货文件上标注相应标记的方式确认从承运人处接受商品后，承运人应立即前往目的地海关部门提交上述带有授权经济业务人标记的文件，以及申报单和其他文件，以便完成海关过境的程序。海关过境程序根据关税同盟海关法典第 225 条第 4 款、第 5 款的规定完成。

第 236 条　对授权经济业务人的场所、开放式场地和其他区域装备和配备的要求

1. 授权经济业务人可以在授权经济业务人的场所、开放式场地和其他区域临时保存商品。

2. 授权经济业务人的场所、开放式场地和其他区域具有海关监管区的地位。上述海关监管区的边界由海关部门和授权经济业务人在本法第 234 条规定的协议中确定，并应带有特别标识。海关监管下的商品输出到上述区域之外，须经海关部门准许。

3. 授权经济业务人用于临时保存外国商品的场所、开放式场地和其他区域，应装备和配备可以保证商品完整性、排除他人（非授权经济业务人工作人员）擅自进入的可能性，并保证可以对这些商品进行海关监督的状态。

4. 允许在同一个场所，以分开放置的方法保存海关监管下的商品和其他商品，分开放置应保证是对授权经济业务人任何可以接受的方法，可以视觉上区分海关监管下的商品与其他商品（隔带、隔板、操作通道、相应的标识牌和标记等）。

5. 允许将海关监管下的堆积和液体商品与同样质量和类别的商品一同保存。

6. 海关部门对从事生产经营的授权经济业务人的场所、开放式场地和其他区域装备和配备的要求进行规定。

第 237 条　授权经济业务人核算系统和提交报表

1. 授权经济业务人应根据吉尔吉斯共和国会计和税务核算法的规定对进出口商品进行单独核算以便形成完整和真实的商品信息和对库存和流动进行应有的监督。

2. 授权经济业务人应在每季度下一个报告期开始月份的 10 日前向海关部门提交适用关税同盟海关法典第 41 条第 1 款规定的特别简化办法完成的海关业务的商品总数报告。

3. 在作出以下决定前一年的期间，如果不存在追究授权经济业务人海关事务领域违法行政责任的事实，则授权海关部门作出有关授权经济业务人每年在报告期结束后第一个月的 1 日前提交报告的决定。

4. 根据关税同盟海关法典第 41 条第 1 款第 1 项的规定临时保存的商品核算报告，提交给海关部门时，应包含有关放置商品保存的日期，运输文件的名称和编号，商品名称及外经活动商品名录的代码、净重、毛重，每种商品名称的发票价值、证明发票价值的文件号码和日期，外贸合同编号等信息。

5. 根据关税同盟海关法典第 41 条第 1 款第 2 项、第 3 项的规定适用特别简化办法的商品核算报告，应包含有关放置商品保存的日期，适用的特别简化办法信息，以何人名义完成海关业务的信息，海关申报单号码，随附的运输文件号码，商品名称，及外经活动商品名录的代码、净重、毛重，商品的发票价值，已缴纳关税和税收金额等信息。

6. 报告可以电子形式，并加注电子数码签字的形式，或电子形式无电子数码签字但必须以提交纸质信息的形式提交给海关部门。

7. 如果在规定期限内未向海关部门提交和（或）未及时提交本条第 1 款规定的报告，且之前提交的报告包含了不真实的信息，对此授权经济业务人将根据吉尔吉斯共和国法律的规定承担责任。

8. 授权经济业务人按本条规定的方式提交的报告形式，由吉尔吉斯共和国政府规定。

第四十七节　商品放行

第238条　商品放行

1. 海关部门根据关税同盟海关法典第二十八节的规定进行商品的放行。

2. 如果一批货物中包含几种商品，海关部门将放行符合放行条件的商品。申报人有权在该批货物中其他剩余商品被放行之前不将已被放行的商品运出临时保管仓库。

第239条　在商品放行后提交文件

1. 如果商品放行时无法向海关部门提交许可证、证书、许可或其他证明遵守限制令的文件，根据申报人有依据的书面或电子形式的申请，海关部门应以书面或电子形式准许在获取这些文件所必要的期限内提交这些文件，但不能迟于放行商品后的45天，除非对获取该文件规定了其他期限。在申报人提交书面或电子形式的有关在规定期限内提交文件的保证书后，方可放行商品。

2. 禁止将本条第1款注明的商品转交给第三方，包括通过销售或其他转让方式的转交；如果由于对该商品质量和安全性检查而规定限制进口上述商品的情况下，则禁止任何形式的使用该商品（使用、需求）。

3. 海关部门有权要求申报人提供遵守本条第2款限制令的保证书，在获得文件前对商品包装、保存场所加注铅封、封条以及采取保证遵守上述限制令的其他措施。

4. 如果申报人在向海关部门提出申请之前的1年内曾因海关事务领域违法行为被追究行政责任，则海关部门拒绝准许在商品放行后提交本条第1款的文件。

5. 如果拒绝准许在商品放行后提交本条第1款规定的文件，海关部门应在收到申请后的一天内，以书面或电子形式将此决定通知申报人，并说明拒绝的理由。

第240条　商品放行期限

1. 如果本法未做其他规定，则应在最短期限内放行商品，但不能迟于关税同盟海关法典第196条第1款规定的期限。在上述期限内海关部门在必要时将对海关申报单、商品及其文件进行查验。

2. 只有在以下情况，依据关税同盟海关法典第196条第4款的规定，允许延长商品放行时间为海关申报单登记后的第二天起的10个工作日内：

（1）如果根据关税同盟海关法典和本法条款，在申报人提供缴纳关税、税收保证的条件下可以放行，——在提供上述保证前；

（2）如果申报人未提交许可证、证书、许可或其他证明遵守限制令的文件，——在申报人提交上述文件前，或根据本法第239条以书面或电子形式提交申请前；

（3）为了根据本法第36条确定商品的外经活动商品名录的分类，进行补充查验，——在查验结束前；

（4）根据关税同盟海关法典第69条进行补充查验，——在提供支付关税和税收相应担保前；

（5）查询申报单中所申报商品的补充文件和信息，或在查明申报单中所申报商品与提交文件中包含的信息，和（或）标记或其他商品包装上的信息，和（或）商品的外形不相符时，按海关检查的形式查验，从其他监督和监察部门获得的提前通报的有关可能在申报时违法的信息，以及在识别进出口吉尔吉斯共和国境内外商品时，可能存在本法第245条中注明的，违反关税同盟海关法典、吉尔吉斯共和国海关事务领域法的行为，——在获得所查询的补充文件之前或完成海关商品检查之前；

（6）由于必须缴纳根据海关部门的决议补充加算的关税、税收而提交有关延长商品放行期限的申报人的书面申请，——在缴纳关税、税收之前。

3. 如果关税同盟海关法典未直接规定商品在查验补充文件和信息前不能放行，或者提交用于查验的商品未按种类和（或）名称在包装位置划分出来，和（或）包装和标记的信息未在商业和（或）运输文件中注明，海关部门有权依据本条第2款第4项延长放行期限。在上述状况致使海关部门无法进行必要的查验以便确定商品与信息是否相符的情况下，可以延长商品的查验期限。商品查验期限可以延长到对商品有授权的人将一批商品单独分类所需要的时间。

第241条　在提交商品申报单前放行商品

在提交商品申报单前放行商品的依据和条件，由关税同盟海关法典第197条规定。

第242条　有条件放行

1. 被有条件放行的商品，是在关税同盟海关法典第200条第1款规定情况下的商品，以及以下商品：

（1）在规定的时间阶段内以未组装或散装形式，包括非成套或非成品形式的、分批进口的商品的组件；

（2）被置于海关仓库（其中包括在海关仓库未实际存放的情况）、免税贸易、在海关境内加工、用于内部需求加工、临时进口（准许进入）、再出口、海关过境、销毁、适用于进口到吉尔吉斯共和国境内商品的特别海关程序下的商品；

（3）吉尔吉斯共和国政府规定情况下的其他商品。

2. 本条第1款第1项中注明的商品组件，禁止转交给第三方，包括通过销售或其他转让方式的转交，且被认为是在海关部门根据所申请的海关程序作出放行决定之前有条件放行。

3. 本条第1款第2项中注明的商品，被认为是在获得关税同盟商品地位前、实际销毁前，或从吉尔吉斯共和国境内出口到关税同盟境外，或放弃归国家所有之前有条件放行。

第243条　拒绝放行商品

1. 在根据关税同盟海关法典第201条规定拒绝放行商品时，海关部门应向申报人退还其海关申报单，以及根据本法第四十二节规定已缴纳的海关费用金额（不包括海关业务费）。

2. 可以根据本法第十一章的规定，对拒绝放行商品的决定提起诉讼。

3. 如果拒绝放行商品的决定被认定是不合法的，申报人再次申报时有权要求适用首次提交商品申报单登记之日实行的关税和税收税率、外汇和限制政策。

4. 如果只是未遵守一批货物中的个别商品的放行条件，海关部门应放行其他剩余商品。在这种情况下，海关部门只返还属于拒绝放行商品的文件。如果这些文件无法分离，海关部门将进行复印并按规定方式公证。申报人有权在再次申报被拒绝放行的商品时使用文件的公证件。

第八章　海关监管

第四十八节　海关监管的一般条款

第 244 条　进行海关监督

1. 海关部门根据关税同盟海关法典、吉尔吉斯共和国海关事务领域法的规定进行海关监督。

2. 对关税同盟海关法典第 95 条规定的实体和地点进行海关监督。

3. 在实施海关监督时，海关部门依据挑选原则，并只局限在足以保证遵守关税同盟海关法典和吉尔吉斯共和国海关事务领域法的海关监督形式。在选择海关监督方式和方法时，为了在海关监督时不给申报人、承运人和其他人带来商品保存、运输工具滞留、商品放行期限延长的损失，海关部门应使用海关监督技术手段提前分析信息，如果这不是由于与查明海关事务领域严重违法行为迹象，以及采取截获或制止上述违法行为全面措施的必要性的非常状态引起的。

4. 为了提高海关监管的效力，海关部门根据吉尔吉斯共和国法律规定，与其他国家监督机构及本条第 3 款注明的人相互协作。

5. 海关部门根据关税同盟海关法典和本法规定进行个别形式的海关监管时，所办理的文件、命令、纪要和其他程序文件的形式，由国家授权部门确定，但不包括当关税同盟海关法典注明的授权属于关税同盟委员会确定的情况。

第 245 条　风险控制系统

1. 风险控制系统使用的战略和战术、收集和整理信息、分析和评估风险、制定和实施风险控制措施的方式，由国家授权部门确定。

2. 海关部门使用包含在已确定的风险面中信息的方式，由国家授权部门制定规则。

3. 包含在已确定风险面中限制接触的信息，不能泄露（扩散）或转交给第三方，包括国家机构，但不包括本法第 6 条规定的情况。转交这一信息的方式由国家授权部门根据吉尔吉斯共和国法律的规定确定。

第 246 条　海关监管区

1. 为了实施与进行海关业务和海关监督相关的措施，根据关税同盟海关法典和本法规定，建立长期或临时的海关监管区。

2. 长期海关监管区沿吉尔吉斯共和国国家边境，在通过吉尔吉斯共和国国家边境的通行站，属于海关部门所有的场所和区域、临时保管仓库、海关仓库和免税商店区内建立。

临时海关监管区在本条未规定的其他地方建立。

海关监管区的建立和标识方式，以及海关监管区的法律制度，由吉尔吉斯共和国政府确定。

3. 生产和其他商业经营的实施、商品、运输工具、人员，包括其他国家机构的职务人员通过海关监管区边界及在其范围内的移动，应经海关部门准许并在其监督下，按吉尔吉斯共和国政府规定的方式进行。

4. 本条规定不适用于根据本法第 234 条在授权经济业务人的场所、开放式场地和其他区域商品的临时保管。

第 247 条　实施海关监督的期限

1. 对于有条件放行的商品，以及在返回进口保证下或根据在海关境外加工程序从吉尔吉斯共和国海关出口的商品，应按照关税同盟海关法典和吉尔吉斯共和国海关事务领域法的规定进行检查，可以在商品处于海关监管期间或完成临时出口或海关境外加工程序行为前实施。

2. 海关部门在商品放行后，自结束商品海关监管之时起的 3 年内进行海关监管。

第 248 条　吸引其他国家部门的专家协助实施海关监管

1. 海关部门有权邀请其他执法或监督部门的专家协助进行海关监管。

应按照吉尔吉斯共和国法规，及国家授权部门和相关执法或监督部门的共同命令规定的方式，邀请其他执法或监督部门的专家参与海关监督。

2. 如果该项工作不属于专家的职责范围，则与邀请其他国家部门的专家相关的费用由海关部门按照吉尔吉斯共和国政府确定的方式承担。

第 249 条　提交海关监管所必需的文件和信息

1. 申报人、实施海关事务领域经营人和其他相关人员，应根据关税同盟海关法典第 98 条的规定向海关部门提交进行海关监管所必需的文件和信息。

2. 海关部门有权从实施国家法人登记的部门和其他国家机构获得实施海关监管所必需的信息。信息交换的方式，由国家授权机构与管理上述信息的国家部门共同制定。

3. 海关部门以书面和（或）电子形式查询海关监管所必需的文件和信息。

被要求提供文件和信息的人，应立即将文件和信息发送或签发给海关部门，必要时制作或从他人处获得，但不应迟于 5 天时间。根据该人的有依据的申请，海关部门可以将此时间延长至提交该文件和信息所必需的时间。

4. 进行海关监管所必需的文件，应由申报人和其他相关人员，以及海关部门在该商品失去海关监管地位当年后的 5 年内保存。授权经济业务人、海关代表、临时保管仓库的业主、海关仓库的业主、免税贸易商店的业主和海关承运人，应在完成海关业务当年后的五年内保存上述文件。

第 250 条　银行提供海关监管所必需的文件和信息

1. 进行海关检查的海关部门，有权根据吉尔吉斯共和国银行经营法的规定，向具有涉及被检查法人和自然人经营信息和文件的银行查询。收到有依据的提供文件和信息查询要求的银行，应在收到之日起 10 天完成，或在这一期限内通知没有所查询的文件和信息。

2. 不允许要求对银行向海关部门提交的文件附随意见进行公证，除非吉尔吉斯共和国法律另有规定。

3. 海关部门向银行发送查询文件和信息的方式和形式，以及银行向海关部门提供所查询的文件和信息的形式和方式，由国家授权部门经与吉尔吉斯共和国国家银行协商确定。

第 251 条　发现非法输入吉尔吉斯共和国境内的商品，或违反海关程序适用条件或限制使用和（或）支配的商品的海关部门的补充授权

1. 海关部门在海关监督框架下发现在关税同盟海关境内因从事经营活动而购买商品的人非法向吉尔吉斯共和国境内输入商品，或违反海关程序适用条件或限制使用和（或）支配对其给予缴纳关税和税收优惠的商品，从而导致未支付关税和税收，或未遵守禁令和限制令，如果这些商品根据吉尔吉斯共和国行政责任法或刑事诉讼法的规定未被没收并且未被查封，则应被海关部门没收。基于海关目的，上述商品将被视为处于海关的监管下。

2. 根据本条第 1 款的规定没收商品，依据是海关部门执行行政违法行为案件的命令或在被发现该商品的人或其代表在场时被提起的刑事诉讼。

3. 根据本条第 1 款的规定被没收的商品，应被放置在根据本法第 69 条规定的临时保管仓库或按关税同盟海关法典第二十一节规定的其他地方。

4. 本条第 1 款注明的人，有权缴纳根据关税同盟海关法典第 81 条、本法第 182 条规定的关税和税收，提交证明遵守限制令的文件，并申报商品。对上述海关费用金额不加算滞纳金。如果这些人在被发现存有本条第 1 款注明的商品后的五天内支付海关费用，则在完成遵守对这些商品的限制要求的情况下，不予没收这些商品。

5. 根据本条第 1 款没收的商品，在本条第 3 款规定的被没收商品保存期限届满之前，将返还给完成本条第 4 款规定的要求的人，但不包括吉尔吉斯共和国行政责任法规定的情况。这种情况下，办理交接单，一式三份，由没收商品的海关部门职务人员和被返还没收商品的人，或其代表，以及保存没收商品的人或其代表签字。该交接单第二份应交给被返回没收商品的人或其代表，第三份交给保存没收商品的人或其代表。

6. 本条第 1 款注明的人完成本条第 4 款规定的要求时，作为海关目的，商品被视为已失去海关监管地位，这并不妨碍海关和其他国家部门完成查明参与非法向吉尔吉斯共和国境内进口商品之人的必要行动。

7. 如果获得本条第 1 款注明的商品的人拒绝完成本条第 4 款规定的要求，海关部门在保存期限届满后将根据本法第 283 条的规定支配该商品。

8. 本条第4款、第5款规定的条款，不适用于禁止进口到吉尔吉斯共和国境内的商品、根据吉尔吉斯共和国法律规定禁止流通的商品、吉尔吉斯共和国政府确定清单的商品，以及根据关税同盟成员国的国际公约或吉尔吉斯共和国法律规定了进口数量限制的商品。上述商品应在吉尔吉斯共和国政府确定的情况和方式下被销毁，被确定实施了非法进口该商品到吉尔吉斯共和国境内的人、被没收商品的人，如果知道或应该知道被没收商品进口到吉尔吉斯共和国境内的非法性，则由他们支付销毁费用，或者在其他情况下由国家预算资金支付费用。

第252条　在海关监管时使用的技术手段

为了缩短海关监管的时间、提高监管效率，海关部门可以使用海关监管技术手段，使用这些手段的清单和方式由吉尔吉斯共和国政府确定。

第253条　识别商品和运输工具、场所和其他地方

海关监管下的商品、应受海关监管的运输工具、场所、容器和其他可能存放商品的地方的识别手段的适用方式，由吉尔吉斯共和国政府确定。

第254条　在审理行政违法行为案件、民事和刑事案件时使用海关监管的结果

海关监管的结果，根据本章规定办理，可以作为刑事、民事和行政责任案件的证据提交，并应由法院或职务人员在审理上述案件、审理对海关部门及其职务人员作出的决议、作为（不作为）的申诉，或经济纠纷案件时，根据吉尔吉斯共和国刑事诉讼法、民事诉讼法或行政责任法的规定与其他证据一同进行评估。

第255条　海关监管时的海关鉴定，海关监管时专家和鉴定人的参与

1. 在关税同盟海关法典第二十节第101条、第102条规定的情况和方式下，邀请专家和鉴定人参与海关监管。

2. 根据关税同盟海关法典第二十节的规定以及本条的规定，指定和开展海关监管时的海关鉴定。

3. 关税同盟海关法典第139条第2款规定的海关鉴定的期限，可以经海关鉴定的海关部门负责人（或其副职）的书面准许给予延长，并注明延长这一期限的理由，但不包括根据本法在得到鉴定结果前不予放行商品的情况。在上述情况下，应在不超过商品放行期限的时间内完成鉴定，并参考根据关税同盟海关法典第196条第4款规定的上述期限的延长。

4. 在其他组织进行海关鉴定的情况下，海关鉴定的期限可以根据指定海关鉴定的海关机构书面许可予以延长，并注明延长鉴定期限的理由，但不包括在收到鉴定结果之前不能放行商品的情况。在上述情况下，鉴定应该在不超过商品放行期限的时间内完成，并根据关税同盟海关法典第196条第4款的规定延长上述期限。

5. 进行海关鉴定的期限，在关税同盟海关法典第139条规定的情况下，以及在呈交的物品与指定海关鉴定的决议中所注明的清单不相符的情况下可以被中止，但不超过10个工作日。海关鉴定期限中止的方式由国家授权机构确定。

6. 在关税同盟海关法典第138条第5款规定的情况下，以及在其他组织缺少所要求专业的鉴定人的情况下可以拒绝进行海关鉴定。

7. 用于海关鉴定的商品样品的选取方式，由吉尔吉斯共和国政府根据关税同盟海关法典第144条的规定确定。

8. 进行海关鉴定时指定海关鉴定的决议、鉴定人的意见的形式，由吉尔吉斯共和国政府规定。

9. 与进行鉴定相关的费用，由本条中注明的人支付，但不包括根据海关监管结果被追究刑事或行政责任而进行鉴定的情况。

10. 作出有关邀请其他组织的鉴定人（专家）进行鉴定的决定的方式，由吉尔吉斯共和国政府确定。

第四十九节　海关监管的形式和方式

第256条　海关监督的形式和方式

海关部门按照关税同盟海关法典第十六节、第十九节规定的方式和形式，及本法规定的条款实施海关监管。

第257条　检验商品和运输工具

1. 海关部门的职务人员检验商品和运输工具，包括国际邮件、自然人的行李，以便获得有关海关监管下商品的性能、产地、状态、数量，有关商品的运输工具及其货物间的海关铅封、封条和其他识别手段的信息确认。

2. 商品和运输工具的检验，外部可视检验商品，自然人的行李，运输工具，货物容器，现存海关铅封、封条和其他海关监管目的的商品识别手段，如果这一检验与运输工具或其货物间的开封和商品包装损坏无关。

3. 在海关监管区内，商品和运输工具的检验可以在申报人、其他对商品和运输工具享有权利的人、他们的代表缺席的情况下进行，但不包括上述人提出参加检验的情况。

4. 根据商品和运输工具的检验结果，在发现商品和运输工具数据与申报的信息和提交的文件不相符，导致损坏商品和运输工具或外部特征识别手段的完整性，进行检验的海关部门职务人员按关税同盟委员会通过的形式办理证明。带有检验结果证明的第二份交给对商品和（或）运输工具享有权利的人。

5. 根据海关部门作出的对场所和区域进行海关检验的决议，对场所和区域进行海关检验。根据进行外出海关检查的决议，在外出海关检查时对场所和区域进行海关检验。

6. 对场所和区域的海关检验在所需要的最少期限内进行。

第258条　商品和运输工具的海关查验

1. 海关部门对本法规定要求的遵守情况，进行海关查验。

2. 在以下情况进行海关查验：

（1）在存在依据推断运送商品和运输工具的人向吉尔吉斯共和国境内进口或从吉尔吉斯共和国境内出口带有禁令和限制的商品时，或违反本法规定的方式运送商品和运输工具；

（2）根据申报人或对商品拥有授权的其他人的申请；

（3）海关申报单和其他申报商品时提交的文件中存在对作出商品放行决定具有影响的不真实信息；

（4）未遵守有条件放行商品使用和支配的限制规定；

（5）根据风险控制系统的分析结果；

（6）根据使用海关监管技术手段的海关监管结果；

（7）根据本法第 234 条第 9 款的规定。

3. 海关查验是与以下海关部门职务人员相关的行为：

（1）打开商品包装或运输工具的货物间，或容器、集装箱和其他商品所在的或可能在的地方，同时破坏加在其上的识别手段，拆除、拆卸或其他破坏检视物体及其部分完整性的办法；

（2）对照商品和运输工具运送时和办理商品和运输工具海关手续时提交的文件中所包含的信息；

（3）对照实际商品数据与所申报信息或提交文件是否相符。

4. 被授权进行海关查验的海关部门职务人员，通知申报人或对商品拥有权利的人，有关进行海关查验的地点和时间。

申报人、对商品拥有授权的其他人及其代表，有权申请参加海关查验，但不包括本条第 6 款规定的情况。

进行海关查验开始的时间应参考这些人到达的合理期限。

5. 在场所和（或）区域进行的海关查验，无需建立海关监管区。

6. 根据海关部门职务人员的要求，申报人或对商品拥有授权的其他人及其代表，应参加海关查验并向海关部门职务人员提供必要的协助。没有承运人特别授权的代表时，驾驶运输工具的自然人可以作为代表。

7. 在以下情况，海关部门有权在申报人、对商品拥有授权的其他人及其代表缺席时，进行海关查验：

（1）上述人员未出现或者这些人是未知的；

（2）在出现对国家安全、公众和动物的生命和健康、对瘟疫的出现、环境、对保护吉尔吉斯共和国国家文化遗产的威胁和其他刻不容缓的情况时，其中包括如果有迹象表明货物是易燃物质、爆炸物、炸药，有毒、有害的化学和生物物质，麻醉药品，精神状态调节药品，烈性药剂，有毒的放射性物质，核材料和其他类似的产品，而且如果商品散发难闻的气味；

（3）通过国际邮件邮寄商品时；

（4）违反商品出口程序将商品滞留在吉尔吉斯共和国境内。

在上述情况下，海关查验应在两个见证人在场的情况下进行。

8. 根据海关查验结果，应按照吉尔吉斯共和国政府规定的形式办理海关查验证明，一式两份。

第二份证明应交给对商品享有权利的人或其代表，如果该人已确定。

第259条 海关部门核算海关监管商品

海关部门核算海关监管下商品的方式和形式，由吉尔吉斯共和国政府确定。

第260条 检查商品核算和报告系统

1. 根据关税同盟海关法典第121条第3款的规定，检查商品核算和报告系统作为海关监管的一种形式，对从事海关事务领域经营的人、授权经济业务人，以及处于在海关境内加工、在海关境外加工、用于内部需求加工、临时进口（准许进入）、海关免税区、自有仓库和用于内部需求放行，并与限制使用和支配一同提供关税和税收优惠的海关程序商品实施检查商品核算和报告系统。

2. 对核算和报告系统检查的组织、实施和登记，由吉尔吉斯共和国政府确定。

3. 从事海关事务领域经营、采用特别简化办法，以及使用和（或）拥有被置于海关仓库、免税贸易商店、在海关境内加工、在海关境外加工、用于内部需求的加工、临时进口（准许进入）、海关免税区、免税仓库等海关程序下或用于内部需求放行海关程序下并提供关税、税收纳税优惠并同时限制其使用和支配的人，或者在商品放行后与提交关税同盟海关法典第195条第1款第1项中注明的文件相关的限制使用和支配外国商品的人，或保存商品的人，应提交有关被保存的、运输、销售、加工和（或）使用商品的报告和完成的海关业务报告。

4. 本条第3款注明的报告，可以电子形式并带有电子数码签字，或以电子形式不带有电子数码签字，但必须提供经组织负责人、总会计师或授权人签字和公章认证的纸质信息的方式，向海关部门提交。

5. 海关代表必须在每季度的报告期结束后月份的10日前向海关部门提交有关完成海关业务的商品总数报告。报告中应注明每个业务的以下信息：

（1）完成海关业务的海关部门的名称；

（2）海关申报单的编号；

（3）所申报的海关程序；

（4）发货人（收货人）的名称、纳税人的识别码；

（5）被代表人与海关代表的合约编号和日期；

（6）已缴纳海关费用和税收的人；

（7）已缴纳海关费用和税收的金额；

（8）商品名称，并注明外经活动商品名录的代码；

（9）商品海关价值；

（10）商品的净重；

（11）完成工作和提供服务交接单的日期和编号；

（12）填写海关申报单之人的姓名、身份证明文件（护照）的序号和编号。

6. 申报人、从事在海关境内加工经营的人，为了核对加工制造的产品数量、废料和剩余材料的数量，每季度在报告期结束后月份的10日前，向海关部门提交有关完成适用在海关境内加工的海关程序的要求和条件的报告。在报告中应注明向海关部门提交当日的以下信息：

（1）被置于在海关境内加工海关程序下和在生产过程中使用的商品名称和数量，并注明相应申报单的编号；

（2）自关税同盟的海关境内出口的，或根据用于内部需求放行海关程序放行的，或根据关税同盟海关法典的规定被置于其他海关程序下的加工产品的名称和数量，并注明相应申报单的编号；

（3）未被置于海关程序下的加工产品的名称和数量；

（4）商品加工所产生废料的名称和数量

7. 有关在海关境内商品加工许可中注明的加工产品、废料、剩余材料数量的最终核对报告，应根据关税同盟海关法典第249条第1款，在海关境内加工程序完成后、但不迟于最后一批加工产品放行之日起30日内提交。

8. 申报人、从事在海关境外加工经营的人，为了核对加工制造的产品数量、废料和剩余材料的数量，每季度在报告期结束后月份的10日前，向海关部门提交有关完成适用在海关境外加工的海关程序的要求和条件的报告。在报告中应注明向海关部门提交当日的以下信息：

（1）根据所签发的加工许可被置于在海关境外加工海关程序下，和在生产过程中使用的商品名称和数量，并注明相应申报单的编号；

（2）进口到关税同盟的海关境内的、被置于相应海关程序下的加工产品的名称和数量，并注明相应申报单的编号；

（3）未被置于海关程序下的、进口到关税同盟海关境内的加工产品的名称和数量；

（4）被置于在海关境外加工海关程序下的，其加工产品为进口到关税同盟的海关边境内的商品的名称和数量。

9. 有关在海关境外商品加工许可中注明的加工产品数量的最终核对报告，应根据关税同盟海关法典第260条，在海关境外加工的程序完成后，但不迟于最后一批加工产品放行之日起30日内按规定提交。

10. 申报人、从事用于内部需求加工的人，为了核对加工制造的产品数量、废料和剩余材料的数量，每季度在报告期结束后月份的10日前，向海关部门提交有关完成适用内部需求加工的海关程序的要求和条件的报告。在报告中应注明向海关部门提交当日的以下信息：

（1）根据所签发的、用于内部需求加工海关程序下加工商品的许可，而被置于该海关程序下和在生产过程中使用的商品名称和数量，并注明相应申报单的编号；

（2）被放行用于自由流通的，或根据关税同盟海关法典被置于其他海关程序下的加工产品的名称和数量，并注明相应申报单的编号；

（3）未被置于海关程序下的加工产品的名称和数量；

（4）商品加工所产生的废料的名称和数量。

11. 有关在用于内部需求商品加工许可中注明的加工产品、废料、剩余材料数量的最终核对报告，应根据关税同盟海关法典第 273 条，在用于内部需求商品加工的海关程序完成后，但不迟于最后一批加工产品放行后的 30 天内提交。

12. 使用和（或）拥有被置于临时进口（准许进入）、海关免税区、免税仓库，或用于内部需求放行及提供关税税收纳税优惠，并在商品放行后限制这些商品的使用和（或）支配，或与提交关税同盟海关法典第 195 条第 1 款第 1 项注明的文件相关的限制使用和支配的被置于海关程序下商品的人，应根据海关部门的要求，每 6 个月至少一次提交有关完成上述海关程序适用条件和要求的报告，以及有关遵守商品使用和（或）支配限制的报告。保管外国商品的人，但不包括授权经济业务人，应在吉尔吉斯共和国政府规定的期限内提交有关所保管商品的报告。

向海关部门提交本条注明的报告方式，以及临时保管仓库、海关仓库、免税贸易商店业主、海关承运人向海关部门提交报告的方式，由吉尔吉斯共和国政府确定。

13. 授权经济业务人进行核算和向海关部门提交报告的方式，在本法第 237 条中规定。

14. 由于在规定期限内未向海关部门提交和（或）未及时提交本条规定的报告，以及提交包含不真实信息的报告，本条第 4 款注明的人应根据吉尔吉斯共和国法律的规定承担责任。

第 261 条　海关检查

1. 为了检查对关税同盟海关法典、本法规定的要求遵守情况，海关部门按照关税同盟海关法典第 122 条和第十九节的规定进行海关检查。

2. 海关检查的组织、实施与登记的方式，涉及海关检查的文件的形式，对准备文件的要求，由吉尔吉斯共和国政府规定。

3. 海关部门根据关税同盟海关法典第十九节规定的方式和条件进行外出海关检查和室内检查。

外出海关检查和反向外出检查，应根据经授权机关负责人或其副职签字的、有关外出海关检查的决议执行。

4. 在关税同盟海关法典第 132 条第 12 款规定的情况下中止外出海关检查。

5. 外出海关检查的中止和恢复，需由授权部门的负责人或其副职作出决议。

6. 外出海关检查的中止期限不能超过 6 个月。如果由于需要根据吉尔吉斯共和国国际公约向关税同盟成员国或外国的职能机构查询，且在 6 个月内没有收到所查询的信息，这些信息是对检查结果具有实际意义的，则上述检查的中止期限可以增加 3 个月。

第 262 条　为了进行外出海关检查允许海关部门职务人员进入被检查人实体

1. 在关税同盟海关法典第 133 条第 3 款规定的情况下，被检查人有权拒绝海关部门的职务人员进入他的实体。被检查人无理由拒绝实施外出海关检查的海关部门职务人员进入被检查人实体，应在两个见证人在场的情况下办理证明。

2. 本条第一款注明的证明，需由实施海关外出检查的职务人员、被检查人或其代表，以及见证人签字。该证明的复印件交给被检查人或其代表。

3. 被检查人或其代表拒绝在本条第 1 款注明的证明上签字时，实施外出海关检查的职务人员应在上述证明中对此进行相应的记录。被检查人有权对拒签证明的理由做出书面解释。

第 263 条　外出海关检查时查封商品、没收商品和文件的方式

1. 为了关税同盟海关法典第 134 条第 1 款第 11 项规定的目的，实施商品查封和没收。

2. 查封商品的依据是：

（1）发现不带有特别商标、识别标志或其他方式的商品标识，如果根据关税同盟海关法典或吉尔吉斯共和国法律规定进口到吉尔吉斯共和国境内的商品上需带有这样的商标、识别标志和标识的，或者商品上的商标或识别手段具有造假痕迹；

（2）被检查人的商业文件中缺少证明海关申报和（或）商品放行实施的信息，如果根据关税同盟海关法典或吉尔吉斯共和国法律规定，商品在吉尔吉斯共和国境内流通时这些信息必须在商业文件中注明；以及发现这些信息不真实或缺少应注明这些信息的商业文件，如果这些文件根据关税同盟海关法典或吉尔吉斯共和国法律规定是必需的；

（3）发现能证明被检查商品可能是有条件放行的商品，及违反这些商品使用和（或）支配限制或违反提供进口关税和税收纳税优惠条件而使用商品的迹象；

（4）发现能证明未遵守针对所检查的商品提供纳税优惠的方式和条件的迹象；

（5）发现能证明违反海关程序条件和要求使用所检查商品的迹象。

3. 查封商品是指禁止支配和使用商品。被查封的商品，将交由所有者或拥有商品权利的其他人保管。只有经作出查封决定的职务人员或司法部门准许，方能使用被查封商品。不允许将被查封商品转交给他人，转让或以其他方式支配。

4. 在发现被检查商品是被禁止进口到关税同盟海关境内或在吉尔吉斯共和国境内流通的，及存在足够依据推断，商品查封并不足以保证商品的完整性时，应实施商品没收。被没收商品应根据本法第 69 条规定放置在临时保管仓库中，或根据关税同盟海关法典第二十一节规定的原则存放在其他地方。

5. 如果被检查人的文件复印件不足以用于海关检查，而进行海关检查的职务人员有充足的理由推断，文件正本可能被销毁、藏匿、修改或替换，则进行海关检查的职务人员有权没收文件原件。没收原件时，需办理没收原件证明，一式两份。第二份证明及没收文件的复印件应交给被没收人。文件的复印件上应注明有关没收文件原件证明的编号和日期、实施没收的职务人员的签字。

6. 没收商品和文件，以及查封商品，应根据吉尔吉斯共和国行政和刑事责任法的规定实施。

7. 外出海关检查结束之日起 2 个月内，无人认领的被没收商品，将根据法院判决归国家所有。

第九章　海关事务的组织，吉尔吉斯共和国海关部门及其工作保障

第五十节　吉尔吉斯共和国海关部门

第 264 条　吉尔吉斯共和国海关部门的地位

吉尔吉斯共和国海关部门具有执法机关的地位。

任何国家机构，除吉尔吉斯共和国最高法律机构和执行机构外，都无权作出涉及海关部门职能的决定，在没有相应许可的情况下完成或修改海关部门的职能，赋予海关部门其他任务或以其他方式干扰海关部门符合吉尔吉斯共和国法律规定的工作。

第 265 条　吉尔吉斯共和国海关的旗帜和徽标

吉尔吉斯共和国海关拥有旗帜和徽标。在吉尔吉斯共和国海关部门的公路交通车辆上允许加注徽标。旗帜和徽标的描述和图案，由吉尔吉斯共和国政府规定。

第 266 条　吉尔吉斯共和国海关部门所在地

1. 吉尔吉斯共和国海关部门的所在地由吉尔吉斯共和国政府根据客流和货流量、个别地区外经联系发展强度、运输单位、出口商、进口商、其他外经活动参与者的需求，以及其他因素确定。

2. 吉尔吉斯共和国海关部门位于直接属于吉尔吉斯共和国海关部门的场所。海关岗和海关组织部门可以位于属于临时保管仓库、海关仓库、免税贸易商店业主的场所内。海关岗和海关岗的组织部门也可以位于从事固定进出口业务的外经活动参与者的场所内。

第 267 条　吉尔吉斯共和国海关部门的工作时间

1. 吉尔吉斯共和国海关部门在吉尔吉斯共和国国家边境与邻国通行站所在地重叠的边防通行站的工作时间，应尽可能满足邻国海关的工作时间。

2. 根据相关人员有理由的申请，并在具备必要的条件时，个别海关业务可以在海关部门工作时间外完成。

第 268 条　吉尔吉斯共和国海关部门及其职务人员对法律要求的遵守

1. 吉尔吉斯共和国海关部门及其职务人员应在其职能范围内，根据吉尔吉斯共和国法律的规定作出决定，完成行为。

2. 在吉尔吉斯共和国海关部门及其职务人员作出决定、实施作为（不作为）时，应以国家授权部门的隶属部门的申诉权和监督权作为遵守法律要求的保障。

第 269 条　吉尔吉斯共和国海关部门与国家机构、组织的协作与合作

1. 当吉尔吉斯共和国海关部门查明按照吉尔吉斯共和国法律规定应属于其他国家部门职权范围的违法行为的证据时，海关部门应该立即将此信息转交给相应的国家部门。

2. 吉尔吉斯共和国海关部门依据吉尔吉斯共和国加入的国际公约以及与外国海关签

署的协议，与外国海关部门协作。

第五十一节　吉尔吉斯共和国海关部门职员使用武力、特殊工具和武器

第 270 条　海关部门职务人员使用武力、特殊工具和火器的条件

1. 在本法规定的情况和方式下，吉尔吉斯共和国海关部门的职务人员有权使用武力、特殊工具和武器。

2. 吉尔吉斯共和国海关部门的职务人员应通过特别培训及定期检查在使用武力、特殊工具和武器情况下的适合性。

3. 在使用武力、特殊工具和武器时，吉尔吉斯共和国海关部门的职务人员必须：

（1）警告即将采取这些措施，并在这时提供足够的时间完成自己的要求，但不包括延迟使用武力、特殊工具和火器会给自己的生命和健康造成直接危险的情况，以及在突然或武装袭击、使用军事技术和交通工具的袭击可能带来严重的后果，或这种警告在当时的情况下是不适宜或不可能的；

（2）保证对受到身体损伤的人提供医前救护，并立即向吉尔吉斯共和国海关部门负责人或其副职通报已发生的情况；

（3）尽力根据违法行为和实施违法行为的人的执行和危险程度、反抗力量的程度将消除危险所造成的损失降到最低。

4. 吉尔吉斯共和国海关部门的负责人或其副职，应立即将所有死亡或严重身体损伤的情况通知检察院。

5. 超过授权范围使用武力、特殊工具和武器，将按照吉尔吉斯共和国法律规定被追究责任。

第 271 条　使用武力手段

为了制止违法行为，扣押实施违法行为的人，消除抵抗、制止不服从法令或要求、妨碍合法进入场所和区域、接触处于海关监管下的商品和运输工具，以及其他妨碍海关职务人员执行公务的其他行为，以及如果非武力手段不能保证这些义务完成的情况下，吉尔吉斯共和国海关部门的职务人员有权采取武力手段。

第 272 条　使用特殊工具

在以下情况吉尔吉斯共和国海关部门的职务人员有权使用手铐、塑胶棒、催泪物质、开启场所的设备、强制停车工具和其他特殊工具：

（1）用于反击对吉尔吉斯共和国海关部门职务人员或他人的攻击；

（2）用于反击对属于吉尔吉斯共和国海关部门的楼房、场所、设施、交通工具的攻击，或他们所使用的海关监管下商品、交通工具，以及同样在上述实体被占领时为了解除占领；

（3）为了扣押和将违法行为人押送至吉尔吉斯共和国海关部门工作地点，如果这些人不服从、反抗，或者给周围人或自己带来伤害；

（4）为了制止向海关职务人员施加武力反抗；

（5）为了停止车辆，如果该车辆的司机没有执行海关职务人员的停车要求；

（6）存在其他阻碍吉尔吉斯共和国海关部门职务人员完成自己义务的情况。

禁止对可见怀孕特征的妇女、有明显残疾特征的人和未成年人使用特殊工具，除非他们实施了武装反抗、实施团伙或其他威胁人们生命和健康、威胁海关监管下商品和运输工具完整性的时候。

吉尔吉斯共和国海关部门职务人员使用的武器和弹药的清单，由吉尔吉斯共和国政府规定。

第 273 条　使用武器

作为极端措施，在以下情况吉尔吉斯共和国海关部门的职务人员有权使用武器：

（1）为了反击对吉尔吉斯共和国海关部门职务人员的攻击，当他们的生命和健康遇到危险时；

（2）为了制止企图抢夺吉尔吉斯共和国海关部门职务人员的武器的行为。被吉尔吉斯共和国海关部门职务人员扣押的人通过缩短与上述这一职务人员的距离或以其他方式企图接近武器或触及该武器，都将被视为企图抢夺该武器；

（3）为了反击团伙或武装攻击属于吉尔吉斯共和国海关部门的楼房、场所、设施和交通工具，或海关部门使用的位于海关监管下的商品和交通工具；

（4）为了扣押进行武装反抗的人，以及拒绝执行交出武器合法要求的武装人员。

除此之外，在以下情况吉尔吉斯共和国海关部门职务人员有权使用武器：

（1）以损坏车辆的方式使车辆停止，如果司机对吉尔吉斯共和国海关部门的职务人员的生命和健康造成了实际威胁，且不服从多次停车要求；

（2）为了消除威胁吉尔吉斯共和国海关部门职务人员的生命和健康的动物的危害性；

（3）为了警告会使用武器、给出警报或求救信号。

禁止对妇女、有明显残疾特征的人和未成年人适用武器，除非他们实施了武装反抗、威胁吉尔吉斯共和国海关部门职务人员生命和健康的武装团伙攻击或其他攻击、在人员大量聚集可能给他人造成伤害的情况。

对每个使用武器的情况，吉尔吉斯共和国海关部门的职务人员应立即书面向吉尔吉斯共和国海关部门的负责人或其副职汇报，而后者则应在使用武器的 24 小时内向检察官汇报。

第五十二节　吉尔吉斯共和国海关部门的工作保障

第 274 条　吉尔吉斯共和国海关部门工作的资金和物质技术保障

国家授权机构和作为其组成部分的吉尔吉斯共和国海关部门的工作，由国家财政资金，以及其他吉尔吉斯共和国法律规定的来源，外国和国际组织以技术援助形式的援助（无偿援助）拨款并提供物质技术保障。

第 275 条　吉尔吉斯共和国海关部门工作信息的保护

1. 包含吉尔吉斯共和国海关部门职务人员的信息，侦查作业活动的组织、战术、方法和手段等信息的文件和材料，应由吉尔吉斯共和国海关部门存档。

2. 吉尔吉斯共和国海关部门的档案材料，应根据吉尔吉斯共和国法律规定的方式交由吉尔吉斯共和国国家中央档案局存档。

3. 应根据吉尔吉斯共和国法律规定，保证吉尔吉斯共和国海关部门保护国家秘密和机密信息。

第五十三节　通过海关边界商品的供货监督

第 276 条　商品和运输工具通过海关边界时监督供货的特点

1. 为了警告、查明、制止和揭示与禁止自由销售或限制流通的商品非法流通相关的犯罪，根据吉尔吉斯共和国侦查作业活动法的规定从事侦查作业活动的机构，有权进行供货监督、侦查作业措施，在这些措施下经从事侦查作业活动的机构同意并在其监督下，允许向吉尔吉斯共和国境内进口，从吉尔吉斯共和国境内出口，或在其境内运送已进口的、禁止自由销售或限制流通的商品，或者是实施犯罪行为的工具和手段，或者通过海关边界运送将被视为走私的商品。

2. 通过海关边界的商品的供货监督，由吉尔吉斯共和国海关部门根据吉尔吉斯共和国加入的国际公约实施，或根据为制止商品、毒品或镇静剂的国际非法流通，查明参与此流通的人而与外国海关或其他部门达成的约定实施。从事侦查作业活动的其他机构，经与吉尔吉斯共和国海关部门协商，根据授权国家机构与其他从事侦查作业活动的国家机构签署的协议进行供货监督。

3. 根据吉尔吉斯共和国加入的国际公约或根据与外国职能部门的约定，出口到吉尔吉斯共和国境外的商品监督供货的决议作出后，在吉尔吉斯共和国不会引起刑事案件，而实施供货监督的部门负责人，应按规定方式立即通知检察官作出的有关决议。

4. 吉尔吉斯共和国海关部门有权根据吉尔吉斯共和国侦查作业活动法的规定从事侦查作业活动。

第 277 条　实施供货监督时没收或更换通过海关边界的商品

在监督通过海关边界、被禁止自由销售或限制流通的商品的供货时，这些商品可能按吉尔吉斯共和国政府规定的方式被全部或部分没收或更换。对公众健康、周边自然环境具有高危险性的商品，或者作为大规模杀伤性武器加工主要成分的商品，应根据吉尔吉斯共和国政府规定的方式更换。

第十章　吉尔吉斯共和国海关部门支配商品和运输工具

第五十四节　转化为国家所有的商品，被扣押的、非行政违法行为或犯罪对象的商品的支配依据和方式，扣押商品

第 278 条　商品转化为国有

商品转化为国家所有：

（1）根据刑事案件或行政责任案件的法院判决在适用财产没收时，自该司法判决生效之日起；

（2）根据吉尔吉斯共和国海关部门或其他授权部门有关认定财产无主的规定或有关在本法规定的情况下将没收商品转归国有的申请（起诉）所作出的法院命令，自法院命令生效之日起；

（3）根据将商品置于放弃归国家所有的海关程序，自向吉尔吉斯共和国海关部门根据交接单转交商品之日起。

第 279 条　转化为国有商品的支配

1. 根据法院判决转化为国有的商品，可按吉尔吉斯共和国法律规定的方式，通过销售、销毁或回收的方法进行支配。

2. 根据将商品置于放弃归国家所有海关程序转化为国有的商品，应按吉尔吉斯共和国政府规定的方式转交。

第 280 条　吉尔吉斯共和国海关部门无偿转交转化为国有商品的权利

1. 吉尔吉斯共和国海关部门，有权无偿向社会保障、卫生教育领域机构、儿童机构、社会居民保障机构转交被转化为国家所有的药品、卫生用品、医用产品、快速变质食品、儿童食品和治疗性食品，以及衣物、鞋子和其他第一必需品；向博物馆转交没有文化价值的历史文物、科学项目和艺术作品；向动物园、动植物保护区、博物馆转交植物和动物标本；向宗教组织转交祭礼物品。

2. 不允许为了商业目的无偿转让转归国家所有的商品。

3. 如果本条第 1 款注明的部门、机构、组织提出书面申请要求无偿向其转交本条第 1 款注明的商品，并保证不用于商业活动使用，海关部门在收到上述商品转归国家所有的文件后，将审理将上述商品无偿转交的可能。

4. 为了作出有关无偿转让本条第 1 款注明的商品的决定，海关部门将向国家财产管理领域的授权部门发送经吉尔吉斯共和国海关部门认证的下列文件的复印件：

（1）商品转归国有的文件；

（2）本条第 1 款注明的部门、机构和组织要求无偿转让商品的申请；

（3）包含商品价值的文件；

（4）证明无偿转让的商品质量和安全性的文件；

（5）证明计划无偿转让的商品不具有文物价值的鉴定结论（针对具有文物价值特征的商品）；

（6）其他属于商品的、海关部门所有的文件。

5. 有关向国家财产管理领域授权部门发送文件信息，应同时提交给国家授权机构。

6. 根据所提交的文件，吉尔吉斯共和国海关部门应在收到该文件之日起 30 天内作出有关签发无偿转让转归国有商品命令的决议，或者有依据的拒绝完成申请要求的决议。

7. 吉尔吉斯共和国海关部门根据命令，按交接证明组织向本条第 1 款注明的部门、机构、组织的代表转交商品，这些拥有完成财产接收授权的代表应根据吉尔吉斯共和国法律规定办理相应文件和委托证明。

第 281 条　扣押不属于行政违法行为或犯罪对象的商品及其文件

1. 吉尔吉斯共和国海关部门根据关税同盟海关法典第 145 条第 1 款规定的依据，扣押不属于行政违法行为或犯罪对象的商品及其文件。

2. 在扣押不属于行政违法行为或犯罪对象的商品及其文件时，应根据关税同盟委员会确定的形式办理纪要，并应将该纪要的复印件交给承运人、临时保管仓库业主或吉尔吉斯共和国海关部门已确定、拥有扣押商品的其他人，以及这些商品的收货人或发货人。

3. 本条第 1 款注明的被扣押商品和文件，在不迟于临时保存期限或关税同盟海关法典规定的其他期限届满后 1 天，由吉尔吉斯共和国海关部门根据本条第 2 款规定的扣押纪要没收，以便运出关税同盟的海关境外、完成海关申报，或完成关税同盟海关法典第 152 条、第 170 条、第 185 条、第 192 条、第 208 条、第 231 条、第 234 条、第 305 条、第 354 条规定的其他行为。

4. 根据本法典第 69 条的规定，被扣押的商品放置在临时保管仓库，或转交给在吉尔吉斯共和国海关部门工作区域从事仓库服务的组织保管。需要有特别保存条件的商品，应转交给相应的特别组织（机构）或国家机构。在将上述商品转交保管时，应办理交接证明，其中一份留归吉尔吉斯共和国海关部门，另一份交给负责保管商品的组织（机构）留存。如果吉尔吉斯共和国海关部门确定了商品的合法所有人，则应向其发送该交接证明的复印件。

5. 在关税同盟海关法典第 147 条规定的情况下，应返还被扣押商品及其文件。在返还上述商品时，应办理证明，一式三份，由吉尔吉斯共和国海关部门负责返还这些商品的职务人员和向其返还扣押商品的人或其代表，以及保存商品的人或其代表签字。上述证明的第一份留归吉尔吉斯共和国海关部门，第二份交给商品被返还人或其代表，第三份交给负责保存扣押商品的人或其代表。保存扣押商品的费用，由向其返还商品的人支付。

6. 被扣押的文件应返还给扣押商品的被返还人或其代表。在返还被扣押文件时，应办理证明，一式两份，由吉尔吉斯共和国海关部门负责返还这些文件的职务人员和文件被返还人或其代表签字。上述证明的第二份交给文件被返还人或其代表。

7. 根据关税同盟海关法典第 45 条的规定，吉尔吉斯共和国海关部门自商品被扣押之日起 1 个月内负责保存被扣押商品，但不包括快速变质的食品，这类商品的保存期限不超过扣押之时起 24 小时，以及禁止进口到关税同盟海关境内或出口到这一领土之外的商品，这类商品的保存期为自扣押之日起的 3 日。

8. 本条第 7 款规定的期限届满后，无人认领的被扣押商品，将根据本法第 283 条的规定进行销售、销毁或有效利用。

第 282 条　未转归国有的商品的支配

1. 被扣押的商品、被吉尔吉斯共和国海关部门根据本法第 251 条规定没收的商品，由被授权的销售、销毁或加工（有效利用）商品的组织、企业、机构（以下称授权组织）将其销售、销毁或有效利用。

2. 扣押或没收商品的吉尔吉斯共和国海关部门，应提前且不应迟于关税同盟海关法典第二十一节规定的被扣押商品保管期，或根据本法第 251 条规定的被没收商品保存期限届满前的 15 日，以书面形式向申报人，通知有关可以支配根据本条规定被扣押或被没收商品时间开始和商品即将转交的日期，如果商品未申报，则通知商品的所有者，如果商品的所有者是外国人，或者吉尔吉斯共和国海关部门没有有关商品所有者的信息，则通知扣押或没收时商品的所属人。这一书面通知应由本部门注明的人本人签收，或以其他方式证明收到该通知的事实和日期。在扣押快速变质商品时，应在该商品扣押当日，以可能的业务通讯方式发出通知，包括以电子方式转交信息。

3. 实施商品扣押或没收的吉尔吉斯共和国海关部门，应在不迟于关税同盟海关法典第二十一节规定的被扣押商品保管期限，或本法第 251 条规定的被没收商品保管期限届满后的 1 日，办理保存期限届满证明，一式两份。

4. 本条规定的吉尔吉斯共和国海关部门的证明，在办理后的 3 个工作日内，应以挂号信，并以回执通知的方式提交给通知本条第 2 款注明的人。第二份证明留存在吉尔吉斯共和国海关部门。经海关部门认证的复印件，应由临时保管仓库业主或海关仓库业主，或商品被扣押人或被没收商品保管人留存。

5. 本条第 3 款规定的吉尔吉斯共和国海关部门的证明，是作为支配本条规定的被扣押或被没收商品的依据。

6. 扣押或没收商品的吉尔吉斯共和国海关部门，应计算以下关税和税收金额：

（1）对于被扣押商品，根据商品被扣押当日应计算的、该商品被置于内部需求放行海关程序下应缴纳的关税、税收金额；

（2）对于被没收的商品，根据关税同盟海关法典第 81 条的规定计算。

7. 扣押或没收商品的吉尔吉斯共和国海关部门，应在被扣押或被没收商品保管期限届满之日起的 3 个工作日内，通知授权组织有关保管期限届满、商品所在地、数量和授权组织接受和出口商品所必需的其他特点，并随附扣押证明复印件，以及根据本条第 6 款核算应缴纳的关税和税收。如果被扣押或被没收商品属于快速变质商品，则应在扣押或没收商品当日，通过可能的业务通讯方式包括电子方式转达信息，并注明商品易变质的性质。对被扣押或被没收商品保管期限届满的信息，吉尔吉斯共和国海关部门同样应通知商品申报人或其持有人，如果确定了商品的合法所有人，则通知其合法所有人或者商品被没收的人。

8. 扣押或没收商品的吉尔吉斯共和国海关部门，应根据交接证明将商品转交给授权组织。

9. 授权组织或其代表，为了核算、估价和支配，应在接到本条第7款规定的海关部门通知后的10个工作日内从海关部门接受并将被扣押或被没收商品出口。扣押或没收商品的吉尔吉斯共和国海关部门，有权根据授权组织有理由的申请，延长商品接受和出口期限，但不超过1个月。在收到本条第7款规定的吉尔吉斯共和国海关部门通知之日起3个工作日内，由授权组织接受并支配快速变质的商品。

10. 被扣押和被没收商品由授权组织根据市场价格销售。

11. 为了保证向国家财政支付应缴纳的吉尔吉斯共和国海关部门根据本条第6款计算的关税和税收全部金额，由授权组织在尽可能短的期限内、不迟于交接证明之日起3个月内，对这些商品进行支配。

12. 如果在本条第11款注明的期限内，被扣押或被没收商品不能被销售，授权组织应与吉尔吉斯共和国海关部门协商延长销售期限，但不超过2个月。

13. 如果保存和销售被扣押或被没收商品的费用超过其价值，则这些商品应被销毁或由授权组织加工（有效利用）。

14. 销毁或加工（有效利用）被扣押或被没收商品，以及补偿与这些商品被保管和运输相关的费用，由本条第2款注明的人负责，如果没有负责人，则由国家财政负责，除非吉尔吉斯共和国法律针对个别商品另有规定。

15. 自根据交接证明实际接收被扣押或被没收商品之时起至商品被销售、销毁或加工（有效利用）之时止，授权组织应保证它们的完整性，当上述商品丢失时承担以下责任：

（1）对吉尔吉斯共和国海关部门承担向国家财政补偿丢失商品应缴纳的关税和税收；

（2）对转交归其支配的商品所有人补偿其丢失商品的价值并扣除根据关税同盟海关法典第149条规定的应扣除额。

16. 如果本条第2款注明的人在向授权组织转交商品之前，完成根据关税同盟海关法典和吉尔吉斯共和国海关事务领域法规定的，将商品输出关税同盟海关境外，商品申报或完成关税同盟海关法典第152条、第170条、第185条、第192条、第208条、第231条、第234条、第305条、第354条规定的其他行为的义务时，吉尔吉斯共和国海关部门无权阻止将被扣押或被没收商品发放给该人。

第283条　商品销售所得资金的支配

1. 转归国有的商品销售所得资金，应上交国家财政所有。

2. 销售被扣押或被没收商品所得资金，应自授权组织获得该资金之日起3日内，汇入吉尔吉斯共和国国家财政账户，以便根据《关税同盟海关法典》第149条规定支配资金，并同时向扣押或没收商品的吉尔吉斯共和国海关部门提交销售该商品发生的费用的信息。

3. 扣押或没收商品的海关部门，在本条第2款注明的资金汇入吉尔吉斯共和国国家财政账户后的5个工作日内，扣除根据本法第283条计算的应缴纳的关税和税收，以及运费、商品存储费和与销售相关的其他费用。

4. 销售被扣押商品所得的资金，在扣除关税同盟海关法典第149条规定的扣除额后计算的剩余部分，应由吉尔吉斯共和国海关部门返还给申报人，如果商品没有申报，则返还给商品持有人或吉尔吉斯共和国海关部门所了解的商品合法所有者。销售被没收商品所得资金的剩余部分，应返还给被没收商品的人。

5. 扣押或没收商品的吉尔吉斯共和国海关部门，应在完成本条第3款注明的扣除后的5个工作日内，以挂号信的方式通知本条第4款注明的人可以获得销售被扣押或被没收商品所得资金的剩余部分。如果吉尔吉斯共和国海关部门可通过更灵活的通讯方式通知这些人，包括以电子方式转达信息，则可以在发送挂号信的同时以这些方式通知他们。

6. 由国家授权部门规定有关存在应返还的、销售被扣押或被没收商品所得资金的通知方式。

7. 销售被扣押或被没收商品所得资金的剩余部分，可以根据申报人或本条第4款注明的人提交到扣押或没收商品的吉尔吉斯共和国海关部门的书面申请，在销售被扣押或被没收商品所得资金到达吉尔吉斯共和国国家财政账户后的3个月内返还。

8. 吉尔吉斯共和国海关部门审理返还销售被扣押或被没收商品所得资金剩余部分的申请，总期限不能超过吉尔吉斯共和国海关部门登记返还申请之日起的10个工作日。

9. 销售被扣押或被没收商品所得资金的剩余部分，应以国家货币汇入返还申请中注明账户的方式返还。

10. 在本条第7款规定的期限内，扣押或没收商品的吉尔吉斯共和国海关部门未收到有关退还销售被扣押或被没收商品所得资金剩余部分的申请，则无人要求领取的上述资金应视作其他非税收费用的组成部分，并不予返还。

第284条　个别种类商品的支配特点

贵重金属、宝石及其制品、文物、印花商品、有价证券、外币、从流通中没收的或吉尔吉斯共和国境内限制流通的其他商品，应根据吉尔吉斯共和国法律规定进行支配。

第十一章　对吉尔吉斯共和国海关部门及其职务人员所作决议、作为（不作为）的申诉

第五十五节　对吉尔吉斯共和国海关部门及其职务人员所作决议、作为（不作为）的申诉方式

第285条　申诉的权利

1. 任何人如果认为吉尔吉斯共和国海关部门及其职务人员所作的决议、作为（不作为）损害了他的权利和自由，并对实现他的权利和自由造成妨碍，或者非法对其施加了某种义务，以及如果这些决议、作为（不作为）直接触及了该人的利益，则任何人都有权对该决议、作为（不作为）进行申诉。

2. 申诉的权利可以按照本节规定的方式实施。

3. 发送给法院的申诉书，其提交、审理和准许的方式由吉尔吉斯共和国相应的法律规定。

第 286 条　提交申诉书的方式

1. 对吉尔吉斯共和国海关部门职务人员的决议、作为（不作为）的申诉书，应提交到作出该决议或完成该作为（不作为）的职务人员所属的海关部门或国家授权部门。对吉尔吉斯共和国海关部门所作出决议、作为（不作为）的申诉书应提交给国家授权机关。

2. 在直接向上级机关提交申诉书时，该上级机关将向被申诉的海关部门查询证明材料和海关部门对申诉的意见。

第 287 条　提交申诉书的期限

对吉尔吉斯共和国海关部门或其职务人员的决议、作为（不作为）的申诉书可以在自以下时间的 3 个月内提交：

（1）自该人知道或应知道有关其权利和自由所遭到的损害、对实现其权利和自由造成阻碍或非法施加某种义务之日起；

（2）对吉尔吉斯共和国海关部门或其职务人员作出法律规定的决议或完成法律规定的行为规定的期限届满之日起。

对海关部门要求缴纳海关费用和滞纳金申诉，应在 10 日内提交。

第 288 条　恢复提交申诉书的期限

1. 由于正当理由错过申诉期的情况下，根据申诉人的申请，被授权审理申诉的部门可予以恢复这一期限。

2. 错过期限以实际接收申诉书审理的方式恢复。有关拒绝恢复错过期限的决定，应以书面形式作出，并在作出该决定后的 3 日内发送给申请人。

第 289 条　申诉书的形式和内容

1. 申诉书以书面形式提交。

2. 申诉书中应注明：

（1）吉尔吉斯共和国海关部门的名称，或对作出决议、作为（不作为）提出申诉的吉尔吉斯共和国海关部门职务人员的姓名（如果已知）；

（2）提交申诉书的人的姓名或名称、居住地或所在地；

（3）被申诉决议、作为（不作为）的实质内容；

（4）申诉人认为被提出申诉的，吉尔吉斯共和国海关部门或其职务人员的决议、作为（不作为）损害其权利和自由，造成他们的阻碍，或非法施加某种义务所依据的情况。

3. 申请人可以不提交证明申诉书中注明情况的文件和信息。如果提交这些文件和信息对审理该申诉具有实际意义，并且被申诉的海关部门没有这些文件，则审理该申诉的海关部门有权要求提交申请的人提供这些文件和信息。在这种情况下申诉审理的期限将中止，直至申请人提交了这些文件，但期限不得超过发送查询之日起的3个月。如果申请人未提交海关部门所查询的文件和信息，对该申诉的判定将不参考没有提交文件和信息证明的结论。

第290条　提交申诉书的后果

提交申诉书并不能中止被申诉的决议或作为的执行，但不包括审理申诉的部门拥有足够的依据推断被申诉的决议或作为不符合吉尔吉斯共和国法律的情况。在此情况下，被申诉的决议或作为的执行可以全部或部分中止。

第291条　拒绝对海关部门或其职务人员的决议、作为（不作为）的申诉进行实质审理的依据

1. 在以下情况，吉尔吉斯共和国海关部门拒绝对吉尔吉斯共和国海关部门或其职务人员的决议、作为（不作为）的申诉进行实质审理。

（1）如果未遵守规定的申诉期限，且申请人未提交恢复被错过的申诉期限的申请或恢复错过期限的申请被拒绝；

（2）如果未遵守本法第290条第1款、第2款规定的要求；

（3）如果该申请人已经向法院提交了类似内容的起诉书，且法院已接受审理该起诉书或已对其作出判决；

（4）如果上述申诉书的对象不是吉尔吉斯共和国海关部门或其职务人员作出的决议、作为（不作为）；

（5）如果申诉书提交人的授权没有按吉尔吉斯共和国法律规定的方式确认；

（6）如果申请人的权利、自由或合法利益没有被所申诉的决议、作为（不作为）触及；

（7）如果申诉的对象是吉尔吉斯共和国海关部门或其职务人员非海关事务领域的证明（文件）；

（8）如果存在根据本法第296条规定由吉尔吉斯共和国海关部门针对同意申请人和申诉书对象所作出的决议；

（9）如果缺少申诉对象，即吉尔吉斯共和国海关部门作出决议的事实或其实施的作为（不作为）未被证明。

2. 有关拒绝对吉尔吉斯共和国海关部门或其职务人员的决议、作为（不作为）的申诉进行实质审理的决定，应在收到申诉书后的5个工作日作出，除非本法另有规定。

3. 在本条第1款第3项、第8项、第9项规定的情况下，拒绝对吉尔吉斯共和国海关部门或其职务人员决议、作为（不作为）的申诉进行实质审理的决定，应自审理该申诉的吉尔吉斯共和国海关部门收到有关接受类似内容申诉进行审理的法院判定，或法院判决，或证明存在妨碍审理申诉依据的其他文件之日起5个工作日内作出。

4. 吉尔吉斯共和国海关部门有关拒绝对吉尔吉斯共和国海关部门或其职务人员决议、

作为（不作为）的申诉进行实质审理的决定，可以向吉尔吉斯共和国海关部门的上级机关申诉或向法院提起上诉。

第 292 条　召回申诉书

1. 提起申诉的人，可以在对申诉作出裁决前的任何时候撤回申诉书。

2. 可以在本节规定的期限内，根据同样的理由再次提交申诉书。

第五十六节　申诉书的审理及对其作出裁定

第 293 条　审理申诉书的部门

1. 对吉尔吉斯共和国海关部门的决议、作为（不作为）的申诉，由国家授权部门审理。

对国家授权部门的决议、作为（不作为）的申诉，应由上级国家部门负责审理。

2. 以上级国家部门的名义，由该部门的负责人或其授权人作出申诉裁定。在此种情况下，申诉的审理不能由作出决议、作为（不作为）的职务人员，或其下级职员进行。

第 294 条　申诉审理的期限

申诉书应在提交后的 14 天内审理，在本法第 290 条第 3 款规定的情况下则自提交证明申诉书中阐明的状况证据后的 14 天内审理。

第 295 条　对申诉的裁定

1. 根据申诉审理结果，审理部门：

（1）承认吉尔吉斯共和国海关部门或其职务人员作出的决议、作为（不作为）合法；

（2）承认吉尔吉斯共和国海关部门或其职务人员作出的决议、作为（不作为）全部或部分不合法。

2. 在承认被申诉决议、作为（不作为）不合法时，审理部门：

（1）全部或部分取消吉尔吉斯共和国海关部门或其职务人员作出的决议；

（2）取消吉尔吉斯共和国海关部门或其职务人员作出的决议，责成其根据吉尔吉斯共和国法律的规定作出新的决议，或者自行作出决议，如果属于该部门的职能范围。

（3）承认吉尔吉斯共和国海关部门或其职务人员作出的决议不合法，并确定为消除所作出的违规行为应完成的行为范围，或如果属于自己的职能范围，需自行完成这些行为。

3. 审理申诉的部门，在发现吉尔吉斯共和国海关部门或其职务人员错误执行或未以应有的方式执行其职责时，应根据法律规定的方式追究其违纪责任。

4. 审理申诉的部门，在本法第 290 条规定的期限内，向对吉尔吉斯共和国海关部门或其职务人员的决议、作为（不作为）提出申诉的人发送根据审理申诉结果所作出的裁定复印件，并说明对其上诉的方式。

5. 不同意申诉审理部门根据本条规定作出的申诉裁定的人，有权在收到裁定复印件后的 30 日内向相关司法机构提出上诉。

第五十七节　最后条款

第 296 条　涉及从事海关事务领域经营的人及其他人的过渡条款

在有关吉尔吉斯共和国加入关税同盟海关法典合约（以下简称合约）的国际公约生效前在吉尔吉斯共和国创建的作为临时保存仓库业主、海关仓库业主、免税贸易商店业主经营的海关报关员、法人和个体经营者，在合约生效后相应地被承认为海关代表、临时保存仓库业主、海关仓库业主和免税贸易商店业主，并有权根据合约生效前吉尔吉斯共和国法律规定的条件从事海关事务领域的经营：

（1）作为临时保存仓库业主、海关仓库业主、免税贸易商店业主经营的海关报关员、法人，在合约规定的期限内；

（2）作为临时保存仓库业主、海关仓库业主、免税贸易商店业主经营的个体经营者，在合约规定的期限内；

（3）在吉尔吉斯共和国自合约生效之日起，根据作为合约不可分割部分的关税同盟海关法典的规定，以及其他调整海关法律关系的国际公约和其他构成欧亚经济联盟法的法令规定建立海关代表、授权经济业务人，在合约规定期限内无需提供缴纳关税同盟海关法典规定的关税和税收的担保。

第 297 条　审计完成海关业务特殊性的过渡条款

1. 对于在吉尔吉斯共和国受海关监管下的商品，在合约生效前被置于临时保管海关程序下的，自合约生效之日起开始适用关税同盟海关法典第 25 节的条款、其他调整海关法律关系的国际公约和其他构成欧亚经济联盟法的规定，根据本条第 2 款的规定适用。

2. 本条第 1 款注明的商品临时保管期限，自该商品被临时保管之日起开始计算。

3. 对于吉尔吉斯共和国海关部门在合约生效前接受海关申报的商品，应将其置于吉尔吉斯共和国海关部门接受该申报单当日吉尔吉斯共和国法律规定的条件和方式办理申请的海关制度。

第 298 条　有关商品地位和海关程序的过渡条款

1. 位于吉尔吉斯共和国境内、在合约生效前被置于用于自由流通商品放行、再进口、放弃归国家所有的海关制度下的商品，自合约生效之日起，相应地被认为是置于用于内部需求放行、再进口、放弃归国家所有的海关程序下，并被承认为关税同盟的商品。对于这些商品适用关税同盟海关法典、其他调整海关法律关系的国际公约和其他构成欧亚经济联盟法的法令。

2. 在合约生效前在吉尔吉斯共和国被置于出口海关制度下的商品，自合约生效之日起，被认为是在出口海关程序下的商品，对于这些商品适用关税同盟海关法典、其他调整海关法律关系的国际公约和其他构成欧亚经济联盟法的法令。

3. 在合约生效前在吉尔吉斯共和国被置于在海关境内加工海关制度下的商品，自合约生效之日起，被认为是在海关境内加工海关程序下的商品，对于这些商品，以及在合约生效前完成这些商品的加工所获得的商品，适用关税同盟海关法典、其他调整海关法律关系的国际公约和其他构成欧亚经济联盟法的法令。

在合约生效前，在吉尔吉斯共和国针对从关税同盟的一个成员国进口的商品适用的在海关境内加工的海关制度，自合约生效之日起终止其效力。

被置于这一海关制度下的商品，以及因加工这些商品而获得的商品，自合约生效之日起被承认为关税同盟的商品。

在合约生效前，在吉尔吉斯共和国针对从第三国进口到吉尔吉斯共和国境内用于之后向关税同盟的成员国之一出口其加工产品的商品所适用的在海关境内加工的海关制度，在加工期限届满前，但不迟于合约规定的期限内，根据 2009 年 11 月 20 日独联体国家商品产地国确定规则协议所规定的加工标准，承认被置于海关境内加工的海关制度下的商品加工的产品为产自吉尔吉斯共和国的商品时，无需将这些商品和由于加工这些商品所获得的商品置于关税同盟海关法典规定的海关程序下即可失去自己的效力。这时，被置于在海关境内加工的海关制度下的商品，以及加工这些商品所获得的商品，被承认为是关税同盟的商品。

在合约生效前关税同盟成员国对进口到吉尔吉斯共和国境内的商品适用的在海关境内加工的海关程序，自合约生效之日起失去自己的效力。被置于这些海关程序下的商品，以及完成这些商品加工业务所获得的商品，自合约生效之日起被承认为关税同盟的商品。

4. 在合约生效前，在吉尔吉斯共和国被置于在海关境外加工的海关制度下的商品，自合约生效之日起，被承认为在海关境外加工海关程序下的商品。对于这些商品，适用关税同盟海关法典、其他调整海关法律关系的国际公约和其他构成欧亚经济联盟法的法令。

在合约生效前，在吉尔吉斯共和国针对从关税同盟的一个成员国进口的商品适用的在海关境外加工的海关制度，自合约生效之日起终止自己的效力。

被置于这一海关制度下的商品，以及因加工这些商品而获得的商品，自合约生效之日起被承认为关税同盟的商品。

在合约生效前关税同盟成员国对进口到吉尔吉斯共和国境内的商品适用的在海关境外加工的海关程序，自合约生效之日起失去其效力。被置于这些海关程序下的商品，以及完成这些商品加工业务所获得的商品，自合约生效之日起被承认为关税同盟的商品。

5. 在合约生效前，在吉尔吉斯共和国被置于在海关监管下加工的海关制度下的商品，自合约生效之日起，被承认为用于内部需求加工的海关程序。对于这些商品，以及在合约生效前完成这些商品加工业务所获得的商品，适用关税同盟海关法典、其他调整海关法律关系的国际公约和其他构成欧亚经济联盟法的法令。

在合约生效前，在吉尔吉斯共和国针对从关税同盟的一个成员国进口的商品适用在海关监督下加工的海关制度，自合约生效之日起终止其效力。

被置于这一海关制度下的商品，以及因加工这些商品而获得的商品，自合约生效之日起被承认为关税同盟的商品。

在合约生效前关税同盟成员国对进口到吉尔吉斯共和国境内的商品适用的在用于内部需求加工的海关程序，自合约生效之日起失去其效力。被置于这些海关程序下的商品，以及完成这些商品加工业务所获得的商品，自合约生效之日起被承认为关税同盟的商品。

6. 本条第 3~5 款注明的海关程序，根据在关税同盟海关法典第 243 条、第 256 条规定的期限范围内延长商品加工期限的可能性，在将商品置于相应海关制度下时规定的期限届满之前有效。

7. 在合约生效前，被置于免税贸易商店海关制度下的商品，自合约生效之日起被承认为置于免税贸易海关程序下。对于这些商品，以及在合约生效前加工该商品所获得的商品，适用关税同盟海关法典、其他调整海关法律关系的国际公约和其他构成欧亚经济联盟法的法令。

自合约生效之日起，允许取消吉尔吉斯共和国-哈萨克边境海关监督之前在吉尔吉斯共和国境内组建的免税贸易商店继续运作。

8. 在合约生效前，在吉尔吉斯共和国被置于海关仓库的海关制度下的商品，自合约生效之日起，被承认为置于海关仓库的海关程序下的商品。对于这些商品，适用关税同盟海关法典、其他调整海关法律关系的国际公约和其他构成欧亚经济联盟法的法令。

海关仓库的海关程序在将商品置于其规定的保存期限届满前有效，并参考关税同盟海关法典第 231 条规定的期限范围内延长的可能性。

在海关仓库保管本条第 1 款注明的商品的期限，根据将该商品置于海关仓库的海关程序之日起开始计算。

在合约生效前，从关税同盟成员国进口并被置于海关仓库的海关程序下的商品，应被出口，而在为内部需求放行商品时，应根据吉尔吉斯共和国法律的规定纳税。

9. 在合约生效前，在吉尔吉斯共和国被置于销毁和过境海关程序下的商品，自合约生效之日起，被承认为置于销毁和海关过境海关程序下的商品。对于这些商品，适用关税同盟海关法典、其他调整海关法律关系的国际公约和其他构成欧亚经济联盟法的法令。

10. 在合约生效前，在吉尔吉斯共和国被置于在临时出口的海关制度下的商品，自合约生效之日起，被承认为置于临时出口的海关程序下的商品。对于这些商品，适用关税同盟海关法典、其他调整海关法律关系的国际公约和其他构成欧亚经济联盟法的法令。

临时出口的期限，自该商品被置于临时出口的海关程序下的当日起开始计算。

合约生效后，针对在合约生效前具有吉尔吉斯共和国本国和从吉尔吉斯共和国境内出口到关税同盟成员国的出口地位的商品，临时出口海关程序的效力终止，这些商品获得关税同盟商品地位。

11. 在合约生效前，在吉尔吉斯共和国被置于临时进口的海关制度下的商品，自合约生效之日起，被承认为置于临时进口的海关程序下的商品。对于这些商品，适用关税同盟海关法典、其他调整海关法律关系的国际公约和其他构成欧亚经济联盟法的法令。

临时进口（准许进入）海关程序在将商品置于其规定的临时进口期限届满前有效，并参考关税同盟海关法典第 280 条规定的期限范围内延长的可能性。

本款第2项注明的期限，自该商品被置于临时进口海关制度下的当日起开始计算。

合约生效后，针对在合约生效前从关税同盟成员国进口到吉尔吉斯共和国境内的商品，临时进口海关程序的效力终止，这些商品获得关税同盟商品地位，这时，在部分有条件免除缴纳进口关税和税收情况下支付的进口关税和税收，不能返还（记账）。

第299条　对国际商品的运输工具的过渡条款

1. 在合约生效前，在实施国际旅客和商品运输时输入到吉尔吉斯共和国并在欧亚经济联盟其他成员国或非成员国的国家注册的运输工具，自合约生效之日起被承认为国际运输工具。对这些运输工具的使用适用关税同盟海关法典第四十八节、其他调整海关法律关系的国际公约和其他构成欧亚经济联盟法的法令。

2. 在吉尔吉斯共和国注册的、在合约生效前实施国际旅客和商品运输时输出吉尔吉斯共和国领土的运输工具，自合约生效之日起被承认为国际运输工具。对这些运输工具的使用适用关税同盟海关法典第四十八节、其他调整海关法律关系的国际公约和其他构成欧亚经济联盟法的法令。

第300条　对公路运输车辆的过渡条款

在欧亚经济联盟外经活动商品统一目录（以下称商品目录）中8702、8703、8704商品项分类的轻型汽车和其他发动机交通工具，从第三国输入吉尔吉斯共和国境内，并在合约签署后置于用于内部需求的海关程序下，对该交通工具根据区别于欧亚经济联盟统一海关税率（以下称欧亚联盟税率）对商品目录中8702、8703、8704商品项分类的轻型轿车和其他发动机交通工具规定的税率缴纳关税，在关税同盟内被认定为外国商品：

（1）已缴纳关税额与根据欧亚联盟税率针对欧亚联盟商品目录中8702、8703、8704商品项下分类的轻型轿车和其他发动机交通工具规定税率应缴纳的关税差额缴纳关税前；

（2）在吉尔吉斯共和国开始适用欧亚联盟费率针对欧亚联盟商品目录中8702、8703、8704商品项下分类的轻型轿车和其他发动机交通工具规定的税率后合约规定的期限届满前。

第301条　对涉及私人使用的汽车地位的过渡条款

1. 根据2010年6月18日签署的有关自然人携带私人用品通过关税同盟海关边界的方式和完成与商品放行相关的海关业务方式的协议（以下称协议），其附件5中所规定的关税和税收税率，在吉尔吉斯共和国开始适用这些税率之前，在吉尔吉斯共和国不适用于自然人进口到吉尔吉斯共和国作为私人用途的、欧亚联盟商品目录中8702、8703、8704商品项下分类的轻型轿车和其他发动机交通工具（以下称汽车）。

2. 合约签署后从第三国进口到吉尔吉斯共和国境内的，根据区别于协议附件5规定的税率缴纳关税和税收的汽车，以及本条第6款注明的汽车，在关税同盟其他成员国在以下情况下被承认为外国商品：

（1）在已缴纳关税额与按协议附件5中注明的税率应缴纳的关税差额支付关税、税收之前；

（2）在吉尔吉斯共和国开始适用欧亚联盟统一过境运价规程针对欧亚联盟商品目录中8702、8703、8704商品项下分类的轻型轿车和其他发动机交通工具规定的税率后合约规定的期限届满前。

3. 对于合约签署后进口到吉尔吉斯共和国的汽车，在向关税同盟其他成员国境内进口时，已缴纳关税税收额与按协议附件5中注明的税率应缴纳的关税差额，可以在向关税同盟其他成员国境内进口之前支付给吉尔吉斯共和国国家财政。

4. 如果针对本条第1款、第2款规定的汽车的关税和税收，在向关税同盟其他成员国境内进口之前未按本条第2款第2项规定的金额支付给吉尔吉斯共和国国家财政，则这些关税和税收应在办理这些汽车的海关申报时支付给这些汽车所到达的、通过关税同盟海关边界地点所在的关税同盟成员国的国家财政。

5. 在吉尔吉斯共和国境内注册的，本条第1款、第2款注明的汽车，只有由长期居住在吉尔吉斯共和国境内的人方可在没有缴纳关税和税收，并未提供关税、税收支付保证的情况下，将其临时进口到关税同盟的其他成员国境内。只有在关税同盟其他成员国的海关部门对这些汽车进行海关申报，并支付本条第2款规定的关税和税收的情况下，方可允许由其他人将这些汽车进口到关税同盟其他成员国境内和在该境内使用，以及在该境内将汽车转让、转交使用和支配。

6. 吉尔吉斯共和国海关部门应通知关税同盟其他成员国的海关部门有关在合约签署后进口并在吉尔吉斯共和国放行自由流通的汽车及其已缴纳的关税和税收金额的情况。

在吉尔吉斯共和国开始适用欧亚联盟费率针对欧亚联盟商品目录中8702、8703、8704商品项下分类的轻型轿车和其他发动机交通工具规定的税率后，合约规定的期限届满后，根据向关税同盟的一个成员国国库缴纳相当于已缴纳关税税收额与按协议附件5中注明的税率应缴纳的关税金额差额的关税和税收的事实，本条第1款、第2款注明的汽车将被承认为关税同盟的商品。

第302条　承认吉尔吉斯共和国某些法规失效

自本法生效之日起，承认以下法律法规失效：

（1）2004年7月12日第87号吉尔吉斯共和国海关法典（吉尔吉斯共和国议会公报，2006年第5号，420条）；

（2）2004年7月19日第88号吉尔吉斯共和国《实施吉尔吉斯共和国海关法典》（吉尔吉斯共和国议会公报，2006年第5号，420条）

（3）2006年7月19日第121号吉尔吉斯共和国《修改吉尔吉斯共和国海关法典》（吉尔吉斯共和国议会公报，2006年第7号，593条）

（4）2007年3月26日第39号吉尔吉斯共和国《修改吉尔吉斯共和国海关法典》（吉尔吉斯共和国议会公报，2007年第3号，236条）

（5）2008年5月16日第87号吉尔吉斯共和国《修改和补充吉尔吉斯共和国某些法规》第1条（吉尔吉斯共和国议会公报，2008年第5号，462条）

（6）2008年8月5日第196号吉尔吉斯共和国《修改和补充吉尔吉斯共和国海关法典》（吉尔吉斯共和国议会公报，2008年第6/2号，660条）

（7）2008年10月17日第231号吉尔吉斯共和国《实施吉尔吉斯共和国税法典》第9条第25款（吉尔吉斯共和国议会公报，2009年第1号，17条）

（8）2009年3月27日第86号吉尔吉斯共和国《补充吉尔吉斯共和国海关法典》（吉尔吉斯共和国议会公报，2009年第3号，217条）

（9）2009年3月28日第90号吉尔吉斯共和国《补充和修改吉尔吉斯共和国海关法典》（吉尔吉斯共和国议会公报，2009年第3号，221条）

（10）2010年2月25日第35号吉尔吉斯共和国《补充和修改吉尔吉斯共和国某些法令》第2条（吉尔吉斯共和国议会公报，2010年第2号，82条）

（11）2011年7月22日第124号吉尔吉斯共和国《修改吉尔吉斯共和国海关法典》（吉尔吉斯共和国议会公报，2011年第7号，1027条）

（12）2011年12月30日第257号吉尔吉斯共和国《修改和补充吉尔吉斯共和国海关法典》（吉尔吉斯共和国议会公报，2012年第11号，1697条）

（13）2013年1月10日第1号吉尔吉斯共和国《补充吉尔吉斯共和国某些法令》第2条（吉尔吉斯共和国议会公报，2013年第1号，1条）

（14）2013年7月4日第121号吉尔吉斯共和国《修改补充吉尔吉斯共和国海关法典》（吉尔吉斯共和国议会公报，2013年第7号，870条）

（15）2013年11月15日第201号吉尔吉斯共和国《修改补充吉尔吉斯共和国某些法令》第2条（吉尔吉斯共和国议会公报，2013年第10号，1082条）

第303条　本法生效的方式

本法应正式公布并自有关吉尔吉斯共和国加入2014年5月29日欧亚经济联盟公约的合约生效之日起开始生效。

吉尔吉斯共和国总统　阿坦巴耶夫

COMMONLY USED
LAWS IN KYRGYZSTAN

吉尔吉斯斯坦许可证制度法

（2013年10月19日修订，2017年5月4日修订）

第一章 总 则

第1条 本法的目的

个别经营项目、行为和业务的许可证制度，是为了防止危害居民生活、健康、环境、所有权、公共和国家安全，以及管理有限的国家资源而实施的。

第2条 本法适用的范围

1. 本法调整相关行政部门、自然人和法人由于实施个别经营项目、行为和业务，包括使用有限的国家资源（以下称经营活动）的许可证制度而产生的关系。

2. 本法规定许可证和许可的详尽的清单。

3. 本法的效力不适用于：

（1）在自然人和（或）法人之间签署的合同框架内，与签发许可证相关的民事关系；

（2）国家登记制度；

（3）职业技能和专业技能评估体系；

（4）技术调整领域的符合评估。

4. 本法注明的经营项目的许可程序，根据本法和其他吉尔吉斯共和国法规与本法不冲突部分的规定实施。

银行、金融信贷机构和其他由吉尔吉斯共和国民族银行调整的机构，其经营许可证制度的特殊性，根据吉尔吉斯共和国银行和银行经营法以及支付、微金融经营法、交换信贷信息和信贷联盟经营法规定的条件确定。

资源使用权许可证的程序，包括签发、延长、暂时中止、终止、转让许可证的程序，以及许可证制度的条件、许可证监督、征收费用和付款，由吉尔吉斯共和国资源使用领域的法律进行调整。

外贸领域经营许可证的特殊性，根据吉尔吉斯共和国外贸经营调整法、国际公约，以及构成欧亚经济联盟许可证制度领域的法律法规确定。

射频频谱、无线电子媒介使用权的频率指配使用许可证的程序，包括签发、延长、暂时中止、终止、转让许可证的程序，以及许可证要求、许可证监督、征收费用和付款，由吉尔吉斯共和国电子通信领域的法律进行调整。

签发，延期，中止，撤销和终止根据雇主的要求给予外国人和无国籍人士的工作许可证及吉尔吉斯共和国公民境外就业的工作许可证的具体情况及程序，以及取得许可证的条件，付款征收的监管由吉尔吉斯共和国法律在对外劳务移民领域进行调整。

5. 对在欧亚经济共同体框架内欧亚经济联盟成员国在与第三国贸易中适用禁止或限制进口或出口的商品统一清单中的商品，进出口、过境时，根据国际公约和构成欧亚经济联盟法律法规适用非税率调整和限制措施。

第3条 吉尔吉斯共和国有关许可证制度的法律

有关许可证制度的法律是以《吉尔吉斯共和国宪法》为基础，由本法和其他调整许可证制度的法规构成。

第4条　本法使用的基本概念

本法中使用以下基本概念：

申请人，是指根据本法向许可证发放机构申请获得许可证和（或）许可的自然人或法人。

许可证制度，是指与签发、重新办理、暂时中止、更新和注销许可证和（或）许可相关的程序。

许可证，是指确认实施经营权的文件，这一经营应根据本法规定执行国家许可证制度。

许可证发放人，是指吉尔吉斯共和国政府授权，根据本法规定实施许可证制度的部门。

许可证获取人，是指获得许可证和（或）许可的自然人或法人。

许可证监督，是指在许可经营项目范围内，检查许可证要求遵守情况的国家授权部门。

有限的国家资源，是指属于国家的资源，其中包括动植物、射频频谱等，这些资源是有限的或无法补偿的，具有具体的特点，可以以数量测量，以资金方式评估。

许可，是指国家部门（吉尔吉斯共和国政府授权的任何其他法人）签发的、证明经营过程中一定行为实施权的文件。

许可证和许可登记册，是指包含以纸质和电子形式发放的经营项目许可证和许可信息的数据库。

风险，是指可能给人们生活、健康、环境、所有权带来损害，给社会和国家安全造成威胁的不良事件发生的可能性。

自我调整机构，是指为自我调整经营活动而建立的非商业性组织，该组织根据行业统一性特征或所生产商品（工程、服务）市场的特征联合经营主体，或者联合同一种专业经营的主体。

电子许可证和（或）许可，是指借助信息化技术办理和签发的电子文件形式的许可证和（或）许可，等同于纸质许可证和（或）许可。

第5条　许可证制度的原则

1. 许可证制度的实施原则是：

（1）实施许可证制度的效力原则、证据力原则；

（2）禁止就包含在统一不可分流程中的行为和业务签发单独的行为或业务种类许可证和许可。

2. 许可证制度的原则是：

（1）许可证制度程序的透明性、公开性；

（2）对所有自然人和法人，无论何种所有制形式，签发许可证和（或许可）的平等基础和条件，包括外国法人和自然人；

(3) 只针对本法规定的经营项目实施许可证制度；

(4) 禁止许可证发放人签发与本法规定应办理许可证经营相关的补充许可证和（或）许可；

(5) 承认许可证获取人的诚信，除非被证明或有文件依据；

(6) 在许可证制度下取消对市场垄断的强化或对经营活动自由的限制；

(7) 根据国际公约规定的或单方面方式承认的条件，承认在其他国家获得的、在吉尔吉斯共和国境内有效的许可证和（或）许可；

(8) 自技术规程生效之时起，属于所通过的技术规程调整范围的经营项目许可证制度会被取消，除非本法第 6 条第 1 款第 1 项规定的情况；

(9) 在实施一定的许可证经营项目必要民事责任保险时，取消许可证制度；

(10) 根据吉尔吉斯共和国有关标准法则优化法的规定，阶段性（每五年）评估许可证制度的成效；

(11) 由吉尔吉斯共和国财政拨款实施许可证监督；禁止许可证发放人使用许可证获取人的资金和财产实施许可证监督（监控）；

(12) 不允许根据劳动合同与许可证获取人、工作的自然人申请获得单独的许可证，除非是从事旅客（轻型轿车出租车除外）和国际货物公路运输的经营。

第 6 条　应办理许可证的经营项目确定标准

1. 许可证制度制定：

(1) 如果根据吉尔吉斯共和国政府通过的风险评估方法，证明其他国家调整经营的方法不会降低这种经营给人们的生命、健康、环境、所有权、社会和国家安全造成危害可容许的极限风险水平；

(2) 为了合理管理有限的国家资源。

2. 实施许可证调整的必需性依据，应该直接与本条规定的标准相互关联。

第 7 条　许可证制度实行的方式

1. 只有以修改和补充本法规定的、实行了许可证制度的经营项目清单的方式，才能对个别经营项目实行或取消许可证制度。

2. 只有根据本法第 5 条、第 6 条规定的原则和标准才能对个别经营项目实行许可证制度。

3. 用于实行一定经营项目许可证制度的法规草案，但不包括与完成国际义务相关的经营项目，应根据吉尔吉斯共和国政府确认的程序进行必要的论证。

第 8 条　一般许可证要求

1. 许可证要求的阐述应保证对其内容的一致理解。所有对于理解这些要求的疑问的解释应有利于许可证获取人。

2. 在相关经营领域遵守吉尔吉斯共和国法律的普遍要求，一般不能归入许可证的要求，除了对限制出口的要求。

3. 对经营项目的许可证要求的详细清单，由吉尔吉斯共和国政府确认。

第 9 条　许可证和许可的类型

许可证和（或）许可按以下特征分类：

（1）按有效时间：

a. 无期限，没有有效期限制签发的许可；

b. 有期限，签发一定期限的许可。限制有效期的许可证只针对有限的国家资源使用，从事外贸活动，以及对于本法第 15 条第 33~35 款，第 17 条第 2 款、第 12~14 款、第 26 款、第 27-1 款、第 29 款、第 31 款规定的许可证签发。

（2）根据有效地域范围：

a. 许可证在整个吉尔吉斯共和国领土，以及根据国际公约在其境外有效；

b. 许可证效力限制在的吉尔吉斯共和国一定区域，并只针对有限的国家资源使用许可证，以及本法第 17 条第 12 款、第 35 款、第 36 款规定的许可证制定。

（3）根据转让性：

a. 不可转让；

b. 可转让（只针对有限的国家资源使用许可证）；

（4）根据形式：

a. 纸质许可证；

b. 电子许可证，以电子文件形式办理的许可证；

（5）根据经营量和权利总和（在进出口商品时）：

a. 总许可证；

b. 单次许可证；

c. 特别许可证。

第 10 条　许可证和（或）许可的效力

1. 禁止将许可证和（或）许可转让给他人用于经营。

2. 如果具备许可证，则可以在整个吉尔吉斯共和国境内进行这种经营，除非本法另有规定。

3. 在按法律规定的方式生效的、吉尔吉斯共和国作为成员国的国际公约规定的情况下，吉尔吉斯共和国境内签发的许可证和（或）许可的效力，可适用于其他国家境内，而在其他国家领土内签发的许可证和（或）许可的效力也可适用于吉尔吉斯共和国的领土。

根据本法的规定，吉尔吉斯共和国可单方面承认外国许可证和（或）许可在吉尔吉斯共和国境内有效，有期限的许可证有效期结束后可以根据许可证获取人的申请延长。

第 11 条　许可证和（或）许可的内容

1. 许可证和（或）许可中应注明：

（1）许可证核发部门的名称；

（2）法人的全称和简称，其中包括法人的商号名称、法律组织形式、法人地址、分公司（办事处）的国家注册（重新注册）证书号；

（3）自然人的姓名、证明其身份的文件资料，对于个体经营者应注明个体经营者国家注册登记号；

（4）被许可的经营项目；

（5）许可证和（或）许可的有效期（如果已规定）；

（6）实施经营的区域（如果有区域限制）；

（7）许可证和（或）许可的签发日期和注册号；

（8）纳税人的识别号。

2. 许可证和（或）许可由许可证发放人按吉尔吉斯共和国政府通过的格式，以纸质和电子格式办理。

3. 申请及其随附的文件，许可证发放人有关给予许可证和（或）许可的命令，有关拒绝给予许可证和（或）许可的命令，有关重新办理、暂时中止、更新或终止许可证和（或）许可的命令，以及其他文件，构成申请人或许可证获取人的许可证档案，应由许可证发放人按吉尔吉斯共和国确定的方式保存。

第 12 条　许可证和（或）许可的登记册

1. 许可证和（或）许可应加入许可证和许可登记册（以下称登记册）。登记册的办理和管理方式由吉尔吉斯共和国政府确定。

2. 登记册是证明存在已签发许可证和（或）许可及其法律地位的唯一官方文件（资料）。

3. 许可证发放人根据许可证为纸质和电子格式发放的经营项目管理登记册。

4. 登记册需注明以下信息：

（1）法人的全称和简称，其中包括商号名称、法律组织形式、法定地址；

（2）自然人的姓名、居住地、身份证明文件的资料，对于个体经营者，需个体经营者的国家注册登记号；

（3）所许可的经营项目；

（4）经营区域（如果有区域限制）；

（5）许可证和（或）许可的有效期；

（6）纳税人识别号；

（7）许可证和（或）许可的签发日期和登记号；

（8）许可证和（或）许可暂时中止和有效期恢复的依据和期限；

（9）许可证和（或）许可终止的依据和日期。

5. 登记册应在许可证发放人的官方网站公布，信息公开，可供相关人员了解，但不包括吉尔吉斯共和国法律限制接触的信息。

第 13 条　许可证制度信息的公开性

在许可证发放人的官方网站上，可公开获得公布的信息：

（1）规范许可证制度问题的法律法规；

（2）申请提供、重新办理、终止许可证和（或）许可的申请信格式；

（3）随许可证签发申请信一同提交的文件清单、审理申请的期限、审理申请的执行人（姓名、工作电话、电子邮箱地址）、许可证发放部门及其地区分支机构的工作时间的详细信息。

（4）许可证和（或）许可登记册。

第 14 条　许可证制度领域的主体

1. 许可证制度领域的主体：

（1）许可证发放人：

a. 吉尔吉斯共和国政府授权根据本法规定实施许可证制度的部门；

b. 自我调整机构（在给予它们许可证制度授权时）。

（2）许可证获取人（自然人和法人，其中包括外国人，无论何种所有制形式）。

2. 许可证和（或）许可可以由许可证发放人的中心部门或地区分支机构签发。

自我调整机构只有中心管理部门方有权签发许可证和（或）许可。

第二章　应办理许可证的经营项目

第 15 条　应办理许可证的经营项目

以下经营项目应办理许可证：

（1）电能生产、供应、分配、销售、出口和进口（不包括由于使用再生能源获得的电能，以及从任何能源加工的、功率在 1000 千瓦以内的自用的电能）；

（2）热能的生产、供应、分配和销售（不包括由于使用再生能源获得的热能，以及从任何能源加工的、自用的热能）；

（3）石油和天然气加工，不包括工业规模生产的植物原料的生物乙醇及其销售；

（4）天然气生产、供应、分配和销售；

（5）乙醇的生产和流通；

（6）酒类产品的生产和流通（生产和销售目的的储存、批发和零售）；

（7）私人医疗机构和个体经营者从事的医疗经营（不包括在私人医疗机构或个体经营者处，被雇佣或根据劳务合同工作的医疗工作组的活动）；

（8）药剂行业；

（9）在兽医领域特别企业加工和销售疫苗和血清；

（10）II 类病原体微生物方面的工作；

（11）电信领域的经营（不包括电信内部或封闭网络的作业员和服务人员的工作）；

（12）邮政领域的经营；

（13）数据传输领域的经营（不包括电信内部或封闭网络的作业员和服务人员的工作）；

（14）失效；

（15）城市建设、住宅、公共和生产建筑和设施（Ⅰ、Ⅱ、Ⅲ级项目）设计勘测工程；

（16）建筑安装工程，除个人住房建设外（Ⅰ、Ⅱ、Ⅲ级项目）；

（17）公路旅客运输（不包括轻型出租车）；

（18）国际货物公路运输；

（19）旅客和（或）货物航空运输；

（20）飞机在机场起飞和降落的地面服务，不包括飞机的技术服务和（或）维修；

（21）旅客和（或）货物的水上运输；

（22）根据本法第 2 条第 4 款第 2 项规定从事的银行业务；

（23）信贷联盟经营；

（24）微金融公司的经营；

（25）典当行经营；

（26）现金外汇的兑换业务；

（26-1）信用社服务；

（27）以信息科技和电子手段、方法为基础进行结算的支付系统，提供利于第三方的、为接待服务、不属于自己经营结果的商品和服务进行支付和结算服务；

（28）为支付系统、处理、结算中心的参与方提供接收、处理和授予第三方付款和结算方面财务信息（处理和结算）的服务；

（29）失效；

（30）彩票业务（不包括激励彩票）；

（31）有毒物质生产废料的运输（包括跨境运输），其中包括辐射性的废料；

（32）军工产品的研制、生产和销售（武器、军事技术、军事技术财产、文献、智能研究成果、吉尔吉斯共和国法律归为军用产品的军事技术领域的信息）和军事服务（维修、现代化、武器有效利用、军用技术，及其运输、供货和储存）；

（33）生产、使用、销毁工业用途的爆破材料；

（34）销售爆破物和制品（其中包括火药制造产品）；

（35）武器和弹药的生产、维修、贸易；

（36）毒品药物的研制、生产、加工、再加工、保存、发放、销售、获得、使用、贸易和分配麻醉剂、精神状态调节药物和制剂；

（37）律师经营；

（38）私人公证经营；

（39）保险公司经营的自愿累计人寿保险；

（40）保险公司经营的自愿个人保险；

（41）保险公司经营的自愿财产险；

（42）保险公司经营的自愿责任险；

（43）保险公司经营的强制险种；

（44）在保险机构承担的强制性和自愿性保险类型中进行再保险；

（45）非国家退休基金经营；

（46）在有价证券市场上的组织交易；

（47）在有价证券市场上的代理人业务；

（48）有价证券持有人登记管理；

（49）有价证券市场上的寄存业务；

（50）有价证券市场上的经纪人业务；

（51）投资基金的经营；

（52）投资资产的委托管理；

（53）审计经营；

（54）实施破产程序的管理人业务；

（55）设计、安装、调试和维修自动灭火装置；木结构及可燃演练展示设备的阻燃处理；

（56）教育经营（除国家和公共教育机构实施的学前教育、小学普通教育、基本普通教育和普通中等教育外）；

（57）吉尔吉斯共和国政府批准的武器和军事装备及其他军事产品的进口和出口；

（58）吉尔吉斯共和国政府批准的列入吉尔吉斯共和国国家受控产品清单的商品进出口、转口；

（59）保险代理业务；

（60）保险精算业务。

第 16 条　有限国家资源利用方面，应办理许可证的经营项目

以下经营项目应办理许可证：

（1）使用射频频谱（不包括使用射频频谱用于非商业生产目的的法人和（或）自然人）；

（2）森林基金（伐木票、小型木材认股证）土地上的森林采伐；

（3）为商业目的清除植物物体（植物物体清除和森林券的许可）；

（4）有毒物质和材料，包括辐射性的废料有效利用、保存、埋藏、销毁；

（5）与资源使用权相关的经营（地质勘查的资源使用权、地质勘探的资源使用权、矿产产地开发的资源使用权，包括地下水的使用，地质绘图和区域地质、地球物理和其他科学研究，与矿产开采无关的地下设施的建设和使用，收集矿物、古生物标本用于商业目的，收集石材用于装饰目的和装修石材、建材，以及与资源地质研究和矿产产地开采无关的资源使用权）；

（6）获得、使用、加工、组织、保存、作废构成爆炸危险混合物的物质（压缩和压低气体罐填充的加气站）；

（7）获得、组织、保存、使用、销毁化学危险品。

第 17 条　经营过程中行为种类许可清单

以下行为需要获得许可：

（1）失效；

（2）爆破工程的经营权；

（3）进行矿山工程；

（4）将矿石和矿山岩石、精矿、生产废料样品、实验样品运入、运出吉尔吉斯共和国境外用于分析研究；

（5）采购重砂金子和含金精矿；

（6）向吉尔吉斯共和国进口植物类受检疫管制的商品；

（7）失效；

（8）根据吉尔吉斯共和国境内总配额，按雇主申请向外国公民和无国籍人士签发工作许可；

（9）吉尔吉斯共和国公民在境外就业；

（10）武器和军事技术经吉尔吉斯共和国领土过境；

（11）麻醉剂、精神状态调节药物和制剂进口、出口、过境吉尔吉斯共和国；

（12）获得、保存、运输、携带、收集、展示民用和公务性武器弹药；

（13）获得和销售剧毒物质；

（14）获得、销售、保存、运输、携带、进口、出口吉尔吉斯共和国政府确认的特殊物质；

（15）用于科学目的的监督性钓鱼；

（16）失效；

（17）失效；

（18）向环境中放置废物；

（19）向环境中排放污染物；

（20）固定污染源向大气排放污染物质；

（21）在从事国际汽车货物运输时进出外国领土；

（22）在从事国际汽车货物运输时过境其他国家领土；

（23）从事国际汽车货物运输；

（24）在从事国际汽车货物运输时将货物运至第三国；

（25）国际旅客运输（定期和不定期）；

（26）危险货物运输；

（27）工业用途爆炸物质的存储权；

（27-1）烟花爆竹制品的存储权；

（28）向吉尔吉斯共和国境内进口爆竹产品；

（29）获得爆炸物质的权利；

（30）允许向吉尔吉斯共和国领土进口无线电电子设备和高频设备、其他射频辐射或高频率电磁波供应的技术手段；

（31）获取使用无线电电子手段权的频率；

（32）向吉尔吉斯共和国进出口受国家检疫监督的货物（商品）；

（33）受国家检疫监督的货物（商品）在吉尔吉斯共和国境内过境，向过境国家申请许可；

（34）列入吉尔吉斯共和国政府批准的控制产品国家监督清单的商品，过境吉尔吉斯共和国；

（35）用于秘密获取信息的特殊技术设备的研制、生产、销售、获取、存储、运输；

（36）失效；

（37）安装模拟电视、无线电频道和（或）数字播放器，与使用的技术无关；

第三章　实施许可证制度的方式

第 18 条　获得许可证和（或）许可所必需的文件

1. 为了获得许可证和（或）许可，申请人提交或以信息技术方式向许可证发放人发送以下文件：

（1）规定格式的申请；

（2）对于自然人，身份证明文件复印件；

（3）对于法人，国家注册证书复印件；

（4）证明已支付申请审理费和许可证和（或）许可签发费的文件复印件；

（5）经吉尔吉斯共和国政府批准的、有关个别经营项目许可证条例规定的文件复印件。

2. 在通过信息技术方式提交获得许可证和（或）许可申请时，申请人应在许可证发放人的网站填写规定格式的申请表，同时随附本条规定的文件原件电子版扫描件。在这种情况下，申请人或收到已接收文件的回执，上面会注明接受申请的日期以及提交的电子版文件清单。

3. 申请人可向许可证发放人申请签发电子许可证和（或）许可，并在申请中注明。

4. 禁止许可证发放人要求申请人提交本法、与本法不冲突的其他法规没有规定的文件。

第 19 条　许可证费

1. 在许可证和（或）许可签发、重新办理，以及签发许可证和（或）许可副本时，根据吉尔吉斯共和国非税费法的规定征收许可证费。根据互相承认和单方承认的方式承认外国签发的许可证在吉尔吉斯共和国境内有效的程序，根据吉尔吉斯共和国非税费法规定征收许可证费。

2. 禁止向申请人和许可证获得人征收其他本法未规定的费用。

3. 所有类型的许可证费用直接进入国家财政。

第 20 条　申请审理和许可证和（或）许可签发的期限

1. 许可证发放人在收到申请和其他所有必需的文件后 30 日内应作出签发或拒绝签发许可证和（或）许可的决议，但不包括需要获得吉尔吉斯共和国邻国的国际同意函的射频频谱使用权许可证的签发。

2. 签发或拒绝签发许可证和（或）许可的决议，依许可证发放人的相关命令办理。

3. 许可证发放部门应在规定的签发许可证和（或）许可期限内通知申请人有关作出签发或拒绝签发许可证和（或）许可的决议。

签发或拒绝签发许可证和（或）许可的通知应以书面形式发送申请人。

4. 有关所签发的许可证和（或）许可的信息，应由许可证发放人根据签发许可证和（或）许可的相关决议登记到登记册中。自将该信息登入登记册之日起即可认为已正式签发许可证和（或）许可。许可证发放人应在许可证签发当日将签发信息录入登记册。

5. 如果许可证发放人在本条第 1 款规定的期限内没有通知申请人有关拒绝签发许可证和（或）许可的决议，则将被认为许可证和（或）许可已准予签发，除非是本法第 15 条第 36 款、第 17 条第 11 款规定的许可证和（或）许可。许可证发放人在签发许可证和（或）许可期限届满之日起一天内应将签发许可证和（或）许可的信息录入登记册，并向申请人签发所申请的许可证和（或）许可。

6. 申请人在未收到拒绝签发许可证和（或）许可的书面通知或未在规定期限内收到许可证和（或）许可的情况下，在规定的签发许可证期限届满之日起 30 天内书面通知许可证发放人有关开始从事所申请的经营项目的信息。

第 21 条　拒绝签发许可证和（或）许可

1. 拒绝签发许可证和（或）许可的依据：

（1）对这类主体从事一定的经营项目存在法律规定的禁令；

（2）存在禁止申请人从事该经营项目的法院判决书；

（3）申请人提供了不真实的信息和不完整的信息；

（4）申请人提交的文件不符合本法和吉尔吉斯共和国其他法规规定的要求；

（5）未支付许可证和（或）许可审理和签发的许可证费。

2. 许可证发放人有权出具一次性书面拒绝函，并阐述所有拒绝的依据。

3. 在排除了本条第 1 款第 3~5 项注明的拒绝签发的理由时，应对申请重新审理。在这种情况下，申请的审理和许可证签发期限将从提交申请重新审理之日起开始计算。

不允许根据之前审理的申请人文件拒绝签发。

4. 禁止根据本条未规定的其他依据拒绝签发许可证。

5. 在拒绝签发许可证和（或）许可时，许可证发放人应在规定的签发许可证和（或）许可期限内以书面形式通知申请人作出的有关决议，并注明拒绝的理由。

第 22 条　对拒绝签发许可证和（或）许可的申诉和补偿带来的损害

1. 申请人有权按照吉尔吉斯共和国法律规定的方式对拒绝签发许可证和（或）许可提出申诉。

2. 由于无理由拒绝签发许可证或损害许可证获得人的权利造成的损失，应按吉尔吉斯共和国民法典规定的方式进行补偿。

第 23 条　重新办理许可证和（或）许可

1. 重新办理许可证和（或）许可的依据是：

（1）法人重组；

（2）法人修改名称；

（3）法人变更姓名；

（4）许可证的转让；

（5）延长许可证和（或）许可的有效期。

2. 在出现重新办理许可证和（或）许可的依据时，许可证获取人应提交申请。

3. 有关重新办理许可证和（或）许可的申请，其中应注明重新办理的依据和新的信息，并随附证明相应变更的文件，应由许可证获取人在出现应重新办理的依据后 15 个工作日内向许可证发放人提交。

4. 许可证发放人在收到相关申请后 5 个工作日内重新办理许可证和（或）许可。

5. 如果许可证是有期限的，重新办理的许可证的有效期不能超过原许可证中注明的有效期。

第 24 条　修改与签发许可证和（或）许可申请一并提交的文件中注明的资料

1. 与签发许可证和（或）许可申请一并提交的文件中注明的信息，不属于本法第 23 条规定的重新办理许可证和（或）许可的依据，许可证获取人应通知许可证发放人有关这些信息修改的情况。

2. 通知应以书面形式，在修改后 10 个工作日内，与证明上述修改的文件原件或复印件一并提交（提交正本文件核对）。

3. 许可证发放人应在收到通知后 3 个工作日内将相关修改录入登记册。

第 25 条　延长有期限许可证的有效期

1. 有期限许可证的有效期可以延长。

2. 有期限许可证延长的依据和方式，由吉尔吉斯共和国政府批准的有关个别经营项目许可证制度条例进行规定。

3. 许可证获取人有权按照吉尔吉斯共和国法律规定的方式对拒绝延长许可证有效期的决议提出申诉。

第 26 条　签发许可证和（或）许可副本

1. 在许可证和（或）许可丢失、损坏时，许可证获取人有权向许可证发放人提交申请，依据该书面申请获得许可证和（或）许可副本。在许可证和（或）许可损坏时，应与申请一并提交已损坏的许可证和（或）许可。

2. 丢失或损坏的许可证和（或）许可，自许可证获取人提交申请之日起即被认为已失效。

3. 许可证发放人自收到申请后 3 个工作日内签发许可证和（或）许可的副本，并在其右上角注明“副本”。

4. 许可证获取人有权根据吉尔吉斯共和国法律规定的方式对许可证发放人作出的有关拒绝签发许可证和（或）许可副本的决议提出申诉。

第 27 条　承认外国授权部门签发的许可证

1. 在吉尔吉斯共和国境内承认外国授权部门签发的许可证，应按相互承认许可证的方式，根据国际公约自动承认和单方面承认的方式完成。

2. 根据按法律规定方式已生效的、吉尔吉斯共和国作为成员国的国际公约的规定，由外国授权部门签发的个别经营项目许可证，由许可证发放人将此信息录入登记册，而无需办理许可证制度补充程序，无需签发国家许可证而被承认在吉尔吉斯共和国境内有效（不包括银行领域法律规定的情况）。

3. 外国授权部门签发的许可证，在将许可证信息列入吉尔吉斯共和国政府批准的、在吉尔吉斯共和国境内单方被承认的许可证清单的条件下，可被承认在吉尔吉斯共和国境内有效。

只有外国许可证发放人签发的许可证规定了与吉尔吉斯共和国法律相同的或更高的要求，方可将该许可证列入在吉尔吉斯共和国境内单方面承认的许可证清单中。在吉尔吉斯共和国境内单方面承认的许可证清单中，应包含许可证和签发该许可证国家的名称。

单方面承认外国许可证发放人签发的许可证，应按本条的规定进行。

4. 承认许可证的程序，应依据对提交的许可证和文件正本进行检验，将承认许可证的信息录入登记册。

5. 为了将有关在吉尔吉斯共和国境内承认的外国授权部门签发的许可证的信息录入登记册，许可证获取人应向相关许可证发放人提交有关承认许可证的申请，并同时提供以下文件：

（1）外国授权部门签发的许可证正本和复印件；

（2）证明主体经营合法性的文件（在所在国的国家登记）；

上述文件应根据外国官方文件及其国家语言和官方语言翻译件领事认证要求的规定进行认证或应加盖认证章。

6. 许可证发放人应在 3 个工作日内检查所提交的文件，并将有关承认上述许可证在吉尔吉斯共和国有效的信息录入登记册。

7. 如果外国授权部门签发的许可证限制了有效期，则在吉尔吉斯共和国境内被承认的许可证的效力也应相应的被限制在外国签发的许可证的有效期内。

8. 按规定被承认的许可证的获取人，如果违反了吉尔吉斯共和国对其实施许可证调整的相关经营项目所规定的许可证要求时，许可证发放人可以根据本法的规定通过决议暂时中止上述许可证在吉尔吉斯共和国境内的效力，或者在未消除暂时中止其效力的理由的情况下，根据许可证发放人的申请按司法程序取消有关承认许可证的决议。

9. 许可证获取人有权按司法程序对许可证发放人作出的有关暂时中止其许可证效力的决议提出异议。

第四章 许可证监督

第28条 许可证监督

1. 为了检查许可证获取人对本法和调整个别经营项目法规所规定的许可证要求的遵守情况，相应许可证发放人实施许可证监督。实施许可证监督的方式由吉尔吉斯共和国政府规定。

2. 许可证监督通过对许可证获取人遵守许可证要求的许可证检查的形式实施。

3. 许可证检查根据许可证发放人批准的计划进行。

4. 进行许可证检查的对象是许可证获取人对许可证要求的执行、许可证获取人是否消除了上次检查过程中查明的违反行为。

5. 未完成许可证要求的情况下，许可证发放人可以对许可证获取人采取以下措施：

（1）警告；

（2）罚款；

（3）暂时中止许可证和（或）许可的有效性；

（4）向司法机构提交起诉书，以便审理许可证（或）许可注销的问题。

6. 对一次违反许可证的要求，许可证发放人有权以警告的方式采取有影响力的措施。

7. 对两次违反许可证要求，许可证发放人有权以罚款的方式采取有影响力的措施。

以罚款采取有影响力的有效措施的方式由吉尔吉斯共和国政府确定。

罚款所得直接汇入国家财政收入。

第29条 暂时中止许可证和（或）许可的效力

1. 对三次违反许可证要求，许可证发放人有权暂时中止之前收到过警告和罚款处罚的主体的许可证和（或）许可的效力，为期三个月。

2. 许可证获取人应以书面形式通知许可证发放人已消除导致暂时中止许可证和（或）许可的违反许可证要求的情况。

3. 许可证暂时中止期间的有效期，不会被延长。

4. 如果在规定的期限内，许可证获取人没有消除导致暂时中止许可证和（或）许可的违反许可证要求的情况，则许可证和（或）许可将根据本法第31条的规定被注销。

5. 许可证获取人有权按司法程序对暂时中止许可证和（或）许可效力的决议提起诉讼。

第30条 恢复许可证和（或）许可的效力

1. 许可证和（或）许可的效力，如果许可证获取人消除了违反许可证要求的情况下，在其被暂时中止期限届满后的一天，或者，如果许可证获取人提前消除了违反许可证要求的情况，则在暂时中止许可证和（或）许可的规定期限届满前，可由许可证发放人予以恢复。

2. 在提前消除查明的违反许可证规定的情况时，许可证获取人应以书面形式将此情况通知许可证发放人，并提议进行许可证检查。

3. 许可证发放人在收到许可证获取人有关提前以消除违反情况的通知后 30 天或不迟于 5 个工作日后，对消除已查明的违反情况进行许可证检查，并根据检查结果向许可证获取人发送书面的恢复或拒绝恢复许可证和（或）许可效力的决定，其中应注明相应的依据，并将相关信息录入登记册。

4. 在登记册中录入该信息后，许可证和（或）许可即被认为已恢复效力。

5. 许可证获取人有权按吉尔吉斯共和国法律规定的方式对许可证发放人作出的拒绝恢复许可证和（或）许可效力的决议提起诉讼。

第五章　许可证和（或）许可效力的终止

第 31 条　终止许可证和（或）许可的效力

1. 在以下情况许可证和（或）许可的效力将被终止：

（1）作为个体经营者的自然人终止了经营；

（2）法人清算；

（3）许可证和（或）许可有效期届满；

（4）全部完成了许可证和（或）许可签发的行为及业务；

（5）许可证获取人（许可证获取人的继任者）提交申请自愿暂时中止许可证经营项目；

（6）将个别经营项目从许可证经营项目清单中删除；

（7）法院有关注销许可证和（或）许可的判决开始生效；

（8）自然人死亡。

2. 在许可证和（或）许可效力终止时，许可证发放人将有关许可证和（或）许可效力终止的信息录入登记册。自信息录入登记册之日起许可证和（或）许可的效力即被认为已终止。

许可证获取人持有的纸质许可证和（或）许可，自有关终止许可证和（或）许可效力的信息录入登记册之日起，该许可证和（或）许可的效力即被认为已终止。

第 32 条　注销许可证和（或）许可

在未消除导致许可证发放人暂时中止许可证和（或）许可效力的理由时，法院将根据对许可证发放人申请审理情况，作出注销许可证和（或）许可的判决。

第六章　结束和过渡条款

第 33 条　实行本法的程序

1. 本法自正式公布之日起 15 日后开始生效。

第 5 条第 2 款第 11 项自 2015 年 1 月 1 日起生效。

第 14 条第 1 款第 1 项第 b 副项应在有关机构调整法规通过后开始生效。

2. 自本法生效之日起，以下法律失效：

1997 年 3 月 3 日《吉尔吉斯共和国许可证法》

1998 年 2 月 14 日《有关对吉尔吉斯共和国许可证法进行修改和补充法》

1998 年 4 月 24 日《有关对吉尔吉斯共和国许可证法进行修改和补充法》

1998 年 7 月 7 日《有关对吉尔吉斯共和国许可证法进行修改和补充法》

1998 年 9 月 12 日《有关对吉尔吉斯共和国某些法规进行修改和补充法》第 2 条

1998 年 12 月 3 日《有关对吉尔吉斯共和国许可证法第 5 条的解释法》

1999 年 11 月 27 日《有关对吉尔吉斯共和国某些法规进行修改和补充法》第 7 条

2001 年 1 月 18 日《有关对吉尔吉斯共和国许可证法进行修改和补充法》

2001 年 6 月 12 日《有关对吉尔吉斯共和国许可证法进行修改和补充法》

2003 年 2 月 17 日《有关对吉尔吉斯共和国某些法规进行修改和补充法》第 3 条

2003 年 2 月 18 日《有关对吉尔吉斯共和国某些法规进行修改和补充法》第 3 条

2003 年 3 月 10 日《有关对吉尔吉斯共和国许可证法进行修改和补充法》

2003 年 6 月 11 日《有关对吉尔吉斯共和国许可证法进行修改和补充法》

2003 年 8 月 1 日《有关对吉尔吉斯共和国许可证法进行修改和补充法》

2003 年 12 月 24 日《有关对吉尔吉斯共和国某些法规进行修改和补充法》第 1 条

2004 年 8 月 13 日《有关对吉尔吉斯共和国许可证法进行修改和补充法》

2006 年 1 月 27 日《有关对吉尔吉斯共和国许可证法进行修改和补充法》

2007 年 4 月 28 日《有关对吉尔吉斯共和国许可证法进行修改和补充法》

2008 年 4 月 19 日《有关对吉尔吉斯共和国许可证法进行修改和补充法》

2008 年 4 月 28 日《有关对吉尔吉斯共和国某些法规进行修改和补充法》第 2 条

2008 年 6 月 2 日《有关对吉尔吉斯共和国许可证法进行修改和补充法》

2008 年 6 月 12 日《有关对吉尔吉斯共和国许可证法进行修改和补充法》

2008 年 6 月 23 日《有关对吉尔吉斯共和国许可证法进行修改和补充法》

2008 年 10 月 23 日《有关对吉尔吉斯共和国许可证法进行修改和补充法》

2008 年 11 月 20 日《有关对吉尔吉斯共和国许可证法进行修改和补充法》

2009 年 7 月 31 日《有关对吉尔吉斯共和国许可证法进行修改和补充法》

2009 年 10 月 13 日《有关对吉尔吉斯共和国许可证法进行修改和补充法》

2011 年 10 月 5 日《有关对吉尔吉斯共和国某些法规进行修改和补充法》第 2 条

2011 年 12 月 21 日《有关对吉尔吉斯共和国许可证法进行修改和补充法》

2012 年 10 月 6 日《有关对吉尔吉斯共和国某些法规进行修改和补充法》第 4 条

2012 年 10 月 10 日《有关对吉尔吉斯共和国某些法规进行修改和补充法》第 19 条

2012 年 10 月 11 日《有关对吉尔吉斯共和国某些法规进行修改和补充法》第 4 条

2012 年 11 月 14 日《有关对吉尔吉斯共和国许可证法进行修改和补充法》

2013 年 7 月 24 日《有关对吉尔吉斯共和国某些法规进行修改和补充法》第 2 条

3. 吉尔吉斯共和国政府应在6个月的期限内：

（1）根据本法执行自己的法规；

（2）向吉尔吉斯共和国议会提交根据本法实施的法律建议。

4. 本法在吉尔吉斯共和国境内实施后，取消对本法未规定的经营、行为和业务种类的许可证制度调整。

5. 在本法生效前签发的许可证，仍保留其法律效力。

吉尔吉斯共和国总统　阿坦巴耶夫

COMMONLY USED
LAWS IN KYRGYZSTAN

吉尔吉斯斯坦民事诉讼法

（2017 年 1 月 25 日修订）

第一章　总　则

第一节　基本条款

第1条　有关民事诉讼程序的法律

1. 在吉尔吉斯共和国法院的民事案件诉讼方式，由吉尔吉斯共和国宪法、吉尔吉斯共和国有关法官地位法的宪法法律、本法典、吉尔吉斯共和国最高法院和地方法院法以及根据这些法律制定并按法律规定方式生效的、吉尔吉斯共和国加入的国际公约确定。

2. 其他法律和法规中包含的民事诉讼法标准，应符合本法典的规定。

3. 民事案件的诉讼程序根据案件审理和判决、个别诉讼行为的完成，或法院判决书或其他机构判决执行阶段所实施的法律执行。

第2条　本法典中使用的基本概念的定义

本法典中使用的基本概念：

（1）律师，是指按法律规定方式获得从事律师业务许可证，作为律师界一员的吉尔吉斯共和国公民；

（2）上诉书（报告），是指涉案人员向上诉法院提交的、针对一（初）级法院作出的未生效的判决书提出的申诉书或报告；

（3）民事案件（本法典内含义），是指按民事诉讼程序审理的、在保护相关人员的被损害或有争议权利，以及合法利益方面的案件，其中包括经济案件；

（4）法定代表人，是指父母、收养子女、监护人、组织代表和涉案人员的监护人；

（5）起诉书，是指保护自己被损害或有争议的权利、自由和合法利益的有关人员提交到法院的诉讼文件；

（6）最高上诉申诉书（报告），是指由涉案人员提交给吉尔吉斯共和国最高法院审判厅的、对初级法院作出的已生效的判决的申诉书或报告；

（7）涉案人员，是指双方、第三方、检察官、向法院提出保护其他人权利的人，或为给出结论而进入程序的人、申请人、特别诉讼案件的相关人员；

（8）调解（调停），是指在一个（多个）调解人的协助下，通过协调争议双方利益的方式而进行的法律争端调节程序，以此达成他们相互接受的协议；

（9）调解人（调停人），是指符合法律对调解要求的、在进行调解时给予双方帮助的、独立的自然人；

（10）调解协议，是指以调解方式达成的、调节法律争端的、双方的书面协议；

（11）州法院，是指各州和比什凯克市法院；

（12）主审法官，是指在合议审理案件时的主审法官，或独自审理案件的法官；

（13）抗诉，是指检察官对法院判决的申诉；

（14）检察官，是指吉尔吉斯共和国总检察官、军事检察官、州检察官、比什凯克市检察官、区和市检察官、副职和助理，在职权范围内行使职权的检察局和部门的各检察官；

（15）记录，是指诉讼文件，其中记录了在法院开庭中存在的所有诉讼行为；

（16）区法院，是指区级和与其同级的法院（城市中的区法院、城市法院、州和比什凯克市的区际法院，除非本法典另有规定）；

（17）民事诉讼的双方，是指在民事诉讼程序中，以权利和竞争平等基础出现的机构和人；

（18）法院，是指按照一级、上诉、最高上诉方式审理民事案件的法官、审判厅组成；

（19）判决书，是指法院的文书（判决、判定、决议、命令），由法院根据本法典的要求起草，并根据事实解决民事案件或解决在民事诉讼过程中出现的问题；

（20）法官，是指审理案件的、任何法院的专业法官、主审法官、副主审法官；

（21）一级法院，是指在法院庭审中有权直接确定案件状况并由此作出判决的法院；

（22）上诉法院（二级法院、上诉级），是指民事案件或州法院的经济案件审判厅，审理对未生效的一级法院判决的上诉申诉；

（23）最高上诉法院（最高上诉级），是指民事案件或者吉尔吉斯共和国最高法院的经济案件审判厅，审理对已生效的一级法院、上诉法院判决的最高上诉申诉；

（24）自诉，是指诉讼程序参与者提交的对法院判定或法院决议的申诉；

（25）法院裁决，是指法院作出的裁决，法院以此引起国家机构以及任何所有制形式的组织负责人和其他职务人员注意到根据案件确定的违法事实，以及造成违法事实和需要采取的相关措施的原因和条件。

第 3 条　民事诉讼程序的目的和任务

1. 民事诉讼程序的目的，是维护公民和任何所有制形式的法人、国家机构和地方自治机构，其他作为民事、劳动或其他法律关系主体的人被损害或有争议的权利、自由、受法律保护的利益，吉尔吉斯共和国的利益，以及保护社会利益。

2. 法律规定的民事诉讼程序的方式，应保证正确、及时地审理和解决民事案件，作出合法的判决，执行判决，加强民事诉讼程序的合法性、法律秩序的稳定和防止违法行为。

第 4 条　向法院寻求保护的权利

1. 任何相关方都有权按照法律规定的方式向法院请求保护自己被损害或有争议的权利、自由和受法律保护的利益。拒绝这一权利是无效的。

2. 在本法典和其他法律规定的情况下，国家机构、地方自治机构和其他机构，有权向法院请求保护国家或社会利益。

3. 如果法律对一定等级的案件规定了庭前调解方式，或者是以合约方式规定的，则这种案件只有在遵守了这一方式后方可提交给法院审理。

第 5 条　在法院的民事案件起诉

1. 法院根据由保护自己权利、自由和合法利益的相关人员的起诉受理民事案件。

2. 在本法典和其他法律规定的情况下，民事案件可以根据维护他人权利、自由和合法利益，以及不确定群体的利益，或者国家或社会利益的人的申请进行起诉。

第 6 条　法院实施司法裁判

1. 只有法院能根据民事诉讼法规定的规则实施民事裁判。

2. 在法律规定的情况和方式下，吉尔吉斯共和国公民有权参加司法裁判。

第 7 条　法律和法院面前所有人平等

在民事司法裁判中，法律和法院面前所有公民平等，无论其性别、种族、语言、是否残疾、民族属性、信仰、年龄、政治或其他信仰、教育、出身、财产地位或其他地位和状况，同时也包括所有法人，无论其所有制形式、所在地、属性和其他状况。

第 8 条　独自和合议庭审理民事案件

1. 区法院的民事案件在一级法院由法官独自审理，除非法律另有规定。

2. 州法院在审判庭按照上诉起诉的民事案件，由三个法官组成的合议庭审理。

3. 在吉尔吉斯共和国最高法院按照最高上诉起诉的民事案件，由三个法官组成的合议庭审理。

第 9 条　法官的独立性

1. 在实施司法裁判时，法官是独立的，只服从于吉尔吉斯共和国宪法和法律。

2. 法官的独立性由吉尔吉斯共和国宪法和法律提供保证。

3. 法官在排除外界干扰的条件下审理民事案件。不允许国家机构、地方自治机构、其他机构、职务人员、公民、法人对法官事务进行任何干扰，上述人员在违反规定时应对此承担法律规定的责任。

第 10 条　在双方的平等权利基础上实施司法裁判

1. 民事案件的司法裁判应在双方的平等权利基础上进行。

2. 法院在保持客观性和公正性的同时，主持审判程序，向参加案件的人解释他们的权利和义务，创造条件以便全方位和全面调查证据，在审理民事案件时确定情况、正确适用法律。

第 11 条　民事诉讼法的可选性

法院只能根据相关人员按本法典呈报的申诉书，并在他们提交的申请诉求范围内，依据双方和参与案件的其他人的证据审理民事案件。涉案人员自行支配自己在诉讼中享有的权利。

第 12 条　诉讼程序使用的语言

1. 民事诉讼程序使用国家或官方语言。

2. 对不能掌握诉讼程序所使用语言的人，应向其解释并保证其了解所有案件材料，给出陈述、证据、结论，允许其使用母语出庭并提交申请，以及按本法典规定的方式使用翻译的权利。

3. 判决书以诉讼程序使用的语言版本交给涉案人员。

外国语言的文件将附带按规定方式翻译成国家或官方语言的翻译文件，交给涉案人员。

第 13 条　司法审理的公开性

1. 所有法院的案件审理都是公开的。不允许未满十六周岁、非涉案人员或证人的公民参加庭审。

2. 涉案人员或任何参加公开庭审的人员，有权书面或借助录音工具记录庭审过程。使用摄影机、相机、录像、无线电记录和电视直播庭审，必须经过法庭同意。

封闭式庭审的摄影、照相、录像、录音必须经由法院同意。不允许无线电记录和电视直播封闭式庭审。

3. 对涉及构成国家秘密的案件以及其他法律规定的案件，应在封闭式庭审中审理并宣布裁决结果。封闭式庭审也可以根据涉案人员的申请进行，申请人提出保守商业秘密或其他法律保护的秘密，防止泄漏公民隐私，或其他公开讨论可能妨碍案件正确审理的情况的必要性。

4. 关于封闭式庭审中的案件审理和判决宣布，法庭会作出有依据的判定，其中应注明法庭对参加封闭式庭审的人提出的、有关承担泄露案件审理过程中所了解的信息的责任警告。

5. 在审理案件时，涉案人员及其代理人出席封闭式庭审，必要时证人、鉴定人、专家、翻译也可出席。

6. 封闭式庭审的案件，应在遵守所有民事诉讼规则的情况下审理和判决。

7. 法院判决在所有情况下都会公开宣布，而对于封闭式庭审的案件，经双方同意只公布法院判决的执行部分。

第 14 条　法庭审理的直接性和口头性

1. 法院在审理案件时基本上应直接调查案件的证据：听取双方和第三方陈述、证人的证词、专家的结论，了解书面证据，检查存在的证据、听录音、看录像。

2. 在调查证据时，法庭听取专家的咨询建议和解释。

3. 案件审理口头进行，并不改变法官的组成，如变更其中一位法官，案件应从头开始审理。

第 15 条　在判决民事案件时法院适用的法律法规

1. 法院应依据吉尔吉斯共和国宪法、法律及其他法规、吉尔吉斯共和国作为成员国的国际公约的规定审理民事案件。

2. 法院无权使用与吉尔吉斯共和国宪法冲突的法规。

3. 在缺少调解争议关系的法规时，法院应使用调整相似关系的法规（类似法律），在缺少这样的法规时，案件应依据民事诉讼法的一般原则、规则，以及自愿、合理和公平的原则判决。

4. 法院根据法律或已生效的、吉尔吉斯共和国作为成员国的国际公约的规定，在审理和判决案件时使用国际法标准。

5. 如果法律和双方的协议规定了由法院解决相应问题，则法院应以公正合理的标准解决这些问题。

第 16 条　判决的强制性

1. 法院对民事案件以决议、命令、判定和决定的形式作出判决。

2. 吉尔吉斯共和国法院作出的已生效的民事案件判决，所有国家机构、地方自治机构和其他机构、职务人员，以及公民、任何所有制形式的法人都必须遵守的，并应在吉尔吉斯共和国全境严格执行。

3. 不执行已生效的判决，以及其他不尊重法庭的行为，都应承担吉尔吉斯共和国法律规定的责任。

4. 法院判决的强制性，不会剥夺参与案件的相关人员为维护自己被损害或有争议的权利及受法律保护的利益向法院起诉的可能性。

第二节　法院的构成；回避

第 17 条　法院的构成

1. 根据本法典第 8 条的规定，一级法院由法官独自审理案件，除非法律另有规定。独自审理案件的法官，以法院的名义作为。

2. 上诉法院的民事案件和经济案件由三个法官组成的审判庭审理。

3. 民事和经济案件在吉尔吉斯共和国最高法院按最高上诉方式，由三个法官组成的合议庭审理。

4. 所有法官在审理案件时享有平等的权利。

第 18 条　法院合议庭判决的方式

1. 法院合议庭审理案件时形成的所有卷宗，根据法官多数票作出决定。任何法官无权放弃投票，主审法官最后投票。

2. 不同意多数决定的法官，应在此决定上签字，并有权书面阐述自己的特别意见，并将其附在案卷中，但不能公开。

第 19 条　法官的回避

1. 存在以下情形，法官不能审理案件并应回避：

（1）如果他是参与案件的任何人或其代理人的亲属；

（2）如果他自己直接或间接地与案件的结果有利害关系；

（3）如果他作为检察官、专家、翻译、代理人、庭审书记员参加了上次该案件的审理。

2. 审理案件的法官组成中，不能包括与案件当事人有亲属关系的人。

第 20 条　法官重复参加审理案件的不可行性

1. 参与过案件审理的法官，不能在另一级法院参与对该案件的审理。

2. 在一级或二级法院参与过案件审理的法官，不能在同一级法院重复参与对同一案件的审理。

3. 本条第 2 款的要求，不适用于根据重新发现的情况或出现新的情况而审理案件的情形，以及上次审理未作出判决的情形。

4. 吉尔吉斯共和国最高法院法官参与最高上诉案件的审理，不妨碍该法官重复参与该案件在同等级别法院的审理。

第 21 条　检察官、鉴定人、专家、翻译、庭审书记员回避的依据

1. 本法典第 19 条第 1 款第 1 项、第 2 项中注明的回避依据，同样适用于鉴定人、专家、翻译、庭审书记员。

除此之外，以下情况鉴定人和专家也不能参与审理案件：

如果他们是或曾经是某一涉案人员或其代理人的工作下属或其他关系的下属；

如果他们做出的鉴定资料作为提交法庭诉讼的依据，或作为审理该民事案件的依据。

2. 鉴定人、专家、翻译和庭审书记员在该案件的上次审理中作为相应的鉴定人、专家、翻译、庭审书记员，并不能作为他们回避的理由。

3. 本法典第 19 条第 1 款第 1 项、第 2 项中注明的回避依据，同样适用于检察官。同样，在该案件上次审理中作为检察官参与，也不能作为他回避的理由。

第 22 条　回避和自行回避的申请

1. 存在本法典第 19 条、第 20 条、第 21 条规定的情况时，法官应自行申请回避。

存在本法典第 19 条、第 20 条、第 21 条规定的情况时，检察官、鉴定人、专家、翻译、庭审书记员应自行申请回避。

参加案件的人，可以根据同样的理由申请回避。

2. 回避或自行回避应有依据并在案件实际审理开始前申请。只有在案件审理开始后，法院或申请人才知道存在回避或自行回避的依据的情况下，方可在案件实际审理过程中提出回避和自行回避的申请。

3. 无依据的要求法官和其他参与人回避的申请，将不予通过。

第 23 条　回避和自行回避申请的解决方式

1. 在申请回避的情况下，法院将听取涉案人员的意见，在被申请回避人希望解释的

情况下听取其本人的意见。

2. 法院合议庭审理案件时，一个法官的回避问题由其他法官在其缺席的情况下决定。如果对回避和反对回避的投票数相同，则该法官应该回避。几个法官或所有法官都被申请回避时，则需要该合议庭全体人员简单多数票通过。

3. 对检察官、鉴定人、专家、翻译、庭审书记员回避的申请，由审理案件的法庭以作出有依据的裁决的方式解决。

4. 如果同时要求法官、检察官、鉴定人、专家、翻译或庭审书记员回避，则首先应解决针对法官回避的申请。

5. 根据审理法官回避申请的结果，作出同意或拒绝回避申请的有依据的裁决。可以对拒绝同意回避申请的裁决起诉。自诉（报告）书与上诉书一起提交给审理案件的法庭裁决。

6. 本条第 5 款的要求，同样适用于二级法院的回避裁决起诉方式。

第 24 条　同意回避（自行回避）申请的后果

1. 在发生一级法院审理案件的法官的回避（自行回避）情况时，该案件由该法院的其他法官审理。如果该法院无法更换法官，则由上级法院将该案件转交给其他一级法院审理。经济案件由吉尔吉斯共和国最高法院负责转交。

2. 在上诉、最高上诉级法院审理案件时发生的回避（自行回避），则案件仍在该法院但由其他法官组成的合议庭负责审理。

3. 如果由于满足了回避的条件或由于本法典第 19 条注明的原因，在上诉级法院无法在本院组成新的合议庭审理该案件时，案件应通过上一级法院转交给其他同级法院审理。

第三节　管辖权

第 25 条　民事案件的法院管辖权

法院按照民事诉讼的方式审理所有案件，但不包括属于宪法诉讼和行政诉讼的案件。

第 26 条　将争议转交由上级法院审理

在吉尔吉斯共和国法律规定的情况下，民事案件经双方同意可以转交由上级法院审理。

第 27 条　将争议转交由仲裁法庭裁决

根据争议双方的协商，在吉尔吉斯共和国法律规定的情况下，在一级法院作出裁决之前，可以将案件交由仲裁法庭裁决。

第四节　审判权

第 28 条　民事案件的法院审判权

1. 区法院（城市的区法院、市法院）可审理所有民事案件，除了属于区际法院审理的案件。

2. 区际法院审理经济案件：

（1）创立人、股东、法人间的争议，以及法人创立人之间的争议；

（2）由于民事、税务、海关和其他法律关系在任何所有制形式的法人、非法人、具有个体经营者地位而从事经营活动的公民、国家机构、地方自治机构之间产生的经济纠纷；

（3）破产（无支付能力）；

（4）法律和本法典规定的其他案件。

第29条　相关联诉求的审判权

1. 在起诉书中有几个相互关联的诉求时，其中一个属于区际法院审理，其他几个属于区法院审理，如果这些诉求无法分离，则该案件应由区法院审理。

不允许将属于不同诉讼程序审理的诉求合并在一起审理。

2. 如果区法院审理案件时，发现该案件的审判权属于区际法院，则区法院应作出将其转交给区际法院的裁决。

3. 如果区际法院审理案件时，发现该案件的审判权在区法院，则区际法院应作出将其转交给区法院的裁决。

第30条　在居住地或被告所在地提起诉讼

1. 诉讼应在被告居住地的法院提起。

2. 对法人的诉讼应在法人所在地或其财产所在地的法院提起。

3. 创立人（股东）对法人的诉讼应在该法人所在地的法院提起。

第31条　根据原告选择的审判权

1. 对居住地、所在地不明的被告，或在吉尔吉斯共和国没有居住地的被告的起诉，可以在其财产在吉尔吉斯共和国的所在地或已知的最后居住地或所在地的法院提起诉讼。

2. 由于法人分公司或代表处经营引起的诉讼，可以在分公司或代表处所在地的法院由原告提起。

3. 有关追缴赡养费、确定父子关系、剥夺或限制父母权利的诉讼，可以在原告居住地的法院提起。

4. 对造成残废或其他身体伤害，以及供养人死亡造成的损失的赔偿诉讼，可以由原告在其居住地或受损害地的法院提起。

5. 解除婚姻的诉讼，如果在原告与未成年子女生活的情况下，或由于原告的健康状况前往被告居住地有难度的情况下，由原告在其居住地的法院提起。

6. 与赔偿因非法判决、非法追究刑事责任、非法使用关押措施、禁止出行手续，或拘捕形式的非法行政处罚损失相关的恢复劳动权、退休权和居住权，返还财产或其价值的诉讼，可在原告居住地的法院提起。

7. 保护消费者权利的诉讼可以在原告居住地或合同签署地或执行地的法院提起。

8. 注明执行地的合同引起的诉讼，可以在合同执行地的法院提起。

9. 根据本条规定，案件所属审判权的法院选择权属于原告，除非是本法典第 32 条规定的审判权。

第 32 条　绝对审判权

1. 有关土地区域、资源区域、独立的水利项目、森林、多年的植物、楼房、设施和其他与土地紧密结合的项目（不动产）权利的诉讼，以及有关解除查封的诉讼，在项目或查封财产所在地的法院提起。

2. 继承人的债权人在财产继承前提起的诉讼，审判权属于被继承财产或其主要部分所在地的法院。

3. 由于货物、乘客或行李运输合同引起的对承运人的诉讼，在运输企业机构所在地的法院提起。

第 33 条　相关联案件的审判权

1. 对居住或位于不同地方的几个被告的诉讼，根据原告的选择向其中一个被告的居住地或所在地的法院提起。

2. 反诉、对争议标的提出独立要求的第三方主张，无论其审判权如何，都应在原诉审理地的法院提起。

3. 由刑事案件引起的民事诉讼，如果在刑事案件审理时未提起或未裁决，则应根据本法典规定的审判权原则，按民事诉讼方式提起。

第 34 条　协商审判权

1. 双方可以根据协议改变案件地域审判权。

2. 本法典第 32 条规定的审判权，不能由双方协商改变。

第 35 条　案件的移送

1. 法院在以下情况下将案件转交给其他法院审理：

（1）如果原告的居住地或所在地之前不清楚，他提出将案件转交给其居住地或所在地的法院，且这一申请法院同意；

（2）如果一个或几个法官回避后，在该法院无法更换法官或审理案件。

在这种情况下由上级法院转交案件：

（3）如果在该法院审理案件时查出，接受审理此案违反了审判权规则；

（4）在本法典第 29 条第 2 款、第 3 款规定的情况下。

2. 根据本条第 1 款、第 3 款、第 4 款规定的理由将案件转交给其他法院或拒绝将案件转交给其他法院的裁决由法院作出，对此可以提交自诉（报告）。在对该裁决上诉期满后可以将案件转交给其他法院，而在提交申诉书的情况下，则在法院作出驳回申诉裁决后转交。

3. 从一个法院发往另一个法院的案件，接收法院应当受理，不允许法院之间产生审判权的争议。

第五节　涉案人员

第 36 条　参与案件人员的构成

涉案人员是双方、第三方、检察官、向法院提出维护他人利益的人，或参与程序以便根据本法典第 5 条、第 49 条、第 50 条的依据给出结论的人，申请人，特殊诉讼案件的相关人员。

第 37 条　参与案件人员的权利和义务

1. 涉案人员，有权了解案件材料，摘录，复印，申请回避，呈报证据，向参与案件的其他人、证人、鉴定人、专家提问，提交申请，向法院提供口头和书面陈述，根据在庭审过程中出现的问题作出自己的结论，反对参与案件的其他人的申请和结论，对判决提出上诉，并使用本法典赋予的其他诉讼权利。

2. 涉案人员，应自愿使用属于他们的所有诉讼权利，并完成自己的诉讼义务。在未完成诉讼义务时将承担本法典和其他法律规定的后果。

第 38 条　民事诉讼的权利能力

拥有民事诉讼权利和义务的权利能力（民事诉讼能力），对于拥有法律规定的司法维护权利，受法律保护利益的权利，所有公民和法人都是平等的。

第 39 条　民事诉讼的行为能力

1. 年满十八周岁的公民和法人，以自己的行为在法院实施诉讼权利、完成诉讼义务、委托代理人管理案件，具有完全民事行为能力。

2. 未成年人只有在法院允许在年满十八周岁前结婚的情况下，自结婚后，以及按法律规定的方式宣布他具有完全民事行为能力的情况下，才可以以自己的行为在法院行使自己的诉讼权利和诉讼义务。

3. 十四周岁到十八周岁的未成年人，以及被认定为限制行为能力的公民的权利、自由和受法律保护的利益，在法院由其父母、养父母或监护人维护，但法院有权要求未成年人或限制行为能力的公民本人参与案件。

4. 在法律规定的，包括由于民事、家庭、劳动和其他法律关系产生的案件，以及由于支配工资或经营所得而发生的案件情况下，未成年人有权自己在法院维护自己的权利和受法律保护的利益。但是法院有权要求未成年人的合法代理人参与这一案件。

5. 未满十四周岁的未成年人，以及由于精神疾病被认定为无行为能力的公民的权利、自由和受法律保护的利益，在法院由其合法代表人，如父母、养父母、监护人、教育机构行政代表、治疗机构行政代表、居民社会保护机构或其他类似机构维护。

第 40 条　民事诉讼的双方

1. 民事诉讼的双方——原告和被告，可以是公民、职务人员、国家机构、地方自治机构，以及法人。

2. 在法律规定的情况下，非法人组织也可作为民事诉讼的一方或双方。

3. 根据机构和有权为维护他人权利、自由和合法利益而向法院提起诉讼的人的申请而开始的案件受益人，可由法院通知他作为原告参与诉讼。

4. 民事诉讼的一方可以是吉尔吉斯共和国、地方社团，在诉讼中通过国家机构或地方自治机构授权代表参与诉讼。

5. 双方享有同等诉讼权利并承担同等诉讼义务。

第 41 条　多个原告或被告参与案件

1. 可以由几个原告共同提起诉讼或对几个被告提起诉讼（共同诉讼）。每个原告或被告根据与另一方的关系，在诉讼中独立出庭，共同参与人可以委托其中一人代理案件。

2. 允许共同诉讼，如果：

（1）争议标的涉及几个原告或被告的共同权利或义务；

（2）几个原告或被告的权利和义务具有共同的法律基础；

（3）争议对象具有相同的权利和义务。

3. 在法律规定的情况下，法院有权要求共同被告参与案件审理。

第 42 条　变更不当被告

1. 一级法院在案件准备期间或法院审理案件期间确定，诉讼不是对应承担诉讼的人提出的，则法院经审理可以根据原告的申请将不当被告变更为正确的被告。

2. 变更不当被告应作出裁定。

3. 在变更不当被告后，案件的准备和审理应重新开始。

第 43 条　变更诉讼、拒绝诉讼、承认诉讼、反诉、和解协议

1. 原告有权变更起诉的依据和标的，并在一级法院作出裁决之前增加诉求金额。原告同样有权在任何诉讼阶段减少诉求金额和撤诉。

2. 被告有权承认诉讼或提出反诉。

3. 双方可以在任何诉讼阶段，通过和解协议结束案件。

4. 法院可以不承认和解协议的效力，如果和解协议与法律相冲突，或者这些行为损害了其他人的权利、自由和法律保护的利益。

第 44 条　对争议标的提出独立主张的第三方

对争议标的提出独立主张的第三方，可以在一级法院作出裁决前，通过向一方或双方提起诉讼的方式参与诉讼。该第三方享有原告的一切权利，承担原告的一切义务。

第 45 条　未对争议标的提出独立主张的第三方

1. 未对争议标的提出独立主张的第三方，如果在与双方中的一方关系中影响他们的权利或义务，可以在一级法院作出裁决前加入原告方或被告方。第三方可能根据参与案件

人的申请或根据法院的提议，被要求参与诉讼。

2. 未提出独立主张的第三方，享有一方的诉讼权利并承担诉讼义务，但不具有变更诉由和标的、增加或减少诉讼请求中的金额、撤诉、承认诉讼、签署和解协议、提出反诉、要求强制执行法院判决的权利。

第 46 条　法院判定要求或允许第三方参与案件审理

1. 第三方可以根据法院的裁定被要求或允许参与案件审理。

2. 对法院作出的拒绝第三方参与案件申请的裁决，可以提交自诉（报告）。

第 47 条　诉讼的法律继承

1. 在有争议的或被裁定的法律关系的一方退出的情况下（公民死亡、法人重组、诉求妥协、债务转移和其他物质关系中人员变更的情况），法院允许根据有依据的判定由法律继承者继承一方，这一判定可能被上诉。法律继承可以在诉讼的任何阶段发生。

2. 原当事人在法律继承发生前完成的所有行为，对继承者和他所继承的人同样有效。

第 48 条　检察官参与诉讼

1. 检察官有权向法院提交维护特定或不特定人群的权利、自由和受法律保护利益的申请，如果保护公民权利、自由和受法律保护的利益，国家或社会利益的需要，则可加入案件审理。

2. 维护公民权利、自由和受法律保护利益的申请，只有根据相关人员的请求，且他本人由于某种正当理由（身体状况、年龄和其他原因）不能向法院提交的情况下，方可以由检察官呈交。而维护未成年人和无行为能力公民利益的申请，无论相关人员是否请求，都可以由检察官提交。

3. 提交申请的检察官，享有原告的所有诉讼权利并承担所有原告的诉讼义务，但不包括签署和解协议的权利。如果检察官放弃支持提交的维护他人利益的主张，但该人或其他法定代理人未声明放弃起诉，则对该案件的审理仍会继续。如果原告放弃检察官提起的诉讼，法官可以终止案件的审理。

4. 在法律规定的情况下检察官可以加入诉讼程序。

5. 已被通知案件审理时间和地点的检察官未出庭，并不会阻碍案件的审理，除非法律规定检察官的出席是必需的，在此情况下法院应延期庭审。

6. 检察官的授权由证明其职务身份的文件确认。

第 49 条　向法院提请维护他人国家或社会的利益

1. 在法律规定的情况下，国家机构、地方自治机构、其他机构、公民和法人，可以向法院起诉以便根据其请求维护他们或不特定人群的权利、自由和合法利益。

2. 为保护他人利益提起诉讼的人，享有原告的所有诉讼权利，并应完成原告的所有诉讼义务，但不包括签署和解协议的权利。如果本条第 1 款规定的人撤诉，将出现本法典第 48 条规定的诉讼结果。

第 50 条　国家机构和地方自治机构参与诉讼程序以便出具案件的鉴定

在必要的情况下，法院可以要求相应的国家主管部门或地方自治机构出具案件的鉴定。

第六节　协助司法实施的人

第 51 条　协助司法实施的人员构成

除了涉案人员外，鉴定人、专家、翻译、证人都可以参与民事诉讼。

第 52 条　鉴定人

1. 民事诉讼程序中可以由拥有作出鉴定所必需的专业人士担任鉴定人，在本法典规定的情况下由法院指定。

2. 作出明显虚假鉴定，以及拒绝或逃避作出鉴定结论，鉴定人将根据吉尔吉斯共和国法律的规定承担刑事责任。

第 53 条　专家

1. 民事诉讼程序中的专家，是指拥有专业知识和实用技术手段的技能，可以根据案件状况和证据提供咨询、解释，或者在完成诉讼行为时提供技术协助的人士。在调查证据时，法庭或参与者可能需要科学、技术、艺术或手工艺方面的专业知识和技能，这时就需要邀请专家参与案件审理。

2. 专家的咨询和解释不能涉及法律问题，除了本法典第 393 条规定的情况外。专家在完成诉讼行为时给予的帮助，不能替代鉴定人的结论。

3. 对于专家所在的国家机构和地方自治机构，以及其他法人的负责人和职务人员对法院传唤专家的要求是必须执行的。

4. 对于作出的明显虚假的咨询和解释，专家将根据吉尔吉斯共和国法律的规定承担刑事责任。

如果由于法院认定的不正当理由，专家未根据法院的传唤出庭，拒绝或逃避作出咨询或解释，或不提供技术协助，则有可能对其进行罚款，金额不超过结算指数的 50 倍。

第 54 条　专家的权利和义务

1. 专家有权了解法院传唤的目的；如果他不掌握相应的知识和技能，有权拒绝参与民事诉讼程序；经法院许可专家有权向涉案人员提出问题；如果不属于专家的职务义务范围，有权要求支付相应的报酬；有权要求补偿与法庭传唤相关的费用。

2. 专家必须根据法院的传唤出庭；参与案件的审理；根据科学、技术、艺术或手工艺方面的知识和技能出具自己的意见；回答法院提出的问题；出具口头和书面的咨询和解释；提请法院注意个别情况或证据的特殊性；在必要时给予法院技术协助。

第 55 条　翻译

1. 翻译是指掌握翻译所必需的语言、知识，并由法院在本法典规定的情况下指定的人。

2. 翻译可以从民事诉讼参与人提供的人员中指定。

其他参与人无权承担翻译的工作，即使他们掌握该翻译语言。

3. 翻译根据法院的传唤必须出庭并完全、正确、及时地进行翻译。

4. 在作出明显错误翻译的情况下，翻译将根据吉尔吉斯共和国法律的规定承担刑事责任。

5. 本条的规则，适用于掌握聋哑语言（聋哑翻译），并被邀请参与审理案件的人。

第 56 条　证人

1. 任何知晓对法院裁决具有意义的信息和状况的人，都可以作为证人。

2. 证人应根据法院的传唤出庭并告知他所知晓的案件信息和状况。

3. 在提供明显虚假证据、拒绝提供证据的情况下，证人将根据吉尔吉斯共和国法律的规定承担刑事责任。

第七节　法庭代理

第 57 条　通过代理人处理案件

1. 公民有权亲自或通过代理人处理自己的案件。亲自参与案件并不会剥夺公民在此案中拥有代理人的权利。

2. 法人和不具有法人地位的组织的案件，由其机构在法律、创立文件赋予它们的授权范围内，或具有相应授权的代理人在法院处理他们的案件。代理人向法院呈交所有证明他们职务身份和授权的文件。

第 58 条　吉尔吉斯共和国和地方社团的案件处理

1. 国家授权机构在法院代表吉尔吉斯共和国，而地方自治机构在法院代表地方社团，它们的授权范围由这些机构的章程规定，或由其他确定这些机构地位的法规确定。

2. 在吉尔吉斯共和国有关地方社团的法规规定的情况和方式下，根据专门的委托，可以由相应的法人和自然人在法院作为其代表。

第 59 条　可以在法院作为代理人的人

任何有行为能力的、拥有按规定方式接受处理法庭案件授权的自然人，都可以作为代理人，但不包括本法典第 60 条规定的人。

第 60 条　不可以在法院作为代理人的人

不能在法院作为代理人的人是：

（1）未成年人；

（2）被法院认定为无行为能力或限制行为能力的人；

（3）法官、调查人员、检察官、司法执行人、权利代表机构和地方自治机构的代表，但不包括他们作为相应组织授权代表或合法代理人参与诉讼程序的情况；

（4）接受提供违反律师法规定的法律协助委托的律师；

（5）在本案中为与所代理人的利益相冲突的人提供，或之前提供过法律协助的人；

（6）作为法官、检察官、鉴定人、专家、翻译、庭审书记员、司法执行员、证人出庭的人。

第 61 条　法定代理

1. 无行为能力人、限制行为能力人的权利和受法律保护的利益，由他们的父母（无论其年龄如何）、养父母、监护人或保护人维护。

2. 法定代理人，在法律规定的限制范围内，以被代理人的名义完成所有被代理人职权范围内的诉讼行为。

3. 按规定方式被认定为失踪的公民，在他应该参加的案件中，由该失踪人的财产代管人作为其代理人参与案件。

4. 已死亡或按规定方式被宣告死亡之人的继承人，如果继承权还未被任何人接受，在他应参加的案件中，被任命保护和管理所继承财产的继承人的保护人或监护人将作为继承人的代理人。

5. 法定代理人可以委托其他由其选定作为代表的人负责处理案件。

6. 在维护未成年人权利的案件中，如果未成年人自己是申请人，以及在法律规定的其他情况下，法院将任命律师作为其代理人。

第 62 条　代理人授权办理

1. 自然人的代理人授权，应以公证委托书的形式办理。

2. 父母、养父母、监护人和保护人应向法庭出示证明其权利的文件。

3. 法人的代理，应以签发给被授权人书面委托书的形式办理，或者以证明其职务人员权利的文件授权代理。

4. 律师的授权，由根据吉尔吉斯共和国律师事务法规定签发的实施法律事务的委托书证明。

5. 如果代理人是受其他参与人委托的共同诉讼人之一，则委托人可以在法庭口头声明对代理人的授权，声明记入庭审记录中。

第 63 条　代理人的授权

1. 被代理人在法庭处理案件的委托，赋予代理人以被代理人的名义完成相关诉讼行为的权利。

2. 除了法定代理人外，代理人签署起诉书（申请）、反对起诉书（申请）、提交起诉书、保证起诉的声明、将案件转交仲裁法庭、根据案件实际情况签署协议、签署根据重新发现的情况和新的情况重新审理案件的申请、将案件转交上一级法院、全部或部分放弃诉求、全部或部分承认诉讼、增加或减少诉讼主张、变更起诉标的或依据、签署和解协议、将授权转让他人（转让委托）、对判决上诉、放弃上诉、交付执行等权利应专门在被代理人签发的委托书中注明。

第八节　证据和指证

第 64 条　证据

1. 按法律规定的方式获得的、在其基础上按法律确定的方式由法庭确认作为双方诉求或反对的事实，以及对正确裁决案件具有意义的其他事实的存在或不存在的事实资料，即为证据。

2. 这些资料包括双方和第三方陈述、证人的证词、书面证据和物证、录音和录像、鉴定人的意见。

3. 以违法方式获取的证据，没有法律效力，且不能作为判决的基础。

第 65 条　指证的义务

1. 涉案人员，应证明他们引述作为自己主张和反对依据的情节。

2. 法院判定，哪些情节对判案具有意义，并考虑应适用的法律标准。

3. 双方和其他涉案人员，有权提交补充证据。

第 66 条　呈交和索取证据

1. 证据由双方和其他涉案人员呈交。

2. 在索取证据的申请中，应对证据进行说明，并注明哪些情节对案件有意义，这些证据能否确定或被推翻，妨碍获取证据的理由，证据所在地。法庭根据合理性向一方征询证据。法院索取证据的一方，应直接将证据交给法院，或将其转交给有相应请求的人提交给法院。

3. 在法院规定期限内无法呈交所要求证据的职务人员或公民，应在收到征询之日起一周内向法院说明并注明理由。如未通知法院，以及如果法院呈交证据的要求由于法院认定的不当理由未予以完成，不是涉案人员的过错方将会被处罚：公民为结算指数的 10 倍以内，职务人员为 20 倍以内，组织为 50 倍以内。

处罚并不免除掌握被索取证据的相应职务人员、公民和组织向法庭呈交证据的义务。

第 67 条　在证据所在地检验和调查证据

1. 如果无法或很难将证据送至法庭，则法院可以在书面证据或物证保存地或所在地对证据进行检验和调查。

2. 在所在地检验和调查证据，由法院在通知诉讼双方的情况下进行，双方未出现并不妨碍检验和调查的进行。

3. 可以邀请鉴定人（或专家证人）、证人和其他诉讼参与人参与证据的检验和调查。

4. 在检验和调查证据时，应在所在地进行记录。

第 68 条　证据的相对性

1. 在呈交的证据中法院只接受对案件有意义的证据。

2. 如果有一方申请传唤证人、索取其他证据或呈交证据，则应注明，哪些对案件有意义的情节可以被这些证据确认。

3. 涉案人员呈交的证据，由法院归入案件资料卷宗。

第69条　证据的可接受性

按照法律规定应由特定指证方式确认的案件情节，不能由其他指证方式确认。

第70条　解除质证的依据

1. 法院认定为公开的情节，不需要质证。

2. 由根据以前审理的民事、经济和行政案件作出的已生效的法院判决确定的情节，法庭必须执行，在审理这些人参与的另一民事或经济案件时，不需要重新证明，也不能有争议。

3. 已生效的法院刑事案件判决，对于审理被判决人行为的民事诉讼案件的法院，在审理这些行为是否实施、是否由其本人实施的问题时，是必须执行的。

4. 一方不需要证明另一方没有争议的事实。

第71条　司法委托

1. 审理案件的法院，需要在另一个城市或地区收集资料时，应委托相应地区的法院进行一定的诉讼行为。

2. 在有关司法委托中，需简要阐述所涉及案件的内容，注明应查明的情节，完成委托的法院应收集的证据。这一判定受委托法院必须执行，并应在一个月的期限内完成。

第72条　完成司法委托的方式

1. 司法委托应在开庭时按本法典的规定完成。涉案人员被告知开庭的时间、地点，但无论他们是否出庭都不会妨碍委托的完成。庭审记录和所有受委托收集的材料应立即寄往审理案件的法院。

2. 如果向受委托的法庭做过陈述或证词的涉案人员，或证人在案件审理法院出庭，他们将按照普通方式作出解释和证词。

第73条　证据保全

1. 如果涉案人员有理由担心以后无法或会有很大的难度提供对他们必要的证据，他们可以请求法院对这些证据进行保全。

2. 开庭前证据的保全由公证员或领事机构的职务人员，按吉尔吉斯共和国法律的规定完成。

第74条　保全证据的申请

1. 保全证据的申请应提交到法院，在该法院的工作区内完成保全证据的诉讼行为。申请中应注明必须保全的证据、这些必须保全的证据用于确认的情节、申请人提出保全的理由，以及所保全的证据针对的案件。

2. 申请人对于拒绝保全证据的裁定，可以提出上诉。

第 75 条　保全证据的方式

1. 证据由法庭根据本法典规定的规则进行保全。

2. 记录和所有按保全证据的方式收集的材料，应转交给案件审理法院，并通知涉案人员。

3. 如果保全的证据不在审理案件的法院，则应适用本法典第 71 条、第 72 条规定的标准。

第 76 条　证据评价

1. 法庭依据法律，按照公正、全方位和全部审理庭审调查的证据而得出的内部判断，综合评价证据。

2. 任何证据都不对法庭具有预设力。

3. 法庭的判决中应注明，与其他证据相比法庭为何认为某一证据适合，某一事实被证明，而其他的事实未被证明。

第 77 条　双方和第三方陈述

1. 双方和第三方对其明了的、于案件有意义的情节陈述，应与收集的其他证据一同进行检验和评估。根据一方提供的解释，如果另一方保留证据，不按法院的要求提交证据，法院可以推定陈述真实。

2. 一方提出自己的主张或反对的依据是另一方供认的事实，则可免予证明。这一供认将录入庭审记录中并由承认该事实的一方签字。如果供认是以书面形式阐述的，则将被归入案件卷宗。

3. 如果法庭怀疑供认是为了掩盖实际案件情节，或是在欺骗、暴力、威胁或误解下做出的，则法庭不会接受这一供认。在这一情况下，这些事实应按普通原则证明。

第 78 条　证人的证词

1. 下列情形不能被作为证词：

（1）民事案件的代理人或刑事案件的辩护人，由于执行代理人或辩护人义务所了解的情节；

（2）法官，作出判决时出现的问题，在会议室讨论的情节；

（3）由于年幼、生理或心理疾病不能正确接受事实和给出正确证词的人的供述；

（4）神职人员，在忏悔中了解的情节；

（5）调解人，在调解过程中了解的情节。

2. 下列人员有权拒绝给出证人证词：

（1）公民，针对自己；

（2）夫妻一方，针对另一方；

（3）子女针对父母、父母针对子女；

（4）兄弟姐妹，相互之间；

（5）祖父母针对孙子女、孙子女针对祖父母；

（6）政权代表机构的代表，由于完成自己的代表义务而知晓的信息。

3. 法院可以针对以下信息免除证人提供证词的义务：

（1）构成国家秘密的、法律规定的保密信息的清单；

（2）在法律规定的情况下，构成商业秘密或其他秘密的信息。

4. 申请传唤证人的人，应指明哪些对案件有意义的情节证人可以确认，并指明其姓名和居住地。

5. 证人可以口头告知法院他所知晓的信息和情节，根据法院的建议，证人可以书面方式陈述证词。

6. 如果证人不能指出消息来源，则他所提供的信息不能作为证据。

第 79 条　证人的权利和义务

1. 被作为证人传唤至法庭的人，应在规定的时间出庭并给出正确的证词，如实回答法官、涉案人员的问题。

2. 在审讯前法庭确认证人的身份，解释他的权利和义务，并对拒绝作证、给出明显虚假的证词提出警告，证人将因此承担法律责任，并要求对此签字，签字将归入庭审记录中。

3. 如果证人因为疾病、年迈、残疾或其他正当理由不能出庭时，法院可在其所在地进行审讯。

4. 证人有权要求补偿与法院传唤相关的费用，获得由于耗费时间的资金补偿。支付方式和应支付的金额根据吉尔吉斯共和国法律的规定确定。

第 80 条　书面证据

1. 书面证据包括文书、文件、合同、证明、商务信函、个人信件、其他包含对案件有意义的情节信息的文件和资料，其中包括通过传真、电子方式或其他通信方式或其他可确定其真实性的方法获得的信息。

2. 书面证明应提交正本或以应有方式办理复印件认证。如果只有部分文件与审理的案件有关，则应提交文件的认证摘录。正本文件只有在根据法律或其他法规的规定，案件情节需要这些文件证明时方需提交。

3. 涉案人员提交给法庭的书面证据的复印件，应发送其他涉案人员。

4. 在其他国家获得的文件，如果按规定方式认证，在法庭将被视为书面证据。

外国官方文件，在已生效的吉尔吉斯共和国作为成员国的国际公约规定的情况下，无需认证而被法庭视为书面证据。

第 81 条　收集书面证据的方式

1. 向法庭申请向涉案人员或非参与人索取书面证据的人，应说明这一证据，注明妨碍独自获取该证据的原因，以及他认定该证据由某人或组织持有的依据。

2. 法院要求公民或组织提供的书面证据，应直接发送给法院。

3. 法院可以向申请索取书面证据的人签发一个有权要求获取证据，并在获取后呈交给法庭的征询函。

第 82 条　向法院提交书面证据的义务

1. 对于保留法院索取的书面证据，且不按法院要求提交的人，法院可以推定，其所持有的信息对该方不利，并认为该方已承认待征事实的真实性。

2. 无法提交法院所要求的书面证据或不能按法院规定的期限提交的人，应当向法院说明情况并注明原因。

3. 书面证据应提交正本。如果提交的是文件复印件，法院有权在必要时要求提交正本。

第 83 条　在保存地检验和查证书面证据

如果很难向法院提交书面证据，法院可以要求按规定方式提交证明摘录或在文件保存地检验和查证书面证据。

第 84 条　书面证据的返还

1. 案件中的书面证据，根据提交这些证据的人的请求，可以在法院判决生效后予以返还。这时案卷中将保留经法庭证明的书面证据复印件。

2. 在法院判决生效前，如果法庭得出将书面证据返还不会给正确解决争议带来损害的结论，则书面证据可以返还给提交人。

第 85 条　物证

1. 物证是指以自己的外形、特征或其存在、所在地或其他特征可能作为确定案件情节的物体。

2. 提供物证或申请索取物证的人，应该指出，这些证据可以确认哪些对案件有意义的情节。

第 86 条　索取和呈交物证的方式

1. 如一方在法庭申请向涉案人员或非参与人索取某物作为证据，他应详细描述该物品并注明妨碍他自行获得该物品的原因，以及他认为此物品在某人或某组织处的依据。

2. 法庭要求公民或组织提供的物证，应直接提交给法庭。

3. 法庭可以向提出索取物证申请的人签发一个有权获取物证，并在获取后呈交给法庭的征询函。

第 87 条　呈交物证的义务

1. 对于扣留法院索取的物证、不按法院要求将其呈交的一方，将推定该物证对该方不利，且被该方认可。

2. 无法呈交所要求物品或无法在法院规定期限呈交的人，应向法院说明并注明原因。

第 88 条　物证的保存

1. 物证应保存在案卷中或根据特殊登记目录交由法院物证保存室保存。

2. 无法向法庭呈交的物品，应在所在地保存。应对其进行详细描述，必要时应拍照并查封。

3. 法院和保存人应采取相应措施保全物品。根据吉尔吉斯共和国法律规定，保存人承担物品保全的责任。

4. 保存物证的费用，根据本法典第 11 条的规定，由双方分担。

第 89 条　易变质物证的检验和查证

1. 易变质的物证，应由所在地法院立即检验和查证，之后返还给提交物证的人，或者转交给使用的单位或他人。之后应将物品原样返还给所有人，或向所有人按返还时的实际价值支付相应价款。

2. 应将物证查证的地点和时间通知涉案人员。已被通知的涉案人员若未到场，不影响物证的查验。

3. 针对易变质的物证的查验应进行记录。

第 90 条　物证的返还

1. 法院应在裁决生效后将物证返还给提交人，或转交给其认定对该物品拥有所有权的人，或者按其规定的方式出售。

2. 按法律规定不能由公民持有的物品，应转交给相关组织。

3. 如果提交物证的人申请返还物证，且该申请不会破坏案件的审理，则法院可以在查验物证后，案件结案前，将物证返还给提交物证的人。

第 91 条　录音和录像

1. 提供电子或其他载体录音或录像的人，或者申请索取电子或其他载体录音录像的人，应注明录音录像是在何时、由何人、在何条件下录制。

2. 申请索取录音录像的人，应注明他无法自行获得的理由，以及他认为这些录音录像保存在某人或某组织处的依据。

3. 法庭向公民或法人要求提供的录音录像，应直接呈交法庭。

4. 法庭可以向提出索取录音录像申请的人签发一个有权获取该录像，并在获取后呈交法庭的征询函。

5. 对于参与案件并扣留法院索取的录音录像，不按法院要求将其呈交的人，将被认定该证据对该方不利，且录音录像确认的情节已被该方认可。

6. 以偷录偷拍的方式获得的录音录像不能作为证据使用，除非法律允许这种录制。

第 92 条　录音录像的保存和返还

1. 录音录像应保存在法院的物证保存室。法院应采取相应措施保证它们的状态不变。

2. 录音录像在法院裁决生效后应返还给提交人或组织。在案件结案前可以返还给提交物证的人，如果法院认为返还不会影响案件的正确裁判。

3. 返还录音录像载体的问题，由法庭裁决。

第93条　指派鉴定

1. 为说明案件审理时出现的、需要特殊知识的问题，法庭可根据双方的申请或根据自己的判断进行鉴定。必要时可以进行多个鉴定。

2. 可以邀请拥有专业知识，并符合司法鉴定经营活动法规定的人作为鉴定人给出结论，涉案人员有权请求法院任命专业人士作为鉴定人。

3. 每个涉案人员都有权向法庭提出应由鉴定人说明的问题。鉴定人应给出的最终问题范围，由法庭确定。法庭应说明偏离所提问题的理由。

4. 根据案件情况一方不参加鉴定将无法进行时，同时该方逃避鉴定（未出现在鉴定现场、不向鉴定人出示调查所必需的物品等），法院根据该方逃避鉴定，以及该方对鉴定有何意义的情况，有权认定指派鉴定所要查明的事实是否确实存在。

第94条　任命鉴定的决定

1. 法庭应作出任命鉴定的决定。

2. 在任命鉴定的文书中，法庭需注明任命鉴定所要确认或推翻的事实、鉴定名称、向鉴定人提出的问题、被委托鉴定的鉴定人姓名或鉴定机构名称、交给鉴定人的材料、进行鉴定的费用。

3. 在文书中也应注明，法官或鉴定机构负责人（如果是该机构工作人员进行鉴定）警告鉴定人，拒绝给出结论、给出明显虚假结论，将承担吉尔吉斯共和国法律规定的刑事责任。

第95条　进行鉴定的方式

1. 应由专业鉴定机构的工作人员或其他法庭任命的作为鉴定人的专家进行鉴定。

2. 法庭可以任命几个不同知识领域的鉴定人。鉴定人之间可以相互协商。

3. 如果多个鉴定人给出共同的推断，他们应签字确认。不同意其他鉴定人意见的鉴定人，可以给出单独的结论。如果根据调查的性质是必须的，或者无法或很难在法庭上进行调查，则可以在法院内或法院外进行鉴定。

4. 在鉴定机构进行鉴定时，鉴定的责任由具体的鉴定人或该机构负责人委托进行鉴定调查的人承担。

第96条　鉴定人的义务和权利

1. 鉴定人指定的人，应根据法庭传唤出庭，并如实回答问题。

2. 为了给出鉴定结论，鉴定人有权了解案件资料、参加案件审理、提出问题、请求法庭提供补充材料。

3. 如果提供的资料不足，或鉴定人不具备完成该项鉴定所需的能力，鉴定人可以拒绝给出结论。

第 97 条　鉴定意见

1. 鉴定人以书面形式给出鉴定意见。

2. 鉴定人的意见应包含对所完成调查的详细描述、由此得出的推断、针对法庭提出的问题所作的有依据的回答。如果鉴定人在进行鉴定时确定了对案件有意义的情况，但法庭对此没有向他提出过问题，则他有权将针对这一情况所做出的推断加入自己的意见中。

3. 庭审中对鉴定人的意见进行质证，并由法庭将其与其他证据一同评估，该意见对法庭不具有预设效力。如果法庭不同意鉴定人的意见，应在判决中说明理由。

第 98 条　补充和重复鉴定

1. 如果鉴定人的意见不清楚或不完整，或者之前调查的案情出现了新的情况，法院可指定该鉴定人或其他鉴定人进行补充或重复鉴定。

2. 补充或重复鉴定应根据本法典第 95 条至第 97 条的规定进行。

第 99 条　委员会审查鉴定

1. 委员会审查鉴定可由几个鉴定人进行。在必须进行复杂鉴定，需要大量有经验和研究性的调查时，法院可任命委员会审查鉴定。

2. 鉴定时，鉴定人之间可以协商。如果鉴定人得出共同意见，则他们所有人应签字认可。

3. 如果鉴定人之间出现歧义，每个鉴定人应就引起分歧的问题单独给出意见。在这种情况下，法庭可以要求鉴定人提交补充说明材料或任命其他鉴定人进行鉴定。

4. 不允许有未进入鉴定人委员会的人进行鉴定调查。

第 100 条　综合鉴定

1. 如果案情需要使用各领域知识或同一知识领域的不同学科知识进行同时调查，则法院可指定进行综合鉴定。

2. 综合鉴定的意见中应注明：何种调查、每个鉴定人的工作量及其作出的推断。每个鉴定人在包含他的调查和总的意见部分签字。如果鉴定人有分歧，则调查结果根据本法典第 95 条第 3 款的规定办理。

第九节　诉讼费用

第 101 条　诉讼费用

诉讼费用由国家税费和与法院审理案件相关的费用组成。

第 102 条　国家税费

1. 国家税费支付人，是提交申请、上诉和最高上诉申诉书的双方当事人、申请人、对争议标的申请独立主张的第三方。

2. 国家税费征收自提交到法院的下列文件：

（1）起诉申请；

（2）签发司法命令的申请；

（3）特别审理案件的申请；

（4）承认破产的申请（无能力）；

（5）对司法执行人命令、作为（不作为）有争议的申请；

（6）上诉申诉书；

（7）最高上诉申诉书；

（8）签发强制执行仲裁法庭、国际和外国仲裁法庭（仲裁）判决执行令的申请；

（9）对法院签发强制执行仲裁法庭、国际和外国仲裁法庭（仲裁）判决执行令裁决的上诉和最高上诉申诉书；

（10）签发强制执行外国法院裁决执行令的申请，除非国际公约另有规定；

（11）对法院签发强制执行外国法院裁决执行令的裁决的上诉和最高上诉申诉书，除非国际公约另有规定。

3. 在提交上诉和最高上诉申诉书时，国家税费的金额相当于应向一级法院支付税费的一半。

第 103 条　与审理案件相关的国家税费和法院费用税率

国家税费和与案件审理相关的费用的等级，按吉尔吉斯共和国法律规定的金额和方式支付。

第 104 条　诉讼费用的确定方式

1. 诉讼费用按如下标准确定：

（1）在追缴金钱的诉讼中，以追缴金额；

（2）在要求财产的诉讼中，以所要求财产的价值；

（3）在追缴赡养费的诉讼中，以 1 年费用总额；

（4）在限期付费的诉讼中，以不超过 3 年的付费总额；

（5）在无限期或终生付费的诉讼中，以不超过 3 年的付费总额；

（6）在减少或增加付费的诉讼中，以不超过 1 年的减少或增加付费金额；

（7）在暂时中止付费诉讼中，以不超过 1 年的剩余付费总额；

（8）在提前解除财产租借合同的诉讼中，以不超过 3 年的剩余合同有效期使用财产的付费总额；

（9）在属于公民所有的不动产所有权诉讼中，以建筑价值，但不低于财产登记估价；或者在没有估价情况下，以不低于保险合同的估价；而对于属于单位的不动产，则不低于平衡表估价；

（10）在由几个独立主张构成的诉讼中，以所有主张的总价；

（11）在根据无争议（无承诺）方式追索的执行或其他文件未正确执行的诉讼中，根据争议的金额；

（12）在合同签署、修改或解除时出现的争议诉讼中，根据法律规定；

（13）在承认交易无效的诉讼中，作为交易标的的财产价值。

2. 诉讼费用由原告在诉讼申请中注明，申请人，提交上诉书或最高上诉申诉书的人，在申诉书中根据本法典和国家税费法的规定确定。

3. 在明显与诉讼费用标准不符的情况下，由法院在接受起诉书或在司法调查过程中确定。

第 105 条　免除缴纳国家税费

在国家税费法规定的情况下，涉案人员可能被完全或部分免除缴纳国家税费。

第 106 条　延期和分期缴纳国家税费

1. 提交申请或申诉书的人，有权申请延期或分期支付国家税费。

2. 在审理申请时，法院参考申请人的财产状况，最长延期或分期支付国家税费自法院作出相应裁定之日起计算不能超过 1 年。

3. 对法院做出的国家税费延期和分期支付的判定，可以提出申诉。

4. 本条规定不适用于从事经营的法人和公民。

第 107 条　补交国家税费

1. 在提交申请时难以确定诉讼费用标准的情况下，由法院在判决案件时最终确定国家税费金额。

2. 在增加诉讼请求时，未交足的税费金额应根据增加的诉讼费用补交。在原告提供缴纳税费证据后，或法院免除或减少金额后继续审理案件。

未按法院规定期限缴纳税费的，诉讼申请将根据本法典第 222 条第 9 款的规定不予审理。

第 108 条　返还国家税费

1. 在以下情况下，已支付的国家税费将全部或部分返还：

（1）缴纳的费用超出了法律规定的金额；

（2）根据本法典第 137 条第 1 款第 2 项规定拒绝接受申请；

（3）根据本法典第 138 条第 1 款 1~4 项规定退还申请；

（4）根据本法典第 220 条第 1 款、第 2 款、第 4 款规定暂时中止审理案件；

（5）根据本法典第 222 条第 1 款、第 2 款规定不予审理申请；

（6）被告承认诉讼。

2. 在本条第 1 款第 1 项规定的情况下，将退还多缴纳的国家税费。

3. 由于法院确认的和解协议、签署将争议转交仲裁法庭的协议，或由于被告完全承认诉讼内容而终止案件审理时，将部分返还国家税费。在上述情况下将返还影响相关司法部门缴纳国家税费金额的一半。

在撤诉、根据调解协议签署和解协议而终止审理案件的情况下，将根据调解法返还国家税费。

4. 在国家税费法规定的其他情况下返还国家税费。

5. 利益相关人有权在实际解决争议的判决书生效之日起满1年期限以前，向法院申请返还已缴纳的国家税费。国家税费根据法院裁定返还，全部或部分返还国家税费的依据，应在裁定中注明。

6. 在原告减少诉讼请求时，不予返还国家税费。

第109条　与案件审理相关的费用

属于案件审理相关费用的是：

（1）应支付给证人、鉴定人、专家证人和翻译人员的费用；

（2）勘察现场的费用；

（3）寻找被告的费用；

（4）与案件公布和声明相关的费用；

（5）与审理案件相关的邮递费用；

（6）法院承认的其他必须费用。

第110条　应支付给证人、鉴定人、专家证人和翻译人员的费用

1. 应向证人、鉴定人、专家证人和翻译人员支付他们所支付的、与出庭相关的交通费和住宿费用，以及出差补助费。

2. 鉴定人和专家证人可获得法庭委托给他们完成的劳务费，如果这个工作并不包括在他们在国家或公共机构的职责义务范围内。劳务费的金额由法院，根据案情状况，以及与鉴定人和专家的协商确定。

3. 翻译人员的劳务费以及出庭费用，由翻译人员出庭对其有利的诉讼参与人支付，或由国家财政支付。

第111条　缴纳应支付给证人、鉴定人、专家证人和翻译人员的费用

1. 必须支付的案件费用，以及应支付给鉴定人、专家证人、翻译人员的费用，应由申请方提前存入法院账户。

如果传唤证人，任命鉴定人，聘请专家证人、翻译人员和其他应支付的项目，是由法院倡议或双方申请的，则由双方平均承担并汇入法院账户。

2. 本条规定的金额，由国家预算支付、而非被免除缴纳国家税费的一方。

第112条　支付证人、鉴定人、专家证人和翻译人员的费用

应支付给证人、鉴定人、专家证人和翻译人员的费用，由法院从账户，根据他们完成工作的状况支付。

第113条　双方分摊诉讼费用

1. 法院将判定由败诉方向判决对其有利的一方支付所有诉讼费，即使败诉方曾被法

院免除缴纳诉讼费给国家的义务。如果诉讼请求只是被部分满足，则诉讼费将由原告根据诉讼主张对其有利的判决比例支付，而被告根据未被满足的主张比例支付。

2. 本条第 1 款阐述的规则，也包括双方由于案件上诉和最高上诉而承担的诉讼费用。

3. 如果上一级法院未将案件重新审理，只是改变了已作出的判决或作出新的判决，则法院相应地改变诉讼费用的分配。

第 114 条　追缴时间补偿

1. 不实提交无依据的起诉申请的一方，或对起诉书有争议的一方，或与正确及时的审理和判决冲突的一方，法院可以将向该方征收实际花费的时间的补偿金支付给另一方。

2. 补偿金额由法院在合理范围内，参考具体案件情况确定。

第 115 条　支付律师代理费用

1. 判决结果对其有利的一方，法律根据其申请，判定由另一方向其支付代理费用，并参考该方提交申请时的具体情况。

2. 如果根据规定的方式律师对判决有利一方的协助是无偿的，则上述金额由另一方向提供法律支持的人支付。

第 116 条　在撤诉和签署和解协议时诉讼费用的分配

1. 原告撤诉时，被告不必补偿原告所支出的费用。如果提交诉状后被告自愿满足原告的诉求而不再坚持自己的主张，则法院可以根据原告的请求，判定由被告支付所有原告支出的案件诉讼费和支付给代理人的费用。

2. 如果在签署和解协议时双方规定了诉讼费用和代理费用的分配方式，则根据协议支付费用。如果这一协议没有达成，则法院根据本法典第 113 条规定的原则解决诉讼费分配的问题。

第 117 条　向双方赔偿诉讼费

1. 在法律规定的情况下为维护他人的权利、自由和受法律保护的利益而向法院提交申请的人，部分或全部撤诉，可由相应的预算、全部或按原告放弃的诉求主张部分的比例补偿被告承担的案件诉讼费。

2. 如果驳回原告的起诉，由法院根据本法典第 42 条规定的方式传唤的被告所承担的费用，由国家财政赔偿。

3. 在满足解除财产查封诉求时，应以国家财政赔偿原告承担的诉讼费。

第 118 条　赔偿法院审理案件时承担的诉讼费

1. 法院审理案件承担的诉讼费和国家税费，由未免除支付诉讼费和国家税费的原告和被告，根据判决结果，按照诉讼主张被满足或驳回的比例支付。

2. 在放弃诉求时，法院审理案件产生的诉讼费由未被免除支付诉讼费的原告支付。

3. 如果双方都被免除缴纳诉讼费，则法院审理案件承担的费用，由国家预算支付。

4. 在对逃避缴纳税费的人进行查询时，法院向其追缴进行查询所需的费用。

第119条　对与诉讼费相关问题裁决的上诉

对与诉讼费相关问题的裁决，可以提起上诉。

第十节　诉讼罚款

第120条　诉讼罚款

1. 法院根据本法典规定的理由和金额进行诉讼罚款。

2. 法院对国家机构、地方自治机构和组织的职务人员处以的诉讼罚款，由其本人支付。

3. 在处以罚款时，法院应作出裁决。

4. 处以诉讼罚款的法院裁决的复印件应交给被处以罚款的本人，或者在第二天前发送给本人。

第121条　诉讼罚款的叠加或减少

1. 在收到法院有关诉讼罚款裁决复印件之时起的10天内，被处以罚款的人可以向处罚法院提交叠加或减少罚款金额的申请。这一申请应在10天内开庭审理，应通知被处以罚款的人开庭的时间和地点，但无论他是否出庭都不会妨碍申请的审理。

2. 对一级或上诉法庭拒绝叠加或减少诉讼罚款金额的法院裁决，可以提交自诉。

第十一节　诉讼期限

第122条　诉讼期限的计算

1. 诉讼效力在本法典或其他法律规定的期限内有效。如果法律未规定诉讼期限，则由法院认定。

2. 诉讼效力结束期限根据确切的日期、应发生事件的指示或期间确定。在确定期间的情况下，可以在该期间的任何时间内提起诉讼。

3. 以年、月或日计算的诉讼期限的过程，开始于该日期或确定其开始的事件发生后的一天。

第123条　诉讼期限的结束

1. 以年计算的期限，在期限最后一年的相应月、日结束。以月份计算的期限，在期限的最后一个月的相应月和日结束。如果以月份计算，期限结束于没有相应日期的那一个月，则期限在该月的最后一天结束。

2. 当期限的最后一天恰好是非工作日的情况下，期限结束的日期为这一天后最近的下一个工作日。

3. 规定了期限的诉讼行为，可以在期限最后一天的24点前完成。如果当事人将申诉书、文件或款项金额在期限最后一天的 24 点前交给通讯部门，则认为未错过期限。

4. 如果诉讼行为应直接在法院完成或在其他组织完成，则有关行为的效力结束于这些单位规定的工作日结束时间，或相应交易结束的时间。

第 124 条　错过诉讼期限的结果

1. 当事人的诉讼权利在法律或法院规定的期限期满时丧失。

2. 如果未提交有关恢复错过期限的申请，则法院不予审理在诉讼期限期满后提交的申诉书和文件，并以有依据的裁决形式将其退还给提交人。针对退还的裁决可以提出上诉。

第 125 条　诉讼期限的中止

1. 所有未期满的诉讼期限的时限，可以在案件审理中止时同时中止。

2. 案件重新审理之日起诉讼期限的时限继续。

第 126 条　诉讼期限延长

诉讼期限，在期满前可以根据相关人员的申请，由法院裁决延长。

法院指定期限的结束，不能免除诉讼参与人的诉讼义务。

第 127 条　恢复诉讼期限

1. 由于法律承认的正当理由而错过诉讼期限的人，如果法律对其没有其他规定，可恢复其错过的期限。

2. 恢复错过的诉讼期限的申请，应提交到一级法院并由相关法庭开庭审理。涉案人员将被通知开庭时间和地点，但他们是否出席并不会妨碍法庭作出裁决。

3. 提交恢复期限申请的同时，可以完成必需的诉讼行为（提交申诉书、呈交文件等）。

4. 针对法庭作出的拒绝恢复或恢复错过的诉讼期限的裁决，可以提交申诉书。

第十二节　诉讼通知和传唤

第 128 条　诉讼通知和传唤

1. 涉案人员将被通知开庭时间和地点，或完成个别诉讼行为的时间和地点。应以传票的方式传唤证人、鉴定人、专家和翻译人员出庭。

2. 通知和传票以挂号信的方式发送给程序参与人，并通知收件人使其有充足的时间准备案件并按时出庭。

3. 通知和传票应按双方或其他涉案人员提供的地址送达。如果公民实际上不居住在提供给法庭的地址，通知或传票应被发至工作地点。

4. 法院按法人机构所在地的地址通知法人开庭的时间或个别诉讼行为的时间和地点。

5. 法院有权以电话、电报、传真或电子邮件，及使用其他可记录相应事实的通信手段通知或传唤涉案人员和其他诉讼参与人。这时，在法院留底并归档的转达内容复印件上应注明转达人的姓名和职务、转达日期和时间，以及接收人的姓名职务。

6. 如果通知直接在法庭传达，需要签收。

7. 如果本法典或按法律规定方式生效的吉尔吉斯共和国作为成员国的国际公约没有其他规定，法院根据本条的规定通知外国人。

8. 确认法庭通知和传唤的文件，将归入案件档案中。

第 129 条　诉讼通知的内容

诉讼通知（传票）应包含：

（1）法院名称和地点；

（2）开庭时间和地点，或进行个别诉讼行为的时间和地点；

（3）发送通知和传唤的案件名称；

（4）通知（传票）收件人的名称、作为何人被通知（被传唤）；

（5）建议涉案人员提交他们所有的案件证据；

（6）注明被传唤人有权或应该在何期限、实施哪些行为；

（7）注明由于应收件人不在，接受通知（传票）的人在第一时间将通知交给应收件人的义务；

（8）注明不出庭的后果，通知法庭不出庭理由的义务。

第 130 条　案件审理期间的地址变更

涉案人员应通知法院在案件审理期间地址的变更。如果未通知，根据最后通知法院的地址发送的通知（传票）将被认为已送达，即使收件人已不再居住在这个地址。

第 131 条　必要的通知

1. 如果在庭审开始前、个别诉讼行为发生前，法院得到有关收件人已收到通知的信息，涉案人员和其他人被认为已按应有方式得到通知。

2. 在下列情况下，涉案人员和程序的其他参与人也可被认为已按应有方式得到法院的通知：

（1）如果收件人拒绝接收通知（传票），且已被记录；

（2）尽管发送邮局通知，但收件人没有接收法院按规定发送的通知（传票），对此通信机构已通知法院；

（3）如果法院按最后通知法院的法人地址发送的通知，由于收件人未出现在注明的地址而无法送达。

第 132 条　被告居住地不明

在被告居住地不明的情况下，法院将在收到被告最后居住地通知的信息后开始审理案件。

第 133 条　查寻被告

1. 在被告居住地不明的情况下，为国家利益提出的追缴抚养费、赔偿工伤或其他健康损害，或抚养人死亡造成的损失的要求，法院应通过国家授权机构查寻被告。

2. 查寻被告人追缴费用，应根据国家授权部门的申请、通过司法命令的方式进行。

第二章　一级法院的审理

第一分章　诉讼审理

第十三节 提出诉讼

第 134 条　起诉书的格式和内容

1. 起诉申请以机器打印、书面的形式提交给法院。

2. 申请中应注明：

（1）向其提交申请的法院名称；

（2）原告名称及其居住地；或者如果原告是法人，则注明其所在地，如果申请由代理人提交，则注明代理人名称及地址；

（3）被告的名称及其居住地，或者如果被告是法人，则注明其所在地；

（4）原告的主张；

（5）原告提出主张依据的情节和确认这些情节的证据；

（6）如果应对起诉评估，则说明起诉价值；

（7）与申请一同提交的附件文件清单。

申请中应注明其他对判决争议具有意义的信息，并阐述原告的诉求。

3. 检察官、其他国家机构、地方自治机构和代表国家或社会利益的部门提交的申请中，应包含国家或社会意义的依据、哪些权利被损害、引述的法律或其他法令。在由检察官、其他国家机构、地方自治机构和其他代表公民利益的机构起诉时，则起诉书中应包含公民自己无法提起诉讼的理由，且应附带证明同意机构代表自己向法院提交申请的文件，但不包括代表无行为能力人提交申请的情况。

4. 申请由原告或拥有签字和提交申请授权的代理人签字。

5. 如果由于身体缺陷或疾病致使公民无法亲笔签字，则根据他的请求，可由其他公民在申请上签字。后者的签字应由公证员或其他有权完成该公证行为的职务人员证明，并注明原告不能亲笔在申请上签字的理由。

第 135 条　起诉书附随的文件

起诉书附随的文件包括：

（1）起诉书及本条第 2~5 款注明的、针对被告和第三方的文件的复印件；

（2）确认支付国家税费的文件；

（3）授权书，或证明代理人签署和提交起诉书授权的其他文件；

（4）证明原告阐述自己主张的依据的文件；

（5）书面申请，如果未在申请中阐述；

（6）原告护照复印件或其他证明其身份的文件；

（7）有争议诉讼金额的计算。

第 136 条　接受起诉书

1. 是否接受起诉书进行法院审理，由法官在收到起诉书后的 5 天内裁定，而与强制进入精神病院治疗有关的案件，则不迟于收到申请之时起第二日作出裁定。

2. 法官应就接受起诉书作出决定。

第 137 条　拒绝接受起诉书

1. 法院可拒绝接受起诉书，如果：

（1）申请不能按民事诉讼程序审理和裁决；

（2）存在已生效的，针对同样原被告双方的争议做出的，有关同一个诉讼标的，根据同样依据的法院、仲裁法庭的裁决，或者由于原告撤诉法院作出的中止案件诉讼的裁决，或通过双方和解协议的裁决；

（3）存在双方签署的将争议交由仲裁法庭裁决的协议，但不包括该协议无效、失去效力或无法执行的情况。

2. 法官应作出拒绝接受申请的有依据的判定，该判定应自向法院提交申请之时起 7 天内作出，并将其交给或送达给申请人，同时退还他们提交的文件。

3. 拒绝接受申请，不会妨碍再次向法院提交针对同一个被告、同一个诉讼标的和同样依据的起诉书。对法院作出的拒绝接受申请的裁决，可以提交上诉。

第 138 条　退还起诉书

1. 法院会退还起诉书，如果：

（1）原告未遵守法律或合同规定的庭前解决争议的方式，且还未丧失使用这一方式的可能；

（2）案件不属于该法庭管辖；

（3）由无行为能力人提交的申请；

（4）以相关人员的名义提交的、由没有授权签字和提交法院的人签署的申请；

（5）在这个或其他法院、仲裁法庭审理相同双方、相同诉讼标的和相同依据的争议案件；

（6）在妻子怀孕及子女出生后 1 年内，未经妻子同意，由丈夫提交的解除婚姻的诉讼；

（7）未支付国家税费；

（8）在就接受原告起诉书进行审理的裁决作出之前收到要求退还起诉书的申请。

2. 法院就退还起诉书作出有依据的裁决，其中应注明：如果该案件不属于该法院管辖，申请人应向何种法院提交诉状，或者如何消除妨碍起诉的情况。

3. 退还起诉书的裁决应自提交到法院之时起 5 天内作出，并送达给申请人，且附带所有申请书的附件。

4. 如果取消有关退还起诉申请的裁决，则该申请将被认为是于首次提交到法院的日期提交的。

5. 退还起诉书并不妨碍就同样的主张，按普通方式，在消除退还依据的状况后再次向法院提交。

6. 针对法官就退还申请所作出的裁决，可以提起上诉。

第 139 条　留置起诉申请不予推进

1. 法院在确定起诉书未按本法典第 134 条和第 125 条第 1～3 款的规定提交到法院后，会作出将申请留置不予推进的裁决，并将此通知提交起诉书的人，并告知其修改错误的期限。

2. 如果原告根据法院的指示，在法院规定的期限内完成裁决中的要求，则起诉书将被认为是在首次提交日提交的。否则起诉书即被认为未提交，并将与其他文件一同退还给申请人。

3. 本条的要求不适用于经济案件的民事诉讼。

第 140 条　提出反诉

被告有权在案件作出判决前向原告提出反诉，以便与原始诉状一同审理。反诉根据提起诉讼的一般规则提出。

第 141 条　接受反诉的条件

法院接受反诉：

（1）如果反诉是为了抵销最初的诉讼要求；

（2）如果满足反诉会完全或部分取消满足最初的诉讼要求；

（3）如果反诉和原始诉讼之间存在联系，共同审理会使案件的审理更快更准确。

第十四节　诉讼保证

第 142 条　保证诉讼的基础

1. 根据涉案人员的申请，法院可以采取措施保证诉讼。只有在法院接受起诉书进行任意级别审理的情况下方可保证诉讼，并且如果不采取这些措施可能会使法院裁决很难或无法执行。

2. 对于采取保证诉讼的措施问题，替换诉讼保证形式的问题，以及根据长期有效的仲裁法庭仲裁程序当事人一方的申请取消诉讼保证的问题，应根据本条的规定进行审理。

第 143 条　仲裁程序当事人的诉讼保证申请

1. 仲裁程序当事人的诉讼保证申请，在仲裁法庭所在地、被告所在地或居住地，或被告财产所在地提起。

2. 与仲裁程序当事人的诉讼保证申请一同提交：

（1）经提起仲裁程序的、长期有效的仲裁法庭认证的起诉书复印件；

（2）经公证的、有关将争议转交仲裁法庭裁决的协议（仲裁协议）复印件。

第 144 条　诉讼保全措施

1. 诉讼保全措施可以是：

（1）查封属于被告或在被告和其他人处的财产或资金，在赔偿额和诉讼费金额范围内查封财产和资金；

（2）禁止被告完成一定的行为；

（3）确定完成一定行为的义务；

（4）禁止向他人转让财产或完成对于财产的其他义务；

（5）在提出有关解除财产查封诉讼时，停止销售财产；

（6）停止根据债务人按司法程序反驳的执行文件进行追缴。

2. 在必要的情况下，法院可以采取其他措施保证诉讼，这些措施符合本法典第 142 条注明的目的，法院可以采用几种诉讼保全形式。

3. 诉讼保全措施应该与诉讼主张相适应。

4. 在违反采取的诉讼保全措施时，过错方将依据吉尔吉斯共和国法律规定被追究责任。

第 145 条　审理诉讼保全申请

1. 诉讼保全的申请由法院（法官）在收到该申请后的 1 天内审理，无需通知被告和其他涉案人员。法院（法官）应就采取诉讼保全措施作出裁决。

2. 作出裁决后应立即将裁决复印件发送给涉案人员。

3. 针对诉讼保全问题作出的法院裁决，可以提交上诉书。如果有关诉讼保全的裁决是在未通知提交申诉书的人的情况下作出的，则提交上诉书的期限应自其知晓该判决之日起计算。

4. 在法院根据仲裁程序对当事人申请作出的有关诉讼保全问题的裁决进行上诉时，法院可以要求提供仲裁法院按规定方式认证的案件材料复印件，这些都是审理上诉所必需的文件。

第 146 条　执行有关诉讼保证的裁决

1. 有关诉讼保证的裁决，应按吉尔吉斯共和国法律规定的方式立即执行。

2. 针对有关诉讼保全裁决提交上诉，并不能中止对这一裁决的执行。

第 147 条　诉讼保全变更

1. 根据涉案人员的申请，可以变更诉讼保全形式。

2. 变更诉讼保全形式的问题在庭审时解决。法院将通知涉案人员开庭的时间和地点，但涉案人员是否出庭不会妨碍审理变更诉讼保全形式的问题。

3. 在诉讼保全追缴资金时，被告有权将法院采取的诉讼保全措施变更为向法院的存款账户存入原告声明追缴的金额和诉讼费用。

4. 针对变更诉讼保全的裁决可以提交上诉，上诉申诉书的提交可以暂时中止裁决的执行。

第 148 条　取消诉讼保全

1. 诉讼保全可以根据涉案人员的申请，由同一法院取消。

2. 取消诉讼保全的问题，应开庭审理。法院将通知涉案人员开庭的时间和地点，但涉案人员是否出庭并不会妨碍对取消诉讼保全问题的审理。

3. 在撤诉、终止审理案件或不予审理的情况下，法院采取的诉讼保全措施将保留至法院判决书生效。但是根据涉案人员的申请，法院可以与判决书一起或在作出判决之后，作出有关取消诉讼保全的裁决。

4. 在满足起诉时，根据诉讼保全所采取的措施的效力将保留至法院裁决的执行。

5. 针对有关取消诉讼保全的裁决可以提交上诉。自诉申诉书的提交不会暂时中止裁决的执行。

第 149 条　赔偿因诉讼保全给被告造成的损失

对采取诉讼保全措施的被告或其他人员，在拒绝诉讼的决议生效后，有权通过提交相应起诉书的方式，要求原告赔偿根据原告的申请而采取的诉讼保全措施给其带来的损失。

第十五节　案件审理准备

第 150 条　有关准备审理案件的法院决定

1. 在接收申请后，法官准备进行案件审理，以便保证及时正确地审理。

2. 法官对案件准备作出决定，并指出应进行的工作。

3. 准备审理是民事诉讼的必要阶段，由法官在双方和涉案人员参加的情况下进行。

4. 在取消之前判决后、重新审理案件前，法官需就案件准备作出决定。

第 151 条　准备案件审理的任务

准备案件审理的任务是：

（1）明确对正确判决案件有意义的情况；

（2）确定双方的法律关系以及适用的法律；

（3）解决涉案人员组成的问题；

（4）保证双方和涉案人员提交必需的证据；

（5）双方调解。

第 152 条　涉案人员在案件审理准备期间的作为

1. 在案件审理准备时，原告和（或）其授权代理人：

（1）向法院提交证据以确认自己的主张；

（2）提出请求法院协助获取证据的申请；

（3）向被告转交起诉实际依据的证据复印件。

2. 被告和（或）其授权代理人：

（1）明确原告的起诉主张和这些主张的实际依据；

（2）提出请求法院协助获取证据的申请；

（3）在法庭规定的期限内提出书面应诉，并将复印件发送给原告。

3. 应诉中应注明：

（1）提交应诉法庭的名称；

（2）被告及其代理人的名称、地址（如果由代理人提交应诉）；

（3）证人、其他应传唤出庭的人的名称、地址；

（4）被告是否承认起诉中某一部分的内容；

（5）在不承认起诉的内容时，反对的依据和证据；

（6）相关涉案人员，如果存在的情况下；

（7）附随的文件清单。

4. 应诉书由被告或其授权代理人签字。如果应诉书由被告的代理人提交到法庭，则应附随证明他被授权的文件。

被告未提交书面应诉书，并不影响法院按现有证据审理案件。

5. 本条规定适用于其他涉案人员。

第 153 条　案件审理准备程序中法官的作为

在案件审理准备程序中，法官应进行以下行为：

（1）向涉案人员、诉讼双方解释他们的权利和义务；

（2）建议被告在法官规定的期限内提交书面应诉书；

（3）解决双方有关共同原告、共同被告和第三方参与案件的申请；

（4）将开庭时间、地点通知相关参与的公民或组织；

（5）根据双方的申请，解决传唤证人出庭的问题；在传唤未成年证人出庭时，还需解决传唤教育专家或心理医生、未成年人的法定代理人；

（6）指定鉴定人，以便参考双方意见进行鉴定，并解决聘请专家、翻译人员参与案件的问题；

（7）根据涉案人员的申请，协助向单位或公民索取相关证据；

（8）在不能拖延的情况下，经通知涉案人员，在现场检验书面证据和物证；

（9）发送司法委托；

（10）解决诉讼保全的问题；

（11）指定预审（调查庭）的时间和地点；

（12）根据原告的申请作出退还已提交申请的裁定；

（13）向双方解释以调解方式调解纠纷的权利，有权让双方与调解人见面进行必要的信息交流；

（14）完成其他必要的诉讼行为。

第 154 条　预审

1. 预审由法官根据诉讼规则、司法审理规则，并按照本节规定的例外和补充进行。

2. 预审的时间和地点在案件审理准备的决定中注明。

根据本法第十二节的规定通知双方预审的时间和地点。涉案人员是否出庭，并不影响预审案件的准备。

3. 预审双方有权提交证据、提出论据、提出申请。

4. 存在本法典第 215 条、第 216 条、第 220 条、第 222 条规定的情况时，参考双方意见，法院可以暂时中止或终止案件的预审，或不予审理申请，并对此作出有依据的裁决。

5. 在预审中审理有关被告承认诉讼、适用诉讼有效期或按法律规定的方式起诉的期限的问题。

6. 在确定存在无正当理由而错过起诉期或诉讼有效期的情形时，法官会作出无需调查其他实际情况而拒绝审理案件的决定。

7. 在被告承认诉求的情况下，法院会作出无需调查其他实际情况而满足原告诉求的决定（宣判起诉人胜诉）。

8. 在案件审理预备阶段，经双方同意，在预审后直接进行案件审理，对此应作出审理案件的裁定。

9. 预审中应根据本法典进行记录。

第 155 条　审理案件

确认案件已做好准备工作，法官将做出开庭审理案件的决定，并通知双方和其他诉讼参与人开庭时间和地点。

第 156 条　多个起诉主张的联合和分立

1. 原告有权将多个相互联系的主张，结合在一个起诉书中。

2. 法官如果认为一个或多个联合主张分开审理更合理，则可将其分开单独审理。

在多个原告提出主张或对多个被告提出诉求时，如果认为一个或多个联合主张分开审理更合理，法官有权将一个或多个诉求划分出来单独审理。

3. 法官在确定该法院在审理几个同类案件，即由同一双方参与案件，或几个案件是按一个原告对不同被告提出或几个原告对同一个被告提出诉讼后，如果这种联合审理有利于更快更正确地审理这些争议，则法官有权将这些案件联合成一个案件共同审理。

第十六节　法院审理

第 157 条　民事和经济案件的审理和判决的期限

1. 民事案件应自法院收到申请之日起 3 个月内审理并判决，包括案件准备和对案件作出裁决的期限，除非本法典另有规定。

2. 有关恢复工作、追缴赡养费、收养、认定监护人（保护人）、将未成年人送到寄宿机构的案件，应在接收案件后的1个月内审理并判决。

强制公民到精神病院治疗的案件，在接收案件审理之日起5天内审理并判决。

经济案件在接收案件后的2个月内审理并判决，其中包括案件准备和作出判决的期限。

3. 对个别类别的民事和经济案件，本法典和法律可以规定更短的审理和判决期限。

第158条　庭审

民事案件应开庭审理并应通知涉案人员。

第159条　庭审主审

1. 审理案件的独任法官，完成主审法官的义务。

2. 主审法官应采取本法典规定的所有措施保证双方权利平等，主持开庭，创造必要的条件以便全方位、全面和客观地调查案件的情节。主审法官也要保证遵守庭审秩序，向所有参与审理的人阐明他们的权利和义务，以及法院的实施程序。

如果某个参与审理的人反对主审法官的行为，将被记入庭审记录中，主审法官应对自己的行为作出解释。

3. 所有程序参与人必须执行主审法官的决定，包括涉案人员、代理人、证人、鉴定人、专家、翻译人员和在庭审大厅的人。

第160条　庭审秩序

1. 在法官进入审判大厅时，所有大厅中的人都应起立，站立作出自己的证词和陈述。只有经主审法官同意方可无须遵守这些规则。

2. 程序参与人应对法官称呼“尊敬的法官”。

3. 法院审理应在应有的秩序和参与者安全的条件下进行。为了保证安全，主审法官可以命令在审理时检查所有参与庭审的人，包括检查证明其身份的文件及其随身携带的物品等。

4. 只有经法官同意，并参考参与案件人的意见，方可允许相关人员在法院审理过程中进行拍照、录像、无线直播和电视转播。这些行为不能妨碍庭审的正常程序，且应在法官指定的位置进行，并可能被限制时间。

5. 程序参与人以及所有出席庭审的公民，必须遵守法律规定的秩序。

6. 所有在审判庭的人都应站立听取法官宣读判决书。

第161条　对违反庭审秩序的人采取的措施

1. 主审法官将以法院的名义对在案件审理时违反秩序的人提出警告。

2. 程序参与人再次破坏秩序，可能根据法庭的决定在整个庭审期间或部分时间被逐出庭审大厅。部分时间逐出的情况，主审法官应告知重新进入庭审大厅的人他不在场时进行的诉讼情况。出席庭审的公民因重复违反秩序，将根据主审法官的命令被逐出法庭。

3. 法庭有权对违反秩序，以及在庭审过程中对法庭表现出不尊重的人，处以罚款，金额不超过50倍的结算指数。

4. 如果违反庭审秩序的人的行为存在犯罪特征，法庭将向相关检察官发送资料。

5. 出席案件审理的公民大规模违反秩序，法庭可以将所有不属于程序参与人的公民逐出法庭，或延迟审理。

第162条　开庭

在案件审理指定的时间，主审法官宣布开庭以及需要审理的民事案件。

第163条　检查程序参与人的到场

1. 庭审书记向法官报告，本案传唤的人是否出庭、未出庭的人是否已被通知、是否具有他们缺席的理由方面的信息。

2. 主审法官核实出庭人的身份并检查职务人员和代理人的授权情况。

第164条　向翻译人员解释其义务

1. 主审法官向翻译人员解释其义务：翻译不掌握诉讼语言的人的陈述、证词、申请；向不掌握诉讼语言的人翻译涉案人员、证人的陈述，证词，申请，案件宣布，以及相关的文件、录音、录像，鉴定人的结论，专家的咨询、解释，以及主审法官的命令，法庭的判决。

2. 翻译人员有权在翻译过程中向程序参与人提出问题以便明确翻译内容，并对庭审记录中翻译的正确性提出意见。

3. 主审法官提醒翻译人员，对于明显不正确的翻译应按照法律的规定承担刑事责任。翻译记录将归入庭审记录档案。

如果翻译人员逃避出庭，法院可以对其处以罚款，罚金不超过结算指数的50倍。

4. 本条规则适用于懂得聋哑人手势、被邀请参与案件审理的翻译人员。

第165条　将证人逐出庭审大厅

出庭的证人可能被逐出庭审大厅。主审法官采取该措施是为了使被允许进入的证人不与被逐出的证人交流。

第166条　解决有关法官组成的问题、解释自行回避和回避的权利

1. 主审法官宣布法官组成、检察官、翻译人员、鉴定人、专家、庭审书记，并向涉案人员解释其申请自行回避和回避的权利。

2. 自行回避和回避的依据、裁决的方式、满足这些申请的后果，由本法典第19条至第24条规定。

第167条　向涉案人员及其代理人解释其权利和义务

主审法官向涉案人员及其代理人解释其诉讼权利和义务。

第 168 条　裁决涉案人员的申请

对于案件参与人及其代理人就与案件相关问题的申请，法院在听取其他案件参与人的意见后作出判定。

第 169 条　涉案人员及其代理人不出庭的后果

1. 涉案人员应向法庭说明不出庭的理由，并出示其理由正当性的证据。

2. 某个涉案人员未出庭的情况下，且未通知该未出庭人员，则案件审理将会延期。

3. 如果已按照应有方式通知涉案人员开庭的时间和地点，且法庭认可他们未出庭的理由是正当的，法庭可以延期审理案件。

4. 已按照应有方式通知开庭时间和地点的涉案人员未出庭，且没有有关未出庭正当性理由的证据，或者法院认定其不出庭的理由不正当，则在这些情况下不影响案件的正常审理。

5. 双方有权请求法庭在他们缺席的情况下审理案件，并将裁决书和判决书复印件发送给他们。根据案件状况的必要性，法庭可以认定双方的出庭是必须的。

6. 已按应有方式通知开庭时间和地点的案件参与人的代理人未出庭，并不会影响案件的审理。由于涉案人员的代理人未出庭，法庭可以根据他的申请推迟案件审理。

第 170 条　证人、鉴定人、专家未出庭的后果

1. 证人、鉴定人或专家未出庭的情况下，法庭将听取涉案人员有关在程序参与人缺席情况下审理案件的意见，并作出继续审理或延期审理的裁定。

2. 如果被传唤的证人、鉴定人或专家由于法院认定的不正当的理由未出庭，法庭可以对上述人员处以结算指数 50 倍以内的罚款。

在第二次传唤的证人因不正当理由未出庭时，法院可对其作出强制拘留的决定。

第 171 条　延期案件审理，庭审休庭

1. 在本法典规定的情况下，以及法庭认定，由于某个程序参与人未出庭、提交反诉、呈交或索取补充证据、要求双方与调解人进行必须的信息会面、请其他人参与案件、完成其他诉讼行为的原因，无法在本次庭审中审理的情况下，允许推迟案件审理。

2. 在推迟案件审理时，将指定新的庭审日期并参考可能保证在新的庭审中裁决案件的时间，对此出庭人应签字接受。法庭将给未出庭人员和新涉案人员发送新的庭审时间和地点的通知。

3. 推迟审理后案件将重新开始审理。

4. 如果诉讼双方未坚持要求重复程序参与人说明、了解案件材料，法官认定案件材料构成未变化的情况，法庭有权在不重复的情况下向程序参与人提供确认之前的说明资料，补充并提出补充问题的可能。

5. 根据涉案人员的申请，或根据法官的倡议，法庭可以宣布休庭。

6. 可以宣布休庭 10 天以内的期限。

7. 休庭后，庭审继续。对休庭前已调查的证据不会进行重复审理。

8. 在宣布休庭前的涉案人员和出席庭审的人，即被认为按规定通知了开庭时间和地点，他们在休庭结束后未出庭并不会妨碍庭审的正常进行。

第 172 条　在推迟审理案件时询问证人

在推迟审理案件时，法庭可以询问出庭的证人。只有在必须的情况下方可再次传唤证人出席新的庭审。

第 173 条　向鉴定人和专家解释其权利和义务

主审法官向鉴定人和专家解释其权利和义务，警告鉴定人提供虚假意见的责任、专家提供虚假证词的责任，并要求他们就此签字并存档。

第 174 条　实质审理案件的开始

1. 根据主审法官或某个法官的通报，开始案件的实质审理。

2. 主审法官询问，原告是否坚持自己的主张、被告是否承认原告的主张、双方是否希望以和解协议的方式结束此案或进行和解程序。

第 175 条　原告放弃起诉、被告承认起诉和双方达成和解协议

1. 原告放弃起诉的申请、被告承认起诉，或者双方达成和解协议的申请，应以书面形式提交。这些申请应被归入案卷，对此庭审记录应注明。

2. 在放弃起诉，承认起诉，或确定双方达成和解协议的情况下，法庭向原告、被告或双方解释相应程序行为的法律后果。

3. 在原告撤诉或确认双方达成和解协议的情况下，法庭将作出终止案件审理的裁定。在裁定中应注明法院确定双方达成和解协议的条件。

4. 在被告承认起诉时，法院作出满足起诉主张的裁决。

5. 和解协议应符合本法典第 43 条第 4 款的规定。

6. 由于本法典第 43 条第 4 款注明的原因未通过和解协议的情况下，法庭将对此作出裁定并继续案件的实质审理。

第 176 条　案件参与人的说明

1. 在通报案件后，法庭听取原告和原告方第三人、被告和被告方第三人，以及其他涉案人员的说明。向法院申请保护他人权利、自由和合法利益的检察官、国家机构代表、地方自治机构代表、法人的代表、公民，首先作出说明。涉案人员有权相互提问，法官有权在涉案人员进行说明期间提问。

2. 涉案人员的书面说明，以及法院按本法第 71 条、第 73 条规定的方式获得的说明，由主审法官宣读。

第 177 条　确定证据调查方式

听取涉案人员说明后，法庭参考他们的意见确定调查证据的方式。

第 178 条　对证人拒绝作证和提供虚假证词应承担责任的警告

1. 在询问证人前，主审法官应确认证人的身份，解释其权利和义务，对其提出拒绝作证和提供虚假证词应承担责任的警告，并对此进行签字并归档。

2. 未满十六周岁的证人，主审法官应向其解释其具有真实讲述他所知晓的一切的义务，但不得对其提出拒绝作证和提供虚假证词应承担责任的警告。

第 179 条　询问证人的方式

1. 每个证人应被单独询问。

2. 主审法官查明证人对涉案人员的态度，并要求证人将所有知晓的、有关案件情节的一切告知法院。

3. 向证人提问。第一个提问的人是申请传唤证人的涉案人员及其代理人，之后是其他涉案人员及其代理人。

法官有权在询问的任何时刻向证人提问。

4. 法庭可以在同一庭审中重复询问证人，也可以为了查明证词中互相矛盾的部分重复询问证人。

5. 还未给出证词的证人，不能在审理期间停留在庭审大厅。如果法庭不允许证人提前离开，被询问的证人可以在庭审大厅中停留至案件审理结束。

第 180 条　证人使用书面材料

证人在作证时，如果证词与某些数据或其他资料有关，且很难记住，则可以使用书面材料。这些材料呈交给法庭和涉案人员，并可能被归入案件档案中。

第 181 条　询问未成年证人

1. 询问未满十八周岁的证人，应有教育专家或心理医生，以及法定代理人参与。必要时也可以传唤未成年证人的父母、养父母、监护人或保护人。上述人员可以经主审法官允许向证人提问，并对证人身份和作证的内容说出自己的意见。

2. 在询问未成年证人时，根据法庭决定参与案件的一些人，或出席庭审的一些公民可被要求离开大厅。在涉案人员返回大厅后，应告知该涉案人员未成年证人的证词内容并给予其向证人提问的机会。

3. 未满十六周岁的未成年证人，在询问结束后离开法庭，除非法庭认为他有必要继续留在法庭。

第 182 条　宣读证人证词

按本法典第 71 条、第 73 条、第 79 条第 3 款和第 172 条的规定收集的证人证词，应在法庭上宣读，之后涉案人员有权对证词说出自己的意见并予以解释。

第 183 条　调查书面证据

书面证据或根据本法典第 71 条、第 73 条、第 83 条和第 153 条第 9 款规定的方式办理的检验记录，应在法院上宣读并出示给涉案人员及其代理人，在必要时告知鉴定人、专家和证人。之后涉案人员可以给出说明。

第 184 条　宣读和调查公民个人书信和电报通知

为保护个人的书信和电报通知的秘密，只有经这些书信和电报通知的联系人的同意，方可由法庭在公开庭审时宣读和调查，否则只能在封闭庭审中宣读和调查。

第 185 条　调查物证

1. 物证由法院检验并出示给涉案人员及其代理人，必要时出示给鉴定人、专家和证人。

2. 向其出示了物证的人，可以提请法庭关注一些与检验相关的情节。这些申请都会被记录在案。

3. 根据本法典第 71 条、第 73 条、第 89 条和第 153 条第 9 款的规定所做的物证检验记录，应在法庭上宣读，之后涉案人员可以作出说明。

第 186 条　现场检验

1. 难以或无法送至法庭的书面证据和物证，可在其所在现场或法庭确定的其他地方检验。就检验地点法庭会作出判定，对此判定不能提出上诉。

2. 现场检验的时间、地点将通知涉案人员及其代理人，但他们是否出席并不会妨碍检验的进行。必要时也可以传唤鉴定人、专家和证人。

3. 现场检验的结果记入庭审记录。记录中可以附加检验时所做的计划、草稿、示意图、计算、文件复印件，检验时的书面证据和物证的录像、照片，以及鉴定人的书面意见和专家的说明。

第 187 条　录音、录像的播放及其调查

1. 在播放、调查包含个人信息的录音、录像时，适用本法典第 184 条的规定。

2. 应在庭审大厅或在其他用于此目的、有专门设备的场所播放录音和录像，并在庭审记录中注明证据播放源的识别特征和播放时间。之后法庭听取涉案人员的说明，在必要时可以全部或部分重复播放录音或录像。

3. 为了查明录音和录像中包含的信息，法院可以邀请专家进行鉴定。

第 188 条　证据伪造性的声明

1. 声明案件中存在伪造证据时，呈交该证据的人，可以申请将其从证据中排除并根据其他证据审理案件。

2. 为了检查有关伪造证据的声明，法庭可以任命鉴定人，并建议双方提交其他证据。

3. 如果法庭得出证据是伪造的结论，则将会排除该证据。必要时法庭将材料发送给检察官以便对提交伪造证据的人采取相应措施。

第 189 条　调查鉴定人的意见

1. 鉴定人的意见在庭审时宣读。为了解释和补充意见，可以向鉴定人提出问题。提

出设立鉴定人申请的涉案人员及其代理人可以首先提问，之后是案件的其他涉案人员及其代理人。由法庭提议任命的鉴定人首先由原告及其代理人提问。法院有权在询问鉴定人的任何时刻向其提问。

2. 鉴定人的意见可以在庭审中调查，并由法庭与其他证据一起评估，但它对庭审没有预设力。法庭如不同意鉴定人的意见，应在案件裁决，任命补充、重复鉴定的判定中说明理由。

第 190 条　补充和重复鉴定

1. 在意见不够清晰或不足时，法庭可以任命由该鉴定人或其他鉴定人进行补充鉴定。

2. 法庭根据无依据的理由不同意鉴定人的意见可进行重复鉴定，在几个鉴定人的意见相冲突时，法庭可任命进行重复鉴定。

第 191 条　专家的咨询

1. 在检验物证或书面证据，播放录音、录像，任命鉴定人，询问证人，采取保全证据措施时，必要时法庭可以邀请专家提供咨询、解释并提供直接的技术协助（摄影、绘制平面图和示意图、选取鉴定样品、评估财产等）。

2. 作为专家被传唤的人，应出庭并回答法庭提出的问题，提供口头或书面的咨询和解释，必要时给予法庭技术协助。

3. 专家给出的书面咨询，应在庭审时宣读。专家的口头咨询和解释应写入庭审记录。

4. 为了解释和补充咨询内容，可向专家提出问题。首先由申请聘请专家的涉案人员及其代理人提问，之后是其他涉案人员及其代理人。由法庭提议邀请的专家，首先由原告及其代理人提问。

5. 法庭有权在询问专家的任何时刻向其提问。

第 192 条　国家机构和地方自治机构的结论

法庭允许参与案件的国家机构和地方自治机构的结论进入庭审，应在法庭上宣读。

法庭、涉案人员及其代理人可以向这些机构的授权代表提问以便查清和补充结论。

第 193 条　结束案件的实质审理

在调查所有证据后，主审法官应询问涉案人员及其代理人，是否需要补充案件材料。如无申请，主审法官将宣布案件的实质审理结束，法庭将进入法庭辩论环节。

第 194 条　法庭辩论

1. 法庭辩论包括涉案人员及其代理人的言论。

2. 在法庭辩论中，第一个发言的是原告及其代理人，之后是被告及其代理人。在程序开始后对争议对象提出独立请求的第三方及其代理人在双方及其代理人之后发言。未对争议对象提出独立请求的第三方，在他支持的原告或被告之后发言。

3. 参加本法典第 48 条第 3 款规定的案件审理的检察官，按本法典第 49 条的方式向法院提出保护他人权利和合法利益的国家机构、地方自治机构、组织的代表和公民，在法庭辩论中首先发言。

4. 法庭无权限制辩论的时长。主审法官可以在辩论超出法庭审理的争议范围时制止发言人。

5. 所有涉案人员及其代理人发言后，根据发言内容可以再次发言答复。最后答复、反驳的权利属于被告及其代理人。

第 195 条　恢复实质审理案件

1. 涉案人员及其代表，在法庭辩论的发言中无权引述法庭尚未查清的情节，以及法庭尚未调查的证据。

2. 如果法庭在辩论时认定必须查清对案件有意义的新情节，或调查新的证据，则法庭会恢复案件的实质审理，对此应在庭审记录中注明。实质审理结束后辩论按普通方式进行。

第 196 条　法官离席以便作出裁决

辩论结束后法官离开法庭，到会议室以便作出裁决，就裁决结果主审法官会向在场的人员宣布。

第 197 条　宣布裁决

1. 作出裁决并签字后，法官返回庭审大厅，在这里主审法官宣布法庭的裁决。之后主审法官将解释裁决内容、上诉方式和期限。

2. 在宣布裁决的结论部分时，法院应宣布作出最终裁决的公布日期。

第十七节　法院的裁决

第 198 条　作出裁决

1. 进行实质性裁决的一级法院的判决书，以裁决的形式作出。裁决以吉尔吉斯共和国的名义作出。

2. 裁决在会议室作出，在作出裁决时，会议室只能有审理法官在场，不允许其他人员进入会议室。

第 199 条　裁决的合法性和可论证性

1. 法庭的裁决应是合法的、有根据的。

2. 如果裁决是在遵守诉讼法标准、符合适用该法律关系的实体法标准的情况下作出的，则该裁决是合法的。

3. 当裁决中反映了对本案有意义的事实，而该事实是由符合证据的相关性、可采性以及真实性的法律规范的证据加以证明的，且当裁决中包含了法庭根据确定的事实做出的确凿的结论，则该裁决是有依据的、可论证的。

4. 法庭的裁决只依据已经在庭审中调查过的证据。

第 200 条　作出裁决时所要解决的问题

1. 在作出裁决时，法庭应：

（1）评估证据；

（2）明确哪些对案件有意义的情节是确定的，哪些是不确定的；

（3）确定涉案人员之间是何种法律关系；

（4）决定本案适用的法律法规；

（5）判定是否满足起诉的请求；

（6）解决其他吉尔吉斯共和国法律规定的问题。

2. 法庭在原告申请的主张范围内审理案件，除非法律另有规定。

3. 法庭如果认定需要查明对案件有意义的新情节，或需要补充调查证据，可以作出对案件进行重新实质审理的裁定。对案件进行重新实质审理后，法庭再重新进行法庭辩论。

第 201 条　裁决的叙述

1. 裁决由主审法官以书面形式阐述。

2. 法院的裁决由法官签字，对裁决的修改应在法官签字前预先约定。

第 202 条　裁决的内容

1. 裁决由引言、叙述、论据和结论部分组成。

2. 在裁决的引言部分，注明裁决作出的时间和地点，作出裁决的法院名称、法官组成、庭审书记员，案件双方、其他涉案人员及其代理人，争议或申请主张的对象。

3. 叙述部分应表明原告的诉讼请求、被告的反诉请求、被告的反驳和其他涉案人员的说明。

4. 在论据部分，应注明案件的情节、法庭确认的事实、法庭的权力义务、结论所依据的证据、法庭规范某些证据的理由、所依据的法律和法规。法庭有权引述吉尔吉斯共和国最高法院有关解释裁决问题时司法实践的全体会议决议。

5. 结论部分应包括是否满足起诉条件，或全部或部分满足的结论，诉讼费的分配，上诉期限和方式。

6. 在被告承认起诉内容时，在论据部分可以只注明承认诉讼的情况。

7. 错过诉讼时效期限或上诉期限而撤诉的情况下，论据部分只需注明法庭确定该情况。

8. 法庭对解除婚姻案件的裁决，可以包括引言和结论两部分。

第 203 条　判定财产或财产价值的裁决

在判定实物财产时，如果在执行法院裁决时财产已经不存在，法庭可在裁决中注明应向被告追缴的财产价值。

第 204 条　责令被告必须完成一定行为的裁决

1. 在作出责令被告完成与变更财产无关的、一定行为的裁决时，法庭在这一裁决中应注明，如果被告在规定期限内不执行裁决，原告有权以被告支付的形式完成这些行为，并向被告追缴必需的费用。

2. 如果上述行为只能由被告完成，则法庭将在裁决中规定应执行裁决的期限。

3. 责令法人或集体机构完成某些与变更财产无关的行为（做出决定），将由他们的负责人在规定期限内完成。

第 205 条　数个原告胜诉或数个被告败诉的裁决

1. 在作出数个原告胜诉的裁决时，法院应指出每个人所占的比例，或注明索赔权利是共同享有的。

2. 在作出数个被告败诉的裁决时，法院应指出，每个被告应执行裁决的比例，或注明他们的责任是共同承担的。

第 206 条　修改裁决中的笔误和明显的计算错误

1. 在裁决宣布后，作出裁决的法院无权自行取消或修改裁决。

2. 法院可提议或根据涉案人员的申请，修改裁决中的笔误和明显的计算错误。修改可以开庭并以作出判定的方式解决。涉案人员将被通知庭审的时间和地点，但他们出庭与否不会影响审理对裁决进行修改的问题。

3. 对于法院有关修改裁决的判定，可以提交上诉书。

第 207 条　补充裁决

1. 作出案件裁决的法院，可以自行提议或根据涉案人员的申请，在以下情况下作出补充裁决：

（1）如果根据涉案人员提交的证据和作出陈述的某些主张，未作出裁决；

（2）法庭解决权利问题时，未判定应转交的财产金额，或被告应完成的具体行为；

（3）法院未解决诉讼费用的问题。

2. 作出补充裁决的问题，可能在裁决生效前提出。对法院在开庭审理后作出的补充裁决，可以提起上诉。应通知涉案人员开庭的时间和地点，但他们出庭与否不会妨碍审理和解决补充裁决的问题。

3. 对拒绝作出补充裁决的法院判定，可以提起上诉。

第 208 条　裁决的解释

1. 在裁决不明确时，裁决案件的法院，有权根据涉案人员的申请，不改变裁决的内容，对裁决作出解释。

2. 在裁决未进行修改、裁决可被强制执行的期限未满的情况下，可以解释裁决。

3. 解释裁决的问题可以开庭解决。涉案人员应被通知开庭的时间和地点，但他们出庭与否不会妨碍解释裁决问题的审理。

4. 针对解释裁决问题作出的判定，可以提起上诉。

第 209 条　延期和分期执行裁决、改变执行裁决的方法和方式

1. 审理案件的法院，有权根据涉案人员的申请，根据双方的财产状况或其他状况，延期或分期执行裁决，以及改变裁决执行的方法和方式。

2. 对上述申请应开庭审理。涉案人员应被通知开庭的时间和地点，但他们出庭与否不妨碍问题的审理。

3. 针对延期或分期执行裁决，以及改变裁决执行的方法和方式问题所作出的判定，可以提出上诉。

第 210 条　判定资金的指数化

1. 根据索赔人的申请，审理案件的法院可以在裁决执行时对法院追缴的金额进行相应的保值指数化。

2. 上述申请应开庭审理。涉案人员应被通知开庭的时间和地点，但他们出庭与否不妨碍判定金额指数化问题的审理。

3. 针对追缴金额指数化问题作出的判定，可以提出上诉。

第 211 条　法庭裁决生效

在上诉期满后，如果没有提起上诉，法庭的裁决开始生效。在提起上诉的情况下，如果裁决没有被取消，则在上诉法庭审理后开始生效。

第 212 条　裁决的执行

裁决生效后，按本法典和吉尔吉斯共和国其他法律规定的执行程序执行。

第 213 条　裁决执行保障

法院可以采取措施以保证按照本法典第十四节的规定执行裁决。

第 214 条　将法院裁决副本送达给涉案人员

1. 在裁决宣读后，应立即将法院裁决的副本送达涉案人员。

2. 在裁决宣布之日起 5 日内将裁决副本以挂号信方式寄送给未出庭的涉案人员。

第十八节　案件中止审理的诉讼程序

第 215 条　法庭对案件中止审理诉讼程序的义务

法院应在以下情况下暂时中止案件的诉讼程序：

（1）作为案件一方的公民死亡，允许继承的法律关系存在争议；

（2）一方丧失行为能力；

（3）被告属于吉尔吉斯共和国军队参与军事行动的武装力量、其他军队，或部队，或属于吉尔吉斯共和国军队参与军事行动的武装力量、其他军队，或部队的原告的申请；

（4）在根据宪法、民法、行政法、刑法或行政方式审理的其他案件作出判决之前无法审理该案件；

（5）在有关此案适用或应适用的吉尔吉斯共和国法律或法规与吉尔吉斯共和国宪法是否相符的问题中，法庭发现存在不确定性，并根据这一结论向吉尔吉斯共和国最高法院的宪法庭发送咨询。

第 216 条　法院中止审理诉讼的权利

在以下情况下，法院可以根据涉案人员的申请，或自己的提议中止审理案件的诉讼程序：

（1）一方应军事力量、吉尔吉斯共和国军队、部队征召服兵役，或被邀请完成某些国家责任；

（2）作为案件一方的法人重组，允许继承的法律关系存在争议；

（3）一方在医疗机构或一方有病，且妨碍其出庭，并经医疗机构的证明确认的；

（4）法庭任命鉴定人；

（5）发送司法委托；

（6）向国家机构或地方自治机构发送有关法规解释的官方询问；

（7）收到吉尔吉斯共和国最高法院宪法庭有关接受审理检验案件适用或应适用的吉尔吉斯共和国法律或法规的宪法性问题咨询的通知；

（8）双方签署调解协议。

第 217 条　诉讼中止审理的期限

以下情况下，案件诉讼中止审理：

（1）在本法典第 215 条第 1 款、第 2 款，第 216 条第 2 款规定的情况下，死者的继承人确认前或任命无行为能力人的监护人的决议生效前；

（2）在本法典第 215 条第 3 款、第 216 条规定的情况下（不包括 216 条第 3 款），在一方留在军队、其他部队期满前，国家义务完成前，向法院提交鉴定人意见前，司法委托执行前，或收到国家机构（地方自治机构）有关法规解释的答复前；

（3）在本法典第 215 条第 4 款规定的情况下，在法院判决书生效前，或以行政方式审理的案件决议生效前；

（4）在本法典第 216 条第 3 款规定的情况下，在医疗机构出院前或病情好转前，但不超过两个月；在期满前，该方应任命代理人，而法院有权重新审理案件；

（5）在本法典第 215 条第 5 款和第 216 条第 7 款规定的情况下，在吉尔吉斯共和国最高法院宪法庭审理询问前；

（6）在本法典第 216 条第 8 款规定的情况下，在调解中止前。

第 218 条　对中止审理的法院裁决的上诉

针对中止审理的法院裁决，可以提交上诉，除了本法典第 216 条第 3~5 款规定的情况以外。

第 219 条　恢复审理

1. 在排除引起诉讼中止的情况后，根据涉案人员的申请或根据法院的提议，可以恢复案件审理。

2. 在恢复案件审理时，法院应作出裁定并通知涉案人员在一般情况下审理案件的时间和地点。

第十九节　案件审理终止

第 220 条　案件审理终止的依据

法院可以终止审理案件，如果：

（1）案件不属于民事诉讼程序审理和判决；

（2）原告未遵守法律对此类案件规定的，或双方合约规定的预审前或庭外解决争议的方式，且已失去适用这一方式的可能性；

（3）存在已生效的，针对同一当事人双方、同一标的、同一依据作出的法院裁决，或由于原告撤诉而作出的终止案件审理或确定双方和解协议的法院判决；

（4）原告撤诉；

（5）双方签署和解协议，且由法院确认；

（6）上级法院在同一当事人双方、同一标的、同一依据在其职权范围内所作的决议，但不包括本法典第 427 条第 3 款规定的情况；

（7）在作为案件双方中的一方的公民、个体经营者死亡后，其争议关系不允许继承；

（8）作为案件一方的法人注销；

（9）存在仲裁法庭根据同一当事人双方、同一标的、同一依据的作出的裁决，但不包括本法典第 422 条第 4 款规定的情况；

（10）在一级法院对诉讼作出裁决前，双方签署了将争议交由仲裁法庭解决的协议、将案件交由上级法院在其职权范围内解决案件的协议。

第 221 条　终止案件审理的方式和后果

1. 案件的审理可根据法院有依据的判决而终止。

2. 在案件审理终止时，不允许就同一当事人双方、同一标的，按同一依据再次提起诉讼。

3. 针对法院作出的终止案件审理的判定，可以提出上诉。

第二十节　不予审理案件

第 222 条　不予审理案件的依据

在以下情况下，法院不予审理案件，如果：

（1）原告未遵守法律对此类案件规定的，或双方协议规定的预审前或庭外解决争议的方式，且已失去适用这一方式的可能性；

（2）无行为能力人提出的申请；

（3）以相关人员的名义提出的申请，没有授权签字或是由提交诉状的人签字或提交；

（4）在本法院或其他法院、仲裁法庭的审理中，存在之前提起诉讼的同一当事人双方、同一标的和同一依据的案件；

（5）未提出在其不在场的情况下审理案件的一方当事人，未根据传唤出庭，而法庭认为根据现有材料不能解决此案；

（6）未提出在其不在场的情况下审理案件的原告，未根据传唤出庭，被告未要求进行实质审理；

（7）原告请求退还起诉书，而被告未要求实质审理案件；

（8）在妻子怀孕期间，和孩子出生后1年之内，丈夫未经妻子同意提起的解除婚姻关系的诉讼；

（9）未按照本法典第134条、第135条第1~4款规定的要求提交申请，原告在法官规定的期限内不改正他的错误或未完成本法典第107条第2款的要求，妨碍了法院对案件进行实质审理和裁决。

第223条　不予审理的方式和后果

1. 在不予审理的情况下审理案件，法院的判定结果中应说明如何排除本法典第222条列明的不予审理的情况。

针对有关不予审理起诉申请的判定，可以提起上诉。

2. 在排除了不予审理依据的状况后，当事人有权按一般方式向法院重新提出申请。

3. 如果双方提交了确认未出庭的正当理由和无法通知法院的证据，根据当事人的申请，法院依据本法典第222条第5款、第6款的规定可取消不予审理的判定。

4. 对于法院作出的拒绝取消不予审理的判定，可以提出上诉。

第二十一节　法院的裁定

第224条　作出裁定的方式

1. 法院的判决，未实质性解决案件的，应以裁定的形式作出。法院的裁定应在会议室，以独立诉讼文件的形式作出。

2. 在解决不复杂的问题时，法院可以无需进入会议室而作出裁定。这一裁定应记入庭审记录中。

3. 应在作出裁定后立即宣读。

4. 就法官在庭审外的诉讼行为应作出裁定，并以单独的诉讼文件办理。

5. 针对法院的裁定，可以提起上诉。

第 225 条　判定的内容

1. 在判定中应注明：

（1）作出判定的日期和地点；

（2）作出判定的法院名称、法官组成和庭审书记员；

（3）涉案人员和争议标的；

（4）就其作出判定的问题；

（5）法院得出结论的依据、对所依据法律的引述；

（6）根据法院审理问题的结果作出的结论；

（7）如果可对判定上诉，则上诉的方式和期限。

2. 法庭未进入会议室作出的判定，应包含本条第 1 款第 4~6 项规定的事项。

第 226 条　法院的裁决

1. 在庭审中查明有违法的情况，法庭有权作出裁决并将其发送给相关国家机构、地方自治机构、法人和（或）其职务人员，而上述机构应在收到该裁决复印件的 1 个月内通报对此所采取的措施。

2. 如果未通报对过错的职务人员所采取的措施，可对其处以 100 倍结算指数的罚款。在这种情况下，处以罚款并不能解除相关机构根据法院裁决采取措施进行通报的义务。

3. 针对裁决可以提起上诉。

第 227 条　法院裁决生效

1. 法院的裁决在上诉期满后，且没有被提起上诉时开始生效。在提交上诉申诉书的情况下，该裁决只有在上诉法院审理后方能生效。

2. 本法典未规定可以提起上诉的法院裁决，在作出后立即生效。

第 228 条　将法院裁决副本送达涉案人员

对于未出庭的涉案人员，法院应在作出裁决后的 3 天内将法院有关中止或终止审理案件，或不予审理案件的判定副本，以及保证诉讼的判定副本送达给涉案人员。

第二十二节　记　录

第 229 条　做记录的义务

对每次庭审过程，以及对每个在庭外完成的单独诉讼行为，都应进行记录。

第 230 条　记录的内容

1. 庭审记录或在庭外完成的单独诉讼行为的记录，应记载案件审理或单独诉讼行为进行的所有实际信息。

2. 庭审记录中应注明：

（1）庭审日期和地点；

（2）庭审的时间（开始和结束）；

（3）审理案件的法院名称、法官组成、庭审书记员；

（4）案件名称；

（5）涉案人员及其代理人、证人、鉴定人、专家、翻译人员出庭信息，及其他们的身份文件；

（6）有关（主审）法官向涉案人员及其代理人，以及翻译人员、鉴定人、专家、证人解释诉讼权利和义务的信息；

（7）有关翻译人员、鉴定人、专家、证人被警告刑事责任的信息；

（8）主审法官的命令、未以单独诉讼判决形式作出的判定、法院未在会议室作出的判定；

（9）涉案人员及其代理人的申请、请求和说明的基本内容；

（10）证人的证词、鉴定人对自己意见的口头解释、专家的咨询和解释；

（11）庭审时提出的问题和答复的内容；

（12）有关宣读书面证据、听录音、看录像、检验物证的信息；

（13）国家机构和地方自治机构的结论；

（14）法庭辩论的内容；

（15）未作出判决书就离开法庭的信息；

（16）有关宣读和解释判决和判定的内容、上诉方式和期限的信息；

（17）向涉案人员解释了解记录和提出意见的权利；

（18）有关在庭审中使用录音、录像手段，视频会议和其他技术手段的信息；

（19）记录书写和签字的日期。

第 231 条　庭审记录

1. 记录由庭审书记员在庭审时或在完成庭外单独诉讼行为时编写。

2. 记录用电脑、电子方式（包括数字录音）、打印机或手写方式编写。

3. 为了保证完整编写记录，法庭可以在庭审或在完成庭外单独诉讼行为时使用录音、录像方式。在这些情况下录音、录像应附在记录中，记录中应标注出有关的应用。记录庭审的补充资料应放入记录中并与案件资料一起保存。

4. 涉案人员及其代理人有权要求在记录中加入他们认为对案件有实际意义的情节信息。

5. 记录应在庭审结束后 3 日内编写并签字。

6. 对于复杂案件的庭审记录的编写和签字，可以在更长的期限内完成，但不超过庭审结束后的 5 日。

7. 记录编写的期限和了解记录的权利，在宣读判决时应予以宣布。

8. 由主审法官和庭审书记员在记录上签字。

9. 所有对记录的修改、补充和更正，都应在签字前在记录中说明，并由主审法官和庭审书记员签字确认。

第232条　对记录的意见

1. 涉案人员及其代理人有权了解记录，并在记录签字后5日内提交对记录的书面意见，其中应注明记录中不精确或不足的地方。

2. 记录中不允许有修改和涂改的痕迹。

第233条　审理对记录的意见

1. 对记录的意见由签字的主审法官审理，如果同意这些意见主审法官会确认其正确性，如不同意即会作出将其全部或部分否定的有依据的判定。法庭的判定不能被上诉，但对它的反对可能被加入申诉书。

2. 对记录的意见在任何情况下都应被存档。

3. 对记录的意见应在提交后5日内审理。

第二十三节　缺席审理和缺席判决

第234条　缺席审理的依据和方式

1. 在已按照法定方式通知了被告庭审的时间和地点，但被告仍未出庭的，且并未通知法庭未出庭的正当理由，亦未请求缺席审理的情况下，案件可以进行缺席审理。法庭可就以这种方式审理案件作出判定，并记入庭审记录。

2. 本节要求不适用于按特殊诉讼程序审理的案件。

3. 如果案件中有数个被告，案件缺席审理可以在所有被告都未出庭的情况下审理。

4. 在原告改变起诉标的或依据、增加诉讼请求金额时，法庭无权在该庭审中缺席审理。

5. 缺席审理案件应根据案件审理的共同规则审理。在这种情况下，法庭应研究对涉案人员呈交的证据、审理其依据及申请，并作出缺席判决。

第235条　缺席判决的内容

1. 缺席判决的内容根据本法典第202条的规定确定。

2. 在缺席判决的结论部分，应注明有关对这一判决提出异议申请的提交方式和期限。

第236条　寄送缺席判决副本

法院应在作出判决后的3日内将缺席判决的副本送达给未出庭的一方。

第237条　对缺席判决的上诉

1. 未出席庭审的被告，有权在收到判决副本后的5日内，向作出缺席判决的法院提交取消这一判决的申请。

2. 涉及案件双方和（或）其他人权利和义务的缺席判决，在提交取消这一判决申请的期限届满后，可以提起上诉。如果已提交申请，则应在作出拒绝申请的判决后10日内提起上诉。提交上诉的期限，在任何时候都不能少于本法典第324条规定的期限。

第 238 条　取消缺席判决申请的内容

1. 关于取消缺席判决的申请应包含以下内容：

（1）作出缺席判决的法庭的名称；

（2）申请人的名称、居所；

（3）证明未出庭正当理由的状况，且对此无法及时通知法庭，以及证明这些状况的证据；

（4）提交申请人的请求；

（5）与申请一同提交的文件清单。

2. 重新审理缺席判决的申请由申请人或其代理人签字，并提交到法庭，随附向涉案人员发出申请复印件的证据。

第 239 条　通知涉案人员有关申请的审理

法庭应根据本法典第十二节规定的办法，通知涉案人员有关审理取消缺席判决申请的时间和地点。

第 240 条　审理申请

1. 在收到申请后的 10 日内，法院开庭审理取消缺席判决的申请。

2. 已被通知开庭时间的人未出庭，并不会妨碍对申请的审理。

3. 如果申请人放弃申请取消缺席判决的权利，则不允许再次提交这样的申请。

第 241 条　法庭的授权

1. 审理取消缺席判决的申请后，法庭作出拒绝申请的判决或取消缺席判决并重新审理案件的判决。

2. 对法院拒绝申请的判决，可以提出上诉。对取消缺席判决和重新审理案件的判决，不能提起上诉。

第 242 条　取消缺席判决的依据

如果法庭确定，被告未出庭是有正当理由的，但由于其无法及时通知法庭，并且其可出具可以影响判决内容的证据，则缺席判决应被取消，并重新进行案件实质审理。

第 243 条　取消缺席判决的后果

1. 作出缺席判决的法庭在取消该判决的情况下，将按照本法典的一般原则对该案件进行重新审理。

2. 在已按照应有方式被通知开庭时间和地点的被告未出庭的情况下，根据案情作出的判决不是缺席判决。被告无权将该判决作为缺席判决提交取消该判决的申请。

第 244 条　缺席判决的生效

缺席判决根据本法典第 211 条的规定开始生效。

第二分章　令状诉讼

第二十四节　关于令状诉讼的规定

第 245 条　司法命令

1. 司法命令是法官根据索赔人的申请，按照本法典第 246 条的规定，一个人作出的裁决。

2. 司法命令同时也是执行文件，按照本法典，以及执行程序法规定的司法判决书执行方式执行。

第 246 条　签发司法命令的条件

司法命令是根据向债务人追缴资金或索取动产的申请，在以下情况下作出的，如果：

（1）申请的依据是经公证的交易；

（2）申请的依据是按普通书面协议达成的交易；

（3）申请的依据是经公证的汇票拒付款证书、票据拒绝承兑证书、票据拒绝无日期承兑证书；

（4）申请要求追缴与确认父子关系、父子关系（母子关系）争议且与第三方无关的未成年子女抚养费；

（5）申请追缴税收和其他需缴纳的欠款；

（6）申请索赔已计算但未支付的员工工资；

（7）国家授权机构申请要求追缴查寻被告或债务人及其财产，根据法院判决从债务人处追缴未成年人的抚养费；

（8）申请追缴公共居住服务费和电费债务。

第 247 条　提交申请

1. 签发司法命令的申请，应根据本法第四节规定的管辖权的一般规则向法院提交。

2. 作出司法命令的申请应按吉尔吉斯共和国法律规定的金额和方式支付相关费用。

第 248 条　申请的格式和内容

1. 申请应以书面形式提交。

2. 申请中应注明：

（1）申请执行的法院名称；

（2）索赔人是法人的，应注明其名称、住所和银行账户信息；索赔人是公民的，应注明其姓名、住所、出生日期和出生地、作为个体经营者登记的日期和地址，以及电话、传真、电子邮箱（如果有）；

（3）债务人的相关信息，法人的名称、住所和银行账户信息，公民的姓名、住所、出生日期和出生地，作为个体经营者登记的日期和地址，以及电话、传真、电子邮箱（如果有）；

（4）索赔人的申请和依据的债务；

（5）证明要求依据的文件；

（6）随附的文件清单。

3. 在索取动产时，申请中必须注明申请人同意代替该财产的资金金额；

4. 申请应由索赔人或其代理人签字，代理人提交申请时，还应出具证明其被授权的文件。法人负责人的签字应加盖公章证明。

第 249 条　拒绝签发司法命令的依据

1. 根据本法典第 137 条和第 138 条的规定，法官可拒绝签发司法命令。

除此之外，法官在以下情况下拒绝签发司法命令：

如果不符合本法典第 246 条所规定的申请提出的条件；

如果未提交证明申请的文件；

如果债务人在吉尔吉斯共和国法院司法管辖权之外；

如果认为文件中存在权利的争议；

如果未支付国家规定的相关费用，不包括法律规定的情况。

2. 法官应在申请提交后的 3 日内作出有关拒绝签发命令的判定，对此可以提起上诉。

3. 法官拒绝签发司法命令，不会妨碍索赔人根据这一要求按诉讼程序起诉的可能。

4. 在拒绝签发司法命令时，索赔人已缴纳的相关费用按照本法典第 108 条规定的方式退还。

在索赔人按诉讼程序向债务人提起诉讼时，已缴纳的相关费用可计入应缴费账户。

第 250 条　司法命令发出的方式

1. 法庭在收到申请后的 3 日内根据申请发出司法命令。

2. 签发司法命令无需法庭审理和传唤双方。

第 251 条　司法命令的内容

1. 司法命令中应注明：

（1）审理编号和发出命令的日期；

（2）发出命令的法庭名称、法官的姓名；

（3）本法典第 248 条第 2 款第 2 项规定的索赔人的名称和其他信息；

（4）本法典第 248 条第 2 款第 3 项规定的债务人的名称和其他信息；

（5）司法命令所依据的法律或法规；

（6）应追缴的资金金额，或被执行的动产标记，并注明价值；

（7）如果法律或合同规定了违约金，则注明违约金的具体金额；

（8）应向债务人追缴支付给相应国家预算的国家税费金额。

2. 在追缴未成年子女抚养费的司法命令中，除本条第 1 款第 1~5 项、第 8 项外，还应注明司法命令所涉及的未成年子女的姓名和出生日期；每月应向债务人追缴的金额和期限。

3. 司法命令应以法定格式书面作出并由法官签字。一份留在案卷中，另一份用于执行。

第 252 条　向债务人发送司法命令副本

1. 根据本法典第 246 条第 1 款、第 2 款、第 4~8 款规定的要求作出司法命令后，法官应在第二天将副本送达债务人签收。

2. 债务人有权在收到司法命令副本后起 10 天内使用任何可保证提交到法庭的通信方式向法院提交对司法命令的辩解。

第 253 条　取消司法命令

1. 债务人提交取消司法命令的辩解，应在提交到法院后的 3 天内审理。

2. 如果债务人在规定期限内提交了针对反对司法命令中提出的要求的辩解，法官可取消根据本法第 246 条第 1 款、第 2 款、第 4~8 款要求作出的司法命令。在取消司法命令的判定中，法官应向索赔人说明，有异议可以按照诉讼程序提起。取消司法命令的判定副本应在作出后 3 天内送达给双方。

3. 在取消司法命令时，索赔人已缴纳的相关费用不予退还。

第 254 条　向索赔人签发司法命令

1. 如果在规定期限内债务人未向法院提交辩解，法官将向索赔人签发盖有法院公章的司法命令作为执行依据。根据索赔人的要求，司法命令可由法院送达用于执行。

2. 根据本法典 246 条第 3 款的规定，司法命令根据索赔人的请求可由法院在作出后直接送达以便执行。

3. 为了向债务人追缴国家税费，法院将出具一份独立的带有法院公章认证的司法命令用以执行。

第三分章　个别类型案件审理的特殊性

第二十五节　经济案件的审理

第 255 条　经济案件的审理

1. 经济案件由法院根据民事诉讼法的一般规则，并结合本节的特殊性规定进行审理。

2. 经济案件是指，由于经营和其他经济活动产生的，双方是法人，和（或）未组建法人但具有按照法律规定的方式获取的个体经营者地位而从事这一活动的公民（以下称个体经营者）且双方有权按照本法典规定的方式向法院提起诉讼，申请保护自己被损害的或有争议的权益的案件。

第 256 条　经济案件的审判权

1. 经济案件由一级法院的区际法院审理。

2. 法院按经济案件的诉讼方式审理法人和（或）个体经营者之间有关以下问题的

争议：

（1）有关合同的分歧，该合同是按法律规定签署的，或者将合同分歧交由法院解决是双方商定的；

（2）有关修改合同条款或有关解除合同；

（3）有关未执行义务或未按应有方式执行义务；

（4）有关承认合同有效；

（5）有关承认合同无效；

（6）有关承认所有权；

（7）有关财产所有人或向其他法定所有人索取非法占有；

（8）有关排除财产使用障碍；

（9）有关损害所有人或其他合法占有人的权利，但与剥夺占有权无关；

（10）有关赔偿损失；

（11）有关破产（无支付能力）；

（12）有关创立人、股东和法人之间的争议，以及法人创立人之间的争议；

（13）有关国家机构、地方自治机构和其他实施监督职能的机构向法人和个体经营者追缴应支付的费用、罚金和其他罚款；

（14）有关返还被实施监督职能的机构收缴或没收的资金；

（15）有关保护法人或个体经营者的商业信誉。

3. 被法律列为经济案件的、与经营活动有关的其他案件。

第 257 条　起诉书的形式和内容

1. 起诉书应以书面形式，并由法人负责人或其他该法人的特别授权人签字，或个体经营者或其代理人签字后提交到法院。起诉书应加盖印章。如个体经营者没有印章，法院不能以此为依据拒绝接收、退还或不予审理起诉申请。

2. 起诉书中除应符合本法典第 134 条的规定外，应注明：

（1）双方的邮寄地址、银行账号、电话号码、传真、电子邮箱地址（如果有）；

（2）索赔或有争议金额的计算；

（3）原告的要求及引述的法律法规，如对数个被告提起诉讼，则包含对每个被告的主张；

（4）有关采取措施与被告进行庭前争议调解的信息，如果法律对此类争议或合同有此规定；

3. 原告在提交起诉书时，应以挂号信附带接收回执的方式向其他涉案人员发送起诉书复印件，及其他应有的附随文件。

第 258 条　起诉书的附随文件

除本法典第 135 条第 2~5 款规定的文件外，起诉书还应随附以下文件：

（1）证明已向其他涉案人员发送起诉书复印件和其他人应有的附随文件的接收通知或

其他文件；

（2）作为法人或个体经营者的国家注册证书复印件、法人章程复印件；

（3）证明原告遵守庭前调解方式的文件，如果法律或合同对此类争议有此规定；

（4）如果起诉提出的是需要签署合同的主张，则提交合同草案。

第 259 条　退还起诉申请

1. 根据存在本法第 138 条规定的情形，以及在以下情况下，法官可以退回起诉书及其附随文件：

（1）如果未遵守本法典第 257 条、第 258 条规定的格式和内容；

（2）如果起诉书不是由有签字权的人，或未注明职务地位的人签署；

（3）如果没有提供证明已向涉案人员发送了起诉书复印件的证据；

（4）如果在一个起诉书中同时存在对一个或数个被告的几个主张，但这些主张之间没有关联；

（5）如果根据法律、其他法规或合同的规定应该通过银行或其他信贷机构获取所欠债务，未提交向银行或其他信贷机构申请获取被告所欠债务的证明。

2. 退还起诉书的判定，应按照本法典第 138 条的规定作出。

3. 本条第 1 款规定的退还起诉书的依据，不能作为不予审理起诉申请的依据。

第 260 条　对起诉不予审理

1. 法院根据本法典第 222 条的规定，以及在以下情况下，对起诉不予审理：

（1）根据法律、其他法规或合同的规定应该通过银行或其他信贷机构获取所欠债务，而原告未向银行或其他信贷机构申请获取被告所欠债务的证明；

（2）法律对此类争议或合同具有相关规定，而这种调解的可能性仍然存在的情况下，原告未采取措施与被告进行庭前调解。

2. 对起诉书不予审理的判定，根据本法典第 223 条规定的原则作出。

第 261 条　审理破产案件

法人、个体经营者、财务信贷机构的破产案件（无支付能力），由法人债务人、个体经营者债务人所在地，或财务信贷机构所在地的区际法院，根据民事诉讼法的一般规则，并结合本节的特殊性规定，以及破产法的规定进行审理。

第四分章　特别审理

第二十六节　本章总则

第 262 条　法院按照特别审理方式审理的案件

1. 法院按照特别审理方式审理如下案件：

（1）有关确定具有法律意义的事实；

（2）有关收养未成年人；

（3）有关确定监护（保护）；

（4）有关将未成年人送往寄宿机构；

（5）有关宣告公民失踪和宣告公民死亡；

（6）有关确认公民为限制行为能力人或无行为能力人；

（7）有关宣布未成年人具有完全行为能力；

（8）有关确认动产的无主性、确认对不动产的公共所有权；

（9）有关恢复无记名证券和记名证券的权利（引起诉讼）；

（10）有关强制将公民送往精神病院治疗；

（11）根据申请恢复中止的司法审理；

（12）有关确认公民状态登记证明不正确；

（13）确认进行公证行为的申请或拒绝完成。

2. 吉尔吉斯共和国法律规定属于特别审理的其他案件。

第263条　特别审理案件的审理方式

1. 特别审理的案件，由法院根据诉讼审理规则，及本法典第二十六节至第三十七节规定的例外和补充规定进行审理。

2. 特别审理的案件，由法院在申请人和相关公民及其代理人参与的情况下审理，而在法律和本法典规定的情况下，应有检察官参与。

3. 审理按照特别审理方式的案件时，如果确定存在有关司法管辖权的问题，则法院将作出不予审理的判决，其中应向申请人和其他相关人员说明其有权按照诉讼审理的方式解决争议。

第二十七节　确定有法律意义的事实

第264条　有关确定具有法律意义的事实的案件

1. 法院认定具有法律意义的事实，该事实决定了公民或法人个人权利或财产权利的产生、变更或终止。

2. 法院审理有关认定以下具有法律意义的事实的案件：

（1）具有亲属关系；

（2）某人被抚养；

（3）出生、收养、结婚、离婚和死亡的登记；

（4）承认父子关系；

（5）法律确定文件与某人的从属性，文件中注明的该人的姓名与该人护照或出生证明中的姓名不符；

（6）依据所有权对不动产的占有、使用和支配进行确认，如果曾拥有有关财产所有权的法律文件，但已丢失；

（7）不幸事件；

（8）在一定时间、一定情况下宣告公民死亡，公民状态登记部门拒绝进行死亡登记；

（9）接受遗产和遗产公开地点；

（10）出生；

（11）其他具有法律意义的事实，如果法律没有规定其他认定方式。

第 265 条　确定具有法律意义的事实所必须的条件

申请人只有在无法通过其他方式得到证明这些事实的应有文件，或无法恢复已失去的文件的情况下，方可通过法院确定具有法律意义的事实。

第 266 条　提交申请

有关确定具有法律意义的事实的案件的申请，应向申请人所在地的法院提交，但有关确定依据所有权占有、使用和支配不动产的申请，应向不动产所在地的法院提交。

第 267 条　申请内容

申请中应注明，为何目的申请人必须确定该事实，并应提供证明申请人无法获得必需的文件或无法恢复已丢失的文件的证据。

第 268 条　对申请的法院判决

1. 当法院发现事实已确定，则应在判决中注明，为何目的确定该事实，以及该事实确定的证据。

2. 法院的判决是证明事实的文件，而对于需要在公民状态机构登记或在其他机构办理手续的事实，法院的判决则是登记和办理手续的依据，并不能替代这些机构签发的文件。

第二十八节　有关收养未成年人案件的审理

第 269 条　提交申请

有关收养一个或数个未成年人的申请，应由希望收养未成年人的人向所收养未成年人的居住地或所在地的区法院提交。

第 270 条　收养未成年人申请的内容

1. 在收养未成年人的申请中应注明：

（1）收养人的姓名及其住所；

（2）被收养未成年人的姓名、出生日期及其住所（所在地）；

（3）被收养未成年人的父母、兄弟姐妹的信息；

（4）说明收养人请求收养未成年人的情况，以及证明这一状况的证据；

（5）请求变更被收养未成年人的姓名、不满一周岁被收养未成年人的出生日期、出生地；将收养人在未成年人出生登记证明中登记为父母，在收养人提出申请时对未成年人出生登记进行相应的修改。

2. 与收养未成年人的申请一并提交下列文件：

（1）收养者出生证明复印件；

（2）已婚人士申请收养未成年人时，收养人的结婚证明；

（3）夫妻中一方申请收养未成年人时，另一方的同意书或证明夫妻关系已终止、已不在一起共同生活超过1年、另一方的居住地不明的文件；

（4）收养人健康状况的医疗证明；

（5）收养人工作单位出具的工资证明，或收养人收入申报单复印件，或其他能证明其收入状况的文件；

（6）证明收养人所居住的住房的所有权或使用权的文件。

3. 居住在吉尔吉斯共和国境外的吉尔吉斯共和国公民、外国人或无国籍人士申请收养吉尔吉斯共和国公民的未成年人时，除了本条第2款规定的文件外，申请人还应提供：

（1）收养人作为公民的国家（收养人为无国籍人士，则是他长期居住的国家）的国家职能机构出具的有关该收养人生活条件和作为收养人的可能性的鉴定；

（2）相应国家职能部门允许所收养未成年人入境和长期居住的许可。

4. 吉尔吉斯共和国公民在吉尔吉斯共和国境内收养是外国公民的未成年人，除本条第2款规定的文件外，申请人还应提供：

（1）未成年人法定代理人的同意书；

（2）未成年人作为公民的国家的国家职能部门的同意书；

（3）如果根据上述国家和（或）吉尔吉斯共和国所加入的国际公约的规定，该未成年人本人同意被收养的同意书。

第271条　案件庭审的准备

1. 法官在准备案件庭审时，可要求国家保护未成年人授权机构在被收养未成年人居住地的地区分部（以下称未成年人保护机构）出具有关收养依据和收养与被收养人利益是否相符的结论。

2. 应与未成年人保护机构的结论一并提交的文件有：

（1）收养人居住地的未成年人保护机构出具的收养人生活条件考察证明，其中应包含收养人在收养时是否被判刑、是否被剥夺父母权利或是否被限制父母权利、是否被认定为无行为能力人或限制行为能力人、是否逃避监护人（保护人）应完成的义务、之前是否有被取消收养记录等信息；

（2）被收养未成年人的出生证明复印件；

（3）被收养未成年人的健康状况、生理和智力发展状况的医疗证明；

（4）有关被收养未成年人的兄弟姐妹情况及其所在地；

（5）年满十周岁的被收养未成年人同意被收养的同意书，可能变更姓名和将收养人作为父母（或一方）登记的同意书（不包括法律规定不要求提供这一同意书的情况）；

（6）被收养未成年人的父母同意收养的同意书（收养未满十六周岁的未成年父母的子女时，需要该父母的法定代表人的同意书，如果没有法定代理人，则需要未成年人保护机构的同意书或证明存在不需要未成年人的父母同意的情况的文件)；

（7）收养在收养家庭、教育机构、居民社会保护机构、医疗和其他相似机构被监护（保护）的未成年人时，应提供相应监护人（保护人）、收养家长、上述机构负责人的同意书。

（8）不是未成年人亲属的、长期居住在吉尔吉斯共和国境外的吉尔吉斯共和国公民、外国公民收养未成年人时，应提供证明在未成年人国家数据库中存在无父母保护的被收养未成年人信息的证据，以及证明无法将未成年人交由长期居住在吉尔吉斯共和国境内的吉尔吉斯共和国公民家庭教育环境，或者无论亲属的国籍和居住地如何都无法将未成年人交由其亲属抚养的文件。

第272条　审理申请

1. 有关收养未成年人的案件，由法院在收到诉讼申请之日起30日内审理。

2. 有关不公开审理案件的问题，法院将根据本法典第13条的规定决定。

3. 根据收养人的申请，法院保证被收养未成年人的父母不会知道收养人的信息，如果无法做到，被收养未成年人的父母将在单独的庭审中听证。

4. 有关收养未成年人的案件，法院审理时必须有收养人、未成年人保护机构的代表、检察官亲自参加。不允许根据委托书办理收养。

5. 法院通知被收养未成年人的父母或其他合法代表、年满十周岁的未成年人（不包括不需要未成年人同意收养的情况），及其亲属和其他相关人员参加审理。

第273条　法院对申请的判决

1. 对收养未成年人的案件进行实质审理后，法院应当作出是否满足申请的判决。

2. 判决中根据收养人的请求，可以注明有关变更被收养未成年人的姓名、出生地、一周岁以前未成年人的出生日期、将收养人作为被收养未成年人的父母登记在出生证明文件中。

3. 在法院的判决中根据被收养未成年人父母或亲属的请求，可以注明有关保留被收养未成年人与父母中的一方或与已死亡父母亲属之间关系的信息。

4. 同意收养未成年人申请的法院判决的副本，法院应在生效之日起3日内将其送达给法院所在地的公民状况登记部门用于国家未成年人收养登记。

5. 法院向未成年人之前的父母签发判决摘要，其中不会注明收养人信息。

6. 在满足申请要求时，收养人和被收养未成年人之间的权利义务关系，自有关未成年人收养判决生效之日起确定。

第274条　取消未成年人收养

1. 根据吉尔吉斯共和国未成年人法的规定，由未成年人父母、收养人、年满十四周岁的被收养未成年人、未成年人保护机构、检察官申请，按照司法程序取消未成年人收养。

2. 取消未成年人收养的案件由作出收养判定的法院审理，庭审必须由申请人、未成年人保护机构代表和检察官亲自参加。有关不公开审理案件的问题，法院将根据本法典第13条的规定进行。

3. 如果在审理取消未成年人收养的案件中确实存在有关权利的争议，法院将作出判定，其中向申请人和其他相关人员说明其有权按照司法程序在本法院解决争议。在判定中也应说明，相关人员应在法院规定的期限内完成本法典第134条、第135条的规定。如果这些要求未被完成，取消未成年人收养的案件将不予审理，而相关人员有权按照一般方式提起诉讼。

4. 在审理取消未成年人收养案件后，法院将作出是否满足申请的判决。

5. 在取消收养的情况下，法院在判决中注明将未成年人转交给其父母。如果该未成年人没有父母，或者如果将未成年人交给其父母与其利益不符，则将未成年人交由未成年人保护机构监护。

6. 法院也将解决有关未成年人是否保留因收养而获得的姓氏的问题，变更年满十周岁的未成年人的姓氏必须经其本人同意。

7. 法院依据未成年人的利益应责令之前的收养人支付吉尔吉斯共和国家庭法所规定的未成年人抚养金。

8. 自法院作出取消未成年人收养的判决之日起，收养关系终止。

9. 法院应在取消未成年人收养判决生效之日起3天内将判决副本送达收养国家登记所在地的公民状态登记部门。

10. 如果在申请取消收养时，被收养未成年人已成年，则不允许取消收养，除非收养人与被收养未成年人之间，以及与被收养未成年人的父母达成共识，但其父母已被剥夺父母权利或被法庭认定为无行为能力人的除外。

第二十九节　有关确定监护（保护）的案件审理

第275条　提交申请

1. 确定监护人（保护人）的申请由希望行使监护（保护）的人，向被监护人的居住地或所在地的法院提交。

2. 根据吉尔吉斯共和国未成年人法的规定，确定监护（保护）的申请可以由被监护人的父母提交。

第276条　申请的内容

1. 确定监护人（保护人）的申请中应注明：

（1）监护人（保护人）候选人的姓名、居住地；

（2）被监护（保护）人的姓名、出生年月、居住地或所在地；

（3）确定监护（保护）申请所依据的情况，及证明该情况的证据。

2. 与确定监护（保护）申请一并提交以下文件：

（1）未成年人保护机构就确定监护（保护）所出具的结论；

（2）与监护人（保护人）有关的未成年人国家数据库摘录；

（3）被监护（保护）人的出生证明复印件；

（4）监护人（保护人）候选人的出生证明复印件；

（5）监护人（保护人）候选人如已婚，需提交结婚证复印件；

（6）如果监护人（保护人）候选人是被监护（保护）人的亲属，需提交证明亲属关系存在的文件；

（7）如果监护人（保护人）候选人是夫妻中的一方，需提交另一方的同意书，或证明夫妻双方已终止婚姻关系、没有共同生活已超过1年、另一方居住地址不明的文件；

（8）被监护人居住地或监护人居住地所在的未成年人保护机构对监护人生活条件的调查证明；

（9）监护人（保护人）候选人健康状况的医疗证明；

（10）监护人（保护人）工作单位出具的工资证明或收入申报单复印件，或其他有关证明收入状况的文件；

（11）在父母提交申请时，在向法院提出申请之前，他们提交给未成年人保护机构的有关为其子女任命监护人（保护人）的申请，与附随的存在其无法完成父母义务的正当理由的证据；

（12）在未成年子女的父母一方死亡，另一方申请任命监护人（保护人）时，需书面向未成年人居住地的未成年人保护机构提交满足吉尔吉斯共和国未成年人法规定的申请；

（13）在任命满十四周岁的未成年人的保护人时，应向未成年人保护机构提交注明保护人具体情况的申请。

3. 在将吉尔吉斯共和国公民的被保护人转交给长期居住在吉尔吉斯共和国境外的吉尔吉斯共和国公民，或外国公民、无国籍人士的候选人监护（保护）时，除本条第2款规定的文件外，还应提交：

（1）监护人作为公民的国家（监护人为无国籍人士，则为其长期居住的国家）的国家职能机构出具的有关该监护人生活条件和作为监护人的可能性的说明；

（2）相应国家职能部门允许所监护未成年人入境和长期居住的许可。

4. 在确定吉尔吉斯共和国公民为被监护人，外国公民为监护人（保护人）时，除本条第2款规定的文件外，候选人还应提供：

（1）未成年人法定代理人的同意书；

（2）未成年人作为公民的所在国的相关国家职能机构的同意书；

（3）如果上述国家的法律有相应规定，则需要被监护人本人的同意书。

第277条　审理申请

1. 确定监护人（保护人）的案件，由法院在收到案件后的30天内审理。

2. 法院审理有关任命监护人（保护人）的案件时，必须由监护人（保护人）候选人、未成年人保护机构代表及检察官参加。

3. 法院有权传唤被监护人的父母，或其他法定代理人、其亲属和其他相关人员及年满十周岁的未成年人本人参与审理。

第 278 条　法院对申请的判决

1. 法院对确定监护人（保护人）的申请进行审理后，作出是否满足该申请的判决。

2. 在法院的判决中，应注明监护人（保护人）的授权有效期，该期限以一定事件的发生开始计算。

3. 为了被监护人的利益，以及为了考虑其本人的个体特殊性，法院可以对监护人（保护人）的权利和义务规定必要的要求，其中包括对未成年被保护人完成教育的具体条件的要求，并注明监护人（保护人）无权完成的个别行为。

4. 法院就有关确定监护人（保护人）案件的判决副本，在该判决生效后 3 日内送达给未成年人保护机构。

第 279 条　免除和撤销监护人（保护人）

1. 未成年人保护机构，监护人（保护人），被监护人的父母，未成年被监护人的收养人，被保护人所在的教育机构、治疗机构、居民社会保护机构或其他类似机构的行政部门，被监护人、他的家庭成员、近亲属（无论是否共同居住），以及检察官有权向法院提交有关免除和撤销监护人（保护人）的申请。

2. 免除、撤销监护人的申请，由作出确定监护判决的区法院审理。

3. 免除、撤销监护人（保护人）的案件由法院在未成年人保护机构代表、监护人（保护人），及检察官亲自参与的情况下审理。

4. 审理申请后，法院作出是否撤销（免除）监护人的判决。

第三十节　有关将未成年人送往寄宿机构的案件审理

第 280 条　提交申请

1. 将孤儿，父母被剥夺权利或父母权利被限制、父母被认定失踪、父母为无行为能力人（限制行为能力人）、父母以剥夺自由的方式服刑的未成年人送往任何所有制形式的寄宿机构的申请，由未成年人保护机构，未成年人的法定代理人、近亲属、家庭成员，以及检察官向未成年人居住地或所在地的法院提交。

2. 将未成年人安置到向未成年人提供超过 6 个月服务的寄宿机构，针对有语言、视力、听力障碍未成年人的寄宿学校，针对身体限制能力、精神缺陷未成年人的未成年人之家，以及针对有天赋未成年人的寄宿机构的案件，不由法院审理。

3. 将未成年人送往寄宿机构，是作为无法在家庭中抚养未成年人的极端措施使用的。

第 281 条　有关将未成年人送往寄宿机构的申请内容

1. 在有关将未成年人送往寄宿机构的申请中必须注明：

（1）未成年人的姓名、出生日期、居住地、其父母的信息、是否有兄弟姐妹；

（2）有关将未成年人送往寄宿机构申请依据的情况，及其证明这种状况的证据。

2. 与将未成年人送往寄宿机构的申请一并提交的文件有：

（1）未成年人保护机构出具的将未成年人送往寄宿机构必要性的结论；

（2）被送往寄宿机构的未成年人的出生证明的复印件；

（3）已生效的、有关剥夺或限制未成年人父母的权利，认定未成年人父母失踪、无行为能力人（限制行为能力人）的法院判决书，有关以剥夺自由的方式服刑的未成年人父母的判决书，以及有关服刑父母在被剥夺自由地实际服刑的信息；

（4）有关未成年人健康、生理和智力发展状况的医疗证明；

（5）证明无法在家庭中抚养未成年人的资料。

第 282 条　审理申请

1. 有关将未成年人送往寄宿机构的案件，由法院在接受申请后的 30 天内审理。

2. 有关将未成年人送往寄宿机构的案件，法院应在未成年人保护机构代表及检察官亲自参与的情况下审理。

3. 法院可要求未成年人监护人，或其他未成年人法定代理人、亲属、其他相关人员，及年满十周岁的未成年人参与案件审理。

第 283 条　法院对申请的判决

对将未成年人送往寄宿机构的申请审理后，法院就是否满足申请作出判决。

第 284 条　有关重新审理将未成年人送往寄宿机构判决的案件审理

1. 未成年人家庭居住地的未成年人保护机构、寄宿机构所属的相关授权机构、未成年人法定代理人，有权向法院提交有关重新审理将未成年人送往寄宿机构判决的申请。

2. 有关重新审理将未成年人送往寄宿机构案件的申请，由作出将未成年人送往上述机构判决的区法院审理。

3. 有关重新审理将未成年人送往寄宿机构判决的案件，法院应在未成年人保护机构代表、未成年人所在寄宿机构代表、检察官参与的情况下审理。

4. 审理申请后，法院作出是否取消将未成年人送往寄宿机构的判决。

第三十一节　宣告公民失踪和公民死亡

第 285 条　提交申请

请求宣告公民失踪或宣告死亡的申请，由相关人员提交到申请人居住地所在的法院。

第 286 条　申请的内容

申请中应注明，为何种目的申请人必须宣告公民失踪或宣告死亡，并应阐述证明公民失踪的情况，或证明公民死亡的危险情况，或推定他由于某个不幸事件死亡的依据，对于服兵役公民或其他由于军事行动失踪的公民，在申请中应注明军事行动的结束日期。

第 287 条　审理申请

1. 法官在准备进行案件审理时，应查明何人可以提供失踪人员的信息，向失踪人最后已知居住地和工作地的相关组织查询相关信息。

2. 接受申请后，法官可以建议失踪公民财产所在地的未成年人保护机构任命财产管理人。

3. 法官应对任命财产管理人作出判定。

第 288 条　法院对申请的判决

1. 宣告公民失踪的法院判决，是将失踪公民的财产转交给与未成年人保护机构签署委托管理这一财产合同之人的依据。

2. 宣告公民死亡的法院判决，是公民状态登记部门在公民状态登记簿登记该公民死亡的依据。

第 289 条　已被宣告失踪或死亡的公民重新出现的后果

1. 被宣告失踪或被宣告死亡的公民，在其重新出现或发现其居留地的情况下，法院将以新的判决取消之前作出的判决。

2. 申请可以由被宣告失踪或死亡的人，或其他相关人员提交。

3. 法院新的判决在生效后应送达给监护和保护机构，以便取消公民的财产托管，或公民状况登记部门注销有关该人死亡的登记。

第三十二节　认定公民为限制行为能力人或无行为能力人

第 290 条　提交申请

1. 认定公民由于病态迷恋赌博、滥用酒精，或毒品造成的限制行为能力的案件，可以由其家庭成员、未成年人保护机构、检察官申请提起诉讼。

2. 认定公民由于精神疾病造成的无行为能力，可以由家庭成员（无论是否共同居住）、近亲属（父母、子女、兄弟、姐妹）、未成年人保护机构、检察官、精神病治疗机构的申请提起诉讼。

3. 认定公民为无行为能力人，或限制行为能力人的申请，应提交到该公民居住地所在的法院，如果此人在精神病治疗机构治疗，则应提交到治疗机构所在地的法院。

第 291 条　申请的内容

1. 请求认定公民为限制行为能力人的申请中，应阐述能证明由于该人病态迷恋赌博、滥用酒精或毒品的行为，而将自己的家庭置于物质极度困难状况的事实。

2. 请求认定公民为无行为能力人的申请中，应阐述能证明该公民存在精神疾病，并由于该疾病的原因他不能明白自己行为的意义或控制自己行为的事实。

第 292 条　法官任命官方律师代理人

1. 在收到有关请求认定公民无行为能力的申请后，如果该公民没有代理人，法院可以任命官方律师作为其代理人，以便在审理过程中代表和保护该公民的利益。

2. 官方代理律师拥有合法代理人的授权，根据法律的规定，其司法援助是无偿的。

第 293 条　指定鉴定以确定公民的精神状态

1. 在案件审理的准备程序中，如存在有关公民精神疾病资料的情况下，法院指定进行司法精神鉴定以便确定该公民的精神状态。

2. 在被申请认定为无行为能力的人明显逃避鉴定时，庭审中，法院可在精神专家和检察官参与下作出强制对其进行司法精神鉴定的判定。

第 294 条　审理申请

1. 有关认定公民为限制行为能力的案件，由法院在该公民本人、申请人、检察官和未成年人保护机构代表参加的情况下审理。

2. 针对审理认定其为无行为能力人的公民，如果该公民的出现不会对其生命或健康造成危险，或对周围人的健康和生命造成危险，应被传唤出庭以亲自阐明自己的立场。

3. 如果该公民亲自参加在法院进行的庭审会给他的生命或健康，或对周围人的生命和健康造成危险，则该案件应由法院在该公民所在地进行，由其本人参加审理。

4. 申请人解除缴纳审理有关认定公民限制行为能力或无行为能力案件相关的诉讼费用。法院在确定提交申请的家庭成员为了明显无理由地限制或剥夺公民的行为能力而恶意为之，则会向其征收所有诉讼费用。

5. 被判决认定为无行为能力的人，有权亲自或通过代理人对法院的判决上诉。

第 295 条　法院对申请的判决

1. 认定公民为限制行为能力人的法院判决，是法院为限制行为能力人指定监护人的依据。

2. 认定公民为无行为能力人的法院判决，是法院为无行为能力人指定监护人的依据。

第 296 条　取消认定公民为限制行为能力人和认定公民有行为能力

1. 在吉尔吉斯共和国民法典第 65 条第 2 款规定的情况下，法院根据公民本人、其家庭成员、监护人、未成年人保护机构以及检察官的申请，有权作出取消公民为限制行为能力人的限制判决。根据法院的判决，按本法典第二十九节规定的方式取消对公民的监护。

第三十三节　宣布未成年人具有完全行为能力

第 297 条　提交申请

1. 年满十六周岁的未成年人，在吉尔吉斯共和国民法典第 62 条第 1 款规定的情况下，可以向其居住地所在的法院提交宣布其具有完全行为能力的申请。

2. 法院可以在没有得到父母、收养人或监护人同意，或在未成年人保护机构拒绝宣布未成年人具有完全行为能力的情况下，接受申请。

第 298 条　审理申请

法院在申请人、其父母或抚养人中的一方、监护人，以及未成年人保护机构代表参加的情况下审理申请。

第 299 条　法院对申请的判决

1. 实质审理案件后，法院作出同意或拒绝申请的判决。

2. 在同意申请要求时，自法院作出的判决生效之日起，年满十六周岁的未成年人将被宣布为具有完全行为能力的人。

第 300 条　取消解除判决

1. 解除宣布年满十六周岁的未成年人具有完全行为能力判决的申请，由父母、收养人或监护人以及未成年人保护机构提交到认定该未成年人具有完全行为能力的法院，或在未成年人保护机构所在地作出该判决的法院。

2. 如果有证据证明，法院可以作出取消未成年人保护机构有关宣布未成年人具有完全行为能力的判决，并可以拒绝宣布年满十六周岁的未成年人具有完全行为能力。

第三十四节　承认动产无主性、承认无主的不动产的公共所有权

第 301 条　提交申请

1. 认定动产无主性的申请，由已掌握该动产的人，向其居住地或所在地的法院提交申请。

2. 认定无主不动产的公共所有权申请，由公共财产授权管理机构向其所在地的法院提交申请。

第 302 条　申请内容

1. 在认定动产无主性的申请中，应注明，何种动产申请被认定为无主、基本区别性特征的描述、其所有权人放弃其所有权的证据、申请人已掌握该动产的证据。

2. 在公共财产授权管理机构申请认定无主不动产的公共所有权申请中，应注明，该不动产由何人、何时登记，证明该不动产所有权人不欲保留其所有权的证据。

第 303 条　拒绝接受申请

在该不动产按法律规定的方式登记之日起 3 年期限届满前提交申请的情况下，法院拒绝接受公共财产授权管理机构的申请并终止案件审理。

第 304 条　审理申请

关于认定动产无主性或认定无主不动产的公共所有权的申请，法院在所有涉案人员必须参与的情况下审理。

第 305 条　法院对申请的判决

1. 认定动产没有所有权人或所有权人不欲保留对其所有权后，法院判决承认动产无主性，并将其转交已掌握动产的人所有。

2. 认定不动产没有所有权人或所有权人不欲保留对其所有权，该财产是按照法律规定方式登记后，法院作出认定该不动产无主并认定其公共所有权。

第三十五节　恢复丢失的无记名证券和记名证券的权利

第306条　提交申请

1. 丢失了无记名证券和记名证券（以下称凭证）的人，在法律规定的情况下，可以申请法院认定已丢失的凭证无效和恢复凭证的权利。凭证的权利也可以在凭证由于保存不当或其他原因失去支付特征时被恢复。

2. 已丢失凭证无效的申请，应向签发该凭证的机构所在地的法院申请。

第307条　申请的内容

申请中应注明已丢失凭证的区别性特征、发行机构名称，并阐述在何种状况下丢失、申请人有关禁止发行机构兑现的请求。

第308条　接受申请后法官的作为

1. 接受申请后，经审理，法官作出有关禁止凭证发行机构对该凭证兑现的判定，并将判定副本送达凭证发行机构、登记人名册持有者、登记人。

2. 判定中应注明在当地报纸刊登通告，相关费用由申请人支付，其中内容包括：

（1）接收有关凭证丢失声明的法院；

（2）申请人的姓名、居住地；

（3）凭证名称和区别性标志；

（4）向被声明已丢失凭证的持有人建议自通告之日起3个月内向法院提交对此凭证权利的申请。

3. 对于法院拒绝作出判决的，可以提起上诉。

第309条　凭证持有者的申请

被声明丢失的凭证的持有者，应在公告之日起3个月内向作出判决的法院提交申请自己对该凭证的权利，并提交凭证正本。

第310条　凭证持有人提交申请后法官的作为

1. 如果在公告之日起3个月内收到凭证持有者的申请，法院不予审理丢失人的申请，并规定禁止发行凭证的机构兑现此凭证的期限，该期限不能超过两个月。

2. 同时法院向申请人说明，他有权按普通方式向凭证持有者提出索取该凭证，而向凭证持有者说明，他有权向申请人索赔因采取禁止措施给他造成的损失。

3. 针对本条注明的问题的判定，可以提起上诉。

第311条　审理认定丢失凭证无效的申请

有关认定丢失凭证无效的案件，如果凭证持有者未提交本法典第309条注明的申请，法官应在公告之日起 3 个月期满后审理。

第 312 条　法院对申请的判决

在满足申请人申请的情况下，法院作出承认已丢失凭证无效的判决。该判决作为向申请人付款或以新凭证取代被认定无效的凭证的依据。

第 313 条　凭证持有者提交无理由获取财产诉讼的权利

由于某种原因没有及时申请对凭证权利的凭证持有者，在有关认定凭证无效的法院判决生效后，可以向被认定有权获得新凭证取代丢失凭证的人提起无理由获取或保全财产的诉讼。

第三十六节　强制公民到精神病医院住院治疗

第 314 条　提交申请

1. 强制公民治疗的申请应提交到应安置该公民的精神病院所在地的法院。

2. 申请中应说明法律规定的强制到精神病院治疗的依据，同时应一并提交精神病医生委员会出具的、该公民必须在精神病医院治疗的有依据的结论。

第 315 条　法官指定官方代理律师

1. 收到有关强制公民到精神病医院住院治疗的申请后，如果该公民没有代理人，法官将任命官方代理律师以便在案件审理过程中代表和保护该公民的利益。

2. 官方代理律师拥有合法代理人的授权，根据法律规定该律师的法律援助是无偿提供的。

第 316 条　申请提交的期限

1. 强制公民到精神病医院住院治疗的申请，应在精神病机构的精神病医生委员会作出有关该公民必须在精神病医院治疗的结论后 24 小时内提交。

2. 立案后，法院应同时批准该人在精神病院居留到法院审理申请所必要的期限。

第 317 条　审理申请

1. 有关强制公民到精神病医院住院治疗的申请，应在立案后的 5 日内审理。

2. 被申请强制到精神病医院住院治疗的公民，具有亲自参加庭审的权利。如果根据精神病机构提供的证明，该公民的健康状况不允许，则庭审可以在精神病机构场所进行。

3. 案件应在提出申请的精神病机构代表、检察官和被申请人代理人均在场的情况下审理。

第 318 条　案件的判决

1. 实质审理案件后，法院作出是否满足申请的判决。

2. 满足申请的判决是作为公民强制到精神病医院住院治疗和公民在法院规定期限内

在精神病医院养护的依据。

3. 对于法院作出的强制到精神病医院住院治疗的判决，可以在判决作出后的10日内，由被安置在精神病院的人、其代理人、精神病机构的负责人或检察官，按本法典规定的方式提出上诉。

4. 自将该公民安置在精神病医院治疗之日起6个月期满后，精神病机构的行政部门向其所在地法院提交有关是否延长治疗的申请，并一同提交精神病机构的精神病医生委员会作出该公民未来是否必须在精神病医院治疗的有依据的结论。

5. 法院有权按本节规定的方式，作出判决是否延长公民在精神病医院养护的期限。今后，法院将在遵守本条规定的情况下每年作出有关已被强制安置在精神病院的公民是否延长住院治疗的判决。

第三十七节　恢复中止的司法程序

第319条　中止司法程序的恢复方式

1. 完全或部分恢复中止的、根据法院判决结束的，或以终止案件审理的判定而结束的民事案件的司法程序，由法院按本节规定的方式审理。

2. 恢复中止的司法程序的案件，根据涉案人员的申请立案。

第320条　提交申请

1. 恢复中止的司法程序的申请，应向根据争议实质作出判决，或作出中止案件审理判定的法院提交。

2. 在恢复中止的司法诉讼的申请中应注明：

(1) 申请人申请恢复的具体司法诉讼程序；

(2) 法院是否已作出实质性判决或诉讼是否已终止；

(3) 申请人在案件中曾处于何种诉讼地位；

(4) 参与案件的其他当事人及其诉讼地位；

(5) 上述人员的居住地或所在地；

(6) 申请人所了解的中止的程序状况；

(7) 诉讼文件复印件或文件信息所在地；

(8) 申请人认为恢复哪些文件是必须的；

(9) 为何种目的必须恢复它们。

3. 与申请一并被提交保存的与案件有关的文件，即使未按规定方式认证。

4. 申请人被免除支付法院在审理有关恢复中止的司法程序所承担的司法费用。

第321条　审理申请

1. 在审理案件时，法院使用诉讼保存下来的案件文件，在审理中止前发给公民和机构的案件文件，其他与案件有关的证明材料等。

2. 法院可以询问作为证人的参与诉讼人，必要时可询问审理过已中断程序案件的法官和判决执行人。

3. 经审理有关恢复丢失判决或恢复有关中止审理判定的申请时，法院作出判决，其中注明在恢复司法程度的所有涉案人员参与的情况下，根据提交给法庭并在庭审中调查确认的证据，法院判决是否恢复所申请的司法程序。

第 322 条　中止案件审理和不予审理有关恢复中止的司法诉讼的申请

1. 有关恢复中止的司法诉讼申请中若未注明相应的诉讼目的，或申请人注明的诉讼目的与保护其权利和合法义务无关，则法院不予审理申请。

2. 在恢复与中止的司法诉讼相关的案件审理所收集的材料不足的情况下，法院判定中止对该案件的审理并向涉案人员说明其具有按照一般程序提交诉讼的权利。

3. 审理恢复中止的司法诉讼的申请不设置期限。但是，在为了执行该诉讼而提出申请的情况下，如果执行令提交执行的期限已满，且法院未恢复该诉讼，则法院也会终止对申请恢复中止司法诉讼程序的审理。

4. 与恢复中止司法诉讼相关的判定，可以按本法典规定的方式提起上诉。

第三章　重新审理未生效和已生效的一级法院判决

第三十八节　对法院判决的上诉

第 323 条　上诉的权利

1. 未生效的一级法院的判决，可由原被告双方和其他涉案人员向上诉法院提起上诉。

2. 检察官有权根据检察官申请立案的案件或在检察官参与下审理的案件、违反未成年人权利判决的案件，以及其他法院作出的违反国家或社会利益判决的情况下提交申诉书。

3. 虽未被传唤参与案件，但法院的判决对其权利和义务产生影响的人，也有权提起上诉。

第 324 条　提交上诉申诉书的方式和期限

1. 上诉申诉书应通过作出判决的一审法院提交。

2. 对一审法院判决的上诉申诉书可以在一审法院作出判决后的 30 日内提交，除非法律另有规定。

3. 提交上诉申诉书的诉讼期限可以由上诉法院根据本法典第 127 条的规定恢复。这种情况下，有关恢复提交上诉申诉书的诉讼期限的申请，可以在一审法院作出判决之日起的 3 个月之内提交。

上诉法院的相应合议庭，根据审理上诉申诉书的结果作出的司法判决书中，注明对错过期限的恢复。

对合议庭作出的拒绝恢复错过的上诉期限的判定，可以按最高上诉方式进行诉讼。这种情况下，案件应移送给一审法院。

第 325 条　上诉申诉书的形式和内容

1. 上诉申诉书应以书面形式提交。

2. 上诉申诉书应包含以下内容：

（1）申诉书提交的法院名称；

（2）提交申诉书的人的名称、居住地，如果有，需提供电话、传真号码、电子邮箱，对于法人，需提供注册号、所在地和其他信息；

（3）被上诉的判决；

（4）申诉书的论据；

（5）提交申诉书的人的诉讼请求；

（6）与申诉书一并提交的文件清单；

（7）必要时，需提供恢复错过的上诉期的申请，以及解除缴纳相关诉讼费用的申请。

3. 上诉申诉书由提交人签字。如果是代理人提交的申诉书，则应提交委托书或其他证明代理人被授权的文件。法人的法定代表人的签字应以公章认证。

4. 提交上诉申诉书的人，应向其他涉案人员发送申诉书的复印件及其附随的文件。

5. 与上诉申诉书一并提交缴纳相关诉讼费用的证据，以及向其他涉案人员发送申诉书和其他随附文件的复印件的证明。

第 326 条　审理上诉申诉书的法院

上诉申诉书由上诉法院审理。

第 327 条　上诉法院审理案件的期限

上诉法院应在收到上诉申诉书后的 2 个月内对案件进行审理。

第 328 条　收到上诉申诉书后法院的作为

1. 一审法院在收到上诉申诉书后，应在规定的上诉期限届满前将案件移交给上诉法院，并通知涉案人员已移交申诉。

2. 在规定的上诉期限届满前，不能从法院索取案件。涉案人员有权在法院了解案件资料，以及收到的申诉书和反对意见。

第 329 条　退还上诉申诉书

1. 法院在以下情况下将上诉申诉书退还给提交上诉申诉书的人：

（1）上诉期届满、未提交有关恢复上诉期的申请；

（2）如果上诉申诉书是在违反了本法典第 325 条第 3 款规定的情况下提交的；

（3）如果未与申诉书一并提交已向其他涉案人员发送申诉书和其他文件复印件的证据；

（4）如果未与申诉书一并提交已支付相关诉讼费用的证据。

2. 上诉法院应作出有依据地退还上诉申诉书的判定。

退还上诉申诉书的判定应在收到申诉书后的3日内作出，并与提交的其他文件一起返还给上诉人。

3. 退还上诉申诉书的判定，并不会妨碍上诉人在排除了错误、遵守本法典第324条第2款规定期限的情况下再次提交同一案件的申诉书。

对法院作出的退还上诉申诉书的判定，可以提交最高上诉申诉书。

第330条　对上诉申诉提出反诉

1. 涉案人员有权对上诉申诉书提出反诉，并提交其他可以证明其反诉的证据，以及根据涉案人员人数的复印件。

2. 将反诉书和其他附随文件的复印件交给其他涉案人员。

第331条　撤诉或召回申诉

1. 提交上诉申诉书的人，有权在法院判决前撤诉。

上级检察官有权在法院作出判决前召回申诉。

2. 在撤诉或召回申诉时，法院会说明撤诉或召回申诉的后果，并作出终止上诉程序的裁定。

3. 如果法院在撤诉或召回申诉的情况下，由于其他人的申诉不能终止审理案件，则会作出对提出撤诉和召回申诉书终止审理的裁定。这时，上诉审理将继续根据其他申诉书进行。

4. 在撤诉或召回申诉的情况下，不允许该人再次对同一判决书提出上诉。

第332条　在上诉法庭原告撤诉和双方达成和解协议

1. 原告的撤诉申请或双方达成的和解协议，应根据本法典第175条的规定提交。在撤诉或签署和解协议前，法院将向双方说明其诉讼行为的后果。

2. 在原告撤诉或双方签署和解协议时，上诉法院终止案件审理。如果根据本法典第43条第4款的规定，法院未接受和解协议，法院会按上诉程序继续审理案件。

第333条　指定审理案件

1. 案件提交到上诉法院后，会移交给法官。

2. 上诉申诉书在不存在本法典第329条规定的依据的情况下，会被上诉法院接受审理。

3. 法官在案件提交到上诉法院后的7日内作出有关接受上诉申诉书，和指定案件审理的判定，其中应注明案件审理的日期和时间。

4. 上诉法院将根据本法典第十二节的规定通知涉案人员开庭的时间和地点。

5. 如果某涉案人员由于未被通知开庭的时间和地点而未出庭，法院会延迟审理案件。已按照规定方式通知了开庭时间和地点的涉案人员未出庭，并不会妨碍庭审的进行。

6. 如果已按照规定方式通知了开庭时间和地点的涉案人员，提交了未出庭的正当理由，则法院可以延迟开庭审理案件。

第 334 条　上诉法院审理案件的方式

1. 在规定的时间里，主审法官开庭并宣布应审理的是何案件、根据何人的申诉书、对哪个法院作出的判决进行审理。

2. 主审法官宣布法庭组成，并向涉案人员说明其申请回避权利。回避的依据、审理声明的回避和满足这一申请的后果在本法典第 19 条、第 20 条、第 22~24 条中规定。

3. 主审法官向涉案人员说明其诉讼权利和义务。

4. 涉案人员就所涉及案件在诉讼法院审理的问题的申请和声明，将由法院在听取其他涉案人员的意见后审理。

5. 在上诉法院，案件的审理由法官阐述案件状况、一审法院的判决内容、上诉申请书的论据和反对意见、提交到上诉法院的新证据，并告知其他验证法院判决正确性所必需审理的资料。

6. 法庭听取出庭的涉案人员及其代理人的陈述。首先由提交申诉书的涉案人员及其代理人发言。如果是双方均提交上诉，则由原告首先发言。

7. 在涉案人员未出庭时，应宣读他们提交的书面意见。

8. 听取双方说明后，法院在必要时出示案件已有证据，并调查新提交的证据，将按照一审法院规定的方式调查证据。

9. 双方有权申请传唤和询问证人并索取其他证据。

10. 法院有权在判决书论据部分引述在法庭上宣读的未被传唤出庭但在一审法院询问的证人给出的证词。如果双方对证词有异议，则应在上诉法院询问作证的人。

11. 调查证据后，主审法官将询问涉案人员是否有补充申请。法庭审理这些申请并进入法庭辩论环节。

12. 法庭辩论将按照本法典第 194 条的规定进行，首先发言的是提交申诉书的人。

13. 法庭辩论后，法官离开法庭前往会议室作出判决（判定）。会议结束后法官宣布判决（判定）。

14. 如果在会议期间法官认为必须查明新的案件情节，或补充调查现有或新的证据，法庭将重新进行实质审理，对此将作出有依据的判定，并记录在庭审记录中。在这种情况下，庭审按本条规定的方式继续。

15. 上诉法院的主审法官应采取必要的措施保证庭审按规定的方式进行。

16. 在上诉法院庭审中，庭审书记员进行记录。诉讼双方可以对庭审记录提出意见，并由主审法官根据本法典第 232 条、第 233 条的规定进行审理。

第 335 条　上诉法院的案件审理范围

1. 在上诉法院审理案件时，法庭将在上诉申诉书的范围内审查一审法院判决的合法性和程序性。这时，上诉法院不受上诉申诉书的法律论据约束。

2. 上诉法院有权确定新的事实、调查新的证据并审查案件材料中的新证据。

3. 在上诉法庭不允许变更起诉对象、增加诉讼金额、变更诉讼依据、提起反诉。

第 336 条　中止执行法庭判决

在恢复对一审法院的判决上诉期时，上诉法庭有权在作出上诉判决之前中止执行一审法院判决。

第 337 条　上诉法庭采取保证诉讼的措施

根据涉案人员的申请，上诉法庭可以根据本法典第十四节的规定采取措施保证诉讼。

第 338 条　上诉法院的判决

上诉法院有权：

（1）不改变一审法院的判决，对申诉书不予满足。

（2）完全或部分地改变一审法院的判决，或完全或部分地取消该判决并作出新的判决；

（3）完全或部分地取消一审法院的判决，并终止案件审理，或不予审理申请；

（4）取消一审法院的判决，将案件发回重审。

第 339 条　上诉法院取消或改变一审法院判决的依据

取消或改变一审法院判决的依据是：

（1）未完全查明对案件具有实际意义的情节；

（2）对案件具有实际意义，且法院认为已确定的情节未查明；

（3）判决中阐述的法院结论与案件情节不符；

（4）实质性地违反诉讼法标准或不正确地适用诉讼法标准。

第 340 条　取消判决并终止案件审理或不予审理申请

根据本法典第 220 条、第 222 条中注明的依据，应该按上诉程序取消一审法院的判决，并终止案件的审理，或不予审理申请。

第 341 条　实质性违反诉讼法规定

1. 在以下情况下，一审法院的判决应被取消、案件应被发回重审，如果：

（1）案件是由不合法的法官组成审理的；

（2）法院的判决不是由法官签署的或不是由判决中注明的法官签署的。

（3）案卷中没有庭审记录；

（4）法院判决时违反了会议是机密的规定；

（5）法院在未被通知庭审时间和地点的涉案人员未出庭的情况下审理案件；

（6）在审理案件时违反了诉讼使用语言的规定；

（7）法院判决了未涉案人员的权利和义务；

（8）案件的审理违反了本法典第 28 条第 3 款关于审判权的规定。

2. 存在其他违反诉讼法规定的情形，并导致了误判，一审法院的判决应被取消，并将案件发回重审。

第 342 条　错误地适用法律

在以下情况下，可认为是错误地适用了法律标准，如果：

（1）未适用应适用的法律；

（2）适用了不应适用的法律；

（3）错误地解释了法律。

第 343 条　上诉法庭的决议

1. 在本法典第 338 条第 2 款规定的情况下，上诉法庭的决议应以裁决的形式作出，将全部或部分取代一审法院的判决。在本法典第 338 条第 1 款、第 3 款、第 4 款规定的情况下，上诉法院作出判定。

2. 上诉法院的裁决以吉尔吉斯共和国的名义作出。

3. 上诉法院的裁决，根据本法典第 18 条的规定应在会议室作出。

4. 上诉法院的裁决自作出之时起开始生效，吉尔吉斯共和国最高法院合议庭按照最高上诉程序进行重新审理的情况除外。

第 344 条　上诉裁决和裁定的内容

1. 上诉裁决（判定）由导言、叙述、论据和结论部分组成。

2. 上诉法院有关接受审理和指定案件审理的裁定，由导言和结论部分组成。

3. 在上诉法院的裁决中，为补充本法典第 202 条第 2 款注明的情节，应该注明：

（1）在导言部分：

a. 作出决议的法庭名称和法官组成；

b. 作出决议的日期和地点；

c. 提交上诉申诉书的涉案人员及其代理人，以及其他涉案人员；

d. 被提起上诉申请的法院判决。

（2）在叙述部分：

a. 一审法院的名称、作出法庭决议的日期和地点；

b. 一审判决实质审理的简单阐述；

c. 上诉申诉书的动机；

d. 对上诉申诉书的反对意见；

e. 上诉法院庭审出庭人的陈述。

（3）在论据部分：

a. 对一审法院适用法律法规的无依据性的论据、法庭决议所依据的法律法规；

b. 在取消或变更一审法院判决时，上诉法院不同意一审法院结论的论据；

c. 如果案件发回重审，双方和（或）法庭应完成的行为；

（4）在结论部分：

a. 根据审理结果得出的结论；

b. 双方分配司法费用的指示，包括国家税费。

4. 在上诉法院的裁定中，除了本条第 2 款列出的情况，还应注明论据，根据这些论据，申诉书的理由是否被认为是无依据，且是否能作为取消或变更一审法院裁决的依据。

5. 上诉法院有权审理有关修改笔误和明显的计算错误问题并根据本法典第 206 条、第 207 条的规定作出补充裁决（裁定）。

第 345 条　上诉法院的法庭裁定

按上诉程序审理案件的法院，有权在本法典第 226 条规定的情况下作出法庭裁定。法庭裁定可以在发现下级法院在审理案件时具有违法行为时作出。

第三十九节　对法院判定的上诉

第 346 条　按上诉程序对一审法院判定的上诉权利

1. 只有在本法典规定的情况下，一审法院的判定方可被双方和其他涉案人员提起上诉。

2. 对一审法院剩余的判定不能提起上诉，但对这些判定的反对意见可以被加入到上诉申诉书中。

3. 对不能上诉的一审法院判定提交上诉时，上述上诉申诉书应被一审法院退还并在收到申诉书后的 5 日内作出有依据的判定。

第 347 条　上诉的提交和审理的期限和方式

1. 上诉可以自作出被上诉的判定后 10 日内提交。

2. 上诉应根据本法典规定的方式提交和审理。

第 348 条　上诉法院在审理上诉时的授权

审理上诉时，上诉法院有权：

（1）维持一审法院的判定，而对上诉申请不予满足；

（2）全部或部分取消判定，并将案件发回一审法院重审；

（3）全部或部分取消判定，并将案件交由一审法院审理实质裁决问题；

（4）修改或取消法院判定，不将案件发回重审而作出新的裁定。

第 349 条　上诉法院裁定的法律效力

1. 上诉法院经审理作出的裁定，自作出之时起开始生效。

2. 上诉法院作出的解决上诉的非实质性问题的裁定，可按照本法规定的程序提起最高上诉。

第四章 重新审理已生效的司法判决的程序

第四十节 在最高上诉法院的审理程序

第 350 条 按最高上诉程序审理司法判决书

吉尔吉斯共和国最高法院是最高上诉法院，可按照本法规定的依据和方式重新审理有关法律适用正确性的问题。

第 351 条 可以按最高上诉程序重新审理的司法判决书

1. 已生效的一审法院和上诉法院的判决，可以按照最高上诉程序重新审理。

2. 已生效但未按照上诉程序提起上诉的一审法院判决，不能按照最高上诉程序重新审理。

3. 最高上诉法院审理的对象可以是最终法院判决之前的判定，如果本法典规定这些判定可以提起上诉。

第 352 条 有权提交最高上诉申诉书的人

1. 原被告双方和其他涉案人员及其代理人有权对本法典第 351 条规定的司法判决书提交最高上诉申诉书。

2. 检察官有权对其参与审理的案件提交申诉书。

第 353 条 最高上诉申诉书的提交期限

1. 最高上诉申诉书应在上诉法院的裁决作出后的 3 个月内提交，除非法律另有规定。

2. 在对上诉法院未按照争议实质作出的裁决提起上诉时，可以在 1 个月的期限内提交最高上诉申诉书。

3. 错过提交最高上诉申诉书诉讼期限的，可以由最高上诉法院根据本法典第 127 条的规定恢复。

4. 在最高上诉法院相应合议庭经审理最高上诉申诉书作出的裁定中，应注明有关恢复错过的期限。

5. 在拒绝恢复错过的期限时，应根据本法典第 357 条的规定退还最高上诉申诉书。

第 354 条 最高上诉申诉书的形式和内容

1. 最高上诉申诉书应以书面形式提交。

2. 最高上诉申诉书应包含以下内容：

（1）申诉书所提交法院的名称；

（2）申诉书提交人的名称、居住地、电话号码、传真、电子邮箱地址，对于法人还应具有法人的注册号、所在地和其他信息；

（3）其他涉案人员的名称、居住地或所在地；

（4）审理案件的一审法院、上诉法院名称、其所作出的判决的内容；

(5) 被提起上诉的法院判决;

(6) 申诉人认为判决违反法律依据所在;

(7) 申诉请求;

(8) 与申诉书一并提交的文件清单;

(9) 必要时，有关恢复错过的提交最高上诉申诉书诉讼期限的申请，有关免除缴纳国家税费的申请。

3. 申诉书由提交人或其代理人签字。代理人提交时，应提供委托书或其他证明代理人被授权的文件。法人负责人的签字应以公章认证。

4. 提交最高上诉申诉书的人，应向其他涉案人员发送他们所没有的申诉书和所附文件的复印件。

5. 应与申诉书一并提交最高上诉申诉书及附随文件复印件发送给其他涉案人员的证据，以及缴纳国家税费的证据。

第 355 条　提交最高上诉申诉书的方式

最高上诉申诉书经作出司法判决的一审法院提交给吉尔吉斯共和国最高法院。

第 356 条　收到最高上诉申诉书后一审法院的作为

一审法院收到最高上诉申诉书后的 5 日内应将案件呈交给吉尔吉斯共和国最高法院，并通知其他涉案人员。

第 357 条　退还最高上诉申诉书

1. 在以下情况下，最高上诉法院将最高上诉申诉书退还给提交人:

(1) 如果违反了本法典第 354 条第 3 款规定提交的申诉书;

(2) 如果在规定的最高上诉期限届满后提交的申诉书，且不包含申请恢复错过的期限的内容;

(3) 如果申诉书不包含对错误适用诉讼法，或实质性违反诉讼法的依据;

(4) 如果案件不属于上诉法院应审理的对象;

(5) 如果未与申诉书一并提交支付国家税费的证据。

2. 在排除本条第 1 款注明的情况后，提交最高上诉申诉书的人有权在本法典规定的期限内重新提交申诉。

3. 有关退还最高上诉申诉书的裁定，由最高上诉法院在收到案件后的 7 日内作出，并与其他一并提交的文件一起送达提交申诉书的人。

第 358 条　撤销最高上诉申诉书或召回最高上诉诉状

1. 提交最高上诉申诉书的人，有权在最高上诉法院对申诉作出裁决前撤诉。

2. 检察官提交的诉状，可以由上级检察官召回。

3. 在撤销最高上诉申诉书或召回最高上诉诉状时，最高上诉法院应说明撤销申诉书或召回诉状的后果，并作出终止最高上诉审理的裁定。

4. 如果在撤销最高上诉申诉书或召回最高上诉诉状的情况下，最高上诉法院由于其他人的最高上诉申诉书而无法终止诉讼，则应作出裁定，根据这一裁定终止已被撤销或召回的最高上诉申诉书的审理。在这时，将根据另一个申诉书继续进行最高上诉审理。

5. 在撤销或召回最高上诉申诉书时，不允许同一个提交人按照最高上诉程序再次对同一个司法判决提起上诉。

第 359 条　中止执行法院判决

最高上诉法院有权根据提交申诉书的人的申请，在审理最高上诉申诉书之前中止执行原审法院的判决。

第 360 条　最高上诉申诉书的接收方式

1. 案件提交到最高上诉法院后，交给主审法官。

2. 在不存在本法典第 357 条规定的情况下，上诉申诉书交由吉尔吉斯共和国最高法院审理。

案件提交到吉尔吉斯共和国最高法院后的 7 日内，最高上诉法院应作出接受申诉书并指定对案件进行审理的裁定。

在缺少将申诉书发送给其他涉案人员的证据时，最高上诉法院不会退还案件，而是将申诉书和其他一并提交的文件复印件送达给其他涉案人员，并通知其最高上诉法院案件的听证时间。

3. 其他涉案人员有权了解案件资料、申诉书及提出自己的申辩意见。

4. 应根据本法典第十二节的规定通知涉案人员案件开庭审理的日期和地点。

第 361 条　最高上诉申诉书的审理程序

1. 最高上诉法院根据本法典第三章及本节规定的例外和补充对最高上诉申诉进行审理。

2. 最高上诉法院由 3 个法官组成的合议庭对案件进行审理。

3. 最高上诉法院审理案件时，如果法庭未规定其他顺序，则由主审法官宣读报告，之后由提交申请的人和其他涉案人员发言。之后法官离席到会议室拟定裁决。

4. 已按规定方式通知了开庭时间和地点的涉案人员未出庭，不妨碍案件的正常审理。如果根据法院的要求涉案人员必须出庭，则案件的审理可以延期。

第 362 条　中止最高上诉审理

1. 最高上诉法院有权根据本法典第 215 条第 1 款、第 2 款、第 5 款规定的依据中止审理。

2. 被中止的上诉程序，可根据本法典第 219 条的规定重新恢复。

第 363 条　最高上诉申诉书的审理期限

最高上诉法院应于收到最高上诉申诉书的 2 个月内进行审理。

第 364 条　最高上诉法院的案件审理范围

1. 在审理最高上诉申诉书时，最高上诉法院根据案件现有资料，在申诉书的证据范围内，审查一审法院和上诉法院适用实体法和程序法的正确性。

2. 最高上诉法院不受最高上诉申诉书的法律依据约束。

第 365 条　最高上诉法院的授权

1. 最高上诉法院在对上诉申诉书进行审理后，有权：

（1）保留一审法院和上诉法院的判决；

（2）保留案件的其中一个判决；

（3）全部或部分撤销或变更一审法院或上诉法院的判决，如果是在适用实体法方面存在错误，则不将案件发回重审，而是作出新的判决。

最高上诉法院由于本法典第 350 条、第 364 条的规定而无法作出新的裁决时，案件将发回重新审理。

（4）根据本法典第 220 条、第 222 条、第 260 条的规定，全部或部分撤销一审法院和上诉法院的判决并终止案件审理，或不予审理申请。

（5）如果适用程序法出现错误，且导致误判，则全部或部分撤销一审法院和（或）上诉法院的判决，并将案件发回重审。

2. 在将案件发回重审时，最高上诉法院可以指出由其他法官组成合议庭审理案件的必要性。

第 366 条　按最高上诉程序撤销或变更原审判决的依据

1. 按最高上诉程序撤销或变更原审判决的依据，是错误适用本法典第 367 条、第 368 条规定的实体法或实质性违反程序法。

2. 由于文件形式错误不能撤销原审判决。

第 367 条　错误地适用实体法

在以下情况下，被认为是错误地适用了实体法，如果法院：

（1）未适用应适用的法律；

（2）适用了不应适用的法律；

（3）错误地解释了法律。

第 368 条　违反程序法的规定

1. 如果实质性地违反了本法典第 341 条规定的程序，则应撤销一审法院和上诉法院的判决。

2. 如果存在其他违反程序法的情况，且这些违法情况造成了误判，则应撤销该判决。

第 369 条　最高上诉法院的裁决

1. 最高上诉法院根据本法典第 365 条的规定，经审理最高上诉申诉而作出的裁决，应以吉尔吉斯共和国名义以决议的形式作出。

在其他所有情况下，最高上诉法院的判决应以裁定的形式作出。

2. 最高上诉法院应根据本法典第 18 条的规定，在会议室作出判决。

第 370 条　最高上诉法院判决的内容

1. 最高上诉法院的判决由导言、叙述、论据和结论部分组成。

有关接受审理和指定审理案件的判定，只由导言和结论部分组成。

2. 导言部分应注明：

（1）作出判决法院的名称和合议庭组成；

（2）作出判决的日期和地点；

（3）提交申诉书的涉案人员及其代理人，以及其他涉案人员；

（4）申诉书针对的法院判决。

3. 在叙述部分应注明：

（1）审理一审法院和上诉法院名称、分别作出判决的日期和地点、审理案件的法官组成以及一审和上诉判决的实质简述；

（2）最高上诉申诉书的请求；

（3）对原判决的反对意见；

（4）参加庭审的人的陈述。

4. 在论据部分应注明：

（1）对原判决适用法律法规的依据性的论述，最高上诉法院决议所依据的法律法规；

（2）在取消或变更法庭决议时，应论述上诉法院不同意一审法院结论的论据；

（3）如果案件发回重审，发回重审的法庭应完成的行为；

5. 在结论部分应注明：

（1）经审理最高上诉申诉得出的结论；

（2）双方分配诉讼费用的指示，包括国家税费。

6. 经审理最高上诉申诉，维持一审或上诉法院判决的情况下，最高上诉法院不应论证自己的裁决。在此情况下，最高上诉法院应指出，同意上诉判决中的依据。

7. 经审理最高上诉申诉，在全部或部分撤销或变更一审或上诉法院判决，并作出新的裁决时，最高上诉法院以决议的形式作出裁决。

8. 最高上诉法院有权根据本法典第 206 条、第 207 条的规定，审理修改笔误和明显计算错误的问题，并作出补充决议。

第 371 条　最高上诉判决书的法律效力

1. 最高上诉法院的裁决自宣读之时起开始生效，为最终判决，不能上诉，并应按吉尔吉斯共和国执行程序规定的方式执行。

2. 最高上诉法院的裁决，是重新审理案件的法院必须执行的。

第四十一节 根据新发现的情况或新的情节重新审理已生效的法院判决

第 372 条　根据新发现的情况或新的情节重新审理法院判决

已生效的一审法院、上诉法院和最高上诉法院的判决，可根据新发现的情况或新的情节重新审理。

第 373 条　根据新发现的情况重新审理的依据

1. 新发现的情况是指，在根据案件事实作出有争议的、已生效的判决时已存在的情况，但这种情况是申请人当时并不了解也不可能了解的情节。

2. 根据新发现的情况重新审理已生效的法院判决的依据是：

（1）对案件判决有实际意义的文件，在作出有争议的判决时申请人不了解也不可能了解的文件；

（2）已生效的法院、检察官、侦察员结论确定的，明知是虚假的证人或专家的证词，明知是虚假的鉴定人的意见；明知是不正确的翻译，文件或物证的虚假性，导致作出违法或无证据的决议的司法判决；

（3）已生效的法院、检察官、侦察员结论确定的犯罪行为，据此作出了违法或无依据的法院判决。

3. 根据新发现的情况不能重新审理针对债务人的破产案件作出的已生效的法院判决，该案件中适用了特别行政程序，债务人因此已被注销并从国家法人登记中删除。

第 374 条　根据新情节重新审理的依据

1. 新情节是指在作出已生效的、有争议的法院判决后出现的情节。

2. 根据新情节重新审理的依据是：

（1）如果重新审理没有其他阻碍，吉尔吉斯共和国最高法院宪法庭认定有争议的法院判决所依据的法律法规不符合吉尔吉斯共和国宪法；

（2）取消作为作出有争议法院判决依据的法院或其他机构的命令；

（3）根据吉尔吉斯共和国作为成员国的国际公约而建立的国际组织（法院），对吉尔吉斯共和国法院审理的具体案件作出的决议；

（4）吉尔吉斯共和国最高法院全体会议有关适用法律标准实践的决议，这一决议是法院就具体案件作出判决的依据。

3. 根据新的情节，不能重新审理已生效的、由于选举争议作出的法院判决，以及针对债务人的破产案件已生效的法院判决，该案件中适用了特别行政程序，债务人因此被注销并从国家法人登记中删除。

第 375 条　根据新发现的情况或新的情节重新审理法院判决的法院

1. 已生效的一审、上诉法院、最高上诉法院的判决书，由作出这些判决的法院，根据新发现的情况或新的情节重新审理。

2. 由最高上诉法院，根据新发现的情况或新的情节重新审理最高上诉法院的裁决，依据这些情节改变原判决或作出新的判决。

第 376 条　提交申请

有关根据新发现的情况或新的情节重新审理法院判决的申请，由涉案人员在确定作为重审依据的情节后的 3 个月内提交给一审法院。

第 377 条　根据新发现的情况和新的情节提交申请的期限

在以下情况下计算提交申请的期限：

（1）根据本法典第 373 条第 1 款、第 2 款规定，自发现对案件判决具有实质意义之日起；

（2）根据本法典第 373 条第 2 款第 2 项、第 3 项规定，自法院、检察官、刑事案件侦察员、调查员的命令生效之日起；

（3）根据本法典第 374 条第 2 款第 1 项、第 4 项规定，自吉尔吉斯共和国最高法院宪法庭认定作出法院判决书所依据的法律法规与宪法不符的裁决正式公布之日起；

（4）根据本法典第 374 条第 2 款第 2 项规定，法院判决或其他部门的命令生效之日起，规定与法院判决或其他部门命令的内容相冲突，而重新审理的法院判决的依据是该命令，或者在吉尔吉斯共和国最高法院全体委员会决议作出的适用法律标准实践的决议生效之日起，根据这一决议，法院就具体案件作出判决；

（5）根据本法典第 374 条第 2 款第 3 项规定，自依据吉尔吉斯共和国作为成员国的国际公约创立的国际组织（法院），对吉尔吉斯共和国法院审理的具体案件作出的决议生效之日起。

第 378 条　根据新发现的情况或新的情节审理申请

有关根据新发现的情况或新的情节重新审理法院判决的申请或诉状，由法院在收到申请之日起 1 个月内开庭审理。申请人和其他涉案人员，将被通知开庭的时间和地点，但他们是否出庭并不会妨碍对申请的审理。

第 379 条　根据新发现的情况或新的情节重新审理案件的法院判定

1. 审理根据新发现的情况或新的情节重新审理案件的申请或诉状后，法院或满足申请、取消法院判决，或拒绝重新审理。

2. 对满足或否决根据新发现的情况或新的情节重新审理法院判决的申请，一审法院作出的判定，可以根据本法典第三十九节规定的方式提起上诉。

3. 对满足或否决根据新发现的情况或新的情节重新审理法院判决的申请，上诉法院就此作出的判定，可以按本法典第四十节规定的方式提起上诉。

4. 对满足或否决根据新发现的情况或新的情节重新审理法院判决的申请，吉尔吉斯共和国最高法院合议庭作出的判定，不能提起上诉。

5. 在满足重新审理法院判决的情况下，法院将根据本法典的规定、按照一般原则进行审理。

第五章　审理涉及外国人的案件

第四十二节　外国人的民事诉讼权利和民事诉讼行为能力

第 380 条　外国人的诉讼权利和义务

1. 外国公民和无国籍人士、外国组织和国际组织（以下称外国人士）有权向吉尔吉斯共和国法院申请保护自己被损害的或有争议的权利、义务和法律保护的利益。

2. 外国人士享有与吉尔吉斯共和国公民和法人同等的民事诉讼权利及义务。

3. 外国人士涉案的司法诉讼，应根据本法典和其他法律的规定进行。

4. 对于某些对吉尔吉斯共和国公民和法人规定了民事诉讼权特别限制的国家，吉尔吉斯共和国的法律可能对这些国家的公民和法人也规定相应的限制。

第 381 条　外国人士和无国籍人士的民事诉讼权利和民事诉讼行为能力

1. 外国人士和无国籍人士的民事诉讼权利和诉讼行为能力根据他们自己的法律确定。

2. 外国人士自己的法律是指该公民所属国家的法律。如果他同时拥有吉尔吉斯共和国和其他国家双重国籍，则他自己的法律即是吉尔吉斯共和国法律。如果外国人士同时拥有几个外国国籍，则他自己的法律即是与他具有最为密切联系的国家的法律。

3. 无国籍人士自己的法律是指他居住地的法律，如果没有居住地，则是他经常停留国家的法律。

4. 难民自己的法律是指其避难国家的法律。

5. 根据自己的法律不具有诉讼行为能力的人，如果根据吉尔吉斯共和国的法律规定其拥有诉讼行为能力，则可以在吉尔吉斯共和国境内被认定为具有诉讼行为能力。

第 382 条　外国组织和国际组织的民事诉讼权利

1. 外国组织的民事诉讼权利，根据它的创建国法律确定。

2. 根据自己国家的法律不具有民事诉讼权利的外国组织，在吉尔吉斯共和国不能拥有民事诉讼权利。

3. 根据按照法律规定已生效的、吉尔吉斯共和国作为成员国的国际公约建立的国际组织，其民事诉讼权利根据该国际公约及其创立文件，或与吉尔吉斯共和国国家职能机构签署的协议确定。

第四十三节　吉尔吉斯共和国法院审理涉及外国人士的民事案件

第 383 条　吉尔吉斯共和国法院在涉及外国人士的民事案件中的职权

1. 如果自然人被告在吉尔吉斯共和国境内有居住地，或法人被告在吉尔吉斯共和国有住所地，则由吉尔吉斯共和国法院审理涉及外国人士的民事案件。

2. 在以下情况下，吉尔吉斯共和国法院也有权审理涉及外国人士的民事案件：

（1）外国法人的管理机构、分公司或办事处在吉尔吉斯共和国境内；

（2）被告是外国人士，并在吉尔吉斯共和国拥有财产；

（3）在追缴抚养费和确定父子关系的案件中，原告在吉尔吉斯共和国有居住地；

（4）根据赔偿因供养人健康损害，及死亡造成损失的案件，损失是在吉尔吉斯共和国境内造成的，或原告在吉尔吉斯共和国有居住地；

（5）有关赔偿造成财产损失的案件，作为损失赔偿依据的行为或其他状况是在吉尔吉斯共和国境内实施的；

（6）如果是因执行部分或全部在或曾在吉尔吉斯共和国境内完成的合同引起的诉讼；

（7）诉讼是由于源自吉尔吉斯共和国境内的来源不明的数额较大的财产收入；

（8）申请解除婚姻的案件，原告在吉尔吉斯共和国境内有居住地，或夫妻一方是吉尔吉斯共和国公民；

（9）保护荣誉、诚信和商业信誉的案件的原告，在吉尔吉斯共和国境内有居住地或所在地；

（10）争议产生于有价证券的流通，而该证券的发行是在吉尔吉斯共和国境内。

3. 吉尔吉斯共和国法院审理其他根据吉尔吉斯共和国法律规定属于其职能范围的案件。

第 384 条　特别职能

属于吉尔吉斯共和国法院特别职能的涉及外国人士的民事案件有：

（1）有关在吉尔吉斯共和国境内的不动产争议；

（2）有关解除吉尔吉斯共和国公民与外国公民或无国籍人士的婚姻，如果夫妻双方在吉尔吉斯共和国境内有居住地；

（3）由于运输合同产生的争议，如果承运人在吉尔吉斯共和国境内有居住地。

第 385 条　特殊诉讼案件的职能

在以下情况下，吉尔吉斯共和国法院审理涉及外国人士的特殊诉讼案件：

（1）有关确定具有法律意义事实的案件申请人，在吉尔吉斯共和国境内有居住地，或者确定的事实曾经或发生在吉尔吉斯共和国境内；

（2）对其提出有关收养、认定限制行为能力人或无行为能力人、恢复行为能力、宣布未成年人具有完全行为能力、强制送往精神病医院治疗、延长强制住院治疗等问题的公民，是吉尔吉斯共和国公民，或在吉尔吉斯共和国境内拥有居住地；

（3）对其提出宣告失踪、宣告死亡的人，是吉尔吉斯共和国公民，或者最后已知的居住地址是在吉尔吉斯共和国境内，且在这种情况下该问题的解决决定了确定在吉尔吉斯共和国境内拥有居住地或所在地的公民和组织的权利和义务；

（4）申请认定位于吉尔吉斯共和国境内的动产的无主性，或认定位于吉尔吉斯共和国境内无主不动产的公共所有权；

（5）申请确定在吉尔吉斯共和国相关国家职能机构完成的国家公民状态登记簿登记不正确的申请；

（6）申请认定丢失的、由在吉尔吉斯共和国拥有居住地或所在地的公民或法人发行的不记名和记名证券，及恢复对其相应权利；

（7）申请公证行为不正确或起诉公证员或吉尔吉斯共和国其他机构拒绝完成公证行为。

第 386 条　适用审判权规则

如果本法典本章未规定其他规则，则涉及外国人士的案件审判权，根据本法典第四节的规定，归属于吉尔吉斯共和国法院。

第 387 条　约定审判权

1. 本法典第 30 条、第 31 条规定的涉及外国人士的案件审判权，可以根据双方的书面协议而变更。

2. 本法典第 384 条、第 385 条规定的审判权，不能根据双方的书面协议变更。

3. 如果存在约定审判权的双方协议，法院可根据被告的申请不予审理根据本法典规定可立案的案件。

第 388 条　案件审理地的不可变更性

吉尔吉斯共和国法院对按照吉尔吉斯共和国法律规定的职能规则应予以审理的案件具有司法管辖权，并进行实质判决，即使由于双方国籍、居住地变更或其他影响职能范围的情况发生，致使它的审判权归其他国家的法院。

第 389 条　法院审理涉及外国人士案件的诉讼后果

1. 吉尔吉斯共和国法院拒绝接受审理申请或终止案件审理，如果就该双方之间同一标的和根据同一证据的争议已由外国法院作出判决，且吉尔吉斯共和国与该国之间签订了互相承认和执行司法判决的国际公约。

2. 如果外国法院的判决在吉尔吉斯共和国境内被予以承认和执行，之前对同样的双方就同一标的和根据同一证据的争议已在吉尔吉斯共和国法院立案，则吉尔吉斯共和国法院将退还申请或对申请不予审理。

第 390 条　司法管辖豁免权

1. 作为政权载体的外国，对在吉尔吉斯共和国向该国提出的诉讼、作为被告或第三方被追究参与案件审理、针对位于吉尔吉斯共和国但属于外国的财产进行查封、针对该国采取保证诉讼的其他措施方面，拥有豁免权。只有经相应国家的职能机构同意，方可按照执行法院判决的方式对其追缴财产，除非法律另有规定，或按法律规定生效的、吉尔吉斯共和国作为成员国的国际公约另有规定。

2. 国际组织的司法豁免权，由法律和国际公约确定。

3. 入驻吉尔吉斯共和国的外国的外交代表，法律规定或按照法律规定生效的、吉尔吉斯共和国作为成员国的国际公约注明的其他人，在国际法普遍承认的原则和标准所规定的范围内，按法律规定生效的、吉尔吉斯共和国作为成员国的国际公约规定的范围内，属于吉尔吉斯共和国民事案件的司法管辖。

第 391 条　司法委托

1. 吉尔吉斯共和国法院按照法律规定，或按照法律规定生效的、吉尔吉斯共和国作为成员国的国际公约规定的方式执行交给他们的外国法院有关完成个别诉讼行为的委托（送交通知和其他文件，获得双方的陈述、证人的证词、鉴定人的意见、现场检验等）。

2. 以下委托不应执行，如果：

（1）执行的委托与吉尔吉斯共和国的公共秩序相矛盾；

（2）执行的委托不属于法院的职能。

3. 执行外国法院的委托，应根据吉尔吉斯共和国的法律，或按照法律规定生效的、吉尔吉斯共和国作为成员国的国际公约规定的方式完成。

4. 吉尔吉斯共和国法院可以委托外国法院完成个别诉讼行为。吉尔吉斯共和国法院与外国法院的联系方式，按照吉尔吉斯共和国法律，或按照法律规定生效的、吉尔吉斯共和国作为成员国的国际公约规定。

在缺少有关提供法律援助的国际公约时，将按外交方式向外国法院送达司法委托。

第 392 条　承认外国机构签发的文件

1. 根据针对吉尔吉斯共和国公民和组织或外国公民所属国家的法律规定，外国职能机构在吉尔吉斯共和国境外，按规定方式签发、编写或证实的文件，在具备经领事认证或文件认证章认证的情况下，吉尔吉斯共和国法院予以承认，除非法律另有规定，或按照法律规定生效的、吉尔吉斯共和国作为成员国的国际公约另有规定。

2. 用外国文字起草的文件，提交给吉尔吉斯共和国法院时，应同时提交按规定方式认证的国家或官方语言的翻译件。

第 393 条　适用外国法律

1. 在适用外国法律的情况下，吉尔吉斯共和国法院根据该法律的官方解释、适用实践以及该外国内部规范规定它的存在和内容。

2. 为了确定外国法律的存在和内容，根据一方的申请或按照法院的倡议，法院可以按照规定方式请求在吉尔吉斯共和国境外的职能部门和组织提供协助和解释，或者邀请专家。

3. 就涉案人员引述为自己主张或反对依据的外国法律标准，涉案人员应呈交证明外国法律标准内容的文件，以其他方式协助法院确定这些标准的内容。

4. 尽管采取了所有措施，但外国法律的存在和内容仍未确定，法院将适用吉尔吉斯共和国法律的相应标准。

第四十四节　有关对司法执行者的决议和作为（不作为）争议案件的诉讼

第394条　对司法执行者的决议和作为（不作为）的争议

在本法和执行诉讼法规定的情况下，可对司法执行者的决议和作为（不作为）按照本节的规定在法庭提出异议。相关人员有权根据执行诉讼法的规定直接向法院或有管辖权的上级机关（职务人员）提出诉讼。

第395条　对司法执行者的决议和作为（不作为）争议案件的审判权

1. 区际法院签发的执行文件的执行者，对其决议和作为（不作为）争议的审判权属于区法院（市里的区法院、市法院），但不包括区际法院具有审判权的案件。

2. 区际法院签发的执行文件的执行者，对其决议和作为（不作为）的争议审判权属于区际法院的。

3. 如果对执行文件执行地的司法执行者的决议和作为（不作为）区别于执行文件签发地提出异议，案件的审判权属于执行地的相应的区法院和区际法院。

第396条　应被提出争议的司法执行者的决议和作为（不作为）

属于按本法典规定的方式被提出争议的执行者的决议和作为（不作为），包括机构和个人作出的决议和作为（不作为），该决议和作为（不作为）损害了公民、组织和其他诉讼参与人的权利和自由；对公民和组织实施自己的权利和自由造成了阻碍；非法强加了公民或组织某种义务，或非法追究他们的责任。

第397条　申请的形式和内容

1. 申请应以书面形式提交并应包含以下内容：

（1）所提交申请的法院名称；

（2）申请人的名称，公民的姓名、组织的全称、公民的居住地或居留地、组织的所在地、其他联系信息，包括电话号码；

（3）其决议和作为（不作为）被起诉的司法执行者的职务、姓名；

（4）作出应被起诉的司法执行者的决议、完成作为（不作为）的日期；

（5）申请人的论据和要求。

2. 申请由申请人或他的代理人签署。对于由代理人签署的申请，应同时提交委托书或证明代理人授权的文件，以及其他能证明申请中理由的文件。应以必要的方式同时向司法执行者发送被起诉决议的复印件。

第398条　对司法执行者决议和作为（不作为）提出异议的申请

1. 执行诉讼的双方，或被司法执行者的决议和作为（不作为）损害了权益的人，可以对该决议和作为（不作为）提出异议。

2. 有关对司法执行者决议、作为（不作为）提出异议的申请，应在该决议作出后、该作为（不作为）实施后的10日内，当公民或组织知晓其权益被损害后提交到法院。申请复印件应提前发送给相关人员，包括司法执行者的分支机构，该分支机构的职员曾作出了被提出异议的决议或实施了有争议的作为（不作为）。

3. 错过了向法院提交申请的期限，不能作为法院拒绝接受申请的依据。错过期限的原因应在庭审中查明，并可能作为拒绝满足申请的依据。

4. 向法院提交申请，不能中止被提出争议的司法执行者的决议或作为的效力。

第399条　接受申请和通知司法审理涉案人员

1. 有关接受申请审理的问题，在申请提交到法院后的第二天由法官裁决。法官如果作出接受申请的判定，应在其中注明指定案件进行庭审，及其时间和地点。

2. 法院应以电报、电传、传真、电子邮件，或其他保证确认通知事实的通讯方式通知涉案人员开庭的时间和地点。

第400条　退还申请，不予审理申请

1. 法官在收到申请的3日内退还申请及其附随的文件，如果：

（1）申请未签字或未被有权签署的人签字；

（2）未提交发送或交给涉案人员申请复印件的证据；

（3）在一个申请中对一个或几个人提出几个主张，而这些主张相互之间没有关联；

（4）在作出接受申请审理的判定之前，申请人提交了退还申请的请求。

2. 法院作出有关退还申请的判定，并注明应排除妨碍立案情节的期限。这一判定可以被上诉。

在上级法院取消该判定时，申请则被认为以在初次提交之日提交法院。

退还申请不会妨碍在排除作为妨碍立案的情节后，按一般方式，再次向法院提起同样的诉讼。

3. 根据对司法执行者决议和作为（不作为）提出异议的案件的申请，如果在本条第1款规定的期限内申请人排除了妨碍立案的情节后，法院不能不予审理。

4. 在以下情况下，法院将不予审理申请，如果：

（1）按规定方式通知了申请人或其代理人案件听证的时间和地点时，他们被再次通知后仍未出庭，也未申请缺席审理；

（2）案件审判权不属于该法院；

（3）申请不是由应申请人提交的；

（4）申请是由无行为能力人提交的；

（5）申请以相关人员的名义，但由未被授权的人签字和提交；

（6）在该法院或其他法院存在同样双方、有关同一个对象和根据同样的证据审理的案件；

（7）有关保护被侵害权利申请，按此申请本法典第398条第2款规定的期限已届满，但未与该申请一并提交恢复期限的申请；

（8）申请人的主张和被侵害的权益不明确，且申请人不希望对申请进行修改和补充，则该申请不能被审理。

5. 法院作出有关不予审理申请的判定，该判定可以被上诉。

第 401 条　对司法执行者决议和作为（不作为）提出异议的申请的审理

1. 法官应在收到申请的 10 日之内，在申请人和司法执行者出庭的情况下审理该申请。

2. 法院已按规定方式向本条第 1 款注明的人通知了开庭时间和地点，但他们是否出庭并不妨碍对申请的审理。

3. 法院有权在法院审理申请期间中止有争议的决议或作为的效力。

4. 法院不会局限于申请中的依据和涉案人员的陈述、提交的证据和案件所有的其他材料，并会调查有关争议决议和作为（不作为）的实际情节以便正确审理。

5. 根据自己的倡议或根据涉案人员申请，法院有权收集其他证据。法院可以要求双方提交补充证据。

6. 涉案人员应协助法院调查与争议相关的实际情节并收集证据。

7. 法院协助涉案人员排除申请书中的格式错误，确定不清晰的主张，以适当的主张替换错误形式的主张，提交对案件判定和情节评估有意义的陈述。

8. 对被上诉的决议和作为（不作为）合法性和有依据性提供证据的义务，由作出该决议或实施了作为（不作为）的司法执行者承担。对所作出决议、实施作为正确性的任何质疑，都是对申请人权利的解释。

第 402 条　法院的判定及其实施

1. 法院若承认申请有依据，则会作出有关司法执行人有义务消除全部侵害公民（组织）权益，或阻碍公民（组织）实施自己的权利的违法行为的判定。

2. 如果相关人员未提交上诉申诉书，法院的判决在作出后的 10 日内生效。

3. 自法院判决生效之日起 3 日内，法院判决发送给作出被起诉的决议和作为（不作为）的司法执行者所属部门的负责人，以便消除违法行为，或者提交给上级所属机构的职务人员。

4. 应根据本法典和有关执行诉讼法的规定执行判决。

5. 如果法院经审理，有争议的决议或作为（不作为）是根据法律规定作出，或在职务人员的授权范围内，或申请者的权益未被侵害，则法院会拒绝满足申请。

第 403 条　对司法判决的上诉和重新审理有争议的司法执行者的判决和作为（不作为）案件

1. 上诉法院按上诉案件的审理程序，在收到案件之日起 30 日内，根据本法典第三章及本条的规定，重新审理未生效的、有争议的司法执行者的判决和作为（不作为）的案件。

对法院判决的申诉，由认为自己的权利或法律保护的利益被损害的涉案人员，在 10

日内通过一审法院提交。作出判决的法院，应在收到申诉书与案件资料的 3 日内发送给相应级别的法院审理。

2. 吉尔吉斯共和国最高法院的相应合议庭，按最高上诉程序，根据本法典第四章以及本节的补充和例外规定，重新审理吉尔吉斯共和国法院的判决。

第六章　与司法判决和其他部门的命令执行相关的诉讼

第四十五节　本章总则

第 404 条　司法判决和其他部门命令的执行程序

1. 司法判决和其他部门的命令在生效后按本法典和执行诉讼法的规定执行。

2. 强制执行司法判决和其他部门的命令，需根据法院签发的执行令，以及本法典和执行诉讼法规定的其他执行文件进行。

第 405 条　签发执行令

1. 在吉尔吉斯共和国境内作出的司法判决的执行令，由审理案件的一审法院签发。其他部门命令的执行令按本法规定的方式签发。

2. 执行令签发给申请人或根据其申请直接由法院发送执行。为国家预算索赔资金的执行令，由法院签发并发送给债务人所在地的税务机构或其他国家授权机构。

3. 根据每个司法判决书或其他部门的命令签发一个执行令，除非本条另有规定。

如果司法判决书或其他部门的命令是利于几个申请人或针对几个债务人，或应在几个地方执行的，根据申请人的申请法院可签发几个执行令，并准确注明每个执行地点或根据此执行令应该执行判决书或部门命令的某个部分。

4. 依据有关追缴联合被告资金的司法判决书、其他部门的命令，根据申请人的申请，法院可以按照联合被告的个数签发执行令，每个执行令应注明索赔的总金额、所有被告的名称及其连带责任。

第 406 条　法院签发执行文件副本

1. 在丢失法院有关保证诉讼（执行文件）的执行令、判令或判定正本时，签发执行文件的法院，可以签发执行文件副本。有关签发副本的申请应开庭审理。已被通知开庭时间和地点的涉案人员未出庭，不会妨碍审理签发副本问题。

2. 对法院签发副本的判定，可以被提起上诉。

第 407 条　执行令的内容

1. 在执行令中应该注明：

（1）签发执行令的法院名称，作为执行令依据的判决的法院名称和所在地；

（2）签发执行令所依据的判决及代号；

（3）应执行的司法判决或其他部门命令作出的日期、生效的日期；

（4）法人申请人和法人债务人的名称、所在地、法定地址和银行账户。公民申请人和公民债务人的姓名、居住地，公民债务人的出生日期、出生地和工作地点，其作为个体经营者的国家登记日期和地点；

（5）司法判决或其他部门命令的结论部分；

（6）执行令的签发日期和提交执行的期限。如果在签发执行令之前，法院将判决书延期或分期执行，执行令中应注明执行令有效期或债务人应完成执行令执行行为期限开始的日期。

2. 执行令由法官签署，并以法院印章认证。

第 408 条　申请执行令的期限，以及该期限的间歇和计算方式

1. 执行令可以在下列期限提交申请：

（1）自司法判决或其他部门命令生效之日起 3 年内，或在应立即执行的司法判决作出后，或者司法判决延期或分期时规定的期限结束之日起第二天；

（2）根据本法典第 409 条的规定，自恢复错过申请执行令期限的判决作出之日起 3 个月内。

2. 如果中止执行司法判决，中止执行的时间不会计入申请执行令规定的期限。

3. 申请执行令的期限，因申请执行令，以及债务人部分执行司法判决或其他部门命令而间断。

4. 在根据吉尔吉斯共和国执行诉讼和司法执行者地位法第 29 条第 1 款第 3~5 项规定向申请人退还执行令时，申请执行令的新期限从返还之日起计算。

第 409 条　恢复申请执行令期限

1. 错过申请执行令期限的申请人，根据法院承认的正当理由，错过的期限可以被恢复，除非法律另有规定。

2. 恢复错过的期限的申请，提交给签发执行令的法院，并根据本法典第 127 条的规定审理。

3. 对有关恢复期限的判决，可以提起上诉。

第 410 条　解释执行文件

1. 在执行文件中的要求不明确，或其执行方式和方法不明确的情况下，执行文件的双方或司法执行人有权向签发执行文件的法院，提出申请要求解释执行文件，以及执行的方法和方式。

2. 法院应在收到有关解释执行文件的申请之日起 10 日内按本法典第 208 条规定的方式开庭审理。

第 411 条　延期或分期执行、修改执行方法和方式、判定资金金额的指数化

如果存在执行文件难以或无法执行的情况，执行文件的双方有权向签发执行文件的法院，或执行地的法院申请延期或分期执行、修改执行方法和方式，以及判定资金金额的指

数化。司法执行人有权向法院申请根据本条规定的依据修改执行方法和方式。

法院应在收到申请后的10日内，按本法典第209条、第210条的规定进行审理。

第412条　执行诉讼中和解协议的申请及其提交方式

1. 执行诉讼中的一方或双方有关执行诉讼程序中达成和解协议的申请，可以提交到签发执行文件的法院，或执行地所在的法院。

2. 申请中应注明：

（1）提交申请的法院名称；

（2）申请人及其代理人的名称，如果申请是由代理人提交的，其居住地或所在地；

（3）执行诉讼双方的名称、居住地或所在地；

（4）签发执行文件的法院的名称，作为执行文件签发依据的决议的签发法院或其他部门的名称；

（5）签署和解协议的案件；

（6）作为执行文件依据的法院判决书或其他部门命令的签发日期、生效日期；

（7）执行文件的签发日期；

（8）确认和解协议及其条件的申请，如果这些不是在单独的文件中表述的；

（9）与申请一并提交的文件清单。

3. 与申请一并提交的文件：

（1）签署和解协议各方的申请复印件；

（2）委托书或其他可以证明代理人签署和解协议的授权；

（3）在单独文件中表述的和解协议的条件，如果未根据本条第2款第8项规定在申请中表述。

第413条　有关确认和解协议申请的审理方式

1. 有关确认和解协议的申请，由法院在收到该申请后1个月内，按本法典第175条及本条的特殊规定进行审理。

2. 确认和解协议的申请应开庭审理。法院通知签署和解协议的人开庭时间和地点。如果上述人员提出缺席审理的申请，则上述人员未出庭并不妨碍判决确认和解协议的问题。

3. 经审理，法院作出确认或拒绝和解协议的判定。对法院的判定，可以提交上诉。

第414条　在执行司法判决书或其他部门的命令时保护其他人的权利

1. 司法执行人在查封财产时违反了法律规定，而这是取消查封的依据，不论财产是属于债务人或其他人，债务人和相关人员取消查封的申请由法院根据吉尔吉斯共和国行政诉讼法典的规定审理。这一申请可以在所查封财产出售之前提交。

2. 未涉案人员申请的与索赔财产属性相关的争议，由法院根据诉讼审理规则审理。

解除查封（从清单中删除）财产的诉讼由债务人和索赔人提出。如果是由于没收财产而查封财产，被没收财产的所有人和相应的国家机构将被作为被告。如果被查封或进入名单的财产已经出售，诉讼应向财产获取人提起。

在满足有关退还已出售财产的诉讼，财产获取人、索赔人和债务人之间的争议由法院按诉讼程序审理。

3. 无论是否有相关人员的申请，法院在确定存在本条第1款注明的状况后，应取消财产查封或将财产部分从名单中删除。

4. 对于法院取消财产查封的判决，可以提交上诉。

第415条 司法判决的执行回转

1. 如果已执行完毕的司法判决被法院变更或撤销，并作出有关全部或部分驳回诉讼的新判决或终止案件审理，或者不予审理的申请，则适用司法判决的执行回转。在司法判决执行回转时，根据撤销原判决的新判决或对判决相应部分变更的判决，已被执行的财产，应返还给当事人。

2. 如果未执行的司法判决被法院撤销或变更，并作出有关全部或部分驳回诉讼的新判决，或终止案件审理，或全部或部分不予审理诉讼，法院根据撤销原判决的新判决或对判决相应部分变更的判决，部分或全部终止执行。

3. 法院签发退还被执行财产或根据索赔人申请的财产价值的执行令。与申请一并提交的还有证明执行之前的司法判决的文件。

第416条 一审法院执行的法院判决执行回转方式

1. 对案件进行重审的法院，根据相关人员的申请，应审理有关司法判决执行回转，并作出新的判决。

2. 如果重新审理案件的法院，未裁决有关法院判决执行回转的问题，相关人员有权申请法院判决执行回转。申请应开庭审理。涉案人员将被通知有关开庭时间和地点，但他们如果未出庭，并不妨碍对该申请的审理。

3. 对有关法院判决执行回转的判定，可以提交上诉。

第417条 上诉法院和最高上诉法院对法院判决执行回转的方式

1. 按上诉方式或最高上诉程序重新审理案件的法院，以自己的判决最终解决争议，或者终止案件，或者不予审理，根据相关人员的申请，法院必须判决有关法院判决执行回转的问题，或者将案件交由一审法院重新审理。

2. 如果上级法院没有对法院判决执行回转作出判决，则相关人员有权向一审法院提交相应的申请。

3. 在上诉法院撤销对追缴抚养费案件所作的法院判决时，法院判决执行回转只有在被撤销的法院判决是依据索赔人通知的虚假信息或提交的虚假证据作出的这种情况下实施的。

在最高上诉法院撤销对劳动关系产生的索赔资金案件、有关追缴抚养费、赔偿因抚养人工伤或其他对身体损害或死亡所造成的损失的案件作出的判决，如果被撤销的法院判决是依据索赔人提供的虚假信息或提交了虚假文件作出的，则适用判决执行回转。

第四十六节　有关签发强制执行仲裁法庭裁决执行令案件的审理

第 418 条　签发强制执行仲裁法庭裁决的执行令

1. 有关吉尔吉斯共和国境内签发强制执行仲裁法庭裁决执行令的案件，由法院按民事诉讼法一般原则及本节规定的特殊情况进行审理。

2. 有关签发强制执行仲裁法庭裁决执行令的案件，由区法院和与之平行的法院，根据仲裁审理一方的申请进行审理。

3. 有关签发强制执行仲裁法庭裁决执行令的申请，可以自作出该判决之日起三年内提交。

4. 有关签发强制执行仲裁法庭裁决执行令的申请，应提交到债务人居住地或所在地法院，或者如果债务人的居住地或所在地不明，则提交到债务人的财产所在地。

第 419 条　有关签发强制执行仲裁法庭裁决执行令申请的形式和内容

1. 有关签发强制执行仲裁法庭裁决执行令的申请，应以书面形式提交，并应由裁决有利益方的人或其代理人签字。

2. 在有关签发强制执行仲裁法庭裁决执行令的申请中，应注明：

（1）向其提交申请的法院名称；

（2）作出裁决的仲裁法庭的名称和组成、所在地；

（3）仲裁双方的名称、居住地或所在地；

（4）仲裁法庭作出裁决的日期和地点；

（5）申请人有关签发强制执行仲裁法庭裁决执行令的请求。

在申请中还应注明电话、传真、电子邮箱地址和其他信息。

3. 与有关签发强制执行仲裁法庭裁决执行令的申请一并提交以下文件：

（1）仲裁法庭裁决的正本或经判决机构作出并认证的判决复印件，或经公证的判决复印件；

（2）将争议交由仲裁法庭裁决的协议（仲裁协议）正本，或经公证的复印件；

（3）证明缴纳国家税费的文件；

（4）委托书或证明代理人签署申请的授权文件；

（5）证明已将有关签发强制执行仲裁法庭裁决执行令申请的复印件送达给另一方的转交通知或其他文件。

4. 有关签发强制执行仲裁法庭判决执行令的申请，违反了本法典本条第 1~3 款、第 418 条的规定，应被返还给提交申请的人。

第 420 条　签发强制执行仲裁法庭裁决执行令申请的审理方式

1. 签发强制执行仲裁法庭裁决执行令的申请，由法院在收到该申请后一个月内，按本法典规定进行审理。

2. 在案件审理准备阶段，法院可以按本法典第 421 条规定向仲裁法庭索取按规定方式进行公证的案件资料复印件，以作为是否签发执行令的依据。

3. 仲裁审理的双方，应被通知开庭时间和地点。已按规定方式通知了开庭时间和地点的人员，如未出庭并不会妨碍案件的审理。

4. 在审理有关签发强制执行仲裁法庭裁决执行令的申请时，法院无权重新审理仲裁法庭根据案情作出的裁决。

第 421 条　拒绝签发强制执行仲裁法庭裁决执行令的依据

1. 只有在本条规定的情况下，法院方可拒绝签发强制执行仲裁法庭裁决执行令。

2. 经审理有关签发强制执行仲裁法庭裁决执行令的申请，在以下情况下法院有权拒绝签发执行令：

（1）如果仲裁的一方，向法院提交证据，证明在签署将争议交由仲裁法庭审理的协议时其中一方为无行为能力人；

（2）如果仲裁的一方未被按照规定方式通知有关指定仲裁员或仲裁审理；

（3）如果仲裁法庭的组成或仲裁审理程序不符合双方协议或不符合法律规定；

（4）如果仲裁法庭对双方协议未规定的争议，或未受协议条件影响的争议作出仲裁，或超出协议范围外的问题作出仲裁。如果对仲裁协议包含的问题的仲裁，可能被与这一协议未包含的问题分离，则包含仲裁协议涉及问题的仲裁法庭作出仲裁的部分，可以执行，法院不能拒绝签发执行这一部分的执行令；

（5）如果一方有依据地声明仲裁协议无效，而仲裁法庭接受审理争议并根据争议实质作出仲裁；

（6）如果法院确定，根据吉尔吉斯共和国法律规定争议不能作为仲裁的对象。

第 422 条　法院对有关签发强制执行仲裁法庭裁决执行令案件的判决

1. 法院经审理有关签发强制执行仲裁法庭裁决执行令的申请，作出是否签发执行令的判定。

2. 在法院就有关签发强制执行仲裁法庭裁决执行令案件作出的判定中，应包含：

（1）作出仲裁的仲裁法庭的名称和组成；

（2）仲裁双方的名称；

（3）有关仲裁法庭裁决的信息，有关申请人申请的签发强制执行令；

（4）对签发或拒绝签发强制执行仲裁法庭裁决执行令的结论。

3. 如果拒绝签发执行令是根据本法典第 421 条第 2 款第 2 项、第 3 项的规定作出的，作出仲裁（拒绝签发执行令的依据）的仲裁法庭，应根据仲裁一方的申请，重新进行仲裁审理。

4. 根据本法典第 421 条第 2 款第 1 项、第 4 项、第 5 项、第 6 项规定，拒绝签发强制执行仲裁法庭裁决执行令，不会妨碍仲裁双方根据本法典的规定向法院提起诉讼。

5. 法院有关签发强制执行仲裁法庭裁决执行令的判定，可以按本法典规定的方式被提起上诉。

第四十七节　签发强制执行上级法院裁决执行令案件的审理

第 423 条　签发强制执行上级法院裁决的执行令

1. 签发强制执行上级法院裁决执行令的案件，由区法院根据判决有利方的申请审理。

2. 签发强制执行上级法院判决执行令的申请，可以在判决执行期结束之日起 1 个月内提交。

如果签发强制执行上级法院判决执行令的申请是在本条规定的期限届满后提交的，且不包含申请恢复期限的请求，则申请应被返还。

3. 签发强制执行上级法院判决执行令的申请，应向上级法院所在地的法院提交。

第 424 条　签发强制执行上级法院判决执行令申请的形式和内容

1. 签发强制执行上级法院判决执行令的申请，应以书面形式提交，并应由判决有利方或其代理人签字。

2. 在签发强制执行上级法院判决执行令的申请中，应注明：

（1）提交申请法院的名称；

（2）作出判决的上级法院名称和组成及其所在地；

（3）上级法院审理案件诉讼双方的名称、居住地；

（4）上级法院作出判决的日期和地点；

（5）申请人有关签发强制执行上级法院判决的执行令的诉求。

3. 与签发强制执行上级法院判决执行令的申请一并提交的文件有：

（1）按规定方式认证的上级法院判决的复印件；

（2）证明未执行完成上级法院判决的文件；

（3）证明已将有关签发强制执行上级法院判决执行令的申请复印件发送给另一方的转交通知或其他文件；

（4）委托书或证明代理人签署申请授权的其他文件。

4. 有关签发强制执行上级法院判决执行令的申请，如果提交时违反了本法典本条第 1~3 款、第 423 条规定的要求，则应被退还给提交申请的人。

第 425 条　法院对签发强制执行上级法院判决执行令申请的审理

1. 签发强制执行上级法院判决执行令的申请，由法院在收到后 1 个月内按本法典规定的方式审理。

2. 法院应通知上级法院审理案件的诉讼双方开庭的时间和地点。已按照应有方式通知开庭时间和地点的上述人员未出庭，不会妨碍案件的审理。

第 426 条　拒绝签发强制执行上级法院判决执行令的依据

在上级法院的判决与吉尔吉斯共和国现行法律不符的情况下，法院拒绝签发执行令。

第 427 条　法院对签发强制执行上级法院判决执行令案件的判决

1. 经审理签发强制执行上级法院判决执行令的申请，法院作出是否签发执行令的判定。

2. 在申请签发强制执行上级法院判决执行令的案件判定中还应包括：

（1）作出判决的上级法院的名称和合议庭组成；

（2）在上级法院参与诉讼双方的名称；

（3）上级法院有关签发索赔人申请的强制执行执行令的决议的信息；

（4）是否签发强制执行上级法院判决执行令或拒绝签发执行令的结论。

3. 拒绝签发强制执行上级法院判决的执行令，如果未丧失向法院起诉的可能性不会妨碍双方向上级法院重新提起诉讼，或按照本法典规定向法院提交诉讼。

4. 法院有关拒绝签发强制执行上级法院判决执行令的判定，可以按照本法典规定的方式被提起上诉。

第四十八节　有关承认和执行外国法院和外国（国际）仲裁案件的审理

第 428 条　承认和执行外国法院的判决

如果法律规定或已按照法律规定生效的且吉尔吉斯共和国作为成员国的国际公约对此有规定，或根据互惠原则，外国法院的判决，包括有关确认和解协议的判决，在吉尔吉斯共和国被予以承认并执行。

第 429 条　有关承认和执行外国法院判决的申请

有关承认和执行外国法院判决的申请，由申请人提交到区法院，或债务人居住地或所在地的与之平级的法院，如果债务人的居住地或所在地不明，则提交到债务人的财产所在地。

第 430 条　有关申请承认和执行外国法院判决的形式和内容

1. 有关承认和执行外国法院判决的申请，应以书面形式提交，并应由索赔人或其代理人签字。

2. 申请应包括：

（1）提交申请的法院名称；

（2）外国法院的名称和所在地；

（3）申请人的名称，如果是代理人提交的，则注明代理人的名称、居住地或所在地；

（4）债务人的名称、居住地或所在地，或债务人的财产所在地；

（5）申请人请求承认和执行外国法院判决的诉求，或注明要求何时执行；

（6）附随文件的清单。

如果对于正确及时审理案件是必需的，在有关承认和执行外国法院判决的申请中，还应该注明申请人、债务人，及其代理人的电话、传真、电子邮箱地址和其他信息。

3. 应与承认和执行外国法院判决的申请一并提交已按照法律规定生效，且吉尔吉斯共和国作为成员国的国际公约规定的文件，如果该国际公约未作规定，则应附随以下文件：

（1）索赔人申请承认和执行的外国法院的判决书，或按照规定方式认证的外国法院判决的复印件；

（2）证明外国法院判决已生效并应执行的正式文件，或者证明该判决应在生效之前执行的文件（如果判决中没有规定）；

（3）以规定方式认证并证明债务人被按规定方式通知了在外国法院审理的案件诉讼、申请人申请承认并执行判决的文件；

（4）有关全部或部分执行外国法院判决的文件（如果该判决之前已被在相应国家执行）；

（5）委托书或按规定方式认证能证明签署申请书授权的其他文件；

（6）证明向债务人发送了有关申请承认和执行外国法院判决的文件；

（7）证明双方约定案件审判权协议的文件；

（8）按规定方式认证的，以国家语言或官方语言翻译的本部分第1~7项注明的文件翻译件。

第431条　法院对有关承认和执行外国法院判决申请的审理

有关承认和执行外国法院判决的申请，应由法官在收到申请之日起1个月内，根据本法典的一般规定结合本节规定的特殊条款开庭审理，除非按法律规定已生效且吉尔吉斯共和国作为成员国的国际公约对此另有规定。

第432条　拒绝承认和执行外国法院判决的依据

在以下情况下，法院全部或部分拒绝承认和执行外国法院的判决：

（1）根据作出判决的所在国法律规定，判决未生效或不能执行，除非判决应在生效前执行的情况；

（2）判决对其不利的一方，未被及时并按规定方式通知有关案件审理的时间或地点，或者由于其他原因未能向法院提交自己的陈述；

（3）根据吉尔吉斯共和国法律的规定，案件审理属于吉尔吉斯共和国法院的特别职权范围；

（4）如果同一涉案双方就同一标的，根据同一依据存在已生效的吉尔吉斯共和国法院的判决或存在已被承认的第三国的法院判决；

（5）如果在外国法院立案前，吉尔吉斯共和国法院已经在审理同一涉案双方就同一标的根据同一依据的案件；

（6）提交外国法院判决执行的有效期届满，并且这一期限未被法院恢复；

（7）外国法院的判决与吉尔吉斯共和国的公共秩序相冲突。

第 433 条　法院有关承认和执行外国法院判决案件的判决

1. 听取债务人申辩并审理提交的证据后，法院根据本法典第二十一节的规定，作出有关是否承认和执行外国法院判决的判定。

2. 在有关承认和执行外国法院判决案件的判定中还应包括：

（1）作出判决的外国法院的名称和所在地；

（2）申请人和被执行人的名称；

（3）有关申请人申请承认和执行的外国法院判决的信息；

（4）作出是否承认和执行外国法院判决的结论。

3. 对有关承认和执行外国法院判决案件所做的判决，可以根据本法典规定的方式进行上诉。

第 434 条　外国法院判决执行令签发和申请执行的方式

1. 外国法院判决的执行，应按吉尔吉斯共和国法律规定的方式，根据判定承认并执行外国法院判决的法院所签发的执行令进行。

2. 外国法院的判决可以自判决生效之日起 3 年内申请执行。在错过上述期限的情况下，可以由法院根据申请人的申请，按本法典第 127 条的规定恢复该期限。

第 435 条　承认不需要执行的外国法院的判决

在吉尔吉斯共和国可承认以下不需要执行的外国法院的判决：

（1）涉及作出判决法院所在国公民个人地位的；

（2）有关解除或承认吉尔吉斯共和国公民和外国公民之间婚姻无效的，如果在婚姻解除时夫妻一方是在吉尔吉斯共和国境外生活；

（3）有关解除或承认吉尔吉斯共和国公民的婚姻无效，如果夫妻双方在解除婚姻时居住在吉尔吉斯共和国境外；

（4）法律规定的其他情况。

第 436 条　承认外国法院判决的方式

1. 不要求执行的外国法院判决，如果没有来自相关人员的反对意见，则无需继续审理而被承认。

2. 相关人员在知晓承认外国法院判决的申请已提交到区法院或与其平级的法院后，有权在 1 个月内，向其居住地或所在地的法院提出针对承认该判决的反对意见。

3. 针对承认该判决的相关人员的反对意见，应由法院开庭审理，并应通知相关人员开庭时间和地点。已按规定方式通知了开庭时间和地点的相关人员未出庭，不会妨碍案件审理。

4. 法院经审理针对承认该判决的反对意见，作出判决。针对该判决，可以根据本法规定的方式提起上诉。

第 437 条　拒绝承认外国法院判决的依据

存在本法典第 432 条第 1~5 款、第 7 款规定的依据时，可以拒绝承认不应强制执行的外国法院的判决。

第 438 条　承认和执行外国（国际）仲裁机构的仲裁

1. 本法典第 429~431 条、第 433~436 条规定的规则，但不包括第 430 条第 3 款，适用国际仲裁法院、外国仲裁法院在外国作出的仲裁（外国（国际）仲裁）。

2. 申请承认和执行外国（国际）仲裁的一方，应与申请一并提交：

（1）按规定方式认证的外国（国际）仲裁裁决正本或按规定方式认证的复印件；

（2）正本仲裁协议，或按规定方式认证的复印件；

（3）委托书或按规定方式公证的证明签字人授权的文件；

（4）证明已将有关承认和执行外国（国际）仲裁的申请复印件送达给被执行人的文件；

（5）本部分第 1~4 款注明的文件翻译成国家或官方语言并按规定方式认证的翻译文件。

第 439 条　拒绝承认和执行外国（国际）仲裁

1. 根据判决不利方的申请，可能拒绝承认和执行外国（国际）仲裁，如果该方向法院提交了以下证据：

（1）仲裁协议的双方或一方，根据仲裁适用的相关法律被确定为限制行为能力人或无行为能力人，或这一协议根据协议双方适用的法律规定是无效的，而在缺少这一指证的情况下，根据所在国的法律规定作出的仲裁；

（2）判决不利方并未被通知有关任命仲裁或仲裁审理的信息，或者由于其他原因不能提供自己的陈述；

（3）就仲裁协议未规定的或受到协议条件影响的争议作出的仲裁，或者对仲裁协议范围外的问题作出仲裁。如果在外国（国际）仲裁中就仲裁协议涉及的问题，可以与协议未涉及的问题分开，包含仲裁协议涉及的问题的决议可以被承认和执行；

（4）仲裁法院的组成或仲裁审理不符合双方的协议，或在没有这一协议的情况时不符合仲裁适用的相关国家的法律；

（5）仲裁对双方还不是最终的，或被撤销，或其执行被仲裁作出的国家或根据裁决依据的法律所属国家的法院中止。

2. 如果吉尔吉斯共和国法院确定具有以下情况，则可拒绝承认和执行外国（国际）仲裁：

（1）根据吉尔吉斯共和国法律的规定，争议的对象不能作为仲裁的对象；

（2）承认和执行这一仲裁将违反吉尔吉斯共和国的公共秩序。

吉尔吉斯共和国总统　阿坦巴耶夫

后 记

法律文本的翻译要求严密、完整和精准，需要各方付出细致而艰辛的努力。中亚国家法律文本的翻译与出版工作，是在西北师范大学党委书记张俊宗教授、校长刘仲奎教授的悉心指导下进行的。中亚国家法律文本翻译丛书由西北师范大学副校长、中亚研究院院长田澍教授总体策划、主编。本卷《吉尔吉斯斯坦常用法律》由吉尔吉斯斯坦中亚华侨华人友好协会虎玉梅会长，西北师范大学国际合作交流处权晓辉处长，西北师范大学社会科学处马世年处长、李玉璧副处长具体负责联系、协调、沟通等工作，吉尔吉斯斯坦立信法律咨询有限公司田辉女士承担了初稿的翻译工作，中国社会科学院柳源远等承担了本书部分新修订法律的翻译工作，西北师范大学社会科学处张云婕、寇咪做了中文版的文字校对。中国政法大学出版社对本丛书的出版十分重视，责任编辑张琮军博士和牛洁颖女士一丝不苟，认真审校，确保了出版质量。谨对各位的辛勤工作表示诚挚的感谢！

西北师范大学中亚研究院

2018 年 11 月 18 日